JAHRBÜCHER
DES FORSCHUNGSINSTITUTS
DER DEUTSCHEN GESELLSCHAFT
FÜR AUSWÄRTIGE POLITIK

BAND 28

Im Gedenken an
unseren Freund und Kollegen
Jonas Böttler

Einsatz für den Frieden

Sicherheit und Entwicklung in Räumen begrenzter Staatlichkeit

Jahrbuch Internationale Politik
Band 28

Herausgeber

Josef Braml, Thomas Risse
und Eberhard Sandschneider

Redaktion

Josef Braml

Autoren

Steffen Angenendt, David Bosold, Josef Braml, Marie-Janine Calic,
Nicole Deitelhoff, Rudolf Dolzer, Friedel Eggelmeyer, Manfred Eisele,
Milena Elsinger, Ulf Engel, Henner Fürtig, Wolfgang Gehrcke,
Bastian Giegerich, Katharina Gnath, Uwe Halbach, Theodor Hanf,
Monika Heupel, Jochen Hippler, Margret Johannsen,
Roderich Kiesewetter, Hubert Knirsch, Heinrich Kreft, Winrich Kühne,
Daniel Lambach, Martin Löffelholz, Stefan Mair, Carlo Masala,
Hanns W. Maull, Michael Meimeth, Stefan Meister, Dirk Messner,
Stormy-Annika Mildner, Kerstin Müller, Herfried Münkler, Rolf Mützenich,
Robert van Ooyen, August Pradetto, Kerstin Petretto, Henning Riecke,
Thomas Risse, Michael Rühle, Eberhard Sandschneider,
Conrad Schetter, Kathrin Schleicher, Claudia Schmucker,
Michael Schmunk, Ulrich Schneckener, Manfred Schwarzmeier,
Klaus Segbers, Guido Steinberg, Rainer Stinner, Willem F. J. Stöger,
Rainer Tetzlaff, Denis Tull, Christian Wagner,
Annette Weber, Guido Westerwelle, Wolfgang Zellner

R. Oldenbourg Verlag
München 2010

Deutsche Gesellschaft
für Auswärtige Politik e.V.

Die Deutsche Gesellschaft für Auswärtige Politik (DGAP) versteht sich als nationales Netzwerk für deutsche Außenpolitik an den Schnittstellen zwischen Politik, Wirtschaft, Gesellschaft, Wissenschaft und Medien. Sie begleitet als unabhängiger, überparteilicher, gemeinnütziger und privater Verein mit mehr als 2000 Mitgliedern aktiv die politische Meinungsbildung zu allen relevanten außenpolitischen Themen. Ihre international besetzten Vortragsveranstaltungen, Konferenzen und Studiengruppen sind ein wichtiges Berliner Debattenforum. Im Forschungsinstitut der DGAP arbeitet ein Team von Wissenschaftlern an praxisbezogenen Analysen.

Seit über 50 Jahren ist das vom Auswärtigen Amt geförderte Jahrbuch Internationale Politik in zweijährigem Turnus erschienen, nunmehr in 28 Bänden. Das neu konzipierte Standardwerk der internationalen Politik bietet systematisch vergleichende Analysen aktueller Themen; dieser Band beleuchtet Friedenseinsätze zur Sicherung und Stabilisierung von Räumen prekärer Staatlichkeit.

Exekutivausschuss der DGAP:
Dr. Arend Oetker, Präsident; Paul Freiherr von Maltzahn, Geschäftsführender stellvertretender Präsident; Christopher Freiherr von Oppenheim, Schatzmeister; Jutta Freifrau von Falkenhausen, Syndikus; Prof. Dr. Eberhard Sandschneider, Otto-Wolff-Direktor des Forschungsinstituts; Prof. Dr. Joachim Krause, Vorsitzender des Wissenschaftlichen Direktoriums; Dr. Elke Dittrich, Leiterin der Bibliothek und Dokumentationsstelle; Dr. Sylke Tempel, Chefredakteurin der Zeitschrift Internationale Politik; Prof. Dr. h.c. Hans-Dietrich Genscher; Dr. Tessen von Heydebreck; Dr. Werner Hoyer; Hans-Ulrich Klose; Philipp Mißfelder.

www.dgap.org

Bibliografische Information der Deutschen Nationalbibliothek
Die Deutsche Nationalbibliothek verzeichnet diese Publikation in der Deutschen Nationalbibliografie; detaillierte bibliografische Daten sind im Internet über <http://dnb.d-nb.de> abrufbar.

© 2010 Oldenbourg Wissenschaftsverlag GmbH,
Rosenheimer Straße 145, 81671 München
www.oldenbourg.de

Das Werk einschließlich aller Abbildungen ist urheberrechtlich geschützt. Jede Verwertung außerhalb der Grenzen des Urheberrechtsgesetzes ist ohne Zustimmung des Verlags unzulässig und strafbar. Dies gilt insbesondere für Vervielfältigungen, Übersetzungen, Mikroverfilmungen und die Einspeicherung und Bearbeitung in elektronischen Systemen.

Umschlagentwurf: Dirk Lebahn
Gedruckt auf säurefreiem, alterungsbeständigem Papier (chlorfrei gebleicht).
Druck: Memminger MedienCentrum, Memmingen
Bindung: Buchbinderei Klotz, Jettingen-Scheppach

ISBN 978-3-486-59785-1 / ISSN 1434-5134

Inhalt

Vorwort des Bundesaußenministers 1
Guido Westerwelle

Einleitung: Staatliche und supranationale Akteure in Räumen
begrenzter Staatlichkeit 3
Josef Braml, Thomas Risse und Eberhard Sandschneider

I. Grundlegende Perspektiven

Nachwestfälische Unordnung

Staatlichkeit – eine Idee mit welthistorischer Bedeutung 15
Herfried Münkler

Begrenzte Staatlichkeit und neue Governance-Strukturen 23
Thomas Risse

Alles fließt – Ansätze für ein neues Politikverständnis 30
Klaus Segbers

Paradigmenwechsel im Völkerrecht: Staatliche Souveränität versus
Schutzverantwortung 35
Rudolf Dolzer

Teufelskreis prekäre Staatlichkeit: Triebkräfte und Folgen

Wirtschaftliche Unterentwicklung und Staatszerfall in Afrika 42
Rainer Tetzlaff

Sicherheitsrisiko Klimawandel 49
Dirk Messner

Instabilität durch krisenbedingte Wanderungsbewegungen 56
Steffen Angenendt

Prekäre Staaten als Gefahrenherde: Terrorismus und Verbreitung von
Massenvernichtungswaffen 64
Monika Heupel

Herausforderungen für staatliche und transnationale Akteure

Zivil-militärische Zusammenarbeit bei Auslandseinsätzen 72
August Pradetto

Internationales Statebuilding: Dilemmata und Herausforderungen für
»externe« Akteure 79
Ulrich Schneckener

II. Prekäre Staaten und Gebiete von deutschem Interesse

Ethnische Fragmentierung in Bosnien-Herzegowina 89
Michael Schmunk

»Balkanisierung« des Kosovo 97
Marie-Janine Calic

Die Sezessionskonflikte Georgiens 105
Uwe Halbach

Der Antistaat: Talibanistan 114
Conrad Schetter

Pakistan: Ein scheiternder Nuklearstaat? 123
Jochen Hippler

Irak: Regimewechsel im Zweistromland 129
Henner Fürtig

Illiberum Veto im Libanon: Blockierte und kriegsgefährdete Republik 137
Theodor Hanf

Die palästinensischen Gebiete vor der Vielstaaterei? 146
Margret Johannsen

Jemen – Staatszerfall in Raten 154
Guido Steinberg

Somalia: Ein sicherer Hafen für Piraten und Terroristen? 162
Kerstin Petretto

Konflikte südlich der Sahara: DR Kongo und Sudan 168
Denis M. Tull und Annette Weber

III. Nationalstaatliche Exporteure von Stabilität und Entwicklung

Deutsche Friedens- und Stabilisierungseinsätze 181
Stefan Mair

Frankreichs Stabilisierungspolitik im subsaharischen Afrika 190
Michael Meimeth

Großbritannien: Weltordnungsmacht mit robustem Mandat 197
Bastian Giegerich

Italiens Carabinieri im Einsatz für nationale Interessen 205
Carlo Masala

Die Niederlande: Regierungssturz beim Friedenseinsatz 210
Willem F. J. Stöger

Russland: Die verhinderte regionale Ordnungsmacht 216
Stefan Meister

USA: Mission noch nicht erfüllt 222
Josef Braml

Kanada vor dem Abzug 232
David Bosold

Chinas harmonische Nichtinterventionspolitik 240
Heinrich Kreft

Japans Entwicklungshilfe 248
Hanns W. Maull

Indiens Grenzen als Ordnungsmacht in Südasien 254
Christian Wagner

Australien: Stabilitätsexport Down Under 261
Daniel Lambach

IV. Supra- und transnationale Strukturen und Akteure

Der UN-Sicherheitsrat zur Legitimation humanitärer Interventionen 271
Manfred Eisele

Friedenseinsätze der Vereinten Nationen 279
Winrich Kühne

Gerechtigkeit und Frieden durch den Internationalen Strafgerichtshof 287
Nicole Deitelhoff

Globale NATO-Operationen 294
Michael Rühle

Die Stabilisierungsmissionen der EU 302
Henning Riecke

Die Leistungsbilanz von OSZE-Missionen 310
Wolfgang Zellner

Regionale Sicherheit durch die Afrikanische Union 319
Ulf Engel

Die Ordnungsfunktion internationaler Finanzinstitutionen 326
Hubert Knirsch

Stabilisierung und Entwicklung durch die WTO? 335
Stormy-Annika Mildner und Claudia Schmucker

G8 und G20: Eine neue Agenda für Sicherheit und Entwicklung 344
Milena Elsinger und Katharina Gnath

V. Problemperzeption und Lösungsansätze der operativen Politik

BMZ: Entwicklungszusammenarbeit zum Staatsaufbau
in Afghanistan und Pakistan 353
Friedel H. Eggelmeyer

Das Bundesverfassungsgericht und der Parlamentsvorbehalt bei
Auslandseinsätzen der Bundeswehr................................. 359
Robert Christian van Ooyen

CDU/CSU: Prioritätensetzung für eine operative Außenpolitik............ 368
Roderich Kiesewetter

SPD: Ziele, Instrumente und Ergebnisse sozialdemokratischer
Friedenssicherung 372
Rolf Mützenich

FDP: Lektionen aus den Balkan-Einsätzen 377
Rainer Stinner

Die Linke: Sozialistische Außenpolitik – Sicherheit alternativ gedacht..... 381
Wolfgang Gehrcke

Bündnis 90/Die Grünen: Plädoyer für eine Außenpolitik
der Friedenschancen 386
Kerstin Müller

Der Afghanistan-Einsatz der Bundeswehr: Kein Thema
im Wahlkampf 2009 391
Manfred Schwarzmeier

Die Rolle der Medien: Vermittler oder Gestalter?...................... 398
Martin Löffelholz und Kathrin Schleicher

VI. Schlussfolgerungen und Handlungsempfehlungen

Plädoyer für vorausschauendes innen- und außenpolitisches Handeln... 407
Josef Braml, Thomas Risse und Eberhard Sandschneider

VII. Anhang

Autorinnen und Autoren... 429

Anlagen: Fragenkataloge für die Fallstudien........................... 433

Abbildungsverzeichnis... 437

Tabellenverzeichnis... 437

Literaturverzeichnis.. 439

Vorwort von Bundesaußenminister Guido Westerwelle

Fragile Staaten haben über lange Zeit eher ein außen-und sicherheitspolitisches Schattendasein geführt. Sie galten als regionale Probleme, die aus primär humanitären und entwicklungspolitischen Gründen zum Eingreifen veranlassten. Der 11. September 2001 hat hier zu einem fundamentalen Wandel geführt. Durch die Anschläge von New York und Washington wurde der internationalen Gemeinschaft schlagartig bewusst, dass sie Rückzugsräume für global agierende Terroristen in Afghanistan und andernorts nicht länger hinnehmen durfte.

Diese Einsicht gilt unverändert. Allgemein hat sich seitdem die Überzeugung durchgesetzt, dass von Failing States eine unmittelbare Gefährdung auch der eigenen nationalen Sicherheit ausgehen kann. Es ist nicht mehr, wie traditionell in der Geschichte, in erster Linie der starke Nachbar und Konkurrent, der als Bedrohung wahrgenommen wird, sondern der geografisch möglicherweise weit entfernte Staat, der gerade aufgrund seiner Schwäche bedroht und verunsichert.

Zahlreiche gut dokumentierte Statistiken belegen, dass die Zahl vom Scheitern bedrohter Staaten weiter zunimmt. Gleichzeitig steigern sich Ausmaß und Grad ihres Scheiterns. Die Relevanz von zerfallen(d)en Staaten wird also aller Voraussicht nach zunehmen, auch als Aufgabenfeld für westliche, einschließlich deutscher Diplomatie – für so genannte »expeditionary diplomacy«. Um es an einem Beispiel zu belegen: Die Piraterie am Horn von Afrika werden wir erfolgreich nur bekämpfen können, wenn wir das Umfeld, wenn wir die unmittelbaren Anrainerstaaten auf den Weg politischer Stabilisierung zurückführen. An ihrer Bekämpfung führt kein Weg vorbei, denn die Piraterie bedroht laufend eine der Hauptschlagadern des internationalen Warenverkehrs. Hier zeigt sich: Die Staatengemeinschaft ist in einer globalisierten Welt gut beraten, staatsfreie Räume nicht einfach hinzunehmen.

Wer ehrlich ist, wird gleichzeitig konstatieren, dass unsere Möglichkeiten, Länder wie Afghanistan, Jemen, Somalia oder Haiti zu stabilisieren, begrenzt, ja von Misserfolg bedroht sind. Eine Bilanz aller von westlichen Staaten geführten Einsätze mit dem Ziel, zu politischer Stabilität beizutragen und dazu auch eigene Werte und Staatsvorstellungen zu exportieren, dürfte sehr gemischt ausfallen. Schnell wird dabei deutlich, dass es keine Patentrezepte geben kann, die für alle Problemlagen passen, sondern individuelle Lösungsansätze gesucht werden müssen, die Geschichte und Kultur eines Landes ebenso mit in den Blick nehmen wie die konkreten Entstehungsbedingungen der zugrunde liegenden Konflikte.

Als eine wichtige Lehre aus fast zehn Jahren intensiver Bemühungen um Afghanistan erscheint mir, dass wir uns realistische Ziele setzen müssen. Wir brauchen Augenmaß für das, was vor Ort machbar ist. Gleichzeitig brauchen wir Geduld und Beharrlichkeit. Wir, das sind die für außenpolitisches Planen und Handeln Verantwortlichen, das sind aber auch die Medien, das ist auch unsere Öffentlichkeit. Hier haben wir noch Lernbedarf.

Bei allen Stabilisierungsbemühungen scheint es mir – und insofern sind Verallgemeinerungen erlaubt – von besonderer Bedeutung zu sein, ein sicheres und beherrschbares Umfeld zu schaffen, also funktionierende Sicherheitsstrukturen und Rechtssicherheit herzustellen. Es gilt dafür Sorge zu tragen, dass menschliche Grundbedürfnisse (wie Nahrung, Kleidung und medizinische Versorgung) befriedigt und die Menschenrechte geschützt werden. Wir müssen schauen, wie weit wir an vor Ort schon vorhandene politische Strukturen anknüpfen können, um sie weiterzuentwickeln. Ein alter Grundsatz internationaler Hilfe – »do no harm« – hat unverändert Gültigkeit. Was die Staatengemeinschaft erreichen möchte, muss vor Ort passen und sollte nicht darauf abzielen, eine ganze Gesellschaft in kürzester Zeit umgestalten zu wollen.

Letztlich dient alle Hilfe der Selbsthilfe. Auch unser militärisches Afghanistan-Engagement zielt auf eine Übergabe in Verantwortung, mit der wir schon im Jahre 2011 beginnen wollen. Offenkundig ist dabei, dass Afghanistan nicht allein auf militärischem Wege stabilisiert werden kann, sondern nur im Rahmen eines politischen Prozesses, der ein afghanisch geführter Prozess sein muss. Klar erkennbar ist dabei auch, dass die internationale Gemeinschaft jenseits eines militärischen Einsatzes noch für geraume Zeit durch Unterstützungsleistungen am Hindukusch präsent bleiben wird.

An unseren übergreifenden Zielen, etwa Demokratie und Menschenrechten eine immer festere, weltweite Basis zu geben, werden wir stets festhalten. Wir sollten dabei berücksichtigen, dass sich unsere Vorstellungen in vollem Umfang nur langfristig und nur aufgrund eines intensiv angelegten kulturellen Austauschs werden durchsetzen können. Selbst wenn es unserer eigenen Schnelllebigkeit entgegenzulaufen scheint: Wir müssen uns darauf einlassen, in längeren Zeiträumen zu planen und zu denken. Dann wird sich unser Einsatz für den Frieden bei der Stabilisierung fragiler Staaten lohnen.

Dieses Jahrbuch der Deutschen Gesellschaft für Auswärtige Politik empfehle ich gerne der Lektüre. Einer sich neu bildenden Tradition der DGAP gemäß und anknüpfend an die »Weltverträgliche Energiesicherheitspolitik« (2008) derselben Veröffentlichungsreihe behandelt es systematisch und vorausschauend ein bedeutsames Thema deutscher und europäischer Außenpolitik. Politik und Wissenschaft werden in einen konstruktiven Dialog gebracht: Der aktuelle Band beinhaltet die problemorientierten Beiträge von Hochschulprofessoren sowie prominenten Autorinnen und Autoren der politischen Praxis. Schließlich verheißt die eingängige Darstellung eine gute Aufnahme in der interessierten Öffentlichkeit – und damit ein breiteres Verständnis für Möglichkeiten und Grenzen im Umgang mit fragilen Staaten.

Berlin, im September 2010

Einleitung: Staatliche und supranationale Akteure in Räumen begrenzter Staatlichkeit

Josef Braml, Thomas Risse und Eberhard Sandschneider

In Afghanistan, Palästina oder im Sudan ist kein Staat zu machen. So oder ähnlich lauten mittlerweile die enttäuschten Reaktionen vieler Demokratieexporteure, deren ehrgeizige Friedenseinsätze nicht die erhofften Wirkungen zeitigten. Die Nachfrage nach Statebuilding-Aktivitäten übersteigt das Angebot, weshalb das ressourcenintensive Modell Kosovo, das aufgrund vielfältiger Probleme nicht als Vorbild dient,[1] kaum verallgemeinerbar ist.[2] Je nachdem, welche (normativen) Kriterien, Indikatoren oder Daten genutzt werden, um die Qualität von Staatlichkeit zu messen, werden 40 bis 60 Staaten weltweit als »schwach«, »versagend« oder »gescheitert« bezeichnet. Dazu zählen so unterschiedliche Länder wie Bosnien-Herzegowina, Georgien, Afghanistan, Pakistan, Irak, Libanon, Jemen, Somalia oder die DR Kongo.[3] Wenn man allgemeiner von Räumen begrenzter Staatlichkeit ausgeht, in denen die »effektive Gebietsherrschaft«, das heißt die Rechtsdurchsetzungsfähigkeit und/oder das Gewaltmonopol des Staates nur eingeschränkt gegeben sind, dann ist die große Mehrheit der Staaten im internationalen System davon betroffen (als Überblick siehe Abb. 1, S. 5).[4] Begrenzte Staatlichkeit ist aber nicht nur in Entwicklungsländern und postkolonialen Gebieten vorhanden. Auch in den Industrieländern gibt es Räume, in denen der Staat kein Gewaltmonopol hat und nur eingeschränkt Rechte durchsetzen kann.[5] Wir sollten uns deshalb vor der Arroganz hüten, begrenzte Staatlichkeit als ausschließliches Problem der Dritten Welt zu sehen und uns vergegenwärtigen, dass Staatlichkeit auch in der westlichen Welt kein selbstverständlicher Zustand ist, sondern ein langfristiger Prozess, im Laufe dessen sich Staaten mehr oder weniger konsolidiert haben.

Staat umfassender, funktional begreifen …

Der institutionelle Flächenstaat ist im Verlauf des 20. Jahrhunderts zur weltweit dominanten Form politischer Ordnungsvorstellungen geworden. Wenn wir heute von prekären oder zerfallen(d)en Staaten (Failing bzw. Failed States) sprechen, dann weichen diese Gebilde von dieser uns in der westlichen Welt vertrauten Norm politischer Ordnung ab. Sie verfügen weder über das Gewaltmonopol noch über rechtsstaatliche Institutionen und können deshalb auch keine allgemein verbind-

---

1 Siehe den Beitrag von Marie-Janine Calic in diesem Band.
2 Siehe den Beitrag von Ulrich Schneckener in diesem Band; Vgl. auch ders., Internationales Statebuilding. Dilemmata, Strategien und Anforderungen an die deutsche Politik (SWP-Studie Nr. S 10/07), Berlin 2007.
3 Ausführlicher: ebd.
4 Siehe den Beitrag von Thomas Risse in diesem Band.
5 Das Gegenteil von begrenzter Staatlichkeit ist im Übrigen nicht unbegrenzte Staatlichkeit (das wäre eine totalitäre Willkürherrschaft), sondern konsolidierte Staatlichkeit. Aber konsolidierte Staatlichkeit ist ein Idealtypus, bei dem das Gewaltmonopol und die Rechtsdurchsetzungsfähigkeit staatlicher Akteure vollständig gegeben sind; die meisten real existierenden Staaten entsprechen dem nicht.

lichen Entscheidungen treffen, um öffentliche Güter bereitzustellen – sprich für Sicherheit, Recht und Wohlfahrt ihrer Bürger sorgen. Der moderne Nationalstaat in unserer westlichen Vorstellungswelt hingegen soll idealerweise solche Leistungen in den Bereichen Herrschaft/Recht, Sicherheit und Wohlfahrt erbringen.[6]

Dabei vergessen wir häufig einen weiteren Vorstellungsinhalt von Staat: Der transhistorisch-universale Staatsbegriff umfasst auch Ordnungsformen, die weder territorialisiert sind noch eine institutionell ausdifferenzierte innere Struktur aufweisen. Die antike Vorstellung von der »polis« und der »res publica«, aber auch die Loyalitäts- und Gefolgschaftsverbünde der Völkerwanderungszeit und des Mittelalters, Personenverbände wie Ritterorden oder Kaufmannshansen lassen sich mit diesem funktionalen Staatskonzept begreifen. »Sind doch auch Räuberbanden nichts anderes als kleine Reiche. Auch da ist eine Schar von Menschen, die unter Befehl eines Anführers steht, sich durch Verabredung zu einer Gemeinschaft zusammenschließt und nach fester Übereinkunft die Beute teilt.«[7]

Auch heute noch gibt es »Räume begrenzter Staatlichkeit«[8] oder, umgekehrt formuliert, staatsfreie »Inseln an Organisationsfähigkeit«.[9] Wo kein Staat existiert, herrscht nämlich nicht einfach Anarchie und Chaos. Governance[10] in Räumen begrenzter Staatlichkeit bedeutet, dass jemand Steuerungsfunktionen erbringt (seien es Warlords, Clanchefs, Stammesführer, internationale Organisationen, NGOs oder multinationale Unternehmen), ohne dass effektive und legitime Gebietsherrschaft als ein Kernelement von Staatlichkeit vollständig gegeben wäre. Diese Akteure erbringen einerseits häufig Governance-Leistungen auch unter den Bedingungen begrenzter Staatlichkeit, das heißt, sie setzen Regeln und Normen und stellen öffentliche Güter bereit. Andererseits schwächen sie (und oft auch damit verbandelte Staatseliten selbst) in vielen Fällen die staatlichen Institutionen, um die Geldflüsse internationaler Geber aufrechtzuerhalten[11] und um damit Patronage-Netzwerke oder klientelistische Herrschaftsstrukturen zu stärken: Indem sie als informelle Schleusenwärter die externen Zuwendungen für ihre Zwecke nutzen, können sie für die Gefolgschaft ihrer Klientel sorgen.

---

6 Vgl. Arthur Benz, Der moderne Staat. Grundlagen der politologischen Analyse, München und Wien 2001; Gunnar Folke Schuppert, Staat als Prozess. Eine staatstheoretische Skizze in sieben Aufzügen, Frankfurt/Main 2009.

7 So schon Aurelius Augustinus, De Civitate Dei, IV. Buch, 4. Kapitel, S. 413–427.

8 Ausführlicher zur »Reisefähigkeit« des Governance-Konzepts durch Raum und Zeit – zur Frage, inwieweit diese Konzepte auf historische und gegenwärtige Räume begrenzter Staatlichkeit in anderen Weltregionen und kulturellen Kontexten anwendbar sind – siehe: Thomas Risse, Regieren in Räumen begrenzter Staatlichkeit (SFB-Governance Working Paper Series Nr. 5), Berlin 2007.

9 Vgl. Christoph Zürcher, Gewollte Schwäche. Vom schwierigen analytischen Umgang mit prekärer Staatlichkeit, in: Internationale Politik (September 2005), S. 13–22.

10 Unter Governance soll hier »Regieren mit großem R« verstanden werden: also die verschiedenen institutionalisierten Formen sozialer Handlungskoordination, um verbindliche Regelungen herzustellen und zu implementieren sowie kollektive Güter (wie Sicherheit, öffentliche Gesundheit oder saubere Umwelt) bereitzustellen. Vgl. dazu Arthur Benz, Governance – Regieren in kompexen Regelsystemen, Wiesbaden 2004; Renate Mayntz, Governance im modernen Staat, in: ebd., S. 65–76, hier S. 66; Gunnar Folke Schuppert und Michael Zürn (Hrsg.), Governance in einer sich wandelnden Welt, in: Politische Vierteljahresschrift (PVS), Sonderheft 41, Wiesbaden 2008.

11 Zum Beispiel bezeichnet Ivan Krastev »Staaten«, die sich so verhalten, als »cunning states«; vgl. Ivan Krastev, The Balkans. Democracy without Choices, in: Journal of Democracy (Juli 2002), S. 39–53.

Abbildung 1: Abstufungen von Staatlichkeit

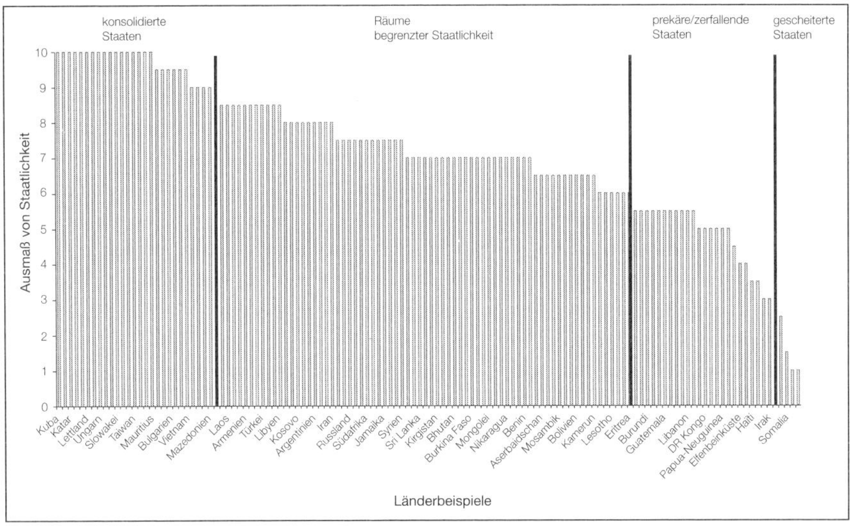

[Balkendiagramm: Ausmaß von Staatlichkeit (0–10) für verschiedene Länderbeispiele, gegliedert in konsolidierte Staaten, Räume begrenzter Staatlichkeit, prekäre/zerfallende Staaten und gescheiterte Staaten. Länder u.a.: Kuba, Katar, Lettland, Uruguay, Slowakei, Taiwan, Mauritius, Bulgarien, Vietnam, Mazedonien, Laos, Armenien, Türkei, Libyen, Kosovo, Iran, Argentinien, Russland, Südafrika, Jamaika, Syrien, Sri Lanka, Kirgistan, Bhutan, Burkina Faso, Mongolei, Nicaragua, Benin, Aserbaidschan, Mosambik, Kamerun, Bolivien, Lesotho, Eritrea, Burundi, Guatemala, Libanon, DR Kongo, Papua-Neuguinea, Elfenbeinküste, Haiti, Irak, Somalia.]

Datenquelle: Bertelsmann-Transformationsindex 2010, eigene Berechnung und Darstellung.[12]

... um Geschichte und Gegenwart zu verstehen

Diese Differenzierung zwischen dem institutionell auf ein Territorium bezogenen Staatsverständnis einerseits und dem Governance-Konzept andererseits, das die Herstellung verbindlicher Regeln und die Bereitstellung öffentlicher Güter beinhaltet, öffnet erstens den Blick dafür, dass auch nichtstaatliche Akteure unter bestimmten Bedingungen zum Regieren beitragen. Es zeigt sich, dass auch in »fragilen«, »prekären« oder gar zerfallen(d)en Staaten durchaus regiert wird, nur eben nicht durch staatliche Akteure. Und zweitens ist diese Differenzierung nicht nur hilfreich, um zu verstehen, wie der Flächenstaat im Laufe der Geschichte zur dominanten Herrschaftsform geworden ist, sondern auch instruktiv, um die Gleichzeitigkeit unterschiedlicher bzw. gegenläufiger Entwicklungen und damit auch heutige Konfliktlagen zu erkennen.

Der über ein Territorium verfügende Staat war anderen Assoziationsformen überlegen; er kann für seine Sicherheits- und Wohlfahrtsleistungen einen Preis einfordern: Gehorsam und Loyalität. Moderner, im Weberschen Sinne ausgedrückt, kann der Staat durch seine Leistungen Legitimation erwirken: die gemeinhin gehegte Überzeugung in der Bevölkerung, dass er Unterstützenswertes leistet.

---

12 Um das Phänomen »begrenzte Staatlichkeit« zu quantifizieren, wurden aus zwei Indikatoren (namentlich »Gewaltmonopol« und »administrative Kapazität«) des 129 Staaten umfassenden Bertelsmann-Transformationsindex 2010 jeweils Durchschnittswerte errechnet. Dabei wird deutlich: 1. Konsolidierte Staaten mit vollem Gewaltmonopol und effektiver Verwaltung (9–10 Punkte) sind die Ausnahme. 2. Das gleiche gilt für prekäre/zerfallende sowie gescheiterte Staaten (0–6 Punkte). Letztere haben so starke Defizite, dass sie eigentlich das gesamte Territorium betreffen. 3. Die meisten existierenden Staaten fallen in die mittlere Kategorie, das heißt, sie haben »Räume begrenzter Staatlichkeit« in Teilen des Territoriums oder bezüglich einzelner Politikfelder (6–9 Punkte).

Gleichwohl bleibt der Flächenstaat angreifbar. Es ist insbesondere schwierig, sein Territorium gegen asymmetrische Bedrohungen durch nichtstaatliche Akteure (die ihrerseits kein Territorium zu beschützen und nur ihre Gefolgsleute zu versorgen haben) zu verteidigen und dafür Verständnis und Unterstützung in der Bevölkerung zu mobilisieren. Nach der historischen Analyse von Herfried Münkler habe es auch immer wieder Konfrontationen mit nichtterritorialisierten Störenfrieden – damals etwa Ritterorden und Kaufmannshansen – gegeben, die konkurrierende Loyalitäten pflegten und über ein eigenes System der Mehrwertabschöpfung verfügten, um ihre Ziele zu erreichen. »In der europäischen Staatenwelt konnte der Territorialstaat mit anderen Territorialstaaten koexistieren, nicht aber mit netzwerkförmigen Verbänden ohne eindeutige territoriale Verortung, die er als umstürzlerisch begriff und mit allen zur Verfügung stehenden Mitteln bekämpfte.«

Diese historische Einsicht, die Herfried Münkler in seinem Beitrag in diesem Band ausführt, bleibt bis heute relevant: Genauso wie der Territorialstaat und das politisch-militärische Netzwerk der Ritterorden nicht miteinander existieren konnten, bedrohen auch im 21. Jahrhundert nichtstaatliche Akteure wie Al Khaïda die Sicherheit bzw. transnationale Finanz- und Wirtschaftsakteure die Wohlfahrtsfunktion und damit das Wesen westlicher Territorialstaaten. »Man kann«, so Münklers Analogie, »die Ritterorden und die Kaufmannshansen, mit denen der Konflikt weniger dramatisch verlief, als Vorläufer moderner transnationaler Netzwerke begreifen, die, wenn sie politische Ziele mit Gewalt verfolgen, vom Staat nicht als bewaffnete Konkurrenten, sondern als terroristische Banden perzipiert und dementsprechend bekämpft wurden.«

Aus ihrer Sicht haben auch diese »Widerstandskämpfer« Lehren aus ihrer Geschichte gezogen und gute Gründe, sich gegen Eingriffe staatlicher Akteure zur Wehr zu setzen: So sind in »Talibanistan«, wie Conrad Schetter ausführt, die Eliten seit jeher bemüht, ihre lokalen Autonomien gegenüber modernen Einflüssen und staatlichen Eingriffen aufrechtzuerhalten – also gegen jegliche externe Einmischung, egal ob gegen die militärische Intervention der Sowjetunion in den 1980er Jahren oder heute gegen die NATO oder den afghanischen bzw. pakistanischen Staat. Der Konflikt »Stamm gegen Staat« durchzieht laut Schetter die gesamte rudimentäre Staatswerdung Afghanistans und Pakistans im 20. Jahrhundert; Stammesstrukturen stehen dem Aufbau jeglicher politischer Institutionen entgegen, in denen nicht die individuelle Autonomie innerhalb des Kollektivs gewahrt wird. Die Tatsache, dass die Bevölkerung ihre lokale Ordnung gegen sämtliche Versuche, eine übergreifende, staatliche Ordnung zu etablieren, verteidigt, wird von westlichen Betrachtern fälschlicherweise als Chaos oder Anarchie gewertet. In Talibanistan, so Schetter, erleben wir vielmehr »den Aufstieg des Lokalen«,[13] der sich in der Bildung von Stammesherrschaft, lokalen Emiraten oder Kriegsfürstentümern niederschlägt.

---

13 Vgl. Trutz von Trotha, Der Aufstieg des Lokalen, in: Aus Politik und Zeitgeschichte (Nr. 28–29/2005), S. 32–38.

Selbstkritische Ursachenforschung

Die Ursachen für die Instabilität einer ganzen Reihe von Staaten und Regionen, von Afghanistan bis Somalia, vom Irak bis in den Kaukasus, und die darin ausgetragenen ethnisch oder religiös begründeten Konflikte sollten zunächst selbstkritisch gesehen werden: Viele dieser Staaten und ihre Grenzen wurden willkürlich auf den Reißbrettern kolonialer Mächte konzipiert. So wurde das paschtunische Volk auf die Staaten Afghanistan und Pakistan verteilt. Ebenso ist der Staat Irak ein Kunstprodukt.

Auch die ungelösten Sezessionskonflikte im Kaukasus und im weiteren Schwarzmeer-Raum haben tiefe historische Wurzeln: Sie sind unter anderem der sowjetischen Nationalitäten- und Territorialpolitik geschuldet. Die sowjetische Ordnung hinterließ den heute kollidierenden Protagonisten vor Ort zwei Erblasten, die die Konfliktbearbeitung erschweren: Ethnisierung von Politik und Mangel an demokratischen Regelungsmechanismen, wie Uwe Halbach in seinem Beitrag verdeutlicht. Die meisten Grenzen des föderalen Staatsaufbaus der Sowjetunion und damit ihrer heutigen Nachfolgestaaten wurden willkürlich gezogen. Regionale Eliten konnten dadurch Ende der 1980er Jahre den Auflösungsprozess der Sowjetunion beschleunigen, da sie Bevölkerungsteile entlang ethnischer Linien mobilisierten und neue politische Loyalitäten schufen. Gleichzeitig hinterließ die Sowjetunion in ihren Nachfolgestaaten auch militärische Ausrüstung, wie Stefan Meister hervorhebt, die bei inneren Konflikten oder gegen Nachbarstaaten eingesetzt werden konnte und damit zur Gewalt beigetragen hat. Das gilt für den Konflikt um Berg-Karabach sowie die Bürgerkriege in Tadschikistan, Georgien und der Republik Moldau. Auch heute noch charakterisieren den postsowjetischen Raum mehrheitlich schwache Staaten mit einer Vielzahl von Konfliktzonen.

Ebenso ist der postkoloniale Staat in Afrika als künstlicher »Ablegerstaat« der europäischen Kolonialstaaten sozusagen als »Abschöpfungsapparat« entstanden und zwar mit dem Auftrag, die Bewohner des Landes zur Fronarbeit zu nötigen, Steuern einzutreiben und Rohstoffe zum Nutzen anderer auszubeuten. »Daher konnte niemals – vergleichbar mit der organischen Staatsbildung in den Ländern Europas – eine enge, fruchtbare, beiderseits nützliche Beziehung zwischen Herrschern und Beherrschten, Staat und Volk, Politik und Wirtschaft heranreifen«, benennt Rainer Tetzlaff in seinem Beitrag die tiefer liegenden Ursachen.

Heute wird der postkoloniale Staat von der Gesellschaft meist nicht als eigenes Gewächs, das auf heimischem Boden herangereift ist, anerkannt und als nützlicher Partner gesehen, der notwendig ist, um die nationalen Produktivkräfte zu entwickeln: »Man zahlt keine Steuern und wehrt sich gegen Abgaben für Strom und Wasser.« Der gängige Vorwurf der »schlechten Regierungsführung« an die nachkoloniale Politik Afrikas sei zwar laut Tetzlaff nicht unbegründet, greife aber zu kurz, wenn nicht auch die teilweise historisch bedingten schwierigen institutionellen und geografischen Rahmenbedingungen einbezogen werden.[14]

---

14 Vgl. auch Robert Jackson, Quasi-States: Sovereignty, International Relations and the Third World, Cambridge 1990.

Endogene (Staatsleistung), exogene (Weltmarktschocks) und strukturelle Faktoren (Demografie, Boden- und Klimabeschaffenheit)[15] und koloniales Erbe zusammen ergeben ein komplexes Diagramm möglicher Wirkfaktoren, die Staatszerfall begünstigen.[16] Wer wie Rainer Tetzlaff solche Faktorenbündel berücksichtigt, kann damit rechnen, dass weitere Staaten kollabieren und weit mehr als bisher nichtstaatliche Akteure auf der politischen Bühne erscheinen: »In den Hohlräumen staatlicher Autorität werden sich private Warlords und ethnische Milizen einnisten und auf diese Weise das verfasste Gewaltmonopol des Staates durch ein prekäres Gewaltoligopol privater Dienstherren ersetzen und dabei Gewalt gegen die Zivilbevölkerung ausüben.« Hinzu kommen internationale Organisationen, NGOs und manchmal gar multinationale Unternehmen, die das Regieren in zerfallen(d)en Staaten übernehmen. Insofern ist eben nicht nur die EU ein Multi-Level-Governance-System, sondern ähnliche Phänomene finden wir auch in den meisten Räumen begrenzter Staatlichkeit.

Umsetzungsprobleme westlicher Staaten

Diese Erkenntnisse aus (Fehlern) der Vergangenheit stellen auch die Industriestaaten vor schier unlösbare Umsetzungsprobleme: Westliche Staaten werden von nichtstaatlichen Terrororganisationen wie Al Khaïda oder Piraten bedroht, die in solchen Räumen prekärer Staatlichkeit Unterschlupf und finanziellen Nährboden finden. Staaten, die das Gewaltmonopol nicht vollständig kontrollieren, können nicht verhindern, dass bewaffnete Gruppen ihr Territorium nutzen, um Angriffe auf andere Staaten zu finanzieren und zu planen bzw. im Falle von Piraten vitale Handelsrouten zu gefährden. Die Defizite prekärer Staaten können sich zudem in lokale, gewaltsam ausgetragene Konflikte übersetzen, die auf Nachbarstaaten übergreifen und sich auch dort destabilisierend auswirken. Schließlich fällt es Staaten mit schwachen Kompetenzen zur Regelsetzung und -durchsetzung schwer, internationale Vorgaben beispielsweise im Hinblick auf die Bekämpfung der internationalen Kriminalität umzusetzen.[17]

Um diese Netzwerke zu bekämpfen, versuchen die um die Sicherheit und Wohlfahrt ihrer Bürger bemühten Staaten, deren Rückzugsräume – das sind Räume begrenzter Staatlichkeit – zu kontrollieren, indem sie Institutionen bereitstellen oder stärken, die Sicherheit und Entwicklung von Staatlichkeit ermöglichen. Diesem vermeintlichen »Zivilisationsprojekt« sind die klassischen Staaten aber nicht

---

15 Nach Einschätzung von Dirk Messner in diesem Band haben westliche Industriemächte auch hier ein historisch begründetes Glaubwürdigkeitsproblem, zumal der Klimawandel vor allem von den Industrie- und Schwellenländern verursacht worden ist. Mit dem Klimawandel steige einerseits die Wahrscheinlichkeit, dass die Anpassungsfähigkeit weiterer Staaten überfordert wird und andererseits auch das Risiko von Verteilungskonflikten zwischen Hauptverursachern und -betroffenen.

16 Ausführlicher zum »Teufelskreis prekärer Staatlichkeit: Treibkräfte und Folgen« siehe die Beiträge von Rainer Tetzlaff (wirtschaftliche Unterentwicklung), Dirk Messner (Klimawandel), Steffen Angenendt (Wanderungsbewegungen) und Monika Heupel (Terrorismus und Verbreitung von Massenvernichtungswaffen) in diesem Band. Vgl. auch die Ausführungen zu den »Entwicklungsfallen« von Paul Collier, The Bottom Billion. Why The Poorest Countries are Failing and What Can Be Done About It, Oxford 2007; Christoph Zürcher, Gewollte Schwäche, a. a. O. (Anm. 9).

17 Ausführlicher dazu der Beitrag von Monika Heupel in diesem Band.

gewachsen. Versuche, westliche Demokratievorstellungen und Staatlichkeit eins zu eins in prekäre Post-Konflikt-Staaten zu exportieren, sind gescheitert. Das zeigen die Ergebnisse der hier dargelegten Fallstudien prekärer Staaten,[18] die nach vorgegebenen Merkmalen analysiert wurden (siehe Fragenkatalog, Anlage 1). Peace- und Nationbuilding haben sich als zu teuer und verlustreich erwiesen und können allenfalls selektiv betrieben werden – regional begrenzt, aber auch funktional auf den Aufbau von Institutionen (Institutionbuilding) oder Kapazitäten (Capacitybuilding) beschränkt. Das allzu ehrgeizige Projekt der Verstaatlichung politischer Strukturen (Statebuilding) ist im globalen Maßstab an seine Grenzen gestoßen.[19]

Das heißt nicht, dass die Epoche der Staatlichkeit zu Ende ist; doch der Staat ist zu einem politischen Akteur unter vielen anderen geworden. Der neue Normalfall ist – so auch die grundlegende Einschätzung von Klaus Segbers in diesem Band – strukturell abgeschwächte staatliche Regulierung mit abnehmender Regierbarkeit. Die Staaten des 21. Jahrhunderts, nicht zuletzt auch durch die Wirtschafts- und Finanzkrise nachhaltig geschwächte westliche Staaten, können ihren klassischen Steuerungsaufgaben nicht mehr in dem von ihren Bürgern gewohnten Maße nachkommen. Das betrifft sowohl den Sozial- und Umverteilungsstaat nach keynesianischem Muster als auch den befürchteten »Sicherheitsstaat«, der sich trotz kostspieliger und persönliche Freiheitsrechte einschränkender Heimatschutzbemühungen (Stichwort: Homeland Security) schwer tut, Gefahren, die jenseits seiner Grenzen entstehen, zu begegnen.

Global Governance und internationale Normen auf dem Prüfstand

Damit sind auch so genannte Global-Governance-Konzepte auf dem Prüfstand – insbesondere supranationale Organisationen und Strukturen, die handlungsfähige Staaten voraussetzen, die die internationalen Vereinbarungen dann im nationalen Rahmen in allgemeinverbindliche Entscheidungen, sprich Politik übersetzen. Die Diskussion um Global Governance, also die Regelsetzung und Bereitstellung kollektiver Güter im internationalen System, unterstellt zumeist, dass konsolidierte Staaten diese Regeln innenpolitisch umsetzen und sich freiwillig daran halten, weil dies in ihrem eigenen Interesse sei. Internationales »Regieren ohne Weltregierung« (governance without government) geht implizit davon aus, dass Staaten die globalen Regeln einhalten können, wenn sie nur wollen.[20]

Des Weiteren müssen internationale Normen überdacht werden. Die neuen asymmetrischen Kriege gegen nichtstaatliche Akteure entziehen sich dem Kriegsvölkerrecht, das für Territorialstaaten als Kriegsmonopolisten geschaffen wurde – wenn auch nichtstaatliche Gewaltakteure durchaus an die Regeln des humanitären Völkerrechts gebunden sind (die Regeldurchsetzung ist hier

---

18 Ausgewählt wurden solche Länder, die besonders im deutschen Interesse liegen – manifestiert durch die Entsendung von Truppen und Polizeiausbildern oder den Einsatz umfangreicher Hilfs- und Finanzmittel.

19 Ausführlicher zu den Einzelaspekten und konzeptionellen Überlappungen der »Building-Familie« siehe Ulrich Schneckener, Internationales Statebuilding, a. a. O. (Anm. 2), S. 9–11.

20 Zur Nichtkooperation aus Unvermögen (»involuntary defection«) vgl. zum Beispiel Robert Putnam, Diplomacy and Domestic Politics. The Logic of Two-Level Games, in International Organization 42 (1988) 2, S. 427–460.

das Hauptproblem). Die so genannte Staatenwelt beruht auf der kontrafaktischen Fiktion, dass sie von modernen Nationalstaaten bevölkert ist, die über ein funktionierendes Gewaltmonopol nach innen und außen verfügen und an deren Fähigkeit zur Rechtsdurchsetzung keine Zweifel bestehen. Auch das Völkerrecht gründet auf dieser Fiktion. Die Souveränitätszuschreibungen der Staatengemeinschaft gehen von der Annahme aus, man habe es mit konsolidierten Staaten zu tun, die ihre (effektive) Gebietsherrschaft problemlos ausüben können. Selbst das Verbot der Einmischung in die inneren Angelegenheiten beruht unter anderem auf der Vorstellung, dass souveräne Nationalstaaten sich erfolgreich um ihre eigenen Angelegenheiten kümmern können. Die steigenden Anforderungen des Völkerrechts (auch internationaler Finanzinstitutionen und der G8 bzw. G20) an Good Governance im Innern der Staaten und die Gewährleistung eines menschenrechtlichen Minimums gehen ebenfalls davon aus, dass Staaten Entscheidungen effektiv durchsetzen können. Schwache institutionelle Kapazitäten sind hier nicht vorgesehen.

Mit dem Prinzip der »Schutzverantwortung« sollte die alte, auf souveräne Territorialstaaten gebaute »Westfälische« Ordnung[21] weiterentwickelt und dem Scheitern von Staaten Rechnung getragen werden. Wenn ein Staat nicht fähig oder willens ist, die Sicherheit seiner Bürger zu gewährleisten, verwirkt er seine Hoheitsrechte; seine Souveränität ist demnach bedingt: Das Souveränitätsrecht eines Staates soll an die »Verantwortung zum Schutz« (Responsibility to Protect) der eigenen Bevölkerung vor schweren Menschenrechtsverletzungen und an die Bedingung geknüpft werden, dass vom eigenen Territorium keine Bedrohung für andere Länder ausgeht. Die bedingte Souveränität bedeutet für die internationale Staatengemeinschaft ein Recht zu intervenieren, wenn ein Staat seine Sicherheitsverantwortung nicht erfüllt.[22] Im Grundsatz akzeptierte die Weltgemeinschaft bereits dieses Prinzip,[23] das es aber noch zu konkretisieren gilt.[24] Mit überstaatlicher Solidarität sollte künftig nicht nur vermieden werden, dass die Staatengemeinschaft von der »dunklen, manchmal brutalen (Innen-)Seite der Souveränität« (so Rudolf Dolzer in seinem Beitrag) wegschaut, sondern auch verhindert werden, dass politische und finanzielle Hürden im Wege stehen, die den Eingriff in die Hoheitsrechte eines Staates verhindern, um gefährdete Gruppen (und auch die eigenen Bürger vor Terrorangriffen) zu schützen. Gleichwohl haben die Entsendestaaten weiterhin mit innenpolitischen Problemen zu kämpfen, ihre Auslandseinsätze gegenüber der eigenen Bevölkerung zu legitimieren, wie die Analysen ausgewählter Einzelstaaten in diesem Band verdeutlichen.

---

21 »Westfälisch« in Anführungsstrichen, weil der Westfälische Frieden von 1648 zwar den Dreißigjährigen Krieg beendete, aber nicht – wie vielfach behauptet – die Herausbildung souveräner Nationalstaaten einläutete. Dieser Prozess dauerte sehr viel länger.

22 Ausführlicher dazu siehe die Beiträge von Rudolf Dolzer und Manfred Eisele in diesem Band.

23 Das Prinzip der Schutzverantwortung wurde auch im Abschlussdokument (Outcome Document) des UN-Gipfels 2005 paraphiert.

24 Vor allem gilt es die Frage zu klären, ob ausschließlich der UN-Sicherheitsrat über einen Eingriff in die inneren Angelegenheiten prekärer Staaten entscheiden und ihn legitimieren solle. Insbesondere von außenpolitischen Eliten der westlichen Führungsmacht USA wird darauf hingewiesen, dass der Sicherheitsrat seinen Aufgaben wiederholt (wie in Ruanda, im Kosovo oder in der westsudanesischen Provinz Darfur) nicht gerecht geworden sei.

Vergleichende, praxisorientierte Zukunftsperspektiven

Im Folgenden wird in Fallstudien untersucht, wie sich relevante Einzelstaaten und supranationale Organisationen auf diese grundlegenden Veränderungen einstellen und ihrer Schutzverantwortung gerecht werden wollen. Dazu wurde eine vergleichende Policy-Perspektive angelegt, indem anhand eines vorgegebenen Analyserasters (siehe Fragenkatalog, Anlage 2) die außen- und entwicklungspolitischen Ansätze jener führenden Länder systematisch untersucht werden, die Sicherheit, Demokratie, Rechtsstaatlichkeit und wirtschaftliche bzw. zivilgesellschaftliche Entwicklung in prekären Staaten etablieren (oder verhindern) wollen. Darüber hinaus werden auch die Ansätze von multilateralen, supra- und transnationalen Akteuren und Strukturen ins analytische Blickfeld gerückt (siehe Fragenkatalog, Anlage 3).

Den wissenschaftlichen Analysen wird die Komponente der operativen Politik mit praxisorientierten Beiträgen angefügt. Dabei wird auch die Rolle der Medien beleuchtet, die, selbst wenn sie Realität nur abbilden wollen, diese bewusst oder auch unbewusst verändern und damit selbst zu politisch relevanten Akteuren werden.[25] Ebenso wird die vom Jahrbuchautor Robert Christian van Ooyen kritisch als »Verfassungspolitik« bezeichnete Rechtsprechungspraxis des Bundesverfassungsgerichts eingehend untersucht, das dem Bundestag mit seinen Entscheidungen zum Parlamentsvorbehalt bei Auslandseinsätzen der Bundeswehr eine mitentscheidende Funktion zugewiesen hat. Schließlich wurden die Wahlkämpfe der im Bundestag vertretenen Parteien analysiert und ihren außenpolitischen Sprecherinnen und Sprechern, wie auch den federführenden Akteuren im Kanzleramt und in den relevanten Ministerien, wurde die Möglichkeit geboten, in knappen, auf das Leitthema fokussierten Beiträgen ihre Problemwahrnehmung und Lösungsansätze darzulegen.[26] Insbesondere wurden sie dazu angehalten, aufzuzeigen, welche Ziele sie mit welchen Instrumenten verfolgen und welche konkreten Ergebnisse sie bislang erreicht haben.

Diese systematisch vergleichende Vorgehensweise bietet den Herausgebern im Schlusskapitel die Möglichkeit, strukturelle Probleme und Verhaltensweisen der Stabilitäts-, Governance- bzw. Entwicklungsexporteure und -Importeure zu vergleichen. Durch den systematischen Vergleich der Strukturen und Politikansätze einzelner Staaten und supranationaler Akteure werden einmal mehr interessante Erkenntnisse gewonnen. Indem schließlich die Problemwahrnehmung der operativen Politik mit der wissenschaftlichen Analyse kontrastiert wird, ergeben sich Anregungen für beide Seiten: Damit können zum einen Schlussfolgerungen gezogen und Empfehlungen für politische Entscheidungsträger formuliert werden; zum anderen ist es auch möglich, die wissenschaftliche Forschung auf Desiderate hinzuweisen und zu weiterführenden Untersuchungen anzuregen.

---

25 Siehe zum Beispiel Barbara Pfetsch und Silke Adam (Hrsg.), Massenmedien als politische Akteure. Konzepte und Analysen, Wiesbaden 2008.

26 Erfreulicherweise haben alle fünf im Bundestag vertretenen Fraktionen sowie auf Seiten der Exekutive der Bundesaußenminister und ein Vertreter des Bundesentwicklungsministeriums (BMZ) das Angebot angenommen, ihre Problemwahrnehmung und Lösungsansätze darzulegen.

Die Deutsche Gesellschaft für Auswärtige Politik (DGAP) will mit diesem Band auch der praktischen Politikgestaltung dienen. Das neu konzipierte Jahrbuch Internationale Politik[27] soll verstärkt Entscheidungsträger aus Politik und Wirtschaft, Meinungsführer in den Medien und die praxisorientierte Wissenschaft ansprechen, um damit einen Beitrag zur Arbeit der DGAP an der Schnittstelle zwischen diesen Bereichen zu leisten.

Ohne Hilfe wäre es nicht möglich, diese anspruchsvolle Aufgabe zu erfüllen. Die Herausgeber danken ihren Kollegen im Planungsstab des Auswärtigen Amtes für ihre inhaltliche und finanzielle Unterstützung,[28] den Mitgliedern des Wissenschaftlichen Direktoriums der DGAP für ihre Anregungen und den 58 Autorinnen und Autoren aus Wissenschaft, Politik und Wirtschaft, dass sie trotz ihrer ohnehin hohen Arbeitsbelastung ihre fachkundigen Jahrbuchartikel innerhalb einer im Vergleich zu anderen Sammelbänden sehr knappen Frist beigetragen haben. Wir danken den Mitarbeitern der Bibliothek und Dokumentationsstelle der DGAP für die Erstellung des Literaturverzeichnisses. Die Nachweise stammen aus der Datenbank Internationale Beziehungen und Länderkunde und wurden um die Nachweise in den Beiträgen ergänzt. Besonderer Dank gilt Uta Kuhlmann-Awad und Tilmann Chladek, ohne deren professionelle und angenehme Mitarbeit dieser Band nicht in dieser sprachlich und grafisch ansprechenden Form entstanden wäre.

Berlin, im September 2010   Die Herausgeber

---

27 Nach grundsätzlicher Beratung mit dem Planungsstab des Auswärtigen Amtes wurde das Erkenntnisinteresse des Jahrbuchs von der bisherigen historischen Dokumentierung des weltweiten Geschehens hin zu einer systematisch-themenfokussierten Analyse innen- und außenpolitischer Herausforderungen neu ausgerichtet. So wurde bereits im vorherigen Band 27 der Themenkomplex »Weltverträgliche Energiesicherheitspolitik« systematisch-vergleichend analysiert.

28 Seit 1958 ist das vom Auswärtigen Amt geförderte Jahrbuch Internationale Politik in zweijährigem Turnus erschienen, bislang in 27 Bänden.

I. Grundlegende Perspektiven

Staatlichkeit – eine Idee mit welthistorischer Bedeutung

Herfried Münkler

Der Begriff des Staates hat im allgemeinen wie im wissenschaftlichen Sprachgebrauch zwei Bedeutungen, die häufig verwechselt werden.[1] Es ist zwischen einem transhistorisch-universalen und einem historisch-konkreten Staatsbegriff zu unterscheiden, wobei ersterer alle Formen politischer Organisation mit dem Anspruch auf verbindliche Entscheidungen umfasst, während letzterer sich auf den institutionellen Flächenstaat bezieht, wie er in Europa zwischen dem 15. und 17. Jahrhundert entstanden ist.

Zwei Staatsbegriffe

Beide Staatsbegriffe werden auch darum immer wieder miteinander verwechselt oder unzureichend voneinander getrennt, weil der institutionelle Flächenstaat im Verlauf des 20. Jahrhunderts zur weltweit dominanten Form politischer Ordnung geworden ist und in seiner Funktionsweise als Normalzustand des politischen Betriebs gilt. Die Beobachtung prekärer oder zerfallender Staatlichkeit (Stichwort: Failing State) erfolgt in der Regel vor dem Hintergrund des institutionellen Flächenstaates als Norm politischer Ordnung.

Im Unterschied hierzu umfasst der transhistorisch-universale Staatsbegriff auch Ordnungsformen, die weder territorialisiert sind noch eine institutionell ausdifferenzierte innere Struktur aufweisen. Im Anschluss an den älteren Begriff des Personenverbandsstaats[2] lassen sich darunter wesentlich personal definierte Verbünde, wie Ritterorden oder Kaufmannshansen, fassen, aber auch die antike Vorstellung von der »polis« und der »res publica«[3] sowie die gentilen Loyalitäts- und Gefolgschaftsverbünde der Völkerwanderungszeit und des Mittelalters.[4] Diesem transhistorisch-universalen Staatsbegriff sind weiterhin imperiale Ordnungen zuzurechnen, insofern deren Einflusszonen und Verbindungslinien territorial kaum zu vereindeutigen sind, sondern in Form von Schraffuren und Schattierungen die politische Landkarte überziehen.[5]

---

1 Zur Begriffsgeschichte von »Staat« vgl. Wolfgang Mager, Zur Entstehung des modernen Staatsbegriffs, Wiesbaden 1968; Paul-Ludwig Weinacht, Staat. Studien zur Bedeutungsgeschichte des Wortes von den Anfängen bis ins 19. Jahrhundert, Berlin/München 1968; sowie zusammenfassend Herfried Münkler, »Staat«, in: Historisches Wörterbuch der Philosophie, Bd. 10, Sp. 1–9.

2 Zum Begriff des Personenverbandsstaats vgl. Theodor Mayer, Die Ausbildung der Grundlagen des modernen deutschen Staates im Hohen Mittelalter, in: Hellmut Kämpf (Hrsg.), Herrschaft und Staat im Mittelalter, Darmstadt 1963, S. 284–331.

3 So werden die Begriffe »politeia« bei Platon und »res publica« bei Cicero häufig mit »Staat« übersetzt.

4 Vgl. Reinhard Wenskus, Stammesbildung und Verfassung. Das Werden der frühmittelalterlichen gentes, Köln/Graz 1961.

5 Vgl. Herfried Münkler, Imperien. Die Logik der Weltherrschaft – vom Alten Rom bis zu den Vereinigten Staaten, Berlin 2005.

In den polychrom gefärbten politischen Landkarten, wie wir sie kennen, kommt dagegen die Dominanz des Flächenstaats zum Ausdruck: Die Verbindlichkeit seiner Entscheidungen und die Loyalitätserwartung an seine Bürger ist räumlich klar definiert: Sie hat Grenzen, an denen sie endet; innerhalb dieser Grenzen ist sie jedoch vollständig und uneingeschränkt, das heißt sie betrifft nicht bloß in abgestuften Graden Eliten und bestimmte Schichten, sondern erfasst die gesamte Bevölkerung. Die politische Geografie des 19. und 20. Jahrhunderts, in der die politische Zugehörigkeit der Territorien farbig markiert worden ist, bis schließlich nur Arktis und Antarktis als »weiße Flächen« zurückblieben, hat als »mental mapping« die Normalitätsvorstellung des Flächenstaats durchgesetzt.

Entgegen dem verbreiteten Sprachgebrauch ist der Territorialstaat nicht eo ipso mit dem Nationalstaat identisch. Vielmehr handelt es sich bei der Nation um eine zum Staat komplementäre politische Ordnungsvorstellung. Von Westeuropa in Schüben nach Mittel-, Süd- und Osteuropa vordringend,[6] hat sich die Idee, dass Territorialstaat und Nation kongruent sind, als politische Norm durchgesetzt, wobei sich das Zur-Deckung-Bringen beider Zugehörigkeits- und Loyalitätssysteme in einer Reihe von kriegerischen Auseinandersetzungen vollzogen hat, die die europäische Geschichte des 19. und 20. Jahrhunderts prägten. Grundsätzlich ist der Territorialstaat jedoch unabhängig von der nationalen Identität seiner Bevölkerung zu denken: Der preußische Staat etwa, der in der deutschen Historiografie und Jurisprudenz lange als Prägestock der institutionellen Infrastruktur des Staates galt, hat weder die gesamte deutsche Nation noch ausschließlich der Nationalität nach deutsche Bürger umfasst.

Staatlichkeit im europäisch-neuzeitlichen Sinn gründete sich auf Souveränität, Territorialität und Loyalität; Nationalität hingegen auf kollektive Identität. Wo beides miteinander zur Deckung kam, entstand eine politische Ordnung, die an sozialer Kohäsion (Solidarität) nach innen und politischer Selbstbehauptung nach außen allen konkurrierenden Ordnungsmodellen überlegen war. Insofern vermindert die Erosion nationaler Identitätsvorstellungen seit dem späten 20. Jahrhundert auch die Kohäsion und Handlungsfähigkeit der Staaten, die nicht von Institutionenverfall oder dem Versiegen ihrer Einnahmen betroffen sind.

Souveränität und Institutionalität

Dem politischen Denken der Antike und des Mittelalters war die Idee der Souveränität fremd. Das mit dem Aufstieg des institutionellen Flächenstaats eng verbundene Konzept der Souveränität ist in der langen Übergangsperiode vom späten Mittelalter zur frühen Neuzeit entstanden,[7] und dabei hat es sich als eine

---

6 Vgl. Theodor Schieder, Typologie und Erscheinungsformen des Nationalstaats in Europa, in: ders., Nationalstaat. Studien zum nationalen Problem im modernen Europa, Göttingen 1991, S. 65–86. Schieder wendet sich damit im Übrigen gegen die von Friedrich Meinecke (Weltbürgertum und Nationalstaat, München 1969, S. 10 ff.) in die Literatur eingeführte Unterscheidung zwischen Staatsnation und Kulturnation; dazu auch Herfried Münkler, Reich, Nation, Europa. Modelle politischer Ordnung, Weinheim 1996, S. 61–95.

7 Vgl. Helmut Quaritsch, Souveränität. Entstehung und Entwicklung des Begriffs in Frankreich und Deutschland vom 13. Jh. bis 1806, Berlin 1986; sowie ders., Staat und Souveränität. Bd. 1: Die Grundlagen, Frankfurt/M. 1970, insbes. S. 36 ff.

überaus effektive Antwort auf innere wie äußere Herausforderungen erwiesen. In der wissenschaftlichen Debatte über die Entstehung des Souveränitätskonzepts ist je nach dem Kontext der Forschung einmal die »innenpolitische« und dann wieder die »außenpolitische« Herausforderung in den Mittelpunkt gestellt worden, wobei zu beachten ist, dass die eindeutige Trennung zwischen Innen und Außen erst ein Ordnungseffekt des neuzeitlichen Territorialstaats ist.

Mit der von den französischen Königen seit dem 14. Jahrhundert propagierten Formel, wonach der König in weltlichen Angelegenheiten keinen Höheren über sich anerkenne bzw. innerhalb seines Königreichs eine kaisergleiche Position für sich beanspruche (»rex Franciae in temporalibus superiorem non recognoscens«; »rex Franciae imperator in suo regno«),[8] war ein erster Schritt in Richtung Souveränitätsvorstellung getan. Die Behauptung der Kaisergleichheit richtete sich gegen den kaiserlichen Anspruch auf die europäische Oberhoheit und ein Prüfungsrecht gegenüber den von Fürsten und Königen getroffenen Entscheidungen. Die Formel vom König als »imperator in suo regno« wandte sich gegen die rechtliche Oberaufsicht des Kaisers, beanspruchte, dass königliche Entscheidungen nicht anfechtbar waren, und bestritt zugleich, dass dem Kaiser das Amt des Friedenswahrers der lateinischen Christenheit zukomme. Praktisch hieß das, dass derjenige, der gegen die Entscheidungen des französischen Hofes an den Kaiser appellierte, dadurch zum Hochverräter wurde und dass Dissense der Fürsten und Könige entweder durch friedliche Verständigung oder auf dem Weg der bewaffneten Auseinandersetzung entschieden werden mussten. Kaiserliche Schiedssprüche sollten als Instrument der Kriegsvermeidung keine Rolle mehr spielen, sondern liefen auf eine Verschärfung der Konflikte hinaus. Damit hatte sich der Krieg aus einer Störung der guten Ordnung in einen rechtlich regulierbaren Bestandteil dieser Ordnung und ein Element der politischen Entscheidungsfindung verwandelt; der Krieg wurde zur »ultima ratio regis« – wie er bis in die Anfänge des 20. Jahrhunderts hinein gerne bezeichnet wurde.[9]

Gleichzeitig wandte sich das französische Königtum auch gegen den Anspruch der Päpste, anstelle der im machtpolitischen Niedergang begriffenen Kaiser deren friedenspolitische und rechtssichernde Aufgaben zu übernehmen: In weltlichen Angelegenheiten (»in temporalibus«), so die zweite Formel, habe der Papst innerhalb des französischen Königreichs weder Entscheidungs- noch Eingriffsbefugnisse und seine Zuständigkeiten seien strikt auf geistliche Fragen (»in spiritualibus«) beschränkt. Darüber, was weltliche und was geistliche Angelegenheiten seien, beanspruchte der französische König die Interpretationshoheit.

Innere Konflikte der Königreiche, bei denen sich Bauernaufstände, Adelsfronden und konfessionelle Auseinandersetzungen miteinander verbanden, haben komplementär monarchische Souveränitätsansprüche begünstigt. Insbesondere Carl Schmitt und seine Schüler haben auf diese Seite der Staats-

---

8   Vgl. Helmut G. Walther, Imperiales Königtum, Konziliarismus und Volkssouveränität. Studien zu den Grenzen des mittelalterlichen Souveränitätsgedankens, München 1976, S. 78 ff.

9   Zur Verrechtlichung des Krieges im Gefolge seines Wandels vom Aufruhr gegen die göttliche Ordnung zu einem »Auskunftsmittel« der Staaten vgl. Wilhelm G. Grewe, Epochen der Völkerrechtsgeschichte, Baden-Baden 1984, S. 237 ff.

und Souveränitätsgenese hingewiesen,[10] in deren Verlauf die bisherigen religiösen Integrationsmuster zerfielen oder sich in Spaltungslinien verwandelten. Sie mussten durch rechtliche Regelungen ersetzt werden, die ohne eine für alle verbindliche Gesetzgebungskompetenz, eben die Souveränität, keine Geltungskraft erlangen konnten.

Die Juristen übernahmen von den Theologen die Aufgabe der Legitimation politischer Ordnung und der Implementierung von Verfahren im operativen Politikbereich. Der Erfüllungsstab verlieh dem neuzeitlichen Staat administrative Struktur und Handlungsfähigkeit. So hat Thomas Hobbes die Beamten des Staates als die Sehnen und Bänder des politischen Körpers bezeichnet.[11]

Der Erfüllungsstab, der nicht mehr von der Willkür und dem Gutdünken des jeweiligen Herrschers abhängig war, hatte ein System von Institutionen in Gang zu halten, das zum Gegengewicht willkürlichen Gebrauchs der Souveränität wurde. Die regelgeleitete Administration des Staates balancierte das Willkürelement einer personalen Souveränität.

Die dem staatlichen Erfüllungsstab Angehörenden entwickelten sehr bald eine eigene Rationalität und ein spezifisches Ethos, woran sie ihre Aufgabenerfüllung ausrichteten: Politische Sekretäre und Diplomaten kultivierten die Vorstellung von der Staatsräson, in der die grundlegenden Maßstäbe und Direktiven staatlichen Handelns bzw. der Interessen, die ein bestimmter Staat zu verfolgen hatte, zusammengefasst wurden,[12] während das Ethos der Staatsdiener im Neustoizismus Gestalt annahm. Der Neustoizismus formulierte ein Ethos des Dienstes, der persönlichen Zurücknahme und der Selbstaufopferung gemäß »necessitas« und »utilitas publica«, dem Zwang der Umstände und dem Gemeinwohl.[13] So erlangte der Flächenstaat nicht nur eine institutionelle Infrastruktur, sondern entwickelte auch ein Beamtenethos, das diese gegen Einflussnahme von außen (Spionage und Landesverrat) sowie Erwartungen der eigenen Herkunftsgruppe, der sozialen Schicht oder der Familie immunisierte und korruptionsresistent machte.

Das heißt sicherlich nicht, dass beides, Korruptionsresistenz nach innen wie außen, in jedem Fall zutraf, aber innerhalb des neuzeitlichen Staates setzte sich die Vorstellung durch, dass dies der Fall zu sein hatte, und mit der Zeit kam es

---

10 Carl Schmitt, Der Staat als ein konkreter, an eine geschichtliche Epoche gebundener Begriff (1941), in: ders., Verfassungsrechtliche Aufsätze, Berlin ³1985, S. 375–385; vgl. Roman Schur, Die französischen Juristen im konfessionellen Bürgerkrieg, Berlin 1962; sowie ders., Individualismus und Absolutismus. Zur politischen Theorie vor Thomas Hobbes (1600–1640), Berlin 1963. Ähnliche Überlegungen finden sich bei Michel Foucault, Mikrophysik der Macht, Berlin 1976, S. 99–107; sowie ders., Dispositive der Macht, Berlin 1978, S. 75–95.

11 Thomas Hobbes, Leviathan, hrsg. von Iring Fetscher, Frankfurt/M. 1984, S. 186.

12 Vgl. nach wie vor Friedrich Meinecke, Die Idee der Staatsräson in der neueren Geschichte, München Wien ⁴1976; Roman Schnur (Hrsg.), Staatsräson. Studien zur Geschichte eines politischen Begriffs, Berlin 1975; Herfried Münkler, Im Namen des Staates. Die Begründung der Staatsraison in der Frühen Neuzeit, Frankfurt/M. 1987; Michael Stolleis, Staat und Staatsräson in der frühen Neuzeit. Studien zur Geschichte des öffentlichen Rechts, Frankfurt/M. 1990; Francesco Gentile, Intelligenza politica e ragion di stato, Mailand 1983; sowie Münkler, Staatsräson, in: Historisches Wörterbuch der Philosophie, Bd. 10, Sp. 66–71.

13 Vgl. Gerhard Oestreich, Antiker Geist und moderner Staat bei Justus Lipsius. Der Neustoizismus als politische Bewegung, Göttingen 1989; sowie ders., Geist und Gestalt des frühmodernen Staates, Berlin 1969, S. 11–197.

zu einer weitgehenden Inversion von Erwartung und Erfahrung. Wenn heute in einigen Teilen der Welt Staatszerfall beobachtet wird,[14] so hat der in der Regel mit einer Erosion des Dienstethos begonnen, und die Beamten haben sich für Bestechungen, Familien- und Stammesbindungen sowie Parteiloyalitäten zugänglich erwiesen.

Bürokratie, Steuerstaat und Recht

Eine unabdingbare Voraussetzung für die Durchsetzung einer am Gemeinwohl orientierten Dienstauffassung in der Beamtenschaft war deren angemessene und zuverlässige Besoldung: Bei Nachweis von Korruption hatten die Beamten nicht nur damit zu rechnen, bestraft und aus dem Amt entfernt zu werden, sondern damit auch ihre lebenslangen Versorgungsbezüge zu verlieren. Die Treue des Beamten wurde so nicht bloß durch sein Ethos, sondern auch durch sein Interessenkalkül gesichert, seitdem Zuverlässigkeit und Korrektheit mit lebenslanger Versorgung honoriert wurden.[15]

Darüber entwickelte sich ein Typus des Staatsdieners, der nicht nur das Vertrauen der Herrschenden bzw. Regierenden genoss, sondern der – bis zur Karikatur – auch die Erwartung der Bevölkerung auf faire Behandlung und sachgerechte Bearbeitung von Verwaltungsvorgängen erfüllte. Wenn in der sozialwissenschaftlichen Literatur zuletzt vor allem das horizontale Vertrauen der Bürger untereinander thematisiert wurde,[16] so generierte der neuzeitliche Staat durch Rechtsbindung wie Zuverlässigkeit seiner Administration ein vertikales Vertrauen, auf das sich die Loyalität der Bürger gründete. Dass dieses Vertrauen, das die Staaten in Europa während langer Zeiträume entwickelt haben, in vielen der im 20. Jahrhundert entstandenen Staaten fehlt bzw. dort ein allgemeines Misstrauen oder der generalisierte Verdacht herrschen, ist ein Grund für die Schwäche dieser Staaten. Demgegenüber lassen sich die Kontrollprozeduren innerhalb der europäischen Staaten als rechtsförmig gehegtes Misstrauen bezeichnen, das als Generator für das Vertrauen der Bürger gegenüber der staatlichen Verwaltung fungiert. Der institutionelle Flächenstaat hat eine Dialektik von Misstrauen und Vertrauen in Gang gesetzt, durch die er sich konkurrierenden Modellen politischer Ordnung als überlegen erwiesen hat.

Um den Erfüllungsstab, von der allgemeinen Verwaltung über das Rechtswesen bis hin zum Militär, zuverlässig besolden zu können, waren Einnahmen nötig. Voraussetzung war die Entwicklung eines steuergestützten Einnahmesystems,

---

[14] Zurückhaltend gegenüber dem Begriff des Staatszerfalls, dafür in reicher Beschreibung seiner Symptomatik Klaus Schlichte, Der Staat in der Weltgesellschaft. Politische Herrschaft in Asien, Afrika und Lateinamerika, Frankfurt/M. 2005; vgl. weiterhin Stefani Weiss und Joscha Schmierer (Hrsg.), Prekäre Staatlichkeit und internationale Ordnung, Wiesbaden 2007.

[15] Vgl. Otto Hintze, Der Beamtenstand, in: ders., Beamtentum und Bürokratie, hrsg. und eingel. von Karsten Krüger, Göttingen 1981, S. 16–77; sowie ders., Der österreichische und der preußische Beamtenstand im 17. und 18. Jahrhundert; in: ders., Staat und Verfassung. Gesammelte Abhandlungen zur Allgemeinen Verfassungsgeschichte, hrsg. von Fritz Hartung, Leipzig 1941, S. 311–348; weiterhin Carl Joachim Friedrich, Der Verfassungsstaat der Neuzeit, Berlin 1953, S. 40 ff. und S. 449 ff.

[16] Vgl. die Beiträge von Offe, Hardin und Eisenstadt in: Martin Hartmann und Claus Offe (Hrsg.), Vertrauen. Die Grundlagen des sozialen Zusammenhalts, Frankfurt/New York 2001, S. 241–369.

das, nicht selten orientiert am Vorbild der römischen Kurie,[17] den seit dem 12./13. Jahrhundert anwachsenden Geldverkehr in Europa nutzte, um die persönlichen Dienstleistungen des Feudalsystems in eine monetäre Abgeltung von Verpflichtungen zu verwandeln. Durch die Zwischenschaltung des Geldes konnten die feudalen personalen Verpflichtungsbeziehungen zwischen Herr und Mann durch die sachlich-unpersönliche Loyalität des Beamten zum Staat ersetzt werden. Die Umstellung von Gefolgschaft auf Loyalität wiederum war die Voraussetzung für die Verrechtlichung dieser Beziehung. Nunmehr galt eine für Dritte kontrollierbare Regelstruktur in der Beziehung zwischen Beamten und Souverän.[18]

Auch die Verlässlichkeit des öffentlichen Rechts gründete sich auf die Entwicklung eines Steuerstaats: Er ermöglichte, die Infrastruktur des politischen Betriebs zu versachlichen und zu verrechtlichen.[19] Kontinuierlich steigende Steuereinnahmen haben zunächst die Ausbildung des Machtstaats und dann des Wohlfahrtsstaats ermöglicht. Während der Machtstaat die der Gesellschaft entzogenen Ressourcen nutzte, um seine Macht nach außen zu expandieren, verwendet der Wohlfahrtsstaat diese Mittel, um mit einer allen Bürgern verfügbaren sozialen Infrastruktur gesellschaftliche Gegensätze auszugleichen. Im Sinne des Kompensationstheorems kann sich eine Gesellschaft umso größere sozioökonomische Dynamiken leisten, je mehr Mittel sie ausgeben kann, um deren unerwünschte Folgen durch wohlfahrtsstaatliche Balanceinstrumente auszugleichen. Das erklärt, warum die Eingliederung regionaler Ökonomien in die globale Wirtschaft in einigen Fällen sozial destabilisierende Effekte gehabt hat, während diese Folgen in anderen Fällen durch staatliche Vor- und Nachsorge entschärft werden konnten. Staatszerfall setzt dementsprechend vor allem dort ein, wo der Staat über zu geringe Mittel verfügt, um die sozial destruktiven Effekte der Globalisierung ausgleichen zu können.

Territorialität und die Verstaatlichung des Militärwesens

Als sich der Flächenstaat als beherrschender Politikakteur herausbildete, wurde das Territorium ausschlaggebend für den Gehorsam, der als Preis für Schutz und Sicherheit eingefordert wurde. Nicht selten gab es indes Konfrontationen mit nicht territorialisierten Politikakteuren wie Ritterorden und Kaufmannshansen,[20] die konkurrierende Loyalitäten pflegten und über ein eigenes System der Mehrwertabschöpfung zur Finanzierung ihrer Organisationszwecke verfügten. In der europäischen Staatenwelt konnte der Territorialstaat mit anderen Territorialstaaten koexistieren, nicht aber mit netzwerkförmigen Verbänden ohne

---

17 Vgl. Walter Ullmann, Kurze Geschichte des Papsttums im Mittelalter, Berlin 1978, S. 232 ff.
18 Vgl. Friedrich, Der Verfassungsstaat der Neuzeit, a. a. O. (Anm. 15), S. 115 ff. und S. 255 ff.
19 Zur Entwicklung der staatlichen Finanzen vgl. Wolfgang Reinhard, Geschichte der Staatsgewalt. Eine vergleichende Verfassungsgeschichte Europas von den Anfängen bis zur Gegenwart, München 1999, S. 306 ff.; Charles Tilly, Coercion, Capital, and European States, AD 990–1990, Oxford 1990, S. 47 ff.; sowie Michael Stolleis, Pecunia nervus rerum. Zur Staatsfinanzierung der frühen Neuzeit, Frankfurt/M. 1983.
20 Im Prinzip sind dem auch die Mönchsorden, insbesondere die Jesuiten, sowie die Freimaurerlogen zuzurechnen, die ebenfalls immer wieder als subversiv bzw. illoyal angesehen wurden. Im Unterschied zu Kaufmannshansen und Ritterorden verfügten sie jedoch nicht über bewaffnete Kräfte.

eindeutige territoriale Verortung, die er als subversiv und umstürzlerisch begriff und mit allen zur Verfügung stehenden Mitteln bekämpfte.[21]

Der Territorialstaat und das politisch-militärische Netzwerk der Ritterorden konnten nicht koexistieren, und deswegen mussten die Orden entweder, wie der Deutschritterorden in Preußen, selbst eine Territorialherrschaft ausbilden oder zerschlagen werden. Man kann die Ritterorden und die Kaufmannshansen, mit denen der Konflikt weniger dramatisch verlief, als Vorläufer moderner transnationaler Netzwerke begreifen, die, wenn sie politische Ziele mit Gewalt verfolgen, vom Staat nicht als bewaffnete Konkurrenten, sondern als terroristische Banden perzipiert und dementsprechend bekämpft wurden.

Der Territorialstaat kann einen anderen Territorialstaat als gleichartig anerkennen und mit ihm in eine symmetrische Konkurrenzbeziehung eintreten, wie dies im plurivers-polyzentrischen Staatensystem Europas der Fall war. Dieses Staatensystem wurde 1648 im Westfälischen Frieden förmlich akzeptiert und rechtlich festgeschrieben.[22] Damit wurde die »Westfälische Ordnung« etabliert, die aufgrund der Souveränitätsansprüche der beteiligten Akteure kein politisches Zentrum und auch kein Oberhaupt kannte,[23] sondern die Ordnung des Systems entweder in Kongressen oder aber durch kriegerischen Machtgebrauch ermittelte. Innerhalb des europäischen Staatensystems wurde klar zwischen Krieg und Frieden unterschieden, markiert durch die Rechtsakte der Kriegserklärung und des Friedensschlusses, sowie die Unterscheidung zwischen Kombattanten und Nichtkombattanten, Staatenkrieg und Bürgerkrieg, Kriegsgewalt und krimineller Gewalt.

Dass der Staat zwischen dem 15. und 17. Jahrhundert – in Europa – zum Monopolisten der Kriegführungsfähigkeit geworden und bis zum Ende des 20. Jahrhunderts geblieben ist, war der dramatischen Verteuerung des Kriegswesens geschuldet. Indem die Heere vergrößert und die Waffengattungen ausdifferenziert, insbesondere die Artillerie entwickelt wurden, verteuerte sich die Kriegführungsfähigkeit derart, dass sie nicht mehr von privaten oder semiprivaten Akteuren zu finanzieren war. Ebensowenig konnte der Krieg weiterhin als gewinnbringendes Geschäft angesehen werden.

Wie bei der Entwicklung der Bürokratie stellte auch im Militärwesen der Staat nunmehr die sachlichen Betriebsmittel.[24] Der Soldat trug »des König Rock«, und die Waffen, mit denen er kämpfte, waren nicht länger seine eigenen, sondern wur-

---

21 Die Herausforderung, die mit der Entterritorialisierung des Politischen verbunden ist, hat an aktuellen Beispielen Harald Behr, Entterritoriale Politik. Von den Internationalen Beziehungen zur Netzwerkanalyse, Wiesbaden 2004, beschrieben.

22 Eine kritische Auseinandersetzung mit dem Begriff der Westfälischen Ordnung als Schlüsselbegriff der realistischen bzw. neorealistischen Schule der Internationalen Politik bietet Benno Teschke, The Myth of 1648. Class, Geopolitics, and the Making of Modern International Relationships, London/New York 2003.

23 Das unterscheidet in modelltheoretischer Perspektive Staatensysteme von imperialen Ordnungen, die ein Zentrum haben, um das die Ordnung in Gestalt von Kreisen und Ellipsen organisiert ist; vgl. Münkler, Imperien, a. a. O. (Anm. 5), S. 16 ff.

24 Vgl. Friedrich, Der Verfassungsstaat der Neuzeit, a. a. O. (Anm. 15), S. 64 ff.; Tilly, Coercion, Capital, and European States, a. a. O. (Anm. 19), S. 68 ff.; sowie Reinhard, Geschichte der Staatsgewalt, a. a. O. (Anm. 19), S. 343 ff.

den in staatlichen Magazinen bereitgehalten. So beanspruchte der Staat nicht nur rechtlich das Kriegsmonopol, sondern setzte es auch faktisch durch, während umgekehrt Krieg und Kriegsdrohung dazu beitrugen, dass die Territorialstaaten ihre institutionelle Infrastruktur weiter ausbauten und insbesondere auf die Stärkung ihrer Steuerkraft bedacht waren.[25]

Das Kriegsmonopol der Staaten wurde erst mit den »neuen Kriegen« herausgefordert. Mit Kindersoldaten, so genanntem »Dual-Use-Equipment« ausgerüstet und über Schattenkanäle finanziert, können nunmehr private Akteure mit asymmetrischen Gewaltstrategien die dafür höchst anfälligen Territorialstaaten bedrohen.[26]

In dem Maße, wie die Staaten heute das Monopol der Kriegführungsfähigkeit verloren haben,[27] wird deutlich, wie sehr diese Trennlinien an die Territorialisierung des Politischen in Gestalt des Flächenstaats gebunden waren. Die »neuen Kriege« entziehen sich hingegen einem Kriegsvölkerrecht, das für Territorialstaaten als Kriegsmonopolisten geschaffen wurde.

Staatliche Unordnung begreifen

Die Verselbständigung des Krieges hat durch die Verbindung innergesellschaftlicher (substaatlicher) und transnationaler (suprastaatlicher) Kriege zu einer neuen Art der Herausforderung geführt, der die klassischen Staaten tendenziell hilflos gegenüberstehen. Das Projekt des Nationbuilding hat sich als zu teuer und zu opferintensiv erwiesen und kann von den postheroischen Gesellschaften des Nordens allenfalls selektiv betrieben werden. Die »neuen Kriege« forcieren nicht nur den Staatszerfall in Regionen, wo sich Staatlichkeit erst rudimentär ausgebildet hat, sondern helfen imperialen Akteuren, die auch in Gebieten zerfallender Staatlichkeit militärisch handlungsfähig sind, ihren Einfluss zu mehren.

Das Projekt der »Verstaatlichung« politischer Strukturen ist im globalen Maßstab an seine Grenzen gestoßen, wohingegen Staatszerfall und Imperialität sich wechselseitig stimulieren.[28] Das heißt nicht, dass die Epoche der Staatlichkeit zu Ende ist; in Europa zumindest wird sie fortbestehen. Aber die Erwartung einer weltpolitischen Ordnung gleichberechtigter, weil gleichartiger Territorialstaaten, wie sie sich in den Vereinten Nationen institutionell manifestiert, ist hinfällig geworden. Der Staat ist zu einem politischen Akteur unter anderen geworden, und er wird Mühe haben, seine gegenwärtige Position zu verteidigen.

---

25 Eine Reihe von Historikern und Sozialwissenschaftlern hat deswegen eine enge Verbindung zwischen der Entstehung institutioneller Staatlichkeit und der Herstellung von Kriegführungsfähigkeit gesehen. Siehe zum Beispiel: Werner Sombart, Der moderne Kapitalismus, Bd. 1, Berlin [16]1969, S. 342.
26 Vgl. Herfried Münkler, Die neuen Kriege, Reinbek b. Hamburg 2002.
27 Vgl. Herfried Münkler, Über den Krieg. Stationen der Kriegsgeschichte im Spiegel ihrer theoretischen Reflexion, Weilerswist 2002, S. 199 ff.; sowie ders., Der Wandel des Krieges. Von der Symmetrie zur Asymmetrie, Weilerswist 2006, S. 137 ff.
28 Vgl. die Beiträge von Schmierer und Münkler in: Weiss und Schmierer (Hrsg.), Prekäre Staatlichkeit und internationale Ordnung, a. a. O. (Anm. 14).

Begrenzte Staatlichkeit und neue Governance-Strukturen

Thomas Risse

Die Spatzen pfeifen es inzwischen von den Dächern: Versuche, westliche Demokratievorstellungen und Staatlichkeit eins zu eins in prekäre, fragile oder Post-Konflikt-Staaten zu exportieren, sind gescheitert.[1] Vorstellungen, man könne in Bosnien-Herzegowina, Irak oder Afghanistan binnen zehn bis fünfzehn Jahren konsolidierte Demokratien mit rechtsstaatlichen Institutionen aufbauen, haben sich als illusionär erwiesen. Mittlerweile ist Ernüchterung bei westlichen »Demokratie-Exporteuren« eingetreten. Einige wollen sogar Demokratie, Menschenrechte oder Good Governance als Ziele westlicher Außenpolitik vollständig aufgeben und plädieren jetzt für eine »Realpolitik«, die sich an so genannten nationalen Interessen wie Sicherheit und Rohstoff- bzw. Energieversorgung orientiert. Andere gehen nicht gar so weit, plädieren aber für bescheidenere Ziele.

In vielen Fällen wird dann argumentiert, fragile, prekäre oder Post-Konflikt-Staaten seien nicht reif für die westliche Demokratie, wobei hier eine Fülle von ökonomischen (zu arm), politischen (zu unsicher), historischen (keine Erfahrungen) oder gar kulturellen Gründen angegeben werden (die Kultur/Religion XY ist mit liberalen Vorstellungen unvereinbar). Demgegenüber soll der folgende Beitrag verdeutlichen, dass das Scheitern westlichen Demokratie- bzw. Governance-Exports wenig mit ökonomischen, historischen oder gar kulturellen Voraussetzungen zu tun hat, sondern im Wesentlichen damit, dass wir es in fragilen, prekären sowie den meisten Post-Konflikt-Staaten mit begrenzter Staatlichkeit zu tun haben. In Räumen begrenzter Staatlichkeit bilden sich andere Governance-Strukturen heraus,[2] die sich von westlicher konsolidierter Staatlichkeit unterscheiden, aber nichtsdestoweniger dazu beitragen (können), dass öffentliche Sicherheit und ein Mindestmaß an Grundversorgung gewährleistet sind sowie unter Umständen sogar rechtsförmige Institutionen entstehen.

Governance-Exportversuche westlicher Staaten oder der internationalen Gemeinschaft müssen sich daher auf die Bedingungen begrenzter Staatlichkeit einstellen, wenn sie nicht weiterhin scheitern sollen. Damit ist kein Verzicht auf die Förderung von Menschenrechten und Demokratie gemeint, wohl aber darauf,

---

1 Dieser Beitrag entstand im Rahmen der Forschungen des DFG-geförderten Sonderforschungsbereichs 700 »Governance in Räumen begrenzter Staatlichkeit«; ausführlicher: <http://www.sfb-governance.de> (abgerufen am 8.7.2010).

2 In Anlehnung an die sozialwissenschaftliche Diskussion soll unter Governance hier »Regieren mit großem R« verstanden werden: also die verschiedenen institutionalisierten Formen sozialer Handlungskoordination, um verbindliche Regelungen herzustellen und zu implementieren sowie kollektive Güter (wie Sicherheit, öffentliche Gesundheit oder saubere Umwelt) bereitzustellen. Vgl. dazu Arthur Benz, Governance – Regieren in komplexen Regelsystemen, Wiesbaden 2004; Renate Mayntz, Governance im modernen Staat, in: ebd., S. 65–76, hier S. 66; Gunnar Folke Schuppert und Michael Zürn (Hrsg.), Governance in einer sich wandelnden Welt, in: Politische Vierteljahresschrift, Sonderheft 41, Wiesbaden 2008.

Governance-Institutionen westlicher Prägung ohne Rücksicht auf die lokalen Gegebenheiten zu übertragen.

Räume begrenzter Staatlichkeit

Was haben Afghanistan, Nigeria, Somalia, Brasilien, Kenia, China, aber gelegentlich auch Frankreich und Deutschland gemeinsam? Wir finden dort mehr oder weniger ausgeprägte Räume begrenzter Staatlichkeit. Diese zeichnen sich dadurch aus, dass bei ihnen zwischen der von der internationalen Gemeinschaft zugeschriebenen Souveränität (der »internationalen« Souveränität)[3] und dem, was man »effektive« oder »innere« Souveränität nennt, eine mehr oder weniger große Lücke klafft. Effektive Souveränität meint hier die Fähigkeit, zentrale politische Entscheidungen herstellen und autoritativ durchsetzen zu können. Diese innere Souveränität von Staaten beruht zumeist auf einem funktionierenden und legitimen Gewaltmonopol.[4]

»Begrenzte Staatlichkeit« bezeichnet dann Defizite bei eben dieser effektiven oder inneren Souveränität. Dabei kann es sich im Extremfall zerfallen(d)er Staaten um die weitgehende Erosion des staatlichen Gewaltmonopols handeln, so dass gewaltoffene Räume entstehen. In den meisten Fällen begrenzter Staatlichkeit haben wir es aber mit schwachen politischen bzw. staatlichen Institutionen zu tun, die weder in der Lage sind, Entscheidungen herbeizuführen noch sie am Ende auch durchzusetzen, notfalls unter Rückgriff auf Zwang. Räume begrenzter Staatlichkeit sind dann solche Teile eines staatlichen Territoriums, in denen staatlichen Akteuren die Fähigkeit fehlt, effektiv regieren, also politische Entscheidungen treffen oder durchsetzen zu können.

Nur selten sind das gesamte Territorium eines Landes und alle Politikbereiche von begrenzter Staatlichkeit betroffen. Zerfallene Staaten wie Somalia sind Ausnahmeerscheinungen im internationalen System. Aber auch der brasilianische Staat verfügt in Teilen Amazoniens nur über ein eingeschränktes Gewaltmonopol, das Gleiche gilt für die Regierung Kenias und den Nordosten des Landes. Ebenso gibt es in Süditalien, in einigen Vorstädten von Paris und sogar in bestimmten Stadtvierteln Berlins Räume, die (hin und wieder) nicht von der Polizeigewalt kontrolliert werden können.

Begrenzte Staatlichkeit muss sich allerdings nicht auf territoriale Räume beziehen, es kann auch um einzelne Politikfelder gehen (oder Teile der Bevölkerung, bei denen der Staat Gesetze nicht durchsetzen kann, vgl. die Mafia in Süditalien). Solche Räume begrenzter Staatlichkeit sind für die meisten Entwicklungs- und Transformationsgesellschaften des globalen Südens charakteristisch. China und Südafrika haben beispielsweise wenige Probleme, ihr Gewaltmonopol landesweit durchzusetzen. Beiden Ländern fehlen aber die institutionellen Kapazitäten, um etwa die eigenen umweltpolitischen Gesetze effektiv durchsetzen zu können.

Begrenzte Staatlichkeit ist nicht nur in Entwicklungsländern und postkolonialen Räumen gegeben. Auch in denen so genannten entwickelten Welt der OECD-

---

3 Vgl. Stephen D. Krasner, Sovereignty. Organized Hypocrisy, Princeton, NJ, 1999.
4 Vgl. Max Webers Definition des Staates als Herrschaftsverband in: ders., Wirtschaft und Gesellschaft, 5. Aufl., Tübingen 1921/1980.

Länder begegnen uns Räume, in der der Staat nur begrenzt Rechte durchsetzen kann. Wir sollten uns vor der Arroganz hüten, begrenzte Staatlichkeit als ausschließliches Problem der Dritten Welt zu sehen. Das Gegenteil von begrenzter Staatlichkeit ist im Übrigen nicht »unbegrenzte« Staatlichkeit (hier würde es sich um totalitäre Willkürherrschaft handeln), sondern konsolidierte Staatlichkeit. Aber konsolidierte Staatlichkeit ist ein Idealtypus, bei dem das Gewaltmonopol und die Rechtsdurchsetzungsfähigkeit staatlicher Akteure vollständig gegeben sind; die meisten Staaten entsprechen dem nicht.

Diese Überlegungen haben gravierende Konsequenzen für die internationale Politik ebenso wie für die Statebuilding-Versuche der internationalen Gemeinschaft in vielen Regionen der Welt. Die »Staatenwelt« beruht auf der kontrafaktischen Fiktion, dass sie von modernen Nationalstaaten bevölkert ist, die über ein funktionierendes Gewaltmonopol nach innen und außen verfügen und an deren Fähigkeit zur Rechtsdurchsetzung keine Zweifel bestehen. Auch das Völkerrecht ist auf dieser Fiktion gegründet. Die Souveränitätszuschreibungen der Staatengemeinschaft gehen von der Annahme aus, man habe es mit konsolidierten Staaten zu tun, die ihre effektive Gebietsherrschaft problemlos ausüben können. Selbst das Verbot der Einmischung in die inneren Angelegenheiten beruht unter anderem auf der Vorstellung, dass souveräne Nationalstaaten sich erfolgreich um ihre eigenen Angelegenheiten kümmern können. Die zunehmenden Anforderungen des Völkerrechts an Good Governance im Innern der Staaten und die Gewährleistung eines menschenrechtlichen Minimums gehen ebenfalls davon aus, dass Staaten Entscheidungen effektiv durchsetzen können, wenn sie nur wollen.[5] Schwache institutionelle Kapazitäten sind hier nicht vorgesehen.

Selbst die Diskussion um Global Governance, also die Regelsetzung und Bereitstellung kollektiver Güter im internationalen System, setzt zumeist unhinterfragt voraus, dass konsolidierte Staaten diese Regeln innenpolitisch umsetzen und sich freiwillig daran halten können, weil dies in ihrem eigenen Interesse sei. Internationales »Regieren ohne Weltregierung« (governance without government)[6] geht mindestens implizit davon aus, dass Staaten die globalen Regeln auch einhalten können, wenn sie nur wollen.

Was aber, wenn konsolidierte Staatlichkeit im Sinne des modernen entwickelten und souveränen Nationalstaats sowohl im historischen Vergleich als auch im zeitgenössischen internationalen System die Ausnahme statt die Regel darstellt? Denn selbst in Europa, von wo aus die Idee moderner Nationalstaatlichkeit ihren Ausgangspunkt nahm, hat sich diese erst im 19. Jahrhundert durchgesetzt durch die endgültige Etablierung des Gewaltmonopols nach innen und außen. Die Globalisierung von Staatlichkeit als dominanter Organisationsform des zeitgenössischen internationalen Systems fand sogar erst in den 1960er Jahren mit

---

5 Vgl. dazu auch Beate Rudolf, Zwischen Kooperation und Intervention: Die Durchsetzung völkerrechtlicher Standards guten Regierens in Räumen begrenzter Staatlichkeit, in: Thomas Risse und Ursula Lehmkuhl (Hrsg.), Regieren ohne Staat? Governance in Räumen begrenzter Staatlichkeit, Schriften zur Governance-Forschung, Baden-Baden 2007, S. 331–373. Siehe auch den Beitrag von Rudolf Dolzer in diesem Band.

6 Vgl. Ernst-Otto Czempiel und James Rosenau (Hrsg.), Governance without Government: Order and Change in World Politics, Cambridge 1992.

der Entkolonialisierung statt. Welche Folgerungen ergeben sich für die Politik, wenn Räume begrenzter Staatlichkeit der Regelfall sind? Wie und unter welchen Bedingungen kann in Räumen begrenzter Staatlichkeit regiert werden, und welche Probleme entstehen dabei?

»Neue« Formen des Regierens

Um diese Frage zu beantworten, könnte es zunächst einmal helfen, sich der Governance-Leistungen moderner Nationalstaaten zu vergewissern. Der moderne Nationalstaat stellt erstens eine Herrschaftsordnung dar, ein System politischer und sozialer Institutionen, das verbindliche Entscheidungen herstellt und durchsetzt. Heute gehören Demokratie und Rechtsstaatlichkeit zu den allgemein akzeptierten normativen Vorgaben dieser Herrschaftsordnung. Zweitens hat der moderne Nationalstaat die Aufgabe, die Sicherheit der Bürgerinnen und Bürger nach innen zu gewährleisten. Dem dient das Gewaltmonopol. Schließlich gehört es drittens zu den klassischen Staatsaufgaben, öffentliche Güter bereitzustellen: ökonomische Stabilität, ein Mindestmaß an sozialer Absicherung, öffentliche Gesundheit, Bildung sowie der Erhalt der natürlichen Umwelt. Kurz: Der moderne Nationalstaat erbringt Governance-Leistungen in den Bereichen Herrschaft, Sicherheit und Wohlfahrt.[7]

Governance in Räumen begrenzter Staatlichkeit bedeutet nun, genau diese Leistungen zu erbringen, ohne dass »effektive Gebietsherrschaft« als ein Kernelement von Staatlichkeit vollständig gegeben wäre. Wo kein Staat herrscht, herrscht nämlich in den meisten empirisch zu beobachtenden Fällen nicht einfach Anarchie, Chaos und Gewalt. In Somaliland beispielsweise, einer Provinz Somalias, haben sich trotz fehlender zentraler Staatsgewalt in den letzten Jahren durchaus tragfähige politische Strukturen herausgebildet, die ein Mindestmaß an Ordnung und eine Grundversorgung der Bevölkerung gewährleisten.[8] Und anders als Medienberichte es verlautbaren, herrschen in Afghanistan nicht durchgängig Chaos und Gewalt. Vielmehr haben sich in vielen Provinzen lokale Strukturen herausgebildet, wobei lokale und internationale Akteure gemeinsam kollektive Güter und Infrastruktur bereitstellen.

In Räumen begrenzter Staatlichkeit entstehen also andere politische Regelungsformen, die in der sozialwissenschaftlichen Diskussion meist als »neue« Formen des Regierens diskutiert werden.[9] Damit ist erstens gemeint, dass nichtstaatliche Akteure direkt in die politische Steuerung einbezogen werden, zum Beispiel im Rahmen von öffentlich-privaten Kooperationspartnerschaften. Zu solchen

---

7 Vgl. Arthur Benz, Der moderne Staat. Grundlagen der politologischen Analyse, München/Wien 2001; Gunnar Folke Schuppert, Staat als Prozess. Eine staatstheoretische Skizze in sieben Aufzügen, Frankfurt a. Main 2009.

8 Vgl. Ken Menkhaus, Governance without Government in Somalia. Spoilers, State Building, and the Politics of Coping, in: International Security 31 (2006/07) 3, S. 74–106; Tobias Debiel et al., Local State-Building in Afghanistan and Somaliland, in: Peace Review: A Journal of Social Justice 21 (2010), S. 38–44.

9 »Neu« steht in Anführungszeichen, weil diese Governance-Formen alles andere als neu sind, sondern im historischen Vergleich schon immer existierten. Zum Folgenden vgl. Risse und Lehmkuhl (Hrsg.), Regieren ohne Staat?, a. a. O. (Anm. 5); Thomas Risse (Hrsg.), Governance without a State? Policies and Politics in Areas of Limited Statehood, New York, NY, 2010.

nichtstaatlichen Akteuren können Wirtschaftsunternehmen und Nichtregierungsorganisationen (NGOs) gehören ebenso wie Familienclans und klientelistische Netzwerke.

Die »neuen« Formen des Regierens zeichnen sich zweitens dadurch aus, dass sie kaum hierarchisch von oben nach unten ausgerichtet sind. Denn genau dieses Merkmal staatlicher Herrschaft, auf Befehl (über Gesetze) Gehorsam erwarten zu können, fehlt ja in Räumen begrenzter Staatlichkeit oder ist nur schwach ausgebildet. Während die Rechtsdurchsetzung klassischer Nationalstaaten autoritativ und notfalls mithilfe einer sanktionsbewehrten Zentralgewalt erfolgt, stehen Räumen begrenzter Staatlichkeit diese Instrumente hierarchischer Steuerung nur begrenzt oder gar nicht zur Verfügung. Unter den Bedingungen begrenzter Staatlichkeit fehlt, was man in der sozialwissenschaftlichen Diskussion den »Schatten der Hierarchie« nennt.

Um Entscheidungen durchzusetzen, sind Regierungen daher auf die Kooperation der Betroffenen angewiesen. Formen nichthierarchischer Steuerung reichen von Anreizsteuerung und Benchmarking über kommunikative Lern- und Überzeugungsprozesse bis hin zu symbolischer Orientierung. So sollen anstelle von Zwang positive Anreize die Kosten-Nutzen-Kalküle der Betroffenen beeinflussen und das sozial oder politisch erwünschte Verhalten herbeiführen. Die empirische Forschung verweist denn auch auf verschiedene funktionale Äquivalente für einen staatlichen »Schatten der Hierarchie«.[10]

Wegen des Risikos von Anarchie und sozialer Unordnung sind private Akteure häufig selbst daran interessiert, Wohlfahrtsleistungen bereitzustellen. Weil der südafrikanische Staat sich lange Zeit weigerte, HIV/Aids wirkungsvoll zu bekämpfen, haben multinationale Automobilfirmen vielfach diese Aufgabe übernommen, aus reinem Eigeninteresse, weil sie nämlich auf gut ausgebildete Fachkräfte angewiesen sind.

Das Handeln multinationaler Unternehmen in Gastländern, vor allem im Menschenrechts- und Umweltbereich, kann ferner über gesetzliche Regelungen in ihren Heimatländern beeinflusst werden.[11] Zudem führen transnationale Kampagnen und Verbraucherboykotts dazu, dass sich Unternehmen stärker am Gemeinwohl ihrer Gastländer interessiert zeigen, schon um ihren guten Ruf zu wahren.[12] Der gleiche Effekt wird erzielt, wenn lokale Gemeinschaften entsprechendes Verhalten einklagen. Häufig verbünden sich lokale zivilgesellschaftliche Akteure mit transnational operierenden NGOs.

---

10 Die folgenden Ausführungen beruhen auf Tanja A. Börzel, Governance Without Government – False Promises or Flawed Premises?, in: SFB Governance Working Paper Series, Berlin 2010; Tanja A. Börzel und Thomas Risse, Governance Without a State – Can It Work?, in: Regulation and Governance 4 (2010) 2, S. 1–21.

11 Für eine makro-quantitative Analyse dieses Zusammenhangs vgl. Aseem Prakash und Matthew Potoski, Investing Up: FDI and the Cross-Country Diffusion of ISO 14001 Management Systems, in: International Studies Quarterly 51 (2007) 3, S. 723–744.

12 Ein gutes Beispiel ist der Ölmulti Shell im Niger-Delta Nigerias. Vgl. Melanie Zimmer, Oil Companies in Nigeria: Emerging Good Practice or Still Fuelling Conflict?, in: Nicole Deitelhoff und Klaus Dieter Wolf (Hrsg.), Corporate Security Responsibility? Corporate Governance Contributions to Peace and Security in Zones of Conflict, Houndmills, Basingstoke 2010, S. 58–84. Siehe auch Annegret Flohr et al., The Role of Business in Global Governance. Corporations as Norm-Entrepreneurs, Houndmills, Basingstoke 2010.

Die Schwäche klassischer Staatlichkeit führt in Räumen begrenzter Staatlichkeit dazu, dass öffentlich-private Kooperationen oder rein private Governance-Formen von der Ausnahme zur Regel werden, weil sonst Leistungen gar nicht erbracht werden. Ohne internationale Kooperationspartnerschaften gäbe es zum Beispiel keine HIV/Aids-Bekämpfung. Während so genannte Public Private Partnerships auch in den westlichen entwickelten Staaten gang und gäbe sind, hier allerdings staatliches Handeln eher ergänzen, werden Netzwerke zwischen staatlichen und nichtstaatlichen Akteuren in Räumen begrenzter Staatlichkeit vielfach zur Regelform des Regierens.

In den meisten Entwicklungs- und Übergangsgesellschaften, aber erst recht in den zerfallen(d)en Staaten der Krisenregionen, sind die lokalen und nationalen Politik-Netzwerke auf die Zusammenarbeit mit internationalen und transnationalen Akteuren angewiesen. Diese reichen von ausländischen Regierungen über internationale Organisationen (zum Beispiel die UN und ihre Unterorganisationen) bis hin zu transnational operierenden multinationalen Unternehmen und internationalen Nichtregierungsorganisationen. Dabei geben internationale Organisationen oder multinationalen Unternehmen häufig Impulse zur effektiven und legitimen Steuerung einschließlich der (Wieder-)Herstellung von Staatlichkeit. Auch Unternehmen oder NGOs erbitten häufig – auch entgegen den Interessen nationaler »staatlicher« Akteure – internationale Unterstützung, um Governance-Strukturen zu etablieren.

Schlussfolgerungen

Begrenzte Staatlichkeit ist kein »Betriebsunfall« der Geschichte, sondern eine Realität und Kontextbedingung in weiten Teilen der Welt, auf die sich westliche Demokratieexporteure, Geberländer und die internationale Gemeinschaft systematisch einstellen müssen. In Räumen begrenzter Staatlichkeit ist zu beobachten, dass sich Governance-Strukturen herausbilden, die durch vielfältige Kooperationsformen staatlicher und nichtstaatlicher, lokaler wie internationaler Akteure geprägt sind.

Demnach sollten die bestehenden Good-Governance-Programme verschiedener westlicher Regierungen wie internationaler Entwicklungsorganisationen überprüft werden. Denn die Maßnahmen der UN, Weltbank, EU, USA und auch die deutsche Entwicklungspolitik orientieren sich allesamt an einem Leitbild, das am modernen, entwickelten Rechts- und Wohlfahrtsstaat ausgerichtet ist. Die meisten Programme zum Statebuilding in prekären und fragilen Staaten sind von modernisierungstheoretischen Annahmen geleitet. Die Modernisierungstheorie geht davon aus, dass Entwicklungs- und Transformationsgesellschaften allmählich von der Logik moderner demokratischer Rechtsstaatlichkeit eingeholt werden.

Nach dieser Annahme handelt es sich bei begrenzter Staatlichkeit um ein defizitäres Übergangsphänomen statt um eine Ausgangsbedingung des Regierens. Mit dieser verengten Perspektive gerät aus dem Blick, dass sich in Räumen begrenzter Staatlichkeit andere Formen des Regierens herausbilden können, die Formen traditioneller Herrschaft mit »neuen« Governance-Modi verbinden.

Begrenzte Staatlichkeit ist demnach als eine Kontextbedingung zu sehen, die beim Design von Strategien zur externen Unterstützung legitimer und effektiver Regierungsformen stärker als bislang üblich berücksichtigt werden müsste. Die Frage würde dann nicht mehr lauten: Wie kann ein regierungsfähiger Staat installiert und stabilisiert werden, sondern eher: Welchen Beitrag können externe Akteure leisten, damit in Räumen begrenzter Staatlichkeit Governance-Leistungen bereitgestellt werden? Statt sich auf Statebuilding zu konzentrieren, ginge es darum, systematisch Anreize und Bedingungen zu schaffen, damit sich lokale und internationale, staatliche und nichtstaatliche Akteure beteiligen, Governance-Leistungen zu erbringen. Statt den (Wieder-)Aufbau staatlicher Institutionen zu betreiben, ginge es darum, funktionale Alternativen herkömmlicher Staatlichkeit von außen zu fördern.

Dazu muss man sich wahrscheinlich von modernisierungstheoretischen Annahmen und der Zielperspektive auf den demokratischen Rechts- und Interventionsstaat westlicher Prägung verabschieden. Normatives Kriterium müsste sein, wie unter den Bedingungen begrenzter Staatlichkeit legitim und effektiv – das heißt an Problemlösungsfähigkeit orientiert – regiert werden kann, ohne dass ein bestimmtes – von westlichen Erfahrungen geprägtes – kulturelles Skript die Vorgabe bildet. Nur auf diese Weise könnte im Übrigen auch dem Verdacht begegnet werden, es gehe bei Good Governance, Demokratieexport und Statebuilding letztlich um eine neue Form des westlichen Imperialismus und Kolonialismus.

Alles fließt – Ansätze für ein neues Politikverständnis

Klaus Segbers

Der Begriff »prekäre Staatlichkeit« wird in diesem Beitrag anders, nämlich grundsätzlicher, gefasst als zumeist in der Literatur üblich.[1] Während in der Regel prekäre oder fragile Staaten als Sonderfall erscheinen, als soziale Organisationsform, die ihrem hehren »westfälischen« Anspruch ausnahmsweise nicht mehr genügt, wird hier davon ausgegangen, dass die vermutete Ausnahme zur Regel geworden ist. Der Normalfall effizienter (und nur gelegentlich entgleisender) Staatlichkeit mutiert nicht einmal zur Ausnahme, sondern verschwindet aus der Realität. Der neue Normalfall ist (im alten Sinne) prekäre, strukturell abgeschwächte staatliche Regulierung mit abnehmender Regierbarkeit.[2] Die Staaten des 21. Jahrhunderts können ihren klassischen Steuerungsaufgaben weitgehend nicht mehr im gewohnten Maße nachkommen. Das betrifft sowohl den Sozial- und Umverteilungsstaat nach keynesianischem Muster wie den in den 1980er Jahren (und teilweise noch immer) vermuteten und befürchteten »Sicherheitsstaat«.

Und es hat weitergehende Konsequenzen: Ein großer Teil politischer und politikwissenschaftlicher Konzepte der vergangenen 2000 Jahre war an den Staat gebunden. Politische Systeme wurden in der Regel auf Staaten als Normalfall sozialer Organisation bezogen. Transformationen wurden auf Staaten (und Gesellschaften und nationale Ökonomien) hin gedacht und analysiert. Außenpolitisches Verhalten wurde – durchaus plausibel – auch an innenpolitische Konstellationen geknüpft (»Demokratischer Frieden«). Vergleichende Politikforschung setzte oft auf der Analyseeinheit Staat auf. Der überwiegende Teil der verfügbaren statistischen Grunddaten ist nach Staaten sortiert. Um den Staat führte, so schien es (und so war es lange), kein Weg herum. Heute dagegen, so die hier vertretene Kernthese, führt die westfälische Fixierung auf den Staat in die Irre.

Erosion des Westfälischen Systems

Seit 1648, als der Westfälische Frieden dem Dreißigjährigen Krieg ein Ende setzte, hatte sich eine relativ stabile Makrokonfiguration des internationalen Systems durchgesetzt, die auf der dominanten Rolle moderner Nationalstaaten beruhte. Diese Staaten waren an ein Territorium gebunden, dem Souveränitätsprinzip verpflichtet und der Überlebensrationalität ergeben. Sie agierten nach innen und nach außen als inter-nationale Akteure. Das Machtmonopol (im Innern und

---

1 Vgl. Robert H. Bates, State Failure, in: Annual Review of Political Sciences, 11 (2008), S. 1–12; Paul Collier, The Political Economy of State Failure, in: Oxford Review of Economic Policy, 25 (2009) 2, S. 219–240; Robert Hunter Wade, Failing States and Cumulative Causation in the World System, in: International Political Science Review, 26 (2005), 1, S.17–36; Stephen D. Krasner und Carlos Pascual, Adressing State Failure, in: Foreign Affairs, 84 (2005) 4, S.153–163; Steward Patrick, Weak States and Global Threats: Fact or Fiction?, in: The Washington Quarterly, 29 (2006) 2, S. 27–53.

2 Evan Bayh, Why I'm Leaving the Senate, in: The New York Times, 20.0.2010; John Harwood, Does Washington Need Fixing?, in: The New York Times, 20.2.2010; Elli Saslow, Obama Tries to Remain Calm During Political Storm, in: The Washington Post, 4.3.2010.

nach außen), eine klare Trennung zwischen innen und außen und eindeutig gezogene Grenzen (oder der Streit darum) markierten die ordnenden Grundsätze dieses Systems. Es ging dem Überlebensprinzip folgend darum, mit militärischen Mitteln seine Macht zu verteidigen oder auszudehnen, um die eigene Sicherheit auf Kosten der Sicherheit der Nachbarn zu mehren.

Doch diese Staatenwelt unterliegt seit geraumer Zeit dem stärksten Funktionswandel seit ihrer Etablierung vor 3000 oder, moderner gerechnet, 350 Jahren. Die wesentliche Ursache dafür liegt im strukturellen Wandel des internationalen Systems, das sich tendenziell entstaatlicht. 20 Jahre nach dem Ende des Ost-West-Konflikts, nach dem für viele eher unerwarteten Wegschmelzen des Kalten Krieges, symbolisiert durch die Öffnung der Berliner Mauer, wird besser sichtbar, dass diese Ereignisse selbst weniger weitere Veränderungen des internationalen Systems ausgelöst haben, als vielmehr selbst Ergebnisse solcher vorgängigen Veränderungen waren. Dieser Strukturwandel der globalen Ordnung ist durch die sich immer weiter intensivierende Globalisierung bedingt.

Der Prozess der Globalisierung hat nicht nur in der Wirtschaft, sondern auch in der Politik massive Auswirkungen. Das betrifft vor allem den klassischen Nationalstaat, der einem fundamentalen Form- und Funktionswandel unterliegt – vor allem deshalb, weil er der Entgrenzung globalen Wandels wenig entgegenzusetzen hat und eher von ihr ignoriert wird. Globale Ströme von Menschen, Kapital und Informationen lassen sich nicht mehr kontrollieren anhand nationaler Grenzsymbole. Die Fließroutinen dieser »Flows« folgen nur begrenzt nationalen Regeln.

Globale Ströme von Kapital und Inhalten

Zwei Arten von »Flows« demonstrieren besonders die Ohnmacht klassischer Nationalstaaten: Ströme von Kapital und von Inhalten. Geldströme sind zunehmend transnational und/oder verlaufen innerhalb transnational agierender Unternehmen. Sie sind oft wenig transparent und folgen immer kürzeren Zeitzyklen. Staatliche Interventionen, wie nach der letzten globalen Finanzkrise, erfolgen in der Regel immer nur ex post, also aufräumend und nachsorgend. Doch auch die kurzfristig beschlossenen Finanzspritzen und Quasiverstaatlichungen folgen keiner strategischen Handlungslinie, sondern sind nur Ad-hoc-Krisenmanagement. Aufgrund der damit verschärften Staatsverschuldung schwächen diese kurzfristigen Notaktionen auf lange Sicht die Handlungsfähigkeit der Regierungen.

Inhalte, das heißt Informationsströme und Unterhaltungsströme, bilden eine weitere Kategorie von »Flows«. Das Internet ist ein schwer kontrollierbares Medium für enorme Informationsflüsse.[3] Ebenso ist Unterhaltung heute auf virtuelle Übermittlung angewiesen. Filme und Musik können so abgerufen, vorgehalten und gehandelt werden. Filme werden an wenigen Orten produ-

---
3 Johanna Blakeley, Entertainment Goes Global: Mass Culture in a Transforming World, Lear Center Entertainment Goes Global Project, Annenberg 2001; Matthew A. Zook, Old Hierarchies or Networks of Centrality? The Global Geography of the Internet Content Market, in: American Behavioral Scientist, 44 (2001), S. 1679–1696.

ziert (etwa in Bombay, Los Angeles und Hongkong), aber, wie Fernsehserien auch, weltweit konsumiert. Dabei geht es nicht nur um Geschäftsinteressen, sondern auch um Inhalte. In Mexiko produzierte »Soaps« werden vor sehr diversen kulturellen Hintergründen rezipiert, sie vermitteln Lebensstile, Einstellungen, Konsummuster und neue Identitätsangebote. Werden diese in der Auseinandersetzung mit überkommenen Einstellungen verarbeitet, entstehen häufig hybride Identitätsmixturen. Wandlungen und auch Brüche von Identitäten sind nicht selten die Folge.

Mehr Spieler, mehr Spielfelder

Es gibt heute mehr Akteure im Bereich der internationalen und globalen Politik als jemals zuvor. Um die schwer überschaubare Landschaft etwas zu ordnen, ist es hilfreich, zwischen staatlichen, marktbezogenen, gesellschaftlichen und inter-/ transnationalen Akteursgruppen zu unterscheiden. Zur Gruppe der staatsbezogenen Akteure gehören nationale Regierungen, regionale Verwaltungen (wie etwa auf der Ebene der Bundesländer in Deutschland), zunehmend Stadtverwaltungen, vor allem diejenigen der sehr großen Städte und sich rasch globalisierenden Stadtregionen,[4] so genannte »Sovereign Wealth Funds«,[5] und auch staatlich gesteuerte Medien. Diese Akteursgruppen vertreten in aller Regel keine homogenen Interessen und agieren nicht geschlossen. Teile von Ämtern, Ministerien, Bürokratien, Kommunen etc. haben ihre partiellen Agenden.[6]

Marktbezogene Akteure sind vor allem Firmen, legale und illegale Unternehmen, sektorale und regionale Interessenverbände, Lobbygruppen, Bewertungsagenturen, international tätige Rechtsanwaltskanzleien, die zusehends auch transnationale Streitfälle im Rahmen von Arbitrage-Verfahren schlichten, und private Mediengruppen.

Auch gesellschaftlich abgestützte Gruppen und Interessen sind heute wesentliche Faktoren transnationaler Politik. Dazu gehören Nichtregierungsorganisationen (NGOs), Netzwerke, Terrorgruppierungen, Kirchen und religiöse Organisationen, öffentlich-rechtliche Medien, Spendensammler und Einzelpersonen.

Schließlich sind noch die inter- und transnationalen Akteure zu erwähnen, so genannte internationale Organisationen. Dazu zählen formale und mehr oder minder legitimierte Organisationen (wie die Vereinten Nationen und die Europäische Union, Weltbank und Währungsfonds usw.), aber auch informelle Gruppierungen (G7/8, G20 sowie die Kontaktgruppen für Iran und Korea).

---

4   Klaus Segbers, The Making of Global City Regions. Johannesburg, Mumbai/Bombay, São Paulo, and Shanghai, Baltimore 2007; Allen J. Scott, John Agnew, Edward W. Soja und Michael Stopper, Global City Regions: An Overview, in: Allen Scott (Hrsg.), Global City-Regions: Trends, Theory, Policy, Oxford 2001, S. 11–30.

5   Die Zuordnung der Sovereign Wealth Funds ist umstritten. Sie agieren zumindest teilweise auch als Marktakteure. Vgl. Shivdasani Butt, Shams Stendevad, Anil Carsten und Ann Wyman, Sovereign Wealth Funds: A Growing Global Force in Corporate Finance, in: Journal of Applied Corporate Finance, 20 (Winter 2008) 1, S. 73–83.

6   Damit entfällt auch die für die Kerngruppen klassischer IB-Theorien typische »Unitary actor«-Annahme.

All diese Gruppen versuchen ständig, einander zu beeinflussen, (zumeist temporäre) Koalitionen zu bilden, Regelwerke zu schaffen, diese zu verändern und ihre jeweiligen Klientelgruppen anzusprechen und zu überzeugen. In dieser komplexen Akteurskonfiguration sind Regierungen nach wie vor eine wichtige Spielergruppe, aber eine mit abnehmendem Einfluss. Die ihnen lange Zeit zugeschriebene innere und äußere Souveränität diffundiert nach oben (etwa zur EU), nach unten (zu gesellschaftlichen Gruppen), und zur Seite (zu Marktakteuren).[7]

Die globalen Spielfelder werden immer voller und unübersichtlicher. Die Sozialwissenschaft versucht mit dem Begriff Mehrebenenspiele diese Tendenz umfassender zu begreifen.[8] Regierungen haben heute bei weitem nicht mehr nur mit anderen Regierungen zu tun, sondern müssen stets auch innenpolitische Konstellationen und Akteure in den Blick nehmen.[9] Politiker müssen die verschiedenen Ebenen und Interessengruppen berücksichtigen. Ihre Botschaften müssen flexibel und »modularisiert«, das heißt für verschiedene Zielgruppen maßgeschneidert sein.

Neue Ad-hoc-Politikstile

Es mag Zeiten gegeben haben, in denen Politiker den Luxus genossen haben, ein oder zwei zentrale Probleme konzentriert anzugehen, bevor sie sich neuen Herausforderungen zu widmen hatten. In einer überschaubaren Medienlandschaft waren Informationen zu verarbeiten und kontrollierbar, Wahlen waren weniger häufig. Ein gewohnter und eingeübter Handlungsrhythmus erlaubte es Politikern, konsistenter und rechtzeitig zu handeln.

Heute dagegen haben sich die Kontextbedingungen verändert; Politik geordnet und zielgerichtet zu gestalten ist nur noch in Ausnahmefällen möglich. Die heutigen Probleme sind komplexer und drängender, aufgrund neuer Informationsangebote und ständiger Präsenz der Medien haben die zu verarbeitenden Informationen und Deutungsangebote zugenommen. In der Summe wird Politik kurzatmiger und inkonsistenter. Die Zeithorizonte aller Akteure werden kürzer. Eine Beobachterin amerikanischer Politik hat diesen Sachverhalt so beschrieben: »Die Präsidentschaft ist überwältigt. Der gesamten Regierung geht es so. Und die Bevölkerung merkt, wenn Institutionen überfordert sind. Die Bürger wissen es. Wenn wir morgen einen großen terroristischen Anschlag erleiden sollten, würde die Hälfte des Landes – mehr als die Hälfte – kein Vertrauen in die Regierung haben. Die Bürger würden der Regierung nicht zutrauen, das zu tun, was zu tun ist. Sie würden ihr nicht glauben, dass sie die Wahrheit sagt, sie würden ihr nicht vertrauen, Punkt.«[10]

---

7 Vgl. Jon Pierre und Brainard Guy Peters, Governance, Politics and the State, Basingstoke 2000.
8 Vgl. Dirk Messner, Die Transformation von Staat und Politik im Globalisierungsprozess, in: ders. (Hrsg.), Die Zukunft des Staates und der Politik: Möglichkeiten und Grenzen politischer Steuerung in der Weltgesellschaft, Bonn 1998.
9 Vgl. Robert D. Putnam, Diplomacy and Domestic Politics: The Logic of Two-Level Games, in: International Organization, 42 (1988) 3, S. 427–460.
10 Peggy Noonan, A Separate Peace. America is in Trouble – And our Elites are Merely Resigned, in: The Wall Street Journal, 17.10.2005 (Übersetzung des Autors).

Wie weiter?

Zusammenfassend ist zu vermerken, dass die klassische staatliche Politik von mehreren Seiten unter Druck steht und dieser Belastung immer weniger standhält. Politische Prozesse und Probleme werden unter dem Einfluss von Globalisierung, Entgrenzung, Zeitkompression, der Allgegenwart von Informationen und der Herausforderung überkommener Identitäten mit Aufgaben und Erwartungen befrachtet, denen sie kaum noch gewachsen sind. Anstelle nach mittelfristigen Antworten auf den strukturellen Wandel zu suchen, wird ad hoc symbolische »Politik« gemacht, etwa medienträchtige G20-Gipfeltreffen abgehalten, deren Ergebnisse zumeist unverbindlich bleiben, weil sie von nationalen Parlamenten selten in allgemeinverbindliche Entscheidungen umgesetzt werden können.

Es ist an der Zeit, Politik zu entlasten – vor allem von der Erwartung, dass Lösungen und Konzepte von oben noch wirksam konzipiert, implementiert und exekutiert werden können. Die Vorstellung von Politikern als Problemlösern scheint zunehmend sinnlos zu werden. Politik verfährt tatsächlich atemlos und »ad-hocistisch«. Vielleicht liegt eine Lösung im Loslassen von Ansprüchen und Erwartungen. Vielleicht wäre es für die mit unkontrollierbaren »Flows« konfrontierten Politiker und Politikerinnen sinnvoller, zu moderieren und navigieren.

Paradigmenwechsel im Völkerrecht: Staatliche Souveränität versus Schutzverantwortung

Rudolf Dolzer

»Die Souveränität von Staaten darf nicht länger als Schutzschild für grobe Menschenrechtsverletzungen genutzt werden.«[1] Mit dieser apodiktischen Feststellung beim Empfang des Nobelpreises bilanzierte 2001 der damalige Generalsekretär der Vereinten Nationen (UN), Kofi Annan, rückblickend die Kriege, vor allem die Bürgerkriege und ihre Opfer der 1990er Jahre. Damit hat er eine weltweite Debatte gefördert, an deren (vorläufigen) Ende die UN-Generalversammlung fünf Jahre später die Idee der »Schutzverantwortung« (»Responsibility to Protect«, im geschriebenen UN-Fachjargon »R2P«) als Inhalt und Grenze der Rechte und Befugnisse jedes staatlichen Souveräns akzeptierte.

Das heute weltweit im Zusammenhang mit Friedenssicherung diskutierte Konzept der Schutzverantwortung war noch in den 1990er Jahren unbekannt.[2] Angesichts vorangegangener menschenrechtlicher und innerstaatlicher Katastrophen sollte damit der Weg gewiesen werden, um künftig Völkermord, ethnische Säuberungen, Verbrechen gegen die Menschheit und Kriegsverbrechen zu begegnen. Mit überstaatlicher Solidarität sollte nicht nur vermieden werden, dass die Staatengemeinschaft von der dunklen, manchmal brutalen (Innen-)Seite der Souveränität wegschaut, sondern auch verhindert werden, dass politische und finanzielle Bürden daran hindern, zum Schutz von Menschen in die Hoheitsrechte eines Staates einzugreifen.

Völkergemeinschaft in moralischer Verantwortung

Die Diskussion über die Schutzverantwortung wurde von der NATO ausgelöst.[3] Ihr Einsatz 1999 zum Schutz der Menschen in Kosovo ohne UN-Mandat

---

1   Kofi Annan, Nobel Lecture, Oslo, 10.12.2001, <http://nobelprize.org/nobel_prizes/peace/laureates/2001/annan-lecture.html> (abgerufen am 5.7.2010).
2   Vgl. Lee Feinstein und Anne-Marie Slaughter, A Duty to Prevent, in: Foreign Affairs, Januar/Februar 2004, S. 136; Paul D. Williams und Alex J. Bellamy, The Responsibility to Protect and the Darfur Crisis, in: Security Dialogue 1/2005, S. 27; Peter Hilpold, The Duty to Protect and the Reform of the United Nations, in: Max Planck Yearbook of United Nations Law, Bd. 10 (2006), S. 35–69; Carsten Stahn, Responsibility to Protect, in: American Journal of International Law, Bd. 101 (2007), S. 99; Peter-Tobias Stoll, Responsibility, Sovereignty and Cooperation, in: Doris König et.al. (Hrsg.), International Law Today, Berlin/Heidelberg 2008, S. 1; Christopher Verlage, Responsibility to Protect, Münster 2008.
3   Der UN-Generalsekretär hatte das Thema schon im August 2000 angesprochen (UN Doc. A/55/1 vom 30.8.2000. Im September 2000 setzte die kanadische Regierung eine »International Commission on Intervention and State Sovereignty« ein, die ihren Bericht im Dezember 2001 vorlegte. Zwei Jahre später berief UN-Generalsekretär Annan das »High-Level Panel on Threats, Challenges and Change« ein, die UN-Generalversammlung verabschiedete 2005 eine Resolution (»World Summit Outcome« A/Res/60/1 vom 24.10.2005), die im Anschluss an die früheren Berichte und Überlegungen eine eigene Version der Schutzverantwortung vorgelegt hat. Der Sicherheitsrat hat sich 2006 und später auf das Konzept in der von der Generalversammlung verabschiedeten Fassung berufen.

brachte die UN in Verlegenheit, ja stellte die prinzipielle Frage ihrer moralischen Legitimation. Das UN-System hatte es einmal mehr (wie schon zuvor in Bosnien und Ruanda) nicht erlaubt, die offenkundig schwerwiegenden Verstöße gegen die Menschenrechte in Kosovo zu verhindern. Der Bürgerkrieg war nach dem Ende der Ost-West-Konfrontation der häufigste Fall des »Krieges«; und gemäß der Präambel der Charta sollte es die erste Aufgabe der Vereinten Nationen sein, »künftige Generationen vor der Geisel des Krieges zu bewahren«. Die Schutzverantwortung berührte demnach fundamentale Fragen des Völkerrechts: wie Menschenrechte überwacht, das Gewaltverbot eingehalten und der Frieden gesichert werden sollen.

Die oft ausufernde Debatte um eine allgemeine Neuordnung nationaler und internationaler Kompetenzen bei der Ausgestaltung der Schutzverantwortung begnügte sich nicht damit zu erörtern, wie auf Verstöße zu reagieren sei. Weitergehend war die Rede von einer Pflicht, präventiv mit ökonomischen, humanitären und notfalls militärischen Mitteln einzugreifen. Einige Befürworter drängten gar die Ständigen Mitglieder im UN-Sicherheitsrat, auf ihr Veto zu verzichten.

Letztendlich anerkannte die Resolution 60/1 der Generalversammlung 2005 das Konzept der Schutzverantwortung, betonte aber die primäre Schutzpflicht jedes einzelnen Staates. Sie reduzierte die Pflicht der Staatengemeinschaft auf eine Hilfspflicht beim Schutz der Menschen, wobei erläuternd insbesondere auf die Rolle der UN und die bestehenden (also keine neuen) Vorschriften der UN-Charta verwiesen wurde. In den Vorberatungen war der Akzent weniger auf die Pflicht des Staates, sondern auf die eigenständige Verpflichtung der Staatengemeinschaft gesetzt worden.

Es lohnt sich, das neue Paradigma in den breiteren Kontext des modernen Völkerrechts zu stellen und es auf seinen Anspruch und seinen Gehalt zu überprüfen. Auf theoretischer Ebene ist zu erörtern, wie das Konzept im Grundsatz zu verstehen ist und wie es sich in die Entwicklungstendenzen des Völkerrechts einordnet. Aus normativ-operativer Sicht ist zu klären, wie die Forderung nach einer Schutzverantwortung zur geltenden Ordnung des Völkerrechts steht und welche Reformen sie nötig macht.

Die Idee der Schutzverantwortung ...

Begriff und Idee der Souveränität stehen schon auf den ersten Blick in einem offenkundigen Spannungsverhältnis (oder Widerspruch?) zum Konzept der Schutzverantwortung, wie sie in verschiedenen Varianten seit 2001 auf internationaler Ebene debattiert worden ist. Souveränitätsdenken betont die Freiheit jedes Staates, nach eigenen Interessen gemäß eigenem Gutdünken zu handeln. Die Forderung nach der Schutzverantwortung will diese Freiheit einengen: Wenn ein Staat fundamentale Regeln des Völkerrechts missachtet, wird deren Einhaltung von der internationalen Gemeinschaft aktiv eingefordert und durchgesetzt. Souveränität bezieht ihre Legitimation aus dem Eigenwert staatlicher Existenz; Schutzverantwortung richtet sich aus an den heutigen Koordinaten der internationalen Gemeinschaft.

Dass die Idee der traditionellen Souveränität des Staates im 20. Jahrhundert unter starken Druck geraten ist, lässt sich seit 1945 primär an der UN-Charta und ihren Regeln über Krieg und Frieden ablesen, genauer gesagt am Gewaltverbot und am Direktorium des Sicherheitsrats, der im Namen aller anderen Staaten fallweise entscheidet, ob Friedenssicherung notwendig ist. Nur eine Generation zuvor noch wurde das »Recht auf Krieg« als höchster Ausdruck der Souveränität in völkerrechtlichen Lehrbüchern gefeiert.

Über Fragen von Krieg und Frieden hinausgehend erschien schon 1964 Wolfgang Friedmanns berühmte Studie »Von der Koordination zur Kooperation«, die den Paradigmenwechsel auf den Punkt brachte: Immer mehr internationale Verträge und internationale Organisationen befördern transnationale Zusammenarbeit und engen damit die Souveränität ein. Zwei Jahre nach Erscheinen des Buches traten 1966 die Menschenrechtspakte der Vereinten Nationen in Kraft: Erneut war dem Staat ein wesentliches Stück seiner Eigenständigkeit aus seinen Befugnissen herausgebrochen worden, nicht weniger gewichtig als das verlorene Recht des Staates auf Gewalt und Krieg.

Rückblickend auf die Zeit nach 1945 wird klar, dass der formalen Souveränität zunehmend die wertgebundene Souveränität entgegengetreten ist. Das Konzept der Schutzverantwortung fügt sich nahtlos ein; hier trifft sich die Verpflichtung des Staates auf die Menschenrechte mit der konsequenten Forderung der Staatengemeinschaft nach einem – notfalls gewaltsamen – Eingreifen zum Schutz dieser Rechte.

Verfolgt man die rechtlichen Verbindungslinien zwischen Menschenrechten und der Schutzverantwortung im Einzelnen, so stößt man auf eine Art völkerrechtliches Bindeglied zwischen den beiden Themenkreisen von Menschenrechten und Friedenssicherung: der Doktrin des »zwingenden Rechts« (ius cogens).[4] Diese besagt, dass noch über den Ebenen des allgemeinen Gewohnheitsrechts und den Verträgen eine vorrangige Normkategorie besteht: diejenigen Regeln, die zu den unverzichtbaren Mindestregeln des internationalen Zusammenlebens gehören. Wer gegen solche Regeln – etwa das Verbot des Völkermords und des Angriffskriegs sowie das Gebot der Achtung grundlegender Menschenrechte – verstößt, setzt sich den Repressalien aller Staaten aus. Auch die Kategorie des »ius cogens« stammt erst aus der Zeit der 1960er Jahre; immerhin galten Piraten schon lange zuvor als »hostes humani generis«, als Feinde aller Menschen.

Die Idee der Schutzverantwortung folgt der Logik eines »ius cogens« und führt es an ein operatives Ende. Nicht nur ist jeder Staat zur Sanktion gegenüber dem zu ächtenden Staat berechtigt, vielmehr sollen dessen Opfer auch aktiv geschützt werden. Dem Verstoß auf der einen folgt die Verantwortung der Gemeinschaft auf der anderen Seite. Der Schutz des Souveränitätsgebots wird dem zu ächtenden Staat entzogen, zum Schutz der Opfer seines Handelns. Der Kreis der inneren Angelegenheiten des Staates und des Prinzips der Nichteinmischung wird enger.

Die Erosion der Souveränität wird in ihrer Vielseitigkeit weiter deutlich, sobald man den Blick auf eine andere neue Kategorie des Völkerrechts richtet, nämlich

---

4 Hierzu Hermann Mosler, Jus cogens im Völkerrecht, in: Schweizerisches Jahrbuch des Internationalen Rechts, Bd. 25 (1968), S. 9–40, hier S. 9.

der Good Governance⁵ (eine gelungene, griffige Übersetzung ins Deutsche hat sich noch nicht gefunden). Auch hinter dieser Rechtsfigur findet sich eine Forderung der Staatengemeinschaft, die herkömmlich am Souveränitätspanzer abgeprallt wäre. Good Governance will die Binnenstrukturen staatlicher Herrschaft dem internationalen Gebot der Vernunft unterwerfen. Querverbindungen zum Prinzip der Schutzverantwortung lassen sich aufzeigen. Auf beiden Themenfeldern geht es darum, den einzelnen Staat an die internationale Leine zu nehmen, um das Wohl seiner Staatsbürger zu sichern, wobei die Good Governance in erster Linie auf die Voraussetzungen der wirtschaftlichen Entwicklung des Landes zielt. Good Governance ist insoweit nichts anderes als das wirtschaftlich ausgerichtete Postulat einer Schutzverantwortung des Staates gegenüber seinen Bürgern. Die Breite des Instrumentariums zur Sicherung der Good Governance geht weit hinaus über die institutionelle Effizienz im engeren Sinne und bezieht auch die großen Themen der Rechtsstaatlichkeit und der Partizipation der Bürger an den staatlichen Entscheidungsprozessen ein.

Aus der Sicht des modernen Völkerrechts muss der Blick an dieser Stelle auch auf den Internationalen Strafgerichtshof (IStGH) gehen, der die individuelle Strafbarkeit von Tätern samt den Regierungschefs und Staatsoberhäuptern für gerade jenen Kreis von Straftaten vorsieht, auf welche sich auch die Schutzverantwortung bezieht.⁶ Die Besonderheit ist hier, dass das Völkerrecht im Bereich des Strafrechts nicht nur diskutiert wurde, sondern sich auf vertraglicher Ebene bereits verändert hat. Das Konzept der Schutzverantwortung soll die Taten jener Täter abwehren und verhindern, welche im Falle des Verbrechens später der Strafgerichtshof aburteilen soll.

Auch was die neuere Theorie des Völkerrechts angeht, lassen sich Elemente aufzeigen, die darauf abzielen, den Staat an den Wertkodex der Staatengemeinschaft zu binden. Gemäß der Lehre vom völkerrechtlichen Konstitutionalismus wird der Staat eingebunden in grundlegende Werte der Staatengemeinschaft.⁷ Insbesondere deutsche theoretische Ansätze konstruieren Staatengemeinschaft als eine Rechtsgemeinschaft und das neue Völkerrecht als Ausdruck einer objektiven Wertordnung.

Noch ein anderer Blickwinkel sieht die staatliche Souveränität auf dem Rückzug und eröffnet transnationalem Denken neue Räume: Die Globalisierung schwächt, so diese Sicht, den Staat gleichsam von unten.⁸ Wirtschaft und Zivilgesellschaft ordnen sich ohne Rücksicht auf den einzelnen Staat auf internationaler Ebene in neuen Konfigurationen, wenden dem einzelnen Staat den Rücken zu, begreifen sich staatsunabhängig als globale Akteure und erschweren es dem territorial begrenzten Staat, Vorgänge auf dem eigenen Hoheitsgebiet

---

5 Vgl. Rudolf Dolzer, Matthias Herdegen und Bernhard Vogel (Hrsg.), Good Governance, Freiburg im Breisgau 2007.
6 Hierzu Christian Tomuschat, Das Statut von Rom für den Internationalen Strafgerichtshof, in: Friedens-Warte, Bd. 73 (1998), S. 335.
7 Siehe etwa Jochen A. Frowein, Berichte der Deutschen Gesellschaft für Völkerrecht, Bd. 39 (2000), S. 427.
8 Hierzu etwa Rainer Hofmann und Nils Geissler (Hrsg.), Non-state Actors as New Subjects of International Law, Berlin 1999.

in das Korsett einzelstaatlicher Regelung zu zwingen. Die neuen globalen Akteure suchen sich selbst den Staat aus, der am besten zu ihren Zielen passt; sie weichen der Steuerung des einzelnen Staates aus und zwingen damit Staaten, Rücksicht auf ihre Belange zu nehmen.

Die umfassende (theoretische) Betrachtung des Völkerrechts also erweist, dass die Schutzverantwortung nicht als punktuelles Abweichen vom traditionellen Verständnis staatlicher Souveränität verstanden werden kann. Vielmehr ist eine korrespondierende allgemeine Tendenz zu konstatieren, weg von der herkömmlichen Art der Souveränität hin zu andersartigen Werten der heutigen Staatengemeinschaft. So zeigt sich die Schutzverantwortung als nur ein Baustein einer neuen völkerrechtlichen Architektur, die der Konstruktion staatlicher Souveränität immer mehr Pfeiler entzieht, um die dem Staat vom Völkerrecht anbefohlenen Menschen zu schützen. So jedenfalls lässt sich die Schutzverantwortung in theoretisierender Sicht einordnen in eine Gesamtschau des modernen Völkerrechts.

... und ihre normativ-operative Ausgestaltung

Um den Sinngehalt und die gestaltende Kraft der neuen Idee der Schutzverantwortung beurteilen zu können, muss über die theoretisch-systematisierende Diskursanalyse völkerrechtlicher Entwicklungslinien hinausgehend auch die operative Ausgestaltung des Prinzips erfasst werden. Es muss also systematisch beobachtet werden, wie es sich in der harten Wirklichkeit der konkurrierenden Dichotomien von Staat und internationaler Gemeinschaft, von Souveränität und von objektiven Werten der menschlichen Solidarität über die Grenzen hinweg darstellt und durchsetzt. Auf dieser realen Ebene stellen sich eine Reihe drängender Fragen, die schon auf der Ebene der Theorie bislang nicht beantwortet worden sind.

Welcher Natur ist die Schutzverantwortung, von der hier die Rede ist? Entspricht der Verantwortung eine Pflicht zum Handeln? Wer ist Träger der Verantwortung? Mit welchen Mitteln ist die Verantwortung auszuüben? Welche Neuerung oder Fortentwicklung bringt das Konzept gegenüber dem bisherigen Völkerrecht mit sich? Könnte allein die neuartige Fragestellung (Frage nach der Schutzbedürftigkeit der Menschen an Stelle der klassischen Frage nach der Zulässigkeit des Eingriffs in die Hoheitsbefugnisse von außen) zu einer Neubewertung führen? Ist es nicht naiv, allein von einer Änderung der Fragestellung neue Antworten in der Realität zu erwarten?

Die primäre Pflicht zum Handeln im Sinne der Schutzverantwortung, so die UN-Generalversammlung, trifft den betroffenen Staat selbst. Die internationale Gemeinschaft ist zum Schutz erst aufgerufen, wenn der Staat nicht fähig oder willens ist, seiner Pflicht nachzukommen; hier findet sich eine offenkundige Parallele zur Zuständigkeit des Internationalen Strafgerichtshofs (vgl. Artikel 17 des Römischen Statuts). Mit dieser Verlagerung der Verantwortung vom souveränen Staat »nach oben« auf die Staatengemeinschaft ist natürlich sogleich die Frage nach dem Inhalt der internationalen Schutzpflicht aufgeworfen. An diesem

Punkt freilich werden die praktischen Antworten viel weniger deutlich als aus der theoretischen Sicht.

Von wesentlicher Bedeutung ist die Frage, welche Mittel zur Durchsetzung der Schutzverantwortung eingesetzt werden dürfen. Kein Zweifel besteht daran, dass der UN-Sicherheitsrat Zwangsmaßnahmen, einschließlich militärischer Aktionen, anordnen kann, wenn der Frieden gefährdet ist. Und die heute unbestrittene Praxis lässt keine Zweifel daran, dass schwere Verstöße gegen die Menschenrechte auch als Gefährdung des Friedens eingestuft werden können. Doch wie liegen die Dinge, wenn der UN-Sicherheitsrat wegen des Vetos eines Mitglieds untätig bleibt (wie in Kosovo beim Eingriff durch die NATO)? Hierzu äußert sich die UN-Generalversammlung nicht. Von einer neuen Ausrichtung im Sinne des von den NATO-Staaten gewährten Schutzes ist also bei der Schutzverantwortung auch aus der Sicht der Generalversammlung nicht die Rede. Im Ganzen wird demnach, was das geltende Recht angeht, keine Reform beabsichtigt, weder für die Rechtslage des betroffenen Staates, noch für die Staatengemeinschaft. Der Anspruch der reformatorischen Umkehr, wie er sich aus der theoretisch-rhetorischen Dimension des Konzepts der Schutzverantwortung ergibt, wird hier also erkennbar nicht eingelöst.

Demnach drängt sich die Frage auf, worin überhaupt das Neue am Konzept der Schutzverantwortung bestehen soll. Weitet man den Blickwinkel über die rechtliche Betrachtung hinaus auf die politisch-moralische Dimension, so wird das Urteil differenziert ausfallen müssen. Festzuhalten bleibt, dass das Postulat der Schutzverantwortung im vergangenen Jahrzehnt überhaupt erst einmal anerkannt wurde (jedenfalls in dieser Deutlichkeit). Wer das Prinzip heute in Frage stellt, sieht sich im Argumentationszwang. Wer seine Handlung mit der Berufung auf das Prinzip rechtfertigt, findet Unterstützung. In der Logik des Konzepts liegt es, den Ernstfall zu vermeiden und die präventive Sicherung des Rechts (das heißt die physische Sicherheit der Menschen) in den Vordergrund zu stellen. Mit welchen Mitteln soll das geschehen? Auch hier bleiben wichtige Fragen offen, wobei aber konstruktive Antworten denkbar und erkennbar sind.

Internationalität als Rhetorik: Der Staat als einziger Garant der Sicherheit?

Im Ganzen lässt die Zusammenschau der theoretischen und praktischen Erwägungen zur Schutzverantwortung und zur Souveränität also keine klaren Aussagen zu. Wer will, kann eine sehr nüchterne, im Kern pessimistische Folgerung ziehen. So ließe sich fragen, ob die neuere Debatte über die Schutzverantwortung – wie auch die Debatten über andere aktuelle Probleme[9] – nicht verdeutlicht, dass zwar die Souveränität des einzelnen Staates die heute international anerkannten Werte nicht gewährleistet, dass jedoch die souveränen Staaten auch nicht dazu bereit sind, der Staatengemeinschaft die notwendigen Instrumente zu übertra-

---

9 In anderen aktuellen Bezügen wirft in diesem Kontext auch der Blick auf die unsägliche Verzögerung der Doha-Runde, die schleppende internationale Diskussion nach der Finanzkrise um die gebotene Reform der internationalen Finanzaufsicht oder auch das momentane Lavieren in der internationalen Klimapolitik eine Serie banger Fragen auf.

gen, um diese Werte zu stärken. Ist die Formel vom »Souveränitätsgewinn durch Souveränitätsverzicht« eine Illusion einer europazentrierten Weltschau, welche den praktischen Fokus sowohl der Großstaaten als auch der Entwicklungsländer auf die eigene Souveränität übersieht? Zeigt sich im Ganzen, dass die Rhetorik der Internationalität und der Staatengemeinschaft in der Wirklichkeit des politisch-operativen Handelns auf das Granit der Souveränität beißt? Tritt hier das Dilemma auf, dass Aufgaben der menschlichen Sicherheit und des Wohlergehens vom einzelnen Staat nicht mehr geleistet werden können, aber auch von der Staatengemeinschaft nicht wahrgenommen werden?

Bleibt also der Staat bei all seinen Schwächen auch heute doch die einzig praktikable Organisation gesellschaftlicher Einheit? Sind Abbau und Schwächung des Staates angesichts fehlender Alternative auf internationaler Ebene demnach prinzipiell abzulehnen? Wie soll Global Governance den Frieden für den einzelnen Staat sichern? Zeigt nicht gerade die Hilflosigkeit des Failed State, wohin die Schwächung des Staates führen kann? Bedarf es also der Stärkung – und nicht der Schwächung – staatlicher Souveränität, um die Steuerungsfähigkeit und insbesondere die Wehrfähigkeit des Staats im Interesse der Menschenrechte zu gewährleisten? Muss sich jeder Staat doch wieder weitgehend auf seine eigenen Kräfte zurückziehen und verlassen?

Eine Ordnung im Übergang?

Fast immer sind neue Formen internationaler Kooperation von historischen Ereignissen und Fakten und weniger von der Theorie und der Konstruktion globalen Denkens ausgegangen. Der Zweite Weltkrieg und die Geburt der Vereinten Nationen sind dafür das Paradebeispiel der Neuzeit. Das internationale Umweltrecht etwa hat sich nach 1970 entwickelt, als der Mensch, das Wasser und die Luft immer stärker durch die Industrie belastet wurden. Auch die Zukunft der Schutzverantwortung lässt sich aus dieser empirisch ausgerichteten Perspektive der Evolution des Rechts im Allgemeinen und des Völkerrechts im Besonderen betrachten.

Werden die Schutzgüter des Konzepts weitgehend geachtet, so wird es zu keinen wesentlichen Neuerungen kommen. Greifen Völkermord, ethnische Säuberungen und andere grobe Verstöße gegen die Menschenrechte um sich, so könnte die Realität im CNN-Zeitalter sofortiger globaler Kommunikation die Staaten in der Praxis dazu zwingen, das Konzept ernst zu nehmen und operativer auszugestalten als dies bisher der Fall ist. Oder aber die souveränen Staaten sind in ihrer Summe mit einer solchen Aufgabe überfordert und überlassen die Menschen wie früher dem Schicksal ihres jeweiligen Staates. Das Konzept der Schutzverantwortung weist in die andere Richtung. Offen ist heute, ob die neue Sicht wirklich den Übergang zu einer neuen Ordnung weist, oder ob die Schutzverantwortung ein theoretisches Konstrukt bleibt im Sinne einer abstrakten Antwort auf die dunkle Seite der Souveränität, ohne eine reale korrespondierende Neugestaltung der internationalen Ordnung.

Wirtschaftliche Unterentwicklung und Staatszerfall in Afrika

Rainer Tetzlaff

In der Mehrzahl der wirtschaftlich unterentwickelten Länder Afrikas ist es bisher noch nicht zu irgendeinem Stadium von Staatszerfall (institutionelle Disfunktionalität, partieller Staatsverfall, Staatsimplosion oder Staatskollaps) gekommen; das heißt sie sind gegenwärtig politisch stabil. Daneben existiert aber eine (wachsende) Zahl von Ländern, in denen das legitime staatliche Gewaltmonopol nicht mehr existiert und Provinzen oder Regionen des Staatsverbands sich gewaltsam der Kontrolle der Zentralregierung entzogen haben. Afrika südlich der Sahara ist die Region mit der größten Zahl von Ländern mit Staatszerfalltendenzen. Auf dem afrikanischen Kontinent ist es oftmals zu politischer Gewalt und zu kriegerischen Ereignissen gekommen, bis hin zu genozid-artigen Massentötungen in Sierra Leone und Liberia, in Burundi und Ruanda sowie im Kongo (Zaire) und im Sudan (Darfur).

Globalisierungsverlierer: Afrika südlich der Sahara

Afrika südlich der Sahara gilt zu Recht als bisheriger Verlierer der Globalisierung: Elf Prozent der Weltbevölkerung haben einen Anteil am Welthandel von weniger als zwei Prozent, mit weiter sinkender Tendenz. Das ist auf mehrere Gründe zurückzuführen,[1] von denen hier nur zwei genannt werden können: Zum einen sind die postkolonialen Ökonomien des Kontinents noch immer nur geringfügig systemisch wettbewerbsfähig, vor allem im Vergleich zu den asiatischen Schwellenländern (hohe Transportkosten, geringe Diversifizierung der Produktion, veraltete Techniken, unzuverlässige Stromnetze, hohe Extrakosten wegen der öffentlichen Korruption etc.).

Zum anderen leiden die Bodenbewirtschafter (Kleinbauern, Großviehhalter und Nomaden) immer stärker an Land- und Wasserknappheit. Bei einer Bevölkerung, die im vergangenen Jahrhundert um das Siebenfache gewachsen ist, und damit die relativ jüngste Gesellschaft der Welt darstellt (ca. 50 Prozent sind jünger als 18 Jahre), ist zu erwarten, dass künftig weitere Ressourcenkonflikte eskalieren, vor allem im Gebiet der Großen Seen. Typisch an ihnen ist, dass sie im Gewand von »ethnischen Konflikten« daherkommen – wie die Konflikte um Ruanda, Darfur, im nördlichen Nigeria, in Kenia oder in Simbabwe.[2] Ohne Zweifel wird die glo-

---

1 Näheres bei Rainer Tetzlaff, Afrika in der Globalisierungsfalle, Wiesbaden 2008; Autoren der Weltbank hoffen, dass Afrika, unter anderem mit Hilfe ihrer Entwicklungskredite und durch Good Governance, einen Wendepunkt – Überwindung der Armut – erreichen könnte, siehe dazu Delfin S. Go und John Page (Hrsg.), Africa at a Turning Point? Growth, Aid, and External Shocks, Washington, DC, 2008.

2 Andreas Wimmer u.a. (Hrsg.), Facing Ethnic Conflicts. Towards a New Realism, Lanham 2004; Gérard Prunier, From Genocide to Continental War. The Congolese Conflict and the Crisis of Contemporary Africa, London 2009.

bale Klimaerwärmung die Ressourcenprobleme Afrikas weiter verschärfen und
»Klimakriege« als eine weitere gewaltträchtige Konfliktform heraufbeschwören.[3]

Ökonomische Ursachen politischer Instabilität

Fragt man nach den ökonomischen Ursachen von politischer Instabilität, so
können mindestens drei Grundformen von politischem Staatsversagen unterschieden werden:[4] Zum ersten handelt es sich um Länder, die wegen ihrer strukturellen Armut so labil sind und nur schwach und ineffizient verwaltet werden
können, dass es von Kontingenzfaktoren abhängt, ob ein solches Land in den
Staatszerfall abrutscht oder glücklicherweise davon verschont bleibt. Bei jeder
Autoritäts- oder Legitimationskrise im Zentrum schlägt die ökonomisch bedingte
Schwäche in politische Ohnmacht der Handelnden im Zentrum des Landes um.
Das Konfliktmuster ist hier die Rebellion an der Peripherie des Staates gegen die
repressive Herrschaft in der Hauptstadt, in der die Hilfsgelder und Privilegien aus
dem Ausland zentral ankommen und nicht gerecht auf die einzelnen Landesteile
verteilt werden. In diese Rubrik gehören große dünnbesiedelte Flächenstaaten
ohne Zugang zu Weltmeeren, die »land-locked countries«[5] Afrikas wie die
Zentralafrikanische Republik oder Tschad, Burkina Faso und Niger. Diese ressourcenarmen und instabilen Länder können in absehbarer Zeit nicht aus eigener
Kraft aus der Schulden- und Abhängigkeitsfalle herauswachsen. Sie werden zu
alimentationsabhängigen Sozialfällen der Weltpolitik, die es nicht schaffen können, die erfolgreichen asiatischen und lateinamerikanischen Entwicklungsländer
einzuholen, die auch einmal als arme Länder gestartet sind.[6]

Als zweite Grundform politischer Instabilität können die Staaten bezeichnet
werden, die unabhängig von ihrer materiellen Ausstattung politisch so heruntergewirtschaftet wurden, dass die staatstragenden Institutionen in sich zusammenfallen, weil ihnen die Betriebsmittel vorenthalten werden. Simbabwe unter der
Herrschaft von Robert Mugabe (seit 1980 an der Macht) ist das bedrückendste
Beispiel von politisch inszeniertem Staatsverfall, weil gänzlich hausgemacht und
von seiner reichen Ressourcenbasis her prädestiniert, eine Kornkammer Afrikas
zu sein (was Simbabwe auch Jahrzehnte lang gewesen ist). Die Selbstprivilegierung
der Machtelite hat die politisch inszenierte Selbstverstümmelung der Nation zur
Folge: Um sich um jeden Preis an der Macht zu halten, werden durch Zerstörung
von Märkten, nützlichen Auslandsbeziehungen und der Leistungsfähigkeit
von zivilgesellschaftlichen Gruppen der allmählich verarmenden Bevölkerung

---

3 Harald Welzer, Klimakriege. Wofür im 21. Jahrhundert getötet wird, Frankfurt am Main 2008.
4 In Anlehnung an begriffliche Unterscheidungen von Robert I. Rotberg, When States Fail, Princeton, NJ,
   2003, der allerdings nur die beiden ersten Grundformen im Visier hat.
5 Diese Problematik hat Paul Collier, The Botton Billion. Why The Poorest Countries are Failing and What
   Can Be Done About It, Oxford 2007, beschrieben. Eine Milliarde ärmster Menschen, so Collier, sei in
   »Entwicklungsfallen« eingesperrt.
6 Eine andere Einschätzung vertritt Jeffrey D. Sachs, Das Ende der Armut. Ein ökonomisches Programm
   für eine gerechtere Welt, Berlin 2005. Zahlreiche Ökonomen und Entwicklungspolitiker haben dem heftig widersprochen, vor allem William Easterley, Wir retten die Welt zu Tode. Für ein professionelleres
   Management im Kampf gegen die Armut, Frankfurt und New York 2006; Dambisa Moyo, Dead Aid. Why
   Aid is Not Working and How There is Another Way for Africa, London 2008.

Entwicklungsoptionen verbaut, mit langfristig sehr negativen Auswirkungen auf eine desillusionierte Jugend. In den meisten Fällen wird so auch die Kriminalisierung des Staates gefördert. Dieser Punkt des Staatszerfalls ist erreicht, wenn der Staat nicht nur als Unterdrückungsorgan, sondern auch noch als Instrument eingesetzt wird, mit dem sich die Regierungsfraktion oder Staatsklasse auf Kosten des Volkes bereichert. Auch Nigeria in der Phase der Herrschaft der Putsch-Generäle Ibrahim Babangida und Sani Abacha war berüchtigt für diese Praxis.[7] Wie Kenias Entwicklung vom Mehrparteienstaat zum repressiven »Beutestaat« zeigt, schützen auch demokratische Mehrparteienwahlen ein Land nicht davor, in den Fängen der Korruption verhaftet zu bleiben.

Drittens gibt es Länder, die wegen ihres Ressourcenreichtums unter Umständen zu Opfern politischer Gewalt seitens nichtstaatlicher Akteure wie Sezessionsbewegungen, Guerillas, Warlords, ethnische Milizen, rebellierende Soldaten, Kindersoldaten etc. geworden sind bzw. werden können. Prototyp ist Angola, das seine Reichtümer Jahrzehnte lang in einem mörderischen Kampf zweier ethnisch-regionaler Volksbewegungen vergeudete. Ebenso problematisch sind externe Eingriffe: Die Afrika-Politik der Volksrepublik China, ohne Rücksicht auf politische Folgen afrikanische Diktatoren zu hofieren, um ihre Rohstoffe ausbeuten zu können, hat zwei Folgen: Zum einen verlängert diese Diplomatie der angeblichen Nichteinmischung in die inneren Angelegenheiten anderer Staaten die Lebensdauer unfähiger Regierungssysteme. Zum anderen entwertet die kurzsichtige Politik Pekings den partnerschaftlichen, auf Good Governance ausgerichteten Dialog zwischen der Europäischen Union und der Gruppe der afrikanischen, karibischen und pazifischen Staaten, kurz AKP-Staaten. Wozu noch die strikten Auflagen einhalten, die an der Logik transparenter und produktiver Ressourcenverwertung orientiert sind, wenn es finanzielle Transfers aus dem Ausland gibt, bei denen der Geldgeber keine kritischen Fragen stellt?

Der »Fluch der Rohstoffe«?

Die bekanntesten Fälle für die dritte Form labiler Staatlichkeit in Afrika südlich der Sahara sind die Demokratischen Republik (DR) Kongo und Nigeria. In der DR Kongo hat der kolossale Rohstoffreichtum (Erdöl, Kupfer, Coltan und Diamanten) immer wieder gierige Nachbarn auf den Plan gerufen, zuletzt Uganda und Ruanda. Unter dem 1997 im Exil verstorbenen Diktator Joseph Sese Seko Mobutu und dessen Nachfolgern Laurent-Desiré Kabila und dessen Sohn Joseph Kabila (Präsident seit 2001) wird nun seit mehr als 40 Jahren eines der an Rohstoffen reichsten Länder der Erde von einem postkolonialen System organisierter Korruption und administrativer Unfähigkeit ausgeplündert, das man zu Recht als »Kleptokratie« bezeichnet hat.

Ebenso ist der Vielvölkerstaat Nigeria durch den plötzlich hereinbrechenden Segen an Erdölverkäufen in großem Stil während der 1970er und 1980er Jahre in die Verschuldungs- und Konsumfalle getappt, weil dessen Staatsklasse (insbesondere Putschoffiziere) riesige Importgeschäfte (zum Beispiel die berühmte

---

7   Martin Meredith, The Fate of Africa. A History of Fifty Years of Independence, New York, NY, 2005, S. 574 f.

Stahlfabrik, die nie eine Tonne Stahl produziert hat, aber Milliarden Dollar verschlungen hat) tätigte und die einheimische Landwirtschaft, das eigentliche Rückgrat der Volkswirtschaft, vernachlässigte.

Die beiden Beispiele stützen auf den ersten Blick die häufig als Naturgesetz fehlinterpretierte These des »Ressourcenfluchs«: Der plötzliche Reichtum in Form von Geldeinnahmen aus dem Rohstoffsektor verführe die politische Elite zwangsläufig zu maßlosem Konsum von Importgütern oder dazu, ihre veruntreuten »Renten« auf Privatkonten ins Ausland zu schaffen und dabei die Landwirtschaft und andere heimische Wirtschaftssektoren zu vernachlässigen.

Diese Elitenschelte ist nicht nur für Kongo und Nigeria zutreffend, sondern auch für andere mit Rohstoffen reich gesegnete Länder wie Algerien oder Angola. Fragt man nach den tieferen Ursachen für das auffällige Politikversagen der ersten (und mancherorts auch zweiten) Generation von postkolonialen Führern reicher Länder, so stößt man jedoch unweigerlich auf weitere »Umstände«, die dem kollektiven Politikversagen einer politischen Klasse erst ihre monströse Bedeutung verleihen: die funktionale Schwäche der Institutionen der Verwaltung und der Gerichte.

Das hat tieferliegende Gründe: Der postkoloniale Staat ist als künstlicher »Ablegerstaat« der europäischen Kolonialstaaten entstanden und zwar mit dem Imperialismus inhärenten Auftrag, die Bewohner des Landes zur Fronarbeit zu nötigen, Steuern einzutreiben und Rohstoffe zum Nutzen anderer auszubeuten. Daher konnte niemals – vergleichbar mit der organischen Staatsbildung in den Ländern Europas – eine enge fruchtbare, beiderseits nützliche Beziehung zwischen Herrschern und Beherrschten, Staat und Volk, Politik und Wirtschaft heranreifen. Heute wird der postkoloniale Staat von der Gesellschaft meist nicht als eigenes Gewächs, das auf heimischem Boden herangereift ist, anerkannt und als nützlicher Partner gesehen, der notwendig ist, um die nationalen Produktivkräfte zu entwickeln. Man zahlt keine Steuern und wehrt sich gegen Abgaben für Strom und Wasser.

Der gängige Vorwurf der »bad leadership« an die postkoloniale Politik Afrikas ist zwar nicht unbegründet, greift aber zu kurz, wenn nicht auch die teilweise historisch bedingten schwierigen institutionellen und geografischen Rahmenbedingungen mit einbezogen werden. Endogene (Staatsleistung), exogene (Weltmarktschocks) und strukturelle Faktoren (Boden- und Klimabeschaffenheit und koloniales Erbe) zusammen ergeben ein komplexes Diagramm möglicher Wirkfaktoren, die Staatszerfall begünstigen.

Afrikas prekäre Staaten im Zeitvergleich (2009 versus 1999)

Lässt sich eine Tendenz der Entwicklung in der fragilen Staatenwelt Afrikas erkennen? Ist Staatszerfall als dauerhaftes Krisenphänomen zu werten oder ist es nur eine »Kinderkrankheit« im unaufhaltsamen Prozess der Transition der Staaten von der Diktatur zur Demokratie, von politischer Willkür zu Rechtsstaatlichkeit und gesellschaftlichem Frieden? Das Phänomen des Scheiterns von Staaten wird seit einigen Jahren vom »Failed States Index« des Fund for Peace der University von Maryland gemessen und von der Zeitschrift »Foreign Policy« veröffentlicht. 2008 wurden sieben afrikanische Staaten zu den zehn »Spitzenreitern«[8] gerechnet: Es handelt sich um Somalia, Sudan, Simbabwe, Tschad, DR Kongo, Elfenbeinküste und Zentralafrikanische Republik. Die Stiftung Wissenschaft und Politik (SWP) untersuchte 1999 den Staatszerfall in Afrika und unterschied dabei, je nach Funktionsfähigkeit, vier Gruppen.[9] Innerhalb eines Zeitraums von zehn Jahren (von 1999 bis 2009) können im Vergleich dazu heute folgende Veränderungen beobachtet werden:

1999 gab es 15 funktionsfähige Staaten, darunter wenige größere Flächenstaaten und eine Gruppe von Kleinstaaten,[10] die zwar stabil erschienen, aber übermäßig von externen Ressourcenflüssen (Entwicklungshilfe und Rücküberweisungen von in Südafrika arbeitenden Gastarbeitern) abhängig waren (letzteres galt vor allem für Lesotho und Swasiland). Heute gehören Simbabwe, Elfenbeinküste und das zum Garnisonsstaat entartete Eritrea (deren Diaspora-Gemeinden in Nordamerika und Westeuropa nicht mehr zurück wollen oder können) nicht mehr dazu. Auch in Südafrika ist dessen spezifische Form des Staatszerfalls weiter vorangeschritten, weil soziale Spannungen zwischen Reich und Arm nicht gelöst werden konnten: Staats- und rechtsfreie Räume haben sich ausgedehnt und Südafrika zu einem Hochrisikoland gemacht. Aufgestiegen in diese Gruppe sind andererseits Äthiopien und Ruanda als politisch stabile Diktaturen mit Fassadendemokratien.

Zu der Gruppe von Ländern, in denen schleichender Staatszerfall diagnostiziert wurde, weil in marginalen Räumen (in Grenzgebieten) keine staatliche Autorität mehr vorhanden war, gehörten 1999 gemäß der SWP-Studie: Senegal, Kamerun, Uganda und Kenia – Staaten mit guter landwirtschaftlicher Ressourcenausstattung und somit gutem Entwicklungspotenzial, aber sie alle hatten mit Sezessions- oder Rebellenbewegungen zu tun. Im Falle des wirtschaftlich aufblühenden Kenia musste sich der Staat aus den nördlichen Unruheregionen zurückziehen, was eine staatsfreie Zone permanenter Unsicherheit zu den Grenzen mit Somalia und Sudan entstehen ließ. Zehn Jahre später hat sich nur Kamerun so weit stabilisiert, dass eine Spaltung des Landes zwischen dem englischsprachigen Westkamerun und dem frankophonen Ostkamerun mit der Hauptstadt Yaoundé nicht wahrscheinlich erscheint. In Senegal (Casamance-Konflikt im Süden) und in Uganda (Lord Resistance Army im Norden) konnten die Protestbewegungen nicht beendet werden, und in Kenia hat der militante Konflikt mit Hunderten von Ermordeten zwischen den Ethno-Parteien nach den gefälschten Präsidentschaftswahlen von 2007 das Land ökonomisch um Jahre zurückgeworfen. Weitere Staaten sind zu dieser Gruppe hinzugekommen: Guinea, Niger und Mali.

---

8   Failed States Index, in: Foreign Policy / Fund for Peace, Washington, DC, 2008; vgl. Tobias Debiel und Julia Viebach, Fragile Staaten – Staatsverfall, in: Peter Meyns (Hrsg.); Handbuch Eine Welt. Entwicklung im Globalen Wandel, Wuppertal 2009, S. 60–67, hier S. 60.

9   Stefan Mair, Staatszerfall und Interventionismus: Determinanten grenzüberschreitender politischer Neuordnung in Afrika, Stiftung Wissenschaft und Politik, Ebenhausen 1999.

10 Hierzu zählen die Inseln Mauritius, Seychellen, Kap Verde, São Tomé und Príncipe sowie Swasiland und Lesotho. Die Flächenstaaten Botswana, Namibia und Gabun sind nach Bevölkerungszahl ebenfalls Kleinstaaten, Eritrea und Benin nur wenig größer als sie. Als einzige nach Fläche und Bevölkerungszahl große bis mittelgroße Staaten konnten dieser Gruppe funktionsfähiger Staaten Südafrika, Simbabwe, Côte d' Ivoire und Ghana zugerechnet werden. Heute gehören die Elfenbeinküste und Simbabwe nicht mehr dazu. Vgl. ebd., S. 18.

Des Weiteren gab und gibt es noch die Gruppe von 15 Ländern mit fortgeschrittenem Staatszerfall. Diese hatten das Stadium des peripheren Staatszerfalls bereits hinter sich gelassen und waren von einer Entwicklung erfasst, »bei der zentrale Bereiche staatlicher Funktionen in immer größeren Gebieten nicht mehr wahrgenommen werden«.[11] Davon waren 1999 vor allem ressourcenarme und unterentwickelte Staaten betroffen: Guinea, Mali, Niger, Togo, Burkina Faso, Äthiopien, Tansania, Ruanda, Malawi und Madagaskar sowie die Kleinstaaten Dschibuti, Gambia und Äquatorialguinea. Mit Nigeria und Sambia wurden allerdings auch zwei Länder dieser Gruppe zugerechnet, die weniger mit Ressourcenarmut zu kämpfen haben. Vielmehr waren Korruption und Elitenbereicherung die Hauptursache dafür, dass der Staat nur unzureichend seine Funktionen wahrnehmen konnte.[12] Auch in dieser Ländergruppe haben sich innerhalb eines Jahrzehnts erhebliche Veränderungen ergeben, nicht nur zum Schlechteren: So haben sich ressourcenarme Länder wie Tansania, Malawi, Mosambik (nach überstandenem Bürgerkrieg), Ruanda (nach dem Genozid von 1994) und Madagaskar im Sinne von Nationbuilding weiterentwickelt. Auch ist die 1999 noch erwartete »offene Desintegration des Staatsgebildes«[13] in Äthiopien, Ruanda und Dschibuti ausgeblieben: Vor die Wahl gestellt, zwischen Demokratisierung und Stabilisierung des bestehenden Herrschaftsapparats, haben sich die Regierungen für die politische Stabilität entschieden, oftmals (wie im Falle Äthiopiens wegen dessen Nützlichkeit in der Bekämpfung islamischer Terroristen) von den USA dazu ermutigt.

Schließlich gab und gibt es noch die Gruppe von neun Ländern, in denen der Staatszerfall »vollzogen« ist. Somalia, DR Kongo (rapide fortschreitender Staatszerfall), Zentralafrikanische Republik (ein herrschaftsloser Raum), Tschad (ein Fassadenstaat von Libyens Gnaden), ferner die Bürgerkriegsstaaten Sudan, Burundi und Angola sowie die von Warlords (Charles Taylor) terrorisierten westafrikanischen Länder Liberia und Sierra Leone gehörten 1999 in diese Kategorie gescheiterter Staaten. Zehn Jahre später haben sich auch in dieser Gruppe einige positive Veränderungen ergeben: Wie die oben zitierte »Hitliste« der am stärksten desintegrierten Länder zeigt, existiert zwar noch immer ein Fünftel aller Staaten Afrikas südlich der Sahara am Rande des Abgrunds, aber es gab mindestens fünf Fälle, in denen mehr oder weniger erfolglos versucht wurde, Staaten nach Bürgerkriegen wieder aufzubauen: Burundi und Ruanda, Liberia und Sierra Leone, ansatzweise auch Sudan und Angola. Diese Versuche verliefen jedoch in Somalia und DR Kongo im Sande.

Fazit und Ausblick

Insgesamt ist es wohl noch zu früh, um von einem Erfolg der regionalen und internationalen Stabilisierungsbemühungen zu sprechen, aber der landläufige Afropessimismus ist nicht gerechtfertigt. Einige humanitäre Interventionen seitens der Staatengemeinschaft (Afrikanische Union, Europäische Union und Vereinte Nationen) haben erste Erfolge gezeigt, wobei allen Beteiligten klar ist,

---
11 Ebd., S. 22.
12 Ebd., S. 22.
13 Ebd., S. 24.

wie wichtig, aber auch schwierig es ist, postkoloniale Flächenstaaten von außen stabilisieren zu wollen.

Wirtschaftliche Leistung ist nicht der einzige Maßstab für Legitimation staatlicher Herrschaft, aber doch ein wesentlicher: Ohne sichtbare und breitenwirksame entwicklungs- und wirtschaftspolitische Leistungen und Erfolge kann sich die Regierung eines Entwicklungslands vor ihrer eigenen Bevölkerung auf Dauer nicht rechtfertigen und damit politisch stabilisieren. Aus der vergleichenden Demokratieforschung konnte die Erkenntnis gewonnen werden, dass breitenwirksames wirtschaftliches Wachstum politische Demokratie zwar nicht zwangsläufig begünstigt, dass aber – in der Formulierung der berühmten Lipset-These – mit wachsendem Wohlstand einer Gesellschaft die Wahrscheinlichkeit zunimmt, dass sich demokratische Prozesse Bahn brechen und demokratische Institutionen aufrechterhalten werden können.[14] Beides sind Voraussetzungen dafür, dass Staatszerfallsprozesse aufgehalten werden können oder sich gar nicht erst bilden können. Die erfolgreichen Schwellenländer Asiens stützen diese Annahme.

Gleichwohl wäre es töricht, weil anachronistisch, aus den industriell weit fortgeschrittenen Schwellenländern wie Taiwan, Südkorea, Singapur und Malaysia einen wie auch immer begründeten Determinismus in Richtung Aufwärtstrend ableiten zu wollen. Denn zum einen wurde hier auf afrikanische Fälle der prekären Demokratisierung, auch unter massiven Armutsbedingungen, hingewiesen, und zum anderen können, wie ebenso deutlich wurde, gerade auch hohe wirtschaftliche Wachstumsraten die Ursache dafür sein, dass sich staatliche Strukturen rasch verändern und öffentliche Einrichtungen implodieren – häufig eine Vorform des schleichenden Staatszerfalls. Die DR Kongo, Sudan, Simbabwe, Elfenbeinküste, Liberia, Angola und Nigeria gehören zu den an Rohstoffen reichen Ländern Afrikas, die wirtschaftliche Boomzeiten erlebt haben bzw. noch genießen, deren autoritäre Regierungen aber massive Defizite im Bereich Statebuilding und Nationbuilding bisher nicht abbauen konnten. Im Gegenteil, ohne demokratische Reformen laufen diese Länder Gefahr, von Verteilungskonflikten um die Rohstoffrenten destabilisiert oder gar zerrissen zu werden.

Künftig ist damit zu rechnen, dass weitere Staaten kollabieren, weil ihre politische und sozioökonomische Basis zu schwach ist, zentrifugale Kräfte innerhalb der ethnisch fragmentierten politischen Klasse zu zügeln. Es werden weit mehr als bisher nichtstaatliche Akteure auf der politischen Bühne erscheinen, die versuchen werden, der etablierten Staatsklasse in der jeweiligen Hauptstadt ihre Beute abzujagen. In den Hohlräumen staatlicher Autorität werden sich private Warlords und ethnische Milizen einnisten und auf diese Weise das verfasste Gewaltmonopol des Staates durch ein prekäres Gewaltoligopol privater Dienstherren ersetzen und dabei Gewalt gegen die Zivilbevölkerung ausüben.

---

14 Seymour Martin Lipset, Some Social Prerequisits of Democracy. Economic Development and Political Legitimacy, in: American Political Science Review 53/1959, S. 69–105.

Sicherheitsrisiko Klimawandel

Dirk Messner[1]

Wir stehen noch am Anfang einer Entwicklung, in der sich die Folgen des Klimawandels voraussichtlich in gesellschaftliche Krisen und Konfliktkonstellationen übersetzen werden. Die bisherige globale Temperaturerhöhung beträgt ca. 0,8 Grad Celsius im Vergleich zum vorindustriellen Niveau. Ohne verstärkten Klimaschutz muss bis Ende des 21. Jahrhunderts mit einer globalen Temperaturerhöhung zwischen zwei und sieben Grad gegenüber dem vorindustriellen Niveau gerechnet werden, abhängig von der Menge an emittierten Treibhausgasen und den Unsicherheiten im Klimasystem. Die zentrale Botschaft dieses Beitrags lautet, dass ohne entschiedenes Gegensteuern der Klimawandel bereits in den kommenden Jahrzehnten die Anpassungsfähigkeit vieler Staaten überfordern wird. Daraus könnten Destabilisierung und Gewalt erwachsen, die die nationale und internationale Sicherheit erheblich bedrohen.

Gefahren für zwei Arten von Staaten

Auf Grundlage der Erkenntnisse der Umweltkonflikt- und Kriegsursachenforschung sowie der Klimafolgenforschung[2] verweist auch der Wissenschaftliche Beirat der Bundesregierung Globale Umweltveränderungen (WBGU) auf Gefahren für zwei Gruppen von Staaten. Zum einen können der steigende Meeresspiegel sowie Sturm- und Flutkatastrophen künftig die Städte und Industrieregionen an den Küsten Chinas, Indiens oder den USA bedrohen. Gesellschaften im Übergang von autoritären zu demokratischen Regierungsformen sind besonders krisen- und konfliktanfällig. Der Klimawandel wird viele derjenigen Länder treffen und unter Anpassungsdruck setzen, die sich in solchen Übergangsphasen befinden, etwa China.

Die Wirkungen des Klimawandels betreffen zum anderen insbesondere solche Weltregionen, die von Staaten mit mangelhaften Steuerungs- und Problemlösungskapazitäten bevölkert sind. Der Klimawandel dürfte vor allem fragile Staaten mit leistungsschwachen Institutionen und Regierungssystemen vor noch größere Probleme stellen, sich an sich verändernde Umweltbedingungen anzupassen. Dabei gilt: Je stärker die Erwärmung ausfällt, desto größere Anpassungsprobleme sind zu erwarten.

---

1 Der Autor ist stellvertretender Vorsitzender des Wissenschaftlichen Beirats der Bundesregierung Globale Umweltveränderungen (WBGU). Dieser Beitrag basiert auf einer Studie des Beirats: WBGU, Sicherheitsrisiko Klimawandel, Berlin 2007.

2 Vgl. unter anderem Oli Brown und Alec Crawford, Climate Change and Security in Africa, International Institute for Sustainable Development, Discussion Paper, Winnipeg 2009; Jing Gu, John Humphrey und Dirk Messner, Global Governance and Developing Countries. The Implications of the Rise of China, in: Raphael Kaplinsky und Dirk Messner (Hrsg.), The Impact of Asian Drivers on the Developing World, Special Issue, 36 (2008) 2, S. 274–292; Niklas Stern, The Economics of Climate Change, Cambridge 2007; World Bank, World Development Report: Development and Climate Change, Washington, DC, 2009.

Der Klimawandel könnte zu einer weiteren Verbreitung des Phänomens der schwachen und fragilen Staaten führen und somit die Wahrscheinlichkeit von Gewaltkonflikten erhöhen: indem der Klimawandel bestehende Umweltkrisen wie Dürren, Wasserknappheit und Bodendegradation verschärft, Landnutzungs- und Nahrungsmittelkonflikte verstärkt und zusätzliche Umweltmigration auslöst.

Klimainduzierte Konfliktkonstellationen

Es lassen sich vier idealtypische Konfliktkonstellationen identifizieren, in denen durch den Klimawandel kritische Entwicklungen zu erwarten sind und die in unterschiedlichen Regionen der Welt in ähnlicher Ausprägung auftreten können. Unter Konfliktkonstellationen sollen hier typische Wirkungszusammenhänge an der Schnittstelle zwischen Umwelt, Gesellschaft und Staat verstanden werden, deren Dynamik zu Destabilisierung oder Gewalt führen können.

Degradation von Süßwasserressourcen

Bereits heute haben 1,1 Milliarden Menschen keinen sicheren Zugang zu Trinkwasser. Die Situation könnte sich weltweit für mehrere 100 Millionen Menschen verschärfen, weil sich durch den Klimawandel die Variabilität der Niederschläge und die verfügbare Wassermenge verändern. Eine wachsende Weltbevölkerung mit steigenden Ansprüchen erhöht gleichzeitig die Nachfrage. Diese Schere zwischen Angebot und Nachfrage stellt das Wassermanagement der betroffenen Länder vor erhebliche Probleme und erzeugt im schlimmsten Fall Verteilungskonflikte. So müssen beispielsweise Regionen, die vom Schmelzwasser der durch den Klimawandel bedrohten Gebirgsgletscher abhängig sind, neue Wassernutzungskonzepte und -infrastrukturen entwickeln und politische Anstrengungen unternehmen, um nationale oder gar grenzüberschreitende Verteilungskonflikte zu vermeiden. Die politisch-institutionellen Voraussetzungen für die notwendige Anpassung des Wasser- und Krisenmanagements sind aber oft gerade in den Ländern nicht gegeben, die unter dem größten Wasserstress leiden werden.

Rückgang der Nahrungsmittelproduktion

Derzeit sind weltweit über 850 Millionen Menschen unterernährt. In Südasien und Nordafrika sind die Flächenreserven für die Landwirtschaft bereits heute weitgehend erschöpft. Durch den Klimawandel wird sich diese Lage absehbar verschärfen, weil die Ernährungsunsicherheit in den niederen Breiten und damit in vielen Entwicklungsländern bereits bei einer Erwärmung um zwei Grad Celsius (bezogen auf 1990) zunehmen wird. Bei einer Erwärmung von zwei bis vier Grad wird voraussichtlich die landwirtschaftliche Produktivität weltweit zurückgehen. Dieser Trend wird durch Wasserverknappung, Desertifikation oder Bodenversalzung erheblich verstärkt. Dies kann regionale Ernährungskrisen auslösen und die ökonomische Leistungsfähigkeit schwacher Staaten weiter unterminieren. Dadurch können gewalttätige Konflikte begünstigt oder verschärft werden.

Sturm- und Flutkatastrophen

Im Zuge des Klimawandels werden die Meeresspiegel weiter ansteigen und Stürme und Starkniederschläge häufiger werden. Für viele Städte und Industrieregionen in Küstennähe steigt damit das Risiko von Naturkatastrophen, das zusätzlich erhöht wird, indem Oberläufe von Flüssen entwaldet, Landmassen im Großraum urbaner Zentren abgesenkt und Menschen und Vermögenswerte räumlich konzentriert werden. Sturm- und Flutkatastrophen haben bereits in der Vergangenheit, vor allem in Phasen innenpolitischer Spannungen, Konflikte entfacht, zum Beispiel in Zentralamerika, Indien und China. Voraussichtlich werden diese Auseinandersetzungen künftig häufiger, weil die durch Sturm- und Flutkatastrophen besonders gefährdeten Regionen wie Zentralamerika und das südliche Afrika überwiegend schwache ökonomische und politische Kapazitäten aufweisen, die es ihnen erschweren, sich frühzeitig darauf einzustellen und im Krisenfall zu bewältigen. Ferner könnten sich wiederholende Sturm- und Flutkatastrophen an den stark besiedelten Ostküsten Indiens und Chinas große Schäden anrichten und schwer steuerbare Migrationsprozesse auslösen bzw. verstärken.

Migration

Die Erfahrung zeigt, dass Wanderungsbewegungen die Konfliktwahrscheinlichkeit in Transit- und Zielregionen erhöhen. Durch den Klimawandel wird die Zahl der Migranten deutlich zunehmen. Umweltmigration droht, wenn in Entwicklungsländern demografisch bedingt immer mehr von der Landwirtschaft abhängige Menschen mit Dürren und Bodendegradation zu kämpfen haben. Umweltmigration wird sich zunächst überwiegend innerhalb von Staatsgrenzen vollziehen. Grenzüberschreitende Umweltmigration wird vor allem als Süd-Süd-Bewegungen auftreten, aber auch Europa und Nordamerika müssen mit erheblich erhöhtem Migrationsdruck aus den vom Klimawandel besonders bedrohten Regionen rechnen.

Gefährdete Regionen

Die gesellschaftlichen Folgen des Klimawandels werden in den Weltregionen unterschiedlich ausfallen (siehe Abbildung 1):
- Nordafrika: Politisches Krisenpotenzial und Migrationsdruck steigen durch das Zusammenwirken von Dürren und Wasserknappheit bei hohem Bevölkerungswachstum, Schwächung landwirtschaftlicher Potenziale und geringen politischen Problemlösungskapazitäten. Das bevölkerungsreiche Nil-Delta wird durch Meeresspiegelanstieg und Versalzung landwirtschaftlicher Gebiete bedroht.
- Sahelzone: Klimawandel verursacht zusätzlichen Umweltstress und Gesellschaftskrisen (zum Beispiel Dürren, Ernteausfälle und Trinkwasserknappheit) in einer schon heute durch schwache Staaten (wie Somalia und Tschad), Bürgerkriege (zum Beispiel Sudan, Niger) und große Flüchtlingsströme (Sudan: über 690 000; Somalia: über 390 000 Menschen) gefährdeten Region.

- Südliches Afrika: Klimawandel könnte die wirtschaftlichen Potenziale dieser Region, deren Länder fast alle zu den ärmsten Gesellschaften der Welt gehören, weiter schwächen, die Bedingungen für menschliche Sicherheit verschlechtern und die Leistungsfähigkeit der Staaten überfordern.
- Zentralasien: Überdurchschnittliche Erwärmung und Gletscherschwund verschärfen Wasser-, Landwirtschafts- und Verteilungsprobleme in einer Region, die bereits durch politische und soziale Spannungen, Erstarkung islamistischer Bewegungen, Bürgerkrieg (Tadschikistan) und Auseinandersetzungen um den Zugang zu Wasser- und Energieressourcen charakterisiert ist.
- Indien, Pakistan und Bangladesch: Die Auswirkungen des Klimawandels sind in dieser Weltregion besonders stark: Die Gletscherschmelze im Himalaya gefährdet die Wasserversorgung für Millionen von Menschen, Veränderungen des Monsuns beeinflussen die Landwirtschaft; Meeresspiegelanstieg und Wirbelstürme bedrohen Lebensräume am bevölkerungsreichen Golf von Bengalen. Diese Dynamiken erhöhen das gesellschaftliche Krisenpotenzial in einer Region, die schon heute durch grenzüberschreitende Konflikte (Indien versus Pakistan), instabile Regierungen (Bangladesch und Pakistan) und islamistische Bewegungen gekennzeichnet ist.
- China: Der Klimawandel erhöht den bereits existierenden Umweltstress (zum Beispiel Bodendegradation, Luft- und Gewässerverschmutzung), indem Hitzewellen und Dürrephasen häufiger werden und sich Wasserknappheit bzw. Desertifikation in Teilen des Landes verstärken. Meeresspiegelanstieg und tropische Wirbelstürme gefährden die wirtschaftlich wichtige und bevölkerungsreiche Ostküste. Die Steuerungskapazitäten der Regierung könnten durch das hohe Modernisierungstempo, Umwelt- und Sozialkrisen sowie Folgen des Klimawandels überfordert werden.
- Karibik und Golf von Mexiko: Häufigere Hurrikane könnten die wirtschaftlichen und politischen Problemverarbeitungspotenziale in der Region (insbesondere in Zentralamerika) überstrapazieren.
- Anden-Region und Amazonien: Die beschleunigte Gletscherschmelze in den Anden verstärkt die Wasserprobleme in der Region. Ein nicht auszuschließender Kollaps des Amazonas-Regenwalds würde den Naturraum Südamerikas radikal umgestalten, mit unabsehbaren wirtschaftlichen und gesellschaftlichen Folgen.

Der Klimawandel wird insbesondere in Entwicklungsländern zu spürbaren ökonomischen Kosten führen: Extremwetterereignisse, Einbrüche bei der landwirtschaftlichen Produktion und Migrationsbewegungen können die wirtschaftliche Entwicklung hemmen. Klimawandel kann also Entwicklungsblockaden und Armut verstärken und so Konfliktpotenziale erhöhen. Empirische Untersuchungen zeigen, dass arme Länder deutlich konfliktanfälliger sind als wohlhabende Gesellschaften. Wo Ressourcenknappheit (landwirtschaftliche Flächen und Wasser), schwache wirtschaftliche Entwicklung mit hohem Bevölkerungswachstum und großer Bevölkerungsdichte zusammentreffen, sind Konflikte vorprogrammiert. In den derzeit etwa 30 fragilen Staaten, deren Strukturen nachhaltig geschwächt sind oder sich aufzulösen drohen, sind gewalttätige Konflikte sehr häufig zu beobachten.

Abbildung 2: Sicherheitsrisiken durch Klimawandel

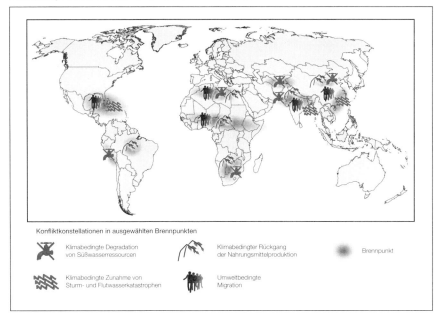

Konflikte wirken »ansteckend«: Zunächst lokal oder national begrenzte Konflikte destabilisieren oft Nachbarländer, zum Beispiel durch Flüchtlingsbewegungen, Waffenhandel oder den Rückzug von Kombattanten. Die gesellschaftlichen Folgen des Klimawandels sind grenzüberschreitend und können daher leicht dazu führen, dass sich Krisen- und Konfliktregionen ausweiten. Schließlich könnten so »scheiternde Subregionen« entstehen, die durch mehrere gleichzeitig überforderte Staaten gekennzeichnet sind. »Schwarze Löcher der Weltpolitik« würden wachsen, in denen Recht und staatliche Ordnung als wesentliche Säulen von Sicherheit und Stabilität zerfallen. Derzeit ist nicht absehbar, dass die internationale Gemeinschaft fähig ist, unter verschärften Klimawirkungen einen solchen Erosionsprozess wirksam zu stoppen.

Legitimationsprobleme von Global-Governance-Akteuren

Die internationale Gemeinschaft hat vielmehr ein Glaubwürdigkeitsproblem, zumal sie selbst weniger als Teil der Lösung, sondern vielmehr als Teil des Problems wahrgenommen wird. Mit dem Klimawandel steigt das Risiko von Verteilungskonflikten zwischen Hauptverursachern und -betroffenen: Der Klimawandel ist vor allem von den Industrie- und Schwellenländern verursacht worden. Die großen Unterschiede in den Pro-Kopf-Emissionen zwischen Industrieländern sowie Entwicklungs- bzw. Schwellenländern werden als »Gerechtigkeitslücke« wahrgenommen, zumal die steigenden Kosten, die durch die Klimawirkungen anfallen, insbesondere Entwicklungsländer belasten. Je höher die Schäden und Anpassungslasten im Süden ausfallen, desto gravierender werden die Verteilungskonflikte zwischen den Verursachern und den Betroffenen des Klimawandels sein. In dem Maße, wie die vom Klimawandel besonders betroffenen Länder verstärkt auf das Verursacherprinzip verweisen, wird sich die internationale Kontroverse um ein globales Kompensationsregime verschärfen.[3]

Neben den heutigen Industrieländern werden vermutlich auch die großen aufstrebenden Ökonomien mit stark ansteigenden Emissionen, wie China, Indien und Brasilien, künftig gegenüber den Entwicklungsländern in Erklärungsnotstand geraten. Eine zentrale Konfliktlinie der Weltpolitik des 21. Jahrhunderts verliefe dann also nicht mehr nur zwischen Industrie- und Entwicklungsländern, sondern auch zwischen den schnell wachsenden Schwellenländern und den ärmeren Entwicklungsländern. Die Staatengemeinschaft ist auf derartige Verteilungskonflikte gegenwärtig nicht vorbereitet.

Im Zuge der Erkenntnisse über Klimawirkungen und ungenügender Klimaschutzanstrengungen könnte den CO_2-emittierenden Industrie- und Wachstumsstaaten gar der Vorwurf gemacht werden, wissentlich, zumindest aber de facto, Menschenrechtsverletzungen zu verursachen. Der internationale Menschenrechtsdiskurs in den Vereinten Nationen dürfte sich künftig also auch um die Bedrohung der Menschenrechte durch die Klimawirkungen drehen. Ein ungebremster Klimawandel könnte daher besonders die Industrieländer in Legitimationskrisen führen und damit ihre internationale Glaubwürdigkeit und Handlungsfähigkeit einschränken.

Ihre Handlungsfähigkeit wird auch noch anders begrenzt: Je nach Ausprägung und Intensität der Klimawirkungen wird die Weltwirtschaft beeinträchtigt.[4] Mit dem Wachstum werden auch ökonomische Handlungsspielräume eingebüßt, die nötig wären, um auf nationaler und internationaler Ebene den hehren Versprechungen, namentlich den Millenniumsentwicklungszielen gerecht zu werden.[5]

Fazit und Handlungsbedarf

Der Klimawandel birgt immenses Konfliktpotenzial; er könnte die Staatengemeinschaft aber auch zusammenführen, wenn sie ihn als Menschheitsbedrohung versteht und in den kommenden Jahren durch eine energische und weltweit abgestimmte Klimapolitik die Weichen stellt, um den gefährlichen anthropogenen Klimawandel einzudämmen. Die Chancen für eine solche Kooperationsdynamik haben sich nach den enttäuschenden Ergebnissen des Klimagipfels 2009 in Kopenhagen eher verschlechtert.

Scheitert die internationale Klimapolitik, wird der Klimawandel immer mehr Spaltungs- und Konfliktlinien in der internationalen Politik hervorrufen, weil

---

3   Ebenso dürfe es Auseinandersetzungen um Kompensationszahlungen und die Finanzierung der Bewältigung von Flüchtlingskrisen geben – wobei sich die Industrieländer nach dem Verursacherprinzip ihrer Verantwortung werden stellen müssen. Im Völkerrecht sind »Umweltmigranten« bisher nicht vorgesehen.
4   Niklas Stern, The Economics of Climate Change, a. a. O. (Anm. 2).
5   Vgl. World Bank, World Development Report: a. a. O. (Anm. 2).

er vielfältige Verteilungskonflikte in und zwischen Ländern auslöst: um Wasser, um Nahrungsmittel, um Land, um die Bewältigung von Flüchtlingsbewegungen oder um Kompensationszahlungen zwischen den wesentlichen Verursachern des Klimawandels und den Ländern, die vor allem von dessen destruktiven Wirkungen betroffen sein werden.

Um diese Entwicklungen zu vermeiden, muss ein wirkungsvolles internationales Klimaschutzregime etabliert werden, das es erlaubt, den weltweiten Ausstoß von Treibhausgasen bis Mitte des 21. Jahrhunderts zu halbieren. Diese große Herausforderung für die internationale Politik entsteht parallel zu einer weitreichenden weltpolitischen Verschiebung, die insbesondere durch den Aufstieg neuer Mächte wie China und Indien bei gleichzeitigem Machtverlust der Vereinigten Staaten von Amerika geprägt sein wird. Historische Erfahrungen lassen in dieser Übergangsphase Turbulenzen für das internationale System befürchten, welche die notwendigen Durchbrüche in der multilateralen Klimapolitik erschweren können.

Instabilität durch krisenbedingte Wanderungsbewegungen

Steffen Angenendt

Wanderungsbewegungen werden vornehmlich wahrgenommen, wenn eine massenhafte und plötzliche grenzüberschreitende Zuwanderung von Flüchtlingen ein Aufnahmeland zu destabilisieren droht. Befürchtet wird dann, dass eine Überlastung der Infrastruktur und eine Konkurrenz um knappe Ressourcen zu gewalttätigen Auseinandersetzungen führen könnten. Tatsächlich gibt es zahlreiche Beispiele, dass solche Wirkungen die Sicherheit der betreffenden Länder und Nachbarstaaten gefährden und Drittstaaten zu politischen oder in Extremfällen gar militärischen Reaktionen veranlassen. Aber dies sind nur einige Aspekte der vielfältigen Auswirkungen von Wanderungen. Dass auch innerstaatliche Wanderungsbewegungen Konflikte verursachen können, wird häufig übersehen. Weniger entwickelte Staaten sind in besonderer Weise migrationsbezogenen Risiken ausgesetzt: Sie verfügen nur über begrenzte Möglichkeiten, solche Sicherheitsrisiken zu bewältigen, sind aber oft wachsendem Wanderungsdruck ausgesetzt. Schließlich können Wanderungen – seien sie nun grenzüberschreitender oder interner Art – auch zur Stabilisierung der Herkunfts- und Aufnahmegebiete beitragen. Die Frage, ob Wanderungen Konflikte auslösen oder abschwächen, hängt ganz entscheidend von den politischen Rahmenbedingungen ab. Im Folgenden werden die migrationsbezogenen Sicherheitsrisiken für politisch prekäre und wirtschaftlich unterentwickelte Staaten genauer betrachtet.

Wanderungstrends

Seit 1990 ist nach Schätzung der International Organization for Migration (IOM) die Zahl der weltweiten Migranten und Flüchtlinge von 154,8 auf über 200 Millionen Menschen gestiegen.[1] Das Wachstum fand überwiegend in den entwickelten Staaten statt: 1990 lebten hier 53,2 Prozent der weltweiten Wanderer, 2005 bereits 60,5 Prozent. Innerhalb von 15 Jahren wanderten 33 Millionen Menschen in diese Länder zu. Die weniger entwickelten Staaten hingegen waren weniger am internationalen Wanderungsgeschehen beteiligt, ihr Anteil sank von 46,8 auf 39,5 Prozent.[2]

Gleichwohl verzeichneten auch diese Länder erhebliche Zuwanderungen, und hinter den im Vergleich zu den Industriestaaten geringeren Wanderungssalden verbergen sich zum Teil umfangreiche Zu- und Abwanderungen. Nach Schätzungen der Bevölkerungsabteilung der Vereinten Nationen machten 2005 Süd-Süd-Wanderungen etwa ein Drittel der weltweiten Bewegungen und damit einen ebenso

---

1 Vgl. International Organization für Migration, World Migration 2008. Managing Labour Migration in the Evolving Global Economy, Genf 2008, S. 2–3.
2 Vgl. hierzu und zu den folgenden Daten (falls nicht anders angegeben) UN DESA, International Migration Report 2006: A Global Assessment, New York 2009.

großen Anteil aus wie die in der Öffentlichkeit der Industrieländer weitaus stärker wahrgenommenen Süd-Nord-Wanderungen. Hinzu kommt ein großer Anteil von Binnenwanderungen innerhalb der Entwicklungsländer; weltweit beträgt die Zahl der Binnenvertriebenen (Internally Displaced Persons/IDP) etwa 24,5 Millionen Menschen. 2005 lebten in den weniger entwickelten Staaten rund 75 Millionen Migranten und Flüchtlinge, davon 53 Millionen in Asien, 17 Millionen in Afrika und sieben Millionen in Lateinamerika und der Karibik.[3]

Es ist zu erwarten, dass die Wanderungsbewegungen nicht nur in den Industriestaaten, sondern auch in den ärmeren Entwicklungsländern weiter zunehmen werden: Erstens wird es in vielen dieser Staaten weiterhin gewaltsame Flucht auslösende Konflikte geben. Zweitens werden die Länder noch stärker in die globalisierte Wirtschaft einbezogen und damit weitere Anreize und Möglichkeiten zur Wanderung geboten. Und drittens werden die transnationalen Netzwerke zwischen Herkunfts- und Aufnahmeländern – etwa die Beziehungen zwischen Diasporas und den Heimatgemeinden – noch dichter werden und weiteren Menschen dabei helfen, ihren Lebensort zu wechseln. Angesichts dieser absehbaren Trends gilt es für vorausschauende Politik, eine Reihe von Fragen zu erörtern: Welche Zusammenhänge bestehen zwischen Migration und Sicherheit, welche gewalthaltigen Konflikte können daraus entstehen und welche Faktoren verstärken oder entschärfen solche Konflikte?

Systematisierung wanderungsbedingter Risiken

Um die migrationsbezogenen Risiken für prekäre und wirtschaftlich weniger entwickelte Staaten übersichtlich zu erfassen, ist es sinnvoll, einen breiteren sicherheitspolitischen Begriff zu verwenden: das Konzept der »menschlichen Sicherheit«.[4] Anders als beim traditionellen staatsfixierten Sicherheitsverständnis stehen hier Individuen und Bevölkerungsgruppen im Mittelpunkt, und es werden neben militärischen auch nichtmilitärische Risiken untersucht, die zur Unsicherheit von Menschen beitragen können.

Die durch die Migrationsbewegungen verursachten Risiken können damit differenzierter betrachtet werden: nach Risiken für das betreffende Land (staatliche Sicherheit), für die Stabilität der Region (regionale Sicherheit) und für die Sicherheit der Migranten und Flüchtlinge selbst (menschliche Sicherheit). Dementsprechend lassen sich auch drei Ebenen (und deren Wechselwirkungen) unterscheiden, auf denen Sicherheit durch wanderungsbedingte Konflikte gefährdet sein kann. So können auf der Makroebene von Staaten Konflikte zwischen Herkunfts-, Transit- und Aufnahmeländern entstehen. Dies ist der Fall, wenn Herkunfts- und Aufnahmestaaten sich nicht einig werden über die Form der Grenzkontrolle, weil sie gegensätzliche Interessen verfolgen, etwa wenn die Herkunftsländer ihren Arbeitsmarkt durch Auswanderungen und ihre Wirtschaftsleistung durch Rücküberweisungen von Migranten entlasten wollen, die Aufnahmeländer aber

---
[3] United Nations General Assembly, International migration and development. Report of the Secretary-General, New York, NY, 2006, S. 12.
[4] Ausführlicher dazu vgl. August Pradetto in diesem Band.

aus ökonomischen, sicherheitspolitischen oder kulturellen Gründen nicht an Zuwanderern interessiert sind.

Auf der Mesoebene von Gruppenbeziehungen können sich Konflikte ergeben, wenn einheimische Bevölkerungsgruppen Zuwanderer als Konkurrenten um knappe Ressourcen und Infrastrukturen betrachten oder sich durch sie in ihrer kulturellen Identität bedroht fühlen. Zudem können Zuwanderergruppen von der Bevölkerungsmehrheit wegen ihrer kulturellen und religiösen Zugehörigkeit diskriminiert, sozial marginalisiert werden und räumlich segregiert leben (in so genannten Parallelgesellschaften).

Auf der Mikroebene individueller Kontakte entstehen Konflikte vor allem, wenn Zuwanderer Opfer fremdenfeindlicher oder rassistischer Gewalt werden oder wenn Einheimische unter zuwanderungsbedingter Kriminalität leiden.

Konflikte entstehen aber nicht nur auf den jeweiligen Konfliktebenen, sondern auch zwischen verschiedenen Konfliktebenen. Wenn staatliche Stellen ethnische Minderheiten vertreiben, besteht ein Konflikt zwischen Makro- und Mesoebene. Durch Migration können sich geschlechtsspezifische Rollenvorstellungen verändern und zu Konflikten in den Herkunftsfamilien führen (Konflikt zwischen Meso- und Mikroebene).

Die migrationsbedingten Sicherheitsrisiken in Entwicklungsländern lassen sich systematischer erfassen, wenn die Risiken für staatliche, regionale und menschliche Sicherheit jeweils für die am Wanderungsprozess beteiligten Herkunfts-, Transit- und Aufnahmeländer getrennt betrachtet werden.

Beispiele für migrationsbedingte Sicherheitsrisiken

Die Unterscheidung nach den genannten Kriterien verdeutlicht vor allem, wo die Herkunfts-, Transit- und Zielländer mit ähnlichen migrationsbedingten Sicherheitsrisiken konfrontiert werden und welche Risiken daher besonderer politischer Aufmerksamkeit bedürfen. Aus der Unterscheidung ergeben sich fünf zentrale Problemlagen mit jeweils spezifischen Risiken für staatliche, regionale und menschliche Sicherheit.

1. Ungeregelte Wanderungen bergen für alle beteiligten Staaten Risiken. Für ärmere Aufnahmestaaten sind sie am größten.[5] Gerade ungeregelte Zuwanderung kann bereits bestehenden Druck auf Infrastrukturen und Versorgungssysteme erhöhen. Insbesondere besteht die Gefahr, dass Migranten und einheimische Bevölkerung um Arbeitsplätze oder knappe Ressourcen konkurrieren. Eine anfängliche Hilfsbereitschaft der einheimischen Bevölkerung kann in Ablehnung umschlagen, wenn diese sich ausgenutzt fühlt oder zu kurz kommt. Einen aktuellen Fall stellen die Fluchtbewegungen der vergangenen Jahre aus Irak nach Syrien und Jordanien dar. Es ist nicht ausgeschlossen, dass aus solchen Konkurrenzsituationen gewaltsame Konflikte entstehen.[6] So kam es bereits

---

5 Vgl. Myron Weiner, Security, Stability and International Migration, in: ders. (Hrsg.), International Migration and Security, Boulder 1993, S. 1–35; Myron Weiner und Michael Teitelbaum, Political Demography, Demographic Engineering, New York, NY, und Oxford 2001, S. 146.
6 Vgl. Steffen Angenendt und Muriel Asseburg, Die irakische Flüchtlingskrise. Ein regionales Sicherheitsrisiko, in: Internationale Politik, Januar 2008, S. 52–57.

2001 in Ghana zu gewalttätigen Auseinandersetzungen zwischen liberianischen Flüchtlingen und der lokalen Bevölkerung um knappe Ressourcen. Ähnliches kann auch in Tansania beobachtet werden, wo sich derzeit noch schätzungsweise 320 000 Flüchtlinge aus Nachbarstaaten aufhalten. Gelegentlich kommt es auch zu Spannungen zwischen Rückkehrern und der lokalen Bevölkerung, insbesondere um die Ressourcenverteilung. Die Rückkehrer belasten in vielen Fällen die ohnehin angespannte Arbeitsmarktsituation und bringen erhebliches soziales Konfliktpotenzial mit sich. Eine besonders dramatische Situation ereignete sich Ende 2002 in Burkina Faso, als aufgrund eines gewaltsamen Konflikts in der Elfenbeinküste 360 000 Burkiner ins Land kamen.

2. Zuwanderung von Menschen anderer Kulturen kann als bedrohlich empfunden werden, wenn sie bestehende Machtverhältnisse verändert, die ethnische und religiöse Struktur im Aufnahmegebiet grundlegend beeinflusst und das kollektive Selbstverständnis herausfordert.[7] Freilich ist das Sicherheitsempfinden ein soziales Konstrukt, das je nach wirtschaftlicher Lage, bestehender demografischer Zusammensetzung (heterogen oder homogen), Zahl oder ethnisch-kultureller Zugehörigkeit der Zuwanderer die Akzeptanz beeinflusst. Mitte der 1980er Jahre wies beispielsweise Nigeria wegen einer rapiden Verschlechterung der Versorgungslage etwa zwei Millionen Migranten aus. Mit ausschlaggebend war eine – von der einheimischen Bevölkerung empfundene – Bedrohung der nationalen Identität und gesellschaftlichen Kohäsion. Fremdenfeindliche Ausschreitungen können die Folge sein,[8] insbesondere wenn die Zuwanderung einer großen Zahl von Flüchtlingen bereits latent vorhandene interethnische Konfliktlinien verstärkt:[9] In der Elfenbeinküste führte das fremdenfeindliche Konzept der »ivorité« im September 2002 sogar zum Ausbruch eines Bürgerkriegs. Des Weiteren wird Migration als Sicherheitsrisiko interpretiert, wenn sie die bestehenden politischen Machtverhältnisse verändern würde. So wehrte sich Mazedonien 1999 dagegen, kosovarisch-albanische Bürgerkriegsflüchtlinge aufzunehmen, weil dadurch angeblich die ethnische Ausgewogenheit im Land beeinträchtigt worden wäre. Diese Problematik zeigt sich auch bei der schwierigen Eingliederung kurdischer Flüchtlinge aus Irak in Nordsyrien oder in der Türkei, ebenso bei afghanischen Sunniten im schiitisch geprägten Pakistan.

3. Besonders schwierig zu beurteilen ist der Vorwurf, Zuwanderer würden die Kriminalität im Aufnahmegebiet erhöhen. In der Regel führen nur Industriestaaten detaillierte Kriminalitätsstatistiken, die dazu Aussagen erlauben. Diese Daten zeigen zwar eine höhere Kriminalitätsrate der zugewan-

---

7 Vgl. Christopher Rudolph, National Security and Immigration. Policy Development in the United States and Western Europe since 1945, Stanford, CA, 2006, S. 268.

8 Vgl. Barry Buzan, Societal Security, State Security and Internationalization, in: Ole Waever et al. (Hrsg.), Identity, Migration and the New Security Agenda in Europe, London 1993, S. 41–57; Dave Coleman, Immigration and Ethnic Change in Low-Fertility Countries: A Third Demographic Transition, in: Population and Development Review, Nr. 3/2006, S. 401–446.

9 Vgl. Donald Horowitz, Ethnic Groups in Conflict, Berkeley 1985; Barbara Harff und Ted Robert Gurr, Ethnic Conflict in World Politics, 2. Aufl., Boulder 2004 ; Francis Akindès, Les racines de la crise militaropolitique en Côte d'Ivoire, Dakar 2004.

derten gegenüber der einheimischen Bevölkerung.[10] Besonders hoch sind die Anteile ausländischer Tatverdächtiger bei der organisierten Kriminalität und beim Menschenhandel. Grundsätzlich müssen aber auch diese Statistiken immer daraufhin überprüft werden, ob sie die tatsächliche Kriminalitätsbelastung widerspiegeln oder ob sie auch Delikte enthalten, die per Definition nur von Ausländern begangen werden können, wie Verstöße gegen aufenthaltsrechtliche Bestimmungen. Irreguläre Zuwanderer sind höheren Risiken ausgesetzt, denn sie sind wegen ihres fehlenden Rechtsstatus besonders verletzlich. In ärmeren Entwicklungsländern gibt es gut dokumentierte Fälle von Ausbeutung und Sklaverei. Für Westafrika rechnet man damit, dass jährlich zwischen 200 000 und 300 000 Menschen dem Menschenhandel zum Opfer fallen.[11] Sorgen bereitet vielen Ländern vor allem die Folgekriminalität nach den Einschleusungen. Häufig werden damit, wie in Somalia, Waffenkäufe für Rebellengruppen finanziert.

4. Ein weiteres Risiko ist der politische Extremismus von Zuwanderern, insbesondere die Mitgliedschaft in Organisationen, die die Sicherheit und die Außenbeziehungen des Zuwanderungslandes gefährden.[12] Es kommt immer wieder vor, dass extremistisch-militante Gruppen Flüchtlinge unterstützen und sie dabei für ihre Ziele zu mobilisieren suchen, etwa wenn islamistische Gruppierungen in Pakistan terrorbereite Personen rekrutieren. Es ist auch nicht auszuschließen, dass Extremisten einen Aufenthalt als Touristen oder Asylbewerber nutzen, um gewaltsame Aktionen in ihrem Herkunftsland vorzubereiten. Schließlich besteht noch das Risiko eines im Inland entstandenen Terrorismus. Kenia beispielsweise sieht sich seit Jahren einer unmittelbaren Gefahr durch somalische Flüchtlinge ausgesetzt, die sich seit langem in Kenia aufhalten und von somalischen Extremisten für ihre Terrorpläne instrumentalisiert werden. Im Sahel ist die terroristische Gruppierung Al Khaïda of the Islamic Magreb aktiv und versucht, insbesondere unter Flüchtlingen für ihre Aktivitäten zu werben. Jordanien machte bereits die schmerzhafte Erfahrung, dass die bis 2006 praktizierte »Politik der offenen Tür« auch Anschlägen Tür und Tor öffnete.

5. Schließlich kann auch die äußere Sicherheit von Herkunfts-, Transit- und Aufnahmestaaten durch Wanderungsbewegungen gefährdet werden. Bei massenhaften und unkontrollierten (Zu-)Wanderungen kann ein Staat die Kontrolle über seine Außengrenzen und damit seine territoriale Souveränität verlieren.[13] Ein solches direktes Sicherheitsrisiko ist allerdings nur im Fall einer krisenhaften

---

10 Die meisten Statistiken erlauben nur, zwischen Staatsbürgern und Ausländern zu unterscheiden. Die so ermittelte »Ausländerkriminalität« wird oft als Indikator für die Gefährdung der inneren Sicherheit durch Zuwanderer gewertet und in innenpolitischen Auseinandersetzungen instrumentalisiert. So führten Beschwerden aus der ghanaischen Bevölkerung über zunehmende Kriminalität und Prostitution dazu, dass die Machthaber restriktive Maßnahmen gegenüber liberianischen Flüchtlingen umsetzten.

11 Vgl. United Nations Office on Drugs and Crime (UNODC), Transnational Trafficking and the Rule of Law in West Africa, Wien, Juli 2009.

12 Vgl. Juris Pupcenoks, Migration of Violence, Präsentation bei der 50. Jahrestagung der International Studies Association, New York, NY, 15.–18.2.2009 (unveröffentl. Manuskript).

13 Vgl. Myron Weiner und Michael Teitelbaum, Political Demography, Demographic Engineering, a.a.O. (Anm. 5), S. 146.

Massenfluchtbewegung denkbar. Derartige Fluchtbewegungen hat es in den vergangenen Jahrzehnten beispielsweise im östlichen Afrika gegeben, hier insbesondere im Gebiet der Großen Seen.

Häufiger sind indirekte Wirkungen auf die äußere Sicherheit von Aufnahmestaaten.[14] Auch hier können Wanderungen die Beziehungen zwischen Herkunfts- und Aufnahmestaaten belasten. Im August 2009 haben Irak und Syrien ihre diplomatischen Beziehungen abgebrochen, nachdem Bagdad Damaskus offiziell beschuldigte, Anschlagsplanungen von in Syrien lebenden irakischen Flüchtlingen nicht hinreichend zu unterbinden. Ähnliches ereignete sich um die Jahrtausendwende zwischen Tansania und Burundi: Da sich unter den zahlreichen burundischen Flüchtlingen in Tansania auch Rebellen befanden, fror Burundi zunächst von 2000 bis 2002 die diplomatischen Beziehungen ein und ließ schließlich sogar Truppen nach Westtansania einmarschieren, wo sich die meisten Flüchtlinge aufhielten.

Auch gibt es immer wieder Fälle, in denen die Herkunftsländer über Diskriminierung ihrer Migranten in Aufnahmeländern klagen, so beispielsweise südostasiatische Länder über Menschenrechtsverletzungen an ihren Staatsbürgern in den Golf-Staaten. Flüchtlinge und Migranten können darüber hinaus sowohl von Seiten der Herkunfts- als auch der Zielländer für außenpolitische oder außenwirtschaftliche Zielsetzungen instrumentalisiert werden. Auch dies zeigt sich wieder am Beispiel der irakischen Flüchtlinge in Syrien, die für beide Länder eine außenpolitische Verhandlungsmasse darstellen. Während Syrien finanzielle Hilfen vom Herkunftsland Irak, aber auch von den USA einfordert, nutzt Irak die Präsenz der Flüchtlinge in Syrien als Drohinstrument. Grundsätzlich belastet eine Aufnahme von Asylbewerbern und Flüchtlingen und deren Anerkennung als politisch Verfolgte die Beziehungen zwischen Herkunfts- und Aufnahmeland.

Darüber hinaus können sich potenzielle Aufnahmeländer von Massenwanderungen gezwungen sehen, in die inneren Belange der Herkunftsländer einzugreifen, um unerwünschte Einwanderung zu verhindern. Eine Diaspora kann im Aufnahmeland für Unterstützung »ihrer« Seite in einem innenpolitischen Konflikt im Herkunftsland werben.[15] Auch hier sei das Beispiel einer möglichen Militarisierung bzw. Rekrutierung von Rebellen aus Flüchtlingslagern wie etwa der Tuareg aus Mali in Libyen genannt. Es besteht die Gefahr, dass sich Flüchtlinge oder Migranten gegen ihren Aufnahmestaat wenden, weil dieser sie zuvor in ihrem Kampf gegen das heimatliche Regime finanziell oder organisatorisch unterstützt, sich dann aber umorientiert hat: »Guns can be pointed in both directions.« So handelten etwa jahrzehntelang palästinensische Flüchtlinge in den arabischen Staaten, afghanische Mudschaheddin in Pakistan oder algerische Fundamentalisten in Frankreich in den 1990er Jahren.

Schließlich können ungelöste wanderungsbedingte Konflikte, vor allem lang andauernde Flüchtlingssituationen, ein erhebliches Risiko für die regi-

---

14 Vgl. Gil Loescher, Beyond Charity, International Cooperation and the Global Refugee Crisis, Oxford 1993; Steffen Angenendt, Deutsche Migrationspolitik im neuen Europa, Opladen 1997.
15 Vgl. Robin Cohen, Diasporas and the Nation-State, in: Nana K. Podu und David T. Graham (Hrsg.), Redefining Security, New York, NY, 1998.

onale Stabilität darstellen. Nationale Konfliktdynamiken können sich über Flüchtlingsbewegungen im Zuge eines Spillover-Effekts auf Nachbarländer oder die gesamte Region ausdehnen. Im Gebiet der Großen Seen in Ostafrika haben die jahrzehntelang ungelösten Flüchtlingsprobleme zur Eskalation der innenpolitischen Auseinandersetzungen und letztlich zum Völkermord Mitte der 1990er Jahre beigetragen. Ähnliche Sicherheitsrisiken bargen und bergen immer noch die langen Flüchtlingskrisen in Zentralamerika und vor allem die ungelöste palästinensische Flüchtlingsproblematik.

Mit Blick auf Wanderungsbewegungen innerhalb bzw. zwischen Entwicklungsländern sei hier insbesondere auf die Risiken im Zusammenhang mit einer möglichen Militarisierung von Flüchtlingslagern hingewiesen.[16] Rebellenbewegungen agieren oft aus großen Flüchtlingscamps in Grenzregionen, wo terroristische Anschläge oder Offensiven gegen das Heimatland geplant und vorbereitet werden. Zudem kommt es sowohl innerhalb der Lager als auch zwischen den Flüchtlingen und der Bevölkerung des Aufnahmelands immer wieder zu Konflikten (Kriminalität, Prostitution, illegaler Handel etc.). Hierfür gibt es zahlreiche Beispiele, so etwa die Gründung der sahrauischen Widerstandsbewegung Polisario im Flüchtlingslager Tindouf in Algerien, die schließlich versuchte, die Unabhängigkeit der Westsahara von Marokko mit militärischen Mitteln zu erkämpfen. In einem ähnlichen Kontext steht das extremistische Vorgehen der United Liberation Movement of Liberia for Democracy und später der Liberians United for Reconciliation and Democracy, die in den 1990er Jahren von Guinea und Sierra Leone aus Gegenschläge gegen die Revolutionary United Front in Liberia initiierte, was wiederum verheerende Angriffe auf diese Flüchtlingslager zur Folge hatte. Auch in Asien wurden ähnliche Konstellationen beobachtet, etwa beim bewaffneten Widerstand birmesischer Dissidenten in Thailand.

Aber auch unterhalb der Ebene gewaltsamer Konflikte können ungelöste Migrationsprobleme regionale Stabilität und Kooperation beeinträchtigen: Wenn ein derartig zentrales Politikfeld wie die Migrationspolitik durch zwischenstaatliche Spannungen blockiert wird, kann dies die Zusammenarbeit in anderen Politikbereichen erschweren oder verhindern.

Fazit: Politischer Handlungsbedarf

Es ist zu erwarten, dass die Wanderungen innerhalb und zwischen Entwicklungsländern noch erheblich zunehmen werden. Viele der am wenigsten entwickelten Staaten werden Schwierigkeiten haben, mit den Wanderungen zurechtzukommen. Ihnen werden vor allem administrative Kapazitäten und finanzielle Mittel fehlen, um eine größere Zahl von Flüchtlingen aufzunehmen und zu versorgen. Aus einer verschärften Konkurrenz um knappe Ressourcen können sich interne Spannungen bis hin zu gewaltsamen Konflikten ergeben.

In der sicherheitspolitischen Debatte wird allerdings häufig übersehen, dass Wanderungen neben diesen Gefahren auch positive Auswirkungen auf poli-

---

16 Gil Loescher et al. (Hrsg.), Protracted Refugee Situations: Political, Human Rights and Security Implications, New York 2008.

tische Stabilität und Sicherheit haben können: So kann die Auswanderung für die Flüchtlinge und Migranten eine Exit-Option aus einer unsicheren oder gefährlichen Situation darstellen, und aus Sicht der Herkunftsländer können Abwanderungen zur Entschärfung einer gespannten innenpolitischen Lage beitragen. Angesichts der stetigen Zunahme der weltweiten Wanderungen, der wachsenden Hoffnung vieler ärmerer Staaten, von einer temporären oder dauerhaften Auswanderung ihrer Staatsbürger zu profitieren, und der Hoffnung zumindest einiger Geberländer von Entwicklungshilfe, Migration als entwicklungspolitischen Impuls – möglicherweise gar als Substitut für Entwicklungshilfe – zu nutzen, ist es unabdingbar, sich auch kritisch mit den Chancen von Wanderungsbewegungen auseinanderzusetzen.

Migrationsbedingte Sicherheitsrisiken entstehen darüber hinaus niemals zwangsläufig, sondern können durch politische und wirtschaftliche Rahmenbedingungen beeinflusst werden. Die Migrationsforschung zeigt, dass es keine theoretisch oder empirisch begründbare Aufnahmegrenze für Flüchtlinge und Migranten und keine quantitativ festzulegende absolute Grenze der Aufnahmefähigkeit gibt. Ob Aufnahme-, Transit- und Herkunftsländer von Migration profitieren oder unter ihren Folgen leiden, hängt entscheidend von der politischen Gestaltung dieser Rahmenbedingungen, nicht zuletzt auf zwischenstaatlicher und internationaler Ebene, ab. Fehlen solche Bemühungen oder werden die bestehenden internationalen Regime (wie das internationale Flüchtlingsregime) geschwächt, können Wanderungen durchaus zu einem sicherheitspolitischen Risiko für die beteiligten Staaten werden: für fragile Länder in der Dritten Welt, aber auch für die wirtschaftlich besser entwickelten Staaten.

Prekäre Staaten als Gefahrenherde: Terrorismus und Verbreitung von Massenvernichtungswaffen

Monika Heupel

Prekäre Staaten stellen zunächst einmal ein Problem für ihre eigene Bevölkerung dar. Sie schaffen es nicht, das Gewaltmonopol zu kontrollieren und flächendeckend Sicherheit zu gewährleisten. Sie sind nur bedingt in der Lage, Gemeinschaftsgüter wie Bildung und ein tragfähiges Gesundheitswesen bereitzustellen oder zumindest die Rahmenbedingungen zu schaffen, damit andere Governance-Leistungen erbringen können. Schließlich wird in prekären Staaten der Herrschaftsanspruch der Regierung von der Bevölkerung häufig nicht als legitim anerkannt.[1]

Darüber hinaus verursachen prekäre Staaten aber auch ein über ihre Grenzen reichendes Sicherheitsproblem.[2] Staaten, die das Gewaltmonopol nicht vollständig kontrollieren, können nicht verhindern, dass bewaffnete Gruppen ihr Territorium nutzen, um Angriffe auf andere Staaten zu planen. Die Legitimitätsdefizite prekärer Staaten können sich in lokale, gewaltsam ausgetragene Konflikte übersetzen, die auf Nachbarstaaten übergreifen und sich auch dort destabilisierend auswirken. Nicht zuletzt fällt es Staaten mit schwachen Kompetenzen zur Regelsetzung und -durchsetzung schwer, internationale Vorgaben beispielsweise im Hinblick auf die Bekämpfung der internationalen Kriminalität umzusetzen.

Seit den Anschlägen vom 11. September 2001 gelten prekäre Staaten als Gefahrenherde für transnationalen Terrorismus und die Verbreitung von Massenvernichtungswaffen.[3] Das bedeutet aber nicht, dass alle prekären Staaten gleichermaßen transnationalen Terrorismus und die Proliferation von Massenvernichtungswaffen begünstigen. Bei der Gefahreneinschätzung müssen geografische, ökonomische und kulturelle Kontextbedingungen ebenfalls berücksichtigt werden. Schließlich können transnationale Terrorgruppen, Proliferateure und ihre Helfer auch in konsolidierten Staaten operieren. Bekanntermaßen wurden die Anschläge auf das World Trade Center und das Pentagon auch in Westeuropa und in den USA vorbereitet und viele Bauteile für das irakische und das iranische Nuklearprogramm von deutschen und Schweizer Unternehmern geliefert. Prekäre Staaten stellen jedoch ein spezifisches begünstigendes Umfeld dar. Im Folgenden soll anhand konkreter Beispiele verdeutlicht werden, wie transnational organisierte Terrorgruppen und staatliche und nichtstaatliche Akteure, die nach Massenvernichtungswaffen streben, sich die Schwächen prekärer Staaten zu Nutze machen können.

---

1 Vgl. zum Beispiel Robert I. Rothberg (Hrsg.), When States Fail: Causes and Consequences, Princeton und Oxford 1990.
2 Zum Beispiel Chester Arthur Crocker, Engaging Fragile States, in: Foreign Affairs 5/2003, S. 32–44.
3 The Fund for Peace, Threat Convergence: New Pathways to WMD Proliferation? Background Paper, Washington, DC, 2006, <http://www.fundforpeace.org/tc/images/Publications/threatconvergence_background.pdf> (abgerufen am 24.9.2009).

Prekäre Staaten und transnationaler Terrorismus

Der transnationale Terrorismus operiert grenzüberschreitend und zeichnet sich durch eine netzwerkartige Organisationsstruktur aus. Er wird paradigmatisch von Al Khaïda verkörpert und hat seit den 1990er Jahren gegenüber dem staatlich geförderten Terrorismus an Bedeutung gewonnen. Transnationale Terrorgruppen sind weniger auf die Unterstützung verbündeter Staaten angewiesen, sondern kooperieren typischerweise mit einer Vielzahl unterschiedlicher privater Akteure, die in konsolidierten wie prekären Staaten tätig sind.[4]

Insbesondere drei Eigenschaften machen prekäre Staaten zu einem begünstigenden Umfeld für den transnationalen Terrorismus. Erstens bieten prekäre Staaten so genannte sichere Häfen, die transnationale Terrorgruppen als Rückzugsräume nutzen können.[5] Damit sind Räume gemeint, in denen der Staat keine oder lediglich eingeschränkte Kontrolle über das Gewaltmonopol ausübt und in denen seine Kompetenzen zur Regelsetzung und -durchsetzung begrenzt sind. Typische Rückzugsräume sind schwer zugängliche Gebiete wie Gebirgsregionen, Wüsten und Inseln oder unüberschaubare Gebiete in Großstädten, in denen der Staat nicht oder kaum präsent ist. Häufig finden transnationale Terrorgruppen etwa in Algerien und Tadschikistan auch in Gebieten Zuflucht, die von lokalen Kriegsherren kontrolliert werden.

Rückzugsräume in prekären Staaten werden von transnationalen Terrorgruppen für unterschiedliche Zwecke genutzt. In einigen Fällen bringen sich die Führungskader militanter Gruppen in prekären Staaten in Sicherheit. Während der von den USA geführten militärischen Intervention in Afghanistan Ende 2001 setzten sich beispielsweise etliche Anführer von Al Khaïda nach Pakistan ab. Dort fanden sie Unterschlupf in den zum Teil halbautonomen Gebieten entlang der Grenze zu Afghanistan, aber auch in Karatschi und anderen Großstädten, die sich weitgehend außerhalb der Kontrolle des pakistanischen Staates befanden. Andere ranghohe Mitglieder flüchteten nach Jemen, wo sie in Gegenden untertauchen konnten, die sich im Einflussbereich lokaler Stammesführer befanden. Terrorgruppen können in diesen Räumen auch Trainingscamps einrichten, um Mitstreiter zu schulen.[6] Bekannt sind die Trainingscamps in Afghanistan und Pakistan, in denen militante Islamisten in den 1980er und 1990er Jahren Rekruten aus Nordafrika, den Golf-Staaten und Südostasien mit den Techniken des Terrorismus vertraut machten. Außerdem nutzten beispielsweise im Süden der Philippinen das Dschemaah-Islamiya-Netzwerk und andere Terrorgruppen Stützpunkte der lokalen Widerstandsbewegung Moro Islamic Liberation Front, um ihre Mitglieder auszubilden. Und auch in Tschetschenien richteten in der zweiten Hälfte der 1990er Jahre islamistische Terrorgruppen, die zum Teil Verbindungen zu Al Khaïda unterhielten, Ausbildungslager ein, in denen Rekruten unterwiesen wurden.

---

4 Ulrich Schneckener, Transnationaler Terrorismus: Charakter und Hintergründe des »neuen« Terrorismus, Frankfurt a. Main 2006.

5 James Anthony Piazza, Incubators of Terror: Do Failed and Failing States Promote Transnational Terrorism?, in: International Studies Quarterly 4/2008, S. 469–488.

6 Ulrich Schneckener, Transnationale Terroristen als Profiteure fragiler Staatlichkeit (Stiftung Wissenschaft und Politik, SWP-Studie), Berlin, 18.5.2004.

Zweitens spielen prekäre Staaten für die Versorgung transnationaler Terrorgruppen eine wichtige Rolle. Damit ist zum Beispiel gemeint, dass Terrorgruppen Sprengstoff, Waffen und anderes Material, das sie für Anschläge oder für ihre Verteidigung benötigen, aus prekären Staaten beziehen oder durch prekäre Staaten schmuggeln.[7] So wurden der Sprengstoff und die Waffen, die für die Anschläge auf ein von israelischen Touristen frequentiertes Hotel und ein israelisches Flugzeug in Mombasa Ende 2002 verwendet wurden, über Jemen und Somalia nach Kenia geschmuggelt. Zudem versuchen Terrorgruppen, die sich Atom-, Bio- oder Chemiewaffen beschaffen wollen, gerade in prekären Staaten, in denen Fabriken und Lageranlagen oftmals unzureichend gesichert sind, an entsprechende Materialien und Baustoffe zu kommen. So gibt es Anzeichen dafür, dass die usbekische Terrorgruppe Islamic Movement of Uzbekistan radiologisches Material besaß, das sie möglicherweise auch an Al Khaïda weitergegeben hat.[8] Zudem sollen Mitglieder von Al Khaïda versucht haben, über die russische Mafia waffenfähiges Nuklearmaterial aus russischen Beständen zu erwerben.

Ferner bieten Staaten, die über schwache Kompetenzen zur Regelsetzung und -durchsetzung verfügen oder kein Gewaltmonopol auf ihrem Territorium haben, vielfach leichten Zugang zu Finanzquellen. So werden islamistische Terrorgruppen von islamischen Wohlfahrtsorganisationen finanziert, die in Staaten mit schwach reguliertem Finanz- und Bankensektor ansässig sind. Vor allem aber nutzen islamistische Gruppen informelle Transfersysteme wie zum Beispiel das Hawala-System, über das ein beträchtlicher Teil der Geldüberweisungen in und zwischen islamisch geprägten Ländern abgewickelt wird. Solche informellen Transfersysteme sind dadurch gekennzeichnet, dass Händler Geldtransfers auf Vertrauensbasis vornehmen, ohne dass die Herkunft des Geldes überprüft oder Belege ausgestellt werden, was staatliche Kontrollmöglichkeiten offensichtlich einschränkt.[9]

Darüber hinaus haben Terrorgruppen in den vergangenen Jahren aus dem Schmuggel mit natürlichen Ressourcen Gewinne abgeschöpft. Dabei haben sie erheblich davon profitiert, dass gerade prekäre Staaten vielfach nicht fähig oder willens waren, den Ressourcenschmuggel effektiv zu bekämpfen. Al Khaïda etwa verdiente seit den frühen 1990er Jahren am Handel mit Diamanten aus Sierra Leone, Angola und anderen afrikanischen Staaten und kooperierte mit zahlreichen lokalen Unternehmen und Händlern.[10] Die Hisbollah verdiente schon in den 1980er Jahren am Handel mit Diamanten aus Westafrika und ging enge Verbindungen mit der libanesischen Diaspora vor Ort ein. Außerdem soll die

---

7 Ray Takeyh, Nikolas Gvosdev, Do Terrorist Networks Need a Home? in: The Washington Quarterly, Sommer 2002, S. 97–108.

8 David Albright, Al Qaeda's Nuclear Program: Through the Window of Seized Documents (The Nautilius Institute, Special Forum 47), 6.11.2002, <http://www.nautilus.org/archives/fora/Special-Policy-Forum/47_Albright.html> (abgerufen am 23.09.2009).

9 Council on Foreign Relations, Terrorists Financing, Report of an Independent Task Force sponsored by the Council on Foreign Relations, New York, NY, und Washington, DC, 2002.

10 Global Witness, For a Few Dollars More: How al Qaeda Moved Into the Diamond Trade, April 2003, <http://www.globalwitness.org/media_library_detail.php/290/en/for_a_few_dollar_more_how_al_qaeda_moved_into_the_> (abgerufen am 23.09.2009).

Hisbollah in der Grenzregion von Brasilien, Argentinien und Paraguay Kontakte zur libanesischen Mafia unterhalten und am Handel mit Drogen und mit gefälschten Produkten aus China beteiligt sein.[11]

Drittens erleichtern es prekäre Staaten transnationalen Terrornetzwerken, neue Mitglieder und Helfer zu rekrutieren. In islamisch geprägten Staaten, in denen es nicht gelingt, für Kinder und Jugendliche flächendeckend Schulen bereitzustellen, spielen Religionsschulen eine wichtige Rolle bei der Rekrutierung. Häufig werden Kinder und Jugendliche bereits in so genannten Koranschulen, die außerhalb der Reichweite staatlicher Kontrolle operieren, ideologisch beeinflusst und lassen sich deswegen leichter für die Ziele radikaler Terrorgruppen mobilisieren.[12] Besonders in Pakistan, wo etwa ein Drittel der Kinder Religionsschulen besuchen soll, können gewaltbereite islamistische Gruppen neue Mitglieder rekrutieren. Etliche ranghohe Taliban haben in den 1990er Jahren extremistische Koranschulen in Pakistan besucht, und auch heute noch werden Kinder und Jugendliche in Schulen indoktriniert, über die der Staat nicht nur keine Kontrolle hat, sondern für die er selbst auch keine Alternative anbietet.

Darüber hinaus gibt es Anzeichen dafür, dass die Legitimitätsdefizite prekärer Staaten Terrorgruppen helfen, neue Mitglieder und Helfer zu gewinnen.[13] Staaten, die unfähig sind, grundlegende Regierungsleistungen wie soziale Sicherungssysteme bereitzustellen, schüren Unzufriedenheit in ihrer Bevölkerung, die sich als Gewalt entzünden kann. Ebenso kann Regierungshandeln gewaltsamen Widerstand hervorrufen, wenn es die in weiten Kreisen der Bevölkerung geteilten Werte und Normen missachtet. Auch wenn andere Staaten – zum Beispiel die USA – dafür verantwortlich gemacht werden, dass sich eine unliebsame, für illegitim befundene Regierung – zum Beispiel in Ägypten – an der Macht hält, ist für militante Gruppen ein idealer Nährboden bereitet.

Prekäre Staaten und die Verbreitung von Massenvernichtungswaffen

Staaten ist die Weitergabe von Atom-, Bio- und Chemiewaffen in drei zwischenstaatlichen Verträgen und in Resolutionen des UN-Sicherheitsrats untersagt. Um die Verbreitung der für die Herstellung von Atomwaffen notwendigen Technologien einzudämmen, wurden zudem Exportkontrollregime vereinbart, die den Handel mit bestimmten Gütern verregeln. Staaten und nichtstaatliche Akteure, die nach Massenvernichtungswaffen streben, sind deshalb heute verstärkt auf die Kooperation mit nichtstaatlichen Akteuren angewiesen, die sich häufig in so genannten transnationalen Proliferationsnetzwerken organisieren und sowohl in konsolidierten als auch in prekären Staaten operieren.[14]

---

11 Patricia Taft, David A. Poplack und Rita Grossman-Vermaas: The Crime-Terrorism Nexus. Threat Convergence in the Tri-Border Area, Washington, DC, 2009, <http://www.fundforpeace.org/tc/images/Publications/latin%20america%20report.final.june%202009.pdf> (abgerufen am 23.09.2009).
12 Peter Warren Singer, Pakistan's Madrassahs: Ensuring a System of Education not Jihad (Brookings Institution, Analysis Paper Nr. 4) Washington, DC, 2001.
13 Vgl. Piazza, Incubators of Terror: Do Failed and Failing States Promote Transnational Terrorism?, a. a. O. (Anm. 5).
14 Monika, Heupel, Das A. Q.-Khan-Netzwerk: Transnationale Proliferationsnetzwerke als Herausforderung für die internationale Nichtverbreitungspolitik (SWP-Studie), Berlin 2008.

Insbesondere drei Eigenschaften machen prekäre Staaten zu einem begünstigenden Umfeld für die Verbreitung von Massenvernichtungswaffen. Erstens profitieren Terrorgruppen, die in den Besitz von nuklearem, radiologischem, chemischem und biologischem Material kommen wollen, von den geringen Überwachungskapazitäten prekärer Staaten. Nach allgemeiner Einschätzung von Sicherheitsexperten sind Terroristen zwar nicht in der Lage, selbst Spaltmaterial für eine Atombombe herzustellen, aber durchaus fähig, eine so genannte schmutzige Bombe aus nichtatomwaffenfähigem Material oder eine unkonventionelle nukleare Sprengvorrichtung aus atomwaffenfähigem Material zu bauen.[15] In prekären Staaten können nukleare und andere radiologische Materialien leichter gestohlen und unbehelligt transportiert werden, weil Fabriken und Lageranlagen, in denen das Material hergestellt bzw. aufbewahrt wird, und die Außengrenzen oftmals unzureichend gesichert sind. So genannte Insider – zum Beispiel zivile Angestellte und Sicherheitsbedienstete in Forschungsreaktoren –, aber auch organisierte Kriminelle, die Material entwenden und außer Landes transportieren, laufen deshalb kaum Gefahr, für ihre Machenschaften zur Rechenschaft gezogen zu werden. Seit den 1990er Jahren stammt der Großteil geschmuggelten nuklearen und anderen radiologischen Materials aus Einrichtungen in Russland, wo nach dem Ende des Ost-West-Konflikts die Vorkehrungen zur Materialsicherung erodierten.[16] Typische Schmuggelrouten führten zunächst durch das Baltikum und mittelosteuropäische Staaten. Zudem wurden Fälle von Nuklearschmuggel in Zentralasien, im Kaukasus, in der Türkei, in Afrika und in Südasien verzeichnet.

Terrorgruppen ist es bislang nicht gelungen, mit Bio- und Chemiewaffen massiven Schaden anzurichten. Dass sie jedoch durchaus in der Lage sind, kleinere Anschläge durchzuführen, führte Mitte der 1990er Jahre der Anschlag mit Saringas der Aum-Shinrikyo-Sekte in der Tokioter U-Bahn vor Augen. Gerade prekäre Staaten, in denen Krankheitserreger, Toxine und chemische Substanzen häufig nicht effektiv gesichert sind, bieten Chancen für Terrorgruppen, sich Zugang zu gefährlichen Stoffen zu verschaffen. Eine große Gefahr stellen wiederum Anlagen in Russland dar, in denen umfangreiche Bestände aus den Waffenprogrammen der Sowjetunion gelagert werden. Biologische und chemische Substanzen werden auch in staatlichen Forschungsinstitutionen, privaten Unternehmen und anderen zivilen Einrichtungen verwendet – seit einigen Jahren aufgrund vielfältiger Globalisierungsprozesse vermehrt in Schwellenländern wie Indien, Brasilien, Mexiko und Ägypten. Schließlich können Terrorgruppen versuchen, in prekären Staaten, die über ein dysfunktionales Gesundheitswesen verfügen, auf Krankheitserreger zuzugreifen, aus denen sie Kampfstoffe entwickeln können. So soll Anfang der 1990er Jahre Aum Shinrikyo versucht haben, während des Ausbruchs einer Ebola-Epidemie im ehemaligen Zaire an die gefährlichen Viren zu kommen.[17]

---

15 Charles D. Ferguson, Preventing Catastrophic Nuclear Terrorism (Council on Foreign Relations, Council Special Report Nr. 11), New York, NY, und Washington, DC, 2006.
16 Rensselaer Lee, Nuclear Smuggling: Patterns and Responses, in: Parameters, Frühjahr 2003, S. 95–111.
17 Oliver Thränert, Terror mit chemischen und biologischen Waffen: Risikoanalyse und Schutzmöglichkeiten (Stiftung Wissenschaft und Politik, SWP-Studie), Berlin 2002; Michael Moodie, Dangerous Weapons in

Zweitens profitieren auch Staaten, die Technologie und Komponenten für die Herstellung von Massenvernichtungswaffen erwerben wollen, von den schwachen Regel(durch)setzungskompetenzen prekärer Staaten. Die Organisationsstruktur und Funktionsweise des nach dem Pakistaner Abdul Qadeer Khan benannten transnationalen Proliferationsnetzwerks, über das Iran, Nordkorea und Libyen Technologie und Komponenten für ihre Nuklearprogramme erworben haben, können dies exemplarisch zeigen. Unternehmen und Zwischenhändler, die in das Netzwerk eingebunden waren, lieferten in erster Linie Komponenten, die aus Staaten stammten, die über schwache Kontrollkompetenzen verfügten. Dem Khan-Netzwerk spielte dabei in die Hände, dass seit den 1980er Jahren immer mehr Unternehmen, die beispielsweise Bauteile für die Anreicherung von Uran herstellten, einen Teil ihrer Produktion in weniger entwickelte Länder auslagerten. Hinzu kam, dass auch weniger entwickelte Staaten vermehrt Zugang zu moderner Informationstechnologie hatten und so die notwendigen Kenntnisse erwerben konnten, um Zentrifugenkomponenten und andere spezialisierte Produkte anzufertigen.

Außerdem wickelte das Netzwerk Transfers vorzugsweise über unüberschaubare Häfen ab, in denen der Handelsverkehr keinen strengen Kontrollen unterlag. Demzufolge wurden etliche Lieferungen über Dubai verschifft, weil das Emirat über einen Hafen mit einem enorm hohen Umschlagvolumen verfügt, zugleich aber keine strikten Kontrollenverfahren für eingehende und ausgehende Waren eingerichtet hat.[18] Um das libysche Nuklearprogramm zu beliefern, errichtete das Netzwerk in Staaten mit schwachen Überwachungskompetenzen sogar eigene Produktionsstätten. In Malaysia und in der Türkei errichtete das Netzwerk Betriebe, die aus verschiedenen Staaten kleinere Bauelemente importierten, um größere Bauteile für Zentrifugen herzustellen. In Südafrika errichtete das Netzwerk ein Werk zum Bau einer komplexen Anlage für das libysche Urananreicherungsprogramm.[19]

Das Khan-Netzwerk nutzte dabei gezielt die Schwächen des multilateralen Nuklearexportkontrollregimes aus, das gerade in prekären Staaten keinen effektiven Schutz vor Proliferation gewährleistet. So profitierte das Netzwerk davon, dass Staaten bis 2004 nicht dazu verpflichtet waren, nationale Exportkontrollsysteme einzurichten, die den Handel mit so genannten »Trigger List«- und »Dual Use«-Gütern[20] verregeln. Malaysia etwa bot sich auch deshalb für die Errichtung einer Produktionsstätte für die Herstellung von Aluminiumkomponenten an, weil es nicht Mitglied der Nuclear Suppliers Group (NSG) war, deren Mitglieder verpflichtet sind, Exportkontrollen durchzuführen.

Dangerous Hands: Responding to the Challenges of Chemical and Biological Terrorism (Institut français des relations internationales, Proliferation Papers), Paris 2009.

18 The International Institute for Strategic Studies (IISS), Nuclear Black Markets: Pakistan, A. Q. Khan and the Rise of Proliferation Networks: A Net Assessment (IISS Strategic Dossier), London 2007.

19 Wyn Q. Bowen, Libya and Nuclear Proliferation: Stepping Back from the Brink (The International Institute for Strategic Studies, Adelphi Papers Nr. 380), London 2006.

20 »Trigger List«-Güter sind Gegenstände, die nur exportiert werden dürfen, wenn der Empfängerstaat ein Kontrollabkommen mit der Internationalen Atomenergiebehörde abgeschlossen hat. »Dual Use«-Güter sind Gegenstände, die sowohl militärische als auch zivile Anwendungen haben können.

Zudem importierte das Netzwerk Komponenten aus Staaten wie Südafrika und der Türkei, die zwar Mitglieder der NSG waren, aber massive Probleme hatten, die Vorgaben zu implementieren.[21] Außerdem profitierte das Khan-Netzwerk davon, dass insbesondere prekäre Staaten vielfach nicht gewährleisten können, dass ihre nationalen Strafverfolgungsbehörden Verstöße gegen Exportkontrollgesetze ahnden. Angesichts der grenzüberschreitenden Organisationsstruktur transnationaler Proliferationsnetzwerke untergraben Schwächen bei der Strafverfolgung in prekären Staaten auch die Strafverfolgung in konsolidierten Staaten. Schließlich sind die nationalen Justizorgane konsolidierter Staaten auf grenzüberschreitende Kooperation etwa im Hinblick auf den Informationsaustausch oder die Überstellung Verdächtiger angewiesen.[22]

Drittens bieten prekäre Staaten, die Atom-, Bio- und Chemiewaffenprogramme unterhalten, auch deshalb ein begünstigendes Umfeld für die Verbreitung von Massenvernichtungswaffen, weil sie die Rekrutierung von Wissenschaftlern und Technikern, die über wertvolle Kenntnisse verfügen, erleichtern. Insbesondere Russland und andere Nachfolgestaaten der Sowjetunion, die während des Ost-West-Konflikts über die weltweit größten und fortgeschrittensten Chemie- und Biowaffenprogramme und ein umfangreiches Atomwaffenprogramm verfügten, werden als Gefahrenherde angesehen. Mit dem Zerfall der Sowjetunion und dem Niedergang der russischen Wirtschaft wurden die Programme zur Entwicklung von Massenvernichtungswaffen heruntergefahren. Viele Wissenschaftler und Techniker, die zuvor sozial abgesichert waren, verloren ihre Anstellung oder mussten massive Gehaltskürzungen hinnehmen. In den vergangenen Jahren gab es immer wieder Berichte darüber, dass Wissenschaftler aus den Nachfolgestaaten der Sowjetunion von Staaten angeworben wurden, die ihre Expertise für ihre eigenen Waffenprogramme nutzbar machen wollten. Syrien etwa soll russische Wissenschaftler angeworben haben, um an der Forschung im Rahmen seines Chemiewaffenprogramms mitzuwirken. Auch der Iran soll mit russischen Wissenschaftlern kooperiert haben, die ihre Expertise aus den sowjetischen Bio- und Atomwaffenprogrammen zur Verfügung gestellt haben sollen.[23]

Schlussfolgerung: Multilaterale Abhilfe für ein globales Problem

Prekäre Staaten, die ein begünstigendes Umfeld für den transnationalen Terrorismus und die Verbreitung von Massenvernichtungswaffen bieten, stellen ein globales Sicherheitsproblem dar. Statebuilding, also der (Wieder-)Aufbau von Institutionen und Kapazitäten, die einen Staat in die Lage versetzen, das Gewaltmonopol zu kontrollieren, Regeln zu setzen und durchzuset-

---

21 Gordon Corera, Shopping for Bombs: Nuclear Proliferation, Global Insecurity, and the Rise and Fall of the A.Q. Khan Network, Oxford 2006.
22 Leonard Weiss, 2006, Prepared Statement, U.S. House of Representatives, Hearing before the Subcommittee on International Relations: The A.Q. Khan Network: Case Closed?, Seriennr. 109–182, Washington, DC, 25.5.2006.
23 Sharon K. Weiner, Preventing Nuclear Entrepreneurship in Russia's Nuclear Cities, in: International Security 2/2002, S. 126–138.; Jonathan B. Tucker und Kathleen M. Vogel, Preventing the Proliferation of Chemical and Biological Weapons Materials and Know-How, in: The Nonproliferation Review, Frühjahr 2000, S. 88–96.

zen, Legitimität zu generieren und zumindest den Rahmen für die Bereitstellung grundlegender Governance-Leistungen zu schaffen, ist deshalb ein zentraler Baustein der internationalen Sicherheitspolitik.

Die komplexen Friedensmissionen, die die Vereinten Nationen in den 1990er Jahren in zahlreiche prekäre und gescheiterte Staaten entsandt haben, zielten denn auch explizit darauf ab, effektive und legitime Staaten aufzubauen. Des Weiteren hat der UN-Sicherheitsrat in Reaktion auf die Terroranschläge vom 11. September 2001 und die Aufdeckung der Machenschaften des Khan-Netzwerks Resolutionen erlassen, die alle Staaten – konsolidierte wie prekäre – dazu verpflichten, Gesetze zu erlassen und durchzusetzen, mit denen der transnationale Terrorismus[24] und die Verbreitung von Massenvernichtungswaffen[25] eingedämmt werden können. Gemeinsam mit anderen Akteuren helfen die UN insbesondere schwachen Staaten, die dafür notwendigen Kapazitäten aufzubauen.[26]

Nachhaltiges Statebuilding in seinen unterschiedlichen Facetten stellt nach wie vor eine große Herausforderung für die UN und andere Institutionen dar. Gleichwohl sind gerade diese aktuellen Anpassungen in den Vereinten Nationen beispielhaft dafür, dass das Gefahrenpotenzial, das von prekären Staaten ausgeht, von der Staatengemeinschaft nicht nur wahrgenommen wird, sondern sich bereits in der Programmatik und den operativen Politiken internationaler Organisationen niederschlägt.

---

24 UN-Sicherheitsratsresolution 1373 (2001).
25 UN-Sicherheitsratsresolution 1540 (2004).
26 Monika Heupel, Combining Hierarchical and Soft Modes of Governance: The UN Security Council's Approach to Terrorism and Weapons and Mass Destruction, in: Cooperation and Conflict 1/2008. S. 7–29.

Zivil-militärische Zusammenarbeit bei Auslandseinsätzen

August Pradetto

Seit den 1990er Jahren ist die so genannte zivil-militärische Zusammenarbeit (ZMZ oder Civil-Military Cooperation/CIMIC) inhärenter Bestandteil militärischer Auslandseinsätze. Dieses aus Strategiedebatten in der NATO resultierende Konzept entspricht der Auffassung, dass in Postkriegsgesellschaften oder in »gescheiterten Staaten«[1] Entwicklung ohne Sicherheit und Sicherheit ohne Entwicklung nicht möglich sei. Das Konzept regelt die Beziehungen zwischen militärischen und zivilen Akteuren und zielt darauf ab, sowohl einen sicherheits- als auch einen entwicklungspolitischen Mehrwert zu generieren. Dieser Zielsetzung versuchen die NATO, die Europäische Union und die Bundeswehr insbesondere in ihren drei größten Einsatzgebieten – Bosnien-Herzegowina, Kosovo und Afghanistan – gerecht zu werden. Schließlich haben diese zeitgeschichtlichen Entwicklungen auf der politischen Makroebene den Ausschlag gegeben: bei der Rechtfertigung, Interpretation und Umsetzung von Peace- und Statebuilding.

Kooperation auf drei Ebenen

Zivil-militärische Zusammenarbeit entspricht einem »umfassenden Ansatz«, der darauf ausgerichtet ist, unterschiedliche Sicherheitsanforderungen zu berücksichtigen und ein weites Spektrum von Akteuren – nationale Regierungen, internationale und regionale Organisationen, NGOs, private Partner und lokale Akteure – in die Bemühungen um Stabilität und Sicherheit einzubinden.[2]

Für die zivil-militärische Kooperation sind demnach drei Analyseebenen relevant: die operativ-taktische Ebene, die auf Gegebenheiten bei der Kooperation vor Ort rekurriert; die strategische Ebene, die den Auftrag an die Streitkräfte im Einsatzland insgesamt reflektiert; und schließlich die übergeordnete Ebene politischer Zielsetzung (auf nationaler und internationaler Ebene), die den Streitkräfteeinsatz als ein unabdingbares Mittel betrachtet, um im Einsatzland westlich-liberale Vorstellungen von Peace- bzw. Statebuilding zu realisieren.[3]

---

1   Zur kontroversen Debatte über Staatsversagen und -zerfall siehe zum Beispiel Klaus Schlichte, Gibt es überhaupt »Staatszerfall«? Anmerkungen zu einer ausufernden Debatte, in: Berliner Debatte Initial, Nr. 4/2005, S. 74–84; sowie diverse Beiträge in Marianne Beisheim und Gunnar Folke Schuppert (Hrsg.), Staatszerfall und Governance, Baden-Baden 2007.

2   Vgl. zum Beispiel NATO, Afghanistan Report 2009, <http://www.nato.int/nato_static/assets/pdf/pdf_2009_03/20090331_090331_afghanistan_report_2009.pdf>; NATO, A Comprehensive Approach, 2010, <http://www.nato.int/cps/en/natolive/topics_51633.htm>; UK Joint Delegation to NATO, Comprehensive Approach, 2010, <http://uknato.fco.gov.uk/en/uk-in-nato/comprehensive-approach> (alle abgerufen am 3.4.2010).

3   Diese beruhen auf der Annahme, dass eine Gesellschaft nur dann »nachhaltig« friedlich sein könne, wenn grundlegende Menschenrechts-, Rechtsstaatlichkeits- und Demokratiestandards gewährleistet seien. Vgl. den Beitrag von Ulrich Schneckener in diesem Band; vgl. ferner David Chandler, State Building and

Bei der Bewertung der Einzelbereiche sollte die Interdependenz aller drei Ebenen berücksichtigt werden. Denn nicht nur divergierende nationale Sichtweisen zu Statebuilding und unterschiedliche Festlegungen zur zivilmilitärischen Zusammenarbeit sind der Grund dafür, dass es keine gemeinsame CIMIC-Doktrin der an Militäreinsätzen beteiligten Nationen gibt. Auch innerhalb der einzelnen Länder reflektieren die verschiedenen nationalen Komponenten (zum Beispiel die zuständigen Ministerien) jeweils unterschiedliche institutionelle Vorgaben für die multilateralen Einsätze.

Es gibt zwar eine CIMIC-Doktrin der NATO,[4] an die sich die nationalen Strategiepapiere – für Deutschland: Teilkonzeption Zivil-Militärische Zusammenarbeit der Bundeswehr (TK ZMZBw),[5] bzw. Diskurs des Bundesministeriums für wirtschaftliche Zusammenarbeit und Entwicklung (BMZ)[6] wie auch die CIMIC-Doktrin der Europäischen Union anlehnen.[7] Die NATO-Doktrin ist aber so allgemein gefasst, dass sie die nationalen Strategien so wenig ersetzt wie sie den Interpretationsspielraum dessen, was CIMIC bedeutet, einengt. Alle CIMIC-Ansätze definieren »Civil-Military Liaison«, »Support to the Civil Environment« und »Support to the Force« denn auch verallgemeinernd als »Kernaufgaben«, wobei die aus militärischer Sicht geschriebenen Dokumente den Schutz der Soldaten als das primäre Ziel aller CIMIC-Maßnahmen herausstellen.

CIMIC für weit reichende internationale Aufgaben

CIMIC soll eine Reihe grundlegender Funktionen erfüllen. In erster Linie geht es darum, die militärischen Aktivitäten auf die neuen »komplexen« Aufgabenstellungen auszurichten, derer sich die politischen Eliten der NATO-Länder nach dem Ende des Kalten Krieges angenommen haben. Bosnien-Herzegowina sollte nicht, wie es im Prinzip entlang der Republiksgrenzen in Jugoslawien ab Mitte 1991 geschah, in ethnische Bestandteile zerfallen, sondern weiterhin in seinen Grenzen als jetzt unabhängiger, multiethnischer Staat bestehen bleiben. Um diese politische Absicht umzusetzen, wurden in einer bis dato präzedenzlosen Weise die unterschiedlichsten Akteure und Mittel eingesetzt. Internationale Organisationen, nationale Institutionen, NGOs und private Akteure wurden mobilisiert, enorme personelle, finanzielle und materielle

---

Intervention: Policies, Practices and Paradigms, Routledge und London 2009; Francis Fukuyama, Staaten bauen: Die neuen Herausforderungen internationaler Politik, Berlin 2004; Roland Paris, At War's End: Building Peace After Civil Conflict, Cambridge 2004.

4 NATO/EACP/PFP Policy Coordiniation Group, NATO Military Policy on Civil-Military Co-operation (CIMIC), 2001, <http://74.125.77.132/search?q=cache:ov7W4XwSNdIJ:www.arrc.nato.int/CIMIC/NAC%2520approved%2520MC%2520411.doc+cimic+doktrin+nato+2001&cd=3&hl=de&ct=clnk&client=safari> (abgerufen am 3.4.2010); NATO, Civil-Military Co-operation (CIMIC) Doctrine, 2003, S. 1–57, <http://www.nato.int/ims/docu/ajp-9.pdf> (abgerufen am 23.12.2009).

5 Vgl. Teilkonzeption Zivil-Militärische Zusammenarbeit der Bundeswehr, 2009, <http://www.agbf.de/AK/AG/080408_%20ZMZ-Bund-1.pdf> (abgerufen am 23.2.2010).

6 BMZ, BMZ-Diskurs. Zum Verhältnis von entwicklungspolitischen und militärischen Antworten auf neue sicherheitspolitische Herausforderungen, Bonn 2004.

7 Council of the European Union (EUMS), Civil-Military Co-operation (CIMIC) Concept for EU-led Crisis Management Operations, 2002.

Mittel einzusetzen, nicht zuletzt auch militärische Kräfte, die diese Aktivitäten absichern sollten. Ideelle Grundlage dieser Absicht war ein Staatsmodell, das aus der schon angedeuteten liberalen Tradition westlicher Entwicklung stammt: Bosnien-Herzegowina sollte ein nach marktwirtschaftlichen und demokratischen Prinzipien funktionierender Organismus mit föderaler Struktur und einer gesamtstaatlichen Identität werden – was bis heute auf erhebliche interne Widerstände stößt.

Nach Beendigung des Krieges gegen die Bundesrepublik Jugoslawien (Serbien und Montenegro) im Juni 1999 stellte sich eine ganz ähnliche Aufgabe für den Kosovo. Aus einem zerstörten, unterentwickelten und tief gespaltenen Land sollte ein funktionierendes, demokratisches und multiethnisches Gemeinwesen werden. Die durch die externe Intervention in Gang gesetzte innere Dynamik bewirkte hier ebenfalls eine Ausweitung der politischen Zielsetzung. Der ursprünglich als »substanzielle Autonomie« im Rahmen der Bundesrepublik Jugoslawien gedachte und vereinbarte Status mutierte unter dem Druck der kosovo-albanischen Eliten in ein formidables State- und Nationbuilding-Projekt, mit allerdings teils divergenten Interessen und Zielsetzungen der externen Interventen und der neuen lokalen (größtenteils aus der ehemaligen UCK stammenden) kosovo-albanischen Eliten.

Nicht einmal drei Jahre später wurde im Prinzip die gleiche politische Vorgabe für die »Transformation« Afghanistans in ein »modernes Gemeinwesen« gemacht, wobei die Ambitionen, die nach dem Krieg auf der Petersberg-Konferenz Anfang Dezember 2001 formuliert wurden, mit Blick auf die gesellschaftlichen Realitäten vor Ort noch erheblich ehrgeiziger waren als in den vorgenannten Fällen: Bosnien-Herzegowina sowie Kosovo gehören dem europäischen Kulturkreis an. In beiden Fällen gab es nach dem Krieg verbreitete Stimmungen und Bestrebungen, endlich ein »normales« europäisches Land zu werden. Das heißt, es gab Schnittmengen in den Ambitionen, Interessen und Mentalitäten, die die externen Akteure und Teile der lokalen Eliten verbanden. In Afghanistan hingegen gab es nur eine winzige, vielfach aus Emigranten rekrutierte westlich-orientierte Gruppierung, die mit den Zielen der Petersberg-Protagonisten übereinstimmte. Die Diskrepanz zwischen externen politischen Vorgaben, einen »demokratischen Leuchtturm« im »Erweiterten Mittleren Osten« (Broader Middle East) errichten zu wollen, und den afghanischen Realitäten eines auf Clanstrukturen und traditionellster Religiosität beruhenden Gemeinwesens hätten nicht größer sein können. Und diese Diskrepanz wurde regional multipliziert, da die Idee des »Leuchtturmprojekts« darauf zielte, die politischen Verhältnisse in der gesamten Region zu verändern.

Im Zuge dieser anspruchsvollen ordnungspolitischen und geostrategischen Zielsetzungen erweiterten und veränderten sich die Aufgaben militärischen Eingreifens und militärischer Stabilisierung und Absicherung erheblich. »Zivil-militärische Zusammenarbeit« wurde das Kürzel für die erhöhten Koordinations- und Kooperationsnotwendigkeiten. Aus politischer wie militärischer Sicht waren nunmehr mehrere Festlegungen erforderlich: Erstens sollte das »außenpolitische Instrument« Militär auf die »umfassendere Aufgabenstellung« eingestellt und zivil-militärische Zusammenarbeit gleichsam zum festen Bestandteil des militärischen Auftrags gemacht werden. Die Bundesregierung zog Anfang 2010 die Konsequenz, eine noch stärkere Verzahnung ziviler und militärischer Aktivitäten und eine Konzentration ziviler Aktivitäten dort vorzunehmen, wo militärische Kräfte durch Aufstandsbekämpfung und Absicherung ein »sicheres Umfeld« für Entwicklungsmaßnahmen schaffen würden. Dies bedeutete eine stärkere Ein- und Unterordnung ziviler Tätigkeit und Organisationen in einen durch Sicherheitsmaßnahmen bestimmten Kontext.[8]

Zweitens sollten damit entsprechende organisatorische Umstellungen in den militärischen Apparaten wie in ihrem Verhältnis zur Außenwelt systematischer und koordinierter als bisher erfolgen. Zivil-militärische Zusammenarbeit reichte von der Sprachvorbereitung des Soldaten, der am Einsatzort mit zivilen Personen und Stellen zu tun hatte, über den Informationsaustausch und die Koordination mit zivilen und anderen militärischen Stellen vor Ort, die interministerielle Kooperation auf nationaler, transnationaler und internationaler Ebene bis hin zur Einrichtung von NATO-CIMIC-Exzellenzzentren.

Auseinandersetzung um die Interpretationshoheit über CIMIC

So entwickelte sich die zivil-militärische Zusammenarbeit spontan und ungeregelt, was von Militärs und Politikern gleichermaßen als »Wildwuchs« kritisiert wurde. Diejenigen, die es sich zur Kernaufgabe machten, selbst einen Beitrag zum zivilen Wiederaufbau zu leisten, indem sie etwa zerstörte Schulen wieder aufbauten, wurden von anderen, stärker traditionell-militärisch geprägten Kräften als »Dachlattensoldaten« geschmäht. Diskussionen über die Interpretation zivil-militärischer Zusammenarbeit wurden auf mehreren Ebenen geführt; sie reichten von der untersten bis zur obersten Ebene militärischer und politischer Entscheidungsträger. Dabei ging es nicht nur um die Frage, inwieweit Streitkräfte humanitäre Projekte und zivile Wiederaufbauaufgaben durchführen bzw. praktisch unterstützen sollen, sondern auch um die legitimatorische Komponente der zivil-militärischen Zusammenarbeit im Hinblick auf die Außendarstellung militärischer Einsätze und deren Akzeptanz in der Bevölkerung – auch der Entsendestaaten.

Gleichzeitig wuchs in den Streitkräften das Bedürfnis, zivil-militärische Zusammenarbeit aus militärischer (und nicht in erster Linie aus ziviler) Perspektive zu definieren und im Diskurs darüber, was Militär zu leisten habe und was nicht, wieder Definitionsmacht zu erlangen. CIMIC – durchgeführt von Militärs – sollte in dieser Sicht an erster Stelle der Erfüllung des militärischen Auftrags und nicht – jedenfalls nicht gleichberechtigt – sonstigen Zielen dienen. Damit sollte auch verhindert werden, dass fachfremd empfundene Aufgaben an die Streitkräfte herangetragen werden, also sichergestellt werden, dass es der militärischen Führung oblag, mit CIMIC verbundene Aufgaben selbst festzulegen.

Wesentlich für die neue zivil-militärische Aufgabenstellung bei den Streitkräften war letztendlich aber, dass militärische Eingriffe nur als wirksam perzipiert oder propagiert wurden, wenn sie mit einer Umwälzung der Gegebenheiten in den Einsatzländern einhergingen. Als umso notwendiger wurde dies erachtet, je we-

---
8 O.A., Afghanistan am Wendepunkt. Debattendokumentation, in: Das Parlament, Nr. 5–6/2010.

niger der betreffende Staat in der Lage oder willens war, als elementar erachteten Anliegen der Bevölkerung gerecht zu werden.[9] Dem entsprach ein weiterer Schlüsselbegriff, der ins außenpolitische Vokabular der NATO kooptiert wurde, nämlich Nachhaltigkeit: Ein nachhaltiger, also dauerhafter Friede sei nur erreichbar, wenn drei zugehörige Bedingungen erfüllt seien: Sicherheit, Wohlfahrt und Demokratie.

Praktische Schwierigkeiten auf operativer Ebene

Dieser hehre Anspruch des State- und Nationbuilding konnte bislang jedoch nicht verwirklicht werden. Für die konzeptionellen wie für die praktischen Schwierigkeiten von CIMIC auf operativer Ebene werden in der Fachliteratur mehrere Gründe angeführt:[10] Ein Grund besteht in den erwähnten Inkohärenzen und unterschiedlichen Interpretationen von CIMIC-Konzeptionen sowohl zwischen den an Auslandseinsätzen beteiligten Nationen als auch innerhalb der beteiligten Länder.

Bedeutsam ist zweitens, dass aufgrund unterschiedlicher Sozialisierungen, Zielsetzungen und Handlungs- sowie Organisationslogiken eine erfolgreiche Zusammenarbeit zwischen militärischen und zivilen Akteuren generell erschwert wird Viele der am Einsatzort tätigen zivilen Entwicklungshelfer sind skeptisch gegenüber CIMIC. Die meisten Hilfsorganisationen und NGOs lehnen das Konzept zivil-militärischer Zusammenarbeit ab, weil sie sich im Sinne der militärischen Hauptaufgabe von CIMIC – Force Protection – instrumentalisiert sehen. Damit befürchten sie auch ihre Neutralität und Akzeptanz in der Bevölkerung und bei politischen Akteuren vor Ort zu verlieren, von deren Wohlwollen und Kooperation ihre Tätigkeit abhängig ist.

---

9   Diese Wahrnehmung reflektiert in spezifischer Weise der 2001 bzw. 2002 veröffentlichte Bericht »Responsibility to Protect«, der nicht nur ein Recht, sondern sogar eine Verpflichtung zur Intervention dort postuliert, wo ein Staat nicht in der Lage sei, seiner »Schutzverantwortung« gegenüber der eigenen Bevölkerung nachzukommen, etwa wenn diese unter massiven Menschenrechtsverletzungen zu leiden habe. Vgl. International Commission on Intervention and State Sovereignty (ICISS), The Responsibility to Protect, Ottawa 2001.

10 Vgl. Michael Brzoska und Hans-Georg Ehrhart, Zivil-militärische Kooperation in Konfliktnachsorge und Wiederaufbau. Empfehlungen zur praktischen Umsetzung (Policy Paper Nr. 30 der Stiftung Entwicklung und Frieden), Bonn 2008; Peter Braunstein, Christian Wilhelm Meyer und Marcus Jurij Vogt, Zivil-militärische Zusammenarbeit der Bundeswehr im Balkan-Einsatz, in: Aus Politik und Zeitgeschichte, Nr. B 20/2001; Hans-Georg Ehrhart, Civil-Military Co-Operation and Co-Ordination in the EU and in Selected Member States, in: European Parliament, Directorate General External Policies of the Union, Policy Department External Policies, Brüssel 2007; Claudia Hofmann, Das Problem der Sicherheit für NGOs in Afghanistan, in: Peter Schmidt (Hrsg.), Das internationale Engagement in Afghanistan. Strategien, Perspektiven, Konsequenzen (SWP-Studie Nr. S 23), Berlin 2008, S. 49–55; Sabine Jaberg, Heiko Biel, Günter Mohrmann und Maren Tomforde, Auslandseinsätze der Bundeswehr: sozialwissenschaftliche Analysen, Diagnosen und Perspektiven, Berlin 2009; Michael Paul, CIMIC am Beispiel des ISAF-Einsatzes. Konzeption, Umsetzung und Weiterentwicklung zivil-militärischer Interaktion im Auslandseinsatz (SWP-Studie Nr. S 31), Berlin 2008; Maren Tomforde, My Pink Uniform Shows I am One of Them: Socio-Cultural Dimensions of German Peacekeeping Missions, in: Gerhard Kümmel, Giuseppe Caforio und Christopher Dandeker (Hrsg.), Armed Forces, Soldiers and Civil-Military Relations. Essays in Honor of Jürgen Kuhlmann (Schriftenreihe des Sozialwissenschaftlichen Instituts der Bundeswehr), Wiesbaden 2009, S. 37–57.

CIMIC wird des Weiteren kritisiert, weil die Umsetzung des Konzepts den Bedürfnissen der dort lebenden Menschen nicht gerecht werde. Externe Akteure engagierten sich, so der Vorwurf, um vorrangig ihre eigene Sicherheit zu verbessern. Das bestimme nicht nur die Auswahl der Länder und Zonen, sondern auch die Zieldefinition und die eingesetzten Mittel. Humanitäre Begründungen würden ins Feld geführt, um militärische Aktivitäten zu legitimieren, die den materiellen und Sicherheitsinteressen der Intervenierenden dienten. Mit Blick auf Bedürfnisse der Menschen vor Ort handele es sich vielfach um einen verfehlten Mittel- und Ressourceneinsatz.[11]

In diesem Zusammenhang wird auch auf die unzureichende materielle und personelle Ausstattung verwiesen. Insbesondere der zivil-militärische Einsatz der Bundeswehr in Afghanistan (und damit auch der Umfang von CIMIC) sei unterfinanziert und nicht mit den erforderlichen Mitteln ausgestattet.

Fazit: Interventionsskepsis

Nach zwei Jahrzehnten haben sich die Voraussetzungen für CIMIC grundlegend verändert. In Bosnien-Herzegowina gibt es mittlerweile genügend interne und externe zivile Stellen, die das übergeordnete politische Ziel, den Wiederaufbau und das State- und Institutionbuilding, abdecken. Die CIMIC-Funktion der unmittelbaren Nachkriegszeit (also nach dem Abkommen von Dayton im Dezember 1995) hat sich – die erreichte »Zivilität« der Lage des »Kalten Friedens« zwischen den beiden »Entitäten« widerspiegelnd – weitgehend auf Kommunikations-, Koordinations- und Aufklärungsaufgaben reduziert. Ähnliches gilt für CIMIC in Kosovo, wo die speziellen Einheiten für zivil-militärische Zusammenarbeit ebenfalls aufgelöst und neu zugeordnet wurden.

In Afghanistan entwickeln sich die Dinge in eine ganze andere Richtung: Die Verengung der CIMIC-Definition und -Aufgaben dort reflektiert nicht eine Zivilisierung, sondern eine Militarisierung des Einsatzes. Der Misserfolg der NATO, der Internationalen Sicherheitsunterstützungstruppe (ISAF) und nachgeordnet CIMIC in Afghanistan ist indes keineswegs nur auf unzureichenden Ressourceneinsatz oder mangelnde Koordination ziviler und militärischer Akteure zurückzuführen, sondern grundlegender zu erklären: mit der Diskrepanz zwischen den von den Interventen an die afghanische Gesellschaft herangetragenen Transformationsideen und den diesen Wunschvorstellungen widersprechenden Verhältnissen im Land. Die zentralstaatszentrierte Interventionslogik widerspricht den sozialen und politischen Verhältnissen und Traditionen. Auch in Afghanistan bestätigt sich die Erfahrung, dass interventionistische Maßnahmen vielfach nicht die von den Interventen erwarteten Folgen zeitigen, sondern mit der Intervention verbundene Maßnahmen selbst je nach lokalen Verhältnissen adaptiert und transformiert werden. In diesem Dilemma liegt hauptsächlich begründet, dass CIMIC immer weniger einen produktiven Beitrag zur Stabilisierung in Afghanistan zu leisten vermag.

---

11 Vgl. etwa die Stellungnahmen in der Öffentlichen Anhörung im Ausschuss für wirtschaftliche Zusammenarbeit und Entwicklung, Öffentliche Anhörung von Sachverständigen am 25.10.2006, Ausschussdrucksache Nr. 16(19)126.

Das Umsetzungsproblem von CIMIC widerspricht damit auch der Gestaltungseuphorie westlicher Eliten nach dem siegreichen Ende des Kalten Krieges – die offensive, Realitäten ignorierende Projektion eigener Wert- und Systemvorstellungen. Die Peace-, State- und Nationbuilding-, kurz »PSNB-Philosophie«,[12] wurde Bestandteil praktisch aller außen-, sicherheits- und entwicklungspolitischen Doktrinen westlicher Industriestaaten und der von ihnen dominierten internationalen Organisationen. Diese »Philosophie« hat eine neue Branche von internationalem Personal geschaffen, die von den Vereinten Nationen über multilaterale regionale Einrichtungen, weiter über die nationalen Außenämter bis hinunter zu den Schulungseinrichtungen für zivil-militärische Zusammenarbeit bei den nationalen Streitkräften reicht.

Das Problem von CIMIC besteht darin, dass der mit dem »umfassenden Ansatz« formulierte Anspruch nicht einlösbar ist. Schon auf der nationalen Ebene (und damit in den nationalen Kontingenten am Einsatzort) ist unklar und umstritten, wie State- bzw. Nationbuilding betrieben werden soll. Die bis 2010 gültige Afghanistan-Strategie der Bundesregierung wurde denn auch nur unzureichend umgesetzt. Bislang konnten die Bemühungen der beteiligten nationalen staatlichen Institutionen wie der Bundesregierung und der Ministerien für Auswärtiges, Inneres, Verteidigung und Wirtschaftliche Zusammenarbeit und Entwicklung höchstens partiell koordiniert werden. Damit bleibt es weiterhin schwierig, die Einsatzkräfte vor Ort, unter anderem die Provincial Reconstruction Teams (PRT), zu steuern und im multilateralen NATO-, UN- und NGO-Rahmen Synergien zu erwirken.

Es gibt bereits Indizien dafür, dass im Zuge der negativen Erfahrungen vor allem in Afghanistan in Teilen von Politik und Wissenschaft ein Mentalitätswandel in Gang gesetzt wurde. Angesichts ihrer begrenzten Effektivität wird militärisch gestützte Interventionspolitik skeptischer betrachtet und in höherem Maße einer Kosten-Nutzen-Erwägung unterzogen.

---

12 So Michael Schmunk, A Joint Transatlantic Nation-Building Task-Force, in: Peter Schmidt (Hrsg.), A Hybrid Relationship – Transatlantic Security Cooperation beyond NATO, Frankfurt am Main 2008, S. 265–274, hier S. 266.

Internationales Statebuilding: Dilemmata und Herausforderungen für »externe« Akteure

Ulrich Schneckener

Bei Statebuilding im 21. Jahrhundert geht es nicht mehr um die von innen und außen betriebene Gründung neuer Staaten, sondern darum, prekäre staatliche Strukturen und Institutionen nachhaltig zu stärken. Je nachdem, welche Kriterien, Indikatoren oder Daten genutzt werden, um die Qualität von Staatlichkeit zu messen, werden rund 40 bis 60 Staaten weltweit als schwach, versagend oder gescheitert bezeichnet; dazu zählen so unterschiedliche Fälle wie Kolumbien, Jemen, Pakistan, Simbabwe, Sri Lanka oder Indonesien.[1] Die Nachfrage nach Statebuilding-Aktivitäten übersteigt das Angebot, weshalb das ressourcenintensive Modell Kosovo wohl kaum universalisierbar ist.[2] Die umfangreichsten, zumeist im Rahmen der Vereinten Nationen (UN) legitimierten Statebuilding-Operationen führt die internationale Staatengemeinschaft nunmehr schon seit mehreren Jahren in Kosovo, Bosnien, Afghanistan, Liberia, Sierra Leone, DR Kongo, Osttimor und Haiti durch. Hinzu kommt Irak, der aber aufgrund der amerikanischen Invasion und Besatzung einen Sonderfall darstellt.

Was heißt Statebuilding?

Ein von außen unterstütztes, internationales Statebuilding kann drei unterschiedliche Zielsetzungen verfolgen: erstens bestehende Strukturen und Institutionen stabilisieren, zweitens diese reformieren und transformieren und drittens Strukturen und Institutionen (wieder) aufbauen, die zuvor nicht oder nicht in dieser Form bestanden. Die letzte Variante betrifft zwar in erster Linie Nachkriegsgesellschaften, in denen nahezu sämtliche staatlichen Strukturen zusammengebrochen sind. Sie gilt aber auch für Staaten, in denen wesentliche Elemente von Staatlichkeit nicht mehr existieren oder noch nie existiert haben.

In den meisten Fällen fragiler Staatlichkeit geht es jedoch primär um Stabilisierung bzw. um Reform/Transformation. Nicht selten müssen diese beiden Zielsetzungen parallel verfolgt werden, was einem Balanceakt gleichkommt. Denn zwischen beiden Ansätzen besteht ein schwer auflösbares Spannungsverhältnis: Einerseits darf die Stabilisierung von Strukturen nicht dazu führen, jene Akteure in Staat und Gesellschaft zu stärken, die kein oder nur ein geringes Interesse an einer umfassenden Neuordnung haben. Andererseits sollten notwendige Reformschritte – die mitunter in die Besitzstände von herr-

---

1 Ausführlicher: Ulrich Schneckener, Internationales Statebuilding. Dilemmata, Strategien und Anforderungen an die deutsche Politik (SWP-Studie Nr. 10/07), Berlin 2007.

2 Die Debatte um Konzepte wie »neotrusteeships« oder »shared sovereignty« geht daher am Problem vorbei und kann getrost als Ausdruck westlicher Hybris gesehen werden. Vgl. James Fearon und David Laitin, Neotrusteeships and the Problem of Weak States, in: International Security, 28 (2004) 4, S. 5–43; Stephen Krasner, Sharing Sovereignty: New Institutions for Collapsed and Failing States, in: International Security, 29 (2004) 2, S. 85–120.

schenden Eliten eingreifen – das Land nicht in einer Weise destabilisieren, dass sich die Zustände weiter verschlechtern und Staatlichkeit weiter erodiert.

In den oben genannten Beispielen greifen die externen Akteure weit in staatliche Souveränitätsrechte ein und erfüllen (zeitweise) staatliche Aufgaben. Sie substituieren die fehlende Staatlichkeit vor Ort mit eigenem Militär-, Polizei- und/oder Zivilpersonal und übernehmen wichtige Funktionen in den lokalen Institutionen. Diese protektoratsähnlichen Arrangements bergen nicht nur erhebliche Risiken für die externen Akteure, sondern erfordern auch, dass umfangreiche personelle und finanzielle Ressourcen verlässlich bereitgestellt werden. Die eigentliche strategische Herausforderung besteht darin, vorbeugend zu handeln, das heißt drohende Erosionsprozesse in fragilen Staaten zu erkennen und zu stoppen.

Statebuilding soll staatliche Strukturen und Institutionen nachhaltig stärken, um die Steuerungs- und Handlungsfähigkeit staatlicher Akteure zu erhöhen. Staatlichkeit umfasst ein breites Spektrum an Institutionen, das über den engeren Bereich des Staatsapparats und der Exekutive (inklusive Polizei und Armee) hinausreicht und die Legislative (Parlamente und Parteien), die Judikative (Gerichtswesen) und den gesamten Verwaltungsbereich einschließt. Daneben können auch öffentlich geführte oder regulierte Bildungseinrichtungen, Krankenhäuser, Transportunternehmen oder Medien als Elemente staatlicher Ordnung aufgefasst werden. Je nach Staatsaufbau kommen Institutionen und Akteure auf der lokalen und regionalen Ebene (Kommunalverwaltungen, lokale Parlamente, Provinzgouverneure etc.) hinzu. Insofern gilt es, zwischen dem Staat als Akteur – verkörpert durch eine Regierung und einen bürokratischen Apparat – und Staatlichkeit als einem funktionalen Begriff zu unterscheiden. Bei letzterem geht es um die Erfüllung bestimmter, gemeinwohlorientierter Aufgaben, um das Zustandekommen und die Durchsetzung von Entscheidungen, um die Bereitstellung von Ressourcen sowie um einen politisch-rechtlichen Ordnungsrahmen.

Statebuilding als Mehrebenenpolitik

Beim internationalen Statebuilding geht es um Governance-Leistungen im Rahmen einer komplexen Mehrebenenpolitik, bei der analytisch mindestens vier Interaktionsebenen unterschieden werden können, die nicht voneinander unabhängig sind, sondern sich gegenseitig beeinflussen: erstens die Interaktion zwischen den lokalen Akteuren (bzw. Konfliktparteien), zweitens die Beziehungen zwischen den lokalen und den externen, intervenierenden Akteuren, drittens die Interaktion der externen Akteure untereinander und viertens die Binnenstruktur des jeweiligen externen Akteurs, sprich die Ebene der nationalen Hauptstädte bzw. der Hauptsitze der internationalen Organisationen, auf der es ebenfalls erheblichen Koordinationsbedarf zwischen den Ressorts, Abteilungen und, gegebenenfalls, Mitgliedstaaten gibt.

Um erfolgreiches Statebuilding betreiben zu können, müssen diese Ebenen einigermaßen sinnvoll aufeinander abgestimmt sein und ineinander greifen. Dies gilt umso mehr, je größer und umfangreicher das internationale Engagement ist. Doch die Realität sieht oft anders aus: Auf jeder der genannten Ebenen verläuft der politische Prozess nach anderen Kriterien, Prioritäten und zeitlichen Horizonten. Die Sachzwänge und Handlungslogiken zum Beispiel, unter denen externe Akteure vor Ort arbeiten müssen, sind zumeist andere als jene, die in den jeweiligen Hauptstädten und Hauptsitzen gelten. Nicht selten klafft eine Lücke zwischen jenen, die mit den Schwierigkeiten vor Ort konfrontiert sind, und jenen, die in den Regierungszentralen bzw. den internationalen Bürokratien die notwendige politische, personelle bzw. finanzielle Unterstützung für das Statebuilding organisieren müssen. Demnach stellt sich die Frage, mit welchen Dilemmata und Herausforderungen externe Statebuilder – ob nun bi- oder multilaterale Geber, internationale Organisationen oder NGOs – unweigerlich konfrontiert sind. Dabei soll – vereinfacht – zwischen »Field-Level« und »Headquarter-Level« unterschieden werden.[3]

Probleme auf dem Field-Level

Auf dieser Ebene geht es um typische Problemlagen, die durch die Interaktionen von externen und lokalen, vor Ort ansässigen Akteuren, insbesondere den politischen und wirtschaftlichen Eliten, entstehen. Diese betreffen beispielsweise folgende Aspekte:[4] die Veränderung der lokalen Macht- und Kräfteverhältnisse, die notwendigerweise durch die Einmischung von außen eintritt; die Gefahr, bei den lokalen Eliten eine »Rent Seeking«-Mentalität zu fördern und damit letztlich die Abhängigkeit externer Zuflüsse zu verstärken; die ambivalente Wirkung von Konditionalität bei der Zusage von Hilfen; den Umgang mit akuten oder potentiellen Störenfrieden (»spoiler«), insbesondere mit nichtstaatlichen Gewaltakteuren wie Milizen, Warlords, Rebellen oder Kriminellen, die wenig oder kein Interesse an stabilen staatlichen Strukturen haben.[5]

Besonders problematisch ist der Umgang mit parastaatlichen Strukturen. Häufig sind diese – wie beispielsweise in Afghanistan oder in der DR Kongo – zumindest zeitweise an die Stelle von staatlichen Institutionen getreten oder existieren parallel dazu. Zwar bieten sie nicht selten ein Mindestmaß an Stabilität, verhindern aber, dass nachhaltige staatliche Strukturen entstehen können. Zumeist handelt es sich um Gebilde, die sich von der Zentralregierung ab-

---

3 Vgl. dazu die Literatur zu State- und Peacebuilding, inklusive diverser Fallstudien: Elizabeth M. Cousens und Chetan Kumar (Hrsg.), Peacebuilding as Politics. Cultivating Peace in Fragile Societies, Boulder, CO, 2001; Stephen John Stedman, Donald Rothchild und Elizabeth M. Cousens (Hrsg.), Ending Civil Wars. The Implementation of Peace Agreements, Boulder, CO, 2002; Roland Paris, At War's End. Building Peace After Civil Conflict, Cambridge 2004; Simon Chesterman, You, the People. The United Nations, Transitional Administration and State-Building, Oxford 2004; Simon Chesterman, Michael Ignatieff und Ramesh Thakur (Hrsg.), Making States Work. State Failure and the Crisis of Governance, Tokio und New York, NY, 2005; Richard Caplan, International Governance of War-Torn Territories, Oxford 2005; Charles Call und Venessa Wyeth (Hrsg.), Building States to Build Peace, Boulder 2008; Roland Paris und Timothy Sisk (Hrsg.), The Dilemmas of Statebuilding. Confronting the Contradictions of Postwar Peace Operations, London 2008.

4 Vgl. ausführlicher: Ulrich Schneckener, Internationales Statebuilding. Dilemmata, Herausforderungen und Strategien für externe Akteure, in: ders. (Hrsg.): Fragile Staatlichkeit. »States at Risk« zwischen Stabilität und Scheitern, Baden-Baden 2006, S. 369–372.

5 Vgl. Ulrich Schneckener, Spoilers or Governance Actors. Engaging Armed Non-State Groups in Areas of Limited Statehood (SFB-Governance Working Paper Series, Nr. 21), Berlin 2009.

gekoppelt haben und über ein lokal begrenztes Gewaltmonopol verfügen – teils territorial, teils funktional definiert –, das in Konkurrenz zum gesamtstaatlichen Gewaltmonopol steht. Eine offene Frage ist, inwieweit solche parastaatlichen Gebilde als Zwischenlösung oder Bausteine zur (Wieder-)Herstellung von Staatlichkeit genutzt werden können. Oder ob nicht vielmehr die Gefahr besteht, dass diese durch externe Unterstützung verfestigt werden und die Chancen für die Schaffung eines staatlichen Gewaltmonopols und damit für eine nachhaltige Entwicklung schwinden lassen?

Die genannten Probleme werden dadurch verschärft, dass lokale und externe Akteure mit Blick auf einen unterschiedlichen Zeithorizont agieren. Denn das Engagement externer Statebuilder ist durch Mandat, Budgets, Programm- und Projektzyklen zeitlich begrenzt, von der Mobilisierung politischer Aufmerksamkeit ganz zu schweigen. Diese Ausgangslage ist den lokalen Akteuren bewusst und beeinflusst ihr Verhalten, wie sich seit Jahren am Beispiel Afghanistan ablesen lässt. Insbesondere jene, die nur wenig Interesse an Veränderungen und Eingriffen in ihre Besitzstände haben, werden sich bemühen, die Initiativen und Forderungen der Externen auszusitzen, beispielsweise indem sie sich abschotten, wenig verbindliche Reformdiskurse pflegen, bürokratische Hürden aufbauen oder sich demonstrativ indifferent verhalten. Sie wissen, dass die Zeit für sie arbeitet. Für diejenigen hingegen, die einen Wandel in ihrer Gesellschaft wünschen (zum Beispiel Oppositionelle, aufstrebende Mittelschichten und soziale Bewegungen), ist die Lage prekär. Oftmals werden sie zwar von außen, insbesondere über westliche Entwicklungshilfe, aufgefordert, aktiv zu werden, müssen aber befürchten, in absehbarer Zeit von der internationalen Gemeinschaft sich selbst überlassen zu bleiben. Dies kann im Extremfall – etwa in einer Autokratie – dazu führen, dass reformorientierte Kräfte erst gar nicht die Öffentlichkeit suchen, weil sie sich nicht sicher auf langfristige, externe Unterstützung verlassen können und im schlimmsten Fall später ohne Schutz um ihr Leben fürchten müssen.

Probleme auf dem Headquarter-Level

Die Schwierigkeiten, unter denen externe Statebuilder agieren, werden noch um einiges größer, wenn man die Ebene der Hauptstädte und Hauptsitze berücksichtigt. Die Erfahrung zeigt: Was dort versäumt wird, kann zumeist vor Ort nicht mehr korrigiert werden. Für Erfolg oder Misserfolg von Statebuilding-Maßnahmen ist daher mitentscheidend, wie die externen Akteure mit folgenden Problemen umgehen:

Politische Aufmerksamkeit: Inwieweit gelingt es der internationalen Gemeinschaft, das politische Interesse an Statebuilding über einen längeren Zeitraum aufrechtzuerhalten? Die Aufmerksamkeit ist in der Regel dann am höchsten, wenn die Gewalt eskaliert ist und/oder humanitäre Katastrophen drohen, die Folgen für die regionale oder internationale Sicherheit haben können. Sobald die Krisensituation – vordergründig – überwunden ist, verschwindet das Thema von der internationalen Agenda (etwa beim UN-Sicherheitsrat), auch, weil andere Konfliktherde ins Blickfeld der Weltpolitik rücken. Dieser Aufmerksamkeitszyklus lässt sich bei nahezu allen größeren Statebuilding-Operationen beobachten, von weniger spektakulären Aktivitäten ganz zu schweigen. Mit der politischen Aufmerksamkeit schwindet in der Regel auch das öffentliche Interesse, finanzielle und personelle Mittel für das internationale Engagement zu mobilisieren.

Strategieentwicklung, operative Planung und Ressourcenbereitstellung: Ein weiteres Grundproblem ist, dass die meisten externen Akteure keine systematischen Statebuilding-Strategien entwickeln sowie Schwierigkeiten bei der Planung konkreter Maßnahmen und beim Vorhalten von Ressourcen haben. Stattdessen dominieren Ad-hoc-Planungen und -Strukturen sowie Appelle internationaler Organisationen an ihre Mitglieder, Beiträge bzw. personelle Kapazitäten zur Verfügung zu stellen. In der Vergangenheit hat es sich immer wieder als mühsam erwiesen, kontinuierliche und ausreichende Unterstützung für internationales Statebuilding zu sichern. Wie viel Geld zur Verfügung gestellt wird, ist bei jeder Mission kaum vorhersagbar, was die strategische und operative Planung für Interventionen erschwert. Zudem können erhebliche Diskrepanzen zwischen den zugesagten und den tatsächlich bereitgestellten Mitteln auftreten. Darüber hinaus fehlt es Regierungen und internationalen Organisationen an Planungskapazitäten sowie an entsprechenden, auch ressort- und politikfeldübergreifenden Strukturen und Konzeptionen, die nicht nur den politischen Entscheidungsprozess fördern, sondern auch zum Aufbau einer systematischen Expertise im Bereich des Statebuilding beitragen würden. Die deutsche Außen-, Sicherheits- und Entwicklungspolitik bilden hier keine Ausnahme.

Koordination und Kohärenz: Aufgrund der Vielzahl externer Akteure sind Koordinations- und Kohärenzprobleme geradezu notorisch. In der Regel haben alle Beteiligten eigene, teilweise durch ihr Mandat bedingte Vorstellungen davon, wie Statebuilding betrieben werden sollte, welche Projekte Priorität haben und welche kurz- bis mittelfristigen Ziele anzusteuern und wie diese zu erreichen sind. Einige internationale Nichtregierungsorganisationen (NGOs) und nationale Entwicklungshilfeagenturen konkurrieren dabei um knappe Ressourcen, Einfluss und Kompetenzen. Gleichzeitig sind die meisten nicht zuletzt aus Prestigegründen darauf bedacht, Autonomie und Steuerungshoheit über ihre Tätigkeiten zu bewahren.

Legitimität: Externe Akteure – vor allem demokratisch gewählte Regierungen – müssen sich bei ihrem Vorgehen um Legitimität im Sinne von Akzeptanz bemühen. Dabei geraten sie nicht selten in Dilemmata: Einerseits müssen sie den unterschiedlichen Erwartungen und Anforderungen Rechnung tragen, die von der Bevölkerung im Einsatzgebiet, von bestimmten Gruppen oder von der herrschenden Elite an sie gestellt werden; andererseits muss ihr Handeln im eigenen Land als legitim erachtet werden. Denn nur unter dieser Voraussetzung können die notwendigen Ressourcen – sprich: Steuergelder – mobilisiert werden. Nicht selten wird – um die Unterstützung des nationalen Parlaments für eine Beteiligung an internationalen Friedensmissionen zu erreichen – ein (weniger robustes) Mandat formuliert, das sich als ineffektiv erweist und damit weder den Output-Kriterien vor Ort noch im eigenen Land genügt. Auch die demonstrative Förderung von NGOs, bestimmten Werten oder Staatsmodellen kann vielleicht die Zustimmung beim eigenen Wahlvolk erhöhen, aber im Krisengebiet zu erheblichen Legitimationsproblemen führen. Damit werden einmal mehr die Input-

und Output-Dimensionen von Legitimität relevant: So mag es zwar gelingen, lokale Akteure in die Formulierung politischer Inhalte einzubinden (Input); dies erschwert jedoch möglicherweise Entscheidungs- und Implementierungsprozesse und führt somit zu suboptimalen Ergebnissen (Output).

Neue Formen von Governance als Ausweg?

Je umfangreicher das internationale Engagement, desto länger wird die Liste an Dilemmata und Herausforderungen in der konkreten Umsetzung. Bei umfassenden, ressourcen- und personalintensiven Statebuilding-Missionen wird noch ein weiteres Problem deutlich: Die externen Akteure werden in der Regel immer mehr in lokale Dynamiken und Spielregeln einbezogen, die sie nur begrenzt überblicken können. Sie werden über Zeit – und das wird häufig in Hauptstädten und Hauptquartieren unterschätzt – Teil der lokalen gesellschaftlichen Gefüge und eingebettet in lokale Machtstrukturen. Denn, anders als es der Begriff Staatszerfall suggeriert, gibt es in den meisten Fällen von Statebuilding kein Machtvakuum oder keine Tabula-Rasa-Situation, sondern letztlich »regiert« immer irgendwer – und seien es auch »nur« ethnische Gruppen, religiöse Autoritäten, Warlords oder Stammeschefs. Mit diesen Kräften müssen sich externe Akteure in gewisser Weise arrangieren; dies gilt insbesondere für die substaatliche Ebene, wo Machtverhältnisse von Provinz zu Provinz, manchmal sogar von Dorf zu Dorf wechseln – auch hier kann Afghanistan als Illustration dienen.

Befördert wird dieser Prozess der »Einbettung« externer Akteure durch die Etablierung von neuen Governance-Arrangements vor Ort. Gemeint sind häufig ad hoc gebildete, formelle oder informelle Gremien und Institutionen auf nationaler oder substaatlicher Ebene, an denen internationale und lokale, staatliche wie nichtstaatliche Akteure beteiligt sind. Diese dienen in der Regel der wechselseitigen Information und Koordination, in manchen Fällen aber auch der Entscheidungsvorbereitung oder gar -findung. Zumeist geht es darum, Hilfsgelder zu verteilen, Projekte zu fördern und politische Maßnahmen durchzuführen, wie Beispiele aus Bosnien, Kosovo oder Afghanistan zeigen.[6] Aber auch Aufgaben wie die Bereitstellung von Sicherheit, die Vorbereitung und Durchführung von Wahlen oder die Gewährleistung von rechtsstaatlichen Aspekten (etwa in Form von gemischt besetzten Gerichten oder Schiedskommissionen) können durch solche Arrangements übernommen werden. Oftmals entstehen diese Gremien aus der Not heraus, selten sind sie von Beginn an geplant, mitunter handelt es sich auch um nichtintendierte Nebenfolgen von bestimmten Entscheidungen, wie etwa bei der ambivalenten Kooperation der US-Armee mit früheren Warlords in Afghanistan oder sunnitischen Milizen in Irak.

Diese Governance-Arrangements variieren stark in Form und Inhalt und in der Art und Weise, wie internationale und lokale Akteure interagieren. Zumeist als Übergangslösung gedacht, erwiesen sie sich häufig als überaus langlebig und führ-

---

6 Ein Beispiel sind die »Provincial Development Funds« im Nordosten Afghanistans, mit deren Hilfe die Bundesregierung versucht, ihre Entwicklungshilfe vor Ort zu koordinieren, und an denen sowohl deutsche als auch afghanische Akteure beteiligt sind.

ten zu verfestigten Strukturen und Kooperationsbeziehungen, die sich teilweise zu funktionalen Äquivalenten von Staatlichkeit entwickelten.

Eine offene Frage ist jedoch, ob solche Arrangements letztlich, wie beabsichtigt, zu Statebuilding und zur Stärkung von Staatlichkeit führen – oder ob sie nicht, wie sich häufig beobachten lässt, einen fragilen Zustand auf Dauer stellen, der den viel beschworenen »Exit« der externen Akteure in immer weitere Ferne rücken lässt. Letzteres geschieht nicht zuletzt, weil die kooptierten lokalen Eliten es verstehen, solche Arrangements zu nutzen, um ihre Position zu halten oder zu verbessern. Die Kooperation mit den internationalen Akteuren verschafft ihnen Zugang zu externen Zuflüssen und Kapazitäten; als so genannte Türöffner (»gate keeper«) können sie ihre Stellung in den eigenen Netzwerken und Gemeinschaften stärken. Gleichzeitig werden die lokalen Autoritäten politisch »entlastet«, da die internationalen Akteure sich vorbehalten, wichtige Entscheidungen selbst zu treffen – oder zumindest diesen Eindruck erwecken.

Auf eine institutionalisierte Art und Weise werden somit externe Akteure »eingebaut« in lokale Mechanismen und Praktiken, die für Außenstehende schwer zu erkennen und zu ändern sind. Solche soziokulturell tief verankerten Praktiken umfassen Formen der Patronage und des Klientelismus, der Machtteilung und der Kooptation sowie die Mobilisierung traditioneller Strukturen sowie informeller Formen der Selbstorganisation (etwa durch ethnische Netzwerke). Sie erfüllen damit wichtige Funktionen, insbesondere aus Sicht der dominierenden Eliten, führen aber nicht notwendigerweise zu einer »demokratischen Marktwirtschaft« oder einer »Zivilgesellschaft« – jenen Zielen, denen sich zumeist die westlichen Statebuilder verschrieben haben. Im Gegenteil: Die Wahrscheinlichkeit, dass das externe Engagement von den lokalen Eliten für ihre eigenen Zwecke entsprechend instrumentalisiert und manipuliert wird, ist relativ hoch – und wird durch die Schaffung hybrider Formen des Regierens keinesfalls gemindert.

Daran ändern auch die von den externen Akteuren häufig bemühten Vokabeln von »local ownership« oder dem »Transfer von Verantwortung« wenig, da diese auf einer mechanistischen Logik basieren, wonach die externen Akteure sich zurückziehen können, wenn der »Job« getan ist. Diese Sichtweise, die zwar die Gesellschaften zu Hause beruhigen mag, die die Einsätze politisch mittragen und finanzieren müssen, unterschätzt jedoch die Dynamik solcher Statebuilding-Prozesse vor Ort.

Schlussfolgerungen

In den vergangenen zwei Jahrzehnten war die internationale, westlich dominierte Statebuilding-Politik primär durch Ad-hoc-Entscheidungen und Zick-Zack-Kurse gekennzeichnet, bei denen sich Passivität, rhetorische Übungen, halbherziges Engagement und militärische Interventionen ablösten. Nicht selten wurde nach einer aktionistischen Phase wieder eine Kehrtwende vollzogen. Ein extremes Beispiel dafür war das internationale Engagement in Somalia zu Beginn der 1990er Jahre. Aber auch in anderen Fällen wie Afghanistan, Haiti, Burundi, der DR Kongo oder im Sudan (Darfur) zeichnete sich das Vorgehen externer Akteure durch eine erratische Abfolge von Ignorieren, Taktieren, Intervenieren und wieder Ignorieren aus.

Trotz der beschriebenen Dilemmata, Schwierigkeiten und Widerstände ist die Alternative, sich von Krisenregionen und dem Problem fragiler Staatlichkeit fernzuhalten, für die internationale Gemeinschaft (und auch für die deutsche Politik) weder realistisch noch wünschenswert. Die Option des »disengagement« bedeutet letztlich, dass man in bestimmten Teilen der Welt die Entwicklungen mehr oder minder sich selbst überlässt, auf die Gefahr hin, dass sich die Zustände dramatisch verschlechtern, Krisen und Kriege wahrscheinlicher werden und weitere Länder in den Sog des Staatszerfalls geraten. Die Folge wären nicht nur eine wachsende Zahl humanitärer Katastrophen, sondern auch zunehmende sozioökonomische, ökologische und sicherheitspolitische Probleme – auf lokaler, regionaler wie internationaler Ebene.

Die zukunftsweisende Frage lautet daher weniger, ob und wie die externen Akteure die Dilemmata und nichtintendierten Nebenfolgen vermeiden können, sondern vielmehr, ob sie lernen, mit diesen umzugehen und besser in der Lage sind, die Logik lokaler Prozesse und Dynamiken zu verstehen. Dazu bedarf es allerdings erstens einer veränderten Perspektive und Statebuilding-Philosophie: Die internationalen Akteure sollten begreifen, dass sie nicht »extern« sind, sondern integraler Bestandteil des gesamten Prozesses. Sie unterstützen nicht einfach nur staatliche Strukturen, sondern – ob gewollt oder nicht – sie werden direkt oder indirekt Teil dieser Strukturen. Dies bedeutet, dass jede Art des kurzfristigen Engagements oder so genannte »Quick Impact«-Ansätze letztlich Selbstbetrug sind.

Zweitens ist es geboten, die Mehrebenenstruktur beim Statebuilding übersichtlicher zu gestalten, indem beim internationalen Engagement Prioritäten gesetzt und klare Zuständigkeiten benannt werden. Dafür müssten in den Hauptquartieren und Hauptstädten erst Hausaufgaben gemacht werden. Das schließt die selbstkritische Prüfung ein, ob man wirklich fähig und gewillt ist, die notwendigen Ressourcen auf Dauer aufzubringen.

Drittens sollten die »externen« Akteure offener und flexibler mit Blick auf das Ergebnis ihrer Bemühungen sein. Sie müssen gegebenenfalls bereit sein, ihre Politiken – auch radikal – zu ändern, um nicht in Pfadabhängigkeiten zu geraten. Dabei gilt es vor allem, sich stärker auf lokale Gegebenheiten und Praktiken einzulassen und nicht systematisch die Fähigkeiten von Teilen der betroffenen Gesellschaft auszublenden, die ihrerseits lernen mussten, mit dem Mangel an Ressourcen und staatlicher Steuerung zu leben. »Externe« westliche Statebuilder müssen schlicht mehr über solche Praktiken und Mechanismen wissen und verinnerlichen – auch wenn diese nicht den eigenen Idealvorstellungen von Demokratie, Rechtsstaat oder Zivilgesellschaft entsprechen.

II. Prekäre Staaten und Gebiete von deutschem Interesse

Ethnische Fragmentierung in Bosnien-Herzegowina

Michael Schmunk[1]

15 Jahre nach dem Ende des traumatischen Krieges und der Neugründung durch das Friedensabkommen von Dayton (Dayton Peace Agreement/DPA) befindet sich Bosnien und Herzegowina (Bosna i Hercegovina/BiH oder im Folgenden auch kurz: Bosnien) in seiner bislang schwersten Existenzkrise. Es ist heute unbestritten, dass das Abkommen von Dayton den Krieg in und um BiH (1992–1995) wirksam beendet und dem Westbalkan-Land Frieden gebracht hat, sich jedoch als weitgehend untauglich erweist bei der Schaffung eines effizienten Staates und der Herausbildung einer nationalen Identität.[2] BiHs heutige prekäre Staatlichkeit geht auf Dayton-immanente Geburtsfehler sowie auf spätere Fehlentwicklungen zurück. Der als Oktroi empfundene Friedensschluss von Dayton hatte die Konfliktparteien nicht wirklich zufrieden gestellt und versöhnt – im Gegenteil. Die ethno-nationalistischen Eliten verfolgten an der Spitze »ihrer Völker« eine Politik der Abgrenzung, Ausgrenzung und Obstruktion. Der nur unvollständig gelöschte Brandherd des Völkerkriegs setzte sich als ethno-politischer Schwelbrand in die neuen Staats- und Gesellschaftsstrukturen fort.

Wie schon im Jahr des Kriegshöhepunkts 1995 sah sich die Staatengemeinschaft – vor allem die EU und USA – gezwungen, 2006 bis 2009 erneut diplomatisch massiv zu intervenieren, um den ehedem prekären Staat vor dem Auseinanderbrechen zu bewahren. Mit beispiellos umfangreichem und intensivem Engagement wurde das Westbalkan-Land zum State- und Nationbuilding-Labor schlechthin. Doch ist es vor allem zwei Fehlentwicklungen zuzuschreiben, dass der junge Staat die in ihn gesetzten Erwartungen nicht erfüllen konnte: seine politisch-administrative Dysfunktionalität und seine gescheiterte Nationenwerdung.

Strukturen des bürokratischen Jugo-Kommunismus überlebten vor allem in den Verwaltungen, der Justiz und im Bildungssektor – mit weit grassierender Korruption als sichtbarstem Zeichen. Die ersten Annäherungsschritte des Landes an EU und NATO legten offen, dass BiHs politische Entwicklung hinter den Anforderungen an ein funktionales, demokratisch-rechtsstaatliches Land europäischen Zuschnitts zurückblieb. Chancen und Anreize, mit einer Verfassungsreform die staatlichen Strukturen und Verfahren effizienter zu gestalten, wurden nicht genutzt oder wegen ethnisch-partikularistischer Interessen blockiert. Die wenig pluralistisch gesinnte, ethnisch tief gespaltene Gesellschaft ist weit davon entfernt, aus den Einzelvölkern, bei Wahrung ihrer kulturell-religiösen Eigenständigkeit, ein gemeinsames Staatsvolk und eine nationale Identität zu bilden.

---

1 Der Autor war von 2006 bis 2008 deutscher Botschafter in Sarajewo; der Beitrag gibt ausschließlich seine persönliche Auffassung wieder.
2 Die Literatur hierzu, insb. im anglo-amerikanischen Raum, ist nahezu unüberschaubar geworden; siehe aus neuester Zeit zum Beispiel David Chandler (Hrsg.), Peace without Politics? Ten Years of International State-Building in Bosnia, London 2006.

Staatsaufbau mit extremer Dezentralisierung

BiH ist ein unabhängiger Staat, dessen Souveränität indes durch eine internationale zivile wie militärische Präsenz stark eingeschränkt ist. Der Friedensschluss von Dayton wird überwacht und konsolidiert durch den Friedensimplementierungsrat (Peace Implementation Council/PIC) und einen Hohen Repräsentanten (HR), der bei Erfüllung seiner Aufgaben durch eine international zusammengesetzte Behörde (Office of the High Representative/OHR) in Sarajewo unterstützt wird. Er interveniert per Dekret. Seit März 2002 übt der HR in Personalunion zugleich das Amt eines Europäischen Sonderbeauftragten (European Union Special Representative/EUSR) aus. Die Sondervollmachten des HR, die »Bonn Powers«[3], sind sehr weitgehend – er ist letzte Instanz für die Auslegung des Friedensabkommens und kann in alle sach- und personalpolitischen Entscheidungen der staatlichen Organe aller Ebenen eingreifen. Die überwachte und gelenkte Souveränität Bosniens wird auch deutlich durch die Anwesenheit internationaler Friedenstruppen, namentlich der European Union Force (EUFOR) und der NATO.[4] Bosnien wird daher auch als Semi-Protektorat bezeichnet.[5]

Politisch-rechtlicher Rahmen im engeren Sinne der internationalen State-/Nationbuilding-Operation ist die Verfassung des Landes, die 1995 mit dem Daytoner Friedensabkommen vorgegeben wurde. Sie soll das friedliche Zusammenleben der im Krieg verfeindeten drei ethnischen Hauptgruppen, namentlich Bosniaken (Muslime, ca. 48 Prozent), Serben (Orthodoxe, ca. 37 Prozent) und Kroaten (Katholiken, ca. 14 Prozent) gewährleisten.[6]

Grundprinzipien der politischen Ordnung Bosniens sind eine extreme Dezentralisierung sowie eine alle Staatsebenen erfassende systematische ethnische Fragmentierung. Die verfeindeten Kriegsparteien sollten getrennt, die Majorisierung durch eine Volksgruppe ausgeschlossen und ethnische Minderheiten geschützt werden. Die Konstruktionsprinzipien verstärken sich gegenseitig – und wirken in ihrer Überspitzung destabilisierend.[7]

---

3 Die HR-Befugnisse sind in Art. II Annex 10 DPA verankert und wurden durch die Bonner PIC-Beschlüsse vom 10.12.1997 ergänzt und verstärkt.

4 Die seit 2.12.2004 in BiH operierende EUFOR-Truppe »Operation Althea« verfügt heute nur noch über knapp 2000 Soldaten. Sie war hervorgegangen aus der von der NATO geführten »Stabilization Force – SFOR« (ab 21.12.1996; 32 000 Soldaten); diese wiederum hatte die »Implementation Force – IFOR« der NATO (20.12.1995; 60 000 Soldaten) abgelöst, die nach Kriegsende die Blauhelmtruppe der »United Nations Protection Force, UNPROFOR« ersetzte. Heute besteht neben EUFOR noch eine kleine NATO-Einheit mit Beratungsmandat fort.

5 Andere sehen die Souveränität Bosniens so stark eingeschränkt, dass sie gar von De-lege- und De-facto-Protektorat sprechen. Vgl. Thomas Risse und Ursula Lehmkuhl (Hrsg.), Regieren ohne Staat? Governance in Räumen begrenzter Staatlichkeit, Baden-Baden 2007, S. 18.

6 Die Zahlen sind strittig; die letzte Volkszählung stammt aus 1971. Nicht zuletzt von der EU mit Blick auf den Annäherungsprozess gefordert, ist ein Zensus für 2011 vorgesehen. Neben diesen drei Hauptvolksgruppen gibt es eine Reihe von Minderheiten, die die Verfassung »die anderen« nennt und von denen einige vor dem Europäischen Gerichtshof für Menschenrechte auf Gleichstellung klagen.

7 Vgl. Ulrich Schneckener und Christoph Zürcher, Transitional Security Governance in fragilen Staaten. Oder: Geht Sicherheit ohne Staat?, in: Thomas Risse und Ursula Lehmkuhl (Hrsg.), Regieren ohne Staat?, a. a. O. (Anm. 5), S. 214.

Treibende Kraft waren die bosnischen Serben, die als vormaliger Aggressor mit den vertriebenen und bekämpften Muslimen nicht wieder zusammenleben und auch nicht von der Mehrheitsbevölkerung der Bosniaken dominiert werden wollten. Die Kroaten wiederum konnten nicht genügend Verhandlungsmacht aufbringen, um auch für ihre Gruppe eine partikularistische Lösung zu erreichen. Folglich wurde das Land in zwei asymmetrisch konstruierte Entitäten aufgeteilt, die Föderation von Bosnien-Herzegowina (FBiH) und die Serbische Republik (Republika Srpska/RS). Territorial trug die Aufspaltung des Landes weitestgehend den Waffenstillstandslinien Rechnung. Damit wurden die kriegsbedingten serbischen Landgewinne, so der Vorwurf der Bosniaken und Kroaten wie vieler internationaler Kritiker, von Dayton honoriert – Aggressionskrieg und ethnische Säuberungen zahlten sich offenbar aus.[8] Die FBiH (51 Prozent des Territoriums) vereinigt ganz überwiegend die Mehrheitsbevölkerung der Bosniaken und die Minderheitsbevölkerung in eine ungeliebte »Zwangsehe«. Sie ist deshalb noch einmal in zehn Kantone aufgespalten. Der Serbischen Republik (49 Prozent des Territoriums), die monoethnisch angelegt ist, wurde die sperrige Kantonsebene erspart. Die RS verstand sich von Anfang an als autonomer (Glied-)Staat.[9] Sie wird heute nahezu ausschließlich von Serben bewohnt, eine Umkehrung der Vorkriegsverhältnisse.[10]

Die Verfassung sieht darüber hinaus einen nur sehr schwachen Zentralstaat als Klammer mit sehr wenigen Kompetenzen und beschränktem Budget vor. Besonders misslich für den Gesamtstaat ist, dass die Entitäten auch entscheiden, welche Kompetenzen an den Gesamtstaat übertragen werden. Der serbische Premierminister Milorad Dodik nutzt denn auch regelmäßig die Möglichkeit der Rückübertragung als politisches Druckmittel gegenüber den nationalen Institutionen und vor allem gegenüber den bosniakischen Parteien. Dem Gesamtstaat steht eine rotierende ethnisch-dreiköpfige Präsidentschaft mit exekutiven Befugnissen (etwa in der Außenpolitik) vor. Die eigentliche Regierung, der Ministerrat, mit einem weitgehend machtlosen, von Legislaturperiode zu Legislaturperiode von einer Ethnie zur anderen rotierenden Vorsitzenden, ist letztlich von den Ministerpräsidenten bzw. der dominierenden Partei der Entitäten abhängig. Im Zweikammersystem hat das »Haus der Völker« (jeweils fünf Vertreter der drei Hauptethnien) gegenüber Beschlüssen des Abgeordnetenhauses (42 Vertreter) ein Vetorecht immer dann, wenn eine Gruppe ihr »vitales Interesse« verletzt sieht. Bosnien-Herzegowina ist durch die Daytoner Verfassung eine Administration übergestülpt worden, die in Europa einmalig ist und einen Großteil des Staatshaushalts auffrisst: fünf Präsidenten; 13 Premierminister; ca. 180 Minister; 13 Parlamente (drei davon mit zwei Kammern).

---

8 Vgl. zum Beispiel Olaf Ihlau und Walter Mayr, Minenfeld Balkan. Der unruhige Hinterhof Europas, München 2009, S. 103 ff.

9 Vgl. Rick Fawn und Oliver P. Richmond, De facto States in the Balkans: Shared Governance versus Ethnic Sovereignty in Republika Srpska and Kosovo, in: Journal of Intervention and Statebuilding 2/2009, S. 205–238.

10 Im Krieg vertriebene Bosniaken und Kroaten zogen es angesichts serbischer Dominanz vor, nicht mehr in ihre Häuser zurückzukehren. Verbliebenen Nichtserben wurde das Leben in der RS schwer gemacht, so dass viele nach dem Krieg in die FBiH umsiedelten.

Drei Völker, kein Staat, wenig Demokratie

Dayton bleibt ein unvollkommener, zögerlicher Statebuilder; ein Nationbuilder ist es ganz und gar nicht. Es hat weder den politischen Willen noch die Mechanismen, das ethnische Misstrauen und den Mangel an Gemeinsamkeitsgefühl überwinden zu helfen. Dayton hat eine klare Präferenz für kollektive Volksgruppenrechte, individuelle Bürgerrechte stellt es hintenan.

Wenn die Mehrheits-Bosniaken in einem stärkeren, effizienten Zentralstaat das Allheilmittel für die bosnische Malaise sehen und folglich den »entethnisierten« Bürger ins Zentrum des politischen Geschehens rücken wollen, sind der Verlust der Sperrmacht der Entitäten und der »Bürger-Staat« (Citizens State) für die Serben der Sezessionsgrund schlechthin. Ein Bürger, eine Stimme, diese Forderung kommt Serben einer Kriegserklärung gleich. Denn am Ende der Zulassung solcher Prinzipien sehen sie die Niederstimmung durch die muslimische Mehrheit und die Abschaffung der Entitäten, sprich: der RS.

Die Kroaten sehen sich gleich zwischen mehreren Mühlsteinen. Auch sie wollen die Entitäten nicht geschwächt oder abgeschafft sehen, sondern fordern eine dritte, kroatische. Das wiederum würde nicht nur die Kardinalfrage nach Abschaffung oder Ausweitung des Entitätssystems aufwerfen, sondern die fast noch brisantere Frage nach den territorialen Grenzen der Entitäten stellen.

Die vergangenen 15 Jahre haben gezeigt, dass in BiH die Dayton-Verfassung die Herausbildung einer gesamtnationalen Identität nicht nur massiv erschwert, sondern insbesondere den serbischen, teilweise aber auch kroatischen Eliten eine sichere Berufungsgrundlage geliefert hat, in der Alltagspraxis die Herausbildung einer bosnisch-herzegowinischen, nicht mehr auf Einzelethnien Bezug nehmenden Identität und Nationalität zu verhindern. Den jeweiligen ethnischen Parteiführern kommt es in erster Linie darauf an, den Wählern zu suggerieren, dass ihre Ängste und Interessen nur von den Ethnoparteien geschützt werden.

Dem Ausgangsprinzip der »Machtteilung« dreier so genannter »konstituierender Völker«, die alle gleichberechtigt sind – unabhängig von Bevölkerungszahlen und Mehrheitsverhältnissen, um eine ethnische »Mehrheit« und (schutzbedürftige) ethnische »Minderheit« zu verhindern – wird durch das Prinzip der Entitätsabstimmung Rechnung getragen. Über das Korrektiv des »Entity Voting« sollen gesamtstaatliche Entscheidungen immer dann verhindert werden können, wenn sie zu Lasten einer Entität gehen. Doch in der Praxis ist dieser Mechanismus zum Blockadeinstrument der RS geworden, die damit ihre Quasistaatlichkeit und Autonomie absichert. Was für die Serben Conditio sine qua non für ihren Verbleib in der Quasikonföderation ist, stellt andererseits ein Haupthindernis auf dem Weg zur Stärkung des Gesamtstaats dar.

Gleichwohl zeigen neueste empirische Untersuchungen, dass moderne Staaten funktionieren können, wenn ihre Bürger multiple soziale und kulturelle Identitäten haben. In den USA wie im EU-Europa verfügen die Menschen nicht selten über mehrere subnationale Identitäten. Probleme entstehen nur dann, wenn subnationale Identitäten Loyalitäten aufweisen, die die Loyalität zum Gesamtstaat in Frage stellen.[11]

---
11 Paul Collier, Wars, Guns and Votes. Democracy in Dangerous Places, London 2009, S. 51.

Kapitulation der Statebuilder?

Spätestens mit der Konkretisierung des Annäherungsprozesses an EU und NATO musste sich die internationale Gemeinschaft mit Bosniens Effizienz- und Reformproblemen ernsthafter auseinandersetzen. Bereits Anfang 2005 hatte die Venedig-Kommission des Europarats auf schwerwiegende Konstruktionsfehler der Dayton-Verfassung und Defizite der Verfassungspraxis hingewiesen und Vorschläge zur Abhilfe gemacht.[12] Der Bericht entzündete eine Debatte um gute Regierungsführung und Verfassungsreform, die jedoch bis heute ergebnislos geblieben ist.

Auf amerikanische Initiative formierte sich 2005 eine Arbeitsgruppe, die bis zum Frühjahr 2006 ein Bündel erster Reformvorschläge vorlegte, die konsensfähig erschienen, dennoch als so genanntes »April-Paket« im BiH-Parlament scheiterten.[13] Als sich 2006/07 die politische Landschaft in BiH nach den Oktober-Wahlen 2006 deutlich radikalisierte und polarisierte, wurden neue, abermals ergebnislose Reformanstrengungen unternommen. Mitverantwortlich hierfür war der missglückte Versuch der EU, die bosnische Polizei gemäß europäischen Standards zu transformieren.[14] Mit Erfolg hatten sich die Serben gegen die Zentralisierung der Polizei gestemmt.[15] Zur gleichen Zeit hatte der Hohe Repräsentant (HR) einen ebenfalls am entschlossenen serbischen Widerstand gescheiterten Versuch unternommen, die Abstimmungsverfahren im gesamtstaatlichen Parlament sowie im Ministerrat zu »entethnisieren«, um effizientere Politikabläufe zu bewirken.

Die internationale Gemeinschaft ging aus dem Kräftemessen mit der Serbischen Republik deutlich geschwächt hervor. Der HR erlitt massiven Autoritätsverlust. Auf Seiten der Muslime wurden Erinnerungen an die Zeit direkt vor Ausbruch des Krieges wach; Ängste um ihre Zukunft und die Zukunft des Landes machten sich breit. Sie wurden weiter geschürt, als Premierminister Dodik und andere serbische Politiker seit den Wahlen 2006 immer wieder mit einer Abspaltung ihrer Entität von Bosnien drohten. Obwohl wenig dafür spricht, dass Dodik mit dieser Drohung je ernst machen wird,[16] wurde ein psychologischer Effekt erreicht: Die internationale Gemeinschaft hat Dodik nachgegeben, um ihm für eine Staatsblockade keinen Vorwand zu liefern.

Nachdem der Friedensimplementierungsrat (PIC) bereits im Juni 2006 beschlossen hatte, die internationale zivile Präsenz in Gestalt des OHR (und

---

12 Venice Commission, Opinion on the Constitutional Situation in Bosnia and Herzegovina and the Powers of the High Representative, CoE CDL-AD (2005) 004 vom 11.3.2002.

13 Vgl. im Einzelnen R. Bruce Hitchner, From Dayton to Brussels: The Story Behind the Constitutional and Governmental Reform Process in Bosnia and Herzegovina, in: The Fletcher Forum of World Affairs 1/2006, S. 125–135.

14 Vgl. Thomas Muehlmann, Police Restructuring in Bosnia-Herzegovina. Problems of Internationally-led Security Sector Reform, in: David Chandler (Hrsg.), Statebuilding and Intervention. Policies, Practices and Paradigms, London 2009, S. 140–162.

15 Vgl. Judy Batt, Bosnia and Herzegovina: The International Mission at a Turning Point, FRIDE Policy Brief Nr. 5, Februar 2009, S. 3.

16 Kaum ein Staat würde die RS anerkennen, und die politisch-wirtschaftlichen Folgen wären für ein so kleines, schwaches und dann isoliertes Gebilde verheerend. Für eine gegensätzliche Einschätzung siehe etwa: Matthew Parish, Republika Srpska: After Independence, in: Balkan Insight, 19.11.2009.

der »Bonn Powers«) zu beenden und durch einen vergrößerten, »mandatsgestärkten« Europäischen Sonderbeauftragten (EUSR) zu ersetzen, musste er angesichts der verfahrenen Situation in BiH seine Entscheidung rückgängig machen und konkretere Kriterien für die Schließung festlegen. Das geschah in Form des so genannten »Fünf-plus-Zwei«-Beschlusses des PIC vom Februar 2008. Erst wenn der PIC die Erfüllung dieser Restaufgaben aus dem Daytoner Friedensabkommen feststellt,[17] wird das OHR geschlossen und durch eine neue EUSR-Mission abgelöst.

Wenn auch eine Verfassungsreform ausdrücklich nicht in diesen Bedingungskatalog aufgenommen und nicht als Vorbedingung für eine EU-Mitgliedschaft benannt wurde, stellte der PIC jedoch klar, dass eine EU-Mitgliedschaft mit OHR-Präsenz nicht in Frage kommt. Mit Unterzeichnung des Stabilisierungs- und Assoziierungsabkommens (SAA) habe Bosnien schließlich die Verpflichtung übernommen, jene Verfassungsbestimmungen anzupassen, die bislang nicht mit der Europäischen Menschenrechtskonvention kompatibel sind. Aufgrund des internationalen Drucks unternahmen Ende 2008 die Führer der in ihrer Volksgruppe jeweils stärksten Partei (Bosniakische Partei Demokratischer Aktion/SDA, Serbischer Bund der Unabhängigen Sozialdemokraten/SNSD, Kroatische Demokratische Aktion/HDZ) den Versuch einer internen Bosnien-Lösung. Das nach seinem Verhandlungsort benannte Prud-Abkommen scheiterte aber nicht nur an einer fehlenden parlamentarischen Mehrheit, sondern auch am Misstrauen der drei Oligarchen gegenüber den wahren Absichten der anderen Ethnien.[18]

Nachdem Teile der internationalen Gemeinschaft fälschlicherweise Prud bereits als Durchbruch gewertet hatten, mussten Brüssel und Washington später eingestehen, dass die Staatlichkeit Bosniens Anfang 2009 prekärer war denn je. Im Verlauf des Jahres 2009 sollte sich die Situation sogar so weit verschärfen, dass sich EU und USA gezwungen sahen, durch einen erneuten Anlauf zur Verfassungsreform eine drohende Unregierbarkeit des Landes, die endgültige Aushebelung der OHR abzuwenden.[19] Die Schwere der Krise war bereits am überraschenden Rücktritt des Hohen Repräsentanten im Januar manifest geworden: »Ich möchte nicht länger ein totes Pferd reiten«, lautete die Begründung Miroslav Lajčaks.[20] Die Debatte um die Schließung der OHR sowie der Streit um ein Untersuchungsverfahren des bosnischen Strafgerichtshofs gegen Dodik wegen des Verdachts massiver Untreue ebenso wie die Auseinandersetzung um die Mandatsverlängerung für die internationalen Richter an den Kammern für Kriegsverbrechen und Organisierte Kriminalität,[21] die Schaffung der gesetzlichen Voraussetzung für eine Befreiung von der Schengen-Visapflicht sowie die

---

17 Vgl. PIC-Kommuniqué vom 27.2.2009.
18 Vgl. Carl Bethke, Dževada Suško, Die Erklärungen von Prud und Banja Luka und ihr politischer Kontext. Schritte zur Vertiefung der Teilung Bosnien-Herzegowinas oder zu deren Überwindung?, in: Südosteuropa 4/2008, S. 584–608.
19 Vgl. International Crisis Group, Bosnia's Dual Crisis, ICG Policy Briefing 57, 12.11.2009.
20 Lajčak am 1.2.2009 im OBN TV, zitiert nach Srecko Latal, Western Bodies in Bosnia »Dead Horse« – Lajčak, in: Balkan Insight, 2.2.2009.
21 Unter dem Druck der RS wurde das Mandat der internationalen Juristen am 14.12.2009 vom HR nur für die Abteilung Kriegsverbrechen verlängert; aber auch dieses Mandat zieht die RS in Zweifel.

Durchsetzung einer Reihe umstrittener Gesetze durch HR Valentin Inzko im September kraft »Bonn Powers« hatten eine Aufkündigung der Unterwerfung der Serben unter die Autorität des HR zur Folge.[22]

Derart herausgefordert, zwangen EU und USA im Oktober 2009 die wichtigsten Parteiführer an den Verhandlungstisch im Butmir-Hauptquartier von EUFOR und NATO. Die Assoziationen mit dem Dayton-Prozess waren nicht ungewollt: »Dayton II«, »Mini-Dayton« lauteten die Schlagzeilen. Das im Verlauf der Verhandlungen mehrfach veränderte »Butmir-Paket« zielte, in Anlehnung an das »April-Paket« von 2006, in erster Linie auf mehr funktionierende Staatlichkeit sowie Konformität der Daytoner Verfassung mit der Europäischen Menschenrechtskonvention. Obwohl das »Butmir-Paket« heiße Eisen wie etwa die Entitätsabstimmung unberührt ließ, scheiterte selbst dieses »Dayton-light«-Paket.

Perspektiven

Im Oktober 2010 wird gewählt. Es ist davon auszugehen, dass die Wahlen keine grundlegenden Veränderungen der Machtverhältnisse zeitigen werden. Auch die Tatsache, dass Bosnien-Herzegowina seit Anfang 2010 erstmals nichtständiges Mitglied im UN-Sicherheitsrat ist, dürfte die Reformfortschritte sowie den Politikstil seiner Eliten kaum beeinflussen. Die Institutionen internationaler ziviler Präsenz (HR und OHR) bleiben beschädigt; der Lösungsansatz der Hohen Repräsentanten ist längst zum Teil des Problems geworden. Dennoch wäre es wenig sinnvoll, das OHR gerade im Wahljahr zu schließen, in dem zentrifugale Kräfte zunehmen werden. Unabhängig von der Entwicklung 2010 bleiben langfristige Reformaufgaben bestehen:
- Eine Verfassungs- und insbesondere eine Staatsaufbaureform wären grundlegend. BiH braucht effiziente, demokratische Staatlichkeit, um voll funktionierendes Mitglied der euro-atlantischen Strukturen werden zu können. Da davon auch die ethnischen und entitätsbezogenen Konstruktionsprinzipen betroffen wären, ist eine solche Reform (sie braucht eine Zweidrittelmehrheit und die Zustimmung aller Volksgruppen) erst dann realisierbar, wenn sich die Gesellschaft so weit verändert hat, dass die Einsicht in die Notwendigkeit und die Vorteile einer solchen Reform ethnische Ängste und Partikularinteressen überwiegen. Frühestens dann könnte Bosnien das Tabu[23] des Entitäts- (und Kantonal-) bzw. Volksgruppenprinzips angehen: Ersetzung der Entitäts- und Kantonalebenen durch wirtschaftlich-administrative »Regionen«, die die heutigen ethnisch-geografischen Teilungslinien überwinden. Selbst eine technische Teilreform bräuchte die Zustimmung aller in der Verfassung vorgesehenen Kräfte. Frühestens nach Konstituierung des neuen Parlaments und Bildung der neuen Regierung Ende 2010 / Anfang 2011 dürfte sich hierfür

---

22 Republic of Srpska Government, Second Report of Republika Srpska to the Security Council on the Situation in Bosnia and Herzegovina, Banja Luka, November 2009.

23 Die EU-Kommission hat im BiH Fortschrittsbericht 2009 das »Entity Voting« als eines der Haupthindernisse für Reform identifiziert: EU Commission, Bosnia and Herzegovina 2009 Progress Report, Brüssel, 14.10.2009, S. 7.

ein neues Fenster öffnen. Die zu verändernden Bausteine sind vom »April-Paket« 2006 und vom »Butmir-Paket« 2009 benannt worden.
- Das Land muss beim Aufbau zivilgesellschaftlicher Institutionen und Mechanismen westlichen Zuschnitts unterstützt werden.
- Die politische Kultur sollte verbessert werden, indem politische Entscheidungsstrukturen entethnisiert und die Dominanz der Oligarchen gebrochen werden.
- Eine Bevölkerungspolitik der Neu-»Durchmischung« könnte Stabilitäts- und Innovationsmotor sein.
- Ein bosnienweites Referendum könnte eine nationale Identität fördern. Vorstellbar wäre ein »gesellschaftlicher Pakt« der Bürger untereinander, etwa in Form einer bosnienweiten Volksabstimmung, in dem Grundprinzipien des multiethnischen Zusammenlebens manifestiert werden, gepaart mit kulturell-religiösen Schutzgarantien. Das Land braucht mehr »sozialen Klebstoff«, will es nicht doch in mehrere Teile zerfallen und teilweise in seinen Nachbarstaaten aufgehen.
- Es ist unabdingbar, einen Wahrheitsfindungs- und Versöhnungsprozess zu etablieren.
- Den Kommunen sollten mehr Freiräume und Eigenverantwortlichkeit gegeben werden.
- Das OHR ist in seiner jetzigen Struktur nicht erhaltenswert. Dennoch sollte überlegt werden, ob ein residualer Interventionsmechanismus aus Sicherheitsgründen und für nur wenige Eingriffsfälle formal bestehen bleibt (etwa für den Fall einer drohenden Sezession oder völligen Staatsblockade). Die routinemäßige Auslegung des Daytoner Friedensabkommens könnte dem bosnischen Verfassungsgerichtshof übertragen werden.
- Das Mandat eines Post-OHR bzw. Europäischen Sonderbeauftragten sollte einvernehmlich mit den USA, die in Bosnien ein höheres Ansehen als die EU genießen, gefasst werden.
- Die NATO-Mitgliedschaft Bosnien-Herzegowinas sollte zügiger betrieben werden. Sie würde den Weg in Richtung EU erleichtern, den Ethnien Sicherheitsgefühl bieten, Grenzen sichern und die nationale Identität stärken.

»Balkanisierung« des Kosovo

Marie-Janine Calic

In Kosovo begann die Staatengemeinschaft 1999 ihre bis dahin anspruchsvollste Peacebuilding-Mission. Das Land hat seither erkennbare Fortschritte beim Aufbau der Institutionen, im Bereich der inneren Sicherheit und der Wirtschaftsentwicklung gemacht. Wie alle anderen Westbalkan-Staaten besitzt auch Kosovo eine »europäische Perspektive«, die Aussicht auf konditionierte Mitgliedschaft in der EU. Allerdings befindet sich die Provinz trotz der Erklärung der Unabhängigkeit vom 17. Februar 2008 immer noch in einem protektoratsähnlichen Zustand. Das Zweimillionen-Land ist von einem dichten Wurzelgeflecht internationaler Organisationen überzogen, deren Mandate und Missionen schwammig definiert und unklar voneinander abgegrenzt sind. Wesentliche Lektionen früherer Peacebuilding-Aktivitäten wurden durch den institutionellen Wildwuchs einfach überwuchert. Aus dem Dayton-Prozess in Bosnien-Herzegowina wäre etwa zu lernen gewesen, dass internationale Interventionen den politischen Willen vor Ort nicht ersetzen können und in vieler Hinsicht sogar kontraproduktiv wirken. Weil aber erneut zu viele externe Interessen befriedigt werden wollten, erfuhr Kosovo eine regelrechte »Balkanisierung« der internationalen Präsenz.

Lage vor Ort

Am 17. Februar 2008 erklärte das Parlament Kosovos die Provinz zu einem unabhängigen Staat und verwirklichte damit eine seit Jahrzehnten gestellte politische Forderung.[1] Allerdings blieb dessen Souveränität vorläufig unvollständig. Bis August 2010 erkannten erst 69 von 192 Mitgliedern der Vereinten Nationen (UN) das junge Völkerrechtssubjekt an. Alle übrigen Staaten halten die einseitige Unabhängigkeitserklärung möglicherweise für rechtswidrig, da sie nach Belgrads Meinung die territoriale Integrität Serbiens verletzte. Belgrad wollte nur »mehr als Autonomie, aber weniger als Unabhängigkeit« zugestehen. Heftiger serbischer Widerstand vereitelte dann auch eine Sicherheitsratsresolution, die Kosovos Unabhängigkeit international legitimiert hätte. Neben den Vetomächten Russland und China weigerten sich auch die fünf EU-Staaten Spanien, Zypern, Rumänien, Griechenland und die Slowakei, Kosovo als vollwertiges Mitglied in die Staatenfamilie aufzunehmen. Sie fürchten einen gefährlichen Präzedenzfall im Hinblick auf allfällige Sezessionskonflikte. Im Westen wurde gebetsmühlenartig wiederholt, dass Kosovos Unabhängigkeit einen Fall sui generis darstelle. Dennoch drohten die bosnischen Serben immer wieder mit der Verselbständigung ihrer Entität von Bosnien-Herzegowina. Belgrad bat den Internationalen Gerichtshof in Den Haag um eine Stellungnahme, ob die unilaterale Unabhängigkeitserklärung Kosovos völkerrechtlich akzeptabel ist. Im Juli 2010 kam er zu dem nicht rechtsbindenden Urteil, dass diese nicht

---
1 James Ker-Lindsay, Kosovo. The Path to Contested Statehood in the Balkans, London et al. 2009. Mark Weller, Contested Statehood: Kosovo's Struggle for Independence, Oxford 2009.

in Widerspruch zu geltendem Völkerrecht steht. Eine Entscheidung steht nicht vor Mitte 2010 an.

Seit Kosovo im Juni 1999 mit UN-Resolution 1244 unter internationale Verwaltung der United Nations Interim Administration Mission in Kosovo (UNMIK) gestellt wurde,[2] kann die bestehende Ordnung als Semiprotektorat bezeichnet werden, und daran hat auch die Erklärung der Unabhängigkeit nichts geändert. Nach dem Plan des UN-Vermittlers Martti Ahtisaari, der in Kosovos Verfassung einging, bleibt das Land durch einen Internationalen Zivilen Beauftragten sowie verschiedene auswärtige Missionen auf lange Sicht überwacht.

Trotz völkerrechtlicher Unwägbarkeiten hat Kosovo seit 1999 Fortschritte gemacht. Nach und nach wurden demokratische Institutionen aufgebaut. 2007 fanden die letzten Parlamentswahlen und im November 2009 Kommunalwahlen statt. Der jüngste europäische Staat besitzt eine Verfassung, die höchsten demokratischen und rechtsstaatlichen Standards genügt. Sie besagt, dass die Republik Kosovo ein multiethnischer, demokratischer Verfassungsstaat ist, in dem Minderheiten geschützt werden und Gemeinschaftsrechte ausüben dürfen. Alle Flüchtlinge und Vertriebene erhielten Rückkehrrecht. Das Territorium ist unteilbar und zentral regiert, jedoch wird die Verwaltung auf lokaler Ebene weitreichend dezentralisiert. 40 Schutzzonen für serbisch-orthodoxe Kirchen und Klöster sollen das Kulturerbe vor Vandalismus bewahren.[3]

Wie in vielen Transitionsländern klafft zwischen Anspruch und Wirklichkeit allerdings eine beträchtliche Lücke – in Kosovo ist sie sogar besonders groß. Zwar hat sich die Sicherheitslage insgesamt verbessert. Ethnisch motivierte Gewalt ist zurückgegangen, und mehr Menschen können sich gefahrlos frei bewegen. Nach wie vor sind jedoch Diskriminierung und Verfolgung von Minderheiten an der Tagesordnung. Vor dem Krieg lebten rund 200 000 Serben, weitere rund 60 000 slawische Muslime (Bosniaken und Goraner) sowie schätzungsweise 40 000 Zigeuner (Roma, Ashkali, Ägypter) sowie Türken, Kroaten und andere Minderheiten im Kosovo. Seit Mitte 1999 haben viele – zumeist unfreiwillig – ihre Heimat verlassen.[4] Von rund 150 000 Vertriebenen sind bislang nur rund 15 000 zurückgekehrt.[5] Minderheitenrückkehr und -rechte tangieren das Selbstverständnis des noch sehr jungen kosovarischen Staates, den viele als albanisch, nicht multiethnisch begreifen. Von Zeit zu Zeit gibt es Ausschreitungen, zuletzt im Sommer 2010 in der zwischen Serben und Albanern geteilten Stadt Mitrovica.

---

2 Da sich wegen des russischen Vetos im UN-Sicherheitsrat kein Konsens zugunsten Kosovos Unabhängigkeit bildete, ist die im Juni 1999 verabschiedete Resolution 1244 nun immer noch in Kraft. UN-Generalsekretär Ban Ki-moon musste die Anerkennung Kosovos zu einem bilateralen Akt von Staaten erklären, nicht zu einer UN-Sache. Folglich blieb auch die UN-Mission (UNMIK) vor Ort.

3 Comprehensive Proposal for the Kosovo Status Settlement, 2.2.2007, <http://www.auswaertiges-amt.de/diplo/de/Europa/Suedosteuropa/Downloads-und-Dokumente/Ahtisaari-Plan.pdf> (abgerufen am 30.12.2009).

4 Georgina Stevens, Filling the Vacuum: Ensuring Protection and Legal Remedies for Minorities in Kosovo. Minority Rights Group International, Mai 2009.

5 Vedran Džihić und Heinz Kramer, Kosovo After Independence: Is the EU's EULEX Mission Delivering on its Promises? Friedrich-Ebert-Stiftung, Berlin, Juli 2009, S. 9.

Prekär ist die Lage der rund 100 000 in Kosovo verbliebenen Serben. Im Norden des Landes haben sie um die Stadt Mitrovica einen Parallelstaat aufgebaut, der nicht am öffentlichen Leben der jungen Republik partizipiert. Anders als in den über das Land verstreuten Enklaven werden hier Wahlen und Institutionen boykottiert, politisch und finanziell unterstützt durch Belgrad. Prishtina übt keine effektive Staatsgewalt über diesen Landesteil aus, der wegen der Mine von Trepča auch ökonomisch bedeutsam erscheint. Dadurch ist ein neuer »eingefrorener Konflikt« entstanden, durch den Serbien das Kosovo-Problem auf der internationalen Agenda hält.[6]

Als zentrales Problem in der Republik Kosovo gilt die Schwäche von Institutionen und Rechtsstaatlichkeit. Während die Bevölkerung Korruption und Klientelismus beklagt, sorgt sich die Europäische Union besonders um die grenzüberschreitende Kriminalität von Banden, die Frauen, Heroin, Zigaretten und Benzin nach und durch Kosovo hindurch schmuggeln.[7] Politische Kultur und Rechtssicherheit liegen noch weit vom westlichen Standard entfernt: Die Verquickung illegaler Aktivitäten mit öffentlichen Ämtern ist an der Tagesordnung. Zudem hat die massive Einschüchterung von Zeugen zur Straflosigkeit international gesuchter Kriegsverbrecher geführt. Auch gegen gewaltbereite, großalbanische Untergrundstrukturen hat die Staatengemeinschaft noch kein Gegenmittel gefunden, wie aus einer nicht veröffentlichten Studie im Auftrag des Bundesverteidigungsministeriums hervorgeht.[8] Weil Verwaltung, Grenzsicherung und Institutionen insgesamt schwach sind, wurde die Visumspflicht – anders als jene anderer Westbalkan-Staaten – gegenüber der EU Ende 2009 nicht aufgehoben.

Die Kosovaren betrachten sich als Angehörige einer grenzüberschreitenden Volksgemeinschaft, die neben Albanien und Kosovo auch im Süden Serbiens, in Westgriechenland und in Makedonien zu Hause ist. Der panalbanische Nationalismus ist nicht nur bei radikalen Gruppen und bei Exilanten verbreitet, sondern auch in der Bevölkerung. Der Westen ist entschieden gegen weitere Grenzänderungen in der Region, die die Stabilität empfindlich stören und womöglich andernorts eine Kettenreaktion an Sezessionswünschen auslösen würden. Weder Prishtina noch Tirana betreiben derzeit den Zusammenschluss albanischer Siedlungsgebiete zu einem Großstaat. Die beiden Länder haben sich in den vergangenen Jahrzehnten weit auseinander entwickelt, und etwaige Vereinigungspläne würden die europäische Annäherung konterkarieren. Gleichwohl zirkulieren von Zeit zu Zeit Karten eines erträumten »Großalbanien«. Dass sich die beiden heute existierenden albanischen Staaten nicht doch noch eines Tages zusammenschließen werden, ist keineswegs ausgeschlossen.[9]

---

6 International Crisis Group, Serb Integration in Kosovo: Taking the Plunge, 12.5.2009.
7 Vedran Džihić und Heinz Kramer, Kosovo After Independence, a. a. O. (Anm. 5), S. 12 f.
8 Institut für Europäische Politik, Operationalisierung von Security Sector Reform (SSR) auf dem westlichen Balkan – intelligente/kreative Ansätze für eine langfristig positive Gestaltung dieser Region, Berlin Januar 2007.
9 Oliver Jens Schmitt, Kosovo. Kurze Geschichte einer zentralbalkanischen Landschaft, Köln et al. 2009, S. 369 ff.

Die unvollständige Anerkennung, mangelnde Rechtssicherheit und Korruption beeinträchtigen das Investitionsklima und behindern den wirtschaftlichen Aufschwung. Kosovos Wirtschaft leidet nicht nur an historisch ererbten Strukturschwächen sowie an den Folgen von Isolation und Krieg, sondern auch unter der Statusfixierung der politischen Klasse, die Themen wie Bildung, Gesundheit, Armutsbekämpfung und Entwicklung nur wenig Aufmerksamkeit schenkte. Soziale Sicherungssysteme sind unterentwickelt; es fehlt eine strategische Perspektive, um die Beschäftigung anzukurbeln.[10]

Das Wirtschaftswachstum betrug in den letzten Jahren rund 3,5 Prozent, trotz der Erbschaft des Sozialismus, niedrigem Bildungs- und Qualifikationsniveau und chronischem Kapitalmangel. Doch der Internationale Währungsfonds schätzt, dass das Gesellschaftsprodukt im Kosovo zu 20 Prozent aus auswärtigen Hilfen und weiteren zehn Prozent aus Transferleistungen der Gastarbeiter sowie aus Gehältern des internationalen Personals stammt. Ein Drittel der Wirtschaftskraft ist demnach extern induziert – ein extremes Beispiel internationaler Geberabhängigkeit. Dies ist auch für die Entwicklung der Demokratie schädlich: Die Politik zieht ihre Stärke aus auswärtigem Ressourcenfluss und Krediten, nicht aus der Unterstützung durch seine Staatsbürger.[11]

Die Arbeitslosigkeit ist mit offiziell ausgewiesenen 40 Prozent Besorgnis erregend hoch. Bei den jüngeren Beschäftigungsuchenden beträgt sie sogar bis zu 75 Prozent. Heute ist ein Drittel der Bevölkerung unter 15 Jahre alt, die Hälfte unter 25. In den nächsten fünf Jahren werden weitere 200 000 Arbeitsuchende in das erwerbsfähige Alter hineinwachsen und den Druck auf den Arbeitsmarkt zusätzlich erhöhen. Nicht zuletzt aufgrund des hohen Bevölkerungswachstums (mit jährlich 2,3 Prozent vor Ausbruch des Krieges) liegt das Volkseinkommen nach Angaben der Europäischen Kommission nur bei 1726 Euro pro Kopf, was 6,9 Prozent des EU-Durchschnitts entspricht.

Unter normalen politischen Bedingungen und nach Abflauen der globalen Finanzkrise könnte Kosovo wie alle übrigen europäischen Transitionsstaaten auf hohe Wachstumsraten von anfänglich sieben bis acht und langfristig vier bis fünf Prozent jährlich hoffen. Mittelfristig könnte die Privatisierung Einnahmen durch ausländische Investitionen von bis zu zehn Prozent des Volkseinkommens einspielen. Weil aber die lang erhofften ausländischen Investitionen bislang ausblieben, ist ein bedeutender Wachstumsschub in nächster Zeit nicht zu erwarten.[12] Demnach dürfte auch das Handelsbilanzdefizit mit 43 Prozent des Bruttosozialprodukts weiterhin gefährlich hoch bleiben. Erschwert wird die wirtschaftliche Entwicklung durch die Obstruktionspolitik Belgrads, das Kosovo mit einer Handelsblockade belegt hat.[13]

---

10 Commission of the European Communities, Kosovo – Fulfilling its European Perspective, Brüssel, 14.10.2009, S. 3.

11 Lucia Montanaro, The Kosovo Statebuilding Conundrum: Addressing Fragility in a Contested State (FRIDE Working Paper 91), Oktober 2009, S. 6.

12 Commission of the European Communities, Kosovo, a. a. O. (Anm. 10), S. 6ff.

13 Sie fügt zwar auch Serbien erhebliche wirtschaftliche Schäden zu. Aber dessen Volkswirtschaft ist größer und robuster als die Kosovos, weshalb sie die Einbußen auch viel leichter verkraften kann. Siehe Vladimir Gligorov, Costs and Benefits of Kosovo's Future Status, Wien 2007, S. 6.

Abbildung 3: Balkan

Intervention von außen

Auf Grundlage von Resolution 1244 entsandte der UN-Sicherheitsrat im Juni 1999 die Übergangsverwaltung der UNMIK sowie die NATO-Schutztruppe (Kosovo Force, KFOR) in die Krisenprovinz mit dem Ziel, »substanzielle Autonomie und Selbstregierung« zu fördern und einen Statuslösungsprozess anzustoßen. Zwar hat sich die UN-Mission aus vielen Aufgaben zurückgezogen und infolge der »Rekonfiguration« ihr Personal auf rund 510 zurückgeschraubt. Doch für die Vermittlung von Kontakten zwischen Belgrad und Prishtina und zwischen den Volksgruppen im Kosovo bleiben die UN vorerst unerlässlich, da sie die Serben und die KFOR als einzige legitime internationale Präsenz anerkennen.[14]

Obschon der protektoratsähnliche Zustand als notwendig anerkannt wird, ist die starke internationale Präsenz – aus unterschiedlichen Motiven – weder bei Albanern noch bei den Serben gern gesehen. Die Reste der UNMIK-Präsenz werden von Teilen der albanischen Politik feindselig betrachtet, besonders von Anhängern der Bewegung »Vetëvendosje« (Selbstbestimmung). Die offizielle kosovarische Politik hat die Kontakte mit dem UN-Sondergesandten stark eingeschränkt.[15] Die Politiker in Prishtina mussten schmerzhaft einsehen, dass »überwachte Unabhängigkeit« statt voller Souveränität neue Konditionalitäten aller

---
14 UN Security Council, Report of the Secretary-General on the United Nations Interim Administration Mission in Kosovo (S/2009/497), 30.9.2009.
15 Commission of the European Communities, Kosovo, a. a. O. (Anm. 10).

Art bedeutet. »Ownership« lokaler Behörden bleibt vorerst ein fernes Ideal, was Frustrationen in der politischen Klasse und in der Bevölkerung schafft.

Bei Politikern und in der Bevölkerung schwand UNMIKs Ansehen in dem Maße, wie sich die erhoffte Unabhängigkeit verzögerte, da diese an bestimmte europäische Standards geknüpft war. Vorwürfe wie Arroganz, Korruption, Unfähigkeit und Desinteresse kulminierten im Frühjahr 2004 in gewaltsamen Ausschreitungen gegen Serben und Roma, denen die zivilen und die militärischen Akteure völlig hilf- und tatenlos gegenüberstanden. Ein interner Untersuchungsbericht förderte zahlreiche Fehler zutage und bestätigte den vollständigen Vertrauensverlust der Albaner in diese Mission. Ohnehin bietet die internationale Aufsicht ein billiges Argument, die Verantwortung für Missstände auf das Heer ausländischer Sondervertreter und Experten abzuwälzen.

Unter dem völkerrechtlichen Vakuum leiden beide internationalen Akteure, die die UNMIK nach Maßgabe des Ahtisaari-Planes eigentlich hätten ablösen sollen: der Internationale Zivile Beauftragte, zugleich EU-Sonderbeauftragter, dessen Mandat dem des Hohen Repräsentanten in Bosnien-Herzegowina nachempfunden wurde. Im Februar 2008 erhielt er den Auftrag, die Umsetzung des Ahtisaari-Planes durch lokale Institutionen zu überwachen. Frei von jeglicher demokratischen Kontrolle schließen seine Befugnisse das Recht und die Pflicht ein, seine Aufgaben mit quasikolonialer Macht durchzusetzen. Über die Interpretation seiner Mission herrscht allerdings geteilte Meinung. Als Vorstand des von Amerikanern und Europäern kontrollierten International Civilian Office (ICO) arbeitet er an der Vollendung der Unabhängigkeit und dem Aufbau eines vollkommen souveränen Staates. Als Repräsentant der EU, in seiner Funktion als European Union Special Representative, muss er jedoch auch den Bedenken der nicht anerkennenden Mitglieder Rechnung tragen. Deshalb soll er sich nach ihrem Willen gleichzeitig »statusneutral« verhalten. Aus serbischer Sicht besitzt er ohnehin keinerlei rechtliche und politische Legitimität. Er wird als Handlanger der Amerikaner betrachtet, der gegen serbische Nationalinteressen agiert. Im Norden des Landes sind seine – ebenso wie Prishtinas – Anordnungen daher praktisch wirkungslos. Direkte Kontakte mit dem ICO lehnt man dort ab.

Vor demselben Dilemma steht auch die europäische Rechtsstaatsmission, die European Union Rule of Law Mission in Kosovo (EULEX), die mit rund 3000 Mitarbeitern bislang größte Mission der Europäischen Sicherheits- und Verteidigungspolitik (ESVP). Rechtlich möglich wurde die Stationierung erst, nachdem sich der UN-Generalsekretär mit Belgrad auf sechs Punkte geeinigt hatte, die in den Bereichen Polizei, Justiz, Zoll, Transport, Grenzen und Kulturgüter Sonderregelungen für die Serben garantierten. Ebenso soll sich die Rechtsstaatsmission im Einklang mit Resolution 1244 »statusneutral« verhalten. Im November 2008 wurde der Deal vom Sicherheitsrat abgesegnet.

Wegen innereuropäischer Reibereien über Aufgaben, Rechtsbasis und Personalstärke konnte die EULEX erst im April 2009 ihre volle Einsatzfähigkeit erklären. Im Rahmen der EULEX sollen europäische Experten und Richter dabei helfen, ein funktionierendes, multiethnisches Justiz-, Zoll- und Strafverfolgungssystem in Kosovo aufzubauen. Weil der politische Rahmen bzw. das erhoffte Endstadium (Souveränität oder nicht) undefiniert blieben, handeln die Experten vor Ort eher pragmatisch, im Sinne technischer Hilfe zur Verbesserung des Rechts- und Polizeiwesens. Sie konzentrieren sich auf Beobachtung, Anleitung und Beratung örtlicher Stellen. Grundsätzlich ist die EULEX aber auch befugt, operative Entscheidungen zu treffen oder behördliche Beschlüsse aufzuheben. Dabei ist der Aktionsradius der Mission jedoch auch räumlich beschränkt. Im serbisch dominierten Norden des Landes ist sie zwar mittlerweile ebenfalls vertreten, allerdings noch kaum handlungsfähig.[16]

Insgesamt hat sich im Kosovo eine überkomplexe Struktur internationaler Präsenz herausgebildet, in der sich zu UNMIK, ICO, EULEX und KFOR ungezählte weitere internationale Organisationen wie die Organisation für Sicherheit und Zusammenarbeit in Europa (OSZE) und Nichtregierungsorganisationen gesellt haben. Eine Vielzahl an Akteuren handelt auf unterschiedlicher Rechtsbasis und mit häufig gegensätzlichen Mandaten.[17] Die so genannte Staatengemeinschaft ist uneins über das politische Ziel des Engagements. Im Gegensatz zu Bosnien-Herzegowina, wo sich die EU seit Jahren um einen integrierten zivil-militärischen Ansatz unter einem Dach und eine einigermaßen kohärente Aufbaustrategie bemüht, herrscht im Kosovo ziemliches Chaos. So gibt es kein gemeinsames institutionelles Dach, unter dem sich die diversen Organisationen abstimmen könnten. Zwar fand sich mittlerweile ein Modus gegenseitiger Information vor Ort. Aber es existieren keine hierarchischen Stufungen, keinerlei Weisungs- und Kontrollbefugnisse, keine abgrenzbaren Mandate und definierte Aufgabenteilungen. Nicht zuletzt gibt es keine plausible Exit-Strategie.

Perspektiven: Die »Balkanisierung« der internationalen Präsenz

Wie kann man die Erfolgsaussichten einer internationalen Präsenz einschätzen, deren Rechtsgrundlage zweifelhaft, deren Ziele widersprüchlich und deren Aufgaben unklar sind? Wenn sich die Akteure an ihren selbst gesteckten Zielen messen lassen, sind die Aussichten nicht unbedingt rosig. Kosovo leidet unter schwachen Institutionen, mangelnder Rechtsstaatlichkeit und extremer Geberabhängigkeit. Souveränität und Anerkennung bleiben unvollendet.

Einen Ausweg soll die EU-Beitrittsperspektive schaffen, die Aussicht auf konditionierte Vollmitgliedschaft. Seit 2007 nimmt das Land am »Tracking Mechanism« im Stabilisierungs- und Assoziierungsprozess teil. Im Februar 2008 schloss Brüssel eine »Europäische Partnerschaft«, in der Reformprioritäten festgelegt sind. Ebenso wird der junge Staat mit Aufbau- und Vorbeitrittshilfen in Milliardenhöhe unterstützt.[18]

Mit der EU-Annäherung verbinden sich hochtrabende, jedoch weitgehend unrealistische Hoffnungen. Denn solange Institutionen und Rechtsstaat schwächeln und die Regierung noch nicht einmal volle Souveränität und effektive Staatsgewalt

---

16 Vgl. Solveig Richter, Rechtsstaatlichkeit fördern, ohne Eigenstaatlichkeit zu stärken: Schafft die EULEX-Mission im Kosovo die Quadratur des Kreises?, in: Muriel Asseburg und Ronja Kempin, Die EU als strategischer Akteur in der Sicherheits- und Verteidigungspolitik? Eine systematische Bestandsaufnahme von ESVP-Missionen und -Operationen, Stiftung Wissenschaft und Politik, Berlin, Dezember 2009, S. 32–49.
17 So ist nicht einmal entschieden, ob kosovarisches Recht oder die Erlasse der UNMIK gelten sollen.
18 Commission of the European Communities, Kosovo, a. a. O. (Anm. 10).

über ihr Territorium ausübt – eine Grundvoraussetzung zur Umsetzung europäischer Standards – bleibt die Integrationsperspektive nebelhaft. Die Mitgliedsländer der EU sind ohnehin zögerlich, die Sorgenkinder vom Westbalkan in zukünftige Erweiterungsrunden aufzunehmen.

Da die Ansprüche hoch sind, die Ausgangslage jedoch schwierig ist, droht der Staatengemeinschaft ein typischer »mission creep«: die schleichende Ausweitung von Aufgaben, Kompetenzen und Personal. Immerhin hat der Westen einen Krieg geführt, um Menschenrechte zu schützen und demokratische Zustände herzustellen – es steht neben der regionalen Stabilität also auch die Glaubwürdigkeit auf dem Spiel. Ähnlich wie in Bosnien-Herzegowina gibt es daher Forderungen nach einem robusteren Ansatz, also mehr internationalem Druck gegenüber den lokalen Akteuren. Denn zwischen dem hohen menschenrechtlichen und demokratischen Standard von Verfassung und Rechtssystem Kosovos und deren Umsetzung klafft eine beträchtliche Lücke.

Ahtisaaris »Comprehensive Proposal« als Grundlage der überwachten Unabhängigkeit ist hochgradig komplex und nur schwer umsetzbar. Es ist eine alte Krankheit internationalen Peacebuilding, dass diejenigen, die Mandate erfinden, nicht dieselben sind, die diese dann umsetzen müssen. Nichtdiskriminierung von Minderheiten, Rückkehr von Flüchtlingen und Schutzzonen für Kulturgüter sind hehre Ziele, für deren Implementierung nun kein adäquates Instrumentarium zur Verfügung steht. Wie das komplizierte politische System mit seinen komplexen Strukturen lokaler Selbstverwaltung, Quoten und Vetorechten je funktionieren soll, und das irgendwann sogar ohne internationale Aufsicht, ist schon jetzt mehr als schleierhaft. Einen funktionierenden Rechtsstaat aufzubauen, wäre auch unter günstigeren Bedingungen ein Langzeitprojekt. EULEX vermeldet dennoch Fortschritte beim Aufbau der Polizei (Kosovo Police Service), hingegen Rückschläge im Zollwesen und in der Justiz.[19]

Zur Stärkung der Bürgergesellschaft gehören eben auch die langfristige Transformation hergebrachter Clanstrukturen und alter Gemeinschaftsbeziehungen sowie die Überwindung überkommener Rechtsvorstellungen und Werte. Das Primat der Sicherheit (»security first!«) im internationalen Ansatz tendiert dazu, bestehende Patrimonialbeziehungen zu verfestigen, statt sie durch veränderte Formen von Legitimität und Verantwortung zwischen Bürger und Staat zu verwandeln. Starke Institutionen im Rechts- und Polizeiwesen tragen nicht notwendigerweise von selbst zur Akzeptanz demokratischer Standards und der Herausbildung partizipativer Strukturen bei.[20]

Erschwerend kommt hinzu, dass die Staatengemeinschaft aus pragmatischen Gründen eine in verschiedene Segmente aufgespaltene Präsenz mit disparaten Rechtsgrundlagen, Mandaten und Kompetenzen geschaffen hat. Die »europäische Perspektive« kann kaum noch davon ablenken, dass die Voraussetzungen für die EU-Integration wahrscheinlich auf lange Zeit nicht verwirklicht werden können.

---

19 EULEX Kosovo: EULEX Programme Report, Prishtina, Juli 2009 <http://www.eulex-kosovo.eu/news/docs/programmereport/EULEX-PROGRAMME-REPORT-July-2009-new.pdf> (abgerufen am 30.12.2009).

20 Lucia Montanaro, The Kosovo Statebuilding Conundrum, a. a. O. (Anm. 11), S. 19 f.

Die Sezessionskonflikte Georgiens

Uwe Halbach

Im August 2008 schockierte der militärische Konflikt zwischen Russland und Georgien die internationale Politik und provozierte Schlagworte wie »neuer Kalter Krieg«. Von sechs Kriegen, die den Süd- und Nordkaukasus seit 1991 erschütterten, war dieser »Fünftage-Krieg« der mit Abstand kürzeste und mit 850 Todesopfern wohl auch der am wenigsten opferreiche. Zum weltpolitischen Thema machte ihn die Tatsache, dass hier erstmals in nachsowjetischer Zeit Russland mit einem souveränen Nachbarstaat in militärischen Konflikt geriet – und zwar mit demjenigen »nahen Ausland«, das mit größtem Nachdruck seine Integration in euro-atlantische Strukturen wie die NATO angestrebt und diese Ausrichtung seiner Außen-und Sicherheitspolitik als Emanzipation von russischer Machtpolitik präsentiert hatte. Zudem standen diese Konfliktentwicklungen im Kontext mit einem anderen Ereignis, das eine Kontroverse zwischen Russland und westlichen Akteuren aufwarf: der Unabhängigkeitserklärung Kosovos und ihrer Anerkennung durch eine Reihe westlicher Staaten.[1]

In dieser Georgien-Krise trat denn auch die Europäische Union (EU) unter französischer Ratspräsidentschaft als entscheidender internationaler Akteur auf. Sie vermittelte einen Waffenstillstand durch Verhandlungen zwischen den Präsidenten Nicolas Sarkozy und Dmitrij Medwedew am 12. August und 8. September 2008, entsandte eine zivile Beobachtermission (EU Monitoring Mission – EUMM) im Rahmen der Europäischen Sicherheits- und Verteidigungspolitik (ESVP) mit dem Auftrag nach Georgien, zur Stabilisierung der Nachkriegssituation beizutragen, und berief eine Mission zur Untersuchung der Kriegsursachen unter Leitung der Schweizer Diplomatin Heidi Tagliavini.[2]

Ungelöste Regionalkonflikte im postsowjetischen Raum

Der »Augustkrieg 2008« stand für den Rückfall eines ungelösten Regionalkonflikts in Krieg. Dass gerade Südossetien für solchen Rückfall steht, ist insofern bemerkenswert, als der Konflikt um dieses winzige Territorium (vor dem Krieg 70 000 Einwohner, heute kaum mehr die Hälfte davon) lange Zeit als der am ehesten lösbare Regionalkonflikt galt. Die internationale Aufmerksamkeit konzentrierte sich bei den seit Frühjahr 2008 eskalierenden Zwischenfällen im Umfeld der beiden von Georgien abtrünnigen Landesteile auf Abchasien, die größere und strategisch bedeutendere der beiden Regionen. Die Entwicklung zum Krieg in Südossetien machte dann deutlich, dass die einzelnen Konflikte nicht isoliert zu betrachten waren. Das galt auch für den armenisch-aserbaidschanischen Konflikt

---

1 Solveig Richter und Uwe Halbach, A Dangerous Precedent? The Political Implications of Kosovo's Independence on Ethnic Conflicts in South-Eastern Europe and the CIS, in: Security and Human Rights (früher: Helsini Monitor), Band 20, Nr. 3/2009, S. 223–237.

2 Zu den Ergebnissen siehe den Bericht der Independent International Fact-Finding Mission on the Conflict in Georgia, September 2009 <http://91.121.127.28/ceiig/Report.html> (abgerufen am 4.5.2010).

um Berg-Karabach, in den der militärische Zusammenstoß zwischen Russland und Georgien neue Impulse brachte.

Die ungelösten Regionalkonflikte von Transnistrien bis Berg-Karabach bilden eine sicherheitspolitische Herausforderung in gemeinsamen Nachbarschaftsräumen der EU und Russlands. Vor dem Augustkrieg 2008 waren sie als »eingefrorene Konflikte« bezeichnet worden. Seit den Waffenstillstandsabkommen zu Beginn der 1990er Jahre hatten sich die Positionen der Konfliktparteien kaum verändert und konnten internationale Vermittlungsbemühungen durch die Organisation für Sicherheit und Zusammenarbeit in Europa (OSZE) und die Vereinten Nationen (UN) keinen politischen Durchbruch erzielen. Vertreter der internen Konfliktparteien bezogen das Attribut »eingefroren« eher auf die externe Konfliktbearbeitung durch internationale Mediatoren. So beschwerte sich Aserbaidschan über die Stagnation in den Verhandlungen zum Karabach-Konflikt im Rahmen der Minsker Gruppe der OSZE und drohte mit militärischer »Konfliktlösung«. Umgekehrt verwiesen die Mediatoren auf die Unnachgiebigkeit der Streitparteien, auf die »Eingefrorenheit« ihrer Standpunkte. Hier trafen zwei anerkannte völkerrechtliche Prinzipien – Souveränität und territoriale Integrität bestehender Staaten und nationales Selbstbestimmungsrecht, auf das sich die separatistischen Parteien berufen – unversöhnlich aufeinander.

Lange vor dem Rückfall des Südossetien-Konflikts in Krieg war das Attribut »eingefroren« durch Entwicklungen im Umfeld der Konfliktzonen in Frage gestellt worden. In den Sezessionskonflikten Georgiens kam es trotz der Stationierung von Friedenstruppen in den beiden Konfliktzonen und internationaler Beobachtungsmissionen durch OSZE und UN immer wieder zu bewaffneten Zwischenfällen. Auch im armenisch-aserbaidschanischen Karabach-Konflikt kam es entlang der 190 Kilometer langen, von keiner internationalen Friedenstruppe bewachten Waffenstillstandslinie häufig zu Zwischenfällen, die seit dem Ende des Kriegs 1994 Hunderte militärische und zivile Todesopfer gefordert haben.

Der Südkaukasus als die postsowjetische Konfliktregion

Das Problem ungelöster Regionalkonflikte hebt vor allem den 2004 in die Nachbarschaftspolitik der EU einbezogenen Südkaukasus hervor. Diese Region mit kaum mehr als 15 Millionen Einwohnern bildet mit drei international anerkannten Kleinstaaten – Georgien, Armenien und Aserbaidschan – und drei international nicht oder nur teilweise anerkannten De-facto-Staaten – Abchasien, Südossetien, Berg-Karabach – den kompliziertesten, politisch und ethno-territorial am stärksten fragmentierten Abschnitt des postsowjetischen Raumes. Zudem sind die südkaukasischen Konfliktlandschaften über mehrere Schnittstellen hinweg mit den Krisenzonen des Nordkaukasus verbunden, der innerhalb der Russischen Föderation das Paradebeispiel für fragile Staatlichkeit und Separatismus abgibt. Russland, das nach dem Augustkrieg 2008 praktisch eine Protektoratsherrschaft über die beiden von Georgien abtrünnigen Regionen im Südkaukasus übernommen hat, ist in seiner eigenen kaukasischen Peripherie gewaltig überfordert.[3]

---

3   Vgl. Nordkaukasus – Russlands Inneres Ausland? (Russland-Analysen Nr.194), 18.12.2009.

Abbildung 4: Russland und die südlichen Nachbarstaaten

Obwohl die drei De-facto-Staaten von Abchasien bis Berg-Karabach ihren territorialen und demografischen Ausmaßen nach winzige politische Entitäten bilden – zusammengenommen bringen sie weniger als eine halbe Million Einwohner auf –, stellt ihr ungeklärter Status den zentralen Störfaktor für internationale und intraregionale Beziehungen im Kaukasus und im weiteren Schwarzmeer-Raum dar. Welche Störwirkung davon auf regionale Dynamiken ausgeht, zeigt derzeit die Einwirkung des ungelösten Karabach-Konflikts auf den diplomatischen Prozess türkisch-armenischer Annäherung, der im Erfolgsfall einen der tiefsten und ältesten Gräben zwischen zwei Staaten und Völkern im Umfeld Europas überwinden könnte. Er macht aus dem bilateralen Prozess zwischen Ankara und Jerewan eine verwickelte trilaterale Angelegenheit, in der Aserbaidschan mit Argusaugen auf eine Öffnung der 1993 geschlossenen Grenze zwischen den beiden Ländern ohne vorherigen Abzug armenischer Truppen von seinem eigenen Staatsterritorium blickt.

Die ungelösten Sezessionskonflikte sind durch Erbschaften aus sowjetischer Nationalitäten- und Territorialpolitik verbunden. Diese resultieren aus dem Aufbau der Sowjetunion als ethno-territoriale (Pseudo-)Föderation aus 15 Gliedstaaten (Unionsrepubliken) und nachgeordneten nationalen Gebietskörperschaften (20 autonome Republiken, 16 autonome Gebiete und Kreise), die Russland und einigen der nichtrussischen Unionsrepubliken inkorporiert waren. Obwohl alle wichtigen Entscheidungen im sowjetischen Machtzentrum getroffen wurden, suggerierte diese Ordnung den »Titularnationalitäten« in der nichtrussischen Peripherie ethnische Territorialhoheit. Dieses wie die Puppen in der Puppe angeordnete »Matrjoschka-Modell« nationaler Staatlichkeit geriet beim Zerfall der Sowjetunion aus den Fugen. Besonders im komplizierten Ethnogramm des Kaukasus hatte die Sowjetunion konfliktanfällige Strukturen geschaffen – mit der Gründung binationaler »Bindestrich-Republiken« wie Kabardino-Balkarien oder mit der Trennung von Nord- und Südossetien (Nordossetien im Bestand Russlands, Südossetien im Bestand Georgiens). Bei ihrem Zerfall traten nationale Autonomien in Konflikt mit ihrem »Elternstaat« (Abchasien und Südossetien mit Georgien, Berg-Karabach mit Aserbaidschan, Tschetschenien mit Russland). Die internationale Gemeinschaft erkannte nur die staatliche Unabhängigkeit der sowjetischen Gliedstaaten, der Unionsrepubliken, nicht die der nachgeordneten Autonomien an. Die sowjetische Ordnung hinterließ den nun kollidierenden Konfliktseiten zwei entscheidende Erbschaften, die Konfliktbearbeitung erschweren: Ethnisierung von Politik und Mangel an demokratischen Regelungsmechanismen.

Georgien im Zentrum kaukasischer Konfliktlandschaft

Georgien war mit drei »Unterpuppen«, den Autonomen Republiken Abchasien und Adscharien und dem Südossetischen Autonomen Gebiet, von dieser konfliktanfälligen Struktur besonders betroffen. Gut ein Viertel seines Territoriums entfiel auf nationale Autonomien – mehr als in jedem anderen nichtrussischen Gliedstaat der UdSSR. Wie kein anderer nachsowjetischer Staat hatte Georgien von Beginn seiner Unabhängigkeit an Probleme bei der Wahrung seiner territorialen Integrität. Die Geschichte der Konflikte kann hier nicht nachgezeichnet werden. Sie reichen in sowjetische und zum Teil in vorsowjetische Zeit zurück und wurden in der Reformperiode von Perestrojka und Glasnost in den späten 1980er Jahren aktualisiert. Die georgische Nationalbewegung unter ihrem damaligen Führer Swiad Gamsachurdia, dem ersten Präsidenten des unabhängigen Staates, versäumte es, die Minderheiten des Landes und seine nationalen Gebietskörperschaften für das Unabhängigkeitsprojekt Georgiens zu gewinnen, verprellte sie vielmehr mit chauvinistischen Parolen wie »Georgien den Georgiern« und verstärkte damit Sezessionsbestrebungen in Abchasien und Südossetien, in denen die georgische Seite wiederum »einen aus Moskau gesteuerten Anschlag auf die georgische Integrität« sah.[4]

Zunächst bestand der Schlagabtausch mit den abtrünnigen Landesteilen in verfassungs- und kulturpolitischen Aktionen, nationalistischen Demonstrationen und gewaltsamen Zusammenstößen. In Südossetien ging diese Eskalation im Januar 1991 in kriegerische Gewalt über, in Abchasien im August 1992. In beiden Fällen geschah dies mit dem Einmarsch georgischer paramilitärischer Verbände in die umstrittenen Gebiete. Paramilitärische Kräfte aus Russland und dem Nordkaukasus wie eine »Konföderation der kaukasischen Bergvölker« unterstützten die abchasischen und ossetischen Kampfverbände. Mit der Erfahrung gegenseitiger

---

4 Jürgen Gerber, Georgien: Nationale Opposition und kommunistische Herrschaft seit 1956, Köln 1997, S. 15.

Gewalt, der Tausende Menschen zum Opfer fielen und die Flüchtlingsströme von Hunderttausenden Menschen auslöste, überschatteten diese Sezessionskriege die gesamte nachsowjetische Entwicklung und machten friedliche Konfliktregelung und Aussöhnung zu einem überaus schwierigen Unterfangen.

Vor allem von Russland vermittelte Waffenstillstandsabkommen beendeten die kriegerischen Konfliktphasen im Juni 1992 (Südossetien) und im Mai 1994 (Abchasien). Sie vereinbarten friedenserhaltende Maßnahmen (Peacekeeping) in beiden Konfliktzonen, indem russische Truppen eine dominierende Rolle spielten. Diese Rolle wurde international zunächst positiv gewertet, da auch kaum ein anderer Akteur bereit war, hier sicherheitspolitisch einzustehen.[5] Mit der Verschlechterung russisch-georgischer Beziehungen wurde aber spätestens seit 1999 deutlich, dass diese Rolle auch etwas mit Machtpolitik im Südkaukasus zu tun hatte. Russische »Friedenspolitik« wurde in Georgien nun zunehmend mit der Formel »not peacekeeping, but keeping in pieces« beschrieben. Russland mischte sich immer stärker in die ungelösten Sezessionskonflikte ein und stand dabei auf der Seite der separatistischen Parteien. Von Äquidistanz eines neutralen Konfliktschlichters gegenüber den Streitparteien konnte kaum die Rede sein. Am deutlichsten gelangte Russlands Parteinahme in der Politik der »passportizacija« zum Ausdruck: Seit der Novellierung seines Staatsbürgerschaftsgesetzes 2002 erteilte Russland auf massenhafter Basis seine Staatsbürgerschaft an die Einwohner Abchasiens und Südossetiens, was in Georgien als »schleichende Annexion« dieser Territorien gewertet wurde.

Diese Sezessionskonflikte fielen zu Beginn der staatlichen Unabhängigkeit mit politischen Turbulenzen und Machtkämpfen in »Kerngeorgien« zusammen, die aus dem Land ein Beispiel für fragile Staatlichkeit unter nachsowjetischen Bedingungen machten. Zwar gelang unter der Präsidentschaft Eduard Schewardnadses seit 1995 eine Stabilisierung im Vergleich zum turbulenten Eintritt in die Unabhängigkeit. Doch die Grundzüge fragiler Staatlichkeit wurden nicht überwunden. Sie lagen vor allem im Bereich der Sicherheitsfunktion von Staatlichkeit. Hier verbanden sich Probleme bei der Wahrung territorialer Integrität mit einem hohen Grad an Korruption und Ineffizienz bei den Organen der inneren und äußeren Sicherheit. So erkannnten die Bürger in der Polizei eher ein modernes Raubrittertum als eine Instanz, die für den Schutz ihrer Rechte zuständig ist. Bis in die Schewardnadse-Ära hinein agierten im Umfeld der ungelösten Sezessionskonflikte Privatarmeen, die mit den offiziellen Sicherheitsstrukturen der Innen- und Verteidigungsministerien in fragwürdigen Verbindungen standen.

In der Wohlfahrtsdimension büßte der Staat, der kaum noch Ressourcen für soziale Transferleistungen aufbringen konnte, seine Funktionsfähigkeit ein. Georgien verzeichnete in der ersten nachsowjetischen Dekade eine Wirtschaftsschrumpfung, die noch über dem hohen Durchschnitt der Gemeinschaft Unabhängiger Staaten (GUS) lag. Der Staat vermochte der Verarmung breiter Bevölkerungsteile kaum etwas entgegenzusetzen. Und mit allen diesen

---

5 Vgl. John Mackinlay und Evgeni Sharov, Russian Peacekeeping Operations in Georgia, in: John Mackinlay und Peter Cross (Hrsg.): Regional Peacekeepers: The Paradox of Russian Peacekeeping, United Nations University Press, Tokio, New York und Paris 2003, S. 63–110.

Schwierigkeiten schwand seine Legitimität. Gegen Ende der Schewardnadse-Ära wurden die staatlichen Institutionen von der Bevölkerung restlos in Frage gestellt.[6] Allerdings konnte Kritik an der Regierung in Georgien auch offener artikuliert werden als in den meisten Präsidialautokratien des GUS-Raums. Die Gründe für den Legitimitätsschwund lagen weniger in einem despotischen Charakter des Regimes als in der Nichterfüllung grundlegender Staatsfunktionen und in einer auswuchernden Korruption.

Gegen diese Missstände trat nach der »Rosenrevolution« vom November 2003 eine sehr junge, erstmals wirklich nachsowjetische Machtelite an. Sie gab drei gurndlegende Versprechen, zwischen denen Zielkonflikte auftauchen sollten: Demokratisierung, Stärkung von Staatlichkeit und Wiederherstellung der territorialen Integrität Georgiens. Verfassungsänderungen, die ohne breitere gesellschaftliche Beteiligung forciert wurden, machten sehr bald klar, dass die Gewaltenbalance zur Exekutive hin verschoben und die Macht des Präsidenten auf Kosten des Parlaments gestärkt wurde. Von Demokratisierung konnte kaum noch die Rede sein. Mit der gestärkten Exekutive wurden einige Erfolge bei der Wiederherstellung von Staatlichkeitsfunktionen erzielt, die unter Schewardnadse zum Erliegen gekommen waren. Erstmals wurden in einem GUS-Staat dramatische Schritte zur Korruptionsbekämpfung unternommen. Die Polizei wurde reformiert, um die Kluft zwischen Bürger und Staat zu verringern. Der Haushalt wurde konsolidiert.

Als fatal erwies sich aber das dritte Versprechen auf möglichst rasche Reintegration abtrünniger Landesteile. Der neue Präsident Michail Saakaschwili gab dieses Versprechen feierlich am Grabe des bedeutendsten georgischen Königs ab. Und schon kurz nach seinem Amtsantritt im Januar 2004 konnte er auf diesem Handlungsfeld einen Erfolg vorweisen. Im Mai 2004 wurde die autonome Republik Adscharien wieder der Kontrolle der Zentralregierung unterstellt. Diese Region am Schwarzen Meer, die sich unter der patrimonialen Herrschaft ihres Landesfürsten Aslan Abaschidse von Tiflis fiskalisch abgesondert hatte, war mit den realen Sezessionskonflikten um Abchasien und Südossetien allerdings nicht vergleichbar. Hier fehlte die ethnische Differenz, die zwischen Georgiern einerseits und Abchasen und Osseten andererseits besteht, hier fehlte die gegenseitige Gewalterfahrung aus den Sezessionskriegen und hier fehlte eine Unabhängigkeitserklärung, die von Adscharien gegenüber dem übrigen Georgien nie abgegeben wurde. Wenn die georgische Regierung den adscharischen Erfolgsfall auf diese Konflikte übertrug, unterlag sie einer krassen Fehleinschätzung.

Im Sommer 2004 starteten georgische Sicherheitsorgane eine Offensive in Südossetien unter der Maßgabe von Schmuggelbekämpfung. Sie verriegelten die administrative Grenze zu dem abtrünnigen Landesteil, errichteten zusätzliche Kontrollposten und stationierten Spezialkräfte des Innenministeriums sowie Panzer und Artillerie an der Grenze. Russland transportierte daraufhin Schützenpanzer, schwere Waffen und zusätzliche Soldaten in die Konfliktregion. Der Schmuggel russischer Waren über Südossetien hatte dem georgischen Budget erhebliche Einkünfte entzogen. Seine Bekämpfung war somit ein legitimes Handlungsmittel auf dem Weg zur Stärkung von Staatlichkeit. Doch die Aktion

---

6 Vgl. Martina Huber, State-Building in Georgia. Unfinished and at Risk?, Den Haag 2004, S. 48.

wurde von Aussagen begleitet, die in Moskau Alarm schlugen. Südossetien würde spätestens in einem Jahr Georgien wieder eingegliedert sein, kündigte Präsident Saakaschwili auf einer Pressekonferenz im Juli 2004 an.

Im August erreichte die Krise ihren Höhepunkt mit Kampfberührungen zwischen georgischen Truppen und ossetischen Milizen. Dazu kamen Zwischenfälle vor der abchasischen Schwarzmeerküste. Die georgische Küstenwache bedrohte Schiffe, die ohne Genehmigung aus Tiflis Häfen in Abchasien anlaufen wollten. Russische Kommentatoren verknüpften die »georgische Aggression« mit der seit 2002 verstärkten US-Militärhilfe für die bis dahin nicht einsatzfähigen georgischen Streitkräfte und mit den Ambitionen Georgiens auf raschen NATO-Beitritt. Die westlichen Partner Georgiens unterstützten die Reconquista-Rhetorik aber nicht, sondern meldeten Besorgnis vor einer militärischen Konfrontation mit Russland an. In diesem August 2004 kam es noch nicht dazu. Es wurde vielmehr ein Waffenstillstand vereinbart. Aber diese erste Südossetien-Krise nach der »Rosenrevolution« hatte gleichwohl tiefreichende Konsequenzen: Sie führte zur nachhaltigen Verschlechterung der schon zuvor angespannten russisch-georgischen Beziehungen und bescherte Georgien ein fundamentales Glaubwürdigkeitsproblem für künftige Versuche von Vertrauensbildung gegenüber den Konfliktgegnern in seinen abtrünnigen Landesteilen.

Von nun an gingen zwei Prozesse Hand in Hand: die Entwicklung der russisch-georgischen Beziehungen zum prekärsten zwischenstaatlichen Verhältnis, das Russland mit einem »nahen Ausland« unterhielt, und eine wachsende Eskalation im Umfeld der ungelösten Sezessionskonflikte Georgiens. Die Politik gegenüber den abtrünnigen Landesteilen, die von der Regierung unter Präsident Saakaschwili nun praktiziert wurde, stellte eine unausgegorene Mischung aus neuen Autonomieangeboten und Säbelrasseln, aus friedenspolitischen Aktivitäten und militärischer Drohkulisse dar.

Die EU und Russland im Umfeld der ungelösten Regionalkonflikte

Nach dem Augustkrieg 2008 ging der europäische Blick über den Kaukasus hinaus auf andere Teile gemeinsamer Nachbarschaft mit Russland. Da tauchte die Frage auf, ob das militärische Vorgehen Russlands gegen Georgien ein Sonderfall war, der durch eine nicht zu rechtfertigende georgische Offensive in Südossetien ausgelöst und durch die Position, die Russland beim »Peacekeeping« in der Region einnahm, bestimmt war? Oder war es als russische Machtprojektion in einer »Zone privilegierten Einflusses« zu sehen, die Russland nach dem Krieg nun mit noch verstärktem Nachdruck beanspruchte? Gleichzeitig hatte die Politik der georgischen Regierung gegenüber abtrünnigen Landesteilen die Frage aufgeworfen, welchen friedenspolitischen Einfluss europäische Akteure auf die internen Streitparteien in Regionalkonflikten bisher überhaupt ausüben konnten. Gerade dasjenige Land, das am stärksten seine Westintegration betonte, hatte hier eine eher prekäre Konfliktpolitik praktiziert, die im Widerspruch zu der gegenüber europäischen Partnern abgegebenen Verpflichtung auf ausschließlich friedliche Handlungsmittel stand.

Der Südkaukasus liegt an einer Schnittstelle ostpolitischer EU-Projekte wie der Europäischen Nachbarschaftspolitik, der »Black Sea Synergy«-Initiative von 2007 und der 2009 beschlossenen Initiative der Östlichen Partnerschaft. Es bleibt kaum aus, dass eine intensivierte EU-Politik in einem Raum, den Russland als seine Einflusszone beansprucht, Integrationskonkurrenz in der gemeinsamen Nachbarschaft aufwirft – und dies in einem Gebiet ungelöster Regionalkonflikte. So verschärfte sich ein Jahr nach dem Krieg in Georgien nochmals Russlands Ton gegenüber der Ukraine. Der Kreml warf dem Land die Beteiligung an der Aufrüstung Georgiens und an dem Waffengang auf georgischer Seite vor. Zum gleichen Zeitpunkt legte er der Staatsduma eine »Ergänzung zum Föderalen Gesetz über Verteidigung« vor, die russische Streitkräfte zum militärischen Eingreifen im Ausland berechtigt, wenn dort russische Staatsbürger zu schützen und russische Sicherheitsinteressen zu verteidigen sind. Vor dem Hintergrund der Einmischung in die georgischen Sezessionskonflikte und der Politik der »passportizacija« in Abchasien und Südossetien lässt der Hinweis auf schutzbefohlene russische Staatsbürger aufhorchen.

Russland hat den nicht verhinderten Krieg in Georgien als Beweis dafür angeführt, dass bestehende europäische Sicherheitsstrukturen nicht funktionieren. Präsident Medwedew hat in diesem Kontext nochmals auf seinen schon vor dem Krieg angeregten Plan für eine neue paneuropäische Sicherheitsordnung hingewiesen. Im Umfeld des Georgien-Kriegs trafen aber kontroverse Signale aus Russland aufeinander, solche des 19. und solche des 21. Jahrhunderts, eine russische Monroe-Doktrin für den postsowjetischen Raum mit dem Engagement für eine neue Sicherheitsordnung von Vancouver bis Wladiwostok. Russland fordert eine auf multilateralen Mechanismen beruhende multipolare Weltordnung, in der es selbst eine wichtige und verantwortungsbewusste Rolle spielt, hat aber in der Georgien-Krise unilateral gehandelt – weniger mit seiner militärischen Antwort auf die georgische Offensive als mit der Teilung Georgiens durch die diplomatische Anerkennung Abchasiens und Südossetiens und deren faktische Umwandlung in russische Protektorate.

Russland will eine neue Sicherheitsordnung auf vertraglicher Grundlage, hat sich aber bei der Umsetzung der mit Präsident Sarkozy ausgehandelten Waffenstillstandsvereinbarungen zu Georgien eher als vertragsbrüchig erwiesen. Es hat nicht im Entferntesten daran gedacht, seine Truppen auf die Vorkriegslinien zurückzuziehen, sondern baute seine militärische Position in Abchasien und Südossetien aus und war darauf bedacht, internationalen Beobachtern den Zugang zu den beiden Territorien zu verwehren. Moskau betont in seinem Vertragsentwurf für den neuen Sicherheitspakt von Vancouver bis Wladiwostok den Respekt vor der territorialen Integrität und politischen Souveränität eines jeden Staates und das Verbot von Gewaltanwendung und Gewaltandrohung als Grundlage. Dass die russische Georgien-Politik der letzten Jahre diesem Respektgebot gefolgt ist, muss wohl ebenso in Zweifel gezogen werden wie die Rationalität der georgischen Politik in puncto Konfliktlösung.

Jeder externe Akteur auf dem Feld der Konfliktbearbeitung im postsowjetischen Raum stand in den vergangenen 15 Jahren vor dem Dilemma, dass hier nichts ohne Russland geht, schon gar nichts konfrontativ gegen Russland, aber eben auch kaum etwas in Kooperation mit Russland, spielte dieser zentrale Akteur doch eine hybride Rolle als Konfliktmediator und Konfliktpartei. Die von Georgien gewünschte Rolle der EU als Peacekeeper in Alternative zur russischen Dominanz war für Russland unannehmbar. Russische Kommentare machten klar und tun dies erneut etwa in Reaktion auf die »Eastern Partnership«-Initiative der EU: Die Vorzugsstellung Russlands bei der Regelung von Sezessionskonflikten im Raum der ehemaligen Sowjetunion ist unantastbar. Das schließt Kooperation bei der Konfliktbearbeitung zwar nicht aus. Aber die Modalitäten solcher Kooperation dürfen die Schlüsselrolle Russlands in diesem Bereich nicht in Frage stellen. Nach dem Augustkrieg 2008 und mit der Entsendung der EUMM nach Georgien hat sich nun die friedenspolitische Rolle der EU im Südkaukasus verstärkt. Das wirft die Frage nach den Perspektiven für Konfliktlösung in der Region und dem Umgang mit Russland auf diesem Handlungsfeld auf.

Perspektiven für Konfliktlösung in der Region

Die Entwicklung zum »Fünftage-Krieg« zeigte die Verbindung ungelöster Regionalkonflikte mit größeren geopolitischen Zusammenhängen auf. Die Situation nach dem Krieg ist einerseits von Stagnation, andererseits von neuen Dynamiken geprägt. Die Stagnation betrifft das Verhältnis zwischen Georgien und seinen »abtrünnigen Landesteilen« und die bilateralen russisch-georgischen Beziehungen. Auch wenn die internationale Gemeinschaft nach der diplomatischen Anerkennung Abchasiens und Südossetiens durch Russland und drei weitere Staaten (Nicaragua, Venezuela und Nauru) nun erst recht die territoriale Integrität Georgiens beschwört, kann sich derzeit niemand eine friedliche, einvernehmliche Rückführung der beiden Regionen unter georgische Staatlichkeit in absehbarer Zeit vorstellen. Ihre Trennung von Georgien ist erhärteter denn je zuvor. Die russisch-georgischen Beziehungen sind kühler als je zuvor. Für die EU entsteht hier eine schwierige Vermittlungs- und Versöhnungsaufgabe, die von anderen internationalen Akteuren wie USA oder NATO kaum wahrgenommen werden kann.

Die Dynamiken betreffen den benachbarten Konflikt um Berg-Karabach. Hier kam es nach dem Augustkrieg 2008 zu einer präzedenzlosen Häufigkeit armenisch-aserbaidschanischer Präsidententreffen und zu neuem friedenspolitischen Engagement Russlands und anderer externer Akteure. Gleichwohl kann von einem nachhaltigen politischen Durchbruch auch in diesem Konfliktfall noch längst nicht die Rede sein.

Der Antistaat: Talibanistan

Conrad Schetter

Seit den Anschlägen vom 11. September 2001 befindet sich die Region, die sich mondsichelförmig von Westafghanistan über die Städte Kandahar und Quetta bis nach Ostafghanistan und Nordwestpakistan erstreckt, im Fadenkreuz des Krieges gegen den Terrorismus. Dieses Gebiet wird mehrheitlich von Paschtunen, der größten Stammesgesellschaft der Welt, bewohnt. Hatten die Koalitionstruppen unter US-amerikanischer Führung die Taliban im Winter 2001/02 aus den Städten Afghanistans vertrieben, so kehrte diese Bewegung in den letzten Jahren mit Vehemenz zurück. Der Begriff »Taliban« steht daher auch für die Ohnmacht der afghanischen und pakistanischen Regierung wie auch der NATO, die Aufstandsbewegungen in dieser Region, für die sich die Bezeichnung »Talibanistan« einbürgerte,[1] in den Griff zu bekommen. Weder sind der afghanische noch der pakistanische Staat in der Lage, ihre territoriale Souveränität und ihr Gewaltmonopol in dieser Region aufrechtzuerhalten. In einigen pakistanischen Regionen wie Swat oder den Federally Administered Tribal Areas (FATA) errichteten die Taliban zeitweise gar eigene Emirate.

Vom Failed State zum Antistaat

Die gewaltsamen Auseinandersetzungen zwischen den Taliban einerseits und der NATO und ihren Verbündeten andererseits wird in der Regel als ideologische Konfrontation zwischen zwei Weltanschauungen gesehen, wie es etwa auch in der Bewertung des NATO-Oberbefehlshabers Stanley McChrystal[2] oder in der Propaganda der Taliban-Bewegung zum Ausdruck kommt.[3] Jedoch ist diese ideologisch-religiöse Komponente nur eine vordergründige. So geht es im gegenwärtigen Kräftemessen um weit mehr – nämlich um die Frage, ob moderne Staatlichkeit als das Fundament politischer Herrschaft der letzten 200 Jahre ausgedient hat. So steht Talibanistan für eine Entwicklung, in der die Verknüpfung und Durchsetzung lokaler und globaler Interessen staatliche Ordnung als einen Anachronismus erscheinen lässt.

Wenngleich das Szenario einer globalen Auflösung staatlicher Strukturen unter dem Schlagwort der »Neuen Kriege«[4] sicherlich zu programmatisch ist,[5] sind in Talibanistan die Eliten bemüht, ihre lokalen Autonomien gegenüber modernen Einflüssen und staatlichen Eingriffen aufrechtzuerhalten. Talibanistan

---

1 Vgl. Bill Roggio, Fighting in Afghanistan, Talibanistan, in: The Toronto Times, 21.5.2006; Aryn Baker, The Truth about Talibanistan, in: Time Magazin, 22.3.2007.
2 Vgl. Stanley McChrystal, COMISAF Initial Assessment (Declassified), in: Washington Post, 21.9.2009.
3 Vgl. International Crisis Group (ICG), Taliban Propaganda: Winning the War of Words (ICG Asia Report No. 158), Brüssel 2008.
4 Vgl. Mary Kaldor, Neue und alte Kriege: Organisierte Gewalt im Zeitalter der Globalisierung, Frankfurt am Main 2000; vgl. Herfried Münkler, Die Neuen Kriege, Reinbek 2002.
5 Vgl. Klaus Schlichte, Staatsbildung oder Staatszerfall? Zum Formwandel kriegerischer Gewalt in der Weltgesellschaft, in: Politische Vierteljahresschriften 3/2006, S. 547–570.

befindet sich demnach im Gegensatz zu all dem, was moderne Staatlichkeit ausmacht: Definiert sich der moderne Staat über ein klar begrenztes Territorium, so verfügt Talibanistan weder über eindeutig definierte physische Grenzen noch über eine territoriale Binnengliederung, da Macht auf persönlichen Netzwerken und nicht auf der Kontrolle von Raum basiert. Auch zerfällt Talibanistan in unzählige, hoch dynamische Mikrokosmen, die territorial kaum zu fixieren sind. Schließlich stellt die afghanisch-pakistanische Staatsgrenze für die Entstehung Talibanistans eher einen Gunstfaktor als eine Barriere dar. Auch haben die lokalen Eliten weder ein Interesse an der Etablierung eines Gewaltmonopols noch sind sie an einer einheitlichen Verwirklichung bestimmter Normen und Werte interessiert – etwa der Durchsetzung eines einheitlichen Rechts oder einer übergreifenden Ideologie. Schließlich fühlt sich die Bevölkerung von Talibanistan nicht den Spielregeln der internationalen Gemeinschaft verpflichtet: Wir finden eine Gesellschaft, in der international als illegal geächtete Wirtschaftsaktivitäten (zum Beispiel der Anbau von Schlafmohn) als normal und internationale Menschenrechtsstandards als fremd und die soziale Ordnung gefährdend gelten (wie die Stellung der Frau).

Diese gegen Modernität und Staatlichkeit ausgerichtete Grundhaltung lässt sich mitunter aus den gesellschaftlichen Prozessen während des 30-jährigen afghanischen Krieges erklären: So verbanden sich lokale Normen und Wertevorstellungen mit einem militanten Islamismus, und eine grenzübergreifende (Drogen-)Ökonomie avancierte zur materiellen Grundlage weiter Teile der Bevölkerung. Hierdurch unterscheidet sich Talibanistan fundamental von den meisten Failed States, in denen die Vermischung von persönlichen Interessen und patrimonialen Abhängigkeiten die Aushöhlung des Ideals einer Weberschen Staatlichkeit bedingt.[6] Talibanistan steht daher nicht für ein territoriales Gebilde, in dem eine orthodoxe islamistische Bewegung eine eigene Regierungsform – etwa einen islamischen Gottesstaat – ins Leben ruft und die Gesellschaft von einer islamistisch-orthodoxen Ideologie durchdrungen ist. Talibanistan steht für das genaue Gegenteil, nämlich für die Wiederkehr lokaler Herrschaftsansprüche, die häufig in radikalisierter Form vorgebracht werden, staatliche Einflussnahmen ablehnen und in transnationale Netzwerke eingebunden sind. So bezieht sich der Begriff »Taliban« nicht allein auf religiöse Eiferer; weit mehr wird der Begriff für die Vielzahl an lokalen Kommandeuren, Selbstverteidigungsfronten, Stammesmilizen, Drogenringen, arbeitslosen Jugendlichen und Kriminellen verwendet, die je nach Kontext mit- oder gegeneinander kämpfen. Die Eigenbezeichnung »talib« (Religionsschüler) ist heutzutage weit weniger Ausdruck einer religiös-ideologischen Überzeugung als eines diffusen Lebensstils, der gegen eine externe Einmischung – ob durch die NATO oder den afghanischen bzw. pakistanischen Staat – ausgerichtet ist.[7]

---

6 Vgl. Klaus Schlichte und Boris Wilke, Der Staat und einige seiner Zeitgenossen. Zur Zukunft des Regierens in der »Dritten Welt«, in: Zeitschrift für Internationale Beziehungen 2/2002, S. 259–384; Patrick Chabal und Jean-Pascal Daloz, Africa Works: Disorder as a Political Instrument, Oxford 1999.

7 Vgl. Sarah Ladbury, Why do Men Join the Taliban and Hizb-i Islami? (Report for the Cooperation for Peace and Unity, CPAU), Kabul 2009.

Tribale Ordnung

Der Begriff »tribal« ist im Zusammenhang mit den Paschtunen – anders als in Afrika – keineswegs negativ konnotiert. So drückt die Zugehörigkeit zu einem Stamm aus, dass man auf eine Genealogie verweisen kann und kraft seiner Abstammung eine Legitimationsberechtigung im Hier und Jetzt hat. Jedoch weniger die tribale Ordnung, sondern die Wertevorstellungen, die in der paschtunischen Stammesgesellschaft konserviert werden, formieren die entscheidende Kluft hin zur modernen Gesellschaft. So ist der Grundgedanke, auf dem paschtunische Wert- und Rechtsvorstellungen aufbauen, dass die Existenz des einzelnen Mannes, des Familienverbands, des Clans, ja aller Paschtunen sich in ständiger Bedrohung befindet und gegen äußere Feinde zu verteidigen ist.[8] Diese Sicht der Welt als einer feindlichen bildet den Rahmen, in dem sich jedes männliche Stammesmitglied bewegt, um seine Ehre zu verteidigen. Im Kontext dieses männlichen Idealbilds werden etwa Frauen als fehlerhaft verstanden, die durch ihr Verhalten die Ehre der Männer stets gefährden können.[9] Obgleich der geteilte Wertekanon den Referenzrahmen für alle Stammesmitglieder darstellt, beinhaltet er ein grundsätzliches Misstrauen gegenüber den eigenen männlichen Stammesmitgliedern. Dies erklärt, weshalb die Stammesstrukturen dem Aufbau jeglicher politischer Institutionen, in denen nicht die individuelle Autonomie innerhalb des Kollektivs gewahrt wird, entgegenstehen. Einer Einflussnahme von außen, die die Gesellschaft grundlegend zu verändern droht, wird mit Gegenwehr begegnet.

Daher durchzieht der Konflikt »Stamm gegen Staat« die gesamte Staatswerdung Afghanistans und Pakistans im 20. Jahrhundert; beide Staaten waren nur ansatzweise in der Lage, die Stämme zu kontrollieren und in den Gesamtstaat einzubinden.[10] Die militärische Intervention nach dem 11. September 2001 bedingte, dass in beiden Ländern die lokalen Autonomien der Stammesgebiete mit einem Mal in Frage gestellt wurden. So sehen viele lokale Eliten den »Kampf gegen den Terror« als Vorwand, um den staatlichen Herrschaftsanspruch durchzusetzen.

Verstärkt wird der Gegensatz zwischen Stamm und Staat durch die »Durand Line«, die Grenze zwischen Afghanistan und Pakistan. Diese verläuft mitten durch die Stammesgebiete und wird täglich von Tausenden Menschen ohne Papiere überquert. Die Line legte 1893 eine britische Grenzkommission fest, wird aber bis heute von Afghanistan aus ethnonationalistischen und geostrategischen Gründen nicht anerkannt. Dass die Line gegenwärtig das Epizentrum der gewaltsamen Auseinandersetzungen darstellt, mag nicht verwundern. So ist es Aufständischen immer wieder möglich, über die Durand Line nach Pakistan zu flüchten und sich von hier aus neu zu formieren. Die FATA, bei denen es sich um autonome Stammesgebiete mit einer eigenen Gerichtsbarkeit auf pakistanischem Boden handelt, gelten als »sicherer Hafen« für die Taliban.[11] Jedoch kann der

---

8 Vgl. Alfred Janata und Reihanodin Hassas, Ghairatman – der gute Paschtune. Exkurs über die Grundlagen des Pashtunwali, in: Afghanistan Journal 3/1975, S. 83–97.
9 Vgl. Willy Steul, Pashtunwali: Ein Ehrenkodex und seine rechtliche Relevanz, Wiesbaden 1981.
10 Vgl. Richard Tapper (Hrsg.), The Conflict of Tribe and State in Iran and Afghanistan, New York, NY, 1983.
11 Vgl. Barnett Rubin, Saving Afghanistan, in: Foreign Affairs 1/2007, S. 57–78.

Durand Line in diesen Auseinandersetzungen auch eine symbolische Bedeutung beigemessen werden. Denn der Widerstand gegen die äußere Einflussnahme erfolgt von der Grenze aus – also dem Ort, an dem sich eigentlich Staatlichkeit territorial manifestieren sollte.

Militanter Islam

Wenngleich es eine ganze Fülle an Abweichungen und Gegensätzen zwischen Schriftislam und paschtunischen Stammesvorstellungen gibt, sehen die Betroffenen selbst keine Unterschiede oder gar Widersprüche zwischen diesen beiden Referenzrahmen. Islamische Geistliche, wenngleich diese aufgrund des Eigenverständnisses der Paschtunen als Bekehrte aus erster Hand keinen hohen gesellschaftlichen Stellenwert genießen, nehmen als außerhalb der tribalen Ordnung stehend in Krisensituationen immer wieder Schlüsselpositionen ein: So sind sie in der Lage, tribale Spaltungen zu überwinden und kurzfristige Allianzen zu stiften.[12] Wenn diese Sonderrolle islamischer Geistlicher in der Vergangenheit nur situativ war, so verfestigte sich die Stellung islamischer Eliten aufgrund des nun über 30-jährigen Afghanistan-Kriegs in der paschtunischen Gesellschaft beidseits der Durand Line.

Denn mit der Besetzung Afghanistans durch sowjetische Truppen 1979 fand aus den Stammesgebieten heraus ein Massenexodus statt, der in einigen grenznahen afghanischen Provinzen nahezu die ganze Bevölkerung erfasste. Während das Gros der Flüchtlinge in Lagern auf pakistanischer Seite entlang der Grenze aufgefangen wurde, wanderten die Stammeseliten in die Städte Pakistans, nach Europa oder in die USA ab. Damit ging in vielen Stämmen der Einfluss der tribalen Führerschaft auf den Alltag der Bevölkerung verloren. Seit Mitte der 1980er Jahre drängten vor allem einfache Geistliche, die überwiegend aus islamischen Hochschulen (Madrasa) in Pakistan stammten, in diese Führungsrollen und stiegen zu wichtigen Kommandeuren auf. Diese Entwicklung lag ganz im Interesse Islamabads, um die tribalen Strukturen zu brechen, die paschtunische Identität abzuschwächen und Kämpfer für den »Dschihad« in Afghanistan zu mobilisieren.

Besonders in den Flüchtlingslagern, die von den afghanischen Mudschahiddin-Parteien kontrolliert wurden, gewannen islamistische gegenüber tribalen Momenten in der politischen Kultur der Lager sowie in der Sozialisierung der Flüchtlinge an Bedeutung. Wesentlich war, dass in den Flüchtlingslagern tribale Vorstellungen kaum noch aufrechterhalten werden konnten.[13] Islamistische Vorstellungen, die die Widerstandsparteien propagierten, boten sich als Kompensation zur Aufrechterhaltung eines positiven Selbstbildnisses an. Hier ist besonders das Konzept von »muhadschir« (Flüchtling) und »mudschahid« (Kämpfer für die Angelegenheiten Gottes und des Glaubens) zu nennen. Denn ein »muhadschir« handelt in gleicher Weise wie einst der Prophet, der die »hidschrah« (Flucht) aus Mekka nach Medina vollzogen hat. Nahmen die »muhadschirin« (Plural von »muhadschir«) den Heiligen Krieg um ihr verlorenes Terrain auf,

---
12 Vgl. Sana Haroon, Frontier of Faith. Islam and the Indo-Afghan Borderland, New York, NY, 2007.
13 Vgl. David Edwards, Marginality and Migration: Cultural Dimension of the Afghan Refugees' Problem, in: International Migration Review 2/1986, S. 313–325.

wurden sie zu »mudschahiddin« (Plural von »mudschahid«) und folgten damit dem Beispiel Mohammeds. Gerade die Vorstellung des »mudschahid«, der im »Dschihad« gegen die gottlosen Kommunisten kämpft, konnte somit an paschtunische Stammesideale anknüpfen.[14]

Im Verlauf des Krieges verschmolz die Kompromisslosigkeit des Stammesdenkens mit einem militanten Islam. Ein militantes, auf der Unterscheidung in »gut« und »böse« aufbauendes Islamverständnis akzeptierten große Teile der Stammesbevölkerung gerade aufgrund seiner einfachen und radikalen Erklärung der Welt und der Aufrechterhaltung von Normen und Wertvorstellungen, die im Stammeskontext entstanden waren. Zum Feindbild avancierten die Einführung moderner Vorstellungen von Gesellschaft, die Gleichstellung von Mann und Frau, Demokratie, Trennung von Religion und Staat etc. Demnach finden Konzepte von moderner Staatlichkeit in den Geisteshaltungen, wie sie gegenwärtig in Talibanistan vorherrschen, keinen Platz.

Die starke Betonung des Islam in Talibanistan verfügt daher über eine Innen- und eine Außensicht. In der Außensicht wird mit einem militanten Islam – gerade seit dem 11. September 2001 – der Kampf gegen jegliche externe Einflussnahme aufgenommen. So steht der radikalisierte Islam für den Kampf gegen Moderne, Staat und den Westen als Ganzes. In der Innensicht wird gerade im militanten Islam eine Emphase lokaler Werte- und Normvorstellungen sowie politischer Autonomie gesehen. So bedeutet die Betonung des Islam eine verkürzte Bejahung lokaler Identität. Das Gros der Einwohner Talibanistans versteht daher den Islam als Referenzrahmen für die Interpretation alltäglicher Handlungen und Entscheidungen und zeigt kein Interesse daran, diesen in eine staatliche Form zu gießen.

Jedoch ist dieses Weltbild nicht abgeschlossen oder kohärent, sondern werden je nach Kontext einzelne religiöse und tribale Versatzstücke miteinander kombiniert. Daher ist es verfehlt, hierunter die ideologische Durchsetzung radikaler Islamvorstellungen in einer tribalen Gesellschaft zu verstehen. So spielen ideologische Fragen in der alltäglichen Praxis eine marginale Rolle und stehen häufig orthodoxe, heteropraxe sowie tribale Vorstellungen unvermittelt nebeneinander. Diese Vermischung tribaler und islamischer Elemente ist umso interessanter, da islamistische Strömungen, wie sie etwa Osama Bin Laden oder auch Gulbuddin Hekmatyar vertreten, tribale Identitäten und Gesellschaftsformen explizit als unislamische Anachronismen, die sich gegen die Reinheit der »ummah« (Einheit aller Muslime) richten, kategorisch ablehnen und bekämpfen. So ist es eine gewisse Ironie der Geschichte, dass seit dem 11. September ausgerechnet die paschtunische Stammesgesellschaft das Rückgrat des militanten Islamismus bildet.

Der globalisierte Stamm

Die Flüchtlingsbewegung aus Afghanistan in die pakistanischen Grenzgebiete bedingte eine enorme Verstärkung des ohnehin vorhandenen hohen Bevölkerungsdrucks in dieser ressourcenarmen Region. Die Folge war, dass seit den 1980er

---

14 Vgl. Zafar Ishaq Ansari, Hijrah in the Islamic Tradition, in: Ewan Anderson, Nancy Dupree (Hrsg.), The Cultural Basis of Afghan Nationalism, London 1990, S. 3–20.

Jahren Paschtunen kontinuierlich aus den pakistanischen Stammesgebieten in die großen Städte Pakistans und in die Golf-Staaten abwanderten.[15] Seit den 1990er Jahren etablierte sich ein auf Stammesidentitäten beruhendes Handelsnetzwerk, das seine Beziehungen vom Mittleren Osten bis nach Indien und Europa spannt, aber die Gelder in erster Linie zurück in die Stammesgebiete fließen lässt. Die Stammesgebiete erfuhren hierüber einen Anschluss an die globalen Märkte und entwickelten sich – bei Umgehung der pakistanischen Zölle – seit Mitte der 1990er Jahre zu einer Drehscheibe des Warenaustauschs zwischen Südasien, den Golf-Staaten, Iran und Zentralasien. Die Grenzregion wird zudem vom Schlafmohnanbau beherrscht. Das Gebiet entlang des Hilmand in Südafghanistan stellt eines der wichtigsten Opiumanbaugebiete der Welt dar; hier werden ca. 40 Prozent des weltweiten Opiums hergestellt. Die spezifische Rolle der Durand Line als eine »Nichtgrenze« verstärkt die herausragende Stellung der Stammesgebiete für diese ökonomischen Kreisläufe. Staatliche Kontrolle wird dagegen als Hindernis für diese hohe, grenzübergreifende Mobilität von Menschen, Waren und Geld betrachtet.

Abbildung 5: Zentral- und Südasien

---

15 Vgl. Kimberly Marten, The Effects of External Economic Stimuli on Ungoverned Areas: The Pashtun Tribal Areas of Pakistan, Artikel präsentiert am 26.3.2008 auf der 49. jährlichen Tagung der Political Studies Association (PSA) in San Francisco, CA.

Die Taliban-Bewegung

Im Unterschied zu den 1990er Jahren waren die Taliban bei ihrem Wiedererstarken seit 2003 mehr als früher auf lokale Strukturen angewiesen. Jedoch stellen diese lokalen Strukturen gleichzeitig die größte Herausforderung für die Bewegung dar. So gewannen mit der Rückkehr der Taliban vielerorts Kriminelle und ehemalige Mudschahiddin-Kommandeure, die Seite an Seite mit den militanten Islamisten gegen die Operation Enduring Freedom (OEF) / International Security Assistance Force (ISAF)-Truppen kämpften, wieder an Macht. Diese verfolgen häufig eher Ziele wie Selbstbereicherung oder die Wiederherstellung ihrer persönlichen Machtbasis. Damit kontrastiert ihr Handeln das positive Selbstbild, das die Taliban von sich als Garant für Sicherheit und Ordnung haben. Auch die Tatsache, dass lokale Führer oftmals allein an der Erhaltung ihrer lokalen Autonomie interessiert sind und dementsprechend mal mit der Regierung, mal mit den Aufständischen zusammenarbeiten, ist den Taliban ein Dorn im Auge. Daher sind die Taliban bemüht, sich als Ordnungsfaktor in Talibanistan durchzusetzen und eine klare Trennlinie hin zum afghanischen Staat und dessen Verbündeten zu ziehen. So wurden beidseits der Line in den letzten Jahren tribale Eliten, die nicht mit den Taliban paktierten, zum Ziel von Attentaten und Lynchprozessen. Weitere Indizien sind Säuberungsaktionen innerhalb der eigenen Reihen, die Zerstörung von Schulen als Symbole der Modernisierung, die schriftliche Erlassung eines Ehrenkodex, die Einsetzung eigener Gouverneure und Polizeichefs in eingenommenen Distrikten sowie die wiederholte Erwähnung einer straffen Organisationsstruktur.[16] All dies soll dokumentieren, dass die Taliban für die Errichtung einer durchstrukturierten staatlichen Ordnung stehen und eben nicht eine antistaatliche Bewegung darstellen. Trotz dieser Versuche, ihre Bewegung zu formalisieren und zu vereinheitlichen, zeichnet sich die Bewegung dennoch durch Heterogenität und interne Zerklüftung aus, zumal die Grenzen hin zu islamistischen Bundesgenossen wie Gulbuddin Hekmatyars »Hisb-i islami« oder den »Mudschahiddin«-Netzwerken von Jalaluddin Haqqani und Anwar ul-Haq fließend sind.

Die Rückkehr des Lokalen

In Talibanistan finden wir also eine politische Ordnung, die durch eine hohe Skepsis gegenüber einer Modernisierung in Form staatlicher und internationaler Präsenz geprägt ist. Diese politische Ordnung verbindet lokale Vorstellungen mit militant islamischen. Jedoch stehen sich lokale und islamistische Vorstellungen je nach Kontext unterschiedlich gegenüber: Mal gehen sie eine Symbiose ein, mal überlappen sie sich, mal schließen sie sich völlig aus und münden in Konflikte. Diese Radikalisierung des Lokalen hat vor allem dort Erfolg, wo die Bevölkerung niemals die Wohltaten des Staates spüren konnte und in denen der transnationale Handel im Staat und seiner Territorialität nur ein Hindernis erblickt. Talibanistan bedeutet daher die Verteidigung des Lokalen gegen jegliche von außen herange-

---

16 Vgl. Antonio Giustozzi, Koran, Kalashnikow and Laptop: The Neo-Taliban Insurgency in Afghanistan, London 2007.

tragene Einflussnahme – ob in Form militärischer Präsenz, staatlicher Ordnung oder auf Modernität beruhender Entwicklungsprogramme – bei einer direkten Verflechtung in globale Netzwerke.

Dieses Bild weicht offenkundig von der generellen Betrachtung ab, die die Hierarchie und Effizienz der Taliban-Bewegung in den Vordergrund rückt.[17] Jedoch soll der parastaatliche Charakter, den sich die Taliban-Bewegung gibt, nicht in Abrede gestellt werden. Es geht eher darum aufzeigen, dass es gegenläufige Tendenzen gibt: Auf der einen Seite eine um Parastaatlichkeit bemühte Bewegung der Taliban; auf der anderen Seite ein Taliban-Lifestyle, der durch das lokal kontextualisierte Zusammenfließen von Stammeskultur und militantem Islam geprägt ist und zur Identität von Talibanistan beiträgt. So werden in Talibanistan die Bedingungen für Herrschaft und Zusammenleben lokal ausgehandelt und variieren je nach Kontext. Gleichwohl bleibt die lokale Ebene an die globale über vielfältige Beziehungsgeflechte angebunden. Die Taliban-Bewegung ist daher ein Produkt von Talibanistan, das aber bemüht ist, sich selbst von den gesellschaftlichen Strukturen Talibanistans zu lösen; jedoch zeigt die Fragmentierung entlang lokaler und tribaler Bruchlinien die Tendenz, dass die Taliban-Bewegung selbst wieder in partikulare Strukturen zurückgeführt werden kann.

In Talibanistan erleben wir »den Aufstieg des Lokalen«,[18] der sich in der Bildung von Stammesherrschaft, lokalen Emiraten oder Kriegsfürstentümern niederschlägt. Die Tatsache, dass die Bevölkerung ihre lokale Ordnung gegen sämtliche Versuche, eine übergreifende staatliche Ordnung zu etablieren, verteidigt, wird von westlichen Betrachtern als Chaos oder Anarchie gewertet. So wird ein westlicher Botschafter zitiert: »Nicht regierte Gebiete sind ein Problem. Das ganze Stammesgebiet ist ein Problem.«[19] Und der Kommentar eines NATO-Befehlshabers schließt sich nahtlos an: »Solange wir nicht die Stammesgebiete transformieren, bleiben die USA bedroht.«[20] Vor diesem Hintergrund entlarvt sich der »Krieg gegen den Terrorismus« als ein extern geführter Staatsbildungskrieg, in dem lokale Ordnungsmuster bekämpft und staatliche Grenzen durchgesetzt werden müssen, damit Staatlichkeit die Kontrolle über Bevölkerung und Raum gewinnen kann. Die ambivalente Rolle der afghanischen und pakistanischen Regierung, die selbst stark von den antistaatlichen Strukturen Talibanistans beeinflusst sind, erleichtert diesen Staatsbildungsprozess nicht gerade.

Jedoch ist Talibanistan nicht allein auf die paschtunischen Stammesgebiete beschränkt, weshalb eine Gleichsetzung von Paschtunen und Taliban in die falsche Richtung deutet. Wenngleich in der vorliegenden Betrachtung die Strukturen der paschtunischen Stämme zum Ausgangspunkt der Argumentation gemacht wurden, kann die These verallgemeinert werden, nämlich, dass eine ra-

---

17 Vgl. Antonio Giustozzi (Hrsg.), Decoding the New Taliban. Insides from the Field, London 2009.
18 Vgl. Trutz von Trotha, Der Aufstieg des Lokalen, in: Aus Politik und Zeitgeschichte (APuZ) 28–29/2005, S. 32–38.
19 Zitiert in: Carlotta Gall, Ismail Kan, Taliban and Allies. Tighten Grip in North of Pakistan, in: New York Times, 11.12.2006.
20 Zitiert in: Barnett Rubin, Saving Afghanistan, a.a.O. (Anm. 11), S. 57.

dikale Ablehnung von Moderne und Staat im Namen des Islam gerade dort erfolgt, wo tradierte lokale Ordnungen unter Bedingungen wie Flüchtlingsdasein, Urbanisierung oder Krieg nicht mehr ohne Weiteres aufrechterhalten werden können und militante islamistische Strömungen, die als antistaatlich, antimodern oder antiwestlich auftreten, an Einfluss gewinnen. Dieses Phänomen des Ineinanderfließens lokaler und militant islamischer Vorstellungen lässt sich daher auch außerhalb der paschtunischen Stammesgebiete beobachten. So entstanden bereits in den 1990er Jahren wahabitische Emirate in Nuristan, Kunar und in Badakhshan.[21] Aber auch außerhalb Afghanistans wie im tschetschenisch-georgischen Grenzgebiet (zum Beispiel im Pankisi-Tal) oder im Rasht-Tal in Tadschikistan entstanden zeitweise Kleinreiche, in denen lokale mit militant islamischen Vorstellungen verschmolzen. Jüngst traten auch im pakistanischen Punjab und in Nordnigeria militante Bewegungen auf, die sich selbst als Taliban bezeichneten. Aber nicht nur in ländlichen Regionen, sondern auch in den Vororten von Großstädten wie Karatschi, Bagdad und Mogadischu ist Talibanistan längst angekommen.

---

21 Olivier Roy, Afghanistan. From Holy War to Civil War, Princeton, NJ, 1985, S. 82.

Pakistan: Ein scheiternder Nuklearstaat?

Jochen Hippler

Die Instabilität in Pakistan ist regional und global relevant – nicht allein wegen der wichtigen Rolle Pakistans im Afghanistan-Krieg. Während in den westlichen Ländern die politische und Sicherheitslage in Afghanistan seit langem intensiv diskutiert wird, übersieht man das Nachbarland Pakistan. Dies könnte sich als schweres Versäumnis erweisen, da Pakistan – ein Land mit rund 170 Millionen Einwohnern – von strategisch weit größerer Bedeutung ist: Millionen pakistanischer Migranten könnten dortige Konflikte in westliche Metropolen, etwa nach Großbritannien und Kanada, übertragen. Mit über 12 000 Toten durch Krieg und politische Gewalt hat das Gewaltniveau im höchst fragilen Pakistan jenes in Afghanistan deutlich überschritten.[1] Zudem verfügt Pakistan über Atomwaffen (ca. 60 bis 80 Sprengköpfe), deren Sicherung nicht zuletzt auch von der innenpolitischen Stabilität abhängt.[2]

Nach aktuellen Einschätzungen ist Pakistan jedoch auf dem Weg, ein gescheiterter Staat zu werden. 2010 wurde Pakistan auf dem zehnten Platz des weltweiten Failed State Index geführt, nachdem es 2005 noch auf Platz 34 gestanden hatte.[3] Ein wesentlicher Grund der Schwäche und Deformation des pakistanischen Staates liegt im ständigen Wechsel zwischen schwachen zivilen und illegalen (wenn auch oft durch juristische Tricks nachträglich »legitimierten«) militärischen Regierungen. Wenn eine Militärherrschaft abgewirtschaftet hat, beginnt eine neue Runde des Pendelns zwischen ziviler und militärischer Herrschaft.[4] Erst wenn dieser Zyklus dauerhaft unterbrochen wird, kann eine Chance entstehen, die gravierenden Defekte des pakistanischen Staates zu überwinden.

Pendeln zwischen zivilen und militärischen Regierungen

Die Gründung eines neuen Staates nach dem Ende des britischen Kolonialreichs 1947 war in Pakistan schwieriger als in Indien, da Pakistan als Verwaltungseinheit in der Geschichte zuvor nie existiert hatte. Das erste Jahrzehnt des neuen Staates brachte denn auch eine Periode politischer Instabilität, bei der sich schwache Regierungen in schneller Folge ablösten.[5] Dies änderte sich 1958, als der säkulare General Ayoub Khan putschte und die Macht an sich riss, die das Militär erst 1971 nach dem Bürgerkrieg und der Unabhängigkeit des früheren Ostpakistans (nun Bangladesch) wieder verlor. Damit hatte der ständige Wechsel zwischen zivilen und militärisch geführten Regierungen begonnen, der die pakistanische

---

1 Pak Institute of Peace Studies, Pakistan Security Report 2009, Islamabad, 10.1.2010, S. 4, 5.
2 Jochen Hippler, Pakistan als Atommacht, unveröffentlichtes Manuskript, Duisburg 2010.
3 Foreign Policy Magazine and The Fund for Peace, Failed States Index Scores 2010, <www.foreignpolicy.com/failedstates> (abgerufen am 2.9.2010).
4 Husain Haqqani, Pakistan – Between Mosque and Military, Washington, DC, 2005, S. 200 f.
5 Owen Bennett Jones, Pakistan – Eye of the Storm, London 2002, S. 230.

Geschichte und den pakistanischen Staat bestimmt.[6] Weitere Perioden der Militärherrschaft gab es von 1977–1988 (unter General Zia ul-Haq, der eine islamistische Ideologie vertrat) und von 1999 bis 2008 (unter General Musharraf, der sich dem US-geführten »Kampf gegen den Terrorismus« anschloss). In der Zeit dazwischen wechselten sich durch Wahlen bestimmte zivile und säkulare Regierungen der Pakistanischen Volkspartei (PPP, geführt von Benazir Bhutto) und der Pakistanischen Muslimliga (PML, geführt von Nawaz Sharif) ab. Seit 2008 regiert eine vom Präsidenten Asif Ali Zardari (PPP) geführte Koalition.[7]

Die periodischen Machtergreifungen des Militärs vermochten nichts dazu beizutragen, um die grundlegenden Schwächen der zivilen Eliten und den klientelistischen und undemokratischen Charakter des Parteiensystems zu überwinden. Inkompetente und korrupte Eliten und Regierungen laden das Militär geradezu immer wieder ein, die Macht aufs Neue zu übernehmen. Ihrerseits versuchen Militärherrscher selten, die grundlegenden Probleme des pakistanischen Staates zu beheben: die Missachtung der Rechte von Provinzen und Minderheiten, mangelnde politische Partizipationsmöglichkeiten, Instrumentalisierung von Recht und Manipulation der Gesellschaft.

Missachtung föderaler Strukturen

Seit der Staatsgründung wurde – von zivilen wie militärischen Regierungen – nationale Integration als straffe Zentralisierung aufgefasst und oft mit rabiaten Mitteln erzwungen.[8] So wurde einer hochgradig pluralistischen und heterogenen Gesellschaft ein zentralistischer Staat übergestülpt, der sich föderal maskiert.[9] Trotz föderaler Bestimmungen der Verfassung neigen pakistanische Regierungen dazu, die kleineren Provinzen und die Minderheiten zu ignorieren oder zu benachteiligen: in massiver Form in Belutschistan, aber auch in Sindh und in der Nordwestprovinz. Dies erzeugt immer wieder Widerstand, der letztlich die nationale Integration schwächt und gelegentlich zu gewaltsamem Aufbegehren führt.

In Belutschistan kam es in den vergangenen Jahren erneut (wie bereits in den 1970er Jahren) zu einem Aufstand ethnonationalistischer belutschischer Gruppen, die sich gewaltsam gegen die Dominanz des Zentralstaats bzw. die pandschabische Vorherrschaft wenden. Der dramatischste Gewaltherd besteht gegenwärtig in der paschtunisch geprägten Nordwestprovinz (NWFP), insbesondere in den dortigen Stammesgebieten, den Federally Administered Tribal Areas (FATA). Auch wenn dort die Gewalt eine religiöse Form angenommen hat (sunnitisch-deobandischer Extremismus der pakistanischen Taliban), so liegen seine Wurzeln doch in politischen Faktoren, nämlich in der Schwäche bzw. Abwesenheit staatlicher Strukturen in den FATA, im Übergreifen des Afghanistan-Kriegs auf die pakistanische Grenzregion sowie der Ablehnung der Beteiligung Pakistans am

---

6   Pervaiz Iqbal Cheema, The Armed Forces of Pakistan, Karatschi 2002, S. 135 f.
7   Jochen Hippler, Das gefährlichste Land der Welt? – Pakistan zwischen Militärherrschaft, Extremismus und Demokratie, Köln 2008, S. 51 ff.
8   Feroz Ahmed, Ethnicity and Politics in Pakistan, Karatschi 1998.
9   Ian Talbot, The Punjabization of Pakistan: Myth or Reality?, in: Christophe Jaffrelot (Hrsg.), Pakistan – Nation, Nationalism and the State, Lahore 2002, S. 51.

US-geführten »Krieg gegen den Terrorismus«. Es handelt sich um einen Aufstand bzw. Bürgerkrieg paschtunischer Extremisten gegen die Zentralregierung und das Militär, der auch terroristische Formen annahm und dessen Anschläge auf andere Landesteile übergegriffen haben.[10]

Fehlende Partizipationsmöglichkeiten

Ein weiterer zentraler Schwachpunkt Pakistans liegt an der Schnittstelle zwischen Staat und Gesellschaft, nämlich bei der politischen Organisation seiner politischen Eliten. Nach der Unabhängigkeit blieb in Pakistan der koloniale Charakter des Staatsapparats im Kern erhalten; es bildeten sich nur neue Eliten, etwa Großgrundbesitzer, Offiziere und hohe Bürokraten. Ein politischer Aufstieg von Repräsentanten der Mittelschichten (und erst Recht der armen Bevölkerungsmehrheit) in die politische Machtelite ist bisher ausgesprochen selten.[11]

Doch die heranwachsende moderne – teils säkulare, teils islamistische – Mittelschicht fordert nicht nur Rechtsstaatlichkeit, sondern auch Partizipation, was die autoritäre Grundstruktur pakistanischer Staatlichkeit erschüttert und zum Teil – wie bei der Verhängung des Notstands durch Präsident Musharraf im November/Dezember 2007 – zu krisenhaften Reaktionen der Eliten und politischen Verwerfungen führt.

Interessenausgleichende Transmissionsriemen zwischen Politik und Gesellschaft, etwa politische Parteien, die Konflikte entschärfen könnten, sind in Pakistan äußerst schwach. Die pakistanischen Parteien sind nicht demokratisch verfasst, können keine Impulse aus der Gesellschaft in den Staatsapparat geben, sondern stellen eine Verbindung der autoritären Herrschaft weniger Führungspersönlichkeiten (oft um eine Familie gruppiert) mit flexiblen, neopatrimonialen Netzwerken aus lokal oder regional einflussreichen Personen und Cliquen dar, oft unterfüttert mit ländlichem Großgrundbesitz.[12] (Die Amtsübernahme des gegenwärtigen Präsidenten Asif Ali Zardari aufgrund seiner familiären Bindung an die Familie Bhutto ist ein Paradebeispiel.)

Aufgrund dieser Struktur sind die Parteien (mit Ausnahme religiöser Parteien) inhaltlich und ideologisch schwach und schlecht organisiert. Es handelt sich eher um nutzenorientierte Netzwerke regionaler Honoratioren und ihrer Klienten. Zugleich bedeutet der undemokratische Charakter der Parteien (innerparteiliche Wahlen gibt es fast nicht), dass sie nur sehr bedingt als Mittel zur Demokratisierung taugen. Solche lockeren Parteistrukturen mögen Ansätze überregionaler Organisation darstellen, aber sie sind keine Organisationsform, die

---

10 Jochen Hippler, Pakistan, seine Stammesgebiete und der Afghanistan-Krieg, in: Aus Politik und Zeitgeschichte, 21—22/2010, 25.5.2010, S. 3–9.
11 Inzwischen dringen langsam Teile der städtischen, modernen Wirtschaftseliten ins Machtzentrum vor, etwa einzelne Industrielle oder Bankiers. Allerdings ist erkennbar, dass diese Repräsentanten moderner Wirtschaftssektoren nicht selten aus Familien der Großgrundbesitzer stammen, so dass offene Gegensätze zwischen diesen noch kaum zu beobachten sind. Vgl. Asad Sayeed, State-Society Conjunctures and Disjunctures – Pakistan's Manufacturing Performance, in: S. M. Naseem und Khalid Nadvi (Hrsg.), The Post-Colonial State and Social Transformation in India and Pakistan, Oxford 2002, S. 203–244.
12 A. B. S. Jafri, The Political Parties in Pakistan, Karatschi 2002.

der organisatorischen und finanziellen Macht der Streitkräfte gewachsen wäre. Insgesamt stellt das verzerrte und oligarchisch geprägte Governance-System Pakistans eine ständige Quelle der Instabilität dar und ist für die Lösung der gesellschaftlichen Probleme wenig geeignet.[13]

Schwäche des Rechtssystems

Aufgrund der Schwäche der pakistanischen Justiz mangelt es auch an Rechtsstaatlichkeit. Unterhalb des Verfassungsgerichts sind die Gerichte oft korrupt und arbeiten langsam und unzuverlässig, was für die Polizei in noch größerem Maße gilt.[14] Selbst demokratisch gewählte Regierungen, erst Recht aber durch Putsch an die Macht gekommene, neigen dazu, selbst Recht zu beugen oder zu brechen.

Bis vor einigen Jahren wurde dies von der Bevölkerung resigniert hingenommen, unter Präsident Musharraf allerdings formierte sich in der Gesellschaft eine breite Bewegung, die seitdem durch Demonstrationen hartnäckig auf Rechtsstaatlichkeit drängt und die Verfassung gegen die Regierung verteidigen möchte.

Manipulation durch den Staat

Ihrerseits schufen Regierungen jedoch auch häufig soziale Konflikte und manipulierten das Parteiensystem zum eigenen taktischen Vorteil, um ihre Macht zu erhalten. So haben staatliche Stellen (einschließlich des Militärgeheimdienst ISI) immer wieder ethnische oder konfessionelle Konflikte verschärft (etwa in Sindh, Karatschi, Pandschab, NWFP), wenn dies nützlich erschien. Seitdem Mitte der 1980er Jahre die damalige Militärdiktatur von General Zia ul-Haq aus innenpolitischen Gründen sunnitische Extremisten förderte, entstand ein Gewaltherd im zentralen Punjab, der sich inzwischen auf viele Landesteile ausgebreitet hat.[15] Konfessionelle Gewalt geht von extremistischen sunnitischen und schiitischen Gruppen aus und richtet sich gegen die jeweils andere Seite, aber auch gegen religiöse Minderheiten (insbesondere Ahmadis und Christen).

Staatliche Stellen haben ebenso immer wieder versucht, Parteien zu behindern, zu spalten oder zu zerschlagen, andere gründen lassen oder gefördert und Parteienbündnisse zusammengefügt, die es sonst nicht gegeben hätte. Beispiele sind die Förderung Nawaz Sharifs und seiner Partei PML durch die Diktatur Zia ul-Haqs, die Unterstützung der Parteienbündnisse IJI (späte 1980er Jahre)[16] und MMA (2002) durch den militärischen Geheimdienst, die Spaltung der PML in zwei Fraktionen durch die Regierung Musharraf oder die taktische Förderung der MQM zur Bekämpfung der PPP (1980er Jahre). Mit diesen Manipulationen wurden gesellschaftliche und politische Konflikte zugespitzt oder erst geschaffen.

---

13 Husain Haqqani, Pakistan – Between Mosque and Military, a.a.O. (Anm. 4), S. 257.
14 Azhar Hassan Nadeem, The Political Economy of Lawlessness, Karatschi 2002, S. 80 ff.
15 Ein Überblick über die extremistischen religiösen Gruppen bietet: Muhammad Amir Rana, A to Z of Jehadi Organizations in Pakistan, Lahore 2006.
16 International Crisis Group, Pakistan: The Mullahs and the Military (ICG Asia Report Nr. 49), Islamabad und Brüssel, 20.3.2003, S. 9; Husain Haqqani, Pakistan – Between Mosque and Military, a.a.O. (Anm. 4), S. 201 f.

Als besonders dramatisch hat sich die taktische Förderung religiöser Extremisten erwiesen. Die afghanischen Taliban wurden nicht nur durch das Militär, sondern auch durch die zivile Regierung Bhutto protegiert. Die staatlich geförderten pakistanischen Extremisten gerieten später völlig außer Kontrolle und formierten schließlich einen dschihadistischen Untergrund, der für einen großen Teil der aktuellen Gewalt verantwortlich ist.[17]

Fazit: Deformierte Staatlichkeit

Der Staat in Pakistan ist insgesamt weder »stark« noch »schwach«, sondern beides zugleich, er ist deformiert und befindet sich in einer strukturellen Schieflage. Auch wenn unter Präsident Musharraf in einigen Bereichen Fortschritte erzielt wurden (etwa bei den Universitäten), bleiben viele staatliche Bereiche ausgesprochen schwach: Schulen, Gesundheitsversorgung, Verwaltung, Polizei und Justizwesen. Selbst der zivile Geheimdienst, das Intelligence Bureau (IB), scheint sich gegenwärtig in einer Krise zu befinden. Hingegen ist das Militär finanziell und personell gut ausgestattet (Personalstärke einschließlich paramilitärischer Einheiten insgesamt 920 000),[18] um weiter der entscheidende Machtfaktor zu sein, der die Gesellschaft direkt oder indirekt dominiert.[19]

Pakistan verfügt, solange nicht das Militär die Macht an sich reißt, über formell demokratische Strukturen. Trotzdem verhält sich der Staatsapparat auch in demokratischen Phasen autoritär. Pakistan leidet an ernsten Defekten seiner politischen und administrativen Systeme, zumal beide von großen Teilen der Bevölkerung nicht als legitim akzeptiert werden. Die Deformation des pakistanischen Staates durch die Unterentwicklung seiner zivilen und Überentwicklung seiner militärischen Komponenten ist dabei ausschlaggebend, aber auch die neopatrimonialen Neigungen und die Unfähigkeit wie Korruption seiner politischen Eliten tragen dazu bei. Insgesamt schaffen die Defizite im Governance-System ein politisches Vakuum, das politisch-religiöse Extremisten zu füllen versuchen.

Allerdings darf die Instabilität Pakistans nicht missverstanden oder überschätzt werden. Die Gewaltkonflikte sind problematisch, aber sie berühren noch nicht den Kern des politischen Systems. Der Bürgerkrieg in Belutschistan ist für diese Provinz bedrohlich, für die Stabilität des Gesamtlands aber marginal, da die dünn besiedelte Provinz politisch kaum relevant ist. Die religiös geprägten Gewaltkonflikte in der Nordwestprovinz sind weit gefährlicher. Allerdings konzentrieren sie sich weiterhin auf politisch und ökonomisch marginale Landesteile, insbesondere die Stammesgebiete (FATA), und gehen außerhalb dieser über terroristische Anschläge nicht hinaus. Die Aufständischen verfügen über beträchtliches Stör- und Zerstörungspotenzial, sind aber weit davon entfernt, die Machtfrage stellen zu können. Selbst der größte Teil der sunnitischen Radikalen schließt sich ihnen nicht an. So ist die deobandisch-radikale Partei JUI weiter in der Regierung vertreten, statt sie gewaltsam zu bekämpfen.

---

17 Jochen Hippler, Das gefährlichste Land der Welt?, a.a.O. (Anm. 7), S. 262–266.
18 Stockholm International Peace Research Institute (SIPRI), Central and South Asia, in: The Military Balance, London 2008, S. 349, 351.
19 Hasan Askari Rizvi, The Military and Politics in Pakistan: 1947–1997, Lahore 2000, S. 270.

Die religiösen radikalen oder extremistischen Parteien und Bewegungen verfügen weder über den Rückhalt, durch Wahlen an die Macht zu gelangen (gegenwärtig weniger als zwei Prozent der Parlamentssitze) noch über das Potenzial einer gewaltsamen Machtergreifung.

Die Sicherheitskräfte, insbesondere das Militär und die paramilitärischen Einheiten, haben zwar höhere Verluste zu verzeichnen als die internationalen Truppen in Afghanistan. Auch gibt es immer wieder Motivationsprobleme bei den unteren Diensträngen. Dennoch ist das Militär der mit Abstand professionellste, am besten organisierte und ausgestattete Machtakteur Pakistans. Die Sicherheitskräfte können durch Guerillaaktionen und terroristische Anschläge zwar getroffen, aber nicht besiegt werden, solange sie ihre institutionelle Integrität bewahren. In gewissem Sinne wurde diese seit 2009 durch die Angriffe sogar gestärkt, da die Opfer in der Zivilbevölkerung auch die Sympathie mit religiösen Extremisten in Grenzen halten.

Die Hauptgefahr für die Stabilität Pakistans besteht also nicht in der Stärke der Aufständischen, sondern in der Schwäche des Regierungsapparats. Jede Strategie zur Stabilisierung des Landes, die wegen seiner strategischen Bedeutung und seines nuklearen Potenzials dringlich ist, müsste genau hier ansetzen und sich davor hüten, Pakistan vor allem als Helfer im Afghanistan-Krieg instrumentalisieren zu wollen – da genau dies wesentlich zur Destabilisierung beigetragen hat.

Irak: Regimewechsel im Zweistromland

Henner Fürtig

Am 20. März 2003 führte US-Präsident George W. Bush eine aus 34 Staaten bestehende »Koalition der Willigen« in einen Krieg, um das tyrannische Regime Saddam Husseins zu stürzen und durch ein demokratisches System zu ersetzen. Doch der vage Plan, Irak – und später die gesamte Region – zu demokratisieren, besaß als Begründung für einen Krieg von Beginn an weniger Überzeugungskraft als »harte« Kriegsgründe wie die Beseitigung von Massenvernichtungswaffen, die Unterbindung von Terror oder die strategische Sicherung preiswerter Energielieferungen. Trotzdem blieb die Demokratisierung einziger offen proklamierter Grund und einziges Alibi für den Krieg. Damit aber nicht genug: Jetzt schaute die gesamte, insbesondere die arabische Welt auf den Fortgang des Projekts. Doch die externen Demokratisierungsbemühungen hatten von Beginn an mit einem Glaubwürdigkeitsproblem zu kämpfen.

Von Befreiern zu Besatzern

Auch wenn die irakische Exilopposition bis zum Irak-Krieg schwach und tief gespalten war, so bestand doch Einigkeit in einer entscheidenden Frage: die Beendigung der Diktatur Saddam Husseins, selbst wenn dafür die militärische Intervention einer ausländischen Macht nötig sein sollte. Da sich diese Einschätzung reibungslos in Washingtons Umsturzpläne einfügte, wurde ein folgenschwerer Automatismus in Gang gesetzt. Die US-Regierung glaubte den eigenen Beschwörungen einer Befreiungsmission und erwartete, dass hoch motivierte Iraker den Koalitionstruppen zu einem leichten Sieg über Saddam Hussein verhelfen würden. Die Verhandlungs- und Gesprächspartner aus der Exilopposition bestärkten die US-Politiker zum einen in dieser Ansicht und stellten sich zum anderen als wahre Repräsentanten Iraks dar, die nach dem Regimewechsel problemlos für stabile und prowestliche Machtverhältnisse im Zweistromland sorgen könnten.

Aus diesen Gründen sah der ursprüngliche Plan der US-Regierung für die Gestaltung der unmittelbaren Nachkriegszeit die relativ rasche Übertragung der Macht an die namhaftesten eben jener Exilpolitiker vor. Der erste US-Zivilverwalter für Irak, Jay Garner, versprach in diesem Sinne die Schaffung einer Regierung »mit irakischem Gesicht« bis Mitte Mai 2003.[1] Da war er aber längst entmachtet und durch Paul Bremer ersetzt worden. Der Vorgang ging weit über einen bloßen Personalwechsel hinaus; er symbolisierte vielmehr das Scheitern des gesamten Konzepts.

Die für die Regierungsübernahme ursprünglich vorgesehenen Exilpolitiker zeigten sich in der Regel völlig überfordert; einigen fehlte – entgegen aller Beteuerungen – jegliche Kenntnis von, geschweige denn Basis in der irakischen Gesellschaft. Chaos und Anarchie griffen um sich, die USA liefen Gefahr, den militärischen Sieg binnen Wochen auf politischem Terrain zu verspielen. Paul Bremer

---
1   Vgl. Financial Times, 19.5.2003.

und die von ihm geführte US-Zivilverwaltungsbehörde (Coalition Provisional Authority, CPA) verkörperten somit den Versuch, durch die Direktverwaltung Herr der Lage in Irak zu bleiben.

Das kurzfristig erfolgreiche Krisenmanagement legte jedoch den Keim für ein langfristig wirkendes Dilemma. Die Mehrheit der durch drei Kriege seit 1980 und zehn Jahre internationaler Sanktionen geschwächten und demoralisierten irakischen Bevölkerung hatte dem Sturz Saddam Husseins zunächst entweder zustimmend oder zumindest ambivalent gegenübergestanden. Durch die Direktverwaltung veränderte sich bei dieser Mehrheit aber binnen kurzem die Wahrnehmung der fremden Behörden und Truppen von Befreiern zu Besatzern. Die Erinnerungen an Jahrzehnte des entbehrungsreichen antikolonialen Kampfes wurden wieder lebendig; eine erneute Fremdherrschaft erschien jedenfalls unerträglich.

Folgenschwere Fehler der US-Zivilverwaltungsbehörde CPA

In dieser Situation fällte Paul Bremer drei folgenschwere Entscheidungen. Zum ersten verbot er die Baath-Partei und entfernte deren Mitglieder aus leitenden Positionen. Gedacht als Eliminierung der organisatorischen und programmatischen Stütze des alten Regimes, bewirkte der Schritt jedoch eine weitgehende Paralysierung der Verwaltung und verstärkte bei den arabischen Sunniten den Eindruck, zu den Hauptverlierern des Umsturzes zu zählen. Zum zweiten löste er am 23. Mai 2003 die Armee auf und entzog damit 400 000 militärisch erfahrenen Irakern die Lebensgrundlage. Gleichzeitig legalisierte er am 7. Juni 2003 die Milizen der ehemaligen Oppositionsparteien und erklärte sie zum Nukleus der neuen irakischen Streitkräfte.[2] Dieser Schritt verweist schon auf die dritte – wohl folgenschwerste – Entscheidung, nämlich die britische Teile-und-Herrsche-Politik entlang ethnischer und konfessioneller Trennlinien aus der Mandatszeit der 1920er Jahre wiederzubeleben. Als seien 80 Jahre folgenlos vergangen, besetzte die CPA am 13. Juli 2003 den Iraqi Governing Council (IGC), die erste irakische Selbstverwaltungsinstitution nach dem Regimewechsel, nach einem strikten ethnisch-konfessionellen Proporz.[3] Der Proporz war für alle weiteren administrativen Einrichtungen bis zum Ende der Direktverwaltung im Sommer 2004 verbindlich, wirkte aber auch danach nachhaltig weiter.

Der unmittelbar intendierte Zweck, das Ausspielen der ethnischen und konfessionellen Gruppen gegeneinander für die eigene Machtsicherung zu nutzen, funktionierte – im Gegensatz zur Mandatszeit – nicht einmal in Ansätzen. Die von den Briten favorisierten arabischen Sunniten hatten das gerade gestürzte Baath-Regime getragen; die arabischen Schiiten waren ob ihres numerischen Übergewichts nicht auf US-Unterstützung angewiesen und wurden zudem verdächtigt, im »Sold Irans« zu stehen. Die Kurden zeigten sich zwar überwiegend loyal, mit ihnen allein war aber kein irakischer Nationalstaat wiederzubeleben.

---

2 Vgl. Raad al-Hamdani, Aspects of Disintegration: The Reality of the New Iraqi Military, its Forces and Institutions and Prospects for Reform, in: Contemporary Arab Affairs 1/2009, S. 134.

3 13 arabische Schiiten, 5 arabische Sunniten, 5 kurdische Sunniten, 1 turkmenischer Sunnit, 1 Christ; 23 Männer, 2 Frauen. Vgl. Frankfurter Allgemeine Zeitung, 15.7.2003.

Abbildung 6: Naher und Mittlerer Osten

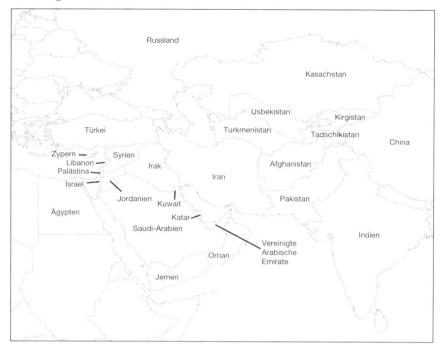

Nicht genug damit, dass Ethnisierung und Konfessionalisierung der politischen Landschaft keine Vorteile für die CPA mit sich brachten, sie spitzten innergesellschaftliche Widersprüche weiter zu. Gerade durch die forcierte Reduktion der Iraker auf ihre ethnische Herkunft oder ihr Glaubensbekenntnis erhielten Optionen einer neuen ethnisch-konfessionellen Diktatur oder eines Bürgerkriegs neue Nahrung. Für die politische Landschaft im Allgemeinen und die Parteienstruktur im Besonderen hieß das, dass säkular bzw. national orientierte Gruppierungen kaum Entfaltungsmöglichkeiten erhielten und machtbewusste oder auch nur gestaltungswillige Iraker sich in ethnisch bzw. konfessionell definierten Parteien organisierten. Damit beschworen die USA für die Gestaltung der irakischen Nachkriegsordnung gerade jenen islamistischen Geist herauf, den sie seit dem 11. September 2001 so vehement bekämpfen.

Perspektiven des extern induzierten Regimewechsels

Nachdem die CPA die offiziellen Regierungsgeschäfte am 28. Juni 2004 an eine provisorische irakische Regierung übergeben und sich daraufhin aufgelöst hatte, standen dem Land vier etwa gleichermaßen wahrscheinliche Entwicklungsoptionen offen. Ihre Bandbreite reichte vom Gelingen der politischen Rekonstruktion auf demokratischer Grundlage über die Restauration einer konfessionellen oder ethnischen Vorherrschaft (zum Beispiel Ablösung der 80 Jahre währenden sunnitischen Dominanz durch eine schiitische), dem Ausbruch eines Bürgerkriegs und der Entwicklung Iraks zum Schauplatz des »Krieges der Kulturen«. Die beiden letztgenannten Varianten bargen zusätzlich das Risiko des Auseinanderbrechens und der Auflösung Iraks in sich.

Reethnisierung und Rekonfessionalisierung bestärkten zunächst tatsächlich eine rasante Zunahme des innerirakischen Gewaltpotentials. Je deutlicher ethnische und/oder religiöse Faktoren das politische und gesellschaftliche Leben bestimmten, desto seltener beriefen sich Sunniten und Schiiten, Kurden und Araber sowie zahllose kleinere ethnische und konfessionelle Gruppen auf Programme und Ideen, um Interessen zu artikulieren, auszuhandeln bzw. gegeneinander in Stellung zu bringen. Das führte zwangsläufig zu einer enormen Verschärfung der politischen Situation, denn Angriffe auf und Widerspruch gegen eigene Standpunkte wurden so fast durchweg als grundsätzliche Angriffe auf den jeweiligen Glauben interpretiert. Vor diesem Hintergrund geriet es zum unheilvollen Brauch, insbesondere religiöse Symbole und Zeremonien des Gegners gewaltsam zu attackieren. Aus der nicht enden wollenden Kette blutiger Übergriffe ragt besonders der Angriff auf die den Schiiten heilige Moschee von Samarra am 22. Februar 2006 heraus. Die Zerstörung der Moschee brachte Irak an den Rand des offenen Bürgerkriegs. Im Jahresverlauf forderten die bürgerkriegsähnlichen Auseinandersetzungen allein unter der Zivilbevölkerung 34 000 Opfer. Weitere 36 000 Personen wurden nach Angaben der Vereinten Nationen verletzt.[4]

Der »Kampf-der-Kulturen«-Ansatz des transnationalen Terrorismus, vor allem in Gestalt des lokalen Ablegers »Al Khaïda im Zweistromland«, wirkte zu diesem Zeitpunkt als Katalysator für den Quasi-Bürgerkrieg. Al Khaïdas damaliger Resident in Irak, Abu Musab al-Zarqawi, forderte offen zur Hetzjagd auf Schiiten auf. Diese Taktik war Bestandteil der übergeordneten Strategie, den Westen zu einer Entscheidungsschlacht an einem geografischen Ort, vorzugsweise in Irak, zu zwingen. Dazu bedurfte es einer Verlängerung bzw. Verstärkung der Instabilität, die es den Besatzungstruppen nicht erlauben würde, das Land zu verlassen. Der Tod Zarqawis am 8. Juni 2006 beraubte den lokalen sunnitischen Terrorismus zwar seiner bekanntesten Integrationsfigur, erklärt aber nicht allein das Abebben der Gewalt und des transnationalen Terrors. Hierfür war primär ein Strategiewechsel des US-Oberkommandos in Irak verantwortlich.

Eine zu Jahresbeginn 2007 eingeleitete massive US-Truppenverstärkung (Operation Surge) ging einher mit einer sukzessiven Trennung des lokalen sunnitischen Widerstands von seinen transnationalen Verbündeten in Gestalt von Al Khaïda. Essenziell war dabei ein weiterer – dieses Mal allerdings erfolgreicherer – Rückgriff auf das britische Arsenal der Mandatszeit. Dem damaligen US-Oberbefehlshaber in Irak, General David Petraeus, gelang es, die maßgeblichen sunnitischen Stämme auf seine Seite zu ziehen, indem er ihren Anführern Teilhabe am politischen und wirtschaftlichen Wiederaufbauprozess anstelle von ungewissem Gewinn in einem transnationalen »Kulturkampf« mit dem Westen in Aussicht stellte.[5] Sunnitische Räte und Stammesmilizen ergänzten jetzt das Kaleidoskop ethnisch und konfessionell definierter Institutionen in

---

4 Vgl. CNN, 17.1.2007.
5 Vgl. Al-Hayat, 10.5.2007.

Irak, schwächten aber gleichzeitig »Al Khaïda im Zweistromland« entscheidend und reduzierten so die Gefahr eines unmittelbar ausbrechenden Bürgerkriegs. Korrespondierend dazu wuchs die Wahrscheinlichkeit des Eintretens der beiden verbleibenden Entwicklungsvarianten.

In der Fülle der seit 2003 eintreffenden Meldungen und Informationen über Terror und Gewalt in Irak geriet die Tatsache aus dem Blickfeld, dass bisher auch wichtige Schritte des politischen Rekonstruktionsprozesses gelangen, wenn auch nicht in jedem Fall zum vorgesehenen Datum und mit dem von Washington gewünschten Ergebnis. So markierte die Annahme der Übergangsverfassung (Transitional Administrative Law – TAL) im März 2004 das erste Glied in einer längeren »Sicherungskette« des staatlichen Wiederaufbaus. Die Wahlen zur provisorischen Nationalversammlung fanden am 30. Januar 2005 sogar termingerecht statt. Der feste Wille der Wählermehrheit, sich nicht einschüchtern zu lassen und das Schicksal in die eigenen Hände zu nehmen, manifestierte auf bis dahin anschaulichste Weise, dass die Demokratisierungsoption in Irak über Substanz verfügt und nicht als reines Wunschdenken abzutun ist. Allerdings wurde auch deutlich, dass die meisten Iraker ihre Entscheidung auf Grund ihrer ethnischen und konfessionellen Zugehörigkeit trafen, und weniger auf der Grundlage politischer Sacherwägungen. Dieses Manko bestimmte auch die Diskussion der endgültigen Verfassung, die letztlich aber doch am 15. Oktober 2005 mit 78,59 Prozent Ja-Stimmen in einem Referendum angenommen wurde.

Der Wahlmarathon des Jahres 2005 endete am 15. Dezember mit einem Urnengang, der erstmals kein Provisorium, sondern die Etablierung eines regulären Parlaments zum Ziel hatte. Sowohl die numerischen Mehrheitsverhältnisse als auch das entscheidende Wirken konfessionalistischer Faktoren widerspiegelnd, gewann ein Block schiitischer Parteien, deren stärkste der »Hohe Islamische Rat Iraks« (engl. ISCI) und die Daawa (Ruf zum Islam)-Partei waren, beide Wahlen des Jahres 2005. Nach mehreren Anläufen setzte sich der Daawa-Vertreter Nouri al-Maliki als Ministerpräsident durch. Am 31. Januar 2009 wurden landesweit Provinzräte gewählt, am 8. November 2009 bestätigte eine Wahlkommission die Bestimmungen der zunächst für den 31. Januar und dann für den 7. März 2010 terminierten nächsten regulären Parlamentswahlen.[6]

Die überzeugenden Wahlsiege der Schiiten und die daraus abgeleitete Herrschaft über die politischen und wirtschaftlichen Schalthebel der Macht könnten nun den Schluss nahe legen, dass sich die eingangs erwähnte Variante gelungener staatlicher Rekonstruktion nur formal durchgesetzt hat und eigentlich nur die Vorzeichen einer neuen – dieses Mal schiitischen – Diktatur in Irak kaschiert. Diese Gefahr ist mitnichten gebannt, wurde aber in dem Maße schwächer, wie die Rivalitäten innerhalb des Lagers der schiitischen Sieger zunahmen. Zunächst spitzten sich die Widersprüche zwischen den saturierten, Macht ausübenden Schiitenparteien (ISCI, Daawa) auf der einen, und – tatsächlichen oder lediglich wahrgenommenen – schiitischen Verlierern des Rekonstruktionsprozesses auf der anderen Seite zu. Letztere werden in erster Linie von dem charismatischen Prediger Muqtada as-Sadr und seinen Anhängern bzw. Milizen (Mahdi-Armee) repräsentiert. Im März 2008 kam es in der Umgebung von Basra zu einer militärischen Konfrontation

---

6 Vgl. Middle East Economic Survey (MEES) 46/2009, S. 29.

zwischen Ministerpräsident Maliki und seinem Herausforderer, die mit einer Niederlage Sadrs endete.[7] Kaum war diese Entscheidung gefallen, brachen die bis dato nur aus pragmatischen Gründen unterdrückten Widersprüche zwischen ISCI und Daawa-Partei offen aus.

Der ISCI ist die bei weitem stärkste und einflussreichste Organisation innerhalb des vor den Wahlen von 2005 gegründeten »Schiitenblocks«, der »Vereinigten Irakischen Allianz« (engl. UIA). In sechs der neun hauptsächlich von Schiiten bewohnten Provinzen Iraks bestallte der ISCI nach 2005 den Gouverneur, seine Mitglieder bildeten die Mehrheit innerhalb der UIA-Fraktion im Parlament. Entsprechend dieser Dominanz hätte der ISCI eigentlich auch den Ministerpräsidenten stellen müssen. Der Verzicht darauf erklärt sich in erster Linie aus dem geistlichen Status von ISCI-Chef Abd al-Aziz al-Hakim. Den in der UIA vereinigten Schiitenparteien war von Anfang an klar, dass die Wahl eines Geistlichen zum Ministerpräsidenten den allenthalben geäußerten Vorwürfen und Verdächtigungen, Irak entwickle sich unter schiitischer Führung zu einer Theokratie nach iranischem Muster, politisch kontraproduktiven Vorschub geleistet hätte. Deshalb waren die schließlich von der UIA benannten Ministerpräsidenten aus der kleineren Daawa-Partei, zunächst Ibrahim al-Jaafari und danach Nouri al-Maliki, immer nur Kompromisskandidaten. Verschiedene Umstände führten ab 2008 jedoch dazu, dass Maliki diese Schwäche erfolgreich kompensieren konnte. Ohne sein Zutun beging der ISCI zunächst den folgenschweren Fehler, sich für eine stärkere Föderalstruktur Iraks einzusetzen, das heißt dem schiitisch dominierten Südirak ähnliche Autonomierechte einzuräumen wie den kurdischen Siedlungsgebieten im Norden. Da sich in beiden Gebieten der Löwenanteil der irakischen Erdölvorkommen befindet, sahen die Sunniten in der ressourcenarmen Mitte, aber auch alle am Fortbestand eines irakischen Zentralstaats Interessierten Abd al-Aziz al-Hakims Idee als »Verrat am Vaterland« an.[8] Der solcherart Gescholtene konnte sich – von schwerer Krankheit gezeichnet – kaum noch verteidigen; er starb am 26. August 2009 in Teheran.

Maliki besetzte jedenfalls geschickt das Kontrastprogramm und gerierte sich im Verlauf des Jahres 2008 zunehmend als Garant und Sachwalter des Fortbestands Iraks als Zentralstaat. Durch die militärische Zerschlagung der gefürchteten »Mahdi-Armee« seines Glaubensbruders Muqtada as-Sadrs gewann er bei den Sunniten genauso an Ansehen wie durch die – wenn auch nie reibungslose – Eingliederung von sunnitischen Räten und Stammesmilizen in entsprechende zivile und militärische Strukturen des Staates. Nicht zuletzt gewann Maliki bei nahezu allen Landsleuten durch seine geschickte Verhandlungsführung bei der Festlegung eines »Status of Forces«-Abkommens (SOFA) mit den USA und der Festlegung einer genauen Terminierung für den stufenweisen Rückzug der US-Truppen aus Irak an Statur.

Die Wahlen zu den – auf Grund ihrer Budgetautonomie außerordentlich starken – Provinzräten am 31. Januar 2009 entwickelten sich zu einem ersten Test für den Popularitätsgewinn Malikis. Sein gegen regionale, konfessionelle

---

7 Vgl. ebd. 14/2008, S. 21.
8 Vgl. Iraq's Provincial Elections: The Stakes, in: ICG Middle East Report, 27.1.2009, S. 14–20.

und ethnische Partikularinteressen gerichteter Wahlkampf erwies sich als sehr erfolgreich. Viele einflussreiche sunnitische Politiker und Organisationen hatten schon im Vorfeld verkündet, in umstrittenen Gebieten Allianzen mit Maliki einzugehen. In Bagdad und Basra erhielt dessen Liste mit 38 bzw. 37 Prozent den jeweils höchsten Stimmenanteil, in allen neun »Schiitenprovinzen« gewann sie über 20 Prozent; kein »Kantersieg«, aber durchweg doppelt so viele Stimmen wie die ISCI-Kandidaten.[9]

Malikis Politik hat Irak seit 2008 zweifellos stabilisiert und auch die Gefahr einer »schiitischen Diktatur« vermindert. Trotzdem befindet sich das Land noch längst nicht in ruhigem Fahrwasser. Anhänger föderaler Strukturen werfen dem Ministerpräsidenten verstärkt vor, er revitalisiere das von der Baath-Partei favorisierte Zentralstaatskonzept. Kurdische Politiker verstärken diesen Vorwurf oft durch die Klage, Maliki habe die Deeskalation konfessioneller Widersprüche lediglich durch eine Verschärfung ethnischer Gegensätze ersetzt; er konstruiere eine schiitisch-sunnitische arabische Allianz gegen die Kurden.[10] Schiitische Opponenten werfen ihm dagegen das Gegenteil vor: Seine Politik habe dazu beigetragen, aus dem vormals festen Block schiitischer Parteien ein Konglomerat sich erbittert bekämpfender Kleinparteien und einzelner Politiker zu machen. Nutznießer seien die ehemaligen sunnitischen Herren.[11] Die Vorwürfe sprechen von einem andauernden Misstrauen der politisch führenden Kräfte Iraks untereinander. Wichtige politische und wirtschaftliche Grundsatzentscheidungen werden dadurch entweder aufgeschoben (territoriale Zugehörigkeit von Kirkuk) oder bis zur Unkenntlichkeit verwässert (Verteilung der Erdöleinnahmen). Selbst zentrale staatliche Institutionen wie die Streitkräfte offenbaren bei genauerer Analyse eine paralysierende Heterogenität; faktisch bilden sie die Summe der ehemaligen Milizen. Von den gegenwärtig zwölf irakischen Divisionen untersteht die Hälfte dem direkten Befehl bestimmter politischer Organisationen: zwei dem ISCI, eine der Daawa-Partei, zwei den Kurdenführern Mustafa Barzani und Jalal Talabani sowie eine dem arabisch-sunnitischen »Islamischen Rat«. Die anderen sechs Divisionen, vor allem an neuralgischen Punkten stationiert, unterstehen einem gemischten Kommando.[12]

Angesichts dieser Situation vermindert sich die Sorge über die weitere Entwicklung Iraks nach dem vollständigen Rückzug der US-Truppen 2011 – wenig überraschend – kaum. Irakische Experten befürchten insbesondere ein Wiederaufflammen des Bürgerkriegs; das Ausland, vor allem die arabische Nachbarschaft, sorgt sich um den wachsenden Einfluss nichtarabischer Staaten wie der Türkei und Irans in Irak bzw. um das Erstarken zentrifugaler Tendenzen, die den Staatszerfall – mit weitreichenden Auswirkungen auf die Region – doch noch möglich machen.[13]

---

9 Vgl. Joost R. Hiltermann, Iraq's Elections: Winners, Losers, and What's Next, in: openDemocracy, 10.2.2009, S. 1 ff.
10 Vgl. Fred Halliday, Iraq in the Balance, in: openDemocracy, 28.3.2009, S. 2.
11 Vgl. Khair El-Din Haseeb, The Occupation of Iraq: An Exit Proposal, in: Contemporary Arab Affairs 1/2009, S. 6.
12 Vgl. Ra'd al-Hamdani, Aspects of Disintegration, a. a. O. (Anm. 2), S. 136 f.
13 Vgl. Al-Sharq al-Awsat, 4.3.2009.

Wenig Demokratie, aber Stabilität

Bei nüchterner Betrachtung scheint hingegen der Staatszerfall Iraks wenig wahrscheinlich. Keiner der Nachbarstaaten würde vom irakischen Staatszerfall profitieren, deshalb betreibt auch keine Regierung in der Region – ungeachtet wechselseitiger Vorwürfe, genau das zu tun – aktiv eine destabilisierende Politik in Irak. Zudem spricht auch die Geschichte gegen die akute Gefahr einer Auflösung Iraks. Obwohl die meisten Staaten der Region den typischen Prozess komplizierter Nationbuilding nach langen Phasen der Kolonialherrschaft durchlaufen haben, ist keiner der nach dem Zusammenbruch des Osmanischen Reiches entstandenen arabischen Staaten von der Landkarte verschwunden oder hat seine Gestalt – mit Ausnahme der jemenitischen Vereinigung 1990 – wesentlich verändert.[14] Auch entstand in den teilweise jahrzehntelangen Kämpfen für die nationale Befreiung in diesen Ländern – nicht zuletzt in Irak – ein starkes Nationalgefühl, das konfessionelle und ethnische Identifikationsmuster nicht ersetzte, aber modifizierte und überlagerte. Es ist dieses Nationalgefühl, an das Ministerpräsident Nouri al-Maliki erfolgreich appellierte.

Trotzdem erfüllten sich seine Erwartungen in den Parlamentswahlen vom 7. März 2010 nicht. Malikis Wahlblock (State of Law Coalition/SLC) unterlag mit 89 Parlamentssitzen denkbar knapp Iyad Allawis »Iraqiyya«-Liste, die 91 Sitze gewann. Damit wurde der sich bereits bei den Provinzratswahlen vom Januar 2009 andeutende Trend der Bevorzugung von »nationalen« Tugenden vor Errungenschaften wie Demokratie und Freiheit durch die irakische Wählerschaft eindrucksvoll bestätigt. Mit dem nominell schiitischen, primär aber säkularen Nationalisten Allawi erhielt derjenige Politiker die meisten Stimmen, der noch glaubhafter als Maliki die Verheißung auf Stabilität und Stärkung des irakischen Zentralstaats verkörperte.

Nur scheinbar paradox dazu blieb aber die ethnische bzw. konfessionelle Grundausrichtung der Wahlblöcke bestehen. In der Regel folgten die Wählerinnen und Wähler bei ihrer Stimmabgabe nach wie vor ihrem Glaubensbekenntnis bzw. ihrer ethnischen Herkunft. Die Kurdenallianz gewann die kurdischen Stimmen, Al-Iraqiyya sammelte fast alle sunnitischen Stimmen ein und die schiitische Bevölkerungsmehrheit verteilte ihre Stimmen dieses Mal zwischen ISCI und SLC.

Der knappe Wahlausgang erschwerte die Regierungsbildung enorm. Leider enthält die irakische Verfassung keine dezidierten Bestimmungen für eine lange Übergangsperiode. Je länger sich die Regierungsbildung hinzieht, desto größer wird der rechtsfreie Raum und desto wahrscheinlicher der erneute Ausbruch flächendeckender Gewalt. Mittelfristig werden der Ausgang der Parlamentswahlen vom März 2010 und die Art seiner politischen Umsetzung den Charakter des irakischen Staates dennoch entscheidend bestimmen.

---

14 Vgl. Fred Halliday, Iraq in the Balance, a. a. O. (Anm. 10).

Illiberum Veto im Libanon: Blockierte und kriegsgefährdete Republik

Theodor Hanf

Mehr als ein Jahrhundert lang konnte jeder Abgeordnete des polnischen Sejms einen Beschluss verhindern. Dieses »Liberum Veto« diente nicht nur der Vertretung partikularer Interessen, sondern ermöglichte es auch den Nachbarstaaten – Russland, Preußen, Österreich –, ihren Einfluss geltend zu machen. Im Libanon gab es bereits seit der Unabhängigkeit 1943 einen ähnlichen Mechanismus: Im ungeschriebenen Nationalpakt, einer Art »Gentlemen's Agreement«, vereinbarten die Gründungsväter der Republik eine Teilung der Macht zwischen den Religionsgemeinschaften: Weder Christen noch Muslime sollten ohne die anderen regieren können. Nach den Libanon-Kriegen 1975–1990 erhielt diese Vereinbarung Verfassungsrang:[1] Parlament und Regierung sind paritätisch zusammengesetzt, Präsident ist ein Maronit, Regierungschef ein Sunnit, Parlamentspräsident ein Schiit. In der Regierung müssen alle größeren Religionsgemeinschaften vertreten sein. Tritt ein Drittel der Minister zurück, ist die Regierung automatisch aufgelöst. Kurz: Zwar verfügt nicht ein einzelner Abgeordneter, wohl aber jede große Gemeinschaft über ein »Liberum Veto«.

Seit Mai 2008 jedoch klaffen Verfassung und Verfassungswirklichkeit auseinander. Die 2005 aus den freien Wahlen hervorgegangene Regierung hatte beschlossen, der schiitischen Partei Gottes – Hisbollah[2] – nicht mehr zu gestatten, ein eigenes Telefonfestnetz zu betreiben.[3] Hisbollah verfügt als einzige libanesische Partei über eine eigene Miliz. Sie ist schlagkräftiger als die staatliche Armee, und nunmehr schlug sie los: In nur wenigen Stunden besetzte sie West-Beirut und Teile des Schuf-Gebirges, Hochburgen der die Regierung tragenden sunnitischen al-Mustaqbal und der drusischen Sozialistisch-Progressistischen Partei. Deren Parteilokale, Zeitungsbüros und Fernsehsender wurden abgebrannt. Etwa 60 Menschen kamen um, bevor sich die Hisbollah-Kämpfer wieder zurückzogen. Sie übergaben die eroberten Gebiete an die Armee, die den Kämpfen zugesehen hatte, ohne einzugreifen. Auf Vermittlung Katars traten Vertreter von Regierung und Opposition in Doha zusammen und schlossen das nach dieser Stadt benannte Abkommen: Die umstrittenen Beschlüsse der Regierung wurden aufgehoben, die Wahl des Armeechefs Michel Suleiman zum Staatspräsidenten, die Bildung einer Regierung der nationalen Einheit mit einer Sperrminorität von

---

1 Neuere Arbeiten zur Verfassung und zum politischen System: Tamirace Fakhoury-Mühlbacher, Democracy and Power-Sharing in Stormy Weather: The Case of Lebanon, Wiesbaden 2007; Cordelia Koch, Verfassung im Kraftfeld von Krieg und Frieden: Von der konkurrenz- zur konkordanzdemokratischen Verfassung im Libanon, Baden-Baden 2007.

2 Eine kurze, aber ausgewogene Darstellung ist: Augustus Richard Norton, Hezbollah: A Short History, Princeton, NJ, and Oxford 2007.

3 Gleichzeitig beschloss sie, den der Hisbollah nahestehenden Sicherheitschef des Beiruter Flughafens abzulösen.

einem Drittel für die bisherige Opposition und eine Neuwahl des Parlaments vereinbart. Wenige Tage später wurde der Präsident gewählt, und im Juni 2008 das neue Parlament. Wie bereits 2005 erzielte das bisherige Regierungsbündnis eine knappe Mehrheit. In den folgenden, Monate dauernden Verhandlungen wurde klar, dass nach Doha eine parlamentarische Mehrheit nicht mehr einfach regieren kann. Erneut wurde eine Regierung der nationalen Einheit unter Einschluss von Ministern der Hisbollah und deren Alliierten gebildet. Diese verfügen zwar nicht über eine Sperrminorität nach den Regeln der Verfassung, wohl aber über ein De-facto-Veto – ein auf militärische Macht gestütztes »Illiberum Veto«.

Was brachte Hisbollah dazu, entgegen jahrelang wiederholten Beteuerungen, ihre »Waffen ins Inland« zu wenden, und zwar wegen eines Telefonfestnetzes und einer Personalie? Ausschlaggebend waren tiefgehende Gegensätze zwischen Mehr- und Minderheit nicht über innenpolitische Fragen, sondern über die außen- und sicherheitspolitische Orientierung, insbesondere über die Zuordnung des Libanon zu den konkurrierenden Allianzen in den Konflikten der Region.

»Hongkong« oder »Hanoi«?

Auf diese prägnante Formel brachte Walid Dschumblatt, Drusenfürst und Chef der Sozialistisch-Progressistischen Partei, die gegensätzlichen Leitvorstellungen. Die Anhänger der Option »Hongkong« sind der Auffassung, das Land habe im Laufe der letzten Jahrzehnte genügend für die arabische Sache im Nahost-Konflikt getan und gelitten; es sei nunmehr an der Zeit, sich von den Konfrontationen zu verabschieden, zur eigentlichen Berufung des Libanon zurückzukehren und friedlich Geschäfte zu machen. Um das zu erreichen, seien die Resolutionen des UN-Sicherheitsrats zu befolgen: Hisbollah müsse ihre Waffen abgeben oder staatlicher Autorität unterstellen, das Waffenstillstandsabkommen von 1949 mit Israel sei zu respektieren, um dem südlichen Nachbarland keinen Vorwand für neue militärische Aktionen zu geben. Die Anhänger der Option »Hanoi« sind hingegen der Überzeugung, ein neuer israelischer Angriff werde auf jeden Fall kommen; es sei daher angezeigt, sich so gut wie möglich darauf vorzubereiten. Die libanesische Armee sei der israelischen nicht gewachsen, da ihr die notwendige Bewaffnung fehle. Daher könne auf den »Widerstand« nicht verzichtet werden, der sowohl hinreichend motiviert wie aufgrund der Hilfe befreundeter Staaten über ein zur Abschreckung Israels geeignetes Waffenarsenal verfüge. Zu diesem gehöre das eigene Telefonfestnetz der Hisbollah, das – im Gegensatz zum Mobilfunknetz – vom Gegner nicht abgehört werden könne.

Wer »Hongkong« möchte, tritt für eine uneingeschränkte Souveränität des Libanon ein. Einen Monat nach der Ermordung des früheren Ministerpräsidenten Rafiq Hariri im Februar 2005 waren über eine Million Menschen zu einer Demonstration im Zentrum Beiruts zusammengekommen und hatten den Abzug der seit fast 30 Jahren im Lande stationierten syrischen Truppen gefordert: Dies war der Beginn des »Bündnisses des 14. März«. Es war zunächst erfolgreich. Mit Unterstützung westlicher Staaten, vor allem der USA, erreichte es im April 2005 den vollständigen Abzug der Syrer. Wenige Monate später gewann der »14. März« bei den seit 1972 ersten freien Wahlen eine Mehrheit. Die von ihren Anhängern so genannte Unabhängigkeits-Intifada[4] schien gesiegt zu haben. Weniger beachtet wurde zunächst, dass die parlamentarische Mehrheit des 14. März nur sehr knapp war. Bereits am 8. März hatte eine andere Massendemonstration ebenfalls knapp eine Million Menschen in Beirut versammelt, bei der Syrien für die Rolle, die es während und nach den Kriegen im Libanon gespielt hatte, gedankt und starke Verbundenheit mit dem östlichen Nachbarn bekundet wurde. Damit war das andere große Bündnis geboren, der »8. März«.

Interne und externe Bündnisse

Der 14. wie der 8. März unterscheiden sich nicht nur durch ihre unterschiedlich starke Betonung der libanesischen Selbstständigkeit und Ferne bzw. Nähe zu Syrien, sondern auch in ihren weiteren regionalen und internationalen Horizonten. Der 8. März sieht sich als Teil der Allianz des Widerstands gegen tatsächliche oder vermutete Pläne der USA, den Nahen und Mittleren Osten in ihrem und nicht zuletzt im israelischen Interesse neu zu ordnen – einer Allianz, die sich vor allem auf Syrien und Iran stützt. Der 14. März setzt in seinem Streben nach Wiederherstellung der libanesischen Souveränität auf westliche Unterstützung, aber auch auf die der »moderaten« arabischen Staaten, Ägyptens, Jordaniens und Saudi-Arabiens.

Seit 2005 hat sich das Gewicht der externen Allianzen der beiden libanesischen Bündnisse erheblich zugunsten derer des 8. März verschoben. Die wichtigsten Ursachen hierfür sind zum einen der militärische Misserfolg des israelischen Sommerkriegs 2006, zum anderen die bisherige Erfolglosigkeit westlicher Versuche, Syrien aus seinen Bündnissen mit Iran, Hisbollah (und Hamas) herauszulösen. Das Resultat des Sommerkriegs waren zwar hohe Verluste an Menschenleben und erhebliche Zerstörungen der libanesischen Infrastruktur, aber mitnichten die von Israel angestrebte Zerschlagung der Hisbollah. Die USA setzten sich erst spät für einen Waffenstillstand ein – und damit dem Verdacht aus, Israel Zeit für einen militärischen Erfolg zu lassen. Die moderaten arabischen Staaten waren hilflos und konnten nur die Rolle von Wiederaufbauhelfern übernehmen.

Syrien und Iran hingegen taten alles, um eine Wiederaufrüstung der Hisbollah zu ermöglichen, die ihren »göttlichen Sieg« feiern und sich in ihrer Widerstandsdoktrin bestärkt fühlen konnte. Frankreich, Deutschland und, etwas zögerlicher, die USA rivalisierten in ihren Versuchen, Syrien zu einer Änderung seiner Bündnispolitik zu veranlassen. Aber weder die Peitsche der Isolierung noch das Zuckerbrot des Dialogs bewirkte die erwünschte »Verhaltensänderung«, Syrien blieb bei seiner seit Jahren konsistenten Politik: Friedensgespräche mit Israel werden angeboten – zu syrischen Bedingungen –, die Zusammenarbeit mit Iran und Hisbollah aber nicht aufgegeben. So ist es wenig erstaunlich, dass der syrische Einfluss im Libanon auch ohne militärische Präsenz seit 2006 wieder erheblich zugenommen hat. Erstmals wurden Botschafter ausgetauscht. Dessen ungeachtet zögert der syrische Präsident nicht, in innerlibanesische Debatten einzugreifen. Immer häufiger mühen sich nicht nur Politiker des 8., sondern auch des 14. März um sein Wohlwollen

---

4   In den USA als »Zedernrevolution« bezeichnet.

und pilgern nach Damaskus, nicht zuletzt auch der Ministerpräsident. Kurz: Die Unterstützung des 8. März durch Syrien und Iran ist sehr konkret, die des 14. März durch die moderaten arabischen Staaten finanziell und die des Westens vorwiegend verbal. Ungeachtet des erneuten knappen Siegs des 14. März bei den Parlamentswahlen 2009 hat die Veränderung der regionalen Machtverhältnisse dazu geführt, dass der Libanon nicht ohne den 8. März regiert werden kann, und erst recht nicht gegen ihn. Am deutlichsten zeigte sich dies, als der im Konsens gewählte Staatspräsident Michel Suleiman im Mai 2010 erklärte, die Kräfte des »Widerstands« seien unerlässlich für die Verteidigung des Landes.

Bündnisse und Religionsgemeinschaften

Die beiden Bündnisse sind legitimiert durch demokratische Wahlen nach einem einvernehmlich akzeptierten Wahlgesetz. Beide verfügen über eine zahlenmäßig vergleichbare Anhängerschaft in der Bevölkerung. Beide sind in der Lage, Hunderttausende von Demonstranten zu mobilisieren. Sie machen von diesem Instrument politischer Mobilisation allerdings zunehmend vorsichtigeren Gebrauch, um ungewollte Zusammenstöße zu vermeiden. Alle politischen Akteure im Libanon kennen sich, schätzen sich gegenseitig realistisch ein und pokern um Anteile an der Macht. Viele von ihnen sind sich seit den 1980er Jahren in herzlicher Abneigung verbunden, beide politischen Bündnisse haben aber frühere Feinde zusammengeführt.[5] Die gegenwärtigen Allianzen mögen angesichts der Vergangenheit ihrer Akteure schwer nachvollziehbar erscheinen, folgen gleichwohl einer klaren politischen Logik – und zwar der Interessenlogik der libanesischen Religionsgemeinschaften.

Diese stellen weiterhin die weitaus wichtigsten sozialen Formationen der libanesischen Gesellschaft dar.[6] Bei ihnen handelt es sich nicht allein um »Konfessionen«, sondern um durch Jahrhunderte lange Endogamie ethnifizierte, also volksgruppenartige Gemeinschaften. Diese bestehen aus weitläufig verwandten Großfamilien und vertreten deren gemeinsame Interessen auf überlokaler Ebene. Großfamilien bilden das wichtigste Netz sozialer Sicherung, sind Träger der meisten kleinen und mittleren Wirtschaftsbetriebe und auch politischer Interessenaggregation. Die Verfassung erkennt vier muslimische und 15 christliche Gemeinschaften an. Die Gemeinschaften haben eigene Ehegesetze und Personenstandsbehörden

---

5 Der frühere General und Ministerpräsident Michel Aoun kommandierte die Einheiten der Armee, die 1983 den Angriff der Truppen Walid Dschumblatts auf den Palast des damaligen Präsidenten Amin Gemayel abwehrten. Samir Geagea und Michel Aoun waren Gegner in erbitterten Kämpfen um die Kontrolle des christlichen Kerngebiets. Hisbollah wirft Mustaqbal-Chef Saad Hariri vor, er und Ministerpräsident Fuad Siniora hätten einen israelischen Sieg im Sommerkrieg 2006 gewünscht. In der ersten Hälfte der 1980er Jahre standen Geageas und Dschumblatts Milizen im Schuf einander gegenüber, Aoun und Nabih Berri bekämpften sich in Beirut, und später kämpften Amal und Hisbollah um die Vorherrschaft in den südlichen Vorstädten Beiruts und im Süden. 1989 erklärte Aoun einen Befreiungskrieg gegen Syrien; 1990 von syrischen Truppen besiegt, betrieb er während seines 15-jährigen Exils erfolgreiche Lobbyarbeit in den USA und Europa gegen die syrische Vorherrschaft. Am 14. März 2005 bestand ein Großteil der Demonstranten aus seinen Anhängern. Anfang 2006 aber schloss er einen Bündnisvertrag mit Hisbollah; seither werden er und seine Partei dem Lager des 8. März zugerechnet.

6 Vgl. Anne Françoise Weber, Le cèdre islamo-chrétien: Des Libanais à la recherche de l'identité nationale, Baden-Baden 2007.

(es gibt keine Zivilehe), die muslimischen Gemeinschaften außerdem separate Erbschaftsgesetze und -gerichte.[7] Ferner garantiert die Verfassung den Gemeinschaften eigene Schulen und Universitäten.

Die beiden politischen Bündnisse setzen sich formal aus Koalitionen politischer Parteien zusammen. Das Bündnis des 14. März besteht aus der Al-Mustaqbal-Bewegung, gegründet vom ermordeten Ex-Ministerpräsidenten Hariri und nun von seinem Sohn Saad geführt, den Lebanese Forces des früheren Milizführers Samir Geagea, der Kataeb-Partei des früheren Staatspräsidenten Amin Gemayel sowie der Kornet-Chewan-Gruppe, bestehend aus dem maronitischen Patriarchen nahestehenden Notabeln. Bis zum Sommer 2009 gehörte ihm auch die Progressistisch-Sozialistische Partei Dschumblatts an, diese hat sich seither jedoch schrittweise daraus verabschiedet. Dschumblatt, zuvor einer der exponiertesten Sprecher des 14. März, bemühte sich um eine Annäherung an Damaskus, nachdem Saad Hariri, Chef des Mustaqbal und seit 2009 Premierminister, bereits den Gang nach Canossa angetreten hatte.

Das Bündnis des 8. März umfasst die von Hassan Nasrallah geführte Hisbollah, die Amal-Bewegung des Parlamentspräsidenten Nabih Berri, die Freie Patriotische Bewegung des früheren Generals und Ministerpräsidenten Michel Aoun, die Marada-Partei Sleiman Frangiés, die Baas-Partei und die Syrische Sozialistisch-Nationale Partei.

Die Anhängerschaft dieser Parteien ist nach Zugehörigkeit zu Religionsgemeinschaften sehr unterschiedlich zusammengesetzt.[8] Im Bündnis des 14. März sind die Parteigänger von Al Mustaqbal überwiegend Sunniten, die der Lebanese Forces und der Kornet-Chwan-Gruppe fast ausschließlich Christen, die der inzwischen aus dem Bündnis ausgeschiedenen Progressistisch-Sozialistischen Partei überwiegend Drusen. Ähnlich sieht es beim Bündnis des 8. März aus: Hisbollah ist eine fast ausschließlich, Amal eine überwiegend schiitische Partei, während die Freie Patriotische Bewegung sowie Marada ebenso überwiegend christliche Mitglieder haben. Lediglich die kleinen prosyrischen Parteien und die Kommunisten sind nicht bestimmten Gemeinschaften zuzuordnen. Etwas überspitzt: Libanon hat ein sunnitisches Ein-, ein schiitisches Zwei- und ein christliches Dreiparteiensystem.

Die Polarisierung zwischen 14. und 8. März ist also in erster Linie eine zwischen Sunniten und Schiiten, während die Christen geteilt sind und sich auf beiden Seiten finden. Eliteinterviews aus den Jahren 2008 und 2009 zeigen, dass beide Seiten durch entgegengesetzte Furchtsyndrome motiviert sind: Sunniten, eine überwiegend urbane, in Handel und Gewerbe tätige Gemeinschaft, fürchten, ei-

---

[7] Hierzu weiterhin aktuell: Wilhelm Kewenig, Die Koexistenz der Religionsgemeinschaften im Libanon, Berlin 1965.

[8] Die folgenden und alle weiteren Angaben zu politischen Einstellungen und Meinungen libanesischer Bürger stützen sich auf eigene empirische Erhebungen: Befragungen während der Kriegsjahre 1982–87 in: Theodor Hanf, Koexistenz im Krieg: Staatszerfall und Entstehen einer Nation im Libanon, Baden-Baden 1990, S. 554 ff.; zur Nachkriegszeit: Ders., The Sceptical Nation: Opinions and Attitudes Twelve Years after the War, in: ders. und Nawaf Salam (Hrsg.), Lebanon in Limbo: Postwar Society and State in an Uncertain Regional Environment, Baden-Baden 2003, S. 197–228, ders. E pluribus unum? Lebanese Opinions and Attitudes on Co-existence, Byblos 2007. Die Daten der Befragungen 2008 und 2009 sind noch nicht publiziert.

genmächtige schiitische Aktionen könnten das Land erneut zum Schlachtfeld mit Israel machen. Auch sehen sie die religiös-politische Bindung der Hisbollah an Iran als eine den Landestraditionen fremde, bedrohliche Tendenz zu einer völlig anderen Republik. Die Drusen, eine traditionsreiche, aber kleine Gemeinschaft, fühlen sich in besonderem Maße genötigt, ihre Politik den Schwankungen des nationalen und regionalen Machtgleichgewichts anzupassen. 2005 spielten sie eine wichtige Rolle in der Unabhängigkeits-Intifada. Der 7. Mai 2008 hat ihnen aber gezeigt, dass auch ihr Stammgebiet von Hisbollah erobert werden kann. Sie suchen inzwischen vorsichtig nach einer neutralen Rolle.

Die Ängste der Schiiten sind völlig andere. Sie fürchten neue israelische Angriffe. Weil der libanesische Staat sie bei früheren Invasionen nicht schützen konnte, wollen sie sich selbst zur Wehr setzen können und deswegen auf keinen Fall ihre Waffen abgeben. Sie fürchten auch, das Bündnis des 14. März könnte US-amerikanischem Druck nachgeben und versuchen, die Palästina-Flüchtlinge einzubürgern – was einerseits im israelischen Interesse läge, andererseits auch in dem der Sunniten, die dadurch zahlenmäßig gestärkt würden. Angst haben die Schiiten auch davor, in einem überwiegend sunnitischen regionalen Umfeld durch die Macht sunnitischen Geldes zu einer benachteiligten Gemeinschaft zu werden, wie sie es zuvor waren.

Die Christen teilen die Befürchtungen der Sunniten wie der Schiiten, haben Angst vor den einen wie den anderen – und sind entzweit durch die Einschätzung, welche Gefahr die größere sei. Für die Christen des 14. März ist es die syrisch-iranisch-schiitische Allianz, für die der Opposition die saudiarabisch-ägyptisch-sunnitische. Die Christen des 8. März fragen sich, ob die Sunniten auch dann an der Souveränität des Libanon festhalten würden, wenn in Damaskus einmal – statt der alawitischen – eine sunnitische Regierung an der Macht wäre. Einig sind sich die Christen in ihrer Einschätzung, sie seien seit 1990 politisch marginalisiert worden und dies auch nach 2005 geblieben, uneinig in der Frage, wie dem abzuhelfen sei. Die Christen des 14. März hoffen immer noch auf westliche Unterstützung, die Anhänger Aouns setzen eher auf eine Allianz der regionalen Minderheiten – Alawiten, Schiiten und sie selbst.

Repräsentativbefragungen[9] zeigen, dass die Verbundenheit mit der jeweiligen Gemeinschaft stark zugenommen hat, von 58 Prozent im Kriegsjahr 1987 über 66 Prozent (2002) auf nicht weniger als 81 Prozent (2006 und 2009). Die Anteile derer, die Identitätswahrung ihrer Gemeinschaft über Loyalität zum Lande stellen, stiegen von zwölf Prozent auf ein Drittel der Befragten. So ist es nicht erstaunlich, dass die politischen Parteien weitgehend »Exekutivausschüsse der Milieus« sind, im libanesischen Fall der Gemeinschaften.

Wie sehr diese Gemeinschaften Assoziationen von Familien sind, zeigte sich deutlich bei den Gemeindewahlen im Mai und Juni 2010. Vielerorts wurden Konsenslisten gebildet, auf denen alle größeren Familien vertreten waren. Hisbollah und Amal bemühten sich in ihren Hochburgen besonders um solche Listen, Al-Mustaqbal ebenfalls. Schärferen Wettbewerb gab es hingegen in den überwiegend christlichen Gemeinden und Distrikten. Die Wahlergebnisse insgesamt spiegeln die der Parlamentswahlen wider, mit einem Unterschied:

---

9 Ebd.

Im Konfliktfall zählte Familien- mehr als Parteizugehörigkeit: Interessen werden zunächst auf Familien-, dann auf Gemeinschafts- und Parteiebene aggregiert. Allen Libanesen geht es um Teilhabe an der Macht und deren Benefizien. Unterschiede in innenpolitischen Programmen gibt es kaum. Die unterschiedlichen Furchtsyndrome der verschiedenen Gemeinschaften bestimmen aber weiterhin die außen- und sicherheitspolitischen Kontroversen.

Politisches Patt und wirtschaftliche Prosperität

Alle politischen Kräfte haben sich mit der bestehenden Pattsituation abgefunden, die aus dem »Illiberum Veto« resultiert. Hisbollah blieb nicht in den im Mai 2008 besetzten Stadtvierteln und Gebieten, wohl aus der Einsicht, dauerhafte Kontrolle sei schwieriger als die schnelle Eroberung – oder aber, weil ihre Hauptziele erreicht waren: eigenständige militärische Macht und ein effektives Veto gegen jeden Versuch, diese einzuschränken. Eine Politik nach dem Leitbild »Hanoi« ist damit möglich. Wer nicht damit einverstanden ist, hat einsehen müssen, dass er nichts dagegen machen kann. Die Regierungsgeschäfte gehen weiter, wie immer schon üblich: ständiges Aushandeln von Kompromissen in allen – außer sicherheitspolitischen – Fragen, zähes Ringen um den Einfluss der verschiedenen Patronagenetze und wirtschaftspolitischer Pragmatismus. Tagespolitik im Vorzeichen des »Illiberum Veto« unterscheidet sich kaum von der unter dem »Liberum Veto« der herkömmlichen Konkordanzdemokratie.

Ungeachtet der außenpolitischen Unsicherheit weist das Land nach den meisten einschlägigen Entwicklungsindikatoren günstige Werte auf. Zurückzuführen ist dies auf eine erstaunliche Beharrungsfähigkeit der staatlichen Administration, vor allem aber auf die stupende Vitalität der Bevölkerung und ihre wirtschaftliche Eigeninitiative. Zwar sind während der Kriege 1975 bis 1990 sowie während der Besatzungsjahre und erneut nach dem Sommerkrieg 2006 viele Unternehmer ausgewandert. Die jeweils Daheimgebliebenen aber haben nach jeder Krise neue wirtschaftliche und kulturelle Dynamik gezeigt. Dabei helfen die Geldüberweisungen ausgewanderter Familienmitglieder, deren Höhe sich auf etwa ein Viertel des Sozialprodukts beläuft.

Nur wenige Libanesen halten sich für arm. Zwei Drittel rechnen sich zur Mittel-, ein knappes Fünftel zur unteren Mittel- und ganze vier Prozent zur Unterschicht. Zwischen Angehörigen der verschiedenen Religionsgemeinschaften sind die Unterschiede in der Selbsteinstufung gering. Bemerkenswert ist vor allem, dass nur noch unterdurchschnittliche drei Prozent der vormals marginalisierten Schiiten sich der Unterschicht zuordnen. Arme sind im Libanon vorwiegend Ausländer. Schwere und unangenehme Arbeiten werden von über einer halben Million syrischer Wanderarbeiter geleistet. Hausangestellte aus Asien oder Afrika – überwiegend gut verköstigt, aber dürftig bezahlt – finden sich in etwa jedem vierten libanesischen Haushalt. Darüber hinaus leben weiterhin rund 200 000 palästinensische Flüchtlinge in Lagern, deren Lebensbedingungen deutlich unter denen der Libanesen liegen.

Neben dem Vergleich mit diesen Gruppen gibt es aber auch objektive Kriterien,[10] die erklären, warum sich nur wenige Libanesen als arm betrachten. Mit einem Pro-Kopf-Einkommen von ca. 10 100 Dollar gehören sie zu einer »Upper-Middle Income Economy«. Auf dem HDI-Index ist Libanon vom 88. Platz (2007/08) auf den 83. von 182 Ländern (2009) vorgerückt. Vier Fünftel aller Kinder besuchen Vorschulen, 97 Prozent der jeweiligen Jahrgänge Primar-, 83 Prozent weiterführende und nicht weniger als 52 Prozent Hochschulen. Obwohl ein Fünftel des Staatshaushalts auf Bildung entfällt, besucht die Mehrheit der Schüler und Studenten private Institutionen. Schulgeld wird als lohnende Investition betrachtet. Daher finden sich neben der gebührenfreien staatlichen Universität nicht weniger als 42 anerkannte Privatuniversitäten.

Es gibt keine Arbeitslosenversicherung, hingegen eine Sozialversicherung. Das Gesundheitswesen ist vorzüglich, jedoch sowohl für den Staat wie für Patienten sehr teuer.[11] Die Wasserversorgung ist gesichert; Wasser ist eine reichlich vorhandene Naturressource des Landes – freilich auch die einzige. Probleme der Nahrungsmittelversorgung gibt es nicht.

Der Wiederaufbau nach den Kriegen 1975 bis 1990 und 2006 wurde weitgehend durch Staatsverschuldung finanziert, die 2009 150 Prozent des Bruttoinlandsprodukts (BIP) betrug – überwiegend Inlandsschulden.[12] 37 Prozent des Staatshaushalts entfallen 2009 auf den Schuldendienst.[13] In den vergangenen Jahren wurde der Steuereinzug verbessert. Die unabhängige Nationalbank verfolgt eine konservative Währungspolitik. Das libanesische Pfund ist an den Dollar gebunden und bislang von Spekulationen verschont geblieben. Gold- und Devisenreserven sind auf 24,8 Milliarden Dollar gestiegen. Das Bankensystem blieb in der Weltwirtschaftskrise stabil. Die Wachstumsraten zeigen die Wirkung politischer Ereignisse: 2004 wuchs die Wirtschaft um 4,7 Prozent, 2005 noch um 1,1 Prozent. Im Kriegsjahr 2006 nahm sie um 2,8 Prozent ab, 2007 wieder um zwei Prozent zu. 2009, nach dem Ende der politischen Krise des Vorjahrs, stieg sie um nicht weniger als neun Prozent, vor allem durch Finanz- und Immobilieninvestitionen von Golf-Arabern und Übersee-Libanesen. Nachdem 2006 und 2007 ein Zahlungsbilanzdefizit zu verzeichnen war, ergab sich 2009 erneut ein hoher Überschuss. Die Inflationsrate sank von 14 Prozent (2008) auf vier Prozent im Folgejahr. Kurz: Während die sicherheitspolitische Lage von der »Hanoi«-Perspektive beherrscht wird, deuten die Wirtschaftsdaten eher auf »Hongkong«.

---

10 Angaben nach UN-Daten 2009.
11 Krankenhauskosten werden von der Sozialversicherung bezahlt, bei Nichtversicherten in medizinischen Dringlichkeitsfällen vom Gesundheitsministerium. Auch die peripheren Gebiete weisen eine ausreichende Versorgung auf. Die Kindersterblichkeit ist seit 1990 konstant gesunken und betrug 2009 »nur« 22 von 1000 Kindern unter fünf Jahren.
12 Auch die in Fremdwährungen ausgegebenen Schatzbriefe werden zu zwei Dritteln von libanesischen Banken gehalten.
13 Gegenüber 2007 leicht gesunken: 39,4%.

Keine prekäre, aber eine kriegsgefährdete Republik

In den sechziger Jahren galt der Libanon als eine prekäre, von inneren Spannungen gefährdete Republik[14] – zu Recht, wie die Jahre 1975 bis 1990 zeigen sollten. Heute halten zwei Drittel der Libanesen das bestehende politische System der Machtteilung zwischen den Gemeinschaften zwar nicht für ideal, doch für akzeptabel: lieber ein blockiertes System als ein Bürgerkrieg. Neun von zehn Befragten meinen, innere Konflikte könnten friedlich geregelt werden und – wichtiger – ebenso viele sind überzeugt, bei bewaffneten Konflikten werde es keine Sieger, sondern nur Besiegte geben. Den Jahrestag des Kriegsausbruchs im April 1975 begingen Minister und Abgeordnete aller politischen Tendenzen mit einem Fußballspiel.

Heute aber ist der Libanon in hohem Grade von außen bedroht. Hier ist nicht der Ort für Vermutungen darüber, ob Israel sich zu einem militärischen Schlag gegen Iran entschließen könnte, und ob dann Hisbollah aufgrund seiner Verbundenheit mit der islamischen Republik darauf mit der Eröffnung einer zweiten Front reagieren könnte.[15] Auszuschließen ist beides nicht. Andere Vermutungen betreffen einen neuen Versuch Israels, Hisbollahs militärische Macht zu brechen – auch ohne einen iranischen Anlass. Sie stützen sich auf Äußerungen israelischer Politiker, die Abschreckungskraft der israelischen Armee sei vital für das Überleben des Staates. Weil sie durch den Fehlschlag des Sommerkriegs 2006 an Glaubwürdigkeit verloren habe, sei sie wieder herzustellen. Da die libanesische Armee Hisbollah nicht entwaffnen könne und die im Libanon stationierten UN-Truppen dies nicht wollten, bliebe Israel nichts anderes übrig, als selbst zu handeln.

Es kann kein Zweifel daran bestehen, dass in jedem dieser hypothetischen Fälle der Libanon noch weit stärker als 2006 in Mitleidenschaft gezogen würde. Aber auch für Israel könnten die Kosten hoch sein. Daher ist auch nicht auszuschließen, dass Israel im eigenen Interesse beschließt, an seiner Nordgrenze nichts zu tun und das Verrosten der Raketen Hisbollahs abzuwarten. In diesem Falle könnte der Libanon mit der Gleichzeitigkeit der Optionen »Hanoi« und »Hongkong« leben, wie bereits die politische und wirtschaftliche Entwicklung der vergangenen beiden Jahre zeigt. Je länger sie andauert, umso mehr hat auch die Anhängerschaft der Hisbollah zu verlieren, und umso größere Fortschritte dürfte ihre Verbürgerlichung machen.

---

14 Michael C. Hudson, The Precarious Republic: Political Modernization in Lebanon, New York, NY, 1968.

15 Spekuliert wird auch über neue Zwischenfälle an der Grenze, falls das internationale Sondertribunal zur Aufklärung des Hariri-Mordes im kommenden Herbst Anklage gegen Hisbollah-Aktivisten erheben sollte. Präventiv bezeichnet Hisbollah diesen Gerichtshof als ein Instrument amerikanischer und israelischer Interessen und verweist darauf, ein kürzlich aufgedeckter israelischer Spionagering habe die libanesischen Mobilfunknetze kontrolliert und den internationalen Ermittlern manipuliertes Beweismaterial zugespielt. Hisbollah sieht im Übrigen sein Beharren auf einem eigenen Festnetz durch den spektakulären Spionagefall nachträglich gerechtfertigt.

Die palästinensischen Gebiete vor der Vielstaaterei?

Margret Johannsen[1]

Im Jahre 46 nach der Proklamation des Staates Israel etablierte sich auf einem kleinen Teil des Gebiets zwischen Jordan und Mittelmeer ein palästinensisches Gemeinwesen, das nach Souveränität strebt und bereits wesentliche Elemente von Eigenstaatlichkeit besitzt, so dass man ihm mitunter die Qualität eines Quasistaats, Protostaats oder Staates in spe zuspricht. Seine Eigenbezeichnung lautet Al-Sulta al-Wataniyyah al-Filastīniyyah, was amtlich mit Palestinian National Authority (PNA) übersetzt wird. Nichtarabische englischsprachige Dokumente offiziellen Charakters, zum Beispiel solche der Vereinten Nationen (UN), verwenden allerdings nur den kürzeren Begriff Palestinian Authority (PA). Im Deutschen wird PA als Abkürzung für dreierlei verwendet: mitunter in wortgetreuer Übersetzung für »Palästinensische Autorität«, häufiger für »Palästinensische Autonomiegebiete« oder aber im engeren Sinne für »Palästinensische Autonomiebehörde«. Deren Zuständigkeit erstreckt sich indes nicht auf die gesamten aus West Bank und Gaza-Streifen bestehenden »Palästinensischen Gebiete«, da sich gemäß den Oslo-Vereinbarungen von 1993 bis 1998 rund 60 Prozent der West Bank unter israelischer Kontrolle befinden.

Als sei das alles nicht schon kompliziert genug, spalteten sich die geographisch ohnehin voneinander getrennten Palästinensischen Autonomiegebiete im Juni 2007 auch noch politisch. Die neue politische Landkarte der »Palästinensergebiete«, wie sich die Massenmedien gerne ausdrücken, hat es zwar bis zum August 2010 nicht auf die Länderinformation der Website des Auswärtigen Amtes geschafft,[2] wohl aber Eingang in eine populäre Quelle gefunden. Unter dem Stichwort »Palestinian National Authority« trägt die englischsprachige Online-Enzyklopädie Wikipedia der Spaltung zwischen West Bank und Gaza-Streifen Rechnung, wenn sie die Besetzung der Ämter des Präsidenten (Mahmud Abbas/Fatah oder Aziz Duwaik/Hamas) bzw. des Ministerpräsidenten (Salam Fayyad/Dritter Weg oder Ismail Haniyeh/Hamas) umstritten nennt.[3]

Ein Noch-Nicht-Staat zerfällt: Hintergründe

Seit der Verfassungsreform 2003 haben die Palästinensischen Autonomiegebiete ein semipräsidentielles Regierungssystem. Zum Nachfolger des 2004 verstorbenen Präsidenten Yasir Arafat wurde 2005 Mahmud Abbas gewählt, der wie sein Vorgänger zu den Gründern der Fatah-Bewegung gehört und Vorsitzender der Palästinensischen Befreiungsorganisation (PLO) ist. Fatah dominierte das 1996 gewählte Parlament und die Regierung, so dass die beiden höchsten Posten

---

1 Ich bedanke mich bei Barbara Kauffmann für ihre editorische Unterstützung.
2 Auswärtiges Amt, Palästinensische Gebiete, <http://www.auswaertiges-amt.de/diplo/de/Laenderinformationen/01-Laender/PalaestinensischeGebiete.html> (abgerufen am 4.8.2010).
3 Palestinian National Authority, in: Wikipedia, <http://en.wikipedia.org/wiki/Palestinian_National_Authority> (abgerufen am 4.8.2010).

der Autonomiebehörde, Präsident und Ministerpräsident, beide mit Fatah-Funktionären besetzt waren. 2006 nahm die Exekutive infolge des Wahlsiegs der Hamas die Form eines »divided government« bzw. einer »cohabitation« an. Theoretisch hätte sich aus der Spannung zwischen einem Fatah-Präsidenten und einer Hamas-Regierung ein System von »checks and balances« entwickeln können. Doch der von Israel, den USA und der EU ausgerufene Boykott der Hamas-Regierung, der auch die ein Jahr später gebildete Regierung der nationalen Einheit traf, trieb nicht nur die PA in den finanziellen Bankrott, sondern fachte auch die Rivalität zwischen Fatah und Hamas weiter an: Fatah war nicht bereit, sich mit ihrer Wahlniederlage abzufinden, Hamas nicht gewillt, den Preis für internationale Anerkennung zu entrichten, das heißt Israel formell anzuerkennen, jeglicher Gewalt bedingungslos abzuschwören und alle früheren Abkommen zwischen Israel und der PLO als bindend zu betrachten.

Die USA heizten den Machtkampf noch an, als sie Fatah aufrüsteten und mit Einverständnis Israels und Ägyptens darin bestärkten, eine militärische Kraftprobe mit Hamas im Gaza-Streifen zu wagen.[4] Die Kämpfe zwischen den Hamas-Milizen und den Fatah-geführten Sicherheitskräften der PA endeten im Juni 2007 mit der Machtübernahme durch die Hamas. Präsident Abbas reagierte auf Niederlage und Machtverlust der Fatah im Gaza-Streifen mit der Auflösung der Einheitsregierung unter Ministerpräsident Haniyeh und der Ernennung einer Notstandsregierung unter Ministerpräsident Fayyad, die nach 60 Tagen in eine Übergangsregierung überführt wurde und mehrere Kabinettsumbildungen erlebte – stets ohne Beteiligung der Hamas. Der De-facto-Regierung im Gaza-Streifen steht der von Abbas abgesetzte Haniyeh vor. Beide Regierungen betrachten einander als illegal. Das 2006 gewählte Parlament ist seit Juni 2007 funktionsunfähig, denn viele Hamas-Abgeordnete sind in Israel inhaftiert. Infolgedessen regieren beide, die PA in der West Bank und die Führung im Gaza-Streifen, mit Dekreten.

Reaktion des Westens: Zuckerbrot und Peitsche

Auf die Spaltung im Juni 2007 reagierten Israel und die westlichen Geberstaaten mit der Wiederaufnahme des direkten Transfers finanzieller Ressourcen an die neue Regierung in der West Bank, während die ökonomische Blockade des Gaza-Streifens weiter verschärft wurde. Dieser von den USA geführte und von der EU unterstützte Ansatz, genannt »West Bank First«[5], sollte zwei Realitäten schaffen, wie sie unterschiedlicher kaum sein könnten: Die West Bank sollte aufblühen, der Gaza-Streifen in Verzweiflung versinken – in der Erwartung, dass die Bevölkerung Gazas sich von Hamas abwenden würde, um wie ihre Landsleute in der West Bank der versprochenen wirtschaftlichen Segnungen teilhaftig zu werden. In der Tat erlebte die West Bank eine leichte wirtschaftliche Erholung,

---

4 David Rose, The Gaza Bombshell, in: Vanity Fair, April 2008.
5 Für eine kritische Einschätzung dieses Ansatzes vgl. Mohammed Samhouri, The »West Bank First« Strategy: A Political-Economy Critical Assessment (Brandeis University, Crown Center for Middle East Studies), Oktober 2007, <http://www.brandeis.edu/crown/publications/wp/WP2.pdf> (abgerufen am 4.8.2010).

während die Wirtschaft im Gaza-Streifen sich zurückentwickelte. Die verelendende Bevölkerung ist seitdem auf internationale humanitäre Hilfe sowie teure Schmuggelware angewiesen.

Das diskriminierende Rezept zur Manipulation der palästinensischen Realitäten hat die politischen Erwartungen seiner Erfinder indes nicht erfüllt, sondern lediglich die Polarisierung zwischen Fatah und Hamas verstärkt. Anstatt zuzusehen, wie ihre Machtbasis bröckeln und die PA gestärkt würde, unterlief Hamas die Strategie, indem sie das politische Ansehen des Rivalen in der West Bank untergrub. Die Waffe der Wahl war Raketenbeschuss aus dem Gaza-Streifen. Die Raketen landeten auf israelischem Territorium, aber politisch richteten sie sich gegen die PA und führten der Bevölkerung vor Augen, wie eng die Spielräume des Präsidenten und seiner Regierung in ihrem Bemühen waren, dem Ziel palästinensischer Eigenstaatlichkeit näher zu kommen.

Fehlstart in Annapolis und eine verfehlte Sicherheitssektorreform

Parallel zur »West Bank First«-Strategie wurde unter der Ägide der US-Regierung der Friedensprozess wiederbelebt. Auf der Nahost-Konferenz im November 2007 in Annapolis einigte man sich auf ein zweigleisiges Verfahren: Konfliktmanagement gemäß der ersten Stufe in der »Road Map«[6] von 2003 und Endstatus-Verhandlungen gemäß den Vorgaben der israelisch-palästinensischen Grundsatzerklärung von 1993.[7] Weder das eine noch das andere gelang. Unter dem Eindruck der angespannten Lage in der Gaza-Grenzregion machte Israel Sicherheitsbedenken gegen eine spürbare Verringerung seiner Truppen und militärischen Aktivitäten in der West Bank geltend. Auf der Gegenseite erklärte sich die PA außerstande, breite Unterstützung für den Kampf gegen die oppositionelle Hamas zu mobilisieren, solange Israel seine Präsenz in der West Bank nicht reduziere. Statt einer Übereinkunft stand am Ende des Prozesses lediglich die erklärte Dialogbereitschaft der beteiligten Parteien.

Der Gaza-Krieg um die Jahreswende 2008/2009 sowie der ihn begleitende Wahlkampf in Israel bereiteten den Verhandlungen ein vorläufiges Ende. Der neue Ministerpräsident Benjamin Netanjahu vom rechtsnationalen Likud-Block definierte das Ziel des Friedensprozesses neu, indem er den Palästinensern anstelle eines Staates ökonomischen Frieden anbot, und lancierte eine neue Siedlungsoffensive in Ost-Jerusalem und dessen Umland. Abbas konterte mit der Erklärung, den Dialog erst wiederaufnehmen zu wollen, wenn der Siedlungsbau vollständig eingestellt würde und die israelische Regierung palästinensische Souveränität als Ziel der Verhandlungen anerkenne. Ministerpräsident Fayyads Ankündigung, im Laufe von zwei Jahren einen palästinensischen Staat einseitig

---

6 Das 2002 auf dem Höhepunkt der zweiten Intifada gebildete Nahost-Quartett (EU, USA, UN, Russland) übergab Israel und der PA am 30.4.2003 einen Plan zur Beendigung des Konflikts auf der Basis der Zwei-Staaten-Lösung.

7 Declaration of Principles on Interim Self-Government Arrangements, <http://unispal.un.org/unispal.nsf/0/71DC8C9D96D2F0FF85256117007CB6CA> (abgerufen am 4.8.2010). Der 1993 eingeleitete Prozess wird nach dem Ort seiner Anbahnung »Oslo-Prozess« oder kurz »Oslo« genannt.

aufbauen und in den UN um dessen Anerkennung werben zu wollen,[8] konnte die politische Blockade nicht durchbrechen. Sie verfehlte ihren Zweck, weil die beiden wichtigsten Sponsoren der PA der Initiative ihre Zustimmung versagten. Im Rest der Staatenwelt ist der 1988 schon einmal von der damals exilierten PLO ausgerufene Staat Palästina weithin anerkannt.

Wie der »West Bank First«-Ansatz, so vertiefte auch die von den USA und der EU unterstützte Reform des palästinensischen Sicherheitssektors die Spaltung zwischen West Bank und Gaza-Streifen. Die Voraussetzungen und Rahmenbedingungen der Reform waren alles andere als günstig. Zum einen fand Präsident Abbas bei seinem Amtsantritt am 15. Januar 2005 nicht nur intransparente Sicherheitsdienste mit überlappenden Kompetenzen und unklaren Hierarchien vor, sondern auch eine polizeiliche Sicherheitskultur mit Merkmalen, die noch aus der Zeit vor dem Oslo-Prozess herrührten. Diese Kultur war geprägt von militärischen Orientierungen und einem Verständnis von polizeilicher Tätigkeit als Teil nationaler Befreiung, das die Sicherheitsbedürfnisse von Widerstandskämpfern über die Bereitstellung von Diensten für das Gemeinwesen stellte, mit der Folge, dass die Sicherheitsdienste mit einer bedenklichen Hypothek von Vigilantismus belastet waren.[9] Dass die Sicherheitskräfte zudem unter den Bedingungen der israelischen Besatzung operieren mussten, machte die Sache nicht einfacher. Auch die 2005 entsandten amerikanischen und europäischen Unterstützungsmissionen, jene des U. S. Security Coordinator (USSC) und die der European Union Coordinating Office for Palestinian Police Support (EU COPPS) bzw. EU Police Mission in the Palestinian Territories (EUPOL COPPS), konnten sich der gespannten Situation nicht entziehen und gerieten spätestens nach den Parlamentswahlen 2006 in den Sog des palästinensischen Bruderzwists. Keine der beiden Missionen arbeitete mit Hamas zusammen und ihre Tätigkeit beschränkte sich auf die West Bank. Im Gaza-Streifen installierte die dortige De-facto-Regierung einen eigenen Sicherheitsapparat. Beiden Regierungen gelang es, in ihrem Herrschaftsbereich weitgehend Ruhe und Ordnung wiederherzustellen, allerdings um den Preis einer Vertiefung der innerpalästinensischen Spaltung.[10]

Unversöhnliche Brüder

Versöhnungsgespräche zwischen Fatah und Hamas, moderiert von Ägypten, haben ihr Ziel, die Spaltung zu überwinden und erneut eine Regierung der nationalen Einheit zu bilden, bisher nicht erreicht. Beide stimmten zunächst im Grundsatz überein, dass die Einheitsregierung auf den Wahlergebnissen von 2006 basieren solle. Umstritten blieb hingegen ihr Programm. Fatah verlangte von

---

8   PM Fayyad Unveils Plan for Palestinian State in 2 Years, <http://www.ynet.co.il/english/articles/0,7340, L-3766856,00.html> (abgerufen am 4.8.2010).

9   Brynjar Lia, A Police Force Without a State. A History of the Palestinian Security Forces in the West Bank and Gaza, Reading 2006.

10 Vgl. ausführlicher Margret Johannsen, External Security Governance and Intractable Conflict: Constraints of the EU's Support to the Police Reform in the Palestinian Territories; in: Hans-Georg Ehrhart und Martin Kahl (Hrsg.), Security Governance in und für Europa, Baden-Baden 2010, S. 169–190.

Hamas, Israel anzuerkennen sowie die arabische Friedensinitiative von 2002/2007, die zur Beilegung des Konflikts das Zwei-Staaten-Modell sowie eine für beide Seiten akzeptable Lösung der Flüchtlingsfrage vorschlägt, explizit zu akzeptieren. Hamas hingegen wollte das Programm der kurzlebigen Einheitsregierung von 2007[11] wieder in Kraft gesetzt sehen, das einen palästinensischen Staat in den Grenzen von 1967 fordert, was sich de facto als eine Anerkennung der Zwei-Staaten-Lösung lesen lässt. Israel und sein Existenzrecht förmlich anzuerkennen, dürfte Hamas gegenwärtig überfordern, denn ohne einen umfassenden Prozess der Meinungsbildung würde die Abkehr von den ideologischen Imperativen ihrer Charta die Bewegung einer Zerreißprobe aussetzen. Im Lichte der israelischen Militärpräsenz in der West Bank wäre überdies fraglich, ob Fatah ihrem Rivalen in der Praxis wirklich den Anteil an der Macht garantieren könnte, den sie ihrerseits im Gaza-Streifen beansprucht.

Die überfälligen und für eine Bereinigung der Lage erforderlichen Präsidentschafts- und Parlamentswahlen wurden mehrfach verschoben. Sie ließen sich ohne eine Aussöhnung zwischen Fatah und Hamas nicht durchführen, ohne die Spaltung zwischen West Bank und Gaza-Streifen zu vertiefen. Die PLO hat mittlerweile die Amtszeit von Präsident Abbas verlängert, ohne hierfür eine Frist zu nennen. Im Gaza-Streifen hat Hamas ihr Gewaltmonopol durchgesetzt. Ihre Sicherheitskräfte erstickten Provokationen dschihadistischer Kräfte im Keim und sorgten dafür, dass der sporadische Raketenbeschuss Israels durch diverse Milizen unterhalb der Grenze blieb, die den fragilen Waffenstillstand von Januar 2009 ernsthaft hätte gefährden können.[12] Beide Regierungen haben sich augenscheinlich in ihrem jeweiligen Machtbereich eingerichtet. So hatte man sich die »Zwei-Staaten-Lösung« nicht vorgestellt.

Abschied von der Zwei-Staaten-Lösung?

Die Formel von der Zwei-Staaten-Lösung, die eine Aufteilung des vormals britischen Mandatsgebiets Palästina zwischen Jordan und Mittelmeer zwischen Israelis und Palästinensern verlangt, hat die »Vernunft« auf ihrer Seite, setzt allerdings voraus, dass die Beteiligten den Kampf um Palästina als einen Interessenkonflikt verstehen, der insofern zu teilen erlaubt, als einem Teilverzicht ein Teilgewinn gegenübersteht. Grundsätzlich befürworten laut Umfrageergebnissen palästinensische und israelische Mehrheiten seit Jahren dieses Modell. Dennoch ließ es sich bisher nicht realisieren, wofür sich im Wesentlichen zwei Gründe nennen lassen: Erstens sinkt die Kompromissbereitschaft in beiden Gesellschaften deutlich, wenn es um wichtige Einzelfragen, insbesondere den Status Jerusalems und die Regelung der Flüchtlingsfrage sowie um den Verlauf der künftigen Grenze und damit

---

11 Vgl. Program of the National Unity Government, 18.3.2007, in: Al-Mubadara, <http://www.almubadara.org/new/edetails.php?id=2520> (abgerufen am 4.8.2010)

12 Vgl. die Statistik des israelischen Intelligence and Terrorism Information Center, Rocket and Mortar Shells Fired into Israeli Territory, <http://www.terrorism-info.org.il/malam_multimedia/English/eng_n/pdf/ipc_e076.pdf> (abgerufen am 4.8.2010).

verbunden die Zukunft der israelischen Siedlungen in der West Bank, geht.[13] Zweitens blockieren auf beiden Seiten politische Vetogruppen, die sich von dem bei Wertekonflikten vorherrschenden »Ganz-oder-gar-nicht-Prinzip« leiten lassen, die Aushandlung der Parameter einer Zwei-Staaten-Lösung. Im Jahre 43 nach der Eroberung von West Bank und Gaza-Streifen, die ironischerweise die Voraussetzungen für den »historischen Kompromiss« – die Anerkennung des Rechtes Israels auf eine gesicherte Existenz im Tausch gegen die Realisierung des nationalen Selbstbestimmungsrechts der Palästinenser – schuf, wachsen die Zweifel an der Realisierbarkeit der Zwei-Staaten-Lösung, weil ihr durch den israelischen Siedlungsbau die territorialen Grundlagen zusehends abhanden kommen.

Ein Staat für zwei Völker und alle seine Bürger

Die USA und die EU, das Nahost-Quartett und die Arabische Liga – sie alle halten an der Zwei-Staaten-Lösung als Königsweg zur Beilegung des Jahrhundertkonflikts im Nahen Osten fest. Doch im Lichte der demographischen Realitäten auf dem Territorium von der Größe Mecklenburg-Vorpommerns, mit beträchtlichen palästinensischen Minderheiten in Israel bzw. israelischen Minderheiten in der West Bank und Ost-Jerusalem, wird in akademischen Zirkeln seit einigen Jahren als Alternative zur Trennung die Möglichkeit eines gemeinsamen Staates für beide Völker diskutiert.[14] Diese Vision einer Ein-Staat-Lösung vom Mittelmeer bis zum Jordan schließt zwar die radikale Variante eines national-religiös begründeten rein jüdischen oder rein islamischen Anspruchs auf das ganze Land aus.

Doch auch aus säkularer Sicht ist diese Vision alles andere als politisch unschuldig. Je nach Blickwinkel ist der Begriff verschieden geladen. Für Edward Said etwa verbindet sich mit ihm die demokratische Forderung nach gleichen Rechten für jeden Bürger,[15] für Meron Benvenisti transportiert er die binationale Realität des gesamten Landes, der er mit einer föderalen Struktur Rechnung tragen will,[16] für Ilan Pappé ist er ein Vehikel, um die zionistische Verantwortung für die nationale Katastrophe der Palästinenser zu thematisieren,[17] Mahdi Abdul Hadi bedient sich seiner in zweierlei Weise: Zum einen könnte er die Palästinenser um ein neues, selbstbestimmtes Ziel sammeln, zum anderen dient er als Warnung an die Adresse Israels vor einer Politik, die der Zwei-Staaten-Lösung den Boden entzieht.[18] Für israelische Politiker stellt die

---

13 PSR–Survey Research Unit, Joint Israeli Palestinian Poll, Dezember 2008, <http://www.pcpsr.org/survey/polls/2008/p30ejoint.html> (abgerufen am 4.8.2010).

14 Vgl. Challenging the Boundaries: A Single State in Israel/Palestine, London, 17.–18.11.2007. The One State Declaration, <http://onestate.net/pages/declaration.htm> (abgerufen am 4.8.2010).

15 Edward Said, The One-State Solution, in: The New York Times, 10.1.1999.

16 Meron Benvenisti; Which Kind of Binational State?, in: Haaretz, 20.11.2003.

17 Ilan Pappé, Zionism and the Two-State Solution, in: Jamil Hilal (Hrsg.), Where Now for Palestine: The Demise of the Two-State Solution, London 2007, S. 30–47.

18 No Peace, No War – Middle East, Quo Vadis?, in: Corinna Hauswedell, Margret Johannsen und Paul Nolan (Hrsg.), Demilitarizing Conflicts: Learning Lessons in Northern Ireland, Palestine and Israel, Rehburg-Loccum 2009, S. 275–310.

Ein-Staaten-Lösung denn auch eine Schreckensvision und das Ende des zionistischen Projekts dar. Eine Mehrheit dafür ließe sich zurzeit allerdings weder in der israelischen noch in der palästinensischen Gesellschaft finden.

Wenn zwei sich streiten: die Drei-Staaten-Lösung

Ähnlich verhält es sich mit der Option einer Drei-Staaten-Lösung. Dabei ist zwischen einer kleinen und einer großen Variante zu unterscheiden. Die kleine Variante ist bisher kaum mehr als eine Formel zur Beschreibung des gegenwärtigen Zustands der Spaltung. Israel sieht sich nunmehr zwei palästinensischen Gemeinwesen gegenüber, die beide über rudimentäre Merkmale von Staatlichkeit verfügen, jedoch weder von der dort lebenden Bevölkerung noch von den jeweiligen Regierungen als Ersatz für einen palästinensischen Staat anerkannt werden.

In der großen Variante einer Drei-Staaten-Lösung, die vor allem in Israel und den USA prominente Fürsprecher findet,[19] würden die West Bank Jordanien und der Gaza-Streifen Ägypten zugeschlagen werden. Sie würde im Wesentlichen die Situation wiederherstellen, die zwischen 1949 und 1967 herrschte: Nach den Waffenstillstandsvereinbarungen, die den ersten Nahost-Krieg beendeten, besetzte Ägypten den Gaza-Streifen und Jordanien die West Bank, die es 1950 annektierte. Beide Gebiete wurden 1967 von Israel erobert und besetzt mit den bekannten Folgen von Siedlungsbau und Truppenstationierung. Der Vorschlag greift mit Blick auf die West Bank frühere, vor allem von israelischen Politikern favorisierte Optionen wieder auf, die als »Jordanische Lösung« bekannt sind, wenngleich ihre Fürsprecher nicht für eine vollständige Übergabe der West Bank an Jordanien plädieren; die durch die Siedlungen substanziell veränderte Realität verbietet das aus ihrer Sicht.[20] Weder Jordanien noch Ägypten, geschweige denn palästinensische Regierungen haben sich bisher für diese Lösung erwärmen können.

Plädoyer für einen Strategiewechsel

Die Parameter einer einvernehmlichen Lösung hingegen sind seit langem bekannt. Aber die Tatsachen, die so genannten »facts on the ground«, die Israel in der West Bank und in Jerusalem weiterhin schafft, sind ebenso wie die palästinensischen Träume von einer Rückkehr in den Staat Israel unvereinbar mit einer Zwei-Staaten-Lösung, die diesen Namen verdient. Angesichts der internen Blockaden auf beiden Seiten ist eine Einigung am Verhandlungstisch ohne energische externe Hilfe, in erster Linie von den USA, nicht wahrscheinlich. Allerdings steht es ohne eine Überwindung der innerpalästinensischen Spaltung schlecht um die

---

19 Giora Eiland, Rethinking the Two-State Solution (Washington Institute for Near East Policy, Policy Focus No. 88), Washington, DC, September 2008; John R. Bolton, The Three-State Option, in: Washington Post, 5.1.2009; Daniel Pipes, Solving the Palestinian Problem, in: Jerusalem Post, 7.1.2009; ders., Jordan to the West Bank, Egypt to Gaza, in: Jerusalem Post, 25.7.2005.

20 Gerald M. Steinberg, The Return of a (Limited) Jordan Option, Bitter Lemons International, 10.11.2005, <http://bitterlemons-international.org/previous.php?opt=1&id=107> (abgerufen am 4.8.2010).

Handlungs- und Verhandlungsfähigkeit der Palästinenser. Die Legitimität einer Regierung der nationalen Einheit anzuerkennen, frühzeitig entsprechende Signale an die Teilnehmer des palästinensischen nationalen Dialogs zu senden und damit einen der Ideologie des »War on Terror« geschuldeten Fehler zu korrigieren, ist den USA und der EU darum dringend anzuraten.

Eine solche Korrektur setzt einen Strategiewechsel im Umgang mit substaatlichen Gewaltakteuren voraus. Sie zielt auf die Transformation der Hamas in einen verantwortlichen politischen Akteur ab, der nach innen an der Errichtung eines legitimen protostaatlichen Gewaltmonopols mitwirkt, nach außen ein funktionierendes Grenzregime gewährleistet, das die legitimen Sicherheitsinteressen der Nachbarn berücksichtigt. Eine elementare Voraussetzung hierfür wäre ein Ende der Blockade – zum Beispiel durch die Wiederaufnahme der European Border Assistance Mission for the Rafah Crossing Point (EU BAM Rafah) –, die dem Gaza-Streifen eine semiformelle Ökonomie geradezu aufzwingt und im Sinne der erwünschten Transformation der Hamas kontraproduktiv ist. Darüber hinaus wären Hilfe beim Wiederaufbau des Gaza-Streifens und Infrastrukturprojekte im Rahmen der Entwicklungszusammenarbeit nicht nur geboten, um der Verelendung der Bevölkerung abzuhelfen, sondern empfehlen sich auch, um die pragmatischen Kräfte innerhalb der Hamas und insbesondere die politische Führung gegenüber dem militärischen Flügel zu stärken.

Mittelfristig würde ein Abbau der regionalen Spannungen, insbesondere durch Fortschritte bei der Lösung von Streitfragen wie denen um die syrischen Golan-Höhen und das iranische Nuklearprogramm, den Wert, den Hamas in einer »Spoiler«-Rolle für Syrien und Iran besitzt, mindern. Ohne diese Form von externer Unterstützung wäre die Organisation genötigt, ihr nichtmilitärisches Profil zu schärfen und sich insbesondere durch gute Regierungsführung ihres gesellschaftlichen Rückhalts zu vergewissern. Ob ein palästinensischer Staat, wenn es ihn denn eines Tages geben sollte, sich an säkularen oder an religiösen Werten (oder an einem Mix) orientiert, ist einzig und allein Sache der Palästinenser zu entscheiden.

Jemen – Staatszerfall in Raten

Guido Steinberg

Am ersten Weihnachtstag 2009 wurde das Attentat eines jungen Nigerianers auf ein Passagierflugzeug in Detroit nur knapp vereitelt. In der Folge geriet Jemen in den Blickpunkt der Weltöffentlichkeit, weil die jemenitische Al Khaïda Umar Farouk Abdulmutallab ausgebildet, mit Sprengstoff ausgestattet und beauftragt hatte, die Maschine über US-Territorium zum Absturz zu bringen. Zwar hatten das Erstarken der lokalen Al Khaïda und der Bürgerkrieg im Norden des Landes bereits in den Monaten zuvor die Aufmerksamkeit der unmittelbaren Nachbarn, der US-Regierung und der Europäischen Union auf den Jemen gelenkt. Doch die Versuche der »Freunde des Jemen«, das Land zu stabilisieren, sind auf Sand gebaut.

Auf dem Weg zum Staatszerfall

Im Zuge der Dauerkrise des Jemen, die seit Ende der 1990er Jahre zur traurigen Normalität geworden ist, droht das Land immer mehr zu zerfallen. Der Zentralregierung in Sanaa gelingt es immer weniger, die zentrifugalen Kräfte im Lande zu kontrollieren; ihr ist es seit 2009 immer schwerer gefallen, die drei großen innenpolitischen Konfliktherde einzudämmen: Im Norden des Landes herrscht ein stetig neu aufflackernder Bürgerkrieg zwischen Truppen der Zentralregierung und zaiditischen Rebellen. Im ehemals sozialistischen Südjemen, insbesondere in den Provinzen Dali', Aden, Lahaj und Abyan, verlangen Separatisten die Abspaltung vom Gesamtstaat. In den Provinzen Jawf, Ma'rib, Shabwa und Abyan schließlich operiert die jemenitische Al Khaïda, die seit 2006 immer offener auch den jemenitischen Staat bekämpft. Hinzu kommt, dass Teile des Landes von mächtigen Stämmen beherrscht werden, die sich nur bedingt durch die Zentralregierung kontrollieren lassen. Aufgrund der sich verschlechternden wirtschaftlichen Situation fehlt der Regierung das Geld, um althergebrachte Patronagesysteme aufrechterhalten zu können, so dass sich die ohnehin einflussreichen Stämme immer häufiger der Kontrolle Sanaas entziehen.

Der Jemen läuft Gefahr, schon in wenigen Jahren von einem schwachen zu einem scheiternden Staat zu werden. Es ist nicht abzusehen, wie die Regierung in Sanaa die wirtschaftlichen Probleme des Landes lösen will, zumal das Regime zusätzlich mit dem eigenen Machterhalt beschäftigt ist. Dabei hat Präsident Ali Abdallah Salih die zahlreichen Konflikte im Land zumindest teilweise eher verschärft als einer Lösung zugeführt.

Separatismus im Süden

1990 hatten sich der republikanische Nordjemen und der sozialistische Südjemen vereinigt. Der Präsident des Nordjemen, Ali Abdallah Salih, wurde Präsident des Gesamtstaats, der Generalsekretär der Sozialistischen Partei des Südjemen,

Ali Salim al-Bid, sein Vize. Es stellte sich jedoch schnell heraus, dass die politischen Eliten des Nordjemen die Südjemeniten nicht als gleichberechtigte Partner betrachteten und vielmehr darauf abzielten, den Süden feindlich zu übernehmen. 1994 mündete der Konflikt in einen kurzen Bürgerkrieg, den der Norden für sich entscheiden konnte. In den folgenden Jahren festigte Präsident Salih seine Herrschaft in den Südprovinzen, indem er südjemenitisches Personal aus öffentlichem Dienst, Sicherheitsbehörden und Armee entfernen ließ. Heute werden diese Institutionen von Nordjemeniten dominiert. Die ehemals im Südjemen herrschende Sozialistische Partei ist stark geschwächt, ihre Führungspersönlichkeiten halten sich im Exil auf.[1]

Seit 2007 bereitet die separatistische Bewegung im ehemaligen Südjemen der Regierung in Sanaa immer größere Schwierigkeiten. Als die Zentralregierung mit verschärfter Repression reagierte, hat sich die Bewegung radikalisiert und seit 2008 mehrheitlich einen eigenen südjemenitischen Staat gefordert. Zunächst protestierten nur ehemalige Angehörige der südjemenitischen Armee, die nach dem Bürgerkrieg 1994 zwangspensioniert worden waren und von ihren Pensionen nicht leben konnten.[2] In den folgenden Monaten schlossen sich ihnen diverse andere Gruppierungen an. Die in der Presse des Landes unter dem Sammelbegriff »Südbewegung« zusammengefassten Gruppen[3] wehren sich dagegen, dass die Südprovinzen politisch und sozioökonomisch marginalisiert werden. Als besonders schmerzlich empfinden die Südjemeniten, dass sie kaum an den Öleinnahmen beteiligt werden, obwohl die meisten Ölfelder im Süden liegen.

Nach den ersten Demonstrationen im Frühjahr 2007 wurde die Südbewegung 2008 und 2009 schnell stärker und wird heute von weiten Teilen der Bevölkerung des Südens unterstützt. Hierzu trug auch die harte Reaktion des Regimes bei. Mehrfach gingen Sicherheitskräfte mit Waffengewalt gegen die Proteste vor und töteten Demonstranten. Unabhängige Menschenrechtsgruppen berichten von willkürlichen Verhaftungen und Folter. Führende Persönlichkeiten der Protestbewegung waren zeitweilig inhaftiert oder mussten untertauchen.[4] Im Frühjahr und Sommer 2010 eskalierte die Gewalt. Bewaffnete Überfälle auf Sicherheitskräfte und im Süden lebende Nordjemeniten wurden immer häufiger.[5]

Bürgerkrieg im Norden

Die Lage hat sich 2009 und 2010 auch im Norden verschlechtert. Zwischen 2004 und August 2009 brachen in der Region rund um die Stadt Saada mehrere län-

---

1 Ali Salim al-Bid lebte ab 1994 im Oman. Doch im Mai 2009 wurde ihm die omanische Staatsbürgerschaft aberkannt und er musste das Land verlassen. Im Sommer 2010 hielt er sich in Österreich auf. Der ehemalige südjemenitische Präsident (bis 1986), Ali Nasir Muhammad, befindet sich in Syrien.
2 Stephen Day, The Political Challenge of Yemen's Southern Movement, Carnegie Endowment for International Peace, Middle East Program, Nr. 108, März 2010, S. 8 f.
3 Für einen Überblick über die Teilgruppierungen vgl. Nicole Stracke und Mohammed Saif Haidar: The Southern Movement in Yemen, Gulf Research Center und Sheba Center for Strategic Studies, April 2010.
4 Zur Menschenrechtslage im Süden allgemein vgl. Human Rights Watch, In the Name of Unity. The Yemeni Government's Brutal Response to Southern Movement Protests, New York et al., September 2009.
5 O.A., Die Krise des jemenitischen Süden: Die Tatsachen sind gefährlich und blutig, in: Al-Hayat, 6.7.2010.

ger anhaltende Kämpfe zwischen Regierungstruppen und Rebellen aus. Die nunmehr sechste Runde der Auseinandersetzungen zwischen Regierungstruppen und Rebellen war gleichzeitig auch die gewalttätigste. Von November 2009 bis Februar 2010 intervenierte erstmals auch saudi-arabisches Militär auf der Seite der jemenitischen Regierung, so dass die Gefahr einer regionalen Eskalation stieg. Auch wenn im Februar 2010 ein Waffenstillstand geschlossen wurde, zeichnet sich kein Ende der Auseinandersetzung ab. Denn die Regierung nutzt verstärkt Rivalitäten zwischen den Stämmen des Nordens und verschärft damit den Konflikt.

Die Rebellen werden von der Familie Huthi angeführt, deren charismatischer Führer Husain Badraddin al-Huthi (1956–2004) den Aufstand in den ersten Monaten 2004 anführte. Seit 2006 kommandiert sein Bruder Abdalmalik al-Huthi die Rebellen. Er und seine rund 5000 bis 8000 Kämpfer haben sich in die Berge rund um Saada zurückgezogen und führen einen professionellen Guerillakrieg gegen die zahlenmäßig weit überlegenen Regierungstruppen. Auch in Saada selbst wurde im Januar 2010 gekämpft, bis im Februar ein brüchiger Waffenstillstand in Kraft trat.[6] Mehr als 250 000 Menschen sind vor den Kampfhandlungen geflohen und sind nun auf internationale Hilfe angewiesen.

Die Rebellen treten als Vertreter der nordjemenitischen Zaiditen auf, deren Imame den Jemen bis 1962 beherrschten. Die Zaiditen stellen mindestens 25 bis 30 Prozent der Bevölkerung des Landes und leben vorwiegend im nördlichen Bergland des Jemen einschließlich der Hauptstadt Sanaa. Die Stadt und Provinz Saada ist ihr wichtigstes kulturelles Zentrum. Die Zaiditen sind Schiiten, stehen dem Sunnitentum allerdings weitaus näher als die anderen schiitischen Glaubensrichtungen. Die Aufständischen fordern neben sozioökonomischen Verbesserungen und mehr politischer Partizipation vor allem kulturelle und religiöse Rechte ein, die sie durch die Politik der Zentralregierung gefährdet sehen.

Tatsächlich missionieren von Saudi-Arabien unterstützte salafistische Gruppierungen vorwiegend in den zaiditischen Regionen im Norden.[7] Die Regierung in Sanaa fördert diese Gruppierungen, denn sie befürchtet, ihr könnte in Gestalt der führenden zaiditischen Familien politische Konkurrenz erwachsen. Im Laufe des brutal geführten Konflikts haben die Regierungstruppen immer wieder zaiditische Heiligtümer, Moscheen und Schulen zerstört.

Die Regierung Salih versucht seit Beginn des Aufstands 2004, die Huthi-Rebellen als islamistische Terroristen und – mit Verweis auf ihre »schiitische« Identität – als Agenten des schiitischen Iran darzustellen. Bisher gibt es keine glaubwürdigen Belege für iranische Unterstützung.

Islamistischer Terrorismus

Gleichwohl ist Al Khaïda im Jemen seit 2006 erstarkt und droht das Land zu destabilisieren. Bei der Anfang 2009 neu gegründeten Al Khaïda auf der Arabischen Halbinsel handelt es sich um einen Zusammenschluss jemenitischer und saudi-arabischer Dschihadisten, die primär die Regime in Sanaa und Riad bekämpfen.

---

6   O.A., Yemen's Government Agrees to a Cease-Fire With Rebel Forces, New York Times, 11.2.2010.
7   Ihr bekanntestes Zentrum ist der Ort Dammaj in der Umgebung von Saada. Dort finden auch immer wieder Kämpfe zwischen örtlichen Salafisten und den Huthi-Rebellen statt.

Dabei sind Al Khaïda und mit ihr verbündete dschihadistische Gruppierungen schon seit den 1990er Jahren im Jemen aktiv. Seit damals ist das Land eine wichtige Drehscheibe zwischen den Einsatzgebieten der Dschihadisten in der arabischen Welt, Ostafrika und Südasien. Jemeniten stellen darüber hinaus eine der größten Landsmannschaften innerhalb der Al Khaïda weltweit.

Die dschihadistische Szene im Jemen profitierte davon, dass die Regierung die Afghanistan-Rückkehrer Anfang der 1990er Jahre weniger als Bedrohung denn als potenzielle Verbündete im Kampf gegen die Sozialisten des Südjemen betrachtete. Viele von ihnen nahmen dann auf der Seite des Nordjemen am Bürgerkrieg 1994 teil. Bis heute scheint die jemenitische Regierung dschihadistische Gruppen als potenzielle Instrumente im Kampf gegen Zaiditen und Sozialisten zu betrachten.

Erst nach dem Anschlag auf den amerikanischen Zerstörer USS Cole im Hafen von Aden im Oktober 2000 sah sich Präsident Salih gezwungen, bei der Terrorismusbekämpfung verstärkt mit den USA zu kooperieren. Die Zusammenarbeit schwächte zunächst Al Khaïda; allerdings mehrten sich auch schnell Anzeichen, dass der jemenitische Staat nicht mit der von Washington gewünschten Entschlossenheit handelte. Mehrfach gelang es inhaftierten Al Khaïda-Mitgliedern, aus Gefängnissen in Aden und Sanaa zu fliehen, vermutlich mit Hilfe der eigentlich mit ihrer Bewachung beauftragten Sicherheitskräfte. So konnten im Februar 2006 23 teilweise führende Al Khaïda-Mitglieder aus einem Gefängnis in Sanaa flüchten. Hinzu kam eine weitere Entwicklung, die Al Khaïda die Reorganisation ab 2006 erleichterte: Ab 2005 gelang es saudi-arabischen Sicherheitsbehörden, die dortige Terrorkampagne der saudi-arabischen Al Khaïda zu stoppen. Viele ihrer saudi-arabischen Kämpfer flüchteten daraufhin in den Jemen und schlossen sich dort dschihadistischen Gruppen an. Heute dürfte Al Khaïda im Jemen über mehrere Hundert Kämpfer verfügen.[8]

Im Unterschied zu ihren Vorgängern eröffnete die neue Organisation sofort den Kampf gegen die jemenitische Regierung. Seit Sommer 2007 nahm die Zahl der Anschläge im Jemen sprunghaft zu. Ziele waren westliche Touristen, jemenitische Sicherheitskräfte und die Ölindustrie. Seit 2008 hat Al Khaïda immer häufiger auch in der Hauptstadt Sanaa operiert, wo sie im September die amerikanische Botschaft angriff.[9] Seit 2009 hat sie ihre Aktivitäten auch auf Saudi-Arabien ausgeweitet, wo im August ein Anschlag auf den stellvertretenden Innenminister und obersten Terrorbekämpfer des Landes, Prinz Muhammad bin Naif, scheiterte.[10] Der vereitelte Dezember-Anschlag von Detroit zeigte jedoch, dass die jemenitische Al Khaïda nunmehr auch bereit ist, außerhalb der Arabischen Halbinsel zuzuschlagen, sobald sich die Gelegenheit bietet. Allerdings dürfte ihr jemenitisches und saudi-arabisches Personal für solche Planungen nicht in Frage kommen. Ob sich ihr weitere Rekruten aus der westlichen Welt oder Afrika angeschlossen haben, ist nicht bekannt.

---

8 Die Angaben zur zahlenmäßigen Stärke der Al Khaïda im Jemen schwanken zwischen 300 und mehreren Tausend. Die höheren Angaben dürften aber bereits Unterstützer und Sympathisanten umfassen.
9 O.A., 10 Are Killed in Bombings at Embassy in Yemen, in: New York Times, 17.9.2008.
10 O.A., Would-Be Killer Linked to Al Qaeda, Saudis Say, in: New York Times, 28.8.2009.

Die Schwäche der Zentralregierung

Die große Gefahr besteht darin, dass diese drei Konfliktherde gleichzeitig eskalieren und die Regierung nicht mehr in der Lage ist, das Land zu kontrollieren. Zudem hat die Zentralregierung keine Mittel, die Probleme des Landes zu lösen. Das Regime des seit 1978 herrschenden Präsidenten Salih ist trotz fassadendemokratischer Elemente stark autoritär geprägt und basiert auf weit verzweigten Patronagenetzwerken, in die auch die Stämme des Landes eingebunden sind. Aufgrund finanzieller Probleme droht Sanaa jedoch die ohnehin prekäre Kontrolle über einige von mittlerweile unzufriedenen Stämmen beherrschten Gegenden zu verlieren.

Der ärmste arabische Staat bezieht etwa 75 Prozent seiner Exporteinnahmen aus dem Ölgeschäft. Die Ölproduktion des Landes geht jedoch seit 2001 stetig zurück (2001: rund 440 000 Barrel pro Tag; 2008: rund 300 000 Barrel pro Tag). Ohne spektakuläre Neufunde von Öl und Gas wird der Jemen spätestens 2021 kein Öl mehr fördern.[11] Auf der anderen Seite steigen die Ausgaben des Staates schon aufgrund der rasant wachsenden Bevölkerung des Landes. Bei einer Rate von jährlich über drei Prozent wird sich die jemenitische Bevölkerung in 15 bis 20 Jahren von heute 23 auf mehr als 40 Millionen verdoppelt haben.[12] Schon heute hat der Jemen infolge der zurückgehenden Einnahmen schwerwiegende Zahlungsprobleme. Die Finanzknappheit droht ohnehin bestehende soziale Probleme zu verschärfen.

Das drängendste Problem ist die Arbeitslosigkeit, die bei über 35 Prozent liegt. In den vergangenen Jahren sind die Preise insbesondere bei importierten Grundnahrungsmitteln wie Reis (der zu 100 Prozent importiert wird) und Weizen (der zu 90 Prozent eingeführt werden muss) stark angestiegen. Dies trug zur Unzufriedenheit in den südlichen Provinzen bei, droht aber auch in anderen Landesteilen zu einem Problem zu werden. Um den Haushalt zu entlasten, müsste die Regierung Subventionen streichen, was sie aufgrund des zu erwartenden Widerstands der Bevölkerung jedoch bisher unterlässt.[13]

Ebenso sorgen mögliche Konflikte innerhalb der politischen Elite für Unsicherheit. Noch ist kein Nachfolger für den seit 1978 herrschenden Präsidenten Salih gefunden; 2013 stehen Präsidentschaftswahlen an und es ist unklar, ob Salih noch einmal antritt. Die Anzeichen mehren sich, dass der Präsident versucht, seinen Sohn Ahmad zu seinem Nachfolger aufzubauen. Ahmad Ali Salih unterstehen die von den USA ausgebildeten Spezialkräfte des Militärs, und er ist Kommandeur der Republikanischen Garde, die für die Sicherheit des Präsidenten verantwortlich ist. Als prominentester Kritiker einer solchen dynastischen Nachfolgeregelung gilt Salihs alter Weggefährte Generalmajor Ali Muhsin al-Ahmar. Dieser scheint persönlich keine Ambitionen auf das Präsidentenamt zu haben, hat sich aber gegen Ahmad ausgesprochen,

---

11 O.A., Yemen's Cash Crisis, in: Middle East Economic Digest (MEED), Bd. 54, Nr. 22, 28.5.–3.6.2010, S. 20f.

12 Christopher Boucek, Yemen: Avoiding a Downward Spiral, Washington, DC et al.: Carnegie Endowment for International Peace, September 2009, S. 9.

13 Yemen's Cash Crisis, a. a. O. (Anm. 11), S. 20 f.

weil dieser nach Ali Muhsins Ansicht nicht in der Lage sei, eine solche Funktion auszufüllen. Ali Muhsins Widerstand ist vor allem deshalb bedeutsam, weil er seit 2004 die Truppen im Kampf gegen die Huthi-Rebellen kommandiert hat.[14] Die Spannungen mit Ahmad Salih sollen die Effektivität der militärischen Aktionen im Norden mehrfach beeinträchtigt haben.[15]

Regionales Sicherheitsrisiko

Die Staaten des Golf-Kooperationsrats erklärten auf ihrem Gipfel im Dezember 2009, dass sie die jemenitische Zentralregierung unterstützten und ihre Sorge der staatlichen Einheit des Landes gelte.[16] Insbesondere Saudi-Arabien setzt heute auf eine starke Zentralregierung. Wie bedrohlich die innenpolitische Situation des Jemen für die regionale Stabilität ist, zeigte sich, als im November 2009 erstmals saudi-arabisches Militär auf Seiten der jemenitischen Zentralregierung in die Auseinandersetzungen mit den Huthi-Rebellen intervenierte.[17] Drei Faktoren beeinflussen die saudi-arabische Politik: die Sorge vor einem Zerfall des jemenitischen Staates, die Furcht vor einem Übergreifen der Unruhen im Norden des Jemen auf Saudi-Arabien und die Angst, dass Iran in der Region Saada einen Brückenkopf nahe der saudi-arabischen Grenze aufbauen könnte.

Saudi-Arabien ist der wichtigste Nachbar des Jemen und nimmt seit Jahrzehnten Einfluss auf seine Politik. Saudi-Arabien versuchte früher häufig, Konflikte im Jemen zu schüren, um die Regierung in Sanaa zu schwächen. 2009 hingegen soll es unbestätigten Berichten zufolge das Regime Salih mit bis zu zwei Milliarden Dollar unterstützt haben.[18] Dieses Umdenken dürfte darauf zurückgehen, dass Saudi-Arabien 2003 bis 2006 große Mühe hatte, eine Terrorkampagne der saudi-arabischen Al Khaïda unter Kontrolle zu bringen. Die Führung in Riad befürchtet, dass von der jemenitischen Al Khaïda wiederum eine wachsende Gefahr für das Königreich ausgehen könnte. Der nur knapp gescheiterte Anschlagsversuch auf den saudi-arabischen Vizeinnenminister im August 2009 dürfte als Warnung gedient haben.

Saudi-Arabien ist des Weiteren besorgt, dass die Unruhen auf den saudi-arabischen Südwesten übergreifen. Zwar siedeln nur rund 2000 Zaiditen auf saudi-arabischem Territorium, doch leben hier zwischen 200 000 und 300 000 Ismailiten, die wie alle Schiiten in Saudi-Arabien häufig diskriminiert werden.[19] Die saudi-arabische Regierung befürchtet deshalb, dass das Beispiel der Zaiditen auch auf ihrer Seite der Grenze Schule machen könnte. Ohnehin gilt ihr die jemenitische Grenze als Sicherheitsrisiko, da sie aufgrund des schwierigen Terrains

---

14 International Crisis Group, Yemen: Defusing the Saada Time Bomb, Middle East Report Nr. 86, Brüssel, 27.5.2009, S. 15.
15 O. A., A War With a Life on Its Own, in: The Globe and Mail, 11.1.2010.
16 Ebd., S. 5.
17 Zur saudi-arabischen Rolle vgl. Michael Horton, Borderline Crises. Saudi Arabia Intervenes in Yemen, in: Jane's Intelligence Review, Januar 2010, S. 13–17.
18 O. A., In Yemen, U. S. Faces Leader Who Puts Family First, in: New York Times, 4.1.2010.
19 Vgl. Human Rights Watch, The Ismailis of Najran. Second-class Saudi Citizens, New York et al., September 2008. Zu den hier grob geschätzten Zahlen vgl. ebd. S. 10.

kaum zu kontrollieren ist und der Schmuggel von Drogen, Waffen und Menschen hier seit der Begründung der arabischen Nationalstaaten floriert.

Teile der politischen Elite in Saudi-Arabien befürchten zudem, dass die Huthi-Rebellen von Iran unterstützt werden. Obwohl es dafür keine glaubwürdigen Belege gibt, ist die Sorge vor einem iranischen Brückenkopf nahe der saudi-arabischen Südgrenze und nahe der Siedlungszentren der schiitischen Ismailiten in Riad allgegenwärtig. Hier dürfte auch die ausgeprägt antischiitische Grundhaltung der saudi-arabischen Führung eine Rolle spielen, die nicht trennscharf zwischen Zaiditen, Ismailiten und (iranischen) Zwölferschiiten unterscheidet. Nichtsdestoweniger besteht die Gefahr, dass die durch die saudi-arabische und jemenitische Politik in die Enge getriebenen Huthis eines Tages iranische Hilfe akzeptieren.

Westliche Politikansätze

Aber auch der Westen fühlt sich mittelbar bedroht. Es war vor allem das gescheiterte Attentat 2009 in Detroit, das der westlichen Welt einmal mehr verdeutlichte, wie gefährdet der Jemen ist. Bereits seit dem Anschlag der Al Khaïda 2008 auf die US-Botschaft in Sanaa hatten die USA ihre Zusammenarbeit mit den jemenitischen Sicherheitsbehörden massiv ausgeweitet und militärisch mit Luftschlägen gegen Al Khaïda im Jemen eingegriffen.[20] Nach den Ereignissen in Detroit kündigte die US-Regierung an, die Militärhilfe für den Jemen auf mehr als 70 Millionen Dollar für die nächsten 18 Monate zu erhöhen.[21]

Infolge der erneuen Eskalation des Bürgerkriegs haben auch die EU-Staaten darüber beraten, wie das Land stabilisiert werden könnte. Im März 2010 schließlich bildeten westliche und nahöstliche Staaten die Gruppe der »Freunde des Jemen« mit dem Ziel, gemeinsam mit der jemenitischen Regierung nach Lösungswegen für die Probleme des Jemen zu suchen.[22] Während die jemenitische Regierung möglichst viele konkrete Hilfszusagen forderte, betonten europäische Regierungsvertreter, dass es ihnen vor allem um umfassende Reformen in Politik, Wirtschaft und Gesellschaft ginge. Im September 2010 sollen sich die »Freunde des Jemen« wieder auf Außenministerebene treffen, um die Ergebnisse der Besprechungen in den Arbeitsgruppen »Wirtschaft und Regierungsführung« sowie »Justiz und Rechtstaatlichkeit« zu besprechen. Es ist allerdings nicht zu erwarten, dass von diesen Gesprächen ein Impuls ausgeht, der den Abwärtstrend des Jemen aufhalten könnte. Ohne grundlegende politische und wirtschaftliche Reformen im Jemen sind nachhaltige Verbesserungen nicht zu erwarten.

---

20 O.A., Is Yemen the Next Afghanistan?, in: New York Times, 6.7.2010; o.A., US Aids Yemeni Raids on Al Qaeda, in: New York Times, 18.12.2009.
21 O.A., U.S. Widens Terror War to Yemen, a Qaeda Bastion, in: New York Times, 28.12.2009.
22 Die an der Gründung in Abu Dhabi am 29. März beteiligten Staaten waren: Jemen, USA, Russland, Großbritannien, Deutschland, Japan, Saudi-Arabien, Bahrain, Oman, Katar, Kuwait, Jordanien, Ägypten, Spanien, die Niederlande, Türkei, Russland, Frankreich und Italien. Weiterhin waren Vertreter der EU, des Golf-Kooperationsrats und der UN anwesend.

Nachbarschaftshilfe überfällig

Hilfe für den Jemen müsste in erster Linie aus den Staaten des Golf-Kooperationsrats (GKR) in der Nachbarschaft kommen. Sie verfügen nicht nur über die notwendigen Finanzmittel, um zu einer Verbesserung der Lage beizutragen. Sie haben in den vergangenen Jahren auch immer wieder verdeutlicht, dass sie das Sicherheitsinteresse der USA und der Europäer an einem stabilen Jemen teilen. Dies betrifft neben Saudi-Arabien vor allem Katar, dessen Regierung 2007 bereits zwischen den Huthi-Rebellen und der jemenitischen Regierung vermittelte. Insbesondere das Umdenken der saudi-arabischen Führung lässt hoffen, auch wenn ihre militärische Intervention nicht zu einer Stabilisierung des Jemen beigetragen hat.

Zwar sind Saudi-Arabien und die kleinen Golf-Staaten daran interessiert, das Land zu stabilisieren und unterstützen die Regierung des jemenitischen Präsidenten Salih. Dennoch sind sie nicht bereit, Risiken einzugehen. Der Jemen benötigt vielmehr ausländische Investitionen, bessere Ausbildungschancen und auch die Möglichkeit, Arbeitskräfte in die reichen Golf-Staaten zu entsenden. Doch die Staaten des GKR betrachten jemenitische Arbeiter als potenzielles Sicherheitsrisiko und sind nicht bereit, einer größeren Zahl von Jemeniten den Zugang zu ihren Arbeitsmärkten zu eröffnen.

Doch selbst weitreichende Hilfestellungen der reichen Nachbarn dürften den Abwärtstrend des Jemen nur noch abschwächen, nicht aber stoppen. Die wirtschaftliche Substanz des Landes ist zu prekär, die sozialen, demografischen und ökologischen Probleme sind zu vielfältig, als dass sich der Jemen wieder erholen könnte. Es geht nur noch um die Frage, wann – nicht ob – der Jemen scheitert.

Somalia: Ein sicherer Hafen für Piraten und Terroristen?

Kerstin Petretto

Nach bald zwei Jahrzehnten ohne Regierung, einem andauernden Bürgerkrieg mit mehreren hunderttausend Toten durch Kriegshandlungen, Hunger und Krankheit sind Begriffe wie »prekär« und »fragil« schon lange nicht mehr geeignet, um somalische Verhältnisse zu beschreiben. Somalia gilt vielmehr als das Paradebeispiel eines zerfallenen Staates. Zwar ist das Land noch auf der Karte eingezeichnet und behält seinen Sitz in den Vereinten Nationen (UN) sowie den Regionalorganisationen Afrikanische Union (AU), Intergovernmental Authority on Development (IGAD) und Arabische Liga. Doch mit den gängigen, vorrangig westlichen Vorstellungen staatlicher Ordnung auf einem abgegrenzten Territorium hat es nichts mehr gemein.

Über die Hälfte der Bevölkerung ist auf internationale Hilfen angewiesen, da es kaum andere Chancen gibt, das eigene Überleben zu sichern. Etwa 80 Prozent der Bevölkerung können nicht lesen, schreiben oder rechnen. Die Haupterwerbstätigkeiten beschränken sich auf Drogen-, Waffen- und Menschenhandel, die Erhebung von Wegzöllen sowie die Entführung von Schiffen zum Zweck der Lösegelderpressung, auch Piraterie genannt. Letzteres rückte Somalia in den Fokus internationaler Aufmerksamkeit, da das Hauptoperationsgebiet der Piraten der Golf von Aden ist, der wichtigste Seeweg zwischen Europa und Asien. Zudem ist das Land seit 2001 im Visier der internationalen Terrorfahnder, da es verdächtigt wird, Rückzugsort für global agierende Terroristen zu sein.

Zur Lage: Gewalt und Chaos

Als Auslöser des Zerfalls von Somalia gilt der Sturz des diktatorischen Regimes um Siad Barre 1991. Doch Gewalt und Chaos herrschten schon seit der Unabhängigkeit mit einer kurzen Periode des Friedens und des Aufbaus demokratischer Strukturen in den 1960er Jahren. Dabei war Somalia als Hoffnungsträger Afrikas in die Unabhängigkeit gestartet. Das Land gilt als ethnisch homogen, die Einwohner sprechen alle die gleiche Sprache, sind zu 100 Prozent islamischen Glaubens. Allerdings wurde das somalische Volk im Zuge der Kolonialisierung auf fünf verschiedene Staaten verteilt. Der Wunsch nach einem Groß-Somalia ist somit dem somalischen Staatsgedanken immanent – und eine Quelle des Konflikts mit den Nachbarstaaten.

1960 wurden Britisch- und Italienisch-Somaliland unabhängig und schlossen sich zur Unabhängigen Republik Somalia zusammen. Nach der Unabhängigkeit gab es den Versuch, ein liberal-demokratisches System zu etablieren, das die vorherrschende Clanstruktur weitgehend beachtete. Allerdings kam es bald zu Rivalitäten zwischen den mächtigsten Clans, speziell zwischen dem Norden und Süden des Landes.

1969 putschte sich das Militär unter General Siad Barre an die Macht. Er verfolgte die Politik des Groß-Somalias, wobei er insbesondere auf das größte somalische Siedlungsgebiet außerhalb der Staatsgrenzen abzielte, den Osten Äthiopiens. Entgegen dem Willen seines mächtigen Alliierten, der Sowjetunion, marschierte die somalische Armee 1977 dort ein. Nachdem die Sowjetunion die Seiten wechselte, musste Barre seine Truppen erfolglos zurückziehen. In der Folgezeit gewann er zwar die USA und andere westliche Staaten als Alliierte, innenpolitisch stand das Regime aber unter hohem Druck. Angesichts knapper werdender Gelder begann Barre, ihm nahestehende Clans zu fördern – und andere kollektiv für ihre Opposition zu bestrafen. 1991 kippte die Stimmung endgültig, und Barre musste außer Landes fliehen.

Somaliland im Nordwesten erklärte sich für unabhängig, basierend auf dem Grundgedanken der Afrikanischen Union (damals noch Organisation Afrikanischer Einheit), dass die kolonialen Grenzen Gültigkeit besäßen. 1998 erklärte sich auch der Nordosten des Landes, Puntland, für halbautonom. Während in Somaliland ein weitgehend demokratisches System unter Beachtung lokaler Strukturen aufgebaut wurde, und in Puntland zumindest rudimentäre staatliche Institutionen konstituiert wurden, wird Süd- und Zentralsomalia bis heute nachhaltig vom Krieg erschüttert.[1]

Im Gegensatz zu vielen anderen Konflikten in Afrika südlich der Sahara spielen profitable Ressourcen eine geringe Rolle. Zwar gibt es massive Konkurrenz um Zugang zu knappem Wasser und Weideland. Aber von weitaus größerer Bedeutung ist, dass viele von Chaos und Gewalt profitieren und kein Interesse an einer Lösung des Konflikts haben – da ihnen eine Friedenswirtschaft wenig lukrativ erscheint. Zudem wird Machtpolitik in Somalia mit Gewalt ausgetragen, was die Chance auf friedliche Einigung, insbesondere die Einführung demokratischer Verfahren der Machtlegitimation, erheblich mindert.[2]

Die Entwicklung des Krieges und Konstellation seiner Hauptakteure lässt sich in drei Phasen beschreiben: Anfang der 1990er Jahre waren Rivalitäten zwischen verschiedenen Clans die vorherrschende Determinante. Durch externe Unterstützung, speziell der USA, wurden in der zweiten Phase diverse Allianzen von Warlords gestärkt, die zwar einen gewissen Rückhalt der Clans benötigten, aber dennoch vorrangig den eigenen Machtzuwachs im Auge hatten.[3] Die dritte Phase begann nach der Jahrtausendwende mit einer zunehmenden Dominanz religiöser Akteure. Religion spielte ursprünglich eine untergeordnete Rolle in der somalischen Politik und Gesellschaft; sie war Privatsache, der in Somalia vorherrschende (sunnitische) Sufi-Islam gemäßigt und verwoben mit traditio-

---

[1] Vgl. Markus V. Höhne, Staatszerfall, Konfliktregelung und Staatsaufbau. Zur Diversifizierung der politischen und sozialen Realitäten in Somalia, in: Melha Rout Biel und Olaf Leiße (Hrsg.), Politik in Ostafrika zwischen Staatszerfall und Konsolidierung, Frankfurt/Main 2007, S. 75–101.

[2] Vgl. Roland Marchal, Warlordism and Terrorism: How to Obscure an Already Confusing Crisis? The Case of Somalia, in: International Affairs 6/2007, S. 1091–1106; Ken Menkhaus, Governance without Government in Somalia: Spoilers, State Building, and the Politics of Coping, in: International Security, Nr. 3, Winter 2006–2007, S. 74–106.

[3] Vgl. Stefan Mair, Die Globalisierung privater Gewalt. Kriegsherren, Rebellen, Terroristen und organisierte Kriminalität (Stiftung Wissenschaft und Politik, SWP-Studie 10/2002), Berlin 2002.

nellen Clanstrukturen.⁴ Im Zuge des von den USA seit 2001 geführten Krieges gegen den internationalen Terrorismus gab es aber einen Zuwachs radikaler Strömungen.⁵

Die 2004 durch internationale Vermittlung eingesetzte Übergangsregierung (Transitional Federal Government/TFG)⁶ agiert zwar international als Vertreter des somalischen Staates, sie verfügt aber weder über breiten Rückhalt in der Bevölkerung noch schaffte sie es bislang, Strukturen aufzubauen, die ihre Legitimationsbasis erweitern könnten. Die TFG wird heute von zwei Hauptgegnern konfrontiert: Die eine Gruppe, Al Shabaab, steht in Verbindung mit Al Khaïda; hingegen lehnt die andere, Hizbul Islam, jegliche externe Einmischung ab und strebt ein islamisch geprägtes Somalia auf Grundlage der Scharia an. Beide Gruppen bekämpfen sich dabei auch gegenseitig.

Die Auswirkungen des somalischen Konflikts – die enormen Flüchtlingsströme, die von einigen somalischen Akteuren verfolgte religiöse Agenda, der im Rahmen des Kampfes gegen den Terrorismus geführte Diskurs und schließlich auch der Staatsbildungsprozess Somalias, insbesondere der Umgang mit den in der Region verstreut lebenden Somali – destabilisieren das ohnehin schon prekäre gesellschaftliche Gleichgewicht der Anrainerstaaten um das Horn von Afrika. Vor allem Äthiopiens Ostregion befindet sich seit Jahren im Ausnahmezustand, da somalische Oppositionelle dort massiv bekämpft werden. Der weitgehend herrschafts- und rechtsfreie Raum in Somalia bietet indes auch den Nachbarstaaten eine Gelegenheit: Seit ihrem Grenzkrieg von 1998 bis 2000 haben Äthiopien und Eritrea ihre jeweiligen Verbündeten in Somalia unterstützt, um ihre Machtposition zu stärken. Während Äthiopiens Regierung sich mit der gemäßigten TFG verbündete, alliierte sich die säkulare Regierung Eritreas mit der radikalislamischen Al Shabaab und Hizbul Islam.⁷

Externe Interventionen

Das Engagement Externer in Somalia erfolgte bislang in fünf Wellen. Mit der ersten Welle, der Kolonialisierung, wurde der Lebensraum der Somali auf mehrere Staaten verteilt und damit auch ein somalisches Dilemma angelegt: Die traditionelle somalische Gesellschaftsstruktur war dezentral organisiert und staatlichen Ordnungsvorstellungen westlicher Prägung, mit klaren Grenzen und hierarchischer Ordnung, zuwiderlaufend. Zwar haben Jahrzehnte des Krieges diese ursprüngliche Gesellschaftsform in großen Teilen zerstört, aber sie wurde bislang auch durch nichts ersetzt, was den Somali ein friedliches Zusammenleben ermöglichen würde.⁸ Die Allianzbildungen des Ost-West-Konflikts beflügelten die zwei-

---

4 Vgl. Ken Menkhaus, Political Islam in Somalia, in: Middle East Policy 1/2002, S. 109–123.
5 Vgl. International Crisis Group, Counter-Terrorism in Somalia: Losing Hearts and Minds, Brüssel 2005.
6 Bereits 2000 konstituierte sich eine Regierung, das Transitional National Government; diese zerfiel aber alsbald in verschiedene Fraktionen. Vgl. Ken Menkhaus, The Crisis in Somalia. Tragedy in Five Acts, in: African Affairs 424/2007, S. 357–390.
7 Vgl. Jon Abbink, Ethiopia-Eritrea: Proxy Wars and Prospects of Peace in the Horn of Africa, in: Journal of Contemporary African Studies 3/2003, S. 407–426.
8 Vgl. Ken Menkhaus, Governance without Government in Somalia, a. a. O. (Anm. 2).

te Welle. Doch die abrupte und massive Reduzierung der externen Unterstützung nach Ende des Kalten Krieges schwächte den ohnehin strauchelnden Herrscher Barre zusätzlich. Die dritte Welle begann 1992 mit einem humanitären Einsatz der Vereinten Nationen angesichts einer verheerenden Hungersnot inmitten somalischer Kämpfe. Die UN-Friedensmissionen, die durch eine von den USA geführte Task Force mit robustem Mandat unterstützt wurden, endeten in einem Desaster. Zwar konnte die Not der Bevölkerung etwas gelindert werden. Doch die externe Parteinahme führte zu einer Proliferation und Radikalisierung der Kriegsfraktionen. Als dann 1995 die letzten ausländischen Truppen wieder abzogen, wurde Somalia sich selbst überlassen. Soweit es die Sicherheitslage zuließ, blieben nur noch humanitäre Organisationen im Land.[9]

Mit dem von den USA angeführten Kampf gegen den internationalen Terrorismus wurde seit Ende der 1990er Jahre die vierte Welle eingeläutet. Auslöser waren Anschläge terroristischer Organisationen mit islamistischem Hintergrund, die von Somalia aus geplant wurden. Seitdem die Rolle Afghanistans bezüglich al Khaïda offenbar wurde, galt Somalia umso mehr als möglicher Rückzugsort für internationale Terroristen. Die von den USA angeführte Operation Enduring Freedom wurde auf das Horn von Afrika regional ausgeweitet. Die US-Luftschläge auf somalischem Territorium verschärften das Misstrauen gegenüber dem Westen massiv.

Äthiopien, das ein Interesse hatte, in Somalia eine ihm freundlich gesinnte Regierung einzusetzen und sich dabei als Alliierter des Westens zu etablieren, marschierte mit Unterstützung der USA 2006 in Somalia ein. Auslöser war der Sieg einer Allianz islamischer Gerichtshöfe, der Union of Islamic Courts (UIC), über die TFG. Obwohl die Gerichtshöfe ein breites Spektrum islamischer Strömungen abdeckten und in den sechs Monaten ihrer Herrschaft rudimentäre Ordnung herstellten, war es weder im Interesse Äthiopiens noch der USA, ihnen die Macht in Somalia zu überlassen. Hinzu kam, dass radikale Kräfte innerhalb der UIC einen Dschihad gegen Äthiopien ausriefen und sich jeglichem Dialog verweigerten. Mit der Intervention Äthiopiens konnten zwar die Gerichtshöfe vertrieben, aber die Lage in Somalia nicht stabilisiert werden.

Die Intervention war zudem ohne Legitimierung der Vereinten Nationen erfolgt – im Gegenteil, sie widersetzte sich einem UN-Embargo, das jegliche Unterstützung somalischer Kriegsparteien untersagte.[10] Dennoch wurde die Intervention nicht verurteilt – was von vielen Somali als ungerecht empfunden wurde und zur weiteren Erosion des Ansehens der TFG führte, die nunmehr als Marionette Äthiopiens galt. Ein breites Bündnis verschiedener Milizen, Clans und Geschäftsleute forderte daher immer vehementer deren Absetzung. Ein Friedensschluss, der im Herbst 2008 in Dschibuti erreicht wurde, setzte eine neue TFG ein. Diese Allianz – geführt von Sharif Sheikh Ahmed, einem der moderateren Führer der UIC – ist zwar etwas stärker gesellschaftlich verankert, konnte ihre Machtbasis aber nicht hinreichend konsolidieren. Al Shabaab und die 2009 neu entstandene Hizbul Islam beherrschen den Großteil Somalias und bemühen sich um die Einführung einer extremen Form der Scharia-Gesetze. Eine internati-

---

9 Vgl. Interpeace (Hrsg.), A History of Mediation in Somalia Since 1988, Nairobi 2009.
10 Vgl. Bronwyn E. Bruton, Somalia, a New Approach, Washington, DC, 2010.

onale Friedenstruppe, die von der AU 2007 entsandt wurde, um die TFG zu stützen und den späteren Abzug Äthiopiens im Januar 2009 zu ermöglichen (African Union Mission in Somalia, AMISOM), kann kaum mehr ausrichten als sich selbst und die Regierungsgebäude zu sichern.

Insbesondere Al Shabaab hat sich in den letzten Jahren deutlich radikalisiert. Davon zeugt auch ihre offizielle Verkündung im Januar 2010, sie habe sich al Khaïdas globalem Dschihad angeschlossen.[11] Zwischen den Hauptakteuren hat sich eine militärische Pattsituation eingestellt. So hat Al Shabaab den Süden Somalias bereits im November 2008 als islamischen Staat proklamiert, dennoch ist es ihr nicht möglich, die Hauptstadt Mogadischu einzunehmen. Ihr radikaler Kurs und Diskurs zieht immer mehr Kampfwillige aus der ganzen Welt an – und nährt auch die Bedrohungswahrnehmung des Westens, allen voran der USA.[12]

Währenddessen, seit 2008, erfolgte die fünfte Welle externer Interventionen. Die vor der Küste Somalias in den letzten Jahren stark gestiegene Anzahl an Piratenüberfällen hat zu einem der größten internationalen Marineeinsätze seit Ende des Zweiten Weltkriegs geführt: Mehr als 40 Kriegsschiffe von über 15 Nationen patrouillieren im Golf von Aden und angrenzenden indischen Ozean. Dabei geht es nach dem offiziellen Mandat des von der EU geführten Einsatzes NAVFOR Atalanta vorrangig um den Schutz der Schiffe des Welternährungsprogramms. Letztendlich sollen damit aber auch die weltweiten Handelsströme gesichert werden. Auf der Grundlage eines Hilfegesuchs der TFG legitimierten die UN nicht nur den Einsatz in den Territorialgewässern Somalias, sondern auch Maßnahmen auf dem Land.[13] Die Erfolgsrate der Piraten ist damit zwar gesunken. Dennoch zeigt die unvermindert hohe Zahl von Angriffen, dass dieses Problem auf dem eingeschlagenen militärischen Weg nicht zu lösen sein wird.[14]

Zukunftsperspektiven

Die USA und die Europäische Union konzentrieren sich auf den Kampf gegen Terroristen und Piraten. Zwar bemühen sich vor allem die Europäer um den Aufbau eines somalischen Sicherheitsapparats. Aber angesichts der fehlenden institutionellen Strukturen erscheint dieses Ansinnen auf Sand gebaut. Nur eine soziopolitische Ordnung und Wirtschaftsstruktur, die alternative Wertschöpfungen ermöglichen, können Anreize und Chancen für Frieden schaffen.

Die auf zahlreichen Friedenskonferenzen diskutierten Vorschläge bewegen sich in einem Spektrum, das vom zentralisierten Staat bis hin zu föderalen Optionen (Stichwort: Building-Block-Ansätze) reicht. Diese Konzepte orien-

---

11 Vgl. BBC News, Somali Islamists Join al-Qaeda, 1.2.2010.
12 Vgl. Bronwyn E. Bruton, Somalia, a New Approach, a. a. O. (Anm. 12).
13 UN-Sicherheitsratsresolution 1818 (2.6.2008) sowie UN-Sicherheitsratsresolution 1851 (16.12.2008).
14 Vgl. Annette Weber, Die Marineoperation der EU im Golf von Aden (EU NAVFOR Atalanta). Vorbei am Problem – die Piraterie nimmt zu, die Ursachen bleiben, in: Muriel Asseburg und Ronja Kempin (Hrsg.), Die EU als strategischer Akteur in der Sicherheits- und Verteidigungspolitik? Eine systematische Bestandsaufnahme von ESVP-Missionen und -Operationen (Stiftung Wissenschaft und Politik, SWP-Studie 32/2009), Berlin, S. 79–91.

tieren sich am klassischen Staatsmodell, gemäß dem eine Regierung über das Gewaltmonopol verfügt und alle öffentlichen Güter bereitstellt. Es ist aber gerade diese Vorstellung politischer Ordnung, die nicht mit den Präferenzen der somalischen Gesellschaft in Einklang gebracht werden kann.[15] Auch wenn die Somali die Notwendigkeit einer sozio-politischen Ordnung sehen, so entspricht ein Staat nach westlichem Vorbild nicht ihren Vorstellungen. Die Ablehnung des westlichen Staatsmodells ist nicht verwunderlich, wenn man sich die negativen historischen Erfahrungen mit zentralisierter Macht vergegenwärtigt. Der Zentralstaat – bereits zu Kolonialzeiten und später unter Siad Barre – offenbarte sich stets als Instrument der Enteignung und Unterdrückung.[16]

Gleichwohl gibt es auch in Somalia unterschiedliche Wahrnehmungen: Die von westlichen Staaten unterstützte TFG sieht deren Interventionen weitgehend positiv. Die Regierung des halbautonomen Puntlands gibt zwar vor, Terrorismus und Piraterie zu bekämpfen, allerdings ist sie nachweisbar in derlei Aktivitäten verstrickt.[17] Das Ansinnen Somalilands, als unabhängiger Staat anerkannt zu werden, wird trotz der bisherigen Erfolge nicht einmal diskutiert. Die islamistischen Bewegungen sehen die TFG als Marionette des Westens und in jeglicher Einmischung von außen einen Angriff auf Somalia.

Der Antipirateneinsatz hat in der Bevölkerung wenig Rückhalt, zumal es auch Vorwürfe gibt, wonach gerade europäische Fischfangflotten die Rechtlosigkeit Somalias ausgenutzt hätten, um in dessen Territorialgewässern zu wildern. Die Fischerei macht bislang zwar nur einen kleinen Teil der somalischen Wirtschaft aus;[18] dennoch nähren diese Vorwürfe politisch relevantes Misstrauen.

Die internationale Gemeinschaft könnte sie entkräften, wenn sie neben den Bemühungen zum Staatsaufbau in Somalia auch wirtschaftliche Strukturen im Blick hätte. Sicherlich besteht hier ein Dilemma – da ohne tragfähige politische Institutionen und vor allem eine verbesserte Sicherheitslage kein nachhaltiges Wirtschaften möglich ist. Gleichwohl wären Signale in diese Richtung ein Zeichen für die Somalis, dass es externen Akteuren auch um die einheimische Bevölkerung geht. Landwirtschafts- und Fischereisektoren böten Potenzial, um die gesamtwirtschaftliche Leistung und Selbstversorgung der Bevölkerung zu erhöhen. Beim Aufbau von Ordnungsstrukturen sollten die divergierenden Rahmenbedingungen in den drei Hauptregionen Somalias – Somaliland, Puntland sowie Süd- und Zentralsomalia – beachtet und neue Formen dezentralen Regierens angestrebt werden – auch wenn sie westlichen Vorstellungen von politischer Ordnung widersprechen.

---

15 Vgl. Mark Bradbury und Sally Healy (Hrsg.), Whose Peace is it Anyway? Connecting Somali and International Peacemaking (Accord, Nr. 21), London 2010; Interpeace, A History of Mediation in Somalia, a. a. O. (Anm. 11).

16 Ken J. Menkhaus, Zum Verständnis des Staatsversagens in Somalia: interne und externe Dimensionen, in: Heinrich-Böll-Stiftung (Hrsg.), Somalia – alte Konflikte und neue Chancen zur Staatsbildung, Berlin 2008, S. 32–57; hier: 40.

17 Vgl. Report of the Monitoring Group on Somalia Pursuant to Security Council Resolution 1853 (2008), S/2010/91 (10.3.2010).

18 Etwa zwei Prozent der gesamtwirtschaftlichen Leistung Somalias vor 1991. Laut Marine Resources Assessment Group (Hrsg.), Review of Impacts of Illegal, Unreported and Unregulated Fishing on Developing Countries. Final Report, London, Juli 2005.

Konflikte südlich der Sahara: DR Kongo und Sudan

Denis M. Tull und Annette Weber

Die internationalen Bemühungen zur Bearbeitung von Kriegen in Afrika haben sich in den vergangenen Jahren vor allem auf die Demokratische Republik (DR) Kongo und den Sudan konzentriert. Beide Länder sind Schauplatz der weltweit größten humanitären Katastrophen. Daran haben weder die Friedensabkommen (DR Kongo 2002, Sudan 2005) etwas geändert, die in beiden Staaten Friedensprozesse eingeleitet haben, noch konnten die mit unzureichenden Ressourcen ausgestatteten UN-Friedensmissionen in den riesigen Flächenstaaten einen entscheidenden Beitrag zur Konfliktlösung leisten. Diese Bemühungen scheitern am fehlenden Willen der Konfliktparteien vor Ort, Frieden zu schließen. Obwohl in den vergangenen Jahren eine Eindämmung der Gewalt gelungen ist, sind weiterhin Gewalteskalationen möglich.

Demokratische Republik Kongo

Mit den Wahlen 2006 ging die DR Kongo in einen Post-Konflikt-Status über. Vier Jahre zuvor hatten die kongolesischen Konfliktparteien einen Friedensvertrag unterzeichnet, der die seit 1996 anhaltenden und nur von kurzen Pausen unterbrochenen gewaltsamen Konflikte beenden sollte. Der Preis (für die Regierung von Präsident Joseph Kabila) und der Lohn (aus Sicht der verschiedenen Rebellengruppen) für den Frieden war die Teilung der politischen und wirtschaftlichen Macht im Rahmen einer Übergangsregierung der nationalen Einheit (2003–2006), die das Land stabilisieren und Wahlen vorbereiten sollte.

Diese Zielsetzung wurde weitgehend erreicht: Seit 2006 verfügt Kongo über die erste demokratisch gewählte Regierung seit der Unabhängigkeit 1960. Auch bestehen keine Rebellengruppen mehr, die außerhalb begrenzter lokaler Gebiete politische Herrschaftsansprüche vertreten. Vier Jahre nach den Wahlen 2006 gelten 70 Prozent des Landes als befriedet – zumindest dahingehend, dass nichtstaatliche Akteure nicht mehr organisierte und regelmäßige Gewalthandlungen verüben. Trotzdem bleibt die Lage in den Kivu-Provinzen im Osten des Landes instabil und gewalttätig.[1] Während zwischenzeitlich die Zahl der intern Vertriebenen von 3,2 Millionen (2003) auf 1,1 Millionen (2006) sank, stieg sie in den letzten drei Jahren wieder auf über zwei Millionen (2009).[2]

---

1 Für eine umfassende Bilanz der Interventionspolitik und des Friedensprozesses im Kongo, vgl. Theodore Trefon (Hrsg.), Reforme au Congo (RDC): Attentes et désillusions (Cahiers Africains, L'Harmattan, Nr. 76), Paris 2009.

2 Thirtieth Report of the Secretary-General on MONUC, UN doc. S/2009/632, New York, 4.12.2009, S. 9.

Lage vor Ort

Die Größe des Landes, rudimentäre Infrastrukturen, ein niedriges wirtschaftliches Entwicklungsniveau und schwache staatliche Institutionen beeinträchtigen die Friedensperspektiven. Die Auseinandersetzungen um Rohstoffe sowie die verdeckte und teilweise auch offene Konfliktteilnahme von Nachbarstaaten, insbesondere Ruandas und Ugandas, die Kongos Rebellengruppen unterstützt haben, machen die Lage umso komplizierter. Ausländische Rebellengruppen nutzen den Osten Kongos als Rückzugsraum, um ihre Heimatländer zu destabilisieren. Auf dem Höhepunkt des Krieges, im Jahr 2000, waren rund 100 000 Kombattanten im Kongo aktiv.

Der Konflikt spielte sich auf drei miteinander verflochtenen Ebenen ab. Erstens herrschte auf nationalstaatlicher Ebene ein Bürgerkrieg. Rebellengruppen wollten die Macht in Kinshasa ergreifen. Auf der zweiten Ebene wurden im Ostkongo (in den Kivu-Provinzen) seit 1993 Konflikte um lokale Ressourcen, politische Macht und Repräsentation (Staatsbürgerschaft) kriegerisch ausgetragen. Insbesondere kam es zu schweren Verwerfungen, weil so genannte autochthone Gruppen die kongolesische Staatsbürgerschaft der ruandophonen Minderheit in den Kivus (Banyarwanda) in Frage stellten. Seit 1994, mit den Fernwirkungen des ruandischen Genozids auf Ostkongo, wurde dem Konfliktgeschehen eine dritte, regionale Ebene hinzugefügt. Die lokalen Auseinandersetzungen eskalierten mit der Ankunft der ruandischen Völkermörder in den Kivus. Kongo wurde zum Austragungsort der Bürgerkriege der Nachbarländer (Ruanda, Burundi, Uganda und teilweise Angola). Die lokalen, nationalen und regionalen Konflikte verschränkten sich so zu einem Konfliktgeschehen, das von einigen Beobachtern als »Afrikas erster Weltkrieg« bezeichnet wurde.[3]

Knapp 15 Jahre nach dem Einmarsch der Armeen der Nachbarstaaten, mit dem der Kongo-Krieg 1996 begann, bleiben viele der Konfliktursachen bestehen. Die Rahmenbedingungen machen militärische Aufstände durch Rebellengruppen weiterhin möglich: Neben politischen und wirtschaftlichen Verteilungskämpfen zählen dazu die mangelnde Effektivität und Legitimität staatlicher Institutionen (einschließlich der Armee), die prekären Beziehungen des Kongo zum Nachbarland Ruanda, das in der Vergangenheit immer wieder kongolesische Rebellen unterstützt hat, und schließlich eine Rohstoffökonomie, die keiner staatlichen Regulierung unterliegt.

Die lokalen politischen und ökonomischen Konflikte im Ostkongo, die eine maßgebliche Triebfeder des Kriegsgeschehens waren, bleiben virulent. Nach wie vor wird die Staatsbürgerschaft der ruandophonen Minderheit von konkurrierenden Gruppen in Frage gestellt. Die Banyarwanda sind in den lokalen und nationalen politischen Institutionen kaum repräsentiert, denn die Wahlen 2006 wurden in erster Linie durch demografische und ethnische Mehrheitsverhältnisse entschieden.

Die 2006 gewählte kongolesische Regierung hat sich bislang als unfähig oder unwillig erwiesen, effektive und rechtsstaatliche Strukturen aufzubauen. Kongos

---

3 Gerard Prunier, Africa's World War: Congo, the Rwandan Genocide and the Making of a Continental Catastrophe, London 2009; Thomas Turner, The Congo Wars. Conflict, Myth and Reality, London 2007.

Bürgerkrieg hat zwar an Schärfe verloren, wird aber in der einen oder anderen Form weiterhin im Ostkongo ausgefochten. Ostkongos Zivilbevölkerung leidet nach wie vor unter der Herrschaft brutaler Rebellengruppen (aus Ruanda und Uganda). Die kongolesische Armee, die eigentlich die Bevölkerung beschützen soll, stellt eine permanente Gefahr für Leib und Leben der Zivilbevölkerung dar. Am deutlichsten wird dies in den Kivu-Provinzen, wo die Armee mit Unterstützung der 19 000 Mann starken Friedensmission der Vereinten Nationen (Mission de l'Organisation des Nations Unies en République Démocratique du Congo, MONUC) militärische Operationen gegen die ruandischen Rebellen der Forces Démocratiques pour la Libération du Ruanda (FDLR) durchführt – Operationen, die verheerende humanitäre Folgen für die Zivilbevölkerung haben.[4] Damit bleiben die Kivu-Provinzen die Achillesferse des Friedensprozesses im Kongo.

Intervention von außen

Nach gängigen Kriterien ist die DR Kongo ein Interventionsland, das externen Akteuren begrenzte Gestaltungs- und Einflussmöglichkeiten bietet. Die Hauptlast der internationalen Intervention haben im Kongo die Vereinten Nationen getragen. Infolge des Waffenstillstandsabkommens von Lusaka 1999 wurde eine vorläufige Beobachtermission schrittweise zu einer vollwertigen Friedensmission entwickelt, die erst ab 2006 mehr als 17 000 Blauhelme im Kongo stationiert hatte.

Mehrere Faktoren erschweren die Arbeit der Friedensmission:[5] Die MONUC verfügte zu keinem Zeitpunkt über die nötigen Mittel, um ihre anspruchsvollen und über Zeit immer länger werdende Liste von Mandatsaufgaben zu erfüllen. Überdies waren die vom UN-Sicherheitsrat legitimierten Mandate unklar und teilweise widersprüchlich.

Die internationale Interventionsorthodoxie, frühzeitig »Post-Konflikt-Wahlen« zu organisieren, erwies sich als kontraproduktiv. Im Kongo wurde schnell deutlich, dass Wahlen nicht mit demokratischen Verhältnissen verwechselt werden dürfen und auch nicht zur Befriedung beitragen. Ebenso wurde die Hoffnung der internationalen Gemeinschaft enttäuscht, mit den Wahlen legitime und handlungsfähige nationale Partner zu gewinnen, die die Ziele der externen Akteure teilen. Die Strategien und Interessen der Regierung von Joseph Kabila stehen im offenkundigen Gegensatz zu jenen ihrer internationalen Unterstützer. Kabilas Regierung verfolgt in erster Linie das Ziel des politischen Machterhalts. Repression, Klientelpolitik und Korruption sind handlungsleitend. Externe Hilfe wird von ihr instrumentalisiert, da man nicht mit einer Verringerung der finanziellen Hilfe oder anderen Sanktionen rechnet, weil die internationalen Akteure auf die kongolesischen Partner angewiesen sind. Sporadische Kritik von außen wird unter Verweis auf die eigene, durch Wahlen erlangte Legitimität sowie die staat-

---

4 Pole Institute, Guerillas im Nebel: Der Krieg gegen die FDLR. Wie Kongolesen den Krieg gegen die ruandischen FDLR-Milizen im Osten der Demokratischen Republik Kongo erleben und was Deutschland damit zu tun hat, Goma 2010.

5 Pierre Englebert und Denis M. Tull, Post-Conflict Reconstruction in Africa. Flawed Ideas about Failed States, In: International Security 4/2008, S. 106–139.

liche Souveränität des Kongo beiseite gewischt. Die internationale Gemeinschaft beschreitet denn auch einen Mittelweg zwischen politischer Einmischung und sanftem Auftreten (Stichwort: light footprint). Dieser unstete Schlingerkurs wurde von der kongolesischen Regierung seit ihrer Wahl 2006 genutzt, um die eigene Macht zu erhalten.

Abbildung 7: Zentralafrika

Beispielhaft ist die unzureichende Reform des Sicherheitssektors, sprich der Aufbau einer effektiven Armee und Polizei.[6] Die Europäische Union hat seit 2005 ein »Zahlungskettenprojekt« mit dem Ziel durchgeführt, militärische Hierarchie und Soldverwaltung voneinander zu trennen, mithin also zu unterbinden, dass Generäle und andere Offiziere einen Teil des Solds einbehalten, der zur Bezahlung ihrer Soldaten bestimmt ist. 2005 wurde bekannt, dass durch diese Form der Selbstbereicherung monatlich acht Millionen Dollar aus dem Verteidigungshaushalt verschwanden. Diese Praxis zwang die Soldaten ihrerseits, auf Kosten der Bevölkerung zu leben. Das »Zahlungskettenprojekt« war zwar punktuell wirksam, aber der Widerstand der Generalität und der politischen Verantwortlichen im kongolesischen Verteidigungsministerium war groß genug, um eine grundlegende Reform zu verhindern. Im Ergebnis bleiben

---
6 Sébastien Melmot, Candide in Congo. The Expected Failure of Security Sector Reform (SSR), IFRI, Paris 2009.

demoralisierte Truppen, die von der Regierung nur rudimentär mit notwendigen finanziellen und logistischen Mitteln unterstützt werden und weitgehend auf sich selbst gestellt sind. Entsprechend gering ist die Schlagkraft der Armee gegenüber Rebellengruppen. Es liegt auf der Hand, dass diese Form schlechter Regierungsführung mit dazu beiträgt, dass die sicherheitspolitischen Probleme bestehen bleiben.

Das Versäumnis der internationalen Geber, notwendige Reformprojekte in einen internationalen politischen Gesamtzusammenhang zu stellen, ist eine zentrale Schwäche ihrer Interventionspolitik. Im Gegensatz zur Übergangsphase (2003–2006), als die externen Akteure ihre Positionen in einem Koordinierungsgremium abstimmten und damit ihre Einflussmöglichkeiten verbesserten, lässt die internationale Gemeinschaft heute eine abgestimmte einheitliche Position vermissen. Nach seiner Wahl machte Kabila deutlich, dass er nur noch bilateral mit internationalen Partnern verhandeln werde. Es ist unverständlich, dass die Geber, die rund 40 Prozent der kongolesischen Staatsausgaben finanzieren, sich von der Regierung ausmanövrieren lassen und somit ihre Einflussmöglichkeiten noch weiter verringern.

Perspektiven

Seit den Wahlen 2006 ist der erhoffte wirtschaftliche Aufschwung ausgeblieben; die Regierung weigert sich nach wie vor, politische und strukturelle Reformen durchzuführen. Im Osten des Landes hat sich die Sicherheitslage sogar deutlich verschlechtert. Regierung und MONUC beteuern zwar, dass die militärischen Operationen gegen die FDLR die Situation langfristig verbessern werden. Doch aus Sicht der Zivilbevölkerung sind Zweifel angebracht, solange die Armee nicht für Sicherheit sorgen kann, ja selbst Menschenrechte verletzt.

Die Haltung der MONUC reflektiert das Dilemma der internationalen Gemeinschaft: Obwohl sie keine kongolesischen Partner hat, die mit ihr an einem Strang ziehen, hält sie an der Kooperation mit den Machthabern fest, um die mit Mühe erreichten Fortschritte nicht zu gefährden. Die darin zum Ausdruck kommende Ratlosigkeit hat längst dazu geführt, dass die internationale Gemeinschaft sich von den hehren, offiziell weiterhin postulierten Zielen de facto verabschiedet hat: strukturelle Konfliktursachen zu beseitigen und einen effektiven Rechtsstaat aufzubauen, der einen demokratischen Frieden tragen sollte. Menschenrechtsverletzungen, Korruption und der ungezügelte Autoritarismus der Kabila-Regierung werden allenfalls hinter vorgehaltener Hand kritisiert.

Eine Strategie, die geeignet wäre, die Prioritäten der Friedenskonsolidierung umzusetzen, ist nicht erkennbar. Diese müsste in erster Linie die Reform des Sicherheitssektors und die Verbesserung der Regierungsführung beinhalten, die im engen Zusammenhang stehen. Dies würde zwar zu politischen Konfrontationen mit der Regierung führen, sollte jedoch die Geber – sofern sie sich auf gemeinsame Positionen verständigen können – nicht davon abhalten, Kritik an Kongos Regierungseliten zu äußern. Deren Abwehrhaltung, »neokoloniale Bevormundung« sei 50 Jahre nach der Unabhängigkeit ihres Staates nicht angebracht, klingt angesichts der Politik und Bilanz der Kabila-Regierung zunehmend hohl.

Sudan

Die Situation im Sudan lässt sich sowohl als Post-Konflikt (Nord-Süd) als auch als Konflikt niedriger Intensität in der westlichen Region Darfur und insgesamt als Konfliktgemengelage mit verschiedenen manifesten Eruptionen bezeichnen. Da die Ursachen der Konflikte (etwa Macht-, Ressourcenverteilung, Zentrum-Peripherie-Gefälle, neopatrimoniale Klientelstrukturen, ethnisierte Elitenherrschaft) nicht nachhaltig bearbeitet oder gar gelöst sind, ist ein Ausbruch erneuter Gewalt sowohl in Darfur als auch im Südsudan, im Osten oder an der Grenze zwischen Nord- und Südsudan keineswegs auszuschließen. Die prekäre Lage in Darfur, aber auch im Südsudan ist für die menschliche Sicherheit der Bevölkerung verheerend.[7] Aufgrund fehlender staatlicher Dienstleistungen wie Wohlfahrt, Sicherheit, Bildung oder Gesundheitsversorgung nimmt die Verwundbarkeit der Bevölkerung stetig zu. Es ist offen, ob das Land die politischen und sozio-ökonomischen Strukturen verbessern kann oder erneut in einen weiteren blutigen Konflikt mit massiven humanitären Konsequenzen steuert.

Bei den Wahlen im April 2010 konnte sich Omar Hassan al-Bashir mit 67 Prozent der Stimmen als Präsident des gesamten Sudan legitimieren, Salva Kiir wurde gar mit 93 Prozent der Stimmen zum Präsidenten des Südsudan gewählt. Die Wahlen stärkten die Hardliner in beiden Landesteilen, die Hoffnung der moderaten Elemente in der Regierungspartei NCP, die die Wahlen als Öffnung des politischen Spektrums für die Opposition verstanden hatten, wurde nicht erfüllt. Vielmehr blieb alles beim Alten, die Wahlen funktionierten als Alternative zur Demokratie, nicht als Vehikel für die Demokratisierung des Landes.

Die beiden Partner des Umfassenden Friedensabkommens (Comprehensive Peace Agreement/CPA) 2005, die Regierungspartei von Präsident al-Bashir (National Congress Party/NCP) und die Südsudanesische Befreiungsbewegung (Sudan People's Liberation Movement/SPLM), geben wenig Anlass zur Hoffnung, dass sie sich ernsthaft auf eine friedliche Sezession des Südsudan oder eine demokratische Transformation des Gesamtsudan als Folge des Referendums im Januar 2011 vorbereiten.

Lage vor Ort

Die Herrschaftsform im Sudan ist seit dem Militärputsch des islamischen Heilsregimes 1989 autoritär. Obgleich durchaus Reformansätze hinsichtlich einer freieren Presse und den geplanten Wahlen 2010 zu verzeichnen sind, hat die NCP unter Präsident al-Bashir einen Großteil des Staatsapparats mit Parteimitgliedern besetzt. Die Kontrolle, die durch das engmaschige Netz der Sicherheitsorgane (Paramilitärs, Staatssicherheit, militärische Sicherheit) ausgeübt wird, ist kaum durch die schwache Präsenz der jahrelang verbotenen Oppositionsparteien aufzubrechen. Die SPLM agierte seit 2005 in einer Zwitterposition als Juniorpartner

---

7 Zur Situation in Darfur vgl. Juli Flint und Alex de Waal, Darfur: A New History of a Long War, London 2008; Annette Weber, Die (langen) Kriege im Sudan. Keine schnelle Lösung in Sicht, in: Friedensgutachten 2009, Bonn 2009.

in der Regierung der nationalen Einheit in Khartum, als autonome Regierung im Südsudan und als Opposition zur NCP. Entgegen ihres Versprechens für einen demokratischen Wandel im Sudan und einer sichtbaren Friedensdividende im Süden zeigt die SPLM immer deutlicher autokratische Züge. Die politische Opposition wird unterdrückt, politische Ämter werden durch Klientelstrukturen besetzt. Die zunehmende Machtdominanz der schwarzafrikanischen Dinka, der größten südsudanesischen Volksgruppe, ist unübersehbar – ein Umstand, der Südsudan noch vor große interne Probleme stellen dürfte.

Der Staatshaushalt im Nordsudan ist mehr als 65 Prozent, der im Südsudan mehr als 98 Prozent von Öleinnahmen abhängig.[8] Das war ein Grund für die beiden Parteien, sich 2005 nach mehr als 20 Jahren Krieg in einem Friedensvertrag zu einigen. Die Verteilung der Öleinnahmen gibt indes weiterhin Anlass für Auseinandersetzungen und Misstrauen zwischen den beiden Vertragspartnern des Umfassenden Friedensabkommens. Die im CPA vereinbarte Aufteilung der Öleinnahmen zwischen Nord- und Südsudan werden zu Ungunsten des Sudens vom Ölministerium in Khartum verteilt, obgleich die Ölvorkommen zu größten Teilen im Südsudan liegen.[9]

Die internationale Konkurrenz um die Ressourcen hält sich in Grenzen, da die meisten westlichen Ölfirmen entweder durch Sanktionen ihres Landes gegen den Sudan (USA) oder durch »Disinvestment«-Kampagnen und dem Druck von Menschenrechtsgruppen ihre Investition im Sudan eingestellt haben. China, frei von solchen Erwägungen, steht mit mehr als 60 Prozent der Ölförderung an erster Stelle, gefolgt von Indien und Malaysia. Bedingt durch das Öl, das seit 1999 gefördert wird, wurden die traditionellen landwirtschaftlichen Einnahmequellen vernachlässigt. Im September 2009 erklärte die Regierung des Südsudan den Staatsbankrott: Milliarden von Öleinnahmen waren in privaten Taschen verschwunden, die Staatskassen blieben leer. Unterdessen hat die Regierung des Südsudan (Government of Southern Sudan, GoSS) wichtige staatliche Funktionen wie Sicherheit, Infrastruktur, medizinische Versorgung und Bildung nicht mehr gewährleisten können und teilweise an internationale Nichtregierungsorganisationen ausgelagert.

Der Bevölkerung ist in erster Linie an der Verbesserung der Sicherheit gelegen, um in ihre Dörfer zurückkehren zu können. Mit den Verlautbarungen westlicher Darfur-Aktivisten und Regierungen wurden Erwartungen genährt, dass eine Friedensmission der Vereinten Nationen (UN) und der Afrikanischen Union (AU) eine sofortige Beendigung des Konflikts herbeiführen könne. Doch der langsame und schleppende Aufbau der AU/UN Hybrid Operation in Darfur (UNAMID) enttäuschte diese Hoffnungen, auch wenn in Darfur im Jahr 2009 weniger Menschen durch gewalttätige Konflikte zu Tode kamen als im Südsudan. Die Mehrheit der über 2,5 Millionen Vertriebenen lebt weiterhin in Camps; die Sicherheitslage außerhalb der Lager bleibt prekär. Auch die deutlich positiver bewertete United Nations Mission in Sudan (UNMIS), die vornehmlich den

---

8   Zu wirtschaftlicher Situation, Öleinnahmen und Staatshaushalt vgl. Intelligence Unit, Sudan Country Report, London, Januar 2010.

9   Zur Problematik der Verteilung von Wohlstand und Öleinkommen vgl. Global Witness, Fuelling Mistrust: The Need for Transparency in Sudan's Oil Industry, London, September 2009.

Friedensvertrag zwischen Nord- und Südsudan begleiten soll, geriet bei den gewalttätigen Auseinandersetzungen in Abyei (Mai 2008), Malakal (2009) und Jonglei (2009) in die Kritik, da auch hier aktiveres Eingreifen erwartet wurde. Durch die zunehmende Vermischung von politischer und krimineller Gewalt wurde die Mission häufiges Ziel von Raubüberfällen.

Vor allem in Darfur führen soziale Verwerfungen, die prekäre Sicherheitslage, die anhaltenden Angriffe auf Zivilisten und das Leben in Binnenflüchtlingscamps dazu, dass zwischen politisch motiviertem bewaffneten Kampf und kriminellem Banditentum nicht mehr klar unterschieden werden kann. Kriminelle Gruppen nutzen die Konfliktsituation, um sich bei humanitären Organisationen und Friedensmissionen zu bereichern. Die Situation ist auch profitabel für die Rebellenmilizen, die ihre Unterstützung aus dem Ausland beziehen und ihren Marktwert gegenüber der Zentralregierung zu steigern versuchen, indem sie den Konflikt internationalisieren. Der Konflikt in Darfur nützte auch der Regierung in Khartum, weil er von innenpolitischen Problemen, der Finanzkrise, den weiterhin eingeschränkten politischen und sozialen Freiheiten und dem ins Stocken geratenen Friedensprozess zwischen Nord und Süd ablenkte. Die Kriegsanstrengungen stärkten vor allem die Hardliner im Regime, da sie nicht nur neue Waffenankäufe aus China und Russland begründeten, sondern auch Sicherheitsorgane legitimierten. Von der Gewalteskalation im Südsudan profitieren ebenso Milizenführer verschiedener Ethnien, die sich innerhalb der Regierung des Südsudan nicht adäquat repräsentiert sehen.

Die sudanesischen Konfliktherde bedrohen die regionale Stabilität. Ganz deutlich wird dies in der westlich angrenzenden Region – vor allem dem Tschad. Durch den Ausbruch des Krieges in Darfur 2003 wurde der Tschad nicht nur Aufnahmeland von mehr als 200 000 Flüchtlingen, sondern auch zum Austragungsort eines Stellvertreterkriegs. Tschadische Rebellen, die gegen Präsident Idriss Déby kämpfen, wurden von der Regierung in Khartum unterstützt, ausgebildet und mit Waffen versorgt. Im Gegenzug unterstützte der tschadische Präsident Déby Rebellen in Darfur. Die Nachbarn im Osten des Landes erwarten sorgenvoll gespannt die Wahlen und das Unabhängigkeitsreferendum. Eine gewaltsame Separation des Südsudan würde zweifellos die ohnehin prekäre Situation am Horn von Afrika weiter destabilisieren. Vor allem Äthiopien und Kenia wären von dieser Entwicklung betroffen.

Intervention von außen

Die unterschiedlichen Ausprägungen des Konflikts in Darfur sind auch Ursache dafür, dass die internationalen Akteure keineswegs eine einheitliche, kohärente Politik verfolgen – weder im Sudan- noch im Darfur-Konflikt. So gilt Frankreichs Interesse vorwiegend der Stärkung des Regimes von Präsident Déby im Tschad und bestimmt so dessen Umgang mit den Rebellengruppen in Darfur. Khartum verdächtigt den Westen, vor allem wegen des Öls und der Zerstörung staatlicher Souveränität im Sudan aktiv zu sein. China sieht seine Ölinteressen im Friedensschluss zwischen Nord- und Südsudan gewahrt, da die meisten Ölfelder, die derzeit aktiv ausgebeutet werden, im Süden und in den Grenzbereichen zwischen den beiden Landesteilen liegen. Der Ansatz der US-Regierung unter Präsident Barack Obama ist ambivalent: Während der Sonderbeauftragte Scott Gration eine Strategie der ausgestreckten Hand favorisiert, scheinen Außenministerin Hillary Clinton und UN-Botschafterin Susan Rice weiterhin eine Linie zu präferieren, die eine Normalisierung der Beziehungen erschwert. In der Hauptstadt und der Darfur-Region werden denn auch die Interessen externer Akteure unterschiedlich wahrgenommen. Für die Rebellen in Darfur und gleichermaßen für die SPLM gilt Deutschland als tendenziell regimefreundliches Land, das sich weder klar hinter die SPLM (wie die USA oder Norwegen) noch hinter die Rebellen in Darfur stellt (so wie Frankreich).

Die UN-Missionen im Sudan haben Akzeptanzprobleme und damit Schwierigkeiten, ihre Mandate zu erfüllen, insbesondere UNAMID. Dies hängt nicht nur mit der Weitläufigkeit des Einsatzgebiets und der mangelnden Ausstattung mit Hubschraubern und Fahrzeugen zusammen. Das Kernproblem der Mission bleibt die politische Ablehnung der Regierung in Khartum, die durch UNAMID ihre Souveränität bedroht sieht.

Während die NCP keine Einwände gegen eine friedensunterstützende Mission (UNMIS) im Südsudan im Rahmen des CPA vorbrachte, war der Widerstand gegen eine UN-Mission in Darfur eisern. Erst 2004, etwa ein Jahr nach Beginn der bewaffneten Auseinandersetzungen in Darfur, erlaubte die Regierung nur sehr zögerlich eine kleine, 1500 Mann starke Beobachtermission der Afrikanischen Union. Nachdem sich der UN-Sicherheitsrat in seiner Resolution 1769 vom 31. Juli 2007 für eine Artikel VII-Mission in Darfur ausgesprochen hatte, wurde die erste hybride Mission zwischen AU und UN mit großen Schwierigkeiten nachentsandt. Dies geschah gegen enormen Widerstand aus Khartum und unter der Bedingung, dass nur afrikanische Truppen in Darfur zum Einsatz kommen dürfen. Bis heute (2010), drei Jahre nach Entsendung, ist die Sollstärke der Mission von 26 000 nicht erreicht.

Ob es sich in Darfur um einen Stammeskonflikt um Ressourcen handelt oder um Kriegsverbrechen unter Anführung der Regierung in Khartum, ist umstritten. Die Regierungspartei legitimiert ihr Handeln in Darfur als Aufstandsbekämpfung, die einem Staat zum Schutz der Bevölkerung und zur Durchsetzung des Gewaltmonopols zusteht. Auf Seiten der Vereinten Nationen und des Internationalen Strafgerichtshofs (IstGH) hingegen wird Darfur als Konflikt mit massiven Menschenrechtsverletzungen, Vertreibung, Kriegsverbrechen und Verbrechen gegen die Menschheit gewertet, die auch direkt und auf Befehl der Regierung in Khartum begangen wurden. Am 3. Februar 2010 verkündete der IstGH in Den Haag, dass das Verfahren gegen den amtierenden sudanesischen Präsidenten al-Bashir, dessen Haftbefehl sich bislang auf Kriegsverbrechen und Verbrechen gegen die Menschlichkeit bezog, durch eine Völkermordanklage eventuell erweitert werden könnte.[10] Vor allem in der

---

10 Vgl. dazu die Presseerklärung des IstGH, Al Bashir Case. The Appeal Chamber Directs Pre-Trial Chamber to Decide Anew on the Genocide Charges, Den Haag, 3.2.2010. Die Anklage gegen Präsident Bashir findet sich unter ICC, Situation in Darfur. Sudan. In the Case of the Prosecutor v. Omar Hassan al Bashir, 4.3.2009, <http://www.icc-cpi.int/iccdocs/doc/doc639096.pdf> (abgerufen am 12.5.2010).

Reaktion auf den Haftbefehl gegen Präsident Bashir zeigen sich deutlich die Unterschiede der internationalen Akteure.

Perspektiven

Die NCP, obgleich selbst aktiver Konfliktakteur in Darfur, bestimmte nicht nur über die Zusammensetzung der UN/AU-Friedenstruppen in Darfur, es gelang ihr auch, den Diskurs über globale Gerechtigkeit in ihrem Sinne zu beeinflussen. Sowohl die Afrikanische Union als auch die Arabische Liga erklärten, sich im Falle Sudans gegen den Haftbefehl des IstGH zu stellen – obgleich die Truppen der AU als erste in Darfur zur Stelle waren. Die Rebellen in Darfur nutzen ihrerseits die Diskussion um die Schutzverantwortung (Responsibility to Protect) für sich.

Die Darfur-Kampagnen[11] und westliche Regierungen stellten den Konflikt als Vernichtungskrieg der Regierung in Khartum dar, bei dem die Rebellen als Freiheitskämpfer im Namen der Bevölkerung agierten. Dass sich bei den Friedensverhandlungen zu Darfur auch heute noch Rebellenführer kategorisch dem Gespräch verweigern, zeigt hingegen, dass sie selbst längst zu den Hindernissen des Friedensprozesses und nicht zu den Reformkräften zählen, die eine Befriedung und Stabilisierung der Region Darfur tragen könnten.

---

11 Für eine scharfe Kritik an diesen Kampagnen vgl. Mahmoud Mamdani, Saviors and Survivors: Darfur, Politics, and the War on Terror, New York, NY, 2009.

III. Nationalstaatliche Exporteure von Stabilität und Entwicklung

Deutsche Friedens- und Stabilisierungseinsätze

Stefan Mair

Deutsche bewaffnete Friedens- und Stabilisierungseinsätze stehen seit dem opferreichen Bombardement von Taliban und Zivilisten bei Kunduz im September 2009 vor einer Wegscheide. Kaum noch vorstellbar erscheint eine Fortsetzung des bisherigen Umgangs mit Auslandseinsätzen der Bundeswehr, der sie immer mehr zum militärischen Akteur machte, während die Öffentlichkeit in dem Irrglauben nicht irritiert werden wollte, bei den Bundeswehrsoldaten im Einsatz handele es sich nur um Aufbauhelfer in Uniform. Eine Klärung ist unumgänglich: Definiert Deutschland seinen Beitrag zu Friedens- und Stabilisierungseinsätzen vorwiegend nichtmilitärisch und ist den entsandten Soldaten der Waffeneinsatz nur für den Selbstschutz und zur Nothilfe erlaubt? Oder nähert es sich in seiner Rollenwahrnehmung dem Verständnis anderer Staaten an, für die der aktive Einsatz von militärischer Gewalt und das Führen von Krieg legitime Mittel sind, um sich nicht nur selbst zu verteidigen, sondern Aufstände zu bekämpfen, Frieden und Stabilisierung in Konfliktregionen zu erzwingen?

Kluft zwischen Entscheidungsträgern und Öffentlichkeit

Welcher Weg zu beschreiten ist – dazu gibt es sehr unterschiedliche Meinungen und Mehrheiten in der Öffentlichkeit und in der Fachgemeinde. Während nach Erhebungen des Sozialwissenschaftlichen Instituts der Bundeswehr im Jahr 2008 die Befürwortung von Friedenseinsätzen der Bundeswehr im Allgemeinen relativ stabil bei ca. 70 Prozent der Befragten gelegen hatte, fällt diese Unterstützung zurückhaltender aus, wenn die militärische Dimension eines spezifischen Einsatzes deutlich wird.[1] Anfang Dezember 2009 sprachen sich laut einer Meinungsumfrage nur noch 27 Prozent der Bundesbürger für einen weiteren Verbleib deutscher Streitkräfte in Afghanistan aus.[2] Die wachsende Kritik am Afghanistan-Einsatz dürfte auch die Zustimmung der Bevölkerung zu anderen Auslandseinsätzen der Bundeswehr mit geringerer militärischer Komponente beeinträchtigen. Trotz dieses Meinungsumschwungs hält die Mehrheit der Entscheidungsträger und Fachleute den Afghanistan-Einsatz weiterhin für sinnvoll und notwendig. Darunter gibt es viele, die den Einsatz für eine internationale Aufgabe halten, der sich Deutschland nicht entziehen kann.

Zwei Triebkräfte befördern die Kluft zwischen breiter Öffentlichkeit und der außen- und sicherheitspolitischen Elite beim deutschen Engagement in Stabilisierungs- und Friedenseinsätzen. Zum einen eine gewisse isolationistische

---

[1] Thomas Bulmahn, Bevölkerungsbefragung 2008. Sicherheits- und verteidigungspolitisches Meinungsklima in Deutschland. Kurzbericht. Strausberg 2008, S. 26–30.
[2] ARD-Deutschlandtrend zitiert in: Spiegel Online, 4.12.2009, <http://www.spiegel.de/politik/deutschland/0,1518,665107,00.html> (abgerufen am 9.12.2009).

Grundhaltung der Bevölkerung, die zwar relativ leicht überwunden werden kann, wenn internationales Engagement humanitär begründet wird und dessen Kosten sich weitgehend auf Materielles beschränken.

Außen- und sicherheitspolitische Entscheidungsträger wissen um diese Grundhaltung und meinen deshalb zum anderen, der Bevölkerung die wahren Gründe des Engagements vorenthalten und sie stattdessen mit humanitären Argumenten und Sachzwängen rechtfertigen zu müssen. An den bisher vorgebrachten Gründen für Auslandseinsätze der Bundeswehr lässt sich dies verdeutlichen: Die erstmalige Teilnahme von Sanitätssoldaten an einem internationalen Friedenseinsatz »out of area«, in Kambodscha (UNAMIC/UNTAC 1991–1993), wurde mit dem notwendigen Beitrag zur Friedenssicherung in einer Post-Konflikt-Situation begründet.

Ähnlich fielen die Begründungen im Falle Ost-Timors (INTERFRET 1999/2000), der DR Kongo (EUFOR DR Congo 2006) und beim Marineeinsatz vor der libanesischen Küste (UNIFIL seit 2006) aus. Als Paradebeispiel humanitärer Intervention gilt noch immer das Eingreifen der internationalen Gemeinschaft in Somalia 1993/1994 (UNOSOM), um die Nahrungsmittelversorgung der Bevölkerung in einem völlig zerrütteten Land sicherzustellen. Die Auslandseinsätze auf dem Balkan (seit 1995) dienten nach offiziellem Sprachgebrauch der Beendigung ethnischer Säuberung und der Errichtung demokratischer, multiethnischer Gesellschaften.

Der Verweis des damaligen Verteidigungsministers Peter Struck, der Einsatz der Bundeswehr in Afghanistan diene der Verteidigung der deutschen Sicherheit, bedeutete zwar einerseits einen deutlichen Bruch mit altruistisch-humanitären Legitimationsversuchen, wurde aber andererseits dadurch konterkariert, dass lange der Eindruck erweckt wurde, dies sei durch Verzicht auf Kampfeinsätze und mittels soldatischer Aufbauhilfe zu erreichen. Der erste Einsatz, der ohne Abstriche in den Kontext der Wahrung deutscher Interessen gestellt wurde, war die Beteiligung der Bundeswehr an der Sicherung der Seefahrtswege durch die EU (Operation Atalanta seit 2008) am Horn von Afrika. Gleichzeitig wurde in fast allen Fällen auf die Einhaltung von Bündnisverpflichtungen oder zumindest auf die notwendige Solidarität mit engen Partnern verwiesen.

Aber nicht nur die Begründung für einen Friedens- und Stabilisierungseinsatz wurde in der Regel ethisch überhöht. Auch die Ziele, die gegenüber der Öffentlichkeit kommuniziert wurden, folgten diesem Muster, um die Akzeptanz in der Bevölkerung zu erhöhen: Statt sich allein mit der Beendigung von Gewaltkonflikten und der Stabilisierung zerrütteter Gesellschaften zufrieden zu geben, wurde die Schaffung von Demokratie, Recht und Entwicklung angestrebt. Erst mit Verteidigungsminister Karl-Theodor Freiherr zu Guttenberg kam es zu mehr Klarheit in der politischen Kommunikation.

In der außen- und sicherheitspolitischen Community ist zwar wenig umstritten, dass Deutschland sich zur Wahrung der eigenen Sicherheit und seines eigenen weltpolitischen Einflusses an der internationalen Lastenteilung und somit auch an militärischen Stabilisierungseinsätzen zu beteiligen habe; viel weniger Übereinstimmung gibt es aber bei der Frage, welche Einsätze denn im deutschen Interesse sind. Die Traditionalisten unter den Sicherheitspolitikern begannen Tabus zu errichten: keine deutschen Soldaten dort, wo die Wehrmacht Verwüstungen angerichtet hatte, nicht in Nahost und schon gar nicht im dunklen Afrika. Dem wurden die beschriebenen humanitären Gründe und eben das abstrakte Interesse an Mitgestaltung der globalen Ordnung, die auch die Übernahme von Verantwortung impliziere, entgegengehalten. Am ehesten konnte man sich noch auf Einsätze verständigen, bei denen deutsche Interessen offensichtlich waren. Hierzu zählen an erster Stelle die Einsätze auf dem Balkan, die eben nicht nur der Beendigung von Vertreibung dienten, sondern auch der Eindämmung von Flüchtlingsströmen nach Deutschland. Dazu zählt sicherlich die Operation Atalanta im Golf von Aden, die auch deutsche Handelsinteressen schützt, und noch immer die Beteiligung an der Internationalen Sicherheitsunterstützungstruppe (ISAF) – auch wenn bei letzterem eingewandt werden kann, dass eine Verteidigung Deutschlands am Hindukusch eine Verlagerung der »politisch-militärische(n) Projektion von Sicherheit weit in das Vorfeld jeder unmittelbaren Bedrohung« bedeutet.[3]

Dieser Einwand drückt ein Unbehagen aus, das von der Mehrheit der deutschen Öffentlichkeit geteilt zu werden scheint. Für sie ist weder der Bezug von Auslandseinsätzen zu deutschen Interessen offensichtlich noch die Komplexität der Einflussfaktoren durchschaubar, die dazu führen, sich an dem einen Stabilisierungseinsatz zu beteiligen, an dem anderen nicht. Einsätze wie INTERFRET in Osttimor oder EUFOR DR Kongo vermittelten den Eindruck, Deutschland beteilige sich an Auslandseinsätzen vorwiegend, weil es von anderen dazu gedrängt wurde, ein Konzept dahinter sei nicht erkennbar. Jene, die den überhöhten Zielvorgaben für die Auslandseinsätze glauben wollten, wurden in ihrer Unterstützung erschüttert, als sie erkennen mussten, dass diese Ziele oftmals nicht erreichbar waren.

Die Kluft zwischen der Öffentlichkeit und politischen Entscheidungsträgern wird besonders dadurch relevant, dass, wie wiederholt vom Bundesverfassungsgericht bestätigt, die Bundeswehr ein Parlamentsheer ist, das innerhalb verfassungsrechtlich enger Grenzen – Eingliederung in ein System kollektiver Sicherheit, Vorliegen eines Kabinettsbeschlusses – grundsätzlich nur durch einen Beschluss des Bundestags entsandt werden kann.[4] Dies zwingt den Bundestag, sich immer wieder mit dem Problem der Auslandseinsätze zu befassen und bringt die Abgeordneten in die kritische Lage, gegenüber ihren Wähler eine Entscheidung rechtfertigen zu müssen, deren Grundlagen und Tragweite sie mehrheitlich selbst kaum zu durchschauen scheinen.[5]

---

3   Klaus Naumann, Einsatz ohne Ziel? Die Politikbedürftigkeit des Militärischen. Hamburg 2008, S. 23.
4   Vgl. Sven Bernhard Gareis und Kathrin Nolte, Zur Legitimation bewaffneter Auslandseinsätze der Bundeswehr – politische und rechtliche Dimensionen, in: Sabine Jaberg, Heiko Biehl, Günther Mohrmann und Maren Tomforde (Hrsg.), Auslandseinsätze der Bundeswehr, Berlin 2009, S. 27–50; hier S. 38; und ausführlicher Martina Haedrich, Völkerrechtliche Grundlagen der Beteiligung der Bundeswehr an internationalen Einsätzen und verfassungsrechtliche Implikationen, in: Hans J. Gießmann und Armin Wagner (Hrsg.), Armee im Einsatz, Baden-Baden 2009, S. 119–133.
5   Vgl. Eric Chauvistré, Robuste Illusionen, in: Internationale Politik, März 2009, S. 84–95; hier S. 85 und 90–91.

Mittel und Wege

Der Aufwand Deutschlands für internationale Stabilisierungs- und Friedenseinsätze ist seit Mitte der 1990er Jahre erheblich, allerdings nicht immer leicht zu quantifizieren. Noch am ehesten ist das für den Personaleinsatz möglich. Nach einer Übersicht des Bundesministeriums für Verteidigung (BMVg) taten im Dezember 2009 rund 7200 Soldaten der Bundeswehr in zwölf Auslandsmissionen Dienst, die weitaus meisten davon im Rahmen von ISAF in Afghanistan (4280), gefolgt von KFOR in Kosovo (1970). Der höchste Stand von im Ausland eingesetzten Soldaten wurde im Juni 2002 mit etwas über 10 000 erreicht. Insgesamt wurden von 1992 bis 2009 knapp 270 000 Soldaten in Auslandseinsätze entsandt, wovon 83 zu Tode kamen.[6] Nach Angaben des Bundesministerium des Innern (BMI) unterstützte die Bundesrepublik Deutschland im Dezember 2009 die Vereinten Nationen und die Europäische Union bei neun mandatsgebundenen Missionen in acht Ländern mit insgesamt 235 Polizisten, die große Mehrheit davon im Rahmen von UNMIK in Kosovo.[7] Schwerer zu beziffern ist die Zahl entsandter Rechts- und Verwaltungsexperten bei Friedens- und Stabilisierungseinsätzen sowie der Personaleinsatz im Rahmen der Entwicklungszusammenarbeit, die der Stabilisierung und dem Wiederaufbau von Konfliktgesellschaften dienen.

Ebenso schwierig ist es, die rein monetären Kosten von Stabilisierungs- und Friedenseinsätzen zu quantifizieren. Die unmittelbaren Kosten für die Auslandseinsätze der Bundeswehr beliefen sich 2007 auf mehr als 900 Millionen Euro, der Höchststand war 2002 mit 1,5 Milliarden Euro erreicht worden.[8] Indirekte und Opportunitätskosten sind dabei nicht berücksichtigt. Nach einer Übersicht der Organisation für Wirtschaftliche Zusammenarbeit und Entwicklung (OECD) wandte die Bundesrepublik 2008 ca. 283 Millionen Dollar ihrer öffentlichen Entwicklungshilfe im Sektor Konflikt, Frieden und Sicherheit auf. Hinzu kommt ein beträchtlicher Anteil der 343 Millionen Dollar für humanitäre Hilfe, der in die konfliktbezogene Katastrophenhilfe fließt.[9] Noch weniger vollständig zu erheben sind die Mittel, die Deutschland über Zuwendungen an multilaterale Organisationen für Friedens- und Stabilisierungseinsätze zur Verfügung stellt. Nach Angaben der Bundesregierung belief sich 2008 der deutsche Beitrag zur Finanzierung von UN-Blauhelmmissionen auf knapp 585 Millionen Dollar. Deutschland ist mit einem Anteil von 8,57 Prozent drittgröß-

---

6 Laut Website Bundeswehr.de, <http://www.bundeswehr.de/portal/a/bwde/streitkraefte/grundlagen?yw_contentURL=/C1256EF4002AED30/W27Q3DTU941INFODE/content.jsp> (abgerufen am 16.12.2009).

7 Laut Website des Bundesministerium des Innern, <http://www.bmi.bund.de/cln_104/DE/Themen/PolitikGesellschaft/EuropaInternationales/Internationales/internationales_node.html> (abgerufen am 10.12.2009).

8 Antwort der Bundesregierung auf die Kleine Anfrage der Abgeordneten Wolfgang Gehrcke, Paul Schäfer, Monika Knoche u. a. und der Fraktion DIE LINKE vom 7.10.2008; BT Drucksache 16110482 vom 7.10.2008.

9 Laut Website der OECD, <http://stats.oecd.org/Index.aspx?DatasetCode=ODA_SECTOR> (abgerufen am 10.12.2009).

ter Beitragszahler zum regulären »Peacekeeping«-Haushalt der UN.[10] Kaum zu beziffern sind die Aufwendungen deutscher Nichtregierungsorganisationen in dem Bereich Frieden und Sicherheit.

Die deutschen Beiträge zu Friedens- und Stabilisierungseinsätzen werden prinzipiell nur im multilateralen Rahmen geleistet.[11] Dessen Ausgestaltung variiert aber erheblich. Bei den Auslandseinsätzen deutscher Soldaten dominiert – schon allein aufgrund von ISAF und KFOR – der NATO-Rahmen, im großen Abstand gefolgt von EU- und UN-geführten Einsätzen.[12]

Versuche der NATO, durch Aufbau von »Rapid Reaction Forces« verlässliche militärische Strukturen aufzubauen, auf die sie bei Bedarf zurückgreifen kann, kommen kaum voran. Ein ähnliches Ziel verfolgt die EU. Bei ihr sollen die so genannten 17 Battle Groups – Deutschland ist an fünf von ihnen beteiligt – zwar 2010 voll operationsfähig sein. Bisher schien es aber das Hauptziel jener Staaten zu sein, die im jeweils halbjährlichen Turnus eine der beiden einsatzbereiten Battle Groups stellen, einen Einsatz dieser Gruppen mit allen Kräften zu verhindern. Neben dem Aufbau militärischer Kräfte bemüht sich die EU auch um die Realisierung so genannter »Civilian Headline Goals« bis 2010. Dazu gehört der Aufbau von Strukturen für zivile Einsatzkräfte, die kurzfristig in Stabilisierungs- und Friedensmissionen entsandt werden können. Auch hier scheint jedoch die EU erheblich hinter dem ursprünglichen Zeitplan zurückzubleiben. Deutschland ist mit Sicherheit nicht der Hauptschuldige bei dem Verfehlen der bisher ehrgeizigen Ziele zum Aufbau multilateraler Stabilisierungskräfte. Andererseits trägt es als eines der großen Mitgliedsländer innerhalb der EU und auch der NATO erhebliche Verantwortung für die Umsetzung von Zielen, die es selbst mit vorgegeben hat.

Konzept und Prioritäten

Die deutsche Außen- und Sicherheitspolitik verfügt über kein Dokument, das den Anspruch erheben würde, ein nationales strategisches Konzept zu sein. Zuweilen wird argumentiert, die Bundesregierung bedürfe auch nicht eines solchen, da es die Europäische Sicherheitsstrategie gebe. Darin bekennt sich die EU dazu, dass sie auch militärische Maßnahmen zur aktiven

---

10 Laut Website der Ständigen Vertretung Deutschlands bei den Vereinten Nationen, <http://www.new-york-un.diplo.de/Vertretung/newyorkvn/de/02/VN-Friedensmissionen/Deutsche_20Beteiligung_20an_20 UN_20Friedensmissionen.html> (abgerufen am 16.12.2009).

11 Eine Ausnahme bildet die Entwicklungszusammenarbeit, wo Hilfsleistungen in den Bereichen Konflikt, Frieden und Sicherheit sowie der humanitären Hilfe häufig im Rahmen bilateraler Abkommen, wenn auch abgestimmt mit anderen Gebern, abgewickelt werden.

12 2009 wurden nur unter fünf Prozent der im Ausland eingesetzten Soldaten im Rahmen von UN-geführten Friedenseinsätzen entsandt. Bei Polizeimissionen handelt es sich mehrheitlich um UN-Missionen, gefolgt von solchen der EU. Darüber hinaus sind 40 Polizeibeamte aufgrund eines bilateralen Abkommens beim Wiederaufbau der afghanischen Polizei eingesetzt. Eigene Berechnungen gemäß den Daten von Bundeswehr.de, <http://www.bundeswehr.de/portal/a/bwde/streitkraefte/grundlagen?yw_content URL=/C1256EF4002AED30/W27Q3DTU941INFODE/content.jsp> (abgerufen am 16.12.2009); Website des Bundesministeriums des Innern, <http://www.bmi.bund.de/cln_104/DE/Themen/Politik Gesellschaft/EuropaInternationales/Internationales/internationales_node.html> (abgerufen am 10.12.2009).

Verfolgung ihrer strategischen Ziele, insbesondere in der Krisenbewältigung und Krisenverhütung, einsetzen will.[13] Wie auch in anderen Bereichen der EU-Sicherheitsstrategie fehlt aber eine Operationalisierung dieser Aussage. Nicht nur an dieser Stelle kann die Europäische Sicherheitsstrategie eine nationale nicht ersetzen. Noch am nächsten kommt einer nationalen Sicherheitsstrategie in Deutschland das Weißbuch der Bundesregierung, das zuletzt 2006 überarbeitet wurde. Dort wird als ein zentraler Auftrag die Beteiligung an internationalen Stabilisierungseinsätzen formuliert: »Die Bundeswehr fördert durch ihre Beiträge zur multinationalen Sicherheitsvorsorge und zur Stärkung der internationalen Sicherheitsorganisationen die europäische und globale Stabilität. Sie ist unverzichtbares Instrument einer umfassend angelegten multilateralen Politik der Konfliktverhütung und Krisenbewältigung.«[14] Aus dem Weißbuch kann auch ein hoher Stellenwert für die Aufgabe der Stabilisierung prekärer Staaten abgeleitet werden: »Grenzüberschreitende Risiken sowie inner- und zwischenstaatliche Konflikte fordern Deutschland auf neue Weise. Deshalb gilt es Risiken und Bedrohungen für unsere Sicherheit vorzubeugen und ihnen rechtzeitig dort zu begegnen, wo sie entstehen.«[15]

Politisch konzeptionelle Bedeutung kommt auch den Koalitionsverträgen zu. Im zwischen CDU/CSU und FDP geschlossenen findet sich relativ wenig Konzeptionelles zur Frage der Auslandseinsätze der Bundeswehr. Zu Beginn wird festgestellt: »Wir handeln militärisch nur dann, wenn wir dies im Rahmen der UN, der NATO oder der EU sowie aufgrund einer völkerrechtlichen Legitimation tun können.«[16] Weitergehende explizite Aussagen zum Thema Friedens- und Stabilisierungseinsätze fehlen weitgehend und werden eigentlich nur im Kontext der vernetzten Sicherheit zusammen mit den diplomatischen und entwicklungspolitischen Anstrengungen zur Beendigung von Konflikten, Stabilisierung und Aufbau thematisiert.

Koordination und Kooperation

Der Anspruch der Bundesrepublik, bei Stabilisierungs- und Friedenseinsätzen einen gesamtstaatlichen oder gar vernetzten Ansatz zu verfolgen, ist von der Wirklichkeit noch weit entfernt. Die in diesem Feld tätigen Ressorts folgen zum Teil unterschiedlichen Leitbildern, zum Teil arbeiten sie an der Umsetzung widersprüchlicher Konzepte. Während sich das Auswärtige Amt (AA), das BMVg und das BMI vorwiegend der Verfolgung deutscher und auch europäischer Interessen verpflichtet sahen, stellte das Bundesministerium für wirtschaftliche Zusammenarbeit und Entwicklung (BMZ) in der Vergangenheit immer für sich heraus, dass sein Leitmotiv die globale Strukturpolitik sei, deren Ziel es ist, die wirtschaftlichen, sozialen, ökologischen und politischen Verhältnisse in Entwicklungsländern zu verbessern. Während AA, BMVg und BMI bei Stabili-

---

13 Ein sicheres Europa in einer besseren Welt. Europäische Sicherheitsstrategie, Brüssel 2003, S. 11.
14 Bundesministerium der Verteidigung, Weißbuch 2006, Berlin 2006, S. 62.
15 Ebd., S. 23.
16 Wachstum. Bildung. Zusammenhalt. Der Koalitionsvertrag zwischen CDU, CSU und FDP, Berlin 2009, S. 123.

sierungsoperationen eine deutliche Priorität für die Herstellung und Wahrung von Sicherheit als primäre Staatsaufgabe und einen staatszentrierten Ansatz erkennen lassen, verfolgt das BMZ eher einen breiteren, transformativen Weg, der sich auch um die Einbeziehung zivilgesellschaftlicher Gruppen bemüht. Entsprechend sehen sich auch deutsche Nichtregierungsorganisationen mehrheitlich näher am BMZ als an den anderen Ressorts. Auch im Bundestag sortieren sich die Positionen weniger entlang von Parteilinien – mit Ausnahme der Linken, die jegliche militärische Beteiligung an Friedens- und Stabilisierungseinsätzen ablehnt – als zwischen Verteidigungs-, Außen- und Entwicklungspolitikern.

Nach dem Regierungswechsel 2009 scheint das BMZ jedoch weniger auf Abgrenzung denn auf Annäherung zum AA zu setzen. Bisher relativ unproblematisch scheint das Zusammenspiel zwischen AA und BMVg. Dagegen achtet das BMI wiederum sehr auf Handlungsautonomie bei seinen polizeilichen Beiträgen zu Friedenseinsätzen. Erschwerend kommt hinzu, dass auch die multilateralen deutschen Beiträge zu Friedens- und Stabilisierungseinsätzen der EU und NATO zuweilen wenig mit nationalen Ansätzen abgestimmt zu sein scheinen.

Es gibt ein Organ, das eigentlich prädestiniert dafür wäre, Inkohärenzen und Unstimmigkeiten zwischen den Ressorts auszuräumen und einen gesamtstaatlichen Ansatz vorzugeben: der Bundessicherheitsrat. Trotz einer gewissen Aufwertung und Erweiterung im Jahr 1998 hat das Gremium es aber nach wie vor nicht geschafft, diese Rolle wahrzunehmen. Dieses Defizit trug dazu bei, dass die damals rot-grüne Bundesregierung 2004 aufbauend auf dem »Aktionsplan Zivile Krisenprävention, Konfliktlösung und Friedenskonsolidierung« einen entsprechenden Ressortkreis einrichtete. Unter Koordination durch das AA sollten hier die relevanten Ressorts ihre Arbeit im Feld zivile Krisenprävention, Konfliktlösung und Friedenskonsolidierung aufeinander abstimmen. Diese Aufgabe konnte der Ressortkreis nicht einmal annähernd erfüllen. Er verfügt über nur geringe eigene Mittel, vor allem aber nicht über eine Entscheidungsbefugnis, die die an ihm mitwirkenden Ressorts binden würde. Zudem erstreckt sich seine Zuständigkeit nur auf zivile Aktionen. Auch andere Bemühungen, die Arbeit der Ressorts besser zu koordinieren, verfehlen die Zielvorgabe erheblich.

Wohl noch am erfolgreichsten bei der Koordination sind die Provinicial Reconstruction Teams (PRTs) in Afghanistan. Zwar hatte das BMZ anfänglich große Schwierigkeiten, sich in diese Teams einzufügen. Mittlerweile scheint die Abstimmung darin jedoch die Regel zu sein. Bis vor Kurzem kam es jedoch vor, dass das BMZ seine Projekte außerhalb dieses Rahmens stellt und auch den Schutz durch die Bundeswehr verweigerte, da es zum einen eine Instrumentalisierung, zum anderen eine Diskreditierung seiner entwicklungspolitischen Maßnahmen fürchtete.[17]

Unter der neuen Führung des BMZ ist dies nicht mehr die Position des Hauses. Fortschritt gab es auch bei der Frage des Afghanistan-Koordinators. War das AA noch im Frühjahr 2009 mit dem Versuch gescheitert, einen solchen zu benennen,

---

17 Das Bemühen des BMZ in der Vergangenheit, sich vom BMVg in Afghanistan fernzuhalten, wurde sogar vom neuen Bundesminister für wirtschaftliche Zusammenarbeit und Entwicklung Dirk Niebel in einem Interview für die Süddeutsche Zeitung (4.12.2009) konstatiert.

konnte sich die neue Bundesregierung auf einen gemeinsamen Beauftragten verständigen, der nicht nur die Arbeit der Ressorts besser koordiniert, sondern auch die Bundesregierung gegenüber den Afghanistan-Koordinatoren internationaler Organisationen und anderer Staaten vertritt.

Dennoch gibt es auf deutscher Seite bei der multilateralen und der Abstimmung zwischen den Ressorts nach wie vor erhebliche Defizite. Die Kooperation mit lokalen Kräften vor Ort ist dagegen eher eine Stärke deutscher Friedens- und Stabilisierungsmissionen. Dazu trägt zum einen die umfassende Erfahrung entwicklungspolitischer Durchführungsorganisationen bei der Einbeziehung lokaler Eliten und der lokalen Bevölkerung in die Gestaltung und Umsetzung von Projekten bei. Zum anderen stehen deutsche Soldaten und ziviles Personal in der Regel weniger unter einem generellen Neokolonialismus- oder Imperialismusverdacht als beispielsweise die Kräfte der USA, Großbritanniens und Frankreichs. Dies erleichtert den Zu- und Umgang mit lokalen Eliten und der Bevölkerung. Nach zehn Jahren der Beteiligung an Friedens- und Stabilisierungseinsätzen konnten mittlerweile auch deutsche Soldaten viel Erfahrung in diesem Bereich aufbauen und damit den Rückstand gegenüber klassischen Truppenstellern deutlich verringern. Auch wurde erheblich in die Professionalisierung der Auswahl und der Vorbereitung zivilen und militärischen Personals investiert. Wohl die größten Defizite bestehen hier noch beim Polizeipersonal, wo aufgrund der Länderhoheit die Möglichkeiten des Bundes, verbindliche Standards zu setzen, sehr begrenzt sind.

Handlungsbedarf: Konzept, Koordination, Kommunikation

Deutschlands Beitrag zu internationalen Friedens- und Stabilisierungseinsätzen ist mittlerweile erheblich, im Umfang und in der Qualität. Er schließt seit kurzem die Beteiligung an Kampfeinsätzen mit ein. Je mehr Deutschland ein »normaler«, mit Frankreich und Großbritannien vergleichbarer Akteur in der internationalen Politik wird, desto dringlicher ist es, auch die deutsche Bevölkerung von dem neuen Rollenverständnis zu überzeugen – einem Rollenverständnis, das akzeptiert, dass Deutschland wie kaum ein anderer Staat von internationalen und globalen Entwicklungen betroffen ist, deshalb ein vorrangiges Interesse an der Gestaltung dieser Entwicklungen hat und ein Gestaltungsanspruch ohne die Bereitschaft, internationale, auch militärische Lasten mit zu übernehmen, nicht aufrechterhalten werden kann.

Ein solches Rollenverständnis wird aber nur dann Akzeptanz finden, wenn es nicht dazu benutzt wird, die Übernahme jeder beliebigen Verpflichtung zu rechtfertigen, sondern rückgebunden wird an klar definierte Ziele und Prioritäten deutscher Außen- und Sicherheitspolitik, deren Umsetzung wiederum konkrete Mittel zuzuordnen sind. Nur in einem solchen strategischen Rahmen werden sich künftige Friedens- und Stabilisierungseinsätze ausreichend legitimieren und durchhalten lassen.[18]

---

18 Vgl. hierzu ausführlich Timo Noetzel und Benjamin Schreer, The Evolution of German Military Power, in: International Affairs, 2/2008, S. 211–222; hier S. 218–222; und Klaus Naumann, Wie strategiefähig ist die deutsche Sicherheitspolitik? In: Aus Politik und Zeitgeschichte, 48/2009, S. 10–17.

Der als Strategieersatz häufig bemühte Begriff der vernetzten Sicherheit ist von der Bundesregierung bisher nicht eindeutig definiert worden. Ihm können drei Dimensionen zugeordnet werden: eine internationale Vernetzung von Sicherheitsbemühungen; eine gesamtstaatliche, in der alle Instrumente abgestimmt zum Einsatz kommen; und eine vernetzte Operationsführung auf militärischer Ebene. Im allgemeinen Sprachgebrauch dominiert die zweite Dimension. Und damit rückt ein Dokument ins Blickfeld, dem sicherlich am ehesten konzeptionellen Charakter bei Friedens- und Stabilisierungseinsätzen zugesprochen werden kann: der 2004 vom Bundeskabinett verabschiedete »Aktionsplan Zivile Krisenprävention, Konfliktlösung und Friedenskonsolidierung«. Auch dieser wird allerdings den Anforderungen für eine Strategie für Friedens- und Stabilisierungseinsätze nicht gerecht. Zum einen nennt er zwar 161 konkrete Aktionsempfehlungen, versäumt es aber, sie zu priorisieren oder in einen kohärenten Bezug zueinander zu setzen. Zum anderen beschränkt er sich wiederum rein auf das Zivile, wobei im deutschen Rahmen auch polizeiliche Maßnahmen dazugehören. Das 2006 überarbeitete Weißbuch bezieht sich wenig auf den Aktionsplan und verzichtet damit auf konzeptioneller Ebene, dem Anspruch vernetzter Sicherheit gerecht zu werden.

Deshalb kann es wenig überraschen, dass diese Vernetzung staatlicher Anstrengungen auch auf der operativen Ebene deutscher Friedens- und Stabilisierungsbeiträge nur schwerlich gelingt. Durchweg unklar scheint, welche Instrumente bei Befriedung und Stabilisierung Vorrang haben sollen, wie das Spannungsverhältnis zwischen der Stabilisierung vorhandener, meist autoritärer Strukturen einerseits und dem Ziel demokratischer, marktwirtschaftlicher Reformen andererseits austariert, welche Prioritäten beim Staatsaufbau gesetzt werden: Sicherheit, Aufbau der politischen Ordnung, Bereitstellung staatlicher Dienstleistungen. Zwar gibt es nach den ambivalenten Ergebnissen der »Liberalization First«-Strategie in Bosnien-Herzegowina[19] durchaus eine Präferenz für »Security First«-Strategien. Diese werden aber nicht durchweg von allen Ressorts geteilt bzw. sind auch dahingehend umstritten, ob sie sich primär auf die Sicherheitskräfte, auf Rechtssicherheit oder auf die strukturellen Gründe von Unsicherheit konzentrieren sollen. Diese unterschiedlichen Positionen werden kaum offen ausgetragen oder gar in Einklang zu bringen versucht.

Diese Fragmentierung – oder positiv gewendet: Vielfalt – von Ansätzen und Positionen setzt sich auf übergeordneter Ebene fort. Nachdem die außenpolitische Identität Deutschlands als Zivilmacht vielfältig gebrochen ist, ist bisher kein überzeugendes Substitut erkennbar. Das Problem ist hier weniger, dass es noch keinen neuen breiten Konsens über die künftige außenpolitische Rolle Deutschlands, das Weltbild und die Ordnungsvorstellungen, die ihr zugrundeliegen, gibt, sondern die Tatsache, dass die Diskussion darüber von der Politik bislang zu wenig geführt wurde.

---

19 Martina Fischer, Friedenskonsolidierung – Zu den Widersprüchen internationaler Missionen in Nachkriegsregionen, in: Hans J. Gießmann und Armin Wagner (Hrsg.), Armee im Einsatz, Baden-Baden 2009, S. 89–104; hier S. 101.

Frankreichs Stabilisierungspolitik im subsaharischen Afrika

Michael Meimeth[1]

Wie kaum eine andere ehemalige europäische Kolonialmacht hat Frankreich in den vergangenen Jahrzehnten auf dem afrikanischen Kontinent eine regionenbezogene und elitenverpflichtete Einflusspolitik betrieben. Mittels kultureller, wirtschaftlicher und militärischer »Kooperation« ist es der »Plus Grande Nation« gelungen, die Länder des frankophonen Afrika eng an die eigenen wirtschafts- und sicherheitspolitischen Interessen zu binden und somit bis in die jüngste Gegenwart hinein seinen Anspruch auf eine eigene Einflusszone auf dem Schwarzen Kontinent zu bewahren. Dabei hatte die militärische Dimension, unter anderem auch in Form von Beistandspakten und Militärhilfeabkommen, immer ein besonderes Gewicht.

Spätestens mit dem weltpolitischen Umbruch zu Beginn der 1990er Jahre haben sich jedoch auch für Frankreich die Rahmenbedingungen in seiner angestammten Einflusssphäre deutlich verändert. Einerseits wurde mit dem militärischen Rückzug Kubas aus Angola und Äthiopien Frankreich zur größten ausländischen Militärmacht auf dem afrikanischen Kontinent. Doch der Einsatz militärischer Macht in einer immer mehr von Staatszerfall, Bürgerkriegen und ethnisch motivierten Konflikten gezeichneten Region ist riskanter, weil unkalkulierbarer geworden:[2] Bei Militäreinsätzen in afrikanischen Krisen und Konflikten drohten Frankreich langwierige und verlustreiche Entwicklungen. Zudem hat die Zahl der Konflikte, die ein militärisches Eingreifen erfordern, zugenommen und überforderten Frankreichs Leistungsfähigkeit.[3] Den politisch Verantwortlichen in Paris war bereits unmittelbar nach dem Ende des Ost-West-Konflikts klar, dass die Kosten und Risiken des französischen Militärengagements in Afrika beträchtlich steigen und sich damit die Fortführung einer »France-seule«-Politik als immer schwieriger erweisen würde.

Im Zuge haushaltspolitischer Zwänge hat Frankreich seine Militärpräsenz in Afrika drastisch reduziert, seine nunmehr schneller einsatzfähigen Streitkräfte neu strukturiert und versucht, über regionale Sicherheitsstrukturen in Afrika und den multilateralen EU-Rahmen seine Kosten zu teilen. Ob diese Lastenteilungsstrategie von Erfolg gekrönt sein wird, hängt davon ab, ob sich die politisch-strategischen Interessen Frankreichs mit denen seiner potenziellen Kooperationspartner in Übereinstimmung bringen lassen.

---

1 Für die zahlreichen wertvollen Hinweise und Anregungen danke ich meinem Kollegen Daniel Göler. Xavier Froidevaux vom Deutsch-Französischen Institut in Ludwigsburg hat mich bei der Literatursuche und -beschaffung kompetent und mit großem Engagement unterstützt. Auch ihm gilt mein Dank.

2 Thomas Siemes, Skylla oder Charybdis? Frankreichs Suche nach einer neuen Afrikapolitik zwischen Kontinuität und Europäisierung, in: Frankreich-Jahrbuch 2008, Wiesbaden 2009, S. 117–131, S. 119.

3 Michael Meimeth, Frankreichs militärisches Engagement in Afrika. Aufgaben und Perspektiven (Stiftung Wissenschaft und Politik, SWP-AP 2960), Ebenhausen, Juni 1996, S. 10.

Frankreichs Interessen in Afrika

Zentrales Motiv für das umfangreiche Engagement in Afrika südlich der Sahara war und bleibt der Wille Frankreichs, sich in der internationalen Politik als Großmacht zu behaupten.[4] Die Atommacht Frankreich sollte auch exklusiven und bestimmenden Einfluss auf ein geografisch begrenztes, entferntes Territorium ausüben können, um seinen Status in der internationalen Politik zu sichern.[5] Als Ordnungsmacht in Afrika beanspruchte Frankreich eine zusätzliche Legitimation für seinen Ständigen Sitz im Sicherheitsrat der Vereinten Nationen (UN). Die französische Politik hatte während des Ost-West-Konflikts versucht, ihren bestimmenden Einfluss im frankophonen Afrika zu nutzen, um sich neben den USA und der Sowjetunion als »dritte Kraft« in der Weltpolitik zu etablieren.[6]

Auch nach dem Umbruch zu Beginn der 1990er Jahre blieben für Frankreichs Politik die Verteidigung und Ausweitung seiner Einflusssphäre eine strategische Maxime.[7] Noch 2003 bekundete Jacques Chirac, der wohl »afrikanischste« französische Staatspräsident, dass Frankreich ohne Afrika zu einer drittrangigen Macht herabsinken würde.[8] Die Regierungen in Paris waren nach dem Ende des Ost-West-Konflikts geradezu besessen von der Vorstellung, die Vereinigten Staaten könnten in Frankreichs angestammter Einflusssphäre politisch und wirtschaftlich Fuß fassen.[9] Mittlerweile ist es aber weniger die amerikanisch-französische Rivalität, sondern vielmehr das Vordringen des ressourcenhungrigen China auf dem Schwarzen Kontinent, das die politischen Beobachter und Planer in Frankreich mit Sorge erfüllt.[10]

Frankreich ist abhängig von der Lieferung wichtiger strategischer Rohstoffe wie Erdöl, Mangan, Uran und Bauxit, die vor allem in den Staaten des frankophonen Afrika lagern. Das anhaltende Interesse Frankreichs an Gabun liegt beispielsweise wesentlich in dessen Erdölvorkommen begründet.[11] Darüber hinaus verfügt Gabun über beträchtliche Uranvorkommen, die für Frankreichs Nuklearindustrie von enormer Bedeutung sind. Heute deckt Frankreich allerdings den gesamten Uranbedarf für sein Nuklearwaffenarsenal insbesondere mit Importen aus dem

---

4 Vgl. Ingo Kolboom, Gemeinsame Öffnung auf Afrika? Deutsche und französische Afrikapolitik, in: Dokumente 1/2004, S. 49–59, S. 51.

5 John Chipman, French Military Policy and African Security (IISS, Adelphi Paper 201), London 1985, S. 1–3.

6 Vgl. hierzu mit weiteren Belegen: Michael Meimeth, Frankreichs Entspannungspolitik der 70er Jahre: Zwischen Status quo und friedlichem Wandel (Stiftung Wissenschaft und Politik, Aktuelle Materialien zur Internationalen Politik, Bd. 24), Baden-Baden 1990, S. 143 f.

7 Vgl. insbesondere die entsprechenden Passagen des Verteidigungsweißbuchs von 1994: Livre Blanc sur la Défense, Paris 1994, S. 48 und S. 51.

8 Vgl. Le Point, 28.2.2003.

9 Vgl. Antoine Glaser und Stephen Smith, L'Afrique sans Africains. Le rêve blanc du continent noir, Paris 1994, S. 176 f.; L'Afrique entre Washington et Paris, in: Valeurs Actuelles, 28.3.1998, S. 6–15.

10 Vgl. hierzu insbesondere die entsprechende Bewertung, die das neue Verteidigungsweißbuch vornimmt: Défense et Sécurité Nationale. Le Livre Blanc, Paris, Juni 2008, S. 46 f.

11 Die Ausfuhr von Erdöl macht etwa 80% des gabunischen Gesamtexports aus. Bis zur Fusion mit TOTAL im Jahre 2000 lagen Förderung und Verkauf dieses Rohstoffs in den Händen von Elf-Gabun, einem Ableger von Elf-Aquitaine.

Niger.¹² Den freien Zugang zu diesen strategischen Rohstoffen hat Paris in den Kooperationsabkommen mit beiden Staaten durch entsprechende Klauseln vertraglich fixiert.¹³

Auch für die Handelsbeziehungen wird der Schwarze Kontinent zunehmend interessanter. 2004 machte der afrikanische Anteil (inklusive Nordafrika) 4,8 Prozent, 2005 bereits 5,1 Prozent des gesamten französischen Außenhandels aus. Einige wichtige französische Unternehmen, etwa Peugeot, Alcatel, France Telekom und Vivendi, wickeln über 20 Prozent ihrer Außenhandelsgeschäfte mit Afrika ab.¹⁴

Schließlich sind sich die politisch und militärisch Verantwortlichen in Paris schon seit geraumer Zeit bewusst, dass krisenhafte Entwicklungen in Afrika auch auf die politischen und sicherheitspolitischen Verhältnisse in Europa zurückschlagen können.¹⁵ Das Verteidigungsweißbuch vom Juni 2008 thematisiert sehr ausführlich die Situation im subsaharischen Afrika: Das Wachstum des Pro-Kopf-Einkommens der Bevölkerung sei extrem schwach, die Geburtenrate nehme dramatisch zu ebenso wie die Slum-Bildung in den Großstädten. Hinzu kämen chronische Nahrungsmittel- und Wassermängel und Pandemiegefahren – Probleme, die durch die Folgen des Klimawandels weiter verschärft würden. Viele Staaten des subsaharischen Afrika seien ineffizient regiert und drohen zu verfallen. In dieser prekären Lage könnten terroristische Netzwerke und kriminelle Vereinigungen unbehelligt agieren. Regionale Konflikte wären kaum beherrschbar, weil man es mit einer Fülle nichtstaatlicher Konfliktparteien zu tun habe. Ohne staatliche Kontrolle wäre auch der Zugang zu strategisch wichtigen Rohstoffen gefährdet, und Massenvernichtungswaffen drohten in falsche Hände zu geraten. Schließlich nehme auch das Risiko ausgedehnter Wanderungsbewegungen in Richtung Europa um ein Vielfaches zu. Aus all diesen Gründen liege eine aktive Stabilisierungs- und Krisenpräventionspolitik im originären wirtschafts- und sicherheitspolitischen Interesse Frankreichs.¹⁶

Stabilisierungs- und Krisenpräventionspolitik

Frankreichs Politik ist durch zwei Elemente bestimmt: erstens eine deutliche Präferenz für militärische Mittel, die eingesetzt werden sollen, um zweitens den Status quo aufrechtzuerhalten:¹⁷ Frankreich hat weniger demokratische und zivilgesellschaftliche Entwicklungen gefördert, sondern Regierungen und Eliten der Staaten des frankophonen Afrika gestützt – auch wenn es sich dabei um

---

12 Andreas Mehler und Benjamin Werner, Der ewige Gendarm? Sarkozys Versuch einer neuen Afrikapolitik (GIGA Focus Nr. 3), Hamburg 2008, S. 6.

13 Vgl. Stefan Brüne, Würden Sie ein Appartement in einem brennenden Haus mieten? Frankreichs Afrika-Engagement zwischen humanistischen Ansprüchen und protektionistischen Programmen, in: Frankfurter Rundschau, 2.11.1990.

14 Andreas Mehler, Aller Anfang ist schwer: Frankreich auf der Suche nach einer neuen Afrika-Politik (DGAP-Analyse Frankreich, Nr. 5), Berlin, Dezember 2007, S. 10.

15 Vgl. Jean-Claude Chesnais, Mediterranean Imbalances and the Future of International Migrations in Europe, in: SAIS Review, Special Issue 1993, S. 103–121.

16 Le Livre Blanc, Paris, Juni 2008, S. 44–46.

17 Ingo Kolboom, Gemeinsame Öffnung auf Afrika, a. a. O. (Anm. 4), S. 53.

diktatorische Regime handelte.[18] Auch nach Mitterrands berühmter Rede von La Baule im Juni 1990, in der der damalige Staatspräsident die afrikanischen Teilnehmer des französisch-afrikanischen Gipfels wissen ließ, Paris würde seine Entwicklungshilfe sowie seine politische und militärische Unterstützung künftig von demokratischen Entwicklungen abhängig machen, änderte sich wenig. Weil man mehr die Gefahren als die möglichen Vorteile sah, die sich aus den geforderten Demokratisierungsprozessen für die Stabilität der Region ergeben konnten, hatten die politisch Verantwortlichen in der französischen Hauptstadt die hochgesteckten Ziele von La Baule schon sehr bald wieder relativiert und stabilitätspolitischen Erwägungen untergeordnet.

Militärische Mittel …

Rechtsgrundlage für sein ausgedehntes militärisches Engagement in Afrika bilden die Verteidigungsabkommen mit acht afrikanischen Staaten.[19] Haushaltszwänge haben Frankreich indes genötigt, sein direktes militärisches Engagement zurückzunehmen. Bereits im September 2005 wurden die französischen Militärbasen auf vier Standorte reduziert: Dschibuti, Senegal, Elfenbeinküste und Gabun.[20] Im Juni 2008 wurde im Verteidigungsweißbuch angekündigt, die französische Truppenpräsenz künftig auf drei Militärbasen an der Ost- und Westküste sowie im Sahel (Senegal, Dschibuti und Gabun) zu konzentrieren.[21] Im Februar 2010 meldete Agence France Presse unter Berufung auf Verteidigungsminister Hervé Morin, dass Frankreich seinen Militärstützpunkt im Senegal zum April des gleichen Jahres schließen werde.[22]

Die Reduzierung seiner unmittelbaren militärischen Präsenz in Afrika entspricht übergreifenden militärisch-strategischen Planungen,[23] die sich seit Mitte der 1990er Jahre an den Erfordernissen modernen militärischen Krisenmanagements orientiert haben. Im Februar 1996 wurde entschieden, eine neue Wehr- und Streitkräftestruktur einzuführen und die französischen Streitkräfte mit einer globalen Projektionsfähigkeit auszustatten. Die Programmplanung 2003 bis 2008 widmete sich der Entwicklung einer Eingreiftruppe aus allen Teilstreitkräften, die unilateral oder im multinationalen Rahmen eingesetzt werden kann. Im Zeitraum 2002 bis 2008 waren nicht weniger als 11 000 französische Soldaten auf dem Schwarzen Kontinent in unterschiedlichen militärischen Missionen engagiert.[24]

---

18 Mehler, Aller Anfang ist schwer, a. a. O. (Anm. 14), S. 5.
19 Ausführlicher: Meimeth, Frankreichs militärisches Engagement in Afrika, a. a. O. (Anm. 3), S. 19 f. Im Frühjahr 2009 hat Präsident Sarkozy öffentlich erklärt, diese Beistandsabkommen neu auszuhandeln, in: Die Welt, 28.5.2009.
20 Mehler, Aller Anfang ist schwer, a. a. O. (Anm. 14), S. 8.
21 Le Livre Blanc, Paris 2008, S. 154.
22 AFP, 19.02.2010.
23 Vgl. Michael Meimeth, Deutsche und französische Perspektiven einer Gemeinsamen Europäischen Sicherheits- und Verteidigungspolitik, in: Aus Politik und Zeitgeschichte, B3–4/2003, S. 21–30, hier S. 26 f.
24 Le Monde, 1.3.2008.

... im multilateralen Gewand

Spätestens im Gefolge der Operation Türkis, mit der Frankreich im Sommer 1994 den Genozid in Ruanda beenden konnte, hatte Paris mit einer vorsichtigen Multilateralisierung seines militärischen Engagements in Afrika begonnen. Afrikanische Peacekeeping-Kapazitäten sollten ebenso wie die europäischen Partner eingebunden werden, um die Kosten und Risiken des eigenen militärischen Engagements zu minimieren.[25] Auch in der Folgezeit unterstützte Frankreich im Rahmen des Programms zur Stärkung der afrikanischen Friedenssicherungskapazitäten (RECAMP) seit 1997 afrikanische Friedenstruppen bei deren Ausbildung und leistete umfangreiche logistische Unterstützung.[26] Dadurch erhoffte sich Paris größere Mitwirkungsmöglichkeiten bei der Gestaltung der künftigen afrikanischen Sicherheitsstrukturen.[27] Zugleich wurde systematisch eine stärkere Einbindung der europäischen Partner über die Zusammenarbeit im Rahmen der Europäischen Sicherheits- und Verteidigungspolitik (ESVP) versucht. Hier war Frankreich zumindest ansatzweise erfolgreich: Die 2003 im Ostkongo durchgeführte Operation Artemis war die erste autonome Militäroperation der EU außerhalb Europas[28] und wurde von Frankreich als »idealtypisches Modell einer künftigen Afrika-Politik«[29] angesehen.

Diese Multilateralisierungs- und Europäisierungsbestrebungen stoßen jedoch immer dort an Grenzen, wo Paris versucht, diese mit seinen traditionellen, am Status quo orientierten Interessen in Afrika zu verbinden. Frankreichs Ziele in Afrika sind weder mit den Interessen seiner europäischen Partner, insbesondere Deutschlands, noch mit denjenigen der EU als Ganzes kompatibel, wie die Erfahrungen mit der von Frankreich im Sommer 1994 allein durchgeführten Operation Türkis in Ruanda zeigten.[30]

So wies der damalige deutsche Verteidigungsminister Volker Rühe im Juli 1994 eine französische Initiative zur möglichen Beteiligung des neu geschaffenen Eurocorps an friedensichernden Maßnahmen in Afrika brüsk mit den Worten zurück, das Eurokorps sei kein Afrikacorps.[31] Mittlerweile wird Afrika südlich

---

25 Ausführlicher: Meimeth, Frankreichs militärisches Engagement in Afrika, a. a. O. (Anm. 3), S. 27–30.
26 Thomas Siemes, Skylla oder Charybdis, a. a. O. (Anm. 2), S. 120 f.
27 Denis M. Tull, Zeitenwende in der französischen Afrikapolitik, (Stiftung Wissenschaft und Politik, SWP-Aktuell 44), Berlin, Oktober 2005, S. 4.
28 Daniel Göler, Europas Interessen in Zentralafrika. Die Mission »Eufor RD Congo«, in: Dokumente 3/2006, S. 22–27, S. 22.
29 Denis M. Tull, Zeitenwende in der französischen Afrikapolitik, a. a. O. (Anm. 27), S. 4.
30 Die politisch Verantwortlichen in Paris hatten den Krieg in Ruanda nicht ausschließlich als eine innere Angelegenheit begriffen, sondern ebenso als Teil eines Regionalkonflikts zwischen Frankophonie und Anglophonie, stellvertretend ausgetragen zwischen dem frankophonen zairischen Diktator Mobuto Sese Seko und dem anglophonen Uganda unter Führung seines Präsidenten Yoweri Museveni. In dieser Perspektive hätte die Niederlage der ruandischen Regierungstruppen gegen die Rebellen der Patriotischen Front Ruandas (RFP), die von der ugandischen Armee ausgebildet und ausgerüstet waren, einen erheblichen Einflussverlust Frankreichs bedeutet und es zudem der strategischen Vorteile beraubt, die Ruanda als Relais nach Dschibuti und dem Indischen Ozean bot. Ausführlicher: Laurent Bijard, La genèse d'un désastre, Le Nouvel Observateur, 28.7.1994.
31 Klaus Schrotthofer, Kein Triumphgeheul. Verteidigungsminister Volker Rühe (CDU) mahnt zur Zurückhaltung, in: Focus 29/1994.

der Sahara auch von der deutschen Politik als eine Schwerpunktregion europäischer Außen- und Sicherheitspolitik angesehen, in der robuste Militäraktionen ausdrücklich nicht ausgeschlossen sind.[32] Und auch die Europäische Union hat in den letzten Jahren ihre Zielsetzungen gegenüber Afrika im Rahmen der gemeinsamen Außen- und Sicherheitspolitik auf höchster Ebene beschlossen: Frieden, Sicherheit, Menschenrechte, nachhaltige Entwicklung, gute Staatsführung sowie demokratische und zivilgesellschaftliche Strukturen.[33] Dass diese hehren Ziele heute noch nicht immer mit französischen Zielsetzungen übereinstimmen und damit zu erheblichen Reibungsverlusten im Rahmen der europäischen Afrika-Politik führen, zeigt die von der EU geführte Mission EUFOR Tschad/ZAR.

Als die Krise in Darfur seit 2003 massive Flüchtlingsbewegungen ausgelöst hatte, verschlechterte sich in den folgenden Jahren auch im Osten des Tschad die Sicherheitslage dramatisch.[34] Die Europäische Union entsandte im Oktober 2007 die Militäroperation EUFOR Tschad/ZAR in den Osten des Tschad und den Nordosten der Zentralafrikanischen Republik. Die Ziele dieser Mission waren jedoch von Beginn an unklar: Sollte die Lage in Darfur stabilisiert werden, wie dies die Operation legitimierende Resolution 1778 des UN-Sicherheitsrats vom 25. September 2007 sowie der entsprechende Beschluss des europäischen Ministerrats vom 15. Oktober 2007 verlauten ließen?[35] Oder wollte Frankreich, auf dessen Betreiben diese Mission zustandegekommen ist, mit EUFOR Tschad/ZAR indirekt auch die von Darfur ausgehende Destabilisierung der Nachbarstaaten Tschad und Zentralafrikanische Republik verhindern?[36] Vieles spricht dafür.

Unbestritten ist, dass die französische Politik ein substanzielles Interesse daran hatte, die humanitären Folgen der Darfur-Krise zu lindern.[37] Bald, nach der krisenhaften Zuspitzung der Lage im Tschad im Jahre 2005, drängte Frankreich aber in den internationalen Gremien darauf, diese Krise als eine eigenständige zu behandeln.[38] Indem die im Rahmen der französischen Operation »Epervier« (Sperber) im Tschad stationierten 1100 französischen Soldaten faktisch das Rückgrat der insgesamt 3700 Mann starken EU-Mission EUFOR Tschad/ZAR bildeten, kamen französische Interessen umso stärker zu Geltung.[39] Seit 1986 sollte die Militäroperation »Epervier« Tschads Souveränität verteidigen. Präsident

---

32 Daniel Göler, Europas Interessen in Zentralafrika, a. a. O. (Anm. 28), S. 22.

33 Vgl. Hans-Georg Ehrhart, EU-Krisenmanagement in Afrika: die Operation EUFOR Tchad/RCA, in: Integration 2/2008, S.145–158, S. S. 146 f.

34 Patrick Berg, EUFOR Tchad/RCA: Die EU als Agent französischer Interessen, in: Muriel Asseburg und Ronja Kempin (Hrsg.), Die EU als strategischer Akteur in der Sicherheits- und Verteidigungspolitik? Eine systematische Bestandsaufnahme von ESVP-Missionen und -Operation (Stiftung Wissenschaft und Politik, SWP-Studie S 32), Berlin, Dezember 2009, S. 62–76, S. 62.

35 Kathrin Brockmann und Daniel Göler, Europäische Streitkräfte im Treibsand. Ein zweifelhafter »europäischer« Einsatz im Tschad und in der Zentralafrikanischen Republik (DGAPstandpunkt, Nr.7), Berlin, Mai 2008, S. 1 f.

36 Denis M. Tull, Tschad-Krise und die Operation EUFOR Tschad/ZAR, (Stiftung Wissenschaft und Politik, SWP-Aktuell), Berlin, Februar 2008, S. 2.

37 Ausführlicher Patrick Berg, EUFOR Tchad/RCA, a. a. O. (Anm. 34), S. 62 f.

38 Ebd., S. 64.

39 Kathrin Brockmann und Daniel Göler, Europäische Streitkräfte im Treibsand, a. a. O. (Anm. 35), S. 2. Insgesamt stellte Frankreich für diese Mission 2100 Soldaten zur Verfügung.

Idriss Déby, 1991 mit Unterstützung Frankreichs an die Macht gekommen, wurde als Stabilitätsgarant von Paris bedingungslos unterstützt.[40]

Die zwiespältige Rolle Frankreichs im Hinblick auf die eigentlichen Zielsetzungen der EUFOR-Mission im Tschad erklärt letztlich auch die große Zurückhaltung und mangelnde Unterstützung seiner europäischen Partner.[41] So wurde bereits im Vorfeld der Mission in internen Papieren des österreichischen Verteidigungs-ministeriums davor gewarnt, dass der Einsatz wegen »Frankreichs Nähe zu den Herrschenden im Tschad« sehr gefährlich werden könnte.[42] Und in Deutschland wurde gegen diese Operation kritisch eingewandt, dass Frankreich EUFOR Tschad/RCA als multilaterales Feigenblatt benutze, um seine traditionelle Rolle als Ordnungsmacht auf dem Schwarzen Kontinent weiter aufrechterhalten zu können.[43]

Plus ça change, plus c'est la même chose

Frankreichs Stabilisierungspolitik im subsaharischen Afrika zeichnete sich in den letzten Jahrzehnten durch bemerkenswerte Kontinuität aus. Sein Engagement für den Frieden und die Stabilität auf dem Schwarzen Kontinent ist bis heute eindeutig militärisch, an der Bewahrung des politischen Status quo, ausgerichtet. Hieran ändern auch die Multilateralisierung bzw. Europäisierung seiner Afrika-Politik nur wenig, die Frankreich in den 1990er Jahren zuerst eher vorsichtig und später systematisch im Rahmen der ESVP voranzutreiben versucht hat.

Europäisierung bedeutet für Frankreich eben nicht, seine afrikapolitischen Interessen und Ziele preiszugeben, sondern vielmehr diese in einem multilateralen Gewand zu wahren. Damit sind aber zugleich die Grenzen dieser Strategie aufgezeigt: von Seiten der europäischen Partner Frankreichs aufgrund von Interessensgegensätzen; von Frankreich selbst, weil es bislang geradezu peinlich darauf bedacht war, seine Politik der »coopération« mit den frankophonen Staaten, insbesondere im militärischen Bereich, nicht unter den Einfluss seiner europäischen Partner geraten zu lassen.[44] Eine wirklich gemeinsame und vor allem wirksame europäische Stabilisierungspolitik in Afrika im Rahmen der ESVP wird unter diesen Bedingungen wenn nicht völlig unmöglich, so doch wesentlich erschwert.

---

40 Hans-Georg Ehrhard, EU-Krisenmanagement in Afrika, a. a. O. (Anm. 33), S. 151.
41 Vgl. zu der Interessenlage der europäischen Partner: Patrick Berg, EUFOR Tchad/RCA, a. a. O. (Anm. 34), S. 68–70 sowie Hans-Georg Erhard, EU-Krisenmanagement in Afrika, a. a. O. (Anm. 33), S. 149–153.
42 So zitiert bei Stefan Brüne, Frankreich, die ESVP und Afrika südlich der Sahara, in: Bern Rill (Hrsg.), Frankreichs Außenpolitik, Argumente und Materialien zum Zeitgeschehen, Bd. 66 (Hanns-Seidel-Stiftung, Akademie für Politik und Zeitgeschehen), München 2009, S. 103–110, hier S. 105.
43 Andreas Mehler, Les interventions européennes en Afrique: moment-phare pour l'Europe et la coopération franco-allemande? (Analyses et Documents, Friedrich-Ebert-Stiftung), Paris, Januar 2009, S. 2.
44 Antoine Sadoux, La PESD: un moyen d'assurer la position de la France en Afrique?, in: Défense Nationale, Oktober 2005, S. 67–76, hier S. 72.

Großbritannien: Weltordnungsmacht mit robustem Mandat

Bastian Giegerich

»Großbritannien [ist] der Gärtner des internationalen Systems, darauf bedacht, einen perfekten Rasen und makellose Blumenbeete zu unterhalten, immer aufmerksam, um unwillkommene Feinde auszumerzen.«[1] Diese selbstverständliche Verantwortung für die internationale Ordnung fußt in der britischen Geschichte – der historischen Erfahrung als Großmacht. Dieses Selbstverständnis manifestiert sich durch ausgeprägte militärische Fähigkeiten und wird begünstigt durch ein institutionelles Gefüge, das der Exekutive große Handlungsspielräume eröffnet. Der Grundkonsens, dass Großbritannien eine wichtige Rolle in der Welt zu spielen hat, wird auch vom Großteil der Bevölkerung getragen. Es ist daher nicht verwunderlich, dass sich aus der Summe dieser innenpolitischen Determinanten ein sicherheitspolitischer Anspruch ergibt, der sich durch robustes Vorgehen sowie konzeptionelle Innovation auszeichnet. Aber auch Großbritannien stößt im Umgang mit fragilen Staaten, insbesondere in Afghanistan, an seine Grenzen: Ausbleibende Erfolge trotz erheblicher Anstrengungen, gepaart mit einer unklaren Kommunikationsstrategie der Regierung und massiven Haushaltsproblemen, werfen die Frage auf, ob Anspruch und Realität noch in Einklang zu bringen sind oder ob Großbritannien künftig eine weniger ambitionierte Außenpolitik betreiben wird.

Selbstverständnis und Institutionengefüge

Trotz der Schwierigkeiten, mit denen Großbritannien in den vergangenen Jahren bei der Stabilisierung fragiler Staaten zu kämpfen hatte, steht der Großmachtanspruch bisher nicht zur Debatte. Die 2009 veröffentlichte Neufassung der Strategie für die Nationale Sicherheit von 2008 hebt hervor, dass Großbritannien »eher echte weltweite als lokale oder regionale Interessen hat« und somit in der Lage sein müsse, Vorgänge »in vielen Teilen der Welt« und in Zusammenarbeit »mit Partnern in vielen Regionen« zu beeinflussen.[2]

In der Nationalen Sicherheitsstrategie findet sich auch ein klares Bekenntnis zu einer wertebasierenden Sicherheitspolitik. Der Kanon der Menschenrechte, Rechtsstaatlichkeit, der guten Regierungsführung, Gerechtigkeit, Freiheit, Toleranz und Chancengleichheit wird an-, aber nicht ausgeführt.[3] Die zu Beginn der Labour-Regierung eindeutig hörbaren moralischen Untertöne, artikuliert vom damaligen Außenminister Robin Cook und Premier Tony Blair, der ver-

---

1 King's College London, Coalitions and the Future of UK Security Policy, London 2000, S. 8.
2 Cabinet Office, The National Security Strategy of the United Kingdom: Update 2009. Security for the Next Generation, Presented to Parliament by the Prime Minister, by Command of Her Majesty, Cm 7590, Juni 2009, S. 38.
3 Vgl. ebd. S. 28.

suchte, beim Kosovo-Konflikt eine Doktrin der liberalen Intervention zu formulieren, sind nun eingedämmt. Die Mischung aus Interessen und Werten, die unter Blair das Militär als »(Streit-)Macht für das Gute (force for good)« erscheinen ließ und von Beobachtern als »kriegerische humanitäre Einstellung«[4] bewertet wurde, wird nun durch die Brille der Erfahrungen seit 1999 gefiltert.

Die Weltordnungsmacht Großbritannien bekennt sich wohl zu Multilateralismus und Völkerrecht. Allerdings werden Institutionen wie etwa die Vereinten Nationen (UN) als Instrumente gesehen, um effektiver und legitimer handeln zu können. Sollte das nicht möglich sein, ist Großbritannien auch willens, unilateral oder im Rahmen von flexiblen Koalitionen zu handeln. Diese Flexibilität erfordert es, umfangreiche militärische Potenziale vorzuhalten. Es liegt in der Logik dieser Herangehensweise, dass ein internationales Mandat für Auslandseinsätze in der öffentlichen Debatte kaum erwähnt wird; es wird lediglich darauf verwiesen, dass man im Rahmen der internationalen Gemeinschaft und an der Seite vieler Verbündeter handele.[5] Die Rolle der EU wird, wenn überhaupt erwähnt, auf den Bereich der zivilen Mittel und der weniger anspruchsvollen Militäreinsätze beschränkt, während die NATO das bevorzugte Vehikel für anspruchsvolle Militäreinsätze darstellt.[6] Die britische Politik befürwortet somit eine transatlantische Arbeitsteilung und stellt internationale Organisationen generell unter einen Problemlösungsvorbehalt.

Auch das innere institutionelle Gefüge eröffnet großen Handlungsspielraum. Der Einsatz militärischer Gewalt ist nach wie vor ein Vorrecht der Krone – und liegt somit außerhalb der Kontrolle des Parlaments. In der Praxis wird dieses Prärogativ von der Regierung ausgeübt. Sie muss dabei höchstens politische Grenzen berücksichtigen. Die parlamentarische Kontrollfunktion wird vor allem über Debatten und Anhörungen ausgeübt. Bestrebungen, einen Parlamentsvorbehalt einzuführen, existieren, würden es aber nach den bisherigen Plänen dem Parlament nicht erlauben, Einsätze zeitlich zu begrenzen oder ihm das Recht geben, bei einer Änderung des Mandats erneut abzustimmen.

In Großbritannien ist ein umfassender, ressortübergreifender sicherheitspolitischer Ansatz institutionell fest verankert. Im Vergleich zu anderen europäischen Ländern ist Großbritannien hier sowohl konzeptionell als auch operativ weit vorangeschritten. Bereits das verteidigungspolitische Grundsatzdokument von 1998 forderte das Zusammenwirken verschiedener Instrumente. Folgerichtig hat die britische Regierung ein institutionelles Gefüge geschaffen, das den konzeptionellen Ansatz der umfassenden Sicherheitspolitik umsetzen soll. So wird die Sicherheitsstrategie von einem interministeriellen Gremium, dem Cabinet Office, ausgearbeitet. In diesem Rahmen wurde 2007 ein Komitee für Nationale

---

4   David Coates und Joel Krieger, Blair's War, Oxford 2004, S. 21. Vgl. auch: Tony Blair, Doctrine of the International Community, Speech at the Economic Club, Chicago, 24.4.1999, <http://www.pbs.org/newshour/bb/international/jan-june99/blair_doctrine4-23.html> (abgerufen am 21.5.2010)

5   Vgl. Nicolai von Ondarza, Verfechter eines wirksamen Multilateralismus? Sicherheits- und Verteidigungspolitik auf der internationalen Ebene, in: Alexandra Jonas und Nicolai von Ondarza (Hrsg.), Chancen und Hindernisse für die europäische Streitkräfteintegration: Grundlegende Aspekte deutscher, französischer und britischer Sicherheits- und Verteidigungspolitik im Vergleich, Wiesbaden 2010, S. 113–140.

6   Vgl. Bastian Giegerich, European Security and Strategic Culture: National Responses to the EU's Security and Defence Policy, Baden Baden 2006, S. 155–159.

Sicherheit, Internationale Beziehungen und Entwicklung (NSID) gegründet, das dem Premierminister und relevanten Ministern eine Koordinations- und Steuerungsfunktion auf höchster Ebene zuweist. Zudem existiert seit März 2009 mit dem Forum für Nationale Sicherheit (NSF) eine Art externer zwölfköpfiger wissenschaftlicher Beirat, der das NSID beratend unterstützt. Seit Sommer 2008 versucht auch das britische Parlament, einen beide Kammern einbeziehenden Ausschuss zu etablieren, der die Strategie für die Nationale Sicherheit bewerten und prüfen soll.

Im Umgang mit fragilen Staaten ist die 2004 gegründete und 2007 umbenannte Stabilisierungseinheit (»Stabilisation Unit«, vormals »Post Conflict Reconstruction Unit/PCRU«) hervorzuheben. Bestückt mit Personal aus den Außen-, Verteidigungs- und Entwicklungsministerien treibt die Einheit ressortübergreifende Planungen voran – ein Modell, das mittlerweile auch operativ, zum Beispiel in der britischen Botschaft in Afghanistan, angewandt wird.[7] Bei der Stabilisierung fragiler Staaten werden auch zivile Instrumente eingesetzt, etwa eine 1000 Personen starke Bereitschaftsgruppe, inklusive 200 Regierungsmitarbeitern, mit Stabilisierungsexperten, die – an die Stabilisierungseinheit angebunden – rasch für den Auslandseinsatz verfügbar sein sollen.[8] Zwei ressortübergreifende Finanztöpfe, die »Conflict Prevention Pools (CPP)« und der »Stabilisation Aid Fund«, sollen den umfassenden Ansatz erleichtern. Im Haushaltsjahr 2009/10 verfügten die CPP über 109 Millionen Pfund, für den Stabilisation Aid Fund wurden 73 Millionen Pfund (Haushaltsjahr 2008/09) gebilligt.

Auch wenn Großbritannien bereits große Fortschritte in Richtung integrierter Sicherheitspolitik erzielt hat, sind die erreichten Resultate noch verbesserungsfähig. So wurde etwa kritisiert, dass das Cabinet Office mangels Personal nicht in der Lage sei, die beteiligten Ministerien zu koordinieren.[9] Zu Oppositionszeiten warfen führende Tory-Politiker der Labour-Regierung vor, den bestehenden institutionellen Rahmen nicht zu nutzen.[10] Folglich setzte die im Mai 2010 gewählte Koalition aus Konservativen und Liberal-Demokraten unter Führung von David Cameron und Nick Clegg einen Rat für Nationale Sicherheit ein und ernannte formell einen Berater für Nationale Sicherheit, der im Cabinet Office angesiedelt ist. Es ist allerdings auch zu berücksichtigen, dass einige institutionelle Neuerungen der abgewählten Labour-Regierung noch nicht lange genug existierten, um bereits Erfolge vorweisen zu können. Gleichwohl ist es kein ermutigendes Zeichen, dass der geplante Parlamentsausschuss zur Sicherheitsstrategie bislang noch nicht umgesetzt wurde.

---

7 Vgl. Alexandra Jonas, Eine Frage des Willens? Konzepte vernetzter Sicherheit und deren Umsetzung, in: Alexandra Jonas und Nicolai von Ondarza (Hrsg.), Chancen und Hindernisse für die europäische Streitkräfteintegration, a. a. O. (Anm. 5), S. 141–166, hier S. 158–159.
8 Vgl. Cabinet Office, The National Security Strategy, a. a. O. (Anm. 2), S. 71.
9 Hew Strachan, The Strategic Gap in British Defence Policy, in: Survival, Band 51/4, 2009, S. 49–70, hier S. 68.
10 William Hague, The Future of British Foreign Policy with a Conservative Government, 21.7.2009, <http://www.iiss.org/recent-key-addresses/william-hague-address-jul-09/> (abgerufen am 21.5.2010).

Prioritäten, Mittel und Wege

In der Nationalen Sicherheitsstrategie Großbritanniens stellt der Punkt »Konflikte und globale Instabilität im Zusammenhang mit zerfallenen und fragilen Staaten« eine von vier Hauptbedrohungen dar.[11] Es wird ausgeführt, dass weitere Konfliktsituationen, Aufstände und Instabilität in fragilen Staaten zu erwarten seien und dass diese direkten und indirekten Einfluss auf britische Sicherheit haben würden. Für das Militär wird erwartet, dass die Operationen in Afghanistan auch für die Zukunft die dominante Aufgabe bleiben werden.[12]

Mit Blick auf fragile Staaten setzt die britische Regierung folgende geografische Schwerpunkte: Afghanistan und Pakistan, Afrika (Sudan und Horn von Afrika), Naher Osten (Irak) und schließlich Europa (Balkan). Auch der Kaukasus erhält nach dem Krieg zwischen Russland und Georgien wieder mehr Aufmerksamkeit. Begründet wird diese geografische Prioritätensetzung mit historischen Verbindungen, humanitären Bedürfnissen vor Ort, der Chance, dass internationale Bemühungen eine Verbesserung der Situation herbeiführen, und schließlich mit britischen Sicherheitsinteressen.[13]

Auch aus entwicklungspolitischer Sicht führte der damalige Minister Douglas Alexander aus, dass fragile Staaten oftmals vor großen Entwicklungsproblemen stehen und diese auch noch exportieren.[14] Aus dieser Einsicht ergab sich eine Umorientierung der britischen Entwicklungshilfe, die sich nun verstärkt an fragile Staaten oder Konfliktstaaten richtet. Der Anteil der britischen Entwicklungshilfe für solche Staaten wurde in den fünf Jahren bis 2009 verdoppelt, und es ist geplant, diesen Anteil noch zu erhöhen. Um diese Anstrengungen zu koordinieren, hat das Entwicklungshilfeministerium in sein Weißbuch zur Armutsbekämpfung ein ausführliches Kapitel eingearbeitet, das sich mit der Schnittstelle von Konflikt, fragilen Staaten und Entwicklung auseinandersetzt.[15] Alexanders Nachfolger Andrew Mitchell bestätigte den Fokus auf fragile Staaten und kündigte an, Afghanistan und Pakistan zur besonderen Priorität seines Ministeriums zu machen.[16]

Freilich bleibt die Herausforderung, wie das Spannungsverhältnis zwischen Stabilisierung einerseits und politischer, wirtschaftlicher und zivilgesellschaftlicher Entwicklung andererseits austariert werden kann. Gerade die Frage, wie Erfolg und Misserfolg in Afghanistan zu messen seien, führt zu Antworten, die nahe legen, dass der vielbeschworene Nexus von Sicherheit und Entwicklung in Großbritannien doch eher als Sequenz und nicht als Gleichzeitigkeit gedeutet

---

11 Die übrigen drei sind: Terrorismus, Proliferation von Massenvernichtungswaffen und transnational organisierte Kriminalität. Bedauerlicherweise nimmt die Sicherheitsstrategie keine eindeutige Prioritätensetzung vor, es sei denn, man würde die Reihenfolge der Aufzählung als solche deuten.
12 Vgl. Cabinet Office, The National Security Strategy, a. a. O. (Anm. 2), S. 42.
13 Ebd., S. 69–70.
14 Vgl. Douglas Alexander, Conflict, Fragile States and Security, 27.4.2009, <http://www.dfif.gov.uk> (abgerufen am 21.5.2010).
15 Vgl. Department for International Development, Eliminating World Poverty: Building our Common Future, Cm 7656, London 2009, S. 69–89.
16 Andrew Mitchell, Speech to Oxfam and Policy Exchange, 3.6.2010, <http://www.dfid.gov.uk/MediaRoom/Speeches-and-articles/2010/Full-transparency-and-new-independent-watchdog-will-give-UK-taxpayers-value-for-money-in-aid-/> (abgerufen am 10.6.2010).

wird. Premier Brown stellte klar, dass »Sicherheit als erstes kommt – wie in jeder Kampagne zur Bekämpfung Aufständischer«. Erfolg sei dann eingetreten, wenn internationale Truppen abziehen können und afghanische Sicherheitskräfte selbst für Sicherheit sorgen. Von diesem Punkt an, so Brown, könne man sich darauf konzentrieren, »die gewählte Regierung [Afghanistans] im Bereich Sicherheit, Entwicklung und Menschenrechte zu unterstützen«.[17] Die Strategie »Sicherheit zuerst« wurde noch deutlicher von führenden Oppositionspolitikern vertreten, die diesen Kurs nach den Wahlen 2010 in der Regierung fortsetzen.[18]

Großbritannien ist seit jeher bereit, militärische Mittel einzusetzen, um außenpolitische Zielsetzungen zu verfolgen. Das Land zeichnete sich bislang dadurch aus, seine Truppen in anspruchsvolle Missionen zu schicken. Großbritannien stellt mit 9500 Soldaten nach den USA den größten Anteil in der Internationalen Sicherheitsunterstützungstruppe (ISAF) in Afghanistan (Stand: Juni 2010). Zwischen 2003 und 2008 befanden sich im Durchschnitt über sieben Prozent der britischen Soldaten im Auslandseinsatz, ein Wert, der im Vergleich zu den anderen EU-Mitgliedern die obere Grenze darstellt.[19] 2008 entschied die britische Regierung, im Rahmen der EU-geführten maritimen Mission EUMARFOR vor der Küste Somalias eine Führungsrolle zu übernehmen, was von Beobachtern als Zeichen gewertet wird, dass neben den präferierten NATO-Einsätzen künftig auch der EU-Rahmen für Großbritannien an Bedeutung gewinnt.

Afghanistan: Grenzen des robusten Mandats

Die öffentliche Debatte in Großbritannien konzentriert sich jedoch fast ausschließlich auf den Einsatz in Afghanistan, die aus Pakistan hervorgehende terroristische Bedrohung sowie die noch immer andauernde Aufarbeitung des Irak-Kriegs. Lange Zeit wurden diese Diskussionen auffällig verhalten geführt, da es dem britischen Selbstverständnis und auch dem Fähigkeitsprofil entspricht, sich stark, auch und gerade militärisch, zu engagieren und zudem die britische Regierung bzw. Parlamentsmehrheit großen Entscheidungsspielraum hat. Dies führte unter anderem aber auch dazu, dass die Berichterstattung in den Massenmedien mit wenigen Ausnahmen etwas verengt war. Sie war zum Beispiel mit Blick auf Afghanistan, insbesondere seit Großbritannien im Jahr 2006 die Verantwortung für die Provinz Helmand übernahm, sehr auf britische Bemühungen und viel weniger auf deren Einbettung in internationale Strukturen fokussiert.

Im Laufe des Jahres 2009 verschärfte sich die innenpolitische Auseinandersetzung. Zum einen war das in den beträchtlichen Verlusten, die britische Truppen in Afghanistan erlitten, begründet. Zwischen Oktober 2001 und Anfang

---

17 Gordon Brown, Afghanistan – National Security and Regional Stability, 4.9.2009, <http://www.iiss.org/recent-key-addresses/gordon-brown-address/> (abgerufen am 21.5.2010).
18 Liam Fox, Beyond the Smoke – Making Progress in Afghanistan, 28.9.2009, <http://www.iiss.org/recent-key-addresses/liam-fox-address/> (abgerufen am 21.5.2010); BBC, Ministers »united« on Afghanistan, 22.5.2010, <http://news.bbc.co.uk/go/pr/fr/-/1/hi/uk/8698452.stm> (abgerufen am 10.6.2010).
19 Vgl. Bastian Giegerich, European Crisis Management: Connecting Ambition and Reality, Abingdon 2008, S. 43–51.

Juni 2010 waren 294 Tote zu beklagen, davon 109 allein in 2009.[20] Zum andern haben die seit Juli 2009 von John Chilcot geleiteten Untersuchungen zur britischen Beteiligung am Irak-Krieg nochmals die Frage nach Sinn, Legalität und Erfolg des Regierungshandelns zwischen 2001 und 2009 aufgeworfen. Nachdem britische Truppen 2009 weitestgehend aus Basra abgezogen wurden, konnte diese Debatte aufgegriffen werden, ohne den Eindruck zu erwecken, den Soldaten im Einsatz in den Rücken zu fallen. Des Weiteren hat die angespannte Haushaltslage die Debatte befeuert. So wurden beispielsweise im Verteidigungsministerium enorme Finanzierungslücken identifiziert, die sich im Zeitraum von 2010 bis 2020 auf 6 bis 36 Milliarden Pfund vergrößern dürften.[21]

In der öffentlichen Diskussion ging es vor allem um die Frage, ob Großbritannien seine Ambitionen herunterschrauben müsse und eine erneute Phase des »strategischen Schrumpfens« bevorstehe, ähnlich dem britischen Rückzug aus Gebieten »östlich von Suez« 1968. Der übergeordnete Anspruch, den die Labour-Regierung zwischen 1997 und 1999 formulierte – nämlich durch liberale Interventionspolitik, häufig unterstützt durch militärische Mittel, weltweit eine Kraft für den positiven Wandel, im Sinne westlicher Wert- und Ordnungsvorstellungen, zu sein – konnte in der Realität nicht durchgesetzt werden. Der scheidende Generalstabschef Richard Dannett stellte im Sommer 2009 klar, dass das Mantra des verteidigungspolitischen Weißbuchs von 1998, »Go Fast, Go First, Go Home«, von der Einsatzrealität überholt wurde.[22] An die Stelle der damaligen Vorstellungen von kurzen Interventionseinsätzen sind die Erfahrungen aus dem Balkan, dem Irak und Afghanistan getreten, die alle auf ein jahre- oder sogar jahrzehntelanges Engagement hindeuten.

Mit der zunehmenden Dauer nahm die Unterstützung für den Einsatz in Afghanistan merklich ab. Bereits im Oktober 2006 befürworteten über die Hälfte (53 Prozent) der Briten den Abzug ihrer Truppen aus Afghanistan innerhalb von zwölf Monaten. Im November 2009 plädierten knapp drei Viertel (73 Prozent) für den Rückzug. Nicht ohne Grund: Den meisten Briten ist nicht klar, warum ihre Regierung den Krieg führt (63 Prozent); sie denken auch nicht, dass der Krieg gewonnen werden kann (57 Prozent).[23]

Damit wurde deutlich, dass gerade das britische Engagement in Afghanistan gegenüber der eigenen Öffentlichkeit besser begründet und kommuniziert werden musste. Um »Kontinuität« bemüht, erläuterte Premierminister Gordon Brown: »Unser Ziel in 2009 ist das gleiche wie in 2001: Wir sind in Afghanistan aufgrund einer nüchternen Beurteilung der terroristischen Bedrohung Großbritanniens.« Damit brachte der Premier die Stabilisierung Afghanistans direkt mit der nationalen Sicherheit in Verbindung: »Ein sichereres Afghanistan bedeutet

---

20 Ministry of Defence UK, Operations in Afghanistan: British Fatalities, <http://www.mod.uk/DefenceInternet/FactSheets/OperationsFactsheets/OperationsInAfghanistanBritishFatalities.htm> (abgerufen am 10.6.2010).

21 Vgl. Alex Barker, MoD makes cuts to plug budget hole, in: Financial Times, 15.12.2009, erhältlich unter <http://www.ft.com> (abgerufen am 21.5.2010).

22 Richard Dannett, The Challenge for Defence in the Next Decade, CGS IISS Speech, 30.7.2009, <http://www.iiss.org/recent-key-addresses/general-sir-richard-dannatt-address/> (abgerufen am 21.5.2010).

23 Alle zitierten Daten beruhen auf Umfragen von YouGov und sind erhältlich unter <http://www.yougov.co.uk/corporate/archives/> (abgerufen am 21.5.2010).

ein sichereres Großbritannien«, da durch die Stabilisierung Afghanistans die terroristische Bedrohung sinke. Unisono Entwicklungshilfeminister Douglas Alexander: Ziel des Afghanistan-Engagements sei es »die nationale Sicherheit dadurch zu schützen, sich dem Terrorismus von Al Khaïda und den Taliban, die sie in ihren mörderischen Unterfangen geschützt und unterstützt haben, entgegenzustellen«.[24]

Den Einsatz und die damit verbundenen Kosten so zu rechtfertigen, ist problematisch, weil aus Sicht Großbritanniens der Gefahrenherd für die terroristische Bedrohung eher in Pakistan lokalisiert werden kann: Nach Schätzungen der britischen Geheimdienste haben ungefähr drei Viertel der ernstzunehmenden, auf Großbritannien zielenden Terrorpläne ihren Ursprung in den unkontrollierten Gebieten Pakistans. Das Narrativ der Regierung steht also vor dem Problem, dass es eine Bedrohung benennt, diese aber nicht dort zu verorten ist, wo britische Soldaten im Feld stehen und fallen. Premierminister Brown, sich offensichtlich dieser Schwäche bewusst, argumentierte, »gegenwärtig kommt die Bedrohung hauptsächlich von der pakistanischen Seite, wenn aber der Aufstand in Afghanistan erfolgreich ist, dann würden Al Khaïda und andere Terrorgruppen dieses Land wieder einmal als Schutzgebiet nutzen, um Anschläge auf Großbritannien und den Rest der Welt zu trainieren, planen und auszuführen«.[25] Um den regionalen Zusammenhang stärker hervorzuheben, führte Brown weiter aus, dass es die Kombination der Maßnahmen in Pakistan und Afghanistan sei, die Al Khaïda die Möglichkeit zu effektiven Operationen rauben würde.

Obwohl die Argumentationslinie der Regierung holprig wirkt, wurde sie in ihren wesentlichen Zügen auch von der größten Oppositions- und nunmehr Regierungspartei, den Konservativen, verwendet. Kaum als Minister vereidigt, reisten Liam Fox (Verteidigung), William Hague (Außenbeziehungen) und Andrew Mitchell (Entwicklungshilfe) im Mai 2010 gemeinsam nach Afghanistan, um somit den ressortübergreifenden Charakter des Engagements deutlich zu machen. Fox sagte aus diesem Anlass, »nationale Sicherheit ist jetzt der Fokus (...). Wir sind nicht in Afghanistan wegen der Bildungspolitik eines kaputten Staates aus dem 13. Jahrhundert. Wir sind dort, damit die Menschen in Großbritannien und unsere globalen Interessen nicht bedroht werden.«[26] Wenngleich die britische Regierung versuchte, dem durch Fox' Wortwahl entstandenen Eindruck, dass Wiederaufbau und Entwicklung weniger wichtig seien als die Bekämpfung Aufständischer, schnell zu entgegnen, so stellten alle drei Minister klar, dass sie Afghanistan direkt mit der Sicherheit Großbritanniens in Verbindung bringen.

---

24 Gordon Brown, Afghanistan, a.a.O. (Anm. 17); Douglas Alexander, Conflict, Fragile States and Security, 27.4.2009, erhältlich unter <http://www.dfif.gov.uk> (abgerufen am 21.5.2010). Vgl. hierzu die Aussagen von Tony Blair im britischen Unterhaus vom 4. und 8.10.2001: House of Commons, Hansard, Daily Debates, 4.10.2001, London; Hansard, Daily Debates, 8.10.2001, London. Protokolle der Debatten sind erhältlich unter: <http://www.publications.parliament.uk/pa/pahansard.htm> (abgerufen am 10.6.2010).
25 Ebd.
26 BBC, Ministers »united« on Afghanistan, a.a.O. (Anm. 18).

Ausblick: Der Gärtner im hohen Gras

Es scheint fraglich, ob das Grundargument, Terrorismusbekämpfung in Zentralasien, um Terrorismus in Großbritannien zu verhindern, geeignet ist, die Bevölkerung von der andauernden Notwendigkeit des Einsatzes zu überzeugen bzw. Unterstützung in der Bevölkerung zurückzugewinnen. Die starke Verknüpfung von vereitelten und fehlgeschlagenen Terroranschlägen auf Großbritannien mit Pakistan weist eher auf die Gefahr eines sich selbst verstärkenden Kreislaufs hin.

Eine These besagt, der Einsatz in Afghanistan wirke sich unter Großbritanniens Muslimen radikalisierend aus. Diese Radikalisierung sei, begründet durch die vielfältigen familiären und persönlichen Beziehungen zwischen Großbritannien und Pakistan, zu einem Teil aus Pakistan unterstützt und angeleitet. Dies resultiere dann in einer stärkeren Bedrohung Großbritanniens, was wiederum die Notwendigkeit zum Einsatz in Afghanistan unterstreiche. Wie ein britischer Beobachter dieses Kreislaufs anmerkte: »Es gibt keinen logischen Endpunkt im Hinblick auf die exponentiellen Effekte«[27] des von der Regierung und Teilen der Opposition vertretenen Arguments.

Trotz eines beträchtlichen Einsatzes, vor allem in Afghanistan und im Irak, bleiben die Früchte der britischen Stabilisierungsarbeit bisher ungewiss. Aufgrund der beträchtlichen Kosten, sowohl im Sinne von Blutzoll als auch Finanzen, werden Logik und Rechtfertigungen der Kriegseinsätze stärker hinterfragt. Begrenzte Mittel stellen damit auch Großbritanniens Ambitionen und Selbstverständnis als Weltordnungsmacht in Frage.

Das robuste Mandat Großbritanniens ist hierdurch noch nicht in seinen Grundfesten erschüttert. Allerdings ist zu erwarten, dass aufgrund des vielbeschworenen britischen Pragmatismus die neuen Regierungsvertreter künftig weniger Rücksicht auf multilaterale bzw. institutionelle Reibungsverluste nehmen und verstärkt die projektbezogene Kooperation mit willigen und fähigen Partnern suchen werden.

---

27 Hew Strachan, The Strategic Gap in British Defence Policy, in: Survival, Band 51/4, 2009, S. 49–70, hier S. 50.

Italiens Carabinieri im Einsatz für nationale Interessen

Carlo Masala

Von der Wissenschaft und Fachöffentlichkeit bislang wenig beachtet, ist Italien mit ca. 9000 Männern und Frauen im Rahmen der NATO, der Europäischen Union (EU) und der Vereinten Nationen (UN) mittlerweile zum weltweit neuntgrößten Truppensteller avanciert.[1] Das italienische Engagement, sei es in Afghanistan oder Kosovo, ist bislang von allen Regierungen und über Parteigrenzen hinweg als Instrument gesehen worden, um Italiens Position in internationalen Organisationen zu verbessern und das Verhältnis zu den Vereinigten Staaten nicht zu beschädigen. Demzufolge existiert auch keine kohärente nationale Strategie zum Wiederaufbau fragiler Staaten, geschweige denn eine nationale Sicherheitsarchitektur. Zudem ist Italiens militärische Beteiligung an Stabilisierungsoperationen in der Bevölkerung umstritten. Insbesondere der derzeitig recht starken extremistischen Linken ist es gelungen, im Parlament und auf der Straße massiven Widerstand gegen militärische Stabilisierungseinsätze zu organisieren.

Selektiver Multilateralismus

Wie fast alle westeuropäischen Staaten hat sich auch Italien während des Ost-West-Konflikts bei »Peacekeeping«-Operationen eher zurückgehalten. Die einzige nennenswerte Ausnahme ist die Beteiligung an der »Multinational Force (MNF)« 1982 im Libanon.[2] Nach dem Fall der Mauer haben auch die politischen und militärischen Eliten in Rom gesehen, dass die Welt nicht notwendigerweise friedlicher sein würde und dass man bereit sein musste, militärische Macht zu projizieren, um politischen Einfluss in internationalen Organisationen geltend zu machen.

Allerdings ist Italien nicht, wie es die Bekundungen führender Politiker nahelegen würden, einem prinzipiellen Multilateralismus ohne Wenn und Aber verpflichtet. Zweimal seit den 1990er Jahren hat Italien Initiativen zum Krisenmanagement außerhalb der institutionellen Strukturen der EU angestoßen, 1997 in Albanien und 2006 im Libanon – jeweils zu einem Zeitpunkt, als die meisten Mitgliedsstaaten der EU noch unwillig waren, über Konfliktregulierungsmöglichkeiten auch nur nachzudenken. Der zu erwartende Kollaps beider in geographischer Nähe zu Italien liegenden Staaten und die drohenden Ströme von Migranten und im albanischen Fall von Bürgerkriegsflüchtlingen veranlassten die italienischen Regierungen, außerhalb des EU-Rahmens zu handeln, so genannte »Koalitionen der Willigen« zu schmieden. Im Fall Albaniens führte Italien die Koalition. Im Fall des Libanon arbeitete die italienische

---

1 Vgl. Daniel Möckli (Hrsg.), Strategic Trends 2010: Key Developments in Global Affairs, Zürich 2010, S. 112.
2 Vgl. Luigi Carigaris, Western Peacekeeping in Lebanon: Lessons of the MNF, in: Survival 6/1984, S. 262–268.

Regierung gleichberechtigt mit ihren türkischen, französischen und deutschen Partnern zusammen, um die Nachfolgemission (UNIFIL II) der gescheiterten United Nations Interim Force in Lebanon (UNIFIL) zusammenzustellen und sie mit einem robusteren Mandat auszustatten. Beide Fälle, Albanien[3] und Libanon,[4] zeigen deutlich, dass Italien, wenn es seine vitalen Interessen betroffen sieht, durchaus auch bereit ist, die institutionellen EU-Strukturen und -Mechanismen zu umgehen, um nötigenfalls unilateral schneller zu handeln. Das ist umso bemerkenswerter, zumal Italien gerne auch Deutschland, Frankreich und Großbritannien deswegen kritisiert.

Alle italienischen Regierungen seit den 1990er Jahren haben die enge Anlehnung an die Vereinigten Staaten gesucht. Sicherlich kann man sagen, dass die Mitte-Rechts-Regierungen unter Silvio Berlusconi (I 1994–1995; II 2001–2005; III 2005–2006; IV ab 2008) den Schulterschluss mit den USA stärker gesucht haben[5] als die Mitte-Links-Regierungen unter Romano Prodi (I 1996–1998; II 2006–2008) und Massimo D'Alema (I 1998–1999; II 1999–2000). Doch darf dieser graduelle Unterschied nicht darüber hinwegtäuschen, dass auch die Mitte-Links-Regierungen in ihrer Außen- und Sicherheitspolitik stark atlantisch orientiert waren. So war es eine Mitte-Links-Regierung, die die Entscheidung zur italienischen Beteiligung an der NATO-Operation in Kosovo 1999 mitgetragen hat.[6] Der Abzug der Carabinieri aus dem Irak, deren Stationierung unter Silvio Berlusconi erfolgt war, wurde den USA von Außenminister Massimo D'Alema durch eine Aufstockung italienischer Truppen in Afghanistan schmackhaft gemacht.[7]

Innenpolitische Grundlagen

Seit dem Ende des Zweiten Weltkriegs herrscht im demokratischen Italien eine pazifistische Grundtendenz vor. Diese Haltung lehnt den Einsatz militärischer Macht generell ab und verweist auf Artikel 11 der Verfassung, der Krieg als Mittel der Politik verbiete.[8]

Um militärische Gewalt dennoch zu legitimieren, ist ein Mandat des UN-Sicherheitsrats notwendig.[9] Einsätze, in denen die völkerrechtliche Grundlage zweifelhaft (etwa 1999 im Kosovo) oder nicht vorhanden war (2003 im Irak),

---

3 Vgl. Carlo Masala, Den Blick nach Süden? Die NATO im Mittelmeerraum (1990–2003): Fallstudie zur Anpassung militärischer Allianzen an neue sicherheitspolitische Rahmenbedingungen, Baden-Baden 2002.

4 Vgl. Natalino Ronzitti, L'Unifil II: un bilancio della presenza italiana, in: Affari Internazionali, Dezember 2007, <http://www.affarinternazionali.it/articolo.asp?ID=683> (abgerufen am 27.5.2010).

5 So gehörten die Regierungen Berlusconi II und III neben der britischen und polnischen Regierung zu den stärksten Unterstützern des amerikanischen Beschlusses, den Irak im Jahr 2003 anzugreifen.

6 Vgl. Carlo Masala, Den Blick nach Süden?, a. a. O. (Anm. 3).

7 Vgl. Elisabetta Brighi, Resisting Europe? The Case of Italy's Foreign Policy. Paper prepared for the 50th International Studies Association Convention, New York, NY, 2009.

8 Siehe den Wortlaut der deutschen Übersetzung: »Italien lehnt den Krieg als Mittel des Angriffs auf die Freiheit anderer Völker und als Mittel zur Lösung internationaler Streitigkeiten ab ...«; siehe Verfassung der Italienischen Republik, unter: <www.regione.taa.it/normativa/costituzione.pdf> (abgerufen am 27.5.2010).

9 Vgl. Filippo Andreatta, Alla ricerca dell'ordine mondiale, Bologna 2004.

setzten jeweils die Streitkräfte entsendenden italienischen Regierungen unter enormen innenpolitischen Druck. Der Verweis auf Maßnahmen internationaler und regionaler Organisationen (wie NATO und EU) ist für alle italienischen Regierungen ein essenzieller Bezugspunkt, um die Einsätze von Streitkräften zu rechtfertigen. Das garantiert indes nicht, dass die Missionen dann auch von der italienischen Öffentlichkeit befürwortet werden, aber es ist eine notwendige Voraussetzung, damit ein Einsatz überhaupt ernsthaft erwogen werden kann. Zum Beispiel konnten sich 1991 italienische Truppeneinheiten erst an der »Operation Desert Storm« im zweiten Golf-Krieg beteiligen, nachdem die italienische Regierung den Einsatz im Lichte des Artikel 10 der Verfassung interpretierte, namentlich, um multilaterale Maßnahmen umzusetzen.

Bei der Akzeptanz in der Öffentlichkeit spielt es zudem noch eine wichtige Rolle, ob es sich um Einsätze rein militärischer Natur oder um Missionen zur Stabilisierung zerfallender Staaten handelt. Letztere werden eher – aber nicht notwendigerweise sofort – von breiten Teilen der Bevölkerung unterstützt, erstere grundsätzlich abgelehnt. So wurde die Beteiligung am Irak-Krieg 2003 mehrheitlich abgelehnt, während der Einsatz in Afghanistan zumindest im Zeitraum von 2002 bis 2004 von der öffentlichen und veröffentlichten Meinung mehrheitlich unterstützt wurde.[10]

Hauptinstrument Carabinieri

Mangels Gesamtkonzept sind Italiens Instrumente zur Stabilisierung fragiler Staaten schlecht koordiniert.[11] Das Gros italienischer Stabilisierungsbemühungen leisten die Carabinieri, eine Gendarmerie, die Teil der italienischen Armee ist. Carabinieri sind streng genommen Polizisten, die den Streitkräften angehören, im Einsatz jedoch keine militärischen, sondern polizeiliche Aufgaben leisten. Über die letzten Jahre hat sich eine Aufgabenteilung zwischen Streitkräften und Carabinieri etabliert: Während die Streitkräfte überwiegend für friedenserzwingende Maßnahmen eingesetzt werden, dienen die Carabineri hauptsächlich in friedenserhaltenden Operationen. Die Zwitternatur der Carabinieri, eine militärische Truppe, die vorwiegend zivile Aufgaben wahrnimmt, prädestiniert sie aus Sicht italienischer Experten, bei Stabilisierungsmaßnahmen eingesetzt zu werden. Denn zum einen können sie Operationen zur Aufstandsbekämpfung (»counter-insurgency«) durchführen, aber zum anderen auch schwerere Unruhen eindämmen und rein polizeiliche Aufgaben übernehmen.[12] Zuletzt wurden auch verstärkt Einheiten der Guardia di Finanza, der italienischen Grenz- und Steuerpolizei, eingesetzt. Beide Instrumente, die Carabinieri und die Guardia

---

10 Vgl. Fabrizio Coticchia, Peace Support Operations e Politica di Difesa Italiana: Tratti di Continuità e Discontinuità. Paper presented at the SISP annual conference, Bologna, 12.–14.9.2006.

11 Die Existenz eines italienischen Provincial Reconstruction Teams (PRTs) in Afghanistan (Herat) sollte nicht über diese Tatsache hinwegtäuschen.

12 Vgl. Website des Verteidigungsministeriums, <http://www.carabinieri.it/Internet/Multilingua/DE/Auslandsmissionen/> (abgerufen am 27.5.2010).

di Finanza, sollen die von italienischen Politikern häufig gerühmte italienische Kernkompetenz im Bereich innere Sicherheit unter Beweis stellen.[13]

Angesichts der Truppenstärke der italienischen Streitkräfte (ca. 190 000 Mann) machen die Carabinieri mit gegenwärtig ca. 110 000 Mann einen beachtlichen Anteil aus. Im Vergleich dazu hat Deutschland 253 000, Frankreich 245 000 (plus 100 000 Gendarmerie) und Großbritannien 195 000 Männer und Frauen unter Waffen. Was die vier Staaten jedoch fundamental unterscheidet, ist die Verlege- und Durchhaltefähigkeit ihrer Streitkräfte. Während Großbritannien und Frankreich annähernd 60 000 Soldaten über geographisch weite Strecken für einen Zeitraum von bis zu sechs Monaten ohne logistische Unterstützung zum Einsatz bringen können, stehen den italienischen Streitkräften gerade mal 12 000 Soldaten für militärische Einsätze in entlegenen Gegenden zur Verfügung, die (wie im Falle Deutschlands) keine eigenen strategischen Lufttransportkapazitäten haben und nur drei bis vier Monate durchhaltefähig sind.[14]

Insgesamt gab Italien 2007 etwa 28 Milliarden Euro für Verteidigung aus (1,4 Prozent des Bruttonationaleinkommens/BNE), im Vergleich zu 42 Milliarden Euro in Deutschland (1,3 Prozent des BNE), 61 Milliarden Euro in Frankreich (2,3 Prozent des BNE) und 69 Milliarden Euro in Großbritannien (2,5 Prozent des BNE).[15]

Interessengeleitete Entwicklungshilfe

Parallel dazu, und ebenso wenig koordiniert, ist auch Entwicklungshilfe ein zentrales Element bei der Stabilisierung fragiler Staaten. Italien finanziert umfangreiche Projekte sowohl in sozialen als auch in infrastrukturellen Bereichen, ohne dass sich hierbei ein Schwerpunkt feststellen ließe. Mit einem Anteil von nur 0,3 Prozent am BNE nimmt sich die italienische Entwicklungshilfe im Vergleich zu anderen europäischen Staaten eher bescheiden aus: 2005 lag der Anteil Frankreichs bei 0,5, jener Deutschlands bei 0,4 Prozent des BNE. Italienische Entwicklungshilfe wird zumeist jenen Gebieten zuteil, die in unmittelbarer geographischer Nähe Italiens liegen – von denen die italienische Politik die größten Risiken für italienische Sicherheit ausgehen sieht. Dazu gehören zuvorderst das Subsaharische Afrika sowie der Nahe und Mittlere Osten.[16] Seit 2001 hat die italienische Regierung auch mehr als 470 Mio. Euro an Entwicklungshilfe nach Afghanistan fließen lassen.

Die Mittel werden einerseits an Regierungen, andererseits vor allem an italienische Nichtregierungsorganisationen verteilt. Die Projekte dienen dazu, zivilgesellschaftliche Strukturen aufzubauen, um den Menschen vor Ort Mittel zur Selbsthilfe an die Hand zu geben. Gleichwohl ist der Anteil der zivilen Komponente an der italienischen zivil-militärischen Zusammenarbeit

---

13 Williamson Murry, Does Military Culture Matter?, in: Orbis 1/1999, S. 27–42.

14 Deutschland verfügt über etwa 25 000 schnell verlegefähige Soldaten; die Durchhaltefähigkeit dieser Truppen beträgt vier Monate.

15 Alle Zahlen aus: Institute for International Security Studies (Hrsg.), The Military Balance of Power 2010, London 2010.

16 Vgl. Ministero della Difesa (Hrsg.), Libro Bianco, Rom 2002.

eher gering. Vielmehr wird der Einsatz militärischer Macht, insbesondere der Carabinieris, als ausschlaggebend für Erfolg oder Misserfolg angesehen.[17] So bezeichnete Staatspräsident Giorgio Napolitano die Streitkräfte als das »Hauptinstrument italienischer Außenpolitik«.[18]

Fazit: Friedenseinsätze als Machtmittel

Italien fokussiert seine Anstrengungen darauf, innere Sicherheit mithilfe der Carabinieri und der Finanzpolizei herzustellen. Damit wird die Arbeit anderer Institutionen sekundär. Zwar ist Italien entwicklungspolitisch in fragilen Staaten engagiert und die von Ministerien und Nichtregierungsorganisationen geleistete Arbeit wird als nützlich erachtet, doch sie wird nicht mit den Einsätzen der italienischen Streitkräfte koordiniert. Ein Konzept für zivil-militärische Zusammenarbeit ist bislang nur ein politisches Lippenbekenntnis. Das Zusammenspiel aller Instrumente funktioniert in Italien nicht, weil es politisch nicht als notwendig erachtet wird.

Primär werden Friedenseinsätze als Mittel gesehen, um den italienischen Einfluss in internationalen und regionalen Organisationen zu erhöhen. Somit sind sie weniger ein Instrument, um Staatszerfall aufzuhalten bzw. umzukehren, als vielmehr ein Mittel nationaler Interessenpolitik.

Die tendenziell ablehnende öffentliche Meinung beim Einsatz militärischer Gewalt bedingt auch, dass Einsätze dann nur mit Mandat einer internationalen Organisation durchgeführt werden können, vorzugsweise mit einer Billigung durch den Sicherheitsrat der Vereinten Nationen. Militärische Einsätze müssen als Teil einer internationalen Verpflichtung, die Italien als Mitglied multilateraler Organisationen eingegangen ist, »verkauft« werden.

---

17 Vgl. Fabrizio Coticchia und Giampiero Giacomello, Helping Hands: Civil-military Cooperation and Italy's Military Operation Abroad, in: Small Wars & Insurgencies 3/2009, S. 592–610.
18 Vgl. Giorgio Napolitano, Ansprache anlässlich des Tages der Streitkräfte, 4. November 2009, unter: <http://www.quirinale.it> (abgerufen am 27.5.2010).

Die Niederlande: Regierungssturz beim Friedenseinsatz

Willem F. J. Stöger

Der christdemokratische Außenminister Maxime Verhagen kennzeichnet die niederländische Außenpolitik als eine Politik mit einer moralischen Orientierung und einem realistischen Kurs.[1] Die Stabilisierung und die Entwicklung fragiler Staaten, sowie die Bekämpfung von Armut und der Schutz von Menschenrechten sind von herausragender Bedeutung für die niederländische Außen-, Sicherheits- und Entwicklungspolitik.

Neben diesen altruistischen Motiven werden auch nationale Eigeninteressen offen von der Regierung artikuliert. Denn die Konflikte in fragilen Staaten verursachen grenzüberschreitende Probleme, die zu Instabilität, Flüchtlingsströmen, Verbreitung von Waffen führen und Nährboden für den internationalen Terrorismus bieten. Der Wohlstand der Handelsnation hängt davon ab, ob die internationale Rechtsordnung aufrechterhalten wird.[2] Artikel 90 der niederländischen Verfassung besagt, dass die Regierung die Entwicklung der internationalen Rechtsordnung fördern sollte, und laut Artikel 97 ist das auch eine Hauptaufgabe der niederländischen Streitkräfte.

Die völkerrechtliche Legitimation spielt demnach eine wichtige Rolle bei der Akzeptanz in der Öffentlichkeit sowie bei der politischen Entscheidungsfindung im Parlament und in der Regierung. Die Niederlande bevorzugen grundsätzlich Missionen mit UN-Mandat und setzen sich für eine zivile Führungsrolle der UN bei Friedensmissionen ein. Dennoch entschied sich Den Haag 1999 für eine militärische Beteiligung in Kosovo ohne UN-Mandat. Zudem unterstützte die Regierung Balkenende politisch den völkerrechtlich umstrittenen amerikanisch-britischen Angriff auf Irak im Jahr 2003.

Den Haag ist in den vergangenen Jahren pragmatischer in Bezug auf Auslandseinsätze geworden. Aufgrund der Erfahrungen mit bisherigen Friedenseinsätzen und der Entwicklungshilfe bemüht sich die Regierung, realistische Ziele zu setzen. Sie betont, dass sie pragmatisch und bescheiden sein soll und ist sich bewusst, dass der niederländische Einfluss im internationalen Spektrum oft marginal ist.[3]

---

1   Zitiert in: Adviesraad Internationale Vraagstukken (AIV), Crisisbeheersingsoperaties in fragiele staten. De noodzaak van een samenhangende aanpak, Nr. 64, März 2009, S. 12.
2   Vgl. ebd., S. 12.
3   Vgl. Der Außenminister, der Minister für Entwicklungshilfe und der Verteidigungsminister, Kamerbrief inzake Regeringsreactie op AIV advies 64: Crisisbeheersingsoperaties in fragiele staten, 21.8.2009, S. 1. <http://www.minbuza.nl/nl/Actueel/Kamerstukken/2009/08/Kamerbrief_inzake_Regeringsreactie_op_AIV_advies_64_Crisisbeheersingsoperaties_in_fragiele_staten> (abgerufen am 28.5.2010).

Koordinationsversuche zur Einflussmaximierung

Um ihren Einfluss zu maximieren, versucht die niederländische Regierung, ihre Anstrengungen zu koordinieren. Über formelle und informelle Strukturen sollen die Außen-, Sicherheits- und Entwicklungspolitik gegenüber fragilen Staaten abgestimmt werden.[4] Auf amtlicher Ebene findet die Koordination der Auslandseinsätze in drei ressortübergreifenden Kommissionen statt. Bei der Zusammenarbeit der unterschiedlichen Ministerien nimmt das Außenministerium eine führende Rolle ein. Der Außenminister, der Minister für Entwicklungshilfe und der Verteidigungsminister besprechen die Auslandseinsätze regelmäßig.

Gleichwohl kritisierte der Advisory Council on International Affairs (AIV), der wissenschaftliche Beirat der niederländischen Regierung im Bereich der Außenpolitik, dass die Organisationsstruktur des Außenministeriums, mit Abteilungen, die für die diversen niederländischen Auslandseinsätze zuständig sind, interne Abstimmungsprobleme verursacht und für Außenstehende – wie andere Ministerien oder Nichtregierungsorganisationen (NGOs) – sehr undurchsichtig ist. Hinzu kommt, dass Außenpolitik und Entwicklungshilfe in einem Ministerium integriert sind. Es ist zwar ein Ministerium, aber mit zwei Ministern – meistens auch noch unterschiedlicher politischer Couleur. In der Praxis bedeutet dies, dass die Qualität der Zusammenarbeit sehr vom persönlichen Verhältnis der Entscheidungsträger abhängig ist.[5]

Nach Auffassung des AIV sollten der Ministerpräsident und sein Ministerium bei der Koordinierung der Missionen eine stärkere Rolle spielen.[6] Der Vorwurf der mangelnden Regie des Ministerpräsidenten bei Auslandseinsätzen ist eine Konstante in den Niederlanden: Bereits Balkenendes Vorgänger, der Sozialdemokrat Wim Kok, wurde dafür kritisiert, dass er im Umgang mit dem Drama von Srebrenica und während der Kosovo-Krise wenig Regie führte. Das hat auch strukturelle Gründe: Der niederländische Ministerpräsident verfügt im Vergleich zu anderen Regierungschefs, etwa der deutschen Bundeskanzlerin, über weniger Richtlinienkompetenz. Deshalb können der niederländische Außenminister und der Verteidigungsminister eine prominentere Rolle in der Außen- und Sicherheitspolitik spielen als ihre ausländischen Kollegen.

Doch gibt es auch in Den Haag seit jeher eine Rivalität zwischen Außen- und Verteidigungsministerium. Jedes der beiden Ressorts meint, die niederländische Sicherheitspolitik maßgeblich gestalten zu müssen. In der Regel befürwortet das Außenministerium die Beteiligung niederländischer Soldaten an internationalen Missionen, um größeren Einfluss in den internationalen Beziehungen erwerben zu können. Die Führung des Verteidigungsministeriums ist zurückhaltender, wenn es darum geht, niederländische Truppen ins Ausland zu entsenden. Die Erfolgschancen einer Mission und die Interessen der Soldaten spielen eine grö-

---
4 Ebd., S. 1.
5 AIV, Crisisbeheersingsoperaties in fragiele staten, a. a. O. (Anm. 1), S. 44.
6 Ebd., S. 63–64.

ßere Rolle.⁷ Darum ist es nötig, einen bescheidenen, umfassenderen Ansatz bei Friedens- und Stabilisierungsmissionen zu finden.

3D-Strategie

Die Regierung hat ihre Außen-, Sicherheits- und Entwicklungspolitik in Bezug auf fragile Staaten in einer »fragilen Staatenstrategie« festgelegt.⁸ Demnach können externe Akteure keine Gesellschaft aufbauen; dies müsse vielmehr die Aufgabe der Bevölkerung des fragilen Staates bleiben (Stichwort: local ownership).⁹ Die Interventionsmacht kann hierbei lediglich eine unterstützende Funktion erfüllen. Niederländische Entscheidungsträger versuchen, ihre Intervention so gut wie möglich nach den lokalen Prioritäten der Betroffenen vor Ort auszurichten.

Die Niederländer vertrauen auf die so genannte 3D-Methode: »defence, diplomacy, and development«. Diese Strategie geht davon aus, dass die Probleme von Ländern wie Afghanistan nur durch eine ausgewogene Kombination von militärischem Auftreten, politisch-diplomatischem Verhandeln und Hilfe beim Wiederaufbau des Landes gelöst werden können.

Sicherheit bildet die notwendige Grundlage für Wiederaufbau und Entwicklung. Dabei handelt es sich nicht nur um die physische Sicherheit, sondern auch um die Erfüllung sozioökonomischer Mindeststandards und Menschenrechte.¹⁰ Die Mission in Afghanistan ist die größte Operation an der sich die niederländischen Streitkräfte derzeit beteiligen. Zudem leisten kleinere Truppenkontingente einen Beitrag in anderen Krisenregionen. So sind Einheiten auf dem Balkan und im Sudan stationiert. Ferner wird eine Fregatte der niederländischen Marine im Kampf gegen die Piraterie am Horn von Afrika eingesetzt.¹¹ Weltweit sind ungefähr 2400 niederländische Soldaten im Friedenseinsatz. Davon sind ca. 2000 Soldaten in Afghanistan stationiert;¹² die Task Force Uruzgan verfügt über eigene Transport- und Kampfhubschrauber sowie über eigene Kampfjets.

Seit Jahrzehnten ist die Entwicklungshilfe ein Steckenpferd vieler Haager Politiker. Die Niederlande reservieren strukturell 0,8 Prozent ihres Bruttosozialprodukts (BSP) für Entwicklungshilfe im Staatshaushalt und gelten als weltweit sechstgrößter Geber auf diesem Gebiet als Vorzeigenation, auch in punkto Nachhaltigkeit. In den vergangenen Jahren wurde der Fokus dieser Politik von den »normalen« Entwicklungsländern auf so genannte fragile Staaten verlegt, namentlich Afghanistan, Burundi, Kolumbien, Demokratische Republik Kongo, Guatemala, Kosovo, Pakistan, die Palästinensischen Gebiete und Sudan.

---

7   Vgl. Relus ter Beek, Manoeuvreren: herinneringen aan Plein 4, o. O. 1996, S. 53.
8   Vgl. Der Außenminister, der Minister für Entwicklungshilfe und der Verteidigungsminister, Veiligheid en ontwikkeling in fragiele staten, Strategie voor de Nederlandse inzet 2008–2011, (fragiele statenstrategie), Den Haag, November 2008, <http://www.tweedekamer.nl/images/31787nr1_118-181439.pdf> (abgerufen am 28.5.2010).
9   Vgl. ebd., S. 14–15.
10 Vgl. AIV, Crisisbeheersingsoperaties in fragiele staten, a. a. O. (Anm. 1), S. 20.
11 Vgl. die Homepage des niederländischen Verteidigungsministeriums: <http://www.defensie.nl/missies/uitgezonden_militairen/> (abgerufen am 28.5.2010).
12 Im Verhältnis zur Bevölkerungsgröße sind die Niederlande der drittgrößte Truppensteller für Afghanistan, nach den USA und Großbritannien.

Den Haag bevorzugt neben der bilateralen Zusammenarbeit vor allem eine Mittelzuwendung über multilaterale Strukturen. Der Außenminister, der Minister für Entwicklungshilfe und der Verteidigungsminister handeln nach dem Motto: »Multilateral wo möglich, bilateral wo nötig«.[13] Die Niederlande wickeln einen Großteil ihrer Entwicklungshilfe über NGOs ab.[14] Diese Kooperation macht Sinn: Das Außenministerium verfügt nicht über genug eigene Entwicklungshelfer und Experten auf dem Gebiet des Wiederaufbaus und muss diese extern rekrutieren. Dafür sollte umgehend ein ausreichender ressortübergreifender Expertenpool gebildet werden.[15]

Der Afghanistan-Einsatz

Gemeinsam mit ihren deutschen Verbündeten übernahm Den Haag von Februar bis August 2003 das Kommando über die International Security Assistance Force (ISAF). Seit 2006 verantworten die Niederlande als so genannte »Führungsnation« das Provincial Reconstruction Team (PRT) in der südafghanischen Provinz Uruzgan. Offiziell sollten alle »lead nations« im Rahmen der »rules of engagement« kohärent vorgehen, haben aber in der Praxis ein – von den nationalen Erfahrungen geprägtes – eigenes Auftreten entwickelt.

Die niederländischen Soldaten in Uruzgan versuchen das Vertrauen der lokalen Bevölkerung zu gewinnen und setzen sich gemeinsam mit Diplomaten und Entwicklungshelfern für den Aufbau dieser Provinz ein. Nicht der Kampf gegen die Taliban, sondern das Gewinnen der »hearts and minds« der lokalen Bevölkerung stehen im Vordergrund der Mission. Von Anfang an wurde versucht, die drei wichtigsten Bevölkerungszentren Uruzgans zu sichern und zu stabilisieren und darüber hinaus von diesen Zentren aus Kontrolle über die Peripherie zu gewinnen. Ziel ist es, das Land zu stabilisieren, den Wiederaufbau und weitere Entwicklung zu ermöglichen sowie zu unterstützen, um letztendlich eine politische Lösung des Konflikts herbeizuführen. Das niederländische Militär operiert innerhalb der Grenzen des internationalen Rechts und innerhalb der »rules of engagement«, die das Mandat vorschreibt. Wenn die Soldaten in Uruzgan eine zurückhaltende Haltung in Bezug auf die Ausübung der militärischen Gewalt einnehmen, ist dies nicht die Folge von verfassungsrechtlichen oder Parlamentsvorbehalten, sondern von ihrer 3D-Strategie.

Innenpolitische Front

Formell hat die Regierung nur die Pflicht das Parlament im Vorfeld über einen militärischen Einsatz zu informieren, darüber entscheiden kann sie jedoch ohne die Legislative. In der politischen Praxis trifft die Regierung solche Entscheidungen aber nur, wenn eine deutliche Mehrheit des Parlaments sie befürwortet. Der

---

13 Vgl. Der Außenminister, der Minister für Entwicklungshilfe und der Verteidigungsminister, Veiligheid en ontwikkeling in fragiele staten, a. a. O. (Anm. 8), S. 16.
14 Vgl. Paul Hoebink, Nederlandse identiteit en Nederlandse ontwikkelingssamenwerking, in: IS, Nr. 9, September 2009, S. 438–443, hier S. 441.
15 Gespräch mit Generalleutnant a. D. Marcel Urlings in Den Haag vom 10.9.2009.

christdemokratische Parlamentsabgeordnete Henk Jan Ormel betont, dass die niederländische Entscheidungsfindung im Bereich der Auslandseinsätze ein Ergebnis der Lehren ist, die Den Haag aus den Erfahrungen auf dem Balkan – insbesondere aus dem Drama von Srebrenica – gezogen hat.[16]

Die Regierung Balkenende rechtfertigte denn auch den Afghanistan-Einsatz gegenüber der eigenen Öffentlichkeit mit verschiedenen Argumenten. So sollen die humanitäre Not der Afghanen gelindert und ihre Menschenrechte geschützt werden. Wenn das Land stabilisiert wird, kann grenzüberschreitenden Gefahren – insbesondere dem Terrorismus – begegnet werden. Allerdings sind nur sieben Prozent der Niederländer davon überzeugt, dass der Afghanistan-Einsatz die Wahrscheinlichkeit eines Terrorangriffs auf die Niederlande verringert.[17]

In der innenpolitischen Auseinandersetzung spielte die Dauer der Mission eine große Rolle. Die Regierung Balkenende hatte im Jahr 2007 vereinbart, dass der niederländische Militäreinsatz in Uruzgan im August 2010 beendet werden sollte. Im September 2009 hatte Außenminister Verhagen jedoch über eine Verlängerung der Stationierung der niederländischen Truppen in der südafghanischen Provinz spekuliert. Spätestens seitdem hing diese Angelegenheit wie ein Damoklesschwert über den Köpfen der Regierungsmitglieder.

Die Opposition war grundsätzlich gegen eine Mandatsverlängerung. Die sozialistische SP, die liberale VVD, die linksliberale D66, die grünen GroenLinks und die PVV, die Partei des politischen Außenseiters und Islamkritikers Geert Wilders, traten für eine Beendigung der Mission im Jahr 2010 ein. Rund zwei Drittel der niederländischen Bürger sind ebenso dafür. Von Beginn der Mission in Uruzgan an hat es in der niederländischen Bevölkerung keine absolute Mehrheit gegeben, die diesen Einsatz befürwortet.[18] Auch die sozialdemokratische Regierungspartei PvdA wollte diesen Auslandseinsatz beenden. Lediglich die christdemokratische CDA wollte eine Mandatsverlängerung ernsthaft in Erwägung ziehen.[19]

Der Sturz der Regierung in Den Haag ...

Am 4. Februar 2010 traf in Den Haag eine offizielle schriftliche Bitte des NATO-Generalsekretärs Anders Fog Rasmussen um Fortsetzung der niederländischen militärischen Mission in Uruzgan ein. Die sozialdemokratische PvdA wollte dieses

---

16 Gespräch mit dem Parlamentsabgeordneten Henk Jan Ormel in Den Haag vom 31.8.2009. Eine andere Folge der dramatischen Ereignisse in Srebrenica 1995 ist, dass die Niederlande seitdem die Beteiligung an NATO-Missionen mit einem »robusten« Mandat und klaren »rules of engagement« vorziehen.

17 Vgl. Noël van Bemmel und Theo Koelé, Waarom blijven we in 'de zandbak'?, in: de Volkskrant, 8.9.2009.

18 Laut Angaben des Verteidigungsministeriums befürworten im Sommer 2009 37% der Bürger die Mission, 32% waren dagegen und 31% hatten diesbezüglich keine Meinung. Vgl. ebd.

19 Ausführlicher zu den Positionen der Parteien: Die sozialistische SP lehnt eine Beteiligung an Auslandseinsätzen prinzipiell ab. Die grünen GroenLinks und die sozialdemokratische PvdA sind große Verfechter einer umfangreichen Entwicklungshilfe. Obwohl beide Parteien einen pazifistischen Flügel haben, befürworten sie die Teilnahme niederländischer Soldaten an humanitären Friedensmissionen. Die liberale VVD und die christdemokratische CDA sind etwas zurückhaltender im Bereich Entwicklungshilfe und Blauhelm-Missionen. Dennoch setzten sich die Liberalen und Christdemokraten für die Beteiligung an von den USA bzw. von der NATO geführten Auslandseinsätzen ein – aus Solidarität mit den Verbündeten, insbesondere mit den USA.

Gesuch ablehnen. Die christdemokratische CDA dagegen wollte sich nicht aus der Verantwortung stehlen und befürwortete, die Mission in »abgespeckter« Form fortzuführen. Außenminister Verhagen hatte selbst, nach Absprache mit seinen sozialdemokratischen Kollegen, um dieses Schreiben der NATO gebeten.

Somit war innerhalb der Regierungskoalition eine Pattsituation anlässlich der Afghanistan-Politik entstanden. Die PvdA stellte der CDA ein Ultimatum und nach einer 16-stündigen Marathonsitzung der Regierung entschieden sich die sozialdemokratischen Regierungsmitglieder in der Nacht vom 19. auf den 20. Februar, die Regierungskoalition zu verlassen. Die Verlängerung der Mission in Afghanistan war schließlich ein vorgeschobener Anlass für den Sturz der Regierung. Der Mangel an Vertrauen zwischen Christdemokraten und Sozialdemokraten war letztlich der Hauptgrund für das Auseinanderbrechen der Koalition.

… und die Folgen

Im In- und Ausland wurde das Vorgehen der Regierung kritisiert – insbesondere das Verhalten des sozialdemokratischen Koalitionspartners.[20] Der ehemalige NATO-Generalsekretär Jaap de Hoop Scheffer bezeichnete das Auftreten der Regierung als eine Beleidigung für das Atlantische Bündnis und schloss nicht aus, dass die niederländischen Interessen in der internationalen Diplomatie Schaden nehmen könnten.

Am 1. August 2010 wurde die niederländische Militärmission in Uruzgan offiziell beendet. Die Niederlande sind damit das erste NATO-Mitglied, das seine Truppen aus Afghanistan zurückzieht. Insgesamt dienten 20 000 Soldaten der niederländischen Streitkräfte in Uruzgan. 24 von ihnen sind gefallen, 140 wurden verwundet. Die finanziellen Kosten der Mission betrugen 1,4 Milliarden Euro. Das Kommando über die ISAF in Uruzgan wurde auf die amerikanischen und australischen Verbündeten übertragen.

---

20 Eine Ausnahme bilden die bemerkenswerten Aussagen eines offiziellen Pressesprechers der Taliban, Qari Yusuf Ahmadii, der sich in einem Interview mit de Volkskrant positiv über die Entscheidung der PvdA äußerte und auf eine erneute Regierungsbeteiligung der Sozialdemokraten hoffte. Vgl. Natalie Righton, Taliban feliciteren Nederland met vertrek uit Afghanistan, in: de Volkskrant, 29.7.2010.

Russland: Die verhinderte regionale Ordnungsmacht

Stefan Meister

Russlands Interesse an fragilen Staaten ist historisch begründet: Die schmerzhafte Auflösung der Sowjetunion hat aus einem einstmals einheitlichen politischen, rechtlichen und ökonomischen Raum eine instabile und unsichere Zone gemacht. Russland war nunmehr umgeben von jungen Staaten, die durch ethnische Konflikte destabilisiert zu werden drohten. Hinzu kamen ethnische Sezessionsbewegungen auf dem eigenen Territorium, insbesondere im Nordkaukasus. Mit seinem Konzept eines starken Staates reagierte Präsident Wladimir Putin nicht zuletzt auch auf die Instabilität der 1990er Jahre. In seiner Außenorientierung sieht sich Russland unter seinem Nachfolger Dmitrij Medwedew weiterhin als dominante Regional- und zentrale Ordnungsmacht im postsowjetischen Raum.

Historisches Erbe der Sowjetzeit

Russlands Beziehungen zu seiner direkten Nachbarschaft, dem so genannten »nahen Ausland«,[1] sind durch die gemeinsame Geschichte geprägt. Die meisten Grenzen des föderalen Staatsaufbaus der Sowjetunion und damit ihrer heutigen Nachfolgestaaten wurden am Reißbrett gezogen. Dabei wurden ethnische und historische Zusammenhänge missachtet. Daraus erwuchsen eine Vielzahl ethnischer Konflikte, die Ende der 1980er Jahre ausbrachen und den Zerfall der Sowjetunion beförderten. Gleichzeitig hinterließ die Sowjetunion in ihren Nachfolgestaaten auch militärische Ausrüstung, die bei inneren Konflikten oder gegen Nachbarstaaten eingesetzt wurden. Das gilt für den Konflikt um Berg-Karabach sowie die Bürgerkriege in Tadschikistan, Georgien und der Republik Moldau. Auch heute noch charakterisieren den postsowjetischen Raum mehrheitlich schwache Staaten mit einer Vielzahl von Konfliktzonen.

Russlands Militärpräsenz im nahen Ausland sollte Stabilität und Sicherheit schaffen, aber auch seinen Einfluss erhalten und ausbauen. Russland war Anfang der 1990er Jahre das einzige Land, das die militärischen Mittel und auch den politischen Willen besaß, um in diesen Staaten zu intervenieren. In dieser Zeit war Russland aber ökonomisch zu schwach, um die Konflikte zu lösen bzw. ausreichend Ressourcen zur Stabilisierung bereitzustellen. Zum Teil war Moskau daran auch weniger interessiert, da es über die fortwährenden Konflikte die schwachen Staaten kontrollieren konnte. Der Status quo diente der Sicherung russischen Einflusses, wozu – wie im Falle Transnistriens und Südossetiens – so genannte russische »Friedenstruppen« entsandt wurden.

Im Zuge des »Kampfes gegen den internationalen Terror« rückten unter der Präsidentschaft Putins die Konfliktzonen in der direkten Nachbarschaft noch deutlicher ins strategische Blickfeld. Russlands eigene Stabilisierung und die seiner

---

1 Als nahes Ausland werden im Folgenden alle Staaten des postsowjetischen Raumes bezeichnet, ausgenommen die drei baltischen Staaten, die mit ihrem NATO- und EU-Beitritt einen eigenen Weg gegangen sind.

Staatsfinanzen ermöglichen es nunmehr, das Verteidigungsbudget zwischen 2000 und 2008 von 14 auf 38,2 Milliarden Dollar beinahe zu verdreifachen.[2]

Aktuell sind im postsowjetischen Raum zwei gegensätzliche Entwicklungen russischer Interventionspolitik zu beobachten. Indem es Pässe verteilt und Separatisten mit Waffen unterstützt, fördert Moskau einerseits fragile Staatlichkeit, etwa in den abtrünnigen georgischen Provinzen Südossetien und Abchasien. Andererseits hat Russland insbesondere nach dem Georgien-Krieg im August 2008 unter Präsident Medwedew begonnen, sich aktiver um die diplomatische Lösung eingefrorener Konflikte zu bemühen. So vermittelte Medwedew zwischen Armenien und Aserbaidschan im Konflikt um Berg-Karabach. Die russische Führung hat erkannt, dass andere – namentlich die USA, China, die EU und Regionalmächte wie die Türkei und der Iran – auf Kosten russischen Einflusses zu wichtigen Partnern im postsowjetischen Raum werden.

Auch Russlands Kaukasus-Politik – sowohl auf dem eigenen Territorium als auch im Südkaukasus – ist ambivalent: In den 1990er Jahren konkurrierten die Interessen staatlicher Entscheidungsträger Russlands mit Partikularinteressen (etwa des Militärs und der Sicherheitsorgane) und jenen regionaler und lokaler Honoratioren. Dies galt auch für den Kaspischen Raum, in dem divergierende kriegsökonomische und energiepolitische Interessen keine kohärente russische Politik zuließen.[3] Der Wettbewerb auf Gewaltmärkten ist noch immer prägend für den Nordkaukasus und Teile des Südkaukasus. Dort wird das russische Militär als Teil des Problems und nicht der Lösung wahrgenommen.

Konzept

Es gibt keine öffentliche Debatte über Peacekeeping in Russland. Politische Zirkel diskutieren Friedenseinsätze, um »nationale Interessen« zu wahren:[4] Mit Friedenseinsätzen kann einerseits die Stellung Russlands in regionalen und internationalen Organisationen aufgewertet werden. Damit können andererseits die Grenzen schwacher Staaten und der direkte russische Einfluss im postsowjetischen Raum gesichert werden: insbesondere in Georgien, Berg-Karabach und Transnistrien. Mit Blick auf den Kaukasus wird darauf verwiesen, dass hier eingefrorene Konflikte in der Region von Dritten, etwa von den USA, genutzt werden, um ihre Position zum Schaden Russlands zu stärken.

Ähnlich wie im amerikanischen wird im russischen Diskurs eine Verbindung zwischen prekärer Staatlichkeit und Terrorismus hergestellt.[5] In der bis 2020 angelegten Strategie der nationalen Sicherheit der Russischen Föderation sind instabile Staaten als Sicherheitsbedrohung hervorgehoben, da diese gefährliche Materialien

---
2 Margarete Klein, Russlands Militärpotential zwischen Großmachtanspruch und Wirklichkeit (SWP-Studie Nr. 24), Berlin, Oktober 2009, S. 26; International Institute for Strategic Studies (Hrsg.), Miliary Balance 2010, London 2010, S. 217.
3 Uwe Halbach, Russlands »Ohnmachtzone«: Gewalt und Instabilität im Nordkaukaus, in: Stefani Weiss und Joscha Schmierer (Hrsg.), Prekäre Staatlichkeit und internationale Ordnung, Wiesbaden 2007, S. 142–143.
4 Aleksandr Golc, Voennoe mirotrvorčestvo Rossii (militärische Friedenseinsätze), in: Pro et Contra, September–Dezember 2006, S. 68.
5 Vgl. Pavel K. Baev, Russian Perceptions of State Failure and Russia's Involvement with Fragile States, in: Canadian Foreign Policy 2/2006, S. 172–174.

weitergeben und Quelle neuer regionaler und zwischenstaatlicher Konflikte werden können.[6] Anders als die USA konzentriert sich Russland jedoch auf die Konflikte in seiner direkten Nachbarschaft.

Mit dem Kampf gegen den Terror wurde auch die zweite militärische Operation in Tschetschenien (1999 bis 2000) gerechtfertigt, die zu hohen Opferzahlen in der Zivilbevölkerung und Massenflucht führte. In Zentralasien wird Tadschikistan, das zwischen 1992 und 1997 einen blutigen Bürgerkrieg durchlebte, als möglicher »zerfallender Staat« genannt. Daneben bildet aus russischer Sicht vor allem der Südkaukasus mit Georgien und Aserbaidschan eine prekäre Krisen- und Konfliktzone.

Mittel und Wege

Um den Konflikten in seiner direkten Nachbarschaft effektiver zu begegnen, schuf Russland sicherheitspolitische Regionalorganisationen. Die Gemeinschaft Unabhängiger Staaten (GUS) ist seit 1992 entwickelt worden, um unter anderem friedenserhaltende Maßnahmen durchzuführen. Im Rahmen von GUS-Operationen befinden sich russische Soldaten in drei Staaten: in Georgien (Südossetien seit 1992, Abchasien seit 1994), in der Republik Moldau (Transnistrien seit 1992) und in Tadschikistan (seit 1993).

Unter Putin wurden zwei neue Sicherheitsorganisationen aufgebaut: Die Organisation des Vertrags über Kollektive Sicherheit (OVKS),[7] ursprünglich ein sicherheitspolitischer Zweig der GUS, wurde 2002 als eigene Organisation gegründet und konzentriert sich in sicherheitspolitischen Fragen auf Zentralasien. Auf russische Initiative hin wurde 2009 im Rahmen der OVKS eine schnelle Eingreiftruppe geschaffen, die vor allem aus russischen und kasachischen Soldaten besteht. Ziel ist es, Zentralasien besser vor Gefahren aus Afghanistan und Pakistan zu schützen, die OVKS international aufzuwerten und die Stationierung russischer Truppen im postsowjetischen Raum zu legitimieren:[8] Tadschikistan und Usbekistan sehen diese Truppe als Instrument Russlands, um auf ihren Territorien in Krisensituationen intervenieren zu können.[9] Die zweite Organisation, die Schanghaier Organisation für Zusammenarbeit (SOZ), soll die sicherheitspolitischen Interessen Russlands und Chinas in Zentralasien ausbalancieren und dazu dienen, gemeinsame Sicherheitsinteressen in der Region – nicht zuletzt gegenüber den USA – zu wahren.

---

6   Strategija nacional'noj bezopasnosti Rossijskoj Federacii do 2020 goda (Strategie der nationalen Sicherheit der Russischen Föderation bis 2020), 12.5.2009, <http://www.scrf.gov.ru/documents/99.html> (abgerufen am 11.6.2010).

7   Mitglieder der OVKS sind Armenien, Belarus, Kasachstan, Kirgistan, Russland, Tadschikistan und Usbekistan.

8   Vgl. Eto budjet pjatistronnjaja grupirovka dlja bol'šoj vojny, Interview mit dem Generalsekretär der OVKS, Nikolaj Bordjuža, in: Kommersant, 29.5.2009, <http://www.kommersant.ru/doc.aspx?DocsID= 1177401> (abgerufen am 11.6.2010).

9   Andrzej Wilk, First Exercise of the CSTO Collective Rapid Reaction Force (CRRF), in: Eastweek, OSW, Warschau, 21.10.2009, <http://www.osw.waw.pl/en/publikacje/eastweek/2009-10-21/first-exercise-csto-collective-rapid-reaction-force-crrf> (abgerufen am 11.6.2010).

Instrumenteller Multilateralismus

In der 2007 veröffentlichten Übersicht über die Außenpolitik der Russischen Föderation wurde gefordert, die Vereinten Nationen (UN) zu stärken und an aktuelle Herausforderungen anzupassen.[10] Ebenso sollte der UN-Sicherheitsrat als zentrales Organ in seiner bisherigen, exklusiven Form beibehalten werden: Russland gehört zumindest im Sicherheitsrat weiterhin zu den wenigen großen internationalen Mächten und versucht, diesen multilateralen Rahmen zu nutzen – um vor allem unilaterale Aktionen der USA zu begrenzen. Militäreinsätze im internationalen Rahmen sollen nur durch die Mandatierung des UN-Sicherheitsrats möglich sein. Im außenpolitischen Konzept der Russischen Föderation wird ausdrücklich darauf hingewiesen, dass die Anwendung militärischer Gewalt unter Umgehung der Satzung der UN und des Sicherheitsrats nicht der Konfliktlösung dienen, sondern internationales Recht untergraben und die Konfliktzone ausweiten würde.[11]

Dass Russland selbst einen Monat nach Veröffentlichung dieses Konzepts auf den georgischen Angriff mit unverhältnismäßigen militärischen Mitteln ohne Mandat des UN-Sicherheitsrats intervenierte, relativierte die kooperative Rhetorik in der Praxis. Vielmehr zeigt die völkerrechtswidrige einseitige Anerkennung Südossetiens und Abchasiens, dass Russland – ebenso wie die USA im Irak und die EU im Kosovo – seine Interessen auch ohne Legitimation der Völkergemeinschaft verfolgt.

Bereits 1987/88 sollte Michail Gorbatschows Konzept für ein globales Sicherheitssystem mit friedensichernden Instrumenten der UN konkretisiert werden.[12] Im Gegensatz zu den Jahrzehnten davor war die sowjetische Führung jetzt auch bereit, die Weltorganisation als Instrument zur Lösung offener und schwelender Regionalkonflikte zu nutzen und selbst einen Beitrag zu leisten. Dieser neue Ansatz war motiviert durch die aufkommenden ethnischen und nationalen Konflikte in der sich auflösenden Sowjetunion. Moskau versuchte, diese mit multilateral legitimierten militärischen Einsätzen einzudämmen.

Mit der Strategie, über die Vereinten Nationen die von ihm selbst geschaffenen regionalen Sicherheitsstrukturen im postsowjetischen Raum zu legitimieren, versucht Russland seit den 1990er Jahren, seine Rolle als zentrale Ordnungsmacht im postsowjetischen Raum von der Staatenwelt bestätigen zu lassen. Friedenschaffende Einsätze der UN sollten nach russischen Vorstellungen mit regionalen Organisationen wie der OVKS, GUS und SOZ koordiniert werden. Bisher haben die UN die GUS nicht als Regionalorganisation anerkannt und Russlands »friedensichernden Einsätzen« in diesen Regionen kein Mandat erteilt.

---

10 Vgl. Ministerstvo inostrannych del Rossijskoj Federacii, Obzor vnešnej politiki, Mnogostoronnjaja diplomatija (Außenministerium der Russischen Föderation, Übersicht über die Außenpolitik, Kap. multipolare Diplomatie), 27.3.2007, <http://www.mid.ru/brp_4.nsf/106e7bfcd73035f043256999005bcbbb/3647da97748a106bc32572ab002ac4dd?OpenDocument> (abgerufen am 11.6.2010).

11 Koncepcija vnešnej politiki Rossijskoj Federacii (Konzept für die Außenpolitik der Russischen Föderation), bestätigt von Präsident Dmitrij Medwedew am 12.7.2008, <http://www.mid.ru/ns-osndoc.nsf/0e9272befa34209743256c630042d1aa/d48737161a0bc944c32574870048d8f7?OpenDocument> (abgerufen am 11.6.2020).

12 Günther Unser, Russland und die Vereinten Nationen (Berichte des Bundesinstituts für ostwissenschaftliche und internationale Studien, Nr. 8), Köln 2000, S. 10.

Auch wenn Russland ein berechtigtes Interesse hat, Konflikte in seiner direkten Nachbarschaft zu lösen, kann es wegen seiner ökonomischen und politischen Eigeninteressen in der Region kaum den Grundsätzen der UN, etwa dem Anspruch der Unparteilichkeit, genügen. Russland ist selbst Teil des Problems bei ethnischen Konflikten in den Nachbarstaaten. Aus diesem Grund waren in Georgien (1993 bis 2009) und sind in Tadschikistan neben den russischen Truppen auch UN-Beobachtermissionen stationiert.

Russische friedenschaffende Operationen ignorieren traditionelle UN-Peacekeeping-Regeln von Konsens, Unparteilichkeit und Begrenzung von Gewalt. Die russische Strategie zur »Konfliktlösung« zielt darauf ab, Truppen zu entsenden und einen Konflikt schnell zu beenden. Zivile Elemente zum Aufbau in Krisenregionen oder der Umgang mit der lokalen Bevölkerung fehlen weitgehend.[13]

Beispiele für die fehlende Unparteilichkeit russischer Friedenstruppen lassen sich in praktisch allen Konfliktzonen des postsowjetischen Raumes finden. So hat zwar die russische Führung mit ihrer in der Republik Moldau stationierten 14. Russischen Armee durchgesetzt, dass an der Grenze zu Transnistrien eine Friedenstruppe aus russischen, moldauischen und transnistrischen Truppen gebildet wurde. Gleichzeitig kooperiert sie eng mit der transnistrischen Führung und übernahm neben der Funktion der Friedenssicherung auch die des Rechtsschutzes. Hinzu kommt, dass Moskau der 14. Armee den Status von Friedenstruppen verliehen hat, ohne Zustimmung der moldauischen Regierung.[14]

Während dieser Konflikt das eigene Territorium nur mittelbar berührt, betreffen die georgischen Provinzen Südossetien und Abchasien direkt russische Interessen. Neben der Sicherung der eigenen Grenze versucht Russland, enge sicherheitspolitische, wirtschaftliche und kulturelle Beziehungen zu erhalten. Bereits vor dem Georgien-Krieg 2008 lieferte Russland Waffen, leistete Wirtschaftshilfe und stellte russische Pässe für die lokale Bevölkerung aus. Mit dieser Politik ist seine Präsenz als neutraler Friedensstifter nicht zu legitimieren.

Russisches Peacekeeping in der Praxis

Selbstkritisch wird von russischer Seite darauf verwiesen, dass mit Platz 40 bei der Beteiligung an UN-Friedenstruppen und einem Anteil von nur 1,4 Prozent am Militärbudget für diese Einsätze Russland in der Weltorganisation nicht entsprechend seiner gewünschten Rolle repräsentiert ist.[15] Freilich ist es schwierig, den tatsächlichen Aufwand für Friedenseinsätze zu taxieren. Laut Berechnungen des renommierten International Institute for Strategic Studies (IISS) für 2009 nimmt sich Russlands Anteil für »kollektives Peacekeeping« mit 20 300 Dollar am gesamten Verteidigungsbudget von insgesamt 41 Milliarden Dollar ebenso bescheiden aus. Dieser Anteil soll zwar 2010 auf 375 000 Dollar steigen, kann aber nicht

---

13 Kristin Ven Brussgaard, The Future of Russian Peacekeeping, in: Carnegie Briefing 2/2007, S. 4.
14 Aleksandr Golc, Voennoe mirotrvorčestvo Rossii (militärische Friedenseinsätze), a. a. O. (Anm. 4), S. 71.
15 Russland entsendet (Stand: 12/2009) 50 Polizisten, 76 Militärbeobachter und 239 Soldaten in UN-Missionen. Vgl. United Nations Peacekeeping, Monthly Summary of Contributors of Military and Police Personnel, Dezember 2009, <http://www.un.org/en/peacekeeping/contributors/> (abgerufen am 11.6.2010).

den wirklichen Umfang russischer Friedenseinsätze widerspiegeln.[16] Mit anderen Worten: Auch in anderen Haushaltspositionen sind die tatsächlichen Kosten für Friedenseinsätze verteilt, zumal diese im Falle Russlands nicht von regulären Militäreinsätzen zu trennen sind.

Die russische Armee zu modernisieren, ist notwendig, um effektiv an internationalen Friedenseinsätzen teilnehmen zu können. Veraltete Informations- und Navigationssysteme sowie die herkömmliche strategische Aufstellung der russischen Armee (Massenmobilisierung anstelle mobiler kleiner Truppen) machten es bisher unmöglich, auf kleine begrenzte Konflikte angemessen zu reagieren. Ferner müssen die Soldaten für Friedenseinsätze ausgebildet werden. Außer den Erfahrungen im ehemaligen Jugoslawien[17] prägt insbesondere die sowjetische Armeetradition russische Friedenseinsätze und verhindert, neutrale und flexible Truppen auszubilden. Die im Herbst 2008 begonnene Militärreform ist eine direkte Reaktion auf den Georgien-Krieg, der die genannten Defizite in der Armee offenbarte. Russlands Führung hat dieser militärische Konflikt verdeutlicht, dass die Truppe für relativ kleine, begrenzte Einsätze weder technisch noch organisatorisch vorbereitet ist und dringend eine strategische und technische Neuaufstellung benötigt.[18]

Ergebnisse

Russland versucht, durch unilaterales Handeln vor allem seinen Einfluss im postsowjetischen Raum zu erhalten, ist dabei jedoch unfähig, die Rolle einer regionalen Ordnungsmacht zu übernehmen. Russlands politische Führung hat es in den vergangenen 20 Jahren nicht geschafft, glaubwürdige Instrumente für Konfliktmanagement zu entwickeln, was für die von Russland einseitig anerkannten georgischen Provinzen Südossetien und Abchasien nichts Gutes erwarten lässt. Der Unterschied zwischen russischer Peacekeeping-Theorie und -Praxis zeigt sich vor allem im reaktiven und ungeplanten Charakter russischer Einsätze im GUS-Raum, im Vermischen humanitärer und sicherheitspolitischer Interessen sowie in der fehlenden internationalen Peacekeeping-Tradition.[19]

Russische Interventionen in den Nachbarstaaten im Rahmen von so genannten GUS-Friedenseinsätzen dienten offiziell bislang dazu, Konflikte einzudämmen, sollten aber vor allem die russische Militärpräsenz in der Region legitimieren. Damit versucht Russland auch zu verhindern, dass das durch den Untergang der Sowjetunion entstandene Machtvakuum durch andere Mächte, vor allem den USA, gefüllt wird. Russlands Friedenseinsätze in Konflikten im postsowjetischen Raum sollten weniger im Zusammenhang mit globalen Herausforderungen im Umgang mit fragilen Staaten betrachtet werden, sondern vielmehr als Reaktion auf den traumatischen Zerfall der Sowjetunion.

---

16 International Institute for Strategic Studies (Hrsg.), Miliary Balance 2010, a. a. O. (Anm. 2), S. 219.
17 Zwischen 1992 und 2003 entsandte Russland nach Bosnien vor allem im Rahmen der IFOR 1600 Soldaten sowie seit 1999 unter dem Kommando der KFOR 3600 Friedenstruppen in den Kosovo.
18 Vgl. zur Armeereform: Dale Herspring und Roger McDermott, Medvedev Overplays the »Military Card« in Trying to Impress Obama, in: Johnson's Russia List (JRL), 29.3.2009.
19 Vgl. John Mackinlay (Hrsg.), Regional Peacekeepers: The Paradox of Russian Peacekeepers, United Nations University Press, Tokio 2003, S. 205.

USA: Mission noch nicht erfüllt

Josef Braml

Die Stabilisierung prekärer und zerfallender Staaten wird spätestens seit den Anschlägen vom 11. September 2001 in den USA parteiübergreifend als nationale Sicherheitsaufgabe angesehen. Um den neuen Gefahren zu begegnen und die dabei entstehenden Kosten auf mehrere Schultern zu verteilen, werden insbesondere die Aufgaben des Peacekeeping bzw. Peacebuilding vor allem auch im Rahmen der NATO befürwortet. Diese Entwicklung reflektiert ein Umdenken der westlichen Führungsmacht. Wollte sie zunächst – in der ersten Amtszeit der Regierung von George W. Bush – noch im Alleingang Demokratie nötigenfalls mit militärischen Mitteln weltweit etablieren, so ist mittlerweile die ursprünglich idealistische Euphorie realistischeren Erwägungen gewichen. Denn die so genannten Demokratisierungsbemühungen hatten von Beginn an mit einem Glaubwürdigkeitsproblem zu kämpfen – international, vor allem in der muslimischen Welt, aber auch in den USA selbst. Angesichts der hohen Kosten und der rapide schwindenden Unterstützung für Auslandseinsätze in der US-Bevölkerung und im Kongress versuchen die USA unter der Führung von Präsident Barack Obama nicht mehr ganze Regionen zu transformieren (Stichwort: Broader Middle East), sondern nur noch einzelne Länder zu stabilisieren, etwa Afghanistan – um Schlimmeres, den Zerfall der Nuklearmacht Pakistan, zu verhindern.

Traditionelle außenpolitische Grundorientierung

Barack Obamas außenpolitische Grundorientierung steht in einer längerfristigen Tradition amerikanischer Außenpolitik. Zwar argumentieren an den beiden Rändern des politischen Spektrums bestimmte Gruppen von Republikanern und Demokraten – aus unterschiedlichen Gründen – gegen das internationale Engagement der USA: Die einen, libertär gesinnte Republikaner, sind besorgt um die »innere kapitalistische Ordnung« und das wachsende Haushaltsdefizit und stellen sich gegen kostspieliges militärisches Engagement. Die anderen, traditionelle, den Gewerkschaften nahe Demokraten, verteidigen die »sozialen Interessen Amerikas« und befürchten, dass Mittel für internationale bzw. militärische Zwecke verbraucht werden und somit für innere soziale Belange fehlen. Aber den außenpolitischen Mainstream einigt ein liberal-hegemoniales Weltbild, wonach die USA die Welt nach ihren Wertvorstellungen und Interessen ordnen.

Dabei gibt es hin und wieder unterschiedliche Auffassungen darüber, wie das nationale Interesse der USA definiert und wie amerikanische Weltordnungsvorstellungen umgesetzt werden sollen. Als der neokonservativ inspirierte unilaterale Alleingang, vor allem der Waffengang im Irak, die Grenzen amerikanischer Militärmacht verdeutlichte, haben spätestens seit der zweiten Amtszeit George W. Bushs wieder multilateralere Stimmen den Ton angegeben. Während Bushs erste Amtszeit noch unter dem Mantra »unilateral soweit möglich, multilateral wenn nötig« stand, kündigte die Regierung Obama eine umgekehrte Handlungslogik an: »Wir handeln in Partnerschaft, wo wir können, und im Alleingang nur, wenn wir müssen.« Die US-Regierung befürchtet also nicht mehr, dass internationale Bündnisse und Organisationen die Macht der Vereinigten Staaten verringern. Im Gegenteil: »Wir glauben«, so US-Vizepräsident Joseph Biden, »sie helfen, unsere kollektive Sicherheit, unsere gemeinsamen Wirtschaftsinteressen und Werte zu stärken«.[1] Biden machte gleich zu Beginn seiner Amtszeit bei der Münchner Sicherheitskonferenz unmissverständlich deutlich, dass auch die transatlantische Allianz gefordert sein werde, neue Bedrohungen zu erkennen und ihnen mit politischer Entschlossenheit effektiv und kosteneffizient – bestenfalls in Kooperation mit Gleichgesinnten und -interessierten – zu begegnen.

Neue Bedrohungswahrnehmung

Obschon die Auseinandersetzungen zwischen Russland und Georgien im Sommer 2008 sowie der Wettstreit um knapper werdende Energierohstoffe die traditionellen Sicherheitsbedrohungen wieder ins Zentrum der Aufmerksamkeit gerückt haben, geht es in der vorherrschenden Meinung der USA heute weniger darum, zwischenstaatliche Angriffskriege zu verhindern. Nach den Anschlägen vom 11. September 2001 setzte sich in der amerikanischen Diskussion vielmehr die Einsicht durch, dass asymmetrische Bedrohungen durch nichtstaatliche Akteure, insbesondere die Gefahren, die von prekären Staaten ausgehen, das vitale Sicherheitsinteresse der USA berühren. Pragmatische Realisten – die traditionell einem engen Sicherheitsbegriff verhaftet sind und aus Sorge um die »nationale Verteidigungsbereitschaft« und »Überdehnung« internationalen Einsätzen zum Zwecke des Nationbuilding skeptisch gegenüberstehen – sind sich nunmehr mit neokonservativen und liberalen Internationalisten einig: »Failing states matter« – prekäre und zerfallende Staaten bergen auch für die USA ein nationales Sicherheitsrisiko. »America is now threatened less by conquering states than we are by failing ones«, erklärte auch Präsident Bush seinen Landsleuten die veränderte Unsicherheitslage seit dem Ende des Kalten Krieges.[2] Ebenso machte sein Nachfolger Obama gleich im Vorwort seiner Nationalen Sicherheitsstrategie deutlich, dass Amerika seit fast zehn Jahren »Krieg gegen ein umfassendes Netzwerk der Gewalt und des Hasses« führe und nach dem Abzug amerikanischer Truppen aus dem Irak sich verstärkt »im Rahmen umfassender, multinationaler Bestrebungen« auf Afghanistan konzentriere.[3]

Bruce Riedel, der vom Nationalen Sicherheitsberater James Jones mit der Ausarbeitung einer umfassenden Strategie für Afghanistan und Pakistan beauftragte ehemalige Sicherheitsberater des CIA, verdeutlichte bereits im Oktober 2008 sein Schreckensszenario, nämlich die Möglichkeit, dass islamische Radikale nach Afghanistan zum Verfall eines weiteren Staates beitragen: »Ein gescheiterter Staat

---

1 Joseph Biden, Rede bei der 45. Münchner Sicherheitskonferenz vom 7.2.2009. Englische Zitate wurden vom Autor übersetzt, wenn nicht anders angegeben.
2 George W. Bush, National Security Strategy of the United States of America, Washington, DC, September 2002, S. 1.
3 Barack Obama, Vorwort des US-Präsidenten zur Nationalen Sicherheitsstrategie der Vereinigten Staaten, Washington, DC, 27.5.2010.

in Pakistan ist der schlimmste Alptraum, den sich Amerika im 21. Jahrhundert vorstellen kann.«[4] Nunmehr gelte es also, neuen grenzüberschreitenden Bedrohungen zu begegnen, die von der porösen inneren Struktur prekärer und zerfallender Staaten ausgehen. Das Souveränitätsrecht eines Staates soll demnach an die »Verantwortung zum Schutz« (responsibility to protect) der eigenen Bevölkerung vor schweren Menschenrechtsverletzungen und an die Bedingung geknüpft werden, dass vom eigenen Territorium keine Bedrohung für andere Länder ausgeht.

Legitimation von Interventionen

Die »bedingte Souveränität« bedeutet für die internationale Staatengemeinschaft ein Recht zu intervenieren, wenn ein Staat seine Sicherheitsverantwortung nicht erfüllt. Im Grundsatz akzeptierte die Weltgemeinschaft bereits dieses grundlegende Prinzip, das es aber noch zu konkretisieren gilt. Dabei geht es insbesondere um die Frage, ob ausschließlich der Sicherheitsrat der Vereinten Nationen (UN) zu einem derartigen Eingriff in die inneren Angelegenheiten anderer Staaten legitimiert sein soll. Amerikanische Sicherheitsexperten weisen darauf hin, dass der UN-Sicherheitsrat seinen Aufgaben wiederholt (wie in Ruanda, im Kosovo oder in der westsudanesischen Provinz Darfur) nicht gerecht geworden sei.[5] Nach diesen Erfahrungen sollten westliche Demokratien notfalls auch ohne Billigung der UN zusammenarbeiten.[6] Den Präzedenzfall bildet aus amerikanischer Sicht der Kosovo-Krieg, namentlich die »humanitäre Intervention« der NATO im Frühjahr 1999 in Jugoslawien gegen das Regime von Slobodan Milošević, nachdem eine russische Vetodrohung im UN-Sicherheitsrat ein Mandat für militärische Interventionen verhindert hatte.

Nach Einschätzung des partei- und verschiedene Denkschulen übergreifenden Princeton Project on National Security könnte im Falle der Unreformierbarkeit der UN mit dem »Konzert der Demokratien« ein »alternatives Forum für die Bewilligung des Einsatzes militärischer Gewalt« gebildet werden. Gemäß den Empfehlungen der Expertengruppe, die von Anne-Marie Slaughter, einer außenpolitischen Wahlkampfberaterin von Obama und nunmehr Leiterin des Planungsstabs im Außenministerium, koordiniert wurde, wäre das neue multilaterale Forum insbesondere dann nötig, »wenn ein Veto im UN-Sicherheitsrat die freien Nationen davon abhält, prinzipientreu nach den Zielen der UN-Charta zu handeln«.[7]

Ebenso forderte Will Marshall, Chef des den Demokraten nahe stehenden Think-Tanks Democratic Leadership Council (DLC), in seinem Memo an Präsident Obama, dass er die NATO von einem nordamerikanisch-europäischen Pakt in eine »globale Allianz freier Nationen« umwandeln solle. Demokratien

---

4   Bruce Riedel zitiert in: James Kitfield, »Af-Pak« Presents a Daunting Challenge, in: National Journal, 21.2.2009.

5   Siehe zum Beispiel Charles Hill, How to Save the United Nations (If We Really Have To), in: Hoover Digest (Winter 2005) 1.

6   Dafür plädieren etwa Ivo Daalder und James Lindsay, An Alliance of Democracies: Our Way or the Highway, in: Financial Times, 6.11.2004. Siehe auch Richard Haass, The Case for »Integration«, in: National Interest, Herbst 2005, S. 22–29, hier S. 26.

7   G. John Ikenberry und Anne-Marie Slaughter, Forging a World of Liberty Under Law (The Princeton Project Papers), Princeton University, September 2006, S. 7, 23–26, 61.

wie Japan, Australien und Indien in die NATO einzubinden, würde nicht nur die Legitimität globaler Einsätze, sondern auch die dafür notwendigen personellen und finanziellen Ressourcen des Bündnisses erhöhen.[8]

Instrument: Globale NATO

Die »großartigste Allianz, die je gebildet wurde, um unsere gemeinsame Sicherheit zu verteidigen« – wie US-Präsidentschaftskandidat Barack Obama die NATO an der Siegessäule in Berlin pries – sollte sich an die neuen geopolitischen Rahmenbedingungen und die strategischen Herausforderungen des 21. Jahrhunderts anpassen.[9] In seiner Berliner Rede stellte Barack Obama die rhetorische Frage, ob es denn nicht auch gelingen könnte, »eine neue und globale Partnerschaft zu etablieren«, um den Terrornetzwerken den Garaus zu machen. Obama wies dabei auf die transatlantische Beziehung hin, machte aber auch deutlich, dass sich Amerika und Europa nicht von der Welt abwenden sollten, um der »Last globaler Staatsangehörigkeit« und Verantwortung zu entgehen. »Ein Wechsel der politischen Führung in Washington wird diese Last nicht beseitigen«, warnte er. Es sei nunmehr an der Zeit, »neue, global übergreifende Brücken« zu bauen, die genauso stark sein sollten wie die transatlantische Verbindung, um die größer werdenden Belastungen zu tragen.[10]

Mit seinen Ausführungen im Wahlkampf unterschied sich Senator Obama nicht wesentlich von den außenpolitischen Vorstellungen seines Herausforderers John McCain. Der Präsidentschaftsbewerber der Republikaner und heutige außenpolitische Wortführer im Kongress, Senator McCain, favorisierte zwar freimütiger eine so genannte League of Democracies. Der neue »weltweite Bund von Demokratien« sollte das Kernelement einer freiheitlichen und friedlichen Weltordnung bilden und »dort handeln, wo die UN versagen«, menschliches Leid zu verhindern.[11] Doch diese in ihren Grundzügen von der Clinton-Regierung inspirierte Idee wird auch schon seit längerem von Demokraten und insbesondere auch von Barack Obama nahe stehenden Experten in Think-Tanks befürwortet.

Eine »Allianz der Demokratien«, die es in den Augen einiger Befürworter bereits in Form der »globalen NATO« gibt, könnte mit den Vereinten Nationen konkurrieren oder als Alternative bereitstehen, wenn es künftig darum geht, Effizienz, Legitimation und damit auch Lastenteilung zu verbinden. Ein solches Bündnis genuin demokratischer Staaten würde von der amerikanischen Bevölkerung unterstützt und böte auch den Europäern »größere Mitwirkungschancen«, urteilten zum Beispiel schon seit längerem Sicherheitsexperten renommierter Think-Tanks wie der Brookings Institution und des Council on Foreign Relations.[12] Einer der Befürworter dieser Idee, Ivo Daalder, hat in der Obama-Regierung die Aufgabe des NATO-Botschafters übernommen.

---

8 Will Marshall, Taking NATO Global. Memo to the New President (Democratic Leadership Council Memo), Washington, DC, 15.1.2009.
9 Barack Obama, Rede in Berlin (Transkript in der New York Times), 24.7.2008.
10 Ebd.
11 John McCain, Außenpolitische Grundsatzrede an der Hoover Institution, Stanford, CA, 1.5.2007.
12 Ivo Daalder und James Lindsay, An Alliance of Democracies, a.a.O. (Anm. 6).

Zusätzliche Fähigkeiten und Ressourcen

Die NATO sollte grenzüberschreitenden Bedrohungen dort begegnen, wo sie entstehen. Demnach ist es für die Allianz auch nötig, Sicherheit zu »externalisieren«, sie außerhalb des Bündnisgebiets zu gewährleisten. Das umfangreiche Aufgabenspektrum einer derart »globalisierten NATO« reicht dabei von Katastrophenhilfe, Energiesicherheit und Piratenbekämpfung über friedenserhaltende Missionen bis hin zu robusten Kampfeinsätzen.

Nachdem Präsident Bush im Mai 2003 die Hauptkampfhandlungen im Irak für beendet erklärt hatte, die Weltmacht aber danach immer mehr Gefahr lief, den Krieg im Zweistromland zu verlieren, musste seine Regierung ihre Strategie grundlegend ändern. Das Außenministerium, dessen Vorkehrungen während der militärischen Hauptkampfhandlungen des Pentagon und Weißen Hauses außen vor geblieben waren, konnte nach den Schwierigkeiten bei der Aufstandsbekämpfung besser seine Wiederaufbaupläne in die Strategie einbringen. In der Folge sollte die militärische Gewährleistung von Sicherheit mit der Stärkung staatlicher Strukturen und wirtschaftlicher Entwicklung einhergehen, um nachhaltige Stabilität zu gewährleisten. Dazu sollten auch Strukturen und Ressourcenverteilung im Regierungsapparat der USA den neuen Aufgaben angepasst werden.

Seit September 2005 beteiligen sich auch NATO-Mitglieder an der Ausbildung und Ausrüstung irakischer Polizei- und Sicherheitskräfte, im Irak selbst oder, wie die deutschen Einheiten, auf externem Gebiet.

Während vor allem US-Militärkreise bereits seit längerem grundsätzliche Zweifel artikulieren, ob das US-Militär und NATO-Truppen für derartige »hybride Missionen« überhaupt ausgebildet und ausgerüstet sind,[13] ordnete Präsident Obama auch für Afghanistan eine »strategische Überprüfung« an. Gemäß der neuen, im März 2009 bekanntgegebenen[14] und nach der Überprüfung im Dezember 2009 in seiner Rede in West Point im Kern bestätigten[15] »umfassenden«, auch Pakistan mit einbeziehenden Strategie sollen zivile und militärische Ressourcen auf solidarische Weise genutzt werden.

Aus amerikanischer Perspektive haben die Europäer die Solidarität innerhalb der NATO schon seit längerem strapaziert. Insbesondere die beschränkten militärischen Kapazitäten der meisten europäischen Bündnispartner, bedingt durch ihre niedrigen Verteidigungsbudgets und mangelnde Koordination, würden der Erosion des Bündnisses Vorschub leisten. Über kurz oder lang würde sich demnach eine Arbeitsteilung verfestigen, gemäß derer die USA und weitere

---

13 So wurden unter anderem auch die von Amerikanern geführten Provincial Reconstruction Teams (PRTs) in Afghanistan kritisiert, dass sie zu viele Militärs in ihren Reihen haben, die für die Aufgaben des Wiederaufbaus und der wirtschaftlichen Entwicklung nicht qualifiziert sind. Vgl. U.S. Department of Defense et al., Provincial Reconstruction Teams in Afghanistan – An Interagency Assessment, Washington, DC, Juni 2006.

14 Vgl. Barack Obama, Remarks by the President on a New Strategy for Afghanistan and Pakistan, Washington, DC, 27.3.2009; ausführlicher zur Strategie und ihren Teilkomponenten siehe: White Paper of the Interagency Policy Group's Report on U.S. Policy toward Afghanistan and Pakistan, Washington, DC, März 2009.

15 Vgl. Barack Obama, Remarks by the President in Address to the Nation on the Way Forward in Afghanistan and Pakistan, United States Military Academy at West Point, NY, 1.12.2009.

Staaten mit entsprechenden militärischen Fähigkeiten und politischem Willen für Kampfeinsätze zuständig sind und die anderen NATO-Bündnispartner, die meisten Europäer, für die länger andauernden Aufgaben der Stabilisierung und des Wiederaufbaus verantwortlich zeichnen.[16]

Trotz der funktionalen Ausdifferenzierung sollten jedoch im Sinne eines »burden sharing« alle Mitgliedsländer die anfallenden Lasten tragen, indem die gemeinsame Finanzierung (»common funding«) innerhalb des Bündnisses ausgeweitet oder ein anderes Verfahren entwickelt wird,[17] um die Kosten gerechter zu verteilen.[18] Nicht zuletzt aus diesem Grund sei es auch notwendig, die Abstimmungsprozeduren effizienter zu gestalten, insbesondere das Konsenserfordernis zu lockern, um bei der Entsendung schneller Krisenreaktionskräfte, der NATO Response Force, eine zügigere Entscheidungsfindung zu ermöglichen – so der ehemalige SACEUR und jetzige Berater für Nationale Sicherheit, James Jones.[19]

Verbesserte Kooperation ...

Angesichts der Schwierigkeiten, innerhalb der Allianz die nötigen Ressourcen zu mobilisieren, werden die USA weiterhin darauf drängen, dass die NATO mit kooperationswilligen und -fähigen Partnern innerhalb und außerhalb des Bündnisgebiets zusammenarbeitet.

... **mit der EU**: Um die beschränkten Fähigkeiten effizienter zu nutzen, befürworten amerikanische Sicherheitsexperten schon seit längerem, dass die europäischen Bündnispartner ihre Ressourcen koordinieren. Die Etablierung der Europäischen Rüstungsagentur ist als Schritt in die richtige Richtung begrüßt worden, unter anderem auch um die einzelstaatlichen Verteidigungshaushalte der EU-Mitglieder zu optimieren.

Selbst die Erwartungen, europäische Regierungen für den Aufbau ziviler Kapazitäten innerhalb der NATO zu gewinnen, sind gering. Die USA drängen demnach darauf, dass der NATO jene zivilen Kapazitäten zur Verfügung gestellt werden, welche die EU-Staaten ohnehin schon innerhalb der Union entwickeln.[20] Dieser pragmatische Vorschlag dreht die bisherige »Berlin-Plus«-Debatte, in der es um NATO-Ressourcen für die EU ging, ins Gegenteil und fragt danach, was insbesondere die Europäische Sicherheits- und Verteidigungspolitik (ESVP) für die NATO leisten und damit zu einer verbesserten Kooperation beitragen kann.

... **mit Russland**: Knapper werdende Ressourcen könnten auch die ehemaligen Hauptantagonisten des Kalten Krieges zu mehr Zusammenarbeit bewegen. Die Nordatlantische Allianz wird zwar rhetorisch weiterhin an ihrem Credo festhalten, wonach die Staaten des euroatlantischen Raumes frei, das heißt

---

16 Vgl. etwa Henry Kissinger, A Strategy for Afghanistan, in: Washington Post, 26.2.2009, S. A19.
17 Bislang haben nach dem Prinzip „costs lie where they fall" die truppenstellenden Nationen auch die Kosten zu tragen.
18 Dan Hamilton et al., Alliance Reborn. An Atlantic Compact for the 21st Century (The Washington NATO Project), Washington, DC, Februar 2009, S. 15, 45–48.
19 Zitiert in: David S. Yost, An Interview with General James L. Jones, USMC, Retired, Supreme Allied Commander Europe (SACEUR), 2003–2006 (Research Paper, Nato Defense College), Rom 2008.
20 James Dobbins, NATO Peacekeepers Need a Partner, in: International Herald Tribune, 30.9.2005.

ohne Vetomöglichkeit Russlands, über ihre Bündniszugehörigkeit entscheiden können. Doch ein für zentrale Anliegen wie die Stabilisierung Afghanistans und die Verhinderung der militärischen Nuklearoption des Iran notwendiges Einvernehmen mit Russland erfordert den doppelten Preis: zum einen, dass die USA die Stationierung von Komponenten des US-Raketenabwehrsystems in Polen und Tschechien bis auf Weiteres verschieben, und zum anderen, dass die USA ihre NATO-Erweiterungsagenda im Hinblick auf Georgien und die Ukraine künftig weniger intensiv verfolgen.

Das NATO-Außenministertreffen im März 2009 in Brüssel zeitigte bereits erste Anknüpfungspunkte. US-Außenministerin Hillary Clinton befürwortete mit Nachdruck die Wiederaufnahme der Zusammenarbeit mit Moskau, die nach dem Georgien-Krieg auf Drängen der Bush-Regierung auf Eis gelegt wurde. Die Außenminister der 26 NATO-Staaten beschlossen, die formellen Sitzungen des NATO-Russland-Rats wieder aufzunehmen. Das sei nach Einschätzung der US-Außenministerin eine »Plattform für Zusammenarbeit« bei Themen, die im Interesse der NATO-Staaten sind, wie etwa der Zugang zu Afghanistan.[21]

... **mit Staaten außerhalb des NATO-Gebiets:** Außenministerin Clinton will jene »Bündnisse stärken, die sich über die Zeit bewährt haben« und denkt dabei an die »NATO-Partner« – aber auch an die »Verbündeten in Asien«. Das auf »gemeinsamen Werten und Interessen« gründende Bündnis mit Japan sei weiterhin »ein Eckpfeiler amerikanischer Politik in Asien«, um Frieden und Wohlstand in der asiatisch-pazifischen Region aufrechtzuerhalten. Amerika unterhalte auch »entscheidende wirtschaftliche und sicherheitspolitische Partnerschaften« mit Südkorea und Australien. Zudem sollte die wirtschaftliche und politische Partnerschaft mit Indien, »der bevölkerungsstärksten Demokratie der Welt« und einer »Nation mit wachsendem internationalen Einfluss«, ausgebaut werden.[22] Indien leistet seit jeher einen hohen Beitrag an Blauhelmsoldaten für UN-Friedenseinsätze. Neu-Delhi hat auch die USA mit Infrastrukturaufbau und Polizeiausbildung in Afghanistan unterstützt. Im Gegenzug erhält Indien von den USA Militärhilfe, die die amerikanische Unterstützung für Pakistan übersteigt. Washington versucht, das seit den Anschlägen in Mumbai vom November 2008 besonders angespannte Verhältnis der beiden Erzrivalen – auch durch Vermittlungsbemühungen der Sicherheitsdienste – auszugleichen. Eine Entspannung zwischen Indien und Pakistan ist zentrales Ziel der USA. Nach Dafürhalten Washingtons sollte Pakistan sein Doppelspiel mit den Taliban aufgeben und seine auf eine zwischenstaatliche Auseinandersetzung mit Indien fixierten Grenztruppen lösen und im Kampf gegen den Terror, sprich gegen asymmetrische Gefahren durch nichtstaatliche Akteure, einsetzen, die den pakistanischen Staat im Inneren terrorisieren und zu zersetzen drohen.

Dass diese beiden Blöcke, der europäische und der asiatische, miteinander verbunden werden können, verdeutlichen die Blaupausen der Leiterin des Planungsstabs im US-Außenministerium Anne-Marie Slaughter. Nach ihrer Ideensammlung soll die NATO Partnerschaften mit liberalen Demokratien in

---

21 Erklärung von US-Außenministerin Hillary Clinton auf der Pressekonferenz beim Treffen der NATO-Außenminister, Brüssel, 5.3.2009.

22 Erklärung der designierten Außenministerin Hillary Clinton vor dem Auswärtigen Ausschuss des Senats, Washington, DC, 13.1.2009.

Asien festigen. Eine derart globalisierte NATO wäre eines von vielen, formellen und informellen, multilateralen Foren, die zur Schaffung einer neuen vernetzten liberalen Weltordnung beitragen.[23] Indem die NATO über ein »globales Netzwerk« wesensverwandte Länder, insbesondere Japan, Südkorea, Indien, Australien und Neuseeland, institutionell vorerst unterhalb der Mitgliedschaftsschwelle einbindet, soll die transatlantische Allianz mit »strategischen Partnern« im pazifischen Raum verknüpft werden.

Bereits heute unterhält die NATO bilaterale Kooperationsbeziehungen, diverse Ansätze, die es noch stärker zu formalisieren gilt. So werden seit 2005 bzw. 2006 geheime Informationen zwischen der Allianz und Australien und Neuseeland ausgetauscht. Beide Länder haben an der NATO-Mission in Afghanistan teilgenommen. Mit Japan und Indien pflegt die NATO strategische Dialoge. Einige der als besonders nützlich erachteten Länder – Australien, Japan und Südkorea – haben die USA bereits militärisch (im Falle von Australien) bzw. logistisch im Kampf gegen den Terrorismus unterstützt.

Ausblick: Koalition der Zahlungswilligen gesucht

Aus amerikanischer Sicht wird die entscheidende Frage bleiben, ob sich die NATO oder vielleicht auch die UN als Instrumente zur Problemlösung und Lastenteilung bewähren. Denn multilaterale Organisationen wie die UN und die NATO wurden geschaffen, um amerikanische Interessen und Weltordnungsvorstellungen durchzusetzen und die dabei anfallenden Lasten mit den Nutznießern zu teilen und Trittbrettfahrer zu verhindern. Wenn sich jedoch – wie nach dem Rückzug der Niederländer aus Afghanistan – die Wahrnehmung der Amerikaner verstärkt, in Krisengebieten wie im Irak oder in Afghanistan immer mehr auf sich allein gestellt zu sein, die Zahl gefallener US-Soldaten steigt und es zu einer weiteren Verschlechterung der wirtschaftlichen Lage in Amerika kommt, könnte in den USA – innerhalb der Elite und nicht zuletzt auch in der Bevölkerung – die Bereitschaft zu internationalem Engagement vor allem im Rahmen von Stabilisierungsmaßnahmen noch stärker schwinden.

Angesichts der Probleme nach dem Waffengang im Irak war bereits Obamas republikanischer Vorgänger Bush gezwungen, auf die abnehmende Unterstützung an der politischen Heimatfront zu reagieren. Nach seiner Überzeugung waren jedoch Rückzug und Passivität für Amerika keine Option. Vielmehr galt es mittels internationaler Zusammenarbeit die gemeinsamen Herausforderungen aktiv zu bewältigen. »We choose leadership over isolationism«, so George W. Bushs unmissverständliche Botschaft an seine Landsleute.[24]

Präsident Obama, der noch im Wahlkampf gegen Hillary Clinton und später gegen seinen republikanischen Herausforderer und uneingeschränkten Irak-Krieg-Befürworter John McCain mit der Forderung punktete, amerikanische Soldaten aus dem Irak abzuziehen, steht nunmehr vor der doppelten

---

23 G. John Ikenberry und Anne-Marie Slaughter, Forging a World of Liberty Under Law, a.a.O. (Anm. 11), S. 27–28.
24 So Präsident Bush im Vorwort der Nationalen Sicherheitsstrategie; siehe George W. Bush, National Security Strategy of the United States of America, Washington, DC, März 2006.

Herausforderung: Er muss zum einen die durch die Truppenaufstockung seines Vorgängers erreichte Stabilität im Irak aufrechterhalten[25] und zum anderen der Verschlechterung der Lage in Afghanistan begegnen, zumal er diesen Krieg – im Gegensatz zum Irak-Krieg – als »notwendig« erachtet hat, um die nationale Sicherheit der USA zu gewährleisten.[26]

Das Government Accountability Office, eine Rechnungsprüfungsbehörde der Legislative, schrieb dem neuen Oberbefehlshaber gleich zu Beginn seiner Amtszeit ins Stammbuch, dass die angespannte Haushaltslage und Kontrollpflicht des Kongresses es erfordern, die konkurrierenden Ressourcenanforderungen der Militäroperationen im Irak und in Afghanistan in der neuen Sicherheitsstrategie kosteneffektiv auszutarieren.[27] Seit den Anschlägen vom 11. September 2001 hat der Kongress der Exekutive insgesamt mehr als eine Billion Dollar im Kampf gegen den Terrorismus gebilligt. Der Löwenanteil, zwei Drittel der Kosten (748 Milliarden Dollar), beanspruchte der Irak-Krieg, während der Afghanistan-Einsatz bislang knapp ein Drittel (304 Milliarden Dollar) der Gesamtkosten ausmachte. Mit der Aufstockung der Truppenkontingente in Afghanistan auf 98 000 Soldatinnen und Soldaten und der Reduzierung im Irak auf 50 000 wird sich künftig das Aufwandsverhältnis ändern. So dürften bereits im laufenden Haushaltsjahr 2010 die Ausgaben für Afghanistan mit voraussichtlich 105 Milliarden Dollar etwa 60 Prozent, die für den Irak mit 66 Milliarden Dollar hingegen nur noch 40 Prozent betragen – eine Umkehr des Verhältnisses vom Vorjahr.[28]

Der innenpolitische und fiskalpolitische Druck in den USA im Zuge der fortwährenden Wirtschafts- und Finanzkrise wird eine kontroverse Debatte zwischen Parlament und Regierung und, daraus resultierend, auch eine transatlantische Lastenteilungsdebatte forcieren. Obamas Parteifreundin Nancy Pelosy, die Sprecherin des Abgeordnetenhauses, äußerte bereits anlässlich der Überprüfung der US-Außenpolitik in Afghanistan und Pakistan, dass die NATO-Verbündeten mehr Lasten schultern sollten.[29] Ebenso drängt der Vorsitzende des Auswärtigen Ausschusses im Senat, John Kerry, schon seit längerem darauf, dass die europäischen NATO-Alliierten »eine größere Last schultern« und »mehr Kampftruppen mit weniger Auflagen« zur Verfügung stellen.[30]

Die Wortführer der Demokraten artikulieren die Ängste und Sorgen ihrer Kolleginnen und Kollegen in der Legislative. Während federführende

---

25 Am 27.2.2009 kündigte Präsident Obama das Ende des Krieges im Irak an. Er machte aber auch deutlich, dass nach dem Rückzug der Kampfeinheiten (seit Ende August 2010) noch bis Ende 2011 etwa 50 000 Soldaten im Land bleiben sollen, um irakische Militäreinheiten für die Aufstandsbekämpfung zu trainieren.

26 »This is not a war of choice. This is a war of necessity« – so Barack Obama, Remarks by the President at the Veterans of Foreign Wars Convention, Phoenix, AZ, 17.8.2009.

27 Government Accountability Office (GAO), Iraq and Afghanistan. Availability of Forces, Equipment, and Infrastructure Should Be Considered in Developing U.S. Strategy and Plans (Nr. GAO-09-380T), Washington, DC, 12.2.2009.

28 Vgl. Amy Belasco, The Cost of Iraq, Afghanistan, and Other Global War on Terror Operations Since 9/11 (Congressional Research Service, CRS-Report Nr. RL33110), Washington, DC, 16.7.2010, S. 3.

29 Zitiert in: Edward Epstein, Pelosi Orders Classified Afghanistan Briefings for Members, in: CQ Today, 23.2.2009.

30 John Kerry, A Race Against Time in Afghanistan, in: Washington Post, 10.2.2009, S. A17.

Republikaner im Kongress die erste Truppenaufstockung in Afghanistan vom Februar 2009 einmütig unterstützten (91 Prozent), standen Obamas Parteifreunde bereits weniger geschlossen hinter ihrem Präsidenten: Ein Drittel (34 Prozent) lehnte den außenpolitischen Kurs ihres Oberbefehlshabers ab; neun Prozent der befragten demokratischen Abgeordneten und Senatoren waren unentschlossen.[31] Mit sorgenvollem Blick auf die Zwischenwahlen im November 2010 zeigten sich die Parteifreunde des Präsidenten im Kongress noch skeptischer. Im Gegensatz zu den Republikanern, die den für Juli 2011 angekündigten Abzugstermin fast einmütig (89 Prozent) gutheißen, sprechen sich mittlerweile drei Viertel (76 Prozent) der Demokraten dafür aus, dass der Präsident die Truppen schneller aus Afghanistan heimholen solle.[32]

Die Haltung der Abgeordneten und Senatoren im Lager der Demokraten repräsentiert die Einstellungen ihrer Wähler: Während Amerikaner, die sich als Republikaner identifizieren, weiterhin mehrheitlich beide Kriege, im Irak und in Afghanistan, unterstützen (mit 64 bzw. 57 Prozent), ist der Rückhalt bei den Wählern der Demokraten geschrumpft: Nur noch 29 bzw. 36 Prozent halten am Kurs ihres Präsidenten fest.[33] Damit werden auch Obamas persönliche Zustimmungsraten in Mitleidenschaft gezogen. Während nach seiner Amtsübernahme, im April 2009, noch 63 Prozent der Amerikaner seine Kriegsführung in Afghanistan gutheißen, trauten dem Präsidenten im Juli 2010 nur noch 45 Prozent zu, die Lage in Afghanistan zu handhaben.[34]

Angesichts der massiven Schwierigkeiten an der politischen Heimatfront sollte man – trotz anderslautender Durchhalteparolen der US-Kommandeure vor Ort – davon ausgehen, dass Oberbefehlshaber Obama an seinem für Juli 2011 datierten Truppenabzugstermin für Afghanistan festhalten wird. Amerika wird dann – noch rechtzeitig vor den Präsidentschaftswahlen im November 2012 – damit beginnen, peu à peu seine Soldaten, insbesondere Kampftruppen, heimzuholen und mit Nachdruck versuchen, Verantwortung, Ausbildung von Militär und Polizeikräften sowie Wiederaufbaumaßnahmen sukzessive an die Regierungen in Bagdad und Kabul, aber auch an seine Alliierten in Asien und Europa zu übertragen.

Die europäischen Verbündeten werden also weiterhin Gelegenheit haben, ihr »umfassendes«, »zivil-militärisches« Engagement unter Beweis zu stellen, sei es mit einem umfangreicheren Kontingent von Polizeiausbildern in Afghanistan, mit einem stärkeren finanziellen Engagement beim Wiederaufbau im Irak und in Afghanistan oder bei Wirtschafts- und humanitären Hilfen für Pakistan, die seit der Flutkatastrophe auch den pazifistisch orientierten Bevölkerungen in Deutschland und anderen europäischen Ländern leichter zu vermitteln sein dürften. Die bislang überwiegend mit innen-, insbesondere wirtschaftspolitischen Themen beschäftigte US-Regierung unter Obama wird sich nunmehr verstärkt an die diplomatische Arbeit machen, aus George W. Bushs viel gescholtener »Koalition der Willigen« eine Koalition der Zahlungswilligen zu schmieden.

---
31 Richard Cohen und Peter Bell, Congressional Insiders Poll, in: National Journal, 14.2.2009.
32 James A. Barnes und Peter Bell, Congressional Insiders Poll, in: National Journal, 31.7.2010.
33 Vgl. ABC News/Washington Post Poll, The Nation's Wars, Washington, DC, 16.7.2010.
34 Ebd.

Kanada vor dem Abzug

David Bosold

In der kanadischen Außenpolitik haben die Beziehungen zu den USA oberste Priorität. Der Handlungsspielraum ist beschränkt, da die sicherheitspolitische und wirtschaftliche Abhängigkeit vom Nachbarn im Süden so groß ist wie in keinem weiteren bilateralen Verhältnis der Welt. Demnach verkommt die Sicherheitspolitik oft zur Symbolpolitik und reduziert sich darauf, nach einem nationalen Alleinstellungsmerkmal zu suchen. Das Wichtigste ist das Peacekeeping. Mit seiner Außenpolitik der Werte und Menschenrechte setzt das Land auf eine Nischenpolitik, mit der es sich von den USA abgrenzen und damit an Einfluss gewinnen kann – so während der 1990er Jahre im Rahmen der »Human Security Agenda«.[1] Mit seinen Bemühungen, das Völkerrecht und die Vereinten Nationen (UN) zu stärken, versucht Kanada dazu beizutragen, dass die internationale Gemeinschaft ihrer 2005 verabschiedeten Schutzverantwortung gerecht wird. Ottawa will dafür mit gutem Beispiel vorangehen, indem es Friedenstruppen ins Feld schickt.

Nationale Identität

Der Blauhelmsoldat ist ein zentrales Element der nationalen Identität Kanadas geworden. Seit 1992 steht im Zentrum Ottawas ein Peacekeeping-Denkmal. Neben dem »Internationalen Tag der Friedenssicherungskräfte der UN«, der seit 2002 am 29. Mai jeden Jahres begangen wird, wurde durch einen Beschluss des kanadischen Unterhauses der 9. August zum nationalen Gedenktag für Blauhelme erklärt.[2] Bei jedem Einkauf grüßt von der Zehn-Dollar-Note die Friedenstaube nebst Blauhelmsoldatin. Bis heute wird Lester B. Pearson, der ehemalige Außen- und Premierminister, als »Erfinder des Peacekeeping« verehrt. Friedenseinsätze genießen hohe Wertschätzung und Zustimmung in der kanadischen Bevölkerung.

Das Bild des selbstlosen Friedensstifters hat jedoch im vergangenen Jahrzehnt einige Kratzer abbekommen. Der Blick in die jüngere Vergangenheit zeigt, dass das Verhältnis der Kanadier zu Friedenseinsätzen ambivalent geworden ist: Aus moralischer Sicht ist Handeln weiterhin erwünscht, Misstrauen herrscht jedoch hinsichtlich der eingesetzten Mittel. Die Einsätze in Somalia (UNOSOM I und II) und Ruanda (UNAMIR) haben diese Entwicklung befördert. Die ISAF-Mission ist die einzig verbleibende Mission, an der sich Kanada im Rahmen der NATO bzw. UN in nennenswerter Stärke beteiligt. Fraglich ist, inwiefern

---

1 Die unter anderem zu einem Verbot von Antipersonenminen durch die Ottawa-Konvention von 1997 führte. Ausführlicher: David Bosold und Wilfried von Bredow, Human Security: A Radical or Rhetorical Shift in Canada's Foreign Policy?, in: International Journal 61 (2006) 4, S. 829–844.

2 Als Datum für den »National Peacekeepers' Day« wurde der 9. August gewählt, da dieser im Jahr 1974 mit neun kanadischen Blauhelmopfern durch einen Flugzeugabsturz im Rahmen der UNEF-Mission der verlustreichste war.

die verlustreichen Afghanistan-Erfahrungen das künftige Engagement Kanadas prägen werden.

Entzauberung des Peacekeeping-Mythos

Der Einsatz in Somalia schockierte Anfang der 1990er Jahre die Öffentlichkeit, weil er die Vorstellung des moralisch integren kanadischen Blauhelmsoldaten zerstörte. Medienberichte hatten Anfang 1993 ans Licht gebracht, dass ein Somali bei einem Fluchtversuch entgegen der Einsatzregeln von hinten erschossen, ein anderer gefoltert wurde und rassistische sowie sexuelle Übergriffe in der Truppe in größerer Zahl stattgefunden hatten. Die »Somalia-Affäre« war das kanadische »Abu Ghraib«, obgleich die internationale Resonanz verhältnismäßig gering war. Die Bedeutung der Vorfälle für das zivil-militärische Verhältnis im Land und das Vertrauen der Bevölkerung in die Streitkräfte lässt sich an dem über 2000 Seiten umfassenden Bericht der Untersuchungskommission ablesen, die drei Jahre tätig war.[3] Im Anschluss wurden die Kommandostruktur der Auslandsmissionen verändert, die Militärpolizei ausgegliedert und die Ausbildung der Soldaten verbessert, die seitdem durch das Peace Support Training Centre ein an das Einsatzland angepasstes interkulturelles Training erhalten.

Eine weitere innenpolitische Debatte über den Sinn und Zweck von Friedensmissionen löste der Völkermord in Ruanda aus. In seinen Bestseller-Memoiren schilderte General Roméo Alain Dallaire, von 1993 bis 1994 Kommandeur der Blauhelmtruppen der UNAMIR-Mission in Ruanda, wie er bei dem Versuch scheiterte, den Genozid zu verhindern. Ergebnis der kanadischen Aufarbeitung war die 2000 von Außenminister Lloyd Axworthy eingerichtete International Commission on Intervention and State Sovereignty (ICISS), deren Konzept der Schutzverantwortung (Responsibility to Protect, kurz R2P) ist mittlerweile in zahlreichen UN-Resolutionen als hehres Interventionsprinzip hochgehalten worden:[4] Im Fall schwerster Menschenrechtsverletzungen oder eines drohenden Genozids soll eine vom UN-Sicherheitsrat sanktionierte humanitäre Intervention erfolgen – ein Prinzip, das von weiten Teilen der kanadischen Bevölkerung unterstützt wird.

Kanadier sehen in Friedensmissionen nach wie vor den wichtigsten außenpolitischen Beitrag ihres Landes. Das belegen zahlreiche Meinungsumfragen.[5] 2007 unterstützte eine Mehrheit die Beteiligung kanadischer Blauhelme an der Darfur-Mission – ganz im Sinne der R2P-Doktrin. Als die 20 000 Mann starke UN-Mission in der westsudanesischen Provinz eingesetzt wurde, entsandte die kanadische Regierung jedoch nur vier Polizisten bzw. Militärbeobachter. Dies ist angesichts der angespannten Personalkapazität wegen des Afghanistan-Einsatzes

---

[3] Dishonoured Legacy: The Lessons of the Somalia Affair. Report of the Commission of Inquiry into the Deployment of Canadian Forces to Somalia, Ottawa 1997.

[4] David Bosold, Human Security in der Praxis, in: Cornelia Ulbert und Sascha Werthes (Hrsg.), Menschliche Sicherheit: Globale Herausforderung und regionale Perspektiven, Baden-Baden 2008, S. 123–134.

[5] Vgl. The Simons Foundation, The Canada's World Poll, New York 2008, S. 31; Pollara, Public Backs Canada Playing a Lead Role in Darfur, Poll Finds, 2007, <http://www.pollara.ca/Library/News/end_darfur_violence_02.htm> (abgerufen am 29.12.2009).

nicht überraschend, deckt sich jedoch nicht mit den Präferenzen der Bevölkerung, die friedenserzwingende Auslandseinsätze ablehnt und kanadische Soldaten lieber im Sudan als in Afghanistan sähe.

Unter Experten wird seit längerem eine Debatte über den Peacekeeping-Mythos geführt.[6] Einigkeit besteht darüber, dass die Einsatzziele sämtlicher Friedensmissionen in der jüngsten Vergangenheit nicht klar definiert worden sind.[7] Zusätzlich erfolgten Missionen mit nennenswerter Truppenstärke – vor allem in Bosnien und im Kosovo – um die Bündnissolidarität und den Status in multilateralen Institutionen zu wahren.

In diesem Kontext wurden keine nationalen Kriterien für die Ziele der Mission bzw. deren Erfolg oder Misserfolg definiert. Vielmehr wurden diese von den federführenden internationalen Organisationen wie der UN bzw. NATO übernommen und lediglich operative Richtlinien vorgegeben. Unter diesen Bedingungen stellte sich der Erfolg bereits dadurch ein, dass die Truppen nach Ablauf der vorgesehenen Missionsdauer unversehrt heimkehrten. Unter der neuen konservativen Regierung und angesichts der verlustreichen Erfahrungen in Afghanistan hat sich dies gewandelt. Das wird deutlich an den neuen Prioritäten der kanadischen Sicherheitspolitik.

Neue sicherheitspolitische Orientierung

Die neue Nationale Sicherheitsstrategie 2008 nimmt bemerkenswerterweise Abstand von der traditionellen Beschränkung auf multilateral legitimierte Einsätze[8] und eröffnet sogar die Möglichkeit, dass die kanadischen Streitkräfte in Zukunft an Missionen teilnehmen, die weder von den UN noch von der NATO beschlossen worden sind.[9] Inwieweit dieser vergrößerte Handlungsspielraum tatsächlich ausgeschöpft werden kann, hängt von der Bereitschaft der jeweiligen Regierung ab, gegen die öffentliche Meinung zu handeln, die in der Vergangenheit mehrheitlich nur Missionen mit UN-Mandat befürwortete.

Der Prioritätenwechsel vom 1994er »White Paper on Defence« der liberalen Partei über das »International Policy Statement« (IPS) 2005 hin zur »Canada First Defence Strategy« (CFDS) der Konservativen 2008 ist bezeichnend:[10] Richtete

---

6 Ausführlicher: David Jefferess, Responsibility, Nostalgia, and the Mythology of Canada as a Peacekeeper, University of Toronto Quarterly, 78 (2009) 2, S. 709–727; Robert C. Thomsen und Nik Hynek, Keeping the Peace and National Unity. Canada's National and International Identity Nexus, in: International Journal, 61 (2006) 4, S. 845–858; Andrew Cohen, While Canada Slept. How We Lost Our Place in the World, Toronto 2003.

7 Kanada entsandte unter anderem ohne klare Mandate 350 Blauhelme in den Ost-Kongo (Operation Assurance, 1996), 650 nach Haiti (Operation Constable, 1997) sowie 850 nach Ost-Timor (Operation Toucan, 1999). Der Zeitraum der jeweiligen Entsendung umfasste vier bis maximal zwölf Monate.

8 Mit Ausnahme des Kosovo-Kriegs 1999 hat Kanada traditionell am Prinzip festgehalten, dass die Entsendung von Truppen durch einen Beschluss des UN-Sicherheitsrats legitimiert sein muss. So entschied sich die kanadische Regierung 2003 mangels UN-Resolution, keine Truppen in den Irak zu schicken.

9 Vgl. Department of National Defence (DND), Canada First Defence Strategy, Ottawa 2008, S. 9.

10 DND, White Paper on Defence. Ottawa 1994; Government of Canada, Canada's International Policy Statement. A Role of Pride and Influence in the World – Defence, Ottawa 2005; DND, Canada First Defence Strategy, Ottawa 2008.

die IPS von 2005 noch das Hauptaugenmerk auf prekäre Staatlichkeit und langfristige Stabilisierung fernab der eigenen Grenzen, so zielt die CFDS primär auf die territoriale Sicherheit Kanadas einschließlich der arktischen Gewässer und die Sicherheit Nordamerikas in Zusammenarbeit mit den USA. Nicht von ungefähr lautet die Strategie »Canada First«. Neben der Interoperabilität mit den amerikanischen Streitkräften steht insbesondere die Luftraumüberwachung im Rahmen von NORAD (North American Aerospace Defence Command) im Vordergrund.[11]

Zwar gehört die Fähigkeit zur Leitung einer Stabilisierungsmission über einen »längeren Zeitraum« – wie in Afghanistan – ebenso zum Anforderungsprofil. Doch der Hinweis auf kurzfristige (!) Stabilisierungsmissionen außerhalb des Kontinents zeigt, dass weitere teure, materialintensive und potenziell verlustreiche Statebuilding-Missionen à la Afghanistan in näherer Zukunft unwahrscheinlicher werden. Um die Kosten und Reibungsverluste zu begrenzen, wird nunmehr ein so genannter Whole-of-Government-Ansatz verfolgt.

Politikkoordination

Die Forderung nach mehr Koordination zwischen den Ministerien geht zurück bis in die 1970er Jahre, als das Interdepartmental Committee on External Relations (ICER) die Kohärenz und Effektivität der Außenpolitik erhöhen sollte. Der als Neuheit proklamierte integrierte »3D«-Ansatz aus Verteidigung, Diplomatie und Entwicklung (Defence, Diplomacy und Development)[12] ist daher weniger innovativ als es scheint.

Neben diesen drei Ministerien – Department of National Defence (DND), Department of Foreign Affairs and International Trade (DFAIT) und Canadian International Development Agency (CIDA) –, die über einen Großteil des operativen Budgets verfügen, spielen seit den 1970er Jahren das Prime Minister's Office (PMO) und das Privy Council Office (PCO) eine immer größere Rolle in der kanadischen Außenpolitik. Im Gegensatz zum deutschen Kanzleramt – als dem Ministerium des Regierungschefs – greift der kanadische Premierminister auf ein von seinen Beratern besetztes Büro, das PMO, sowie auf ein bis auf den von ihm berufenen Leiter (Clerk of the PCO) von Beamten besetztes PCO zurück.

Da die Außenpolitik in den letzten zwei Jahrzehnten immer stärker durch Gipfeldiplomatie gekennzeichnet gewesen ist – G8-, G20-, UN- und NATO-Gipfel – und die kanadischen Sherpas im PMO angesiedelt sind, hat das Außenministerium bei der Entwicklung der strategischen Ausrichtung des Landes an Einfluss verloren. Seit den 1990er Jahren hat sich diese Entwicklung zusätzlich durch die Erweiterung des vormaligen Department of External Affairs (DEA) zum Department of Foreign Affairs and International Trade (DFAIT) verschärft, da sich der Fokus innerhalb des Ministeriums von der klassischen Diplomatie hin zu Fragen der Handelspolitik verschoben hat.

---

11 Vgl. Wilfried von Bredow, The Revolution in Military Affairs and the Dilemma of the Canadian Armed Forces, in: Nik Hynek und David Bosold (Hrsg.), Canada's Foreign and Security Policy: Soft and Hard Strategies of a Middle Power, Toronto 2009, S. 172.

12 Das in der IPS vorgestellte »3D«-Konzept wurde von der Regierung Harper als Whole-of-Government-Ansatz de facto übernommen.

Ebenso verdeutlichen die Haushaltszuweisungen den Bedeutungsverlust des Ministeriums für Außen- und Handelspolitik. Insbesondere unter der amtierenden Regierung Stephen Harpers hat das Budget des Verteidigungsministeriums (DND) auf Kosten von DFAIT und CIDA merklich zugenommen (siehe Tabelle 1). Dabei ist hervorzuheben, dass der Afghanistan-Einsatz – abgesehen von neuem Material wie den Chinook-Helikoptern – nicht aus dem Haushalt des DND bestritten wird. Zwar sind die genauen Zahlen nicht verfügbar, sicher ist jedoch, dass der Großteil der operativen Kosten für die Zeit von 2002 bis 2011 von über sieben Milliarden kanadischen Dollar nicht aus dem Verteidigungshaushalt stammt.[13]

Tabelle 1: Budgets der Fachministerien, 1993 bis 2009 (in Milliarden Can-$)[14]

Fiskaljahr	DND (Defence)	DFAIT (Foreign Affairs & Trade)	CIDA (Development)	Staatsausgaben gesamt
1993/94	12,003	1,421	2,020	157,9
1994/95	11,774	1,515	2,167	160,8
1995/96	11,374	1,301	1,837	158,9
1996/97	10,573	1,271	1,858	152,8
1997/98	10,187	1,419	1,818	149,7
1998/99	10,256	1,453	1,870	152,8
1999/00	11,522	1,588	1,873	153,0
2000/01	11,470	1,555	2,149	162,6
2001/02	12,244	1,860	2,094	164,7
2002/03	12,861	1,684	2,321	170,9
2003/04	13,656	1,541 (FAC) 0,169 (ITCan)*	2,573	177,1
2004/05	14,389	1,621 (FAC) 0,194 (ITCan)*	3,255	210,5
2005/06	15,097	1,728 (FAC) 0,330 (ITCan)*	3,073	209,0
2006/07	16,174	2,190	3,043	222,2
2007/08	17,973	2,206	3,254	232,8
2008/09	19,185	3,194**	3,591	238,8

* Von Ende 2003 bis Anfang 2006 wurde DFAIT in zwei Ministerien geteilt: Foreign Affairs Canada (FAC) und International Trade Canada (ITCan). Die Struktur wurde unter Premierminister Harper rückgängig gemacht.

** Der Anstieg des Budgets ist zu über 80 Prozent auf die Erhöhung der Mittel für die Exportförderung durch Export Development Canada zurückzuführen.

---

13 Vgl. David Perry, Canada's Seven Billion Dollar War, in: International Journal 63 (2008) 3, S. 703–728.
14 Die Zahlen für DND, CIDA und DFAIT sind den Jahresberichten der Ministerien (Performance Reports) entnommen: <http://www.tbs-sct.gc.ca/reports-rapports/cp-rc/index-eng.asp> (abgerufen am 3.1.2010).

Die aus sechs Kernzielen bestehende und mit so genannten »benchmarks« versehene Afghanistan-Strategie soll gewährleisten, dass die Ministerien reibungslos zusammenarbeiten:[15] CIDA konzentriert sich auf die Bereiche der wirtschaftlichen Entwicklung, der Ausbildung von Regierungsbeamten und der medizinischen Versorgung. DFAIT übernimmt Querschnitts- und Koordinationsaufgaben, insbesondere die Polizeiausbildung durch die ihr unterstellten Kräfte der Royal Canadian Mounted Police (RCMP). Das Kontingent des DND ist wie die Streitkräfte anderer NATO-Staaten für die Stabilisierung der Sicherheitslage zuständig. Als Klammer soll das PRT in Khandahar dienen.

Obschon die Anstrengungen der kanadischen Regierung, die Aktivitäten der Ministerien in Afghanistan zu koordinieren, seit dem Bericht der Manley-Kommission[16] zugenommen haben, können die gemeinsam erstellten Quartalsberichte der Kabinettskommission und die Performance Reports der Ministerien nicht darüber hinwegtäuschen, dass der Whole-of-Government-Ansatz nur teilweise funktioniert. Dies liegt an den unterschiedlichen Kulturen in den Ministerien in Ottawa und an der Art und Weise, wie Mittel vor Ort durch das jeweilige Ministerium vergeben werden. Während den kanadischen Streitkräften Mittel zur Verfügung stehen, um kleinere Projekte wie die lokale Müllentsorgung oder den Wiederaufbau einer Polizeistation unmittelbar zu realisieren, erfolgt die Vergabe von DFAIT-Projektmitteln an Nichtregierungsorganisationen durch den Global Peace and Security Fund im Rahmen von Ausschreibungen. Gleichzeitig vergibt CIDA den Großteil seines Budgets an multilaterale Geberinstitutionen wie das Welternährungsprogramm.[17] Die erhöhte Transparenz bewirkt indes, dass die Ministerien mehr neben- als miteinander arbeiten und insgesamt weniger erreicht werden kann. Mangelnde Effektivität hat wiederum zur Folge, dass die Legitimation abnimmt: Bleibt Erfolg über längere Zeit aus, sinkt auch an der politischen Heimatfront die Unterstützung für die Einsätze.

Legitimationsdruck

Bis in die 1990er Jahre stellte sich die Frage nicht, ob Kanada an einer Friedensmission teilnehmen sollte, sondern mit wie vielen Soldaten.[18] Die Missionen waren, sofern sie überhaupt in der Bevölkerung wahrgenommen wurden, populär – nicht zuletzt, weil sie ohne Verluste beendet werden konnten.[19] Durch die oftmals vorschnelle Entsendung von Friedenstruppen in den 1990er Jahren, die hohen Opferzahlen und den ausbleibenden Erfolg der jüngs-

---

15 Government of Canada, Setting a Course to 2011. Report to Parliament, Ottawa 2008.
16 Die vom ehemaligen Außenminister John Manley geleitete Kommission, das »Independent Panel on Canada's Future Role in Afghanistan« hat in ihrem im Januar 2008 vorgelegten Abschlussbericht der Regierung Harper unter anderem empfohlen, die Regierungsaktivitäten besser zu koordinieren.
17 Janice Stein und Eugene Lang, The Unexpected War. Canada in Kandahar, Toronto 2007, S. 273–280; DFAIT und CIDA Performance Reports 2008 und 2009.
18 Bis Anfang der 1990er Jahre stellte Kanada im Durchschnitt 10% aller Blauhelme in UN-Missionen und war bis Mitte der 1990er Jahre an allen Friedensmissionen beteiligt gewesen; vgl. Cohen, While Canada Slept, a. a. O. (Anm. 6), S. 29, 63.
19 Kanada entsandte in den vergangenen 15 Jahren in mindestens 20 Fällen nicht mehr als 50 Blauhelme, so dass die Missionen zumeist weder in der Öffentlichkeit noch im Parlament thematisiert wurden. Vgl.

ten Mission in Afghanistan ist für die Regierung mittlerweile der Druck größer geworden, sich gegenüber der Öffentlichkeit – und damit auch gegenüber deren unmittelbaren Repräsentanten im Unterhaus – für die Entsendung von Truppen zu rechtfertigen.

Verfassungsrechtlich unterliegen Einsätze mit Ausnahme der formellen Kriegserklärung zwar nicht dem Parlamentsvorbehalt.[20] Es hat sich jedoch in der vergangenen Dekade eingebürgert, dass die Regierung in einer Debatte Stellungnahmen der Parlamentarier einholt und deren Fragen zu geplanten Einsätzen beantwortet (so genannte »take-note debates«).[21] Dies ist aus Regierungssicht eine Konzession an das Unterhaus, da im Fall kriegerischer Auseinandersetzungen, die nicht durch ein UN-Mandat gedeckt sind – so etwa im Fall des Kosovo-Einsatzes oder der Entsendung der Spezialkräfte JTF-2 nach Afghanistan vor 2002 –, die alleinige Verantwortung für die Entsendung bei der Regierung liegt.[22]

Demnach war die 2007 eingerichtete überparteiliche Afghanistan-Kommission unter dem ehemaligen Außenminister John Manley ein Novum – mit ungewissem Ausgang für die künftige politische Praxis. Die kanadische (Minderheiten-)Regierung beschloss in jenem Jahr, die erneute Verlängerung des Afghanistan-Mandats von 2009–2011 an einen Parlamentsbeschluss zu knüpfen.[23] Dieser erfolgte im Frühjahr 2008 mit 198:77 Stimmen und führte zur Festlegung des Abzugstermins im Jahr 2011 sowie der Einrichtung eines Afghanistan-Sonderausschusses im Parlament und einer Afghanistan-Kabinettskommission, die den bereits begonnenen Ansatz der interministeriellen Zusammenarbeit intensivieren soll.[24] Damit wurde die Rolle des Parlaments aufgewertet, der politische Entscheidungsprozess aber nicht wirklich reformiert.

Ausblick: Weniger Idealismus, mehr Realismus

ISAF ist die einzig signifikante Friedensmission der Kanadier in den letzten fünf Jahren. Anhand einer bislang wenig erfolgreichen Mission Aussagen über Kanadas Fähigkeiten und zukünftige Politik der Friedenseinsätze zu machen, ist schwierig. Doch die Umfragewerte für den ISAF-Einsatz, der den Kanadiern mit 138 Toten bis Ende 2009 den proportional höchsten Blutzoll abverlangt hat, geben auch in Ottawa Anlass zur Sorge. Zwar sind die Zustimmungsraten von über 40 Prozent immer noch höher als in Deutschland. Dennoch überwiegen seit etwa einem Jahr die Stimmen, die den Abzug fordern.[25]

Department of National Defence (DND), 2010. Past Operations, <http://www.comfec-cefcom.forces.gc.ca/pa-ap/ops/pastops-eng.asp> (abgerufen am 3.1.2010).

20 Marcel de Haas und Martijn Beerthuizen, Financing of Peacekeeping Operations. A Benchmark Study. Den Haag 2008, S. 12–14.

21 Michael Dewing und Corinne McDonald, International Deployment of Canadian Forces: Parliament's Role. Ottawa: Parliamentary Information and Research Service 2006.

22 Ebd., Annex 1.

23 Independent Panel on Canada's Future Role in Afghanistan, Final Report, Ottawa 2010, S. 8, 30.

24 House of Commons, Government Motion on Afghanistan, 13.3.2008, <http://www.cbc.ca/news/background/afghanistan/revised-motion-afghanistan.html> (abgerufen am 28.12.2009).

25 Vgl. die regelmäßig erhobenen Umfragedaten von Angus Reid zu Afghanistan in Kanada, unter: <http://www.angus-reid.com/issue/C57/> (abgerufen am 28.12.2009).

Hauptgrund hierfür ist die Neubewertung des Charakters der Afghanistan-Mission, die von der Mehrzahl der Kanadier seit 2007 – im Gegensatz zu den Vorjahren – als Krieg und nicht mehr als Stabilisierungseinsatz angesehen wird. Zum Vergleich: Im Jahr 2004 hatten noch 77 Prozent der Kanadier den ISAF-Einsatz unterstützt.[26]

In dem Maße, wie Friedenseinsätze künftig immer mehr Kampftruppen und Menschenleben fordern, wird ebenso wie in anderen Ländern des westlichen Bündnisses auch an der innenpolitischen Heimatfront in Kanada die Unterstützung für das internationale Engagement sinken, zumal derartige Kampfeinsätze nicht mehr dem Selbstbild des Frieden stiftenden Kanadiers entsprechen. Des Weiteren deutet die außenpolitische Neuausrichtung in der Nationalen Sicherheitsstrategie, der »Canada First«-Ansatz, darauf hin, dass Kanada sich bei Friedenseinsätzen künftig stärker zurückhalten wird und, ebenso wie sein großer Nachbar im Süden, eine eher »realistische« Außenpolitik verfolgen dürfte.

---

26 Vgl. ebd.

Chinas harmonische Nichtinterventionspolitik

Heinrich Kreft

Seit Hu Jintao als Generalsekretär der Kommunistischen Partei und Staatspräsident die Geschicke Chinas leitet, wird »Kooperation« großgeschrieben. Mit dem Slogan »friedliche Entwicklung« sollte den Nachbarn und nicht zuletzt auch den USA signalisiert werden, dass China seinen Wiederaufstieg mit friedlichen Mitteln zu erreichen sucht.[1] 2005 begann Hu, den Aufbau einer »harmonischen Welt« als außenpolitische Maxime zu fordern. Damit übertrug er sein innenpolitisches Konzept der »harmonischen Gesellschaft« auf die internationale Ebene.[2] In einer harmonischen Welt, so die Vorstellung, sollten Staaten die Souveränität anderer Staaten respektieren – sprich sich nicht in deren innere Angelegenheiten einmischen –, die Unterschiede (hinsichtlich Werten und politischen Systemen) tolerieren und schließlich durch faire Verteilung von (Energie-)Ressourcen jedem Staat die Möglichkeit geben, sich wirtschaftlich zu entwickeln.[3]

Perspektiven chinesischer Außen- und Sicherheitspolitik

Chinas Außen- und Sicherheitspolitik basiert auf zwei Grundüberlegungen. Erstens glaubt die Führung trotz einiger widersprüchlicher Einschätzungen, dass das Sicherheitsumfeld günstig ist und dass sich in den nächsten 15 bis 20 Jahren strategische Gestaltungsspielräume auftun werden, die es erlauben, mit kluger Diplomatie die militärische, wirtschaftliche, soziale und politische Entwicklung des Landes voranzutreiben.[4] Zweitens sind die chinesischen Eliten davon überzeugt, dass der Erfolg des Landes eng mit der internationalen Gemeinschaft verknüpft ist. Mit der Globalisierung sei die Bedeutung Chinas für die Weltwirtschaft gestiegen – um den Preis, sich stärker in die internationalen Wirtschaftsbeziehungen einbinden zu müssen.

Dabei verfolgt chinesische Außenpolitik drei interdependente Prioritäten: Erstens ist es im nationalen Kerninteresse Chinas, seine Souveränität und territoriale Integrität zu bewahren, indem die Wiedervereinigung mit Taiwan betrieben,[5] chinesisches Territorium (einschließlich maritimer Territorialansprüche) gesichert und auch die politischen und wirtschaftlichen Angelegenheiten vor externer

---

1 Zheng Bijian, China's Peaceful Rise: Speeches of Zheng Bijian, Brookings Institution, Washington, DC, 2005; Travis Tanner, Shulong Chu und Xiao Ren, China's Peaceful Development Doctrine. Views from China, NBR Project Report, Oktober 2009.

2 Ausführlicher dazu siehe Oliver Bräuner, Gudrun Wacker und Zhou Jiajing, Die »Harmonische Welt« und Chinas Rolle im internationalen System. Aus chinesischen Fachzeitschriften der Jahre 2006–2008. SWP-Zeitschriftenschau Nr. 2, Berlin, Oktober 2008.

3 Vgl. Bonnie Glaser, Ensuring the »Go Abroad« Policy Serves China's Domestic Priorities, in: China Brief, The Jamestown Foundation, Bd. 7, Nr. 5, 8.3.2007.

4 Vgl. Lowell Dittmer und Samuel S. Kim (Hrsg.), China's Quest for National Identity, Ithaca, NY, 1993.

5 Um die Unabhängigkeit der Insel zu verhindern und die Wiedervereinigung zu erreichen, soll Taiwans internationaler Manövrierraum eingegrenzt werden.

Einmischung geschützt werden.[6] Neben neuen, transnationalen Gefahren wie Terrorismus sowie Umwelt- und Gesundheitsrisiken, die die Beziehungen mit den Nachbarstaaten verkomplizieren könnten, sollen insbesondere Probleme an den Landesgrenzen – zu Russland, Ost-, Südost- und Süd- sowie Zentralasien – minimiert werden, damit darauf keine Energie – im doppelten Wortsinn – verschwendet wird und die Ressourcen für Reformen und wirtschaftliche Entwicklung eingesetzt werden können.

Zweitens ist insbesondere seit der Reformära Ende der 1970er Jahre die für den politischen Machterhalt der Kommunistischen Partei als wichtig erachtete[7] wirtschaftliche Entwicklung zum überragenden außenpolitischen Ziel avanciert. Dafür sollte der Zugang zu Ressourcen, insbesondere Energie und einigen metallischen Rohstoffen, ausgebaut und diversifiziert werden. China versucht seine Ressourcenzuflüsse geografisch weit gestreut von Zentralasien über Myanmar bis zum Nahen Osten und Afrika zu sichern. So genannte Wirtschaftsdiplomatie soll chinesischen Produzenten und Investoren flankierend dabei helfen, neue Märkte und Rohstoffquellen zu erschließen.

Drittens müssen die inneren Reformprozesse außenpolitisch abgesichert werden, indem ein stabiles äußeres Sicherheitsumfeld angestrebt wird. Um Chinas internationalen Status als respektierte Großmacht auszubauen, versuchen seine politischen und akademischen Eliten seit den 1990er Jahren Peking als »responsible major power« zu profilieren.[8] Die Führung ist davon überzeugt, die mit dem Aufstieg des Landes verbundenen Ängste insbesondere in der asiatischen Nachbarschaft erfolgreich zerstreut zu haben.[9] China hat erkannt, wie wichtig die politische Stabilität seiner Nachbarstaaten für die eigene innere Sicherheit, die nationalen Entwicklungsziele und für die Verfolgung seiner außenwirtschaftlichen und geostrategischen Interessen ist.

Chinas stabilisierende Nachbarschaftspolitik

Während sich China in der ersten Dekade seiner Reform- und Öffnungspolitik auf die Beziehungen mit den USA konzentrierte, rückten in den 1990er Jahren die Beziehungen zu den direkten Nachbarn immer mehr ins strategische Blickfeld.[10] Das Reich der Mitte hat 14 direkte Nachbarn mit 22 000 Kilometern Landgrenze und eine Küstenlinie von 14 500 Kilometern. Nach dem Ende des Kalten Krieges

---

6   Vgl. Taylor Fravel, Regime Insecurity and International Cooperation: Explaining China's Compromises in Territorial Disputes, in: International Security, 30 (November 2005) 2, S. 46–83; Allen Carlson, Unifying China, Integrating with the World: Securing Chinese Sovereignty in the Reform Era, Stanford, CA, 2005, S. 49–91.

7   Wen Jiabao, A Number of Issues Regarding the Historic Tasks in the Initial Stage of Socialism and China's Foreign Policy, in: Xinhua, 26.2.2007 (Übersetzung des Open Source Center).

8   Vgl. Alastair Iain Johnston, International Structures and Chinese Foreign Policy, in: Samuel S. Kim (Hrsg.) China and the World, Boulder, Col, 1998 (4. Aufl.), S. 55–90.

9   Vgl. Evan S. Medeiros, China´s International Behaviour. Activism, Opportunism, and Diversification (RAND) Santa Monica, CA, 2009.

10 Zu den sino-amerikanischen Beziehungen siehe unter anderem Heinrich Kreft, China und die USA zwischen Rivalität und Partnerschaft, in: Erich G. Fritz (Hrsg.), China – Partner oder Angstgegner?, Oberhausen 2006, S. 51–66.

war China zunächst bemüht, die Grenzstreitigkeiten, die mit der ehemaligen Sowjetunion sogar zu einem kurzen Krieg am Ussuri-Fluss (1969) geführt hatten, möglichst schnell mit Russland und den zentralasiatischen Nachfolgestaaten der Sowjetunion beizulegen. Anfang August 2008 wurden die letzten Territorialfragen mit Russland vertraglich geregelt.

Auch im Grenzdisput mit Indien, der China 1963 veranlasste, das Land anzugreifen, kam es in der vergangenen Dekade zu Annäherungen, ohne dass jedoch die Streitigkeiten beigelegt werden konnten.[11] In Afghanistan, Pakistan, Nordkorea und der Taiwan-Straße liegen potenzielle oder bereits akute Krisenherde in der unmittelbaren Nachbarschaft Chinas.

In jüngerer Zeit ist die Abwehr des transnationalen Terrorismus in den Vordergrund gerückt: Die chinesische Regierung sorgt sich insbesondere um separatistische Bewegungen von Muslimen in Xinjiang. Die großen, dünn besiedelten, wirtschaftlich rückständigen, von ethnischen und religiösen Minderheiten geprägten und konfliktanfälligen autonomen Regionen Xinjiang und Tibet sind für Peking aufgrund ihres Rohstoffreichtums von strategischer Bedeutung. Um diese beiden Provinzen zu befrieden, versucht die chinesische Führung, ihre süd- und zentralasiatischen Nachbarn bi- und multilateral einzubinden, um die grenzüberschreitenden »drei Übel« – Terrorismus, Extremismus und Separatismus – zu bekämpfen.

In Afghanistan hält sich China politisch bewusst zurück. Peking hat ein militärisches und polizeiliches Engagement bisher ausgeschlossen, engagiert sich aber zunehmend wirtschaftlich. Gleichwohl hat auch China sicherheitspolitische Interessen in Afghanistan und Pakistan. In beiden Ländern sind in der Vergangenheit uighurische Terroristen für Anschläge in China ausgebildet worden. Im afghanisch-pakistanischen Grenzgebiet gibt es auch heute noch Ausbildungslager uighurischer Separatisten. Eines dieses Lager wurde 2009 durch eine US-Drohne zerstört, wobei neun Uighuren ums Leben kamen.

Eine weitere sicherheitspolitische Herausforderung ist der florierende Drogenschmuggel. China hat nicht nur die ursprüngliche US-Intervention und den Sturz des Taliban-Regimes toleriert, sondern verfolgt auch wohlwollend das stabilisierende internationale Engagement und den Aufbauprozess in Afghanistan. Mit einer Zusage von 85 Millionen Dollar auf der Londoner Konferenz vom Februar 2010 ist die chinesische Entwicklungszusammenarbeit bescheiden, dafür jedoch engagiert sich China wirtschaftlich umso intensiver. So haben sich chinesische Unternehmen mit einem Investitionsumfang von drei Milliarden Dollar die Ausbeutung der größten noch nicht erschlossenen Kupfermine der Welt in Aynak gesichert und zahlreiche Bauprojekte im Infrastrukturbereich übernommen.[12]

Mit Pakistan unterhält China traditionell enge Beziehungen, die auch eine intensive Kooperation im Verteidigungs- und Militärbereich umfassen. China sucht

---

11 Vgl. Heinrich Kreft, Bedeutung der indisch-chinesischen Beziehungen für die globale Entwicklung. Rivalitäten und Gemeinsamkeiten von ‚Chindia', in: Erich G. Fritz (Hrsg.), Entwicklungsland, Schwellenland, Global Player: Indiens Weg in die Verantwortung, Oberhausen 2010, S. 235–248.

12 Vgl. Andrew Small, China's Caution on Afghanistan-Pakistan, in: The Washington Quarterly, Juli 2010, S. 81–97; Stina Torjesen, Fixing Afghanistan: What Role for China?, Norwegian Peacebuilding Centre (Noref Policy Brief, Nr. 7), Juni 2010; Shanthie Mariet D'Souza, Karzai's Balancing Act: Bringing »China« in?, in: ISAS Insights, Nr. 98, Mai 2010.

in Pakistan ein Gegengewicht zu Indien und ist an einem Zugang zum Indischen Ozean über Pakistan (Hafenbau in Gwadar) interessiert. China ist zusammen mit den USA, Deutschland, der Türkei, der Europäischen Union und den Vereinten Nationen Mitglied der »Freundesgruppe Pakistan«, mit denen es das Interesse an der Stabilität der fragilen Nuklearmacht teilt.[13]

Regionale Wirtschaftsintegration

Die Versuche, die Beziehungen zu den Nachbarstaaten zu normalisieren, wurden im Zuge der so genannten Asien-Krise forciert, die 1997 und 1998 die Finanzen, Währungen und Wirtschaften ostasiatischer Staaten bedrohte. Seither baut die chinesische Regierung die bilateralen Beziehungen in seiner Nachbarschaft kontinuierlich aus und initiiert regionale Kooperationsabkommen, die sich in wachsenden bilateralen Handels- und Investitionsströmen niederschlagen.

Indem die chinesische Regierung die Wirtschaftsbeziehungen vor allem zu den angrenzenden zentralasiatischen Staaten pflegt, versucht sie, auch dem wachsenden Wohlstandsgefälle im eigenen Land zu begegnen – namentlich zwischen den Küstenprovinzen und den Binnenprovinzen, insbesondere im Westen des Landes.

China engagiert sich in der Region, um neue Exportmärkte und um die Energieressourcen Zentralasiens, aber auch Myanmars und Russlands zu erschließen. Dafür haben chinesische Unternehmen – mit kräftiger Unterstützung des Staates – massiv in Infrastrukturmaßnahmen wie den Bau von Straßen, Bahnlinien und Pipelines investiert. Für Kirgistan und Tadschikistan ist China inzwischen der wichtigste Entwicklungshilfegeber geworden.[14]

Neben den bilateralen versucht China auch über multilaterale Beziehungen stabilisierend auf seine Nachbarschaft einzuwirken. Wichtigstes Instrument ist die 1996 vor allem zur Stabilisierung der chinesischen Westgrenze und zum Schutz gegen die »drei Übel« gegründete Schanghaier Organisation für Zusammenarbeit (SCO), die sich zu einem umfassenden Forum der Vertrauensbildung entwickelt und auf dem Weg zu einer echten Regionalorganisation ist. Von ihrem rein sicherheitspolitischen Ursprung hat sie ihre Kooperation auch auf die Wirtschafts-, Entwicklungs- und Energiepolitik ausgeweitet. Mitglieder sind neben China und Russland alle zentralasiatischen Staaten mit Ausnahme Turkmenistans. Mit der Mongolei, Pakistan, Indien und Iran haben weitere Staaten der Region Beobachterstatus bei der SCO.

Zudem ist China in allen anderen wichtigen Regionalorganisationen Asiens engagiert. Als Dialogpartner des Verbands Südostasiatischer Nationen (ASEAN)

---

13 Vgl. Bruce Riedel, Pavneet Singh, U.S.-China Relations: Seeking Strategic Convergence in Pakistan, (Brookings Policy Paper Nr. 18), Januar 2010; Fazal-ur-Rahman, Traditional and Emerging Areas of Strategic Cooperation Between Pakistan and China, in: Strategic Studies (Institute of Strategic Studies), Islamabad 2009, S. 41–63.

14 Vgl. Ablat Khodzhaev, The Central Asian Policy of the People's Republic of China, in: China and Eurasia Quarterly, Bd. 7, Nr. 1/2009, S. 9–28; James Bosbotinis, Sustaining the Dragon, Dodging the Eagle and Barring the Bear? Assessing the Role and Importance of Central Asia in Chinese National Strategy, in: China and Eurasia Quarterly, Bd. 8, Nr. 1/2010, S. 65–81; Stephen Blank, China's Recent Central Asian Energy Moves, in: Analyst (Central Asia-Caucasus Institute), 20.5.2009.

und Mitglied in ASEAN+3 (in der zu den zehn ASEAN-Staaten auch Japan, Südkorea und die Volksrepublik China gehören), im ASEAN-Regionalforum und dem Ostasien-Gipfel (East Asia Summit/EAS) versucht China seine Beziehungen zu Südostasien systematisch auszubauen. Über Freihandelsabkommen und eine Intensivierung der Beziehungen auf unterschiedlichen Gebieten hat sich China großen Einfluss auf einige ASEAN-Staaten sichern können.[15] Daneben ist China Mitglied in der APEC (Asia-Pacific Economic Cooperation), der einzigen Organisation, der auch Taiwan angehört, und Beobachter bei der Südasiatischen Vereinigung für regionale Kooperation SAARC (auch: Südasiatische Wirtschaftsgemeinschaft).[16]

China verhält sich gegenüber süd(ost)asiatischen Staaten in internationalen Gremien demonstrativ solidarisch, mischt sich nicht in deren innere Angelegenheiten ein und verfolgt konsequent seine wirtschaftlichen Interessen. Das ist insbesondere gegenüber Myanmar/Birma deutlich geworden. Chinas Nichtinterventionspolitik gegenüber Myanmar ist heftig kritisiert worden, da es damit die Macht des autoritären Regimes gestärkt hat, mit dem es intensive wirtschaftliche Beziehungen unterhält. Allerdings sollte der Einfluss Pekings auf die Machthaber in Rangun nicht überbewertet werden.[17] Ähnliches gilt für Chinas Einfluss auf Nordkorea, das trotz chinesischer Mahnungen und starker wirtschaftlicher Abhängigkeit von Peking zweimal Atomtests durchgeführt hat und sich wiederholt den von China moderierten Verhandlungen über seine Massenvernichtungswaffen entzogen hat.[18]

Chinas globales Handeln …

Als Weltmacht im Werden hat China nicht mehr nur regionale, sondern zunehmend globale Interessen. Es gibt kaum ein Land der Welt, dessen Handel mit China sich in den vergangenen Jahren nicht schwunghaft entwickelt hat. Es gibt kaum ein Land mit größeren energetischen oder mineralischen Rohstoffen, in dem sich chinesische Energie- und Rohstoffkonzerne nicht bereits engagieren. Aufgrund der mit seiner Industrialisierung größer werdenden Abhängigkeit von

---

15 Vgl. Thomas Lum, Wayne M. Morrison und Bruce Vaughn, China's »Soft Power« in Southeast Asia (CRS Report for Congress), Washington, DC, 4.1.2008.

16 Vgl. Parama Sinha Palit, China's Soft Power in South Asia (RSIS Working Paper, Nr. 200), 8.6.2010.

17 Vgl. Hak Yin Li and Yongnian Zheng, Re-interpreting China's Non-intervention Policy towards Myanmar: Leverage, Interest and Intervention, in: Journal of Contemporary China, 18 (61), September 2009, S. 617–637; Pak K. Lee, Gerald Chan und Lai-Ha Chan, China's »Realpolitik«. Engagement with Myanmar, in: China Security, 5 (Winter 2009) 1, S. 101–123; Bernt Berger, Burma und China. Bilaterale Beziehungen am Scheideweg (SWP-Aktuell Nr. 62), Berlin, November 2009; International Crisis Group, China's Myanmar Dilemma, Asia Report Nr. 177, 14.9.2009; Drew Thompson, Border Burdens: China's Response to the Myanmar Refugee Crisis, in: China Security, 5 (2009) 3, S. 13–23.

18 Vgl. Chung Chong Wook, The Korean Peninsula in China's Grand Strategy: China's Role in Dealing with North Korea's Nuclear Quandary (RSIS Working Paper Nr. 192), Singapur, 8.3.2010; International Crisis Group, Shades of Red: China's Debate over North Korea (Asia Report Nr. 179), 2.11.2009; Heinrich Kreft, Die koreanische Halbinsel: Vom gefährlichsten Konfliktherd zum Katalysator regionaler Kooperation in Nordostasien?, in: Hanns W. Maull und Martin Wagener (Hrsg.), Ostasien in der Globalisierung, Baden-Baden 2009, S. 209–228; Carla Freeman, Drew Thompson, The Real Bridge to Nowhere. China's Foiled North Korea Strategy (United States Institute of Peace, Working Paper), 22.4.2009.

Rohstoffimporten und den rasch wachsenden Auslandsinvestitionen hat Peking inzwischen ein vitales Interesse, auch ferner gelegene Länder im Nahen Osten, Afrika und Lateinamerika zu stabilisieren und zu entwickeln. Darüber hinaus sieht sich China immer mehr dazu gedrängt, globale Verantwortung zu übernehmen und zu einem »responsible stakeholder« der internationalen Gemeinschaft zu werden.

... als Entwicklungshilfegeber

Obwohl sich China auch heute noch offiziell als Entwicklungsland betrachtet, ist es seit wenigen Jahren selbst zu einem Entwicklungshilfegeber geworden. China betrachtet seine Entwicklungszusammenarbeit (EZ) als Teil seiner Wirtschaftsdiplomatie – es geht vor allem darum, Rohstoffimporte zu sichern und Märkte zu erschließen – und verfolgt damit aber auch politische Ziele, nämlich Taiwan zu isolieren und chinesische Positionen in internationalen Organisationen zu unterstützen. Neben der klassischen EZ leistet China auch humanitäre Hilfe.

Chinas EZ besteht aus Zuschüssen, günstigen Krediten (Finanzielle Zusammenarbeit/FZ) und technischer Zusammenarbeit (TZ). Hinzuzurechnen sind auch staatliche oder staatlich subventionierte Investitionen in Entwicklungsländern, die zumeist über die China Development Bank oder die China Export-Import Bank abgewickelt werden.

Chinas EZ fließt vor allem in drei Regionen: Südostasien, Afrika und Lateinamerika. Während die EZ im Zeitraum von 2002 bis 2007 in allen drei Regionen kräftig ausgeweitet wurde, ist die chinesische Entwicklungszusammenarbeit mit Afrika besonders intensiviert worden. Der überwiegende Teil der EZ besteht aus Investitionen des chinesischen Staates oder von chinesischen Unternehmen, die wiederum staatlich subventioniert werden. Der zweitgrößte Anteil entfällt auf günstige Kredite (soft loans) gefolgt – mit weitem Abstand – von Zuschüssen und Schuldenerlassen. Das Gros der Investitionen und der EZ floss in den Bergbau- und Energiesektor, gefolgt von Infrastrukturprojekten.[19]

Die Zahlen und Fakten belegen den vornehmlich wirtschaftspolitischen Antrieb der chinesischen Entwicklungszusammenarbeit. Daher ist es auch nicht überraschend, dass diese organisatorisch überwiegend von einer Abteilung des Handelsministeriums abgewickelt wird. Der Beitrag zur Stabilisierung und Entwicklung der Empfängerstaaten, der im Idealfall gleichwohl von der Finanziellen Zusammenarbeit ausgehen kann, ist dabei nur sekundär und eher zufällig. Häufig führt das wachsende Engagement, etwa in Afrika, eher zur Destabilisierung der Empfängerstaaten.

Damit scheint Chinas wachsendes Engagement – zumindest in Afrika – eine ernsthafte Herausforderung für die etablierte Gebergemeinschaft darzustellen. Ein Wettbewerb zwischen dem von China implizit vertretenen »Peking-

---

19 Vgl. Thomas Lum, China's Assistance and Government-Sponsored Investment Activities in Africa, Latin America, and Southeast Asia (CRS), Washington, DC, 25.11.2009; Sachin Chaturvedi, Aufstrebende Mächte als Akteure der Entwicklungspolitik, in: Aus Politik und Zeitgeschichte (APUZ Nr. 10/2010), S. 29–33.

Consensus« und dem »Post-Washington-Consensus« könnte regionale und internationale Reformbemühungen unterminieren, die Marktwirtschaft und liberale Demokratieelemente fördern wollen. Aus der Sicht westlicher Beobachter wäre es wünschenswert, dass China sich in die internationale Geberarchitektur integriert.[20]

... als Truppensteller für UN-Friedensmissionen

Als die Volksrepublik China 1971 ihren Sitz im Sicherheitsrat der Vereinten Nationen einnahm, lehnte sie Friedensmissionen der UN grundsätzlich als unzulässige Einmischung in die inneren Angelegenheiten von souveränen Staaten ab. Mit der innenpolitischen Reform und Öffnungspolitik seit 1987 hat sich auch dieser Grundsatz chinesischer Außen- und Sicherheitspolitik langsam gewandelt. Seit 1989 hat China über 10 000 Blauhelme in 22 verschiedene UN-Friedensmissionen entsandt, mit schnell steigender Tendenz in den letzten sieben Jahren.[21] China hat derzeit über 2000 Blauhelme in zehn UN-Friedensmissionen im Einsatz – und steht damit unter den fünf Ständigen Mitgliedern und Vetomächten des UN-Sicherheitsrats vor Frankreich an der Spitze.[22]

Chinas neue Einstellung gegenüber UN-Missionen reflektiert seine neue Außen- und Sicherheitspolitik, die wiederum den Bedürfnissen eines schnell wachsenden, von Exporten und von Rohstoffimporten abhängigen Landes Rechnung trägt, das noch über viele Jahre ein hohes Wachstum benötigt, um seine innere Stabilität zu wahren. Multilateralität ist zu einem wichtigen Ziel chinesischer Außenpolitik geworden, genauso wie die Kultivierung eines neuen Images als »responsible stakeholder« in der internationalen Gemeinschaft und verantwortungsvolle und friedliebende Großmacht, deren Aufstieg niemand fürchten muss. All diese Ziele lassen sich für Peking relativ kostengünstig durch die Beteiligung an UN-Friedensmissionen erreichen.

Gleichwohl gibt es auch Bedenken seitens der internationalen Staatengemeinschaft. Aufgrund der chinesischen Unterstüzung für »Pariah«-Regime wie Nordkorea, Myanmar, Sudan und Simbabwe hegen einige Beobachter den Verdacht, dass auch Chinas Beteiligung an UN-Friedenseinsätzen in erster Linie ökonomisch motiviert ist. Dafür gibt es aber nur wenige Anhaltspunkte. Im Falle Sudans haben die engen Beziehungen Chinas zum autokratischen sudanesischen Regime immerhin dazu beigetragen, dass die Regierung Bashir entgegen ihrer ursprünglichen Position schließlich doch der Aufstellung einer Hybrid-Mission aus Blauhelmen der Vereinten Nationen und der Afrikanischen Union (AU) zugestimmt hat.

Aufgrund der bisherigen Erfahrungen und der Anfrage der UN und verschiedener Mitgliedstaaten, sich noch stärker an UN-Missionen zu beteiligen, erwägt

---

20 Vgl. Johan Lagerkvist, Chinese Eyes on Africa: Authoritarian Flexibility Versus Democratic Governance, in: Journal of Contemporary African Studies, 27 (April 2009) 2, S. 119–134; Stephen Marks, Chinas Sicherheitspolitik in Afrika, in: Internationale Politik und Gesellschaft (IPG), Nr. 1/2009, S. 74–89; Jonathan Holslag, China's New Security Strategy for Africa, in: Parameters, Sommer 2009, S. 23–37.

21 UN Departement of Peacekeeping Operations, <www.un.org> (abgerufen am 13.8.2010).

22 Ebd.

Peking vorsichtig sein Engagement auszuweiten. China befürchtet nämlich, dass die von einigen Staaten gutgeheißene Übernahme zusätzlicher Verantwortung von anderen als Bedrohung wahrgenommen werden könnte.

Ausblick und Handlungsempfehlungen

Chinas Beitrag zu UN-Friedensmissionen ist positiv zu bewerten und willkommen. China sollte dazu ermuntert werden, seinen Beitrag zu UN-Einsätzen weiter auszubauen – und dabei auch angemessene finanzielle Lasten zu übernehmen. Die Vereinten Nationen und westliche Staaten sollten China dabei unterstützen.[23] Auch Chinas Entwicklungszusammenarbeit ist grundsätzlich erwünscht. Es wäre jedoch erforderlich, dass China sich in die internationale Geberarchitektur integriert.

Auch die USA müssten ein Interesse daran haben, dass China als »responsible stakeholder« dazu beiträgt, die Lage in Afghanistan zu stabilisieren, nicht zuletzt indem es mäßigend auf Pakistan einwirkt. Gegen den Willen Pakistans ist eine Befriedung Afghanistans nicht möglich. Pakistan muss erkennen, dass es durch die Unterstützung radikalislamischer Gruppen in Afghanistan seine Sicherheit nicht verbessern kann – im Gegenteil, dadurch haben die radikalen Kräfte im eigenen Land nur noch mehr Auftrieb erhalten. Die Bedrohungen durch „pakistanische Taliban" und andere Terrorgruppen innerhalb seiner eigenen Grenzen sind für das Regime in Islamabad inzwischen weitaus gefährlicher als eine mögliche zwischenstaatliche Konfrontation mit Indien. Durch eine weitere Verbesserung seiner Beziehungen zu Indien könnte China auch den Druck auf Pakistan erhöhen, seinerseits die Beziehungen zu Indien zu verbessern, was für die Stabilität in ganz Süd- und Zentralasien förderlich wäre.

---

23 Vgl. Bates Gill und Chin-Hao Huang, China's Expanding Role in Peacekeeping. Prospects and Policy Implications (SIPRI Policy Paper Nr. 25), November 2009; International Crisis Group. China's Growing Role in UN Peacekeeping (Asia Report Nr. 166), 17.4.2009; Stefan Stähle, China's Shifting Attitude towards United Nations Peacekeeping Operations, in: The China Quarterly, 2008, S. 631–655.

Japans Entwicklungshilfe

Hanns W. Maull

Japans Beiträge zur Konsolidierung prekärer Staaten sind zwiespältig: Auf der einen Seite zählt Japan noch immer zu den größten bilateralen Gebern Offizieller Entwicklungshilfe (Official Development Assistance/ODA) und es leistete im Jahr 2009 mit 17 Prozent den zweitgrößten finanziellen Beitrag zu den 15 Friedensmissionen der Vereinten Nationen (UN). Auf der anderen Seite jedoch nehmen sich Japans nichtmonetäre Beiträge zu entsprechenden Missionen, sei es unter der UN-Flagge oder in anderen Kontexten, ausgesprochen bescheiden aus: Zu Beginn des Jahres 2010 beteiligten sich Japans »Selbstverteidigungskräfte«, wie die Streitkräfte offiziell bezeichnet werden, mit gerade einmal 37 Soldaten an drei UN-Missionen.[1] Japanische Beobachter haben Japans ambivalente Haltung zu internationalen Friedensmissionen als »activism lite« charakterisiert.[2]

Internationale Sicherheitsstrategie

Fragile Staatlichkeit wird in Japan – anders als in den strategischen Perspektiven der USA und der EU – nicht als elementare Bedrohung gesehen.[3] Die Stabilisierung prekärer Staaten spielt keine zentrale Rolle im Konzept der nationalen Sicherheitspolitik Japans. Der Begriff der »Stabilisierung« taucht zwar im Weißbuch des Verteidigungsministeriums auf; bezeichnenderweise wird er aber auf die internationale Gemeinschaft bezogen.[4] Im diplomatischen Blaubuch des Außenministeriums wird er explizit gar nicht und implizit nur in wenigen Sätzen angesprochen, wiewohl Japan inzwischen den Vorsitz in der UN-Kommission für Friedensaufbau übernommen hat. Auch diese Passagen stehen im Zeichen der Bemühungen um Stabilisierungsmaßnahmen der »internationalen Gemeinschaft«.[5]

---

1 Nämlich mit 31 Soldaten an der Überwachung des Waffenstillstands an der israelisch-syrischen Grenze (UNDOF), mit sechs Soldaten an der UN-Mission in Nepal (UNMIN). Hinzu kamen zwei japanische Beobachter bei der UN-Mission im Sudan (UNMIS) sowie die im Indischen Ozean stationierten Marineeinheiten Japans zur logistischen Unterstützung der Operation Enduring Freedom, die sich gegen Al-Khaïda-Aktivitäten in Afghanistan und am Horn Afrikas richtet. Vgl. The Yomiuri Shinbun, 7.2.2010, <http://www.yomiuri.co.jp/dy/editorial/20100207TDY02307.htm> (abgerufen am 31.5.2010).

2 Vgl. Yoshinobu Yamamoto, Japan's Activism Lite: Bandwagoning the United States, in: Byung-Kook Kim und Anthony Jones (Hrsg.), Power and Security in Northeast Asia: Shifting Strategies, Boulder, Co, 2007, S. 127–165; Chiyuki Aoi, Beyond »Activism Lite«?: Issues in Japanese Participation in Peace Operations, in: Journal of International Peacekeeping, 13/2009, S. 72–100.

3 Zwar werden durchaus Risiken gesehen, die von Entwicklungen jenseits traditioneller zwischenstaatlicher Konflikte in geografisch entfernten Regionen ausgehen. Unter Ministerpräsident Koizumi wurde die Friedenskonsolidierung denn auch zu einem neuen Schwerpunkt der japanischen Entwicklungspolitik erklärt. Vgl. Kerstin Lukner, Japans Rolle in der UNO, Baden-Baden 2006, S. 172 f.

4 Vgl. Japan Ministry of Defense, Defense of Japan 2009, Tokio 2009, <http://www.mod.go.jp/e/publ/w_paper/2009.html> (abgerufen am 31.5.2010), S. 19 f.

5 Vgl. Ministry of Foreign Affairs, Diplomatic Blue Book 2009, Tokio 2009, S. 26, <http://www.mofa.go.jp/POLICY/other/bluebook/2009/chapter3.pdf> (abgerufen am 31.5.2010).

Im Kern haben internationale Friedenseinsätze vor allem instrumentellen Charakter: Sie sollen dazu beitragen, Japans Anspruch auf einem Ständigen Sitz im UN-Sicherheitsrat zu untermauern, die aus japanischer Sicht elementar bedeutsame Beziehung zu den Vereinigten Staaten zu stabilisieren und dabei dem Land weiterhin erlauben, sich sicherheitspolitisch zurückzuhalten.[6]

Innenpolitische Restriktionen

Die Zurückhaltung beim Einsatz militärischer Mittel resultiert aus den Erfahrungen Japans mit dem Militarismus und seinen Folgen im Zweiten Weltkrieg. Die pazifistische Grundeinstellung,[7] mit der die Bevölkerungsmehrheit auf die Schrecken von Krieg, Niederlage und atomarer Zerstörung reagierte, manifestiert sich in der weitgehend von der US-Besatzungsmacht entworfenen Verfassung, insbesondere in deren Präambel und im Artikel IX, der es Japan unter anderem verbietet, internationale Konflikte mittels Gewaltandrohung oder gar -anwendung auszutragen, und der die Aufstellung von Streitkräften zu untersagen scheint.

In der Praxis erwies sich dieser Artikel freilich als interpretationsfähig. Innerhalb der (konservativen) Liberaldemokratischen Partei Japans, die Japans Geschicke seit Wiedererlangen der Souveränität als wichtigste oder gar einzige Regierungspartei fast ohne Unterbrechungen bis 2009 bestimmte, setzte sich seit Anfang der 1960er Jahre jedoch eine recht restriktive Interpretation der Verfassung durch. Sie zielte auf eine nachhaltige Selbstbeschränkung und Selbsteinbindung der japanischen Militärmacht, um so Japans Reintegration in die Staatengemeinschaft und seinen wirtschaftlichen Wiederaufstieg zu befördern.[8]

Diese Verfassungsinterpretation verpflichtete Japan auf eine »ausschließlich verteidigungsorientierte« Sicherheitspolitik, suchte die Verteidigungsausgaben auf maximal ein Prozent des Bruttosozialprodukts zu begrenzen sowie seine Fähigkeiten zu militärischer Machtprojektion jenseits des eigenen Hoheitsraums einzuhegen. Zudem versagte es sich die japanische Politik, Rüstungsgüter zu exportierten, Kernwaffen zu entwickeln, einzuführen, zu stationieren oder sich an gemeinschaftlichen militärischen Zwangsmaßnahmen zu beteiligen, die auf dem – auch von Tokio anerkannten – Völkerrecht auf kollektiver Selbstverteidigung beruhten oder vom UN-Sicherheitsrat auf der Basis von Kapitel VII der UN-Charta zur Wiederherstellung kollektiver Sicherheit gegen Rechtsbrecher autorisiert wurden.[9] Ihren Niederschlag fand die Yoshida-Doktrin in einer Reihe spezifischer

---

6   Auch die Entwicklungspolitik zielt darauf, in enger Verflechtung mit Japans Wirtschaft tragfähige wirtschaftliche und industrielle Strukturen aufzubauen.

7   Generell genießen Auslandseinsätze der japanischen Selbstverteidigungskräfte inzwischen nicht nur innerhalb der Elite, sondern auch in der Bevölkerung mehrheitlich Rückhalt, solange die Soldaten keine militärische Gewalt anwenden und es zu keinerlei Kampfhandlungen kommt. Vgl. Chiyuki Aoi, Beyond »Activism Lite«?, a. a. O. (Anm. 2), S. 97.

8   So die Kernelemente der so genannten Yoshida-Doktrin, benannt nach dem wohl wichtigsten japanischen Ministerpräsidenten der frühen Nachkriegszeit. Vgl. Hanns W. Maull, Die Außenpolitik Japans, in: Manfred Knapp und Gerd Krell (Hrsg.), Einführung in die internationalen Beziehungen, 4. Aufl., München 2004, S. 285–333 (hier S. 292–297).

9   Vgl. etwa Christopher W. Hughes, Japan's Remilitarisation, London/Abingdon 2009, S. 21 ff.

gesetzlicher und administrativer Selbstbeschränkungen der Sicherheitspolitik und des Militärs.[10]

Um insbesondere der Kritik der USA an Japans so genannter »Trittbrettfahrer-Mentalität« zu begegnen,[11] wurde 1992 ein Gesetz zur Regelung der Beteiligung japanischer Truppen an Friedenseinsätzen (International Peace Cooperation Law) verabschiedet, gefolgt von mehreren Auslandseinsätzen japanischer Soldaten, etwa im Rahmen der UN-Operationen in Kambodscha 1992–1993 (UNTAC) und in Osttimor 2002–2004 (UNTAET, UNMISET). Allerdings legte dieses Gesetz japanischen Soldaten auch enge Fesseln an, die es ihnen erschwerten, sich effektiv an internationalen Stabilisierungsmaßnahmen zu beteiligen.[12] Hinzu kommt, dass das japanische Parlament (der Diet) in der Regel jede Entsendung vorab diskutieren und beschließen sowie jeder Ausdehnung des Einsatzes über einen Zeitraum von zwei Jahren hinaus erneut zustimmen muss; zudem besteht eine strikte Berichtspflicht an das Parlament. Das Gesetz von 1992 wurde zunächst 1998 und erneut 2001 modifiziert. Seine restriktive Grundorientierung wurde damit allerdings nicht wesentlich gelockert.[13]

Blauhelmaktivitäten im zivilen Bereich

Japans Beiträge beschränkten sich demnach auf traditionelle UN-Blauhelmmissionen oder begrenzte Aktivitäten im Rahmen anspruchsvoller und komplexer Missionen. Japan hat sich mit militärischem Personal bislang nur in zwei Fällen nachhaltig engagiert: In Osttimor, dem heutigen Timor Leste, sowie im Irak – in beiden Fällen amerikanischen Wünschen entsprechend, aus Sorge um das amerikanisch-japanische Sicherheitsbündnis.

In beiden UN-Missionen in Osttimor – United Nations Transitional Administration in East Timor (UNTAET) und der Nachfolgemission United Nations Mission in Support of East Timor (UNMISET) – kamen insgesamt 2287 japanische Soldaten zum Einsatz. Die entsandten Pioniereinheiten konzentrierten sich darauf, die Infrastruktur wie Straßen, Brücken und den Flughafen Dili aufzubauen.

---

10 Vgl. Hanns W. Maull, Die Außenpolitik Japans, a. a. O. (Anm. 8), S. 295 f.; Einzelheiten auch in: Japan Ministry of Defense, Defense of Japan 2009, a. a. O. (Anm. 4), S. 119 f.

11 Schon zu Zeiten des Ost-West-Gegensatzes erschwerte dieser Dissens die Zusammenarbeit im Kontext des bilateralen amerikanisch-japanischen Sicherheitsvertrags. Nach dem Ende des Kalten Krieges kam es dann über Japans ausschließlich finanziellen (und zudem eher erzwungenen) Beitrag zur Befreiung Kuwaits nach der Invasion des Irak 1991/92 zu einer massiven Verstimmung zwischen Washington und Tokio.

12 Das Gesetz von 1992 knüpft Einsätze an folgende fünf Bedingungen: 1. Es muss ein Waffenstillstand zwischen den Konfliktparteien bestehen. 2. Alle beteiligten Parteien und ggf. auch die Regierung des Stationierungslands müssen dem Einsatz von UN-Truppen, insbesondere japanischer, zustimmen. 3. Die Mission muss strikter Neutralität verpflichtet sein. 4. Falls eine dieser drei Bedingungen nicht mehr bestehen sollte, müssen sich die japanischen Verbände aus der UN-Mission zurückziehen. 5. Der Gebrauch von Waffen ist auf ein absolutes Minimum zu beschränken, das unabweislich erforderlich ist, um das Leben japanischer Soldaten zu verteidigen. Vgl. Japan Ministry of Defense, Defense of Japan 2009, a. a. O. (Anm. 4), S. 293.

13 Vgl. Frank A. Stengel, The Reluctant Peacekeeper: Japan's Ambivalent Stance on UN Peace Operations, in: Japan aktuell 1/2008, S. 37–55 (hier S. 40–48).

Im Rahmen der Stabilisierungsmission im Irak kamen von Dezember 2003 bis September 2006 (bzw. bis Dezember 2008 für die Luftwaffensoldaten) insgesamt 5500 japanische Soldaten der Armee und 2940 Angehörige der Luftwaffe zum Einsatz. Die japanischen Friedenswahrungskontingente im Irak wurden im – relativ friedlichen – südlichen Sektor stationiert, der unter britischem Oberbefehl stand: 600 japanische Soldaten aus Heer und Luftwaffe. Die Heeressoldaten – geschützt von Verbänden anderer Staaten – bauten Schulen und Straßen und bemühten sich vor allem um die medizinische und Wasserversorgung der Bevölkerung. Die japanische Luftwaffe übernahm auch Transportaufgaben für andere Truppensteller und die UN.[14] Der Abzug japanischer Truppen aus dem Irak wurde teilweise durch Entwicklungshilfe kompensiert.[15]

Bislang beschränkte sich Japans Mitwirkung an internationalen Friedensmissionen im Wesentlichen auf die traditionelle Friedenswahrung und humanitäre Katastrophenhilfe; im Kontext von Stabilisierungseinsätzen spielte Tokio dagegen die Rolle des Geldgebers. Nach dem im Juli 2006 »erfolgreich abgeschlossenen« Einsatz im Irak war die Beteiligung Japans an internationalen Friedenseinsätzen wieder ausgesprochen niedrig.[16] Der Einsatz von rund 350 japanischen Soldaten 2010 in Haiti hatte denn auch den Charakter humanitärer Katastrophenhilfe. Diese Mission entspricht jener Friedensrolle, mit der Japans Streitkräfte im Inneren vor allem wahrgenommen werden und mit der sie werben, um Personal zu rekrutieren.[17]

Mittel und Umwege

Japan konzentriert sich bei internationalen Friedenseinsätzen auf zivile Aktivitäten, kann allerdings auch in diesem Bereich nur begrenzt eigene personelle Ressourcen einsetzen und tritt daher vor allem als Geldgeber in Erscheinung. Osttimor erhielt von 2000 bis 2006 insgesamt 118 Millionen Dollar Entwicklungshilfe aus japanischen ODA-Mitteln. Nach Australien und Portugal war Japan damit das wichtigste Geberland des jungen Staates.[18] Des Weiteren erhielt auch der Irak umfangreiche Entwicklungshilfe. 2007 war das Land mit knapp 15 Prozent des gesamten ODA-Budgets der größte Empfänger japanischer Entwicklungshilfe (Afghanistan kam mit 1,7 Prozent auf Rang neun.). Der japanische Beitrag belief sich insgesamt in den Jahren von 2004 bis 2006 auf rund 5,15 Milliarden Dollar.[19]

Geld und ziviles Personal für Stabilisierungsoperationen werden im Außenministerium koordiniert, während die Verteidigungsagentur, die 2007 aufgewer-

---

14 Vgl. Japan Ministry of Defense, Defense of Japan 2009, a. a. O. (Anm. 4), S. 285, S. 482.
15 Vgl. Chiyuki Aoi, Beyond »Activism Lite«?, a. a. O. (Anm. 2), S. 86.
16 Vgl. Frank A. Stengel, The Reluctant Peacekeeper, a. a. O. (Anm. 13), S. 39.
17 Ebd., S. 50.
18 Vgl. Ministry of Foreign Affairs of Japan, Japan's ODA Data by Country, Timor <http://www.mofa.go.jp/POLICY/oda/data/01ap_ea01.html#EAST%20TIMOR> (abgerufen am 31.5.2010).
19 Ministry of Foreign Affairs, Japan's International Cooperation: Japan's Official Development Assistance White Paper 2008, Tokio 2009, <http://www.mofa.go.jp/policy/oda/white/2008/set.pdf> (abgerufen am 31.5.2010), S. 178.

tet, neu organisiert und in den Rang eines Ministeriums erhoben wurde, für die Entsendung von Soldaten zuständig ist. Mit der Umorganisation wurde eine rasch verfügbare Einsatztruppe (Central Readiness Force/CRF) mit entsprechender Kommandostruktur geschaffen, die direkt dem Verteidigungsminister unterstellt ist. CRF unterhält auch eine Einheit, um Personal für Auslandseinsätze zu schulen. Traditionell tendiert das Verteidigungsministerium bei Friedenseinsätzen eher zur Zurückhaltung, während das Außenministerium seit langem bestrebt war, Japans Aktivitäten in diesem Bereich zu verstärken.[20]

Vor allem die zivil-militärische Operation im Irak erforderte umfangreiche Koordination zwischen den beiden Ministerien; sie funktionierte offenbar gut: So stellte das Außenministerium medizinisches Gerät, Krankenwagen sowie Generatoren zur Stromerzeugung und Gerät zur Aufbereitung von Trinkwasser zur Verfügung, während die Soldaten der Selbstverteidigungskräfte diese Anlagen aufbauten und betrieben sowie einheimische Kräfte ausbildeten.

Auch die Kooperation mit der Bevölkerung vor Ort sowie mit Soldaten aus anderen Ländern, insbesondere mit denjenigen aus Südkorea und der Volksrepublik China, wird in Zusammenhang mit der Stabilisierungsmission in Osttimor, aber auch im Irak, positiv bewertet.[21] Die rechtlichen und politischen Selbstbeschränkungen, unter denen Japans Streitkräfte bei derartigen Missionen zum Einsatz kamen, erschwerten jedoch die Zusammenarbeit mit den Kontingenten anderer Nationen. Insbesondere die Positivliste der japanischen Gesetzgebung, die alle Formen des Einsatzes für unzulässig erklärten, die in den entsprechenden Gesetzen nicht explizit genannt werden, führte immer wieder zu erheblichen Problemen. So können japanische Soldaten grundsätzlich nicht in unsicheren Regionen zum Einsatz kommen und dürfen zwar sich selbst, nicht aber Einheiten anderer am Einsatz beteiligter Staaten oder gar das Mandatsziel des Einsatzes mit Waffengewalt verteidigen. Maßnahmen und Aktivitäten, die in vielen Friedens- und Stabilisierungseinsätzen inzwischen zur Routine gehören, bleiben den japanischen Soldaten vorenthalten – wie die Sicherung der Bewegungsfreiheit der Einsatzkräfte sowie der Schutz des UN-Personals, der UN-Einrichtungen und der Zivilbevölkerung, aber auch die Beteiligung der Blauhelmsoldaten an der Kontrolle bzw. der Besetzung von strategisch bedeutsamen Schlüsselpositionen (etwa Flughäfen) oder die Unterstützung der Polizei bei der Entwaffnung, Festnahme und Verwahrung von Verdächtigen.[22] Japanische Verbände wären auch heute noch bei Einsätzen, in denen es zu Gewalteskalation kommen kann, auf den Schutz durch Soldaten anderer Teilnehmerstaaten angewiesen – wenn sie sich nicht ohnehin einseitig aus dem Einsatz zurückziehen müssten.

Diese Problematik zeigte sich bereits beim ersten UN-Friedenseinsatz japanischer Verbände in Kambodscha, der die Durchführung freier Wahlen ermöglichen sollte. Um den internationalen Wahlbeobachtern wenigstens einen

---

20 Vgl. Kimberley Marten Zisk, Japan's United Nations Peacekeeping Dilemma, in: Asia-Pacific Review 8/1 (2001), S. 21–39 (hier S. 32).
21 Vgl. Chiyuki Aoi, Beyond »Activism Lite«?, a.a.O. (Anm. 2); kritisch hierzu: Christopher W. Hughes, Japan's Remilitarisation, a.a.O. (Anm. 9), S. 81 f.
22 Vgl. Katsumi Ishizuka, Japan's Policy towards UN Peacekeeping Operations, in: International Peacekeeping, 12/1 (2005), S. 67–86 (hier S. 78).

gewissen militärischen Schutz zu bieten, verwendeten die japanischen Soldaten den Kunstgriff, den Beobachtern Wasser und Nahrungsmittel zu bringen und Informationen auszutauschen. Wären sie dabei angegriffen worden, hätten sie sich selbst (und damit auch die UN-Beobachter) verteidigen dürfen. In Osttimor konnte sich Japan aus ähnlichen Gründen nicht einmal mit logistischer Unterstützung an der ersten Stabilisierungsmission der UN (INTERFRET) beteiligen. Es kamen vor allem australische Soldaten zum Einsatz, wiewohl die Vereinten Nationen Japan wiederholt um entsprechende Unterstützung gebeten hatten.[23] Im Irak war es den japanischen Streitkräften zwar erlaubt, sich selbst durch entsprechende Vorkehrungen systematisch zu schützen, doch umfaßte diese zuvor per Gesetz erwirkte Ermächtigung keine Maßnahmen zur Sicherung bestimmter Gebiete oder Kampfhandlungen. Die japanischen Verbände waren auf den Schutz der im selben Sektor stationierten britischen, australischen und niederländischen Soldaten angewiesen.[24]

Schlussfolgerungen und Ausblick

Aufgrund (verfassungs-)rechtlicher Bestimmungen beschränken sich Japans Beiträge auf finanzielle Mittel – die im internationalen Vergleich sehr üppig sind. Die Gründe für seine militärische Zurückhaltung liegen zum einen in der durch den Weltkrieg geprägten pazifistischen außenpolitischen Kultur des Landes, zum anderen ist sie durch das Bestreben bedingt, die sicherheitspolitische Verantwortung und damit die entsprechenden Kosten zu begrenzen. Damit beschränkt Japan jedoch auch seine Möglichkeiten, sich beim Staatsaufbau in prekären Staaten nachhaltig zu engagieren.

Selbst ein neues, in Japan immer wieder gefordertes allgemeiner gehaltenes Gesetz, etwa mit einer Negativliste, die lediglich festlegte, was die japanischen Soldaten in Stabilisierungseinsätzen nicht tun dürften, wäre allein wohl nicht ausreichend: Einige wichtige Selbstbeschränkungen beruhen auf der gegenwärtigen Interpretation der japanischen Verfassung, die nur durch den entsprechenden politischen Willen der Regierung zur Neuinterpretation oder gar durch eine – politisch außerordentlich aufwändige und schwierige – Verfassungsänderung überwunden werden könnte.[25] Hierfür gibt es gegenwärtig keine Anzeichen. Die japanischen Beiträge zu internationalen Stabilisierungsmissionen werden auch in Zukunft durch finanzielle Unterstützung und Blauhelmaktivitäten im zivilen Bereich, insbesondere beim Aufbau von Infrastruktur und in Form humanitärer Katastrophenhilfe, erbracht werden.

---

23 Vgl. Chiyuki Aoi, Beyond »Activism Lite«?, a. a. O. (Anm. 2), S. 93 f.
24 Ebd., S. 83; Christopher W. Hughes, Japan's Remilitarisation, a. a. O. (Anm. 9), S. 81.
25 Verfassungsänderungen bedürfen in Japan nach Artikel 96 der Verfassung einer Zweidrittel-Mehrheit in beiden Kammern des Parlaments sowie der Mehrheit in einer Volksbefragung. Vgl. Axel Klein, Das politische System Japans, Bonn 2006, S. 27.

Indiens Grenzen als Ordnungsmacht in Südasien

Christian Wagner

Die Indische Union gilt aufgrund ihrer demografischen, wirtschaftlichen und militärischen Größe als »natürliche« Regionalmacht in Südasien. Als größte Demokratie wird Indien auch als Stabilitätsanker in der Krisenregion zwischen dem Persischen Golf und Südostasien gesehen. Dieses Bild einer Regional- und einer künftigen Großmacht kontrastiert aber auffällig mit den bislang wenig erfolgreichen Bemühungen Indiens, als Ordnungsmacht in der Region zu agieren. Südasien ist seit vielen Jahren eine Region chronischer Instabilität. Der indisch-pakistanische Streit um Kaschmir, die damit verbundene konventionelle und nukleare Aufrüstung und die bislang vier Kriege zwischen beiden Staaten tragen zu diesem unrühmlichen Ergebnis ebenso bei wie die Konflikte Indiens mit seinen anderen Nachbarstaaten.

Warum gelang es Indien bislang nicht, sich als Regionalmacht zu etablieren, die ihre Interessen und Ordnungsvorstellungen gegenüber den Nachbarstaaten durchsetzt? Erstens waren Indiens regionale Ambitionen von verschiedenen ordnungspolitischen Vorstellungen geleitet, die für die Nachbarn nicht immer akzeptabel waren: In den 1950er Jahren dominierten unter Nehru diplomatische Lösungsansätze. In den 1970er und 1980er Jahren traten unter Indira und Rajiv Gandhi verstärkt militärische Mittel hinzu. Die Regierungen nach 1991 rückten vor allem die wirtschaftliche Zusammenarbeit in den Vordergrund. Zweitens war das Nationbuilding in den Nachbarstaaten auf das engste mit der Frage der Abgrenzung gegenüber Indien verbunden, was den ordnungspolitischen Vorstellungen Indiens entgegenwirkte.

1950er Jahre: Nehrus Primat der Diplomatie

Außenpolitik hat sich in Indien seit den Tagen Nehrus zu einer Domäne der Exekutive entwickelt.[1] Zentrale außenpolitische Entscheidungen sind stets von den Premierministern und ihren Beratern, oftmals ohne die Einbeziehung des Kabinetts oder des Außenministeriums, getroffen worden. Das Parlament spielt außenpolitisch kaum eine Rolle, da internationale Abkommen nicht ratifiziert werden müssen. Die geringe Größe des diplomatischen Dienstes steht im auffälligen Kontrast zu den globalen Ambitionen Indiens.[2] Im Zuge der wirtschaftspolitischen Liberalisierung nach 1991 haben zwar internationale Themen in der innenpolitischen Diskussion an Bedeutung gewonnen, wie der Beitritt zur Welthandelsorganisation (WTO) 1994 oder das indisch-amerikanische Nuklearabkommen 2008, doch haben sich daraus bislang keine Veränderungen im Kräfteverhältnis zwischen Exekutive und Legislative ergeben.

Nach der Unabhängigkeit im August 1947 stand Indien einer Reihe von Problemen mit seinen Nachbarn gegenüber. Angesichts der eigenen militä-

---

1 Vgl. Harish Kapur, Foreign Policies of India's Prime Ministers, Neu-Delhi 2009.
2 Vgl. Daniel Markey, Developing India's Foreign Policy "Software", in: Asia Policy 8/2009, S. 73–96.

rischen Schwäche konzentrierte sich Nehru auf politische und diplomatische Lösungsansätze. Kurz nach der Unabhängigkeit entzündete sich mit Pakistan der Streit über die Zugehörigkeit Kaschmirs. Nehru schlug vor, den Konflikt in die Vereinten Nationen zu tragen und durch ein Referendum entscheiden zu lassen. Trotz des ersten Krieges mit Pakistan 1947/48 um Kaschmir konnten beide Staaten in den 1950er Jahren eine Reihe bilateraler Probleme durch Abkommen beilegen. Die wichtigste Vereinbarung war der Indus-Wasservertrag von 1960, der die sensible Frage der Wasserverteilung des Indus und seiner Nebenflüsse regelte.

Mit China gab es Probleme über den Status von Tibet und die Festlegung des Grenzverlaufs. Nehru strebte eine engere Kooperation mit China an, um das Gewicht der unabhängigen Staaten in der internationalen Politik zu erhöhen. Die indische Regierung protestierte deshalb kaum gegen die chinesische Invasion Tibets 1951, das 1947 noch als eigenständiger Staat an der von Nehru in Neu-Delhi ausgetragenen Asia-Relations-Konferenz teilgenommen hatte. Mit dem Vertrag von 1954 gab Indien alle noch aus der Kolonialzeit resultierenden Ansprüche gegenüber Tibet zugunsten Chinas auf. Nehrus Bemühungen, die Zusammenarbeit mit China zu verstärken und die internationale Isolation der kommunistischen Regierung zu überwinden, wurden aber von chinesischer Seite nicht gleichermaßen honoriert. Ende der 1950er Jahre verschlechterten sich die bilateralen Beziehungen, da die chinesische Führung nicht bereit war, die indischen Gebietsansprüche im Nordosten anzuerkennen (MacMahon Line), sondern auf der Grundlage traditioneller tibetischer Ansprüche indisches Territorium reklamierte.[3]

Der Grenzstreit, die Niederschlagung des Aufstands in Tibet 1959 und die Flucht des Dalai Lama nach Indien verschlechterten das bilaterale Verhältnis. Im Oktober/November 1962 kam es zu einem kurzen Grenzkrieg zwischen beiden Staaten.[4] Indien erlitt eine militärische Niederlage, die zum Trauma der politischen Entscheidungsträger wurde. Nehru hatte trotz der Spannungen nicht mit einem Krieg gerechnet, der seine Ideale einer indisch-chinesischen Zusammenarbeit zerstörte.[5]

Indien verfügte in dieser Phase nur über sehr wenige Möglichkeiten, um auf die innere Situation in den Nachbarstaaten Einfluss zu nehmen. Am ehesten war dies noch der Fall gegenüber den Himalaja-Königreichen. Indien übernahm von der britischen Kolonialmacht die Verträge mit Bhutan, Nepal und Sikkim und erhielt damit ein weitgehendes Mitspracherecht in deren inneren Angelegenheiten. Hier sah sich Nehru ganz in der Nachfolge der früheren Kolonialmacht und wollte damit die indischen Interessen gegenüber China sichern, obwohl er auf internationaler Bühne ein vehementer Verfechter des Prinzips der Nichteinmischung war.

1950 intervenierte die indische Regierung in Nepal im Streit zwischen der Monarchie, den politischen Parteien und der Rana-Dynastie und erreichte durch das »Delhi Settlement« einen Machtwechsel im Land. Indien hatte aber kein

---

3   Vgl. Dawa Norbu, Tibet in Sino-Indian Relations. The Centrality of Marginality, in: Asian Survey 11/1997, S. 1078–1095.
4   Vgl. Neville Maxwell, India's China War, New York, NY, 1970.
5   Vgl. Sunil Khilnani, The Idea of India, New York, NY, 1997, S. 40.

Interesse, seine demokratischen Ideale zu exportieren, sondern war vor allem an Frieden und Stabilität im Nachbarstaat interessiert, was Nehru im Dezember 1950 auch gegenüber dem Parlament deutlich machte.[6] In der ersten Hälfte der fünfziger Jahre verfügte Indien durch seine Botschafter in Katmandu und indische Berater im Königspalast über großen Einfluss auf die nepalesische Politik.[7] Allerdings war die indische Regierung nicht in der Lage, die innenpolitische Situation in Nepal dauerhaft zu ihren Gunsten zu beeinflussen. Nach den ersten Wahlen 1959 wurde das Parlament im Dezember 1960 von König Mahendra entlassen. Er baute in der Folge die Beziehungen zu China aus, um ein Gegengewicht zu Indien zu schaffen.

Trotz der gemeinsamen sozioökonomischen Probleme bei der Überwindung von Armut und Unterentwicklung und obwohl Nehru ein großer Verfechter der Zusammenarbeit in Asien war, entwickelten sich im regionalen Kontext in Südasien keine multilateralen Institutionen. Die indische Wirtschaft war binnenorientiert, so dass der Anteil Indiens am Welthandel rückläufig war. Zudem blockierte der Kaschmir-Konflikt zwischen Indien und Pakistan jede Form der regionalen Zusammenarbeit.

1970er und 1980er Jahre: Indira-Doktrin der militärischen Stärke

Unter Premierministerin Indira Gandhi setzte in den siebziger und achtziger Jahren eine »realistische«, sprich machtorientierte, Außenpolitik gegenüber den Nachbarstaaten ein, die auch von ihrem Sohn Rajiv Gandhi (1984–1989) fortgeführt wurde. Indira Gandhi verstand Südasien als einen Teil der nationalen Sicherheit Indiens. Die nach ihr benannte Indira-Doktrin sah vor, dass Konflikte in den Nachbarstaaten nur mit Hilfe Indiens und ohne die Einbeziehung anderer Großmächte beigelegt werden sollten.[8] In dieser Phase intervenierte Indien in die Bürgerkriege in Ostpakistan (1971) und Sri Lanka (1987–1990) und unterstützte durch Polizeiaktionen die Regierungen Sri Lankas (1971) und der Malediven (1988) bei der Niederschlagung von Aufständen bzw. Putschversuchen.

Die Indische Union blieb aber gegenüber ihren Nachbarn in Südasien ein vergleichsweise erfolgloser Hegemon. Trotz der überlegenen militärischen und wirtschaftlichen Ressourcen war Indien nicht in der Lage, seine außenpolitischen Interessen gegenüber den Nachbarstaaten dauerhaft durchzusetzen oder deren innenpolitische Konflikte im Sinne Indiens zu regeln. So gelang es Indira Gandhi nach dem militärischen Sieg über Pakistan 1971 mit dem Vertrag von Simla (1972) nicht, eine dauerhafte Lösung der Kaschmir-Frage im indischen Interesse zu erreichen.[9] Indien hatte in dem dritten indisch-pakistanischen

---

6 Vgl. Jawaharlal Nehru, India's Foreign Policy. Selected Speeches (September 1946–April 1961), Neu-Delhi 1991, S. 435 f.

7 Zur innenpolitischen Entwicklung Nepals vgl. Karl-Heinz Krämer, Ethnizität und nationale Integration in Nepal. Eine Untersuchung zur Politisierung der ethnischen Gruppen im modernen Nepal, Stuttgart 1996, S. 78–116.

8 Vgl. Devin T. Hagerty, India's Regional Security Doctrine, in: Asian Survey 4/1991, S. 351–363.

9 Vgl. Amitabh Mattoo, Next Steps in Kashmir, in: Karan R. Sawhny (Hrsg.): Kaschmir: How Far Can Vajpayee and Musharraf Go?, Neu-Delhi 2001, S. 27–44.

Krieg die Unabhängigkeit Ostpakistans und die Entstehung Bangladeschs erreicht, das sich zunächst eng an Indien orientierte. Nach dem Putsch 1975 verfolgte das Militärregime jedoch eine grundsätzliche innen- und außenpolitische Neuorientierung, die mit Abkehr von Indien verbunden war. Obwohl Indira Gandhi sich zunächst noch innenpolitisch einmischte, war Indien auf Dauer nicht in der Lage, den außenpolitischen Kurswechsel Bangladeschs zu beeinflussen.[10]

Die indische Intervention in Sri Lanka von 1987 bis 1990 endete in einem militärischen und politischen Desaster. Indien hatte zunächst die tamilischen Rebellen in ihrem bewaffneten Kampf für mehr Autonomie gegen die Regierung in Colombo unterstützt. Das indo-srilankische Abkommen von 1987 sah eine föderale Neuordnung und die Stationierung indischer Friedenstruppen (Indian Peace Keeping Forces, IPKF) im Norden und Osten Sri Lankas vor, um die tamilischen Rebellen zu entwaffnen. Damit wurden zum ersten Mal indische Truppen ohne ein Mandat der Vereinten Nationen in einem anderen Land stationiert. Die tamilischen Rebellen verwickelten die indischen Truppen in einen Guerilakrieg und auch die srilankische Regierung rückte aufgrund eines bewaffneten Aufstands im Süden des Landes von den Vereinbarungen mit Indien ab. Im Frühjahr 1990 verließen die letzten indischen Truppen die Insel, ohne dass der Bürgerkrieg einer Lösung näher gebracht worden wäre.[11]

Diese verschiedenen Konflikte zwischen Indien und den Nachbarstaaten trugen dazu bei, dass sich Südasien in dieser Phase zu einer Region chronischer Instabilität entwickelte. Die bilateralen Konflikte blockierten auch lange Zeit eine stärkere regionale Zusammenarbeit, obwohl alle Staaten die gleichen Probleme von Armut und Unterentwicklung teilten. Dennoch konnte 1985 auf Initiative Bangladeschs die South Asian Association for Regional Cooperation (SAARC) gegründet werden, die aber aufgrund der indisch-pakistanischen Spannungen lange Zeit keine Wirkungen entfaltete.

Wirtschaftliche Zusammenarbeit seit 1991

Ganz im Sinne der wirtschaftspolitischen Liberalisierung wurde Südasien nach 1991 nicht mehr als Teil der nationalen Sicherheit Indiens, sondern als Teil des wachsenden indischen Marktes verstanden. Die verschiedenen indischen Regierungen forcierten deshalb in den 1990er Jahren die wirtschaftliche Zusammenarbeit mit den Nachbarstaaten sowohl auf bilateraler Ebene als auch im Rahmen der SAARC. Auf Initiative Indiens und Sri Lankas verständigte sich die SAARC 1995 auf das SAARC Preferential Trade Arrangement (SAPTA), das 2006 schließlich zum SAARC Free Trade Arrangement (SAFTA) führte. Des Weiteren gewährte Indien den wirtschaftlich schwächeren Staaten der SAARC eine Reihe einseitiger Handelserleichterungen. Aufgrund seiner traditionell guten Beziehungen zu Afghanistan setzte sich Indien für die Aufnahme des Landes in die SAARC ein, die beim Gipfeltreffen 2007 in Neu-Delhi vollzogen wurde. Auf bilateraler

---

10 Vgl. Christian Wagner, Der Einfluss Indiens auf Regierungsstrukturen in Pakistan und Bangladesch (DIE Discussion Paper 12), Bonn 2008.
11 Vgl. S.D. Muni, Pangs of Proximity. India and Sri Lanka's Ethnic Crisis, Neu-Delhi 1993.

Ebene unterzeichnete Indien 1998 ein Freihandelsabkommen mit Sri Lanka und bemühte sich um ähnliche Verträge mit Bangladesch und Nepal.

I. K. Gujral, der Außen- und Premierminister in der United-Front-Regierung zwischen 1994 und 1996 war, stellte die Beziehungen zu den Nachbarn auch konzeptionell auf eine neue Grundlage: Kernpunkte der nach ihm benannten Gujral-Doktrin war das Prinzip der Nichtreziprozität, gemäß der Indien sich nun in bilateralen Konflikten zu einseitigen Zugeständnissen gegenüber den Nachbarn bereit erklärte.[12] Dieses Konzept einer »Politik der guten Nachbarschaft«[13] verdrängte die Indira-Doktrin, die auf eine Politik der Stärke und inneren Einmischung gesetzt hatte. Weniger Erwägungen wie nationale Sicherheit, die noch zu Zeiten Indira Gandhis das Verhältnis zu den Nachbarstaaten geprägt hatten, als vielmehr gemeinsame wirtschaftliche Interessen sollten jetzt das bilaterale Verhältnis bestimmen. Indien nahm damit in den neunziger Jahren Abschied von den traditionellen Vorstellungen, als regionale Ordnungsmacht zu fungieren. Die Erfolge dieser Politik zeigten sich unter anderem in Verträgen mit Bangladesch und Nepal 1996, mit denen langjährige Wasserkonflikte geregelt wurden.

Indien hat in den 1990er Jahren auch seine materielle Unterstützung für die Nachbarstaaten deutlich ausgeweitet. Bereits 1964 wurde das Programm »Indian Technical and Economic Cooperation« (ITEC) geschaffen, mit dem Indien seitdem vor allem Ausbildungs- und Trainingsmaßnahmen für andere Entwicklungsländer bereitstellt. Die bescheidene indische Entwicklungshilfe, zu der auch Wirtschafts- und Finanzhilfen gehören, kam besonders den kleineren Nachbarstaaten, vor allem Bhutan, Nepal und nach 2001 auch Afghanistan zugute.

Obwohl Indien als größte Demokratie gilt, hat die Frage der Unterstützung demokratischer Regime erst im Zuge der Annäherung an die USA in den neunziger Jahren an Bedeutung gewonnen. Auf Drängen der USA beteiligte sich Indien 2000 an der »Community of Democracies« und rief mit den USA 2005 die Global Democracy Initiative (GDI) ins Leben. Im regionalen Kontext betonte Indien vor allem in den Beziehungen zu Nepal und Afghanistan stärker die demokratische Komponente. In Nepal schwelte seit 1996 ein Bürgerkrieg zwischen den Maoisten, den demokratischen Parteien und der Monarchie. Für Indien war der Konflikt von höchster innen- und außenpolitischer Bedeutung. Erstens hatten die nepalesischen Maoisten enge Verbindungen zu maoistischen Gruppen in Indien (Naxaliten), die im Verlauf der neunziger Jahre ebenfalls an Zulauf gewannen. Zweitens war es der indischen Regierung trotz aller Anstrengungen nicht gelungen, eine politische Lösung mit den maoistischen Gruppen im eigenen Land zu finden. Als die nepalesische Monarchie im Februar 2005 den Ausnahmezustand verhängte, reagierte die indische Regierung mit Sanktionen, um den demokratischen Prozess wieder zu stärken. In der Folge vermittelte Indien Gespräche zwischen den nepalesischen Parteien und den Maoisten, die 2006 zu einer Verständigung zwischen beiden Seiten führten. Im Frühjahr 2007 kam es zu Protesten gegen die nepalesische Monarchie, die kurz darauf abdankte. Die Wahlen zur verfassungsgebenden Versammlung brachten 2008 einen überraschend klaren Wahlerfolg für die nepalesischen Maoisten. Indien erhofft sich von

---

12 Vgl. I.K. Gujral, A Foreign Policy for India, o. O. 1998.
13 Hans-Georg Wieck, Indiens Politik der guten Nachbarschaft, in: Außenpolitik 3/1973, S. 291–300.

der Einbindung der Maoisten in Nepal Rückwirkungen für politische Lösungen auf der Ebene seiner Bundesstaaten.

Aufgrund des Konflikts mit Pakistan verfügt Indien traditionell über gute Beziehungen zu Afghanistan. Seit der Intervention der internationalen Gemeinschaft 2001 ist Indien auch zu einem der größten Geber in Afghanistan geworden und hat seitdem über eine Milliarde Dollar in den Wiederaufbau des Landes investiert. Indien ist an einer Reihe von Infrastrukturprojekten beteiligt und hat auch im Rahmen des ITEC-Programms bilaterale Hilfen für Afghanistan deutlich ausgeweitet. Die umfangreichen Hilfsmaßnahmen werden von Indien insgesamt als Demokratieförderung eingestuft, doch spielt diese Frage im Kontext der indischen Außenpolitik weiterhin nur eine untergeordnete Rolle.[14]

Durch seine neue Südasien-Politik gelang es Indien, die Zusammenarbeit mit den Nachbarstaaten allmählich auch auf sensible Bereiche wie Sicherheit und Terrorismus auszuweiten. Mit Bhutan, Myanmar und Sri Lanka gab es eine Kooperation gegen die verschiedenen Aufstandsbewegungen. Die Zusammenarbeit blieb dabei immer auch von den parteipolitischen Konstellationen abhängig. So verstärkte sich die Zusammenarbeit in diesem Bereich mit Bangladesch erst nach dem Wahlsieg der Awamiliga 2008.

Die einzige Ausnahme blieben die Beziehungen zu Pakistan. Die pakistanische Unterstützung für den Aufstand in Kaschmir seit Ende der achtziger Jahre, die Nukleartests 1998, der Kargil-Krieg 1999 und die gescheiterte Erstürmung des indischen Parlaments 2001 führten zu einer Reihe von Krisen. Pakistan betonte immer wieder, zunächst den Kaschmir-Konflikt zu lösen, bevor die regionale Zusammenarbeit intensiviert werden könnte, und setzte das SAPTA-Abkommen als letzter Staat in der Region um.

Das überraschende Angebot des indischen Premierministers Atal Behari Vajpayee im Frühsommer 2003 für einen neuen Dialog wurde von Pakistan aufgegriffen und führte im Februar 2004 zur Einrichtung eines Verbunddialogs zwischen beiden Staaten. Bis Ende 2008 gab es insgesamt vier Gesprächsrunden, die von einem Ausbau der wirtschaftlichen, politischen und gesellschaftlichen Beziehungen begleitet waren. Beide Seiten kamen in geheimen Verhandlungen bis 2007 auch einer Lösung Kaschmirs sehr nahe, die jedoch aufgrund der damaligen innenpolitischen Turbulenzen in Pakistan nicht umgesetzt werden konnte.[15] In Reaktion auf den Anschlag in Mumbai im November 2008 setzte die indische Regierung den Verbunddialog aus. Bei der Wiederaufnahme der Gespräche im Februar 2010 zeigte sich, dass Indien auf weitere Zugeständnisse Pakistans bei der Bekämpfung des Terrorismus beharrte, wohingegen auf pakistanischer Seite die Kaschmir-Frage wieder stärker in den Vordergrund gerückt war. Der Ausbau der wirtschaftlichen Beziehungen oder der trilaterale Handel mit der Einbeziehung Afghanistans wird deshalb wohl weiterhin nur schleppend vorankommen.

---

14 Vgl. Christian Wagner, Demokratieförderung und Außenpolitik in Indien (SWP-Studie 2009/S 21), Berlin 2009.
15 Vgl. Babar Dogar und Ranjan Roy, Kashmir Solution Just a Signature Away: Kasuri, in: The News, 24.4.2010.

Nationbuilding gegen Indien

Neben den außenpolitischen Strategien Indiens spielten auch die innenpolitischen Konstellationen in den Nachbarstaaten eine entscheidende Rolle für die erfolglosen Versuche Indiens, sich als Regionalmacht in Südasien durchzusetzen. Das Nationbuilding in den vier Nachbarstaaten Pakistan, Bangladesch, Nepal und Sri Lanka war immer auf das Engste mit der Abgrenzung der nationalen Identität gegenüber Indien verbunden. Am offensichtlichsten war dies in Pakistan. Die Abgrenzung gegenüber Indien durch die Teilung und der Konflikt um Kaschmir gelten bis heute als tragende Säulen der pakistanischen Identität.[16] In Bangladesch entwickelte sich nach dem Militärputsch 1975 ebenfalls eine innenpolitische Debatte über die nationale Identität, in der das Verhältnis zu Indien die zentrale Rolle spielt. In Nepal zeigten sich ähnliche Entwicklungen, da Indien durch Verträge und Geheimverhandlungen einen großen Einfluss auf die Monarchie und die Parteien hatte. In Sri Lanka zeigte der anfängliche Streit um die Wiedereinbürgerung der indischen Tamilen die Furcht der singhalesischen Elite vor einer Überfremdung und einem politischen Machtverlust, sollte diese Gruppe das Wahlrecht erhalten. Die Stationierung indischer Friedenstruppen 1987 in Sri Lanka zur Beilegung des Konflikts zwischen militanten tamilischen Gruppen und der Zentralregierung wurde von radikal buddhistischen Gruppen als Beginn einer dauerhaften Besetzung gesehen, was zwischen 1987 und 1989 zu einem gewaltsamen Aufstand im Süden des Landes führte.

Erfolgloser regionaler Hegemon

Die indische Politik gegenüber den Nachbarstaaten zeigt seit 1947 deutliche Veränderungen und eine Lernkurve von diplomatischen Mitteln über militärische Macht hin zu neuen Formen der wirtschaftlichen und politischen Zusammenarbeit.[17] Dennoch ist Indien ein erfolgloser regionaler Hegemon geblieben. Die Indira-Doktrin in den 1970er und 1980er Jahren, als Südasien als Teil der nationalen Sicherheit Indiens galt und verstärkt militärische Mittel zum Einsatz kamen, trug zum negativen Image Indiens in der Region bei. Die Bemühungen Indiens, sich als regionale Vormacht zu etablieren, scheiterten aber auch an den innenpolitischen Konstellationen in den Nachbarstaaten. Deren Nationbuilding war in unterschiedlichster Form eng mit der Abgrenzung gegenüber dem als übermächtig empfundenen Nachbarn verbunden. Die in der westlichen Debatte immer wieder geäußerte Vorstellung, Indien könne als regionale Ordnungsmacht zu einer Befriedung der Region beitragen, übersieht diese historische Erblast, die dem ordnungspolitischen Engagement Indiens in Südasien enge innen- und außenpolitische Grenzen setzt.

---

16 Vgl. Sumit Ganguly, Conflict Unending. India-Pakistan Tensions since 1947, Oxford und Neu-Delhi 2002; Robert G. Wirsing, Kaschmir: In the Shadow of War. Regional Rivalries in a Nuclear Age, New York, NY, und London 2003.

17 Vgl. Christian Wagner, From Hard Power to Soft Power? Ideas, Interaction, Institutions, and Images in India's South Asia Policy (Heidelberg Papers in South Asian and Comparative Politics, Working Paper Nr. 26), Heidelberg 2005.

Australien: Stabilitätsexport Down Under

Daniel Lambach

Australien brach mit seiner Tradition der Zurückhaltung und ist seit etwa 1998/99 als regionale Führungsmacht aufgetreten, um die Länder in seiner Nachbarschaft zu stabilisieren.[1] Der Fünfte Kontinent widmete sich nicht nur der Region des Südpazifik, den so genannten »Bogen der Instabilität«, der sich von Indonesien über Papua-Neuguinea, die Salomonen und Nauru bis nach Fidschi und Tonga spannt, sondern engagierte sich im Schulterschluss mit dem amerikanischen Alliierten auch global, etwa in Afghanistan und im Irak. Diese Neudefinition der eigenen Rolle wurde durch Veränderungen des globalen und regionalen Umfelds angestoßen.

Auslöser der Neuorientierung

1996 wurde die langjährige Labor-Regierung durch die von John Howard geführte konservative Liberal Party abgelöst. Die neue Regierung zeigte zunächst wenig Interesse an der Region sowie an Sicherheitspolitik generell. Mehrere Ereignisse traten jedoch in rascher Folge ein, die zu einer Neuausrichtung der australischen Sicherheits- und Verteidigungspolitik führten.

Zunächst traf die Osttimor-Krise (1998/99) die australische Regierung und das Militär völlig unvorbereitet und stellte sie vor das Dilemma, entweder die fragile Habibie-Regierung in Indonesien zu unterstützen oder dem Druck der heimischen Öffentlichkeit, der internationalen Gemeinschaft sowie der USA nachzugeben. Nach langem Zögern entschied die Howard-Regierung, dass die regionale Stabilität am ehesten durch ein robustes Eingreifen der Vereinten Nationen (UN) gesichert werden könnte, und stellte über 5000 Soldaten für die INTERFET-Mission bereit. Das war mit Abstand das größte Truppenkontingent, das Australien seit dem Vietnam-Krieg in die Region entsandt hatte.

Auf globaler Ebene beförderten die Terroranschläge vom 11. September 2001 sowie der Militäreinsatz in Afghanistan den strategischen Wandel. Premierminister Howard, der sich während der Terroranschläge in Washington aufhielt, rückte noch näher an die Vereinigten Staaten heran und unterstützte den »globalen Krieg gegen den Terror« vorbehaltlos, weswegen sich Australien – trotz innenpolitischer Widerstände – auch an der Invasion im Irak beteiligte.

War das Eingreifen in Osttimor noch durch eher abstrakte sicherheitspolitische und humanitäre Interessen motiviert, zeigten die Bombenattentate auf Bali am 12. Oktober 2002, bei denen 202 Menschen, darunter 88 Australier, ums Leben kamen, dass der transnationale Terrorismus auf Australiens Türschwelle angekommen war. Mehr noch als Osttimor und der 11. September 2001 trug dieses Ereignis zu einer interventionistischeren Sicherheitspolitik bei.

---

1 Vgl. Christian Hirst, The Paradigm Shift: 11 September and Australia's Strategic Reformation, in: Australian Journal of International Affairs 2/2007, S. 175–192; William Clapton, Managing Risk within International Society: Hierarchical Governance in the Asia-Pacific, in: Australian Journal of International Affairs 3/2009, S. 416–429.

Parteiübergreifend hat Australien, ebenso wie seine westlichen Verbündeten, in den vergangenen Jahren Sicherheitsrisiken neu bewertet: Erstens seien neue Bedrohungen global; Australien könne sich nicht weiter darauf beschränken, die See- und Luftwege um den Kontinent zu verteidigen. Zweitens gingen die wichtigsten Bedrohungen für die Sicherheit Australiens von transnationalen terroristischen und kriminellen Netzwerken aus. Aufgrund dieser Bedrohungsanalyse vollzog Australien zwischen 1998 und 2003 einen Politikwechsel – an dem auch die 2007 ins Amt gewählte Labor-Regierung unter Kevin Rudd festhält. Engagierte sich Australien lange Zeit eher zurückhaltend im Südpazifik, um dort nicht als rücksichtsloser Hegemon angesehen zu werden, so hat es seither mehrere entwicklungs- und sicherheitspolitische Interventionen in Nachbarstaaten unternommen.

Im Unterschied zum Irak-Einsatz war Australien bei seinen regionalen Einsätzen immer darauf bedacht, dass diese völkerrechtlich abgesichert sind. Gerade im regionalen Kontext ist die Legitimation der internationalen Staatengemeinschaft wichtig, um Sorgen der Nachbarn über die regionale Führungsmachtrolle Australiens zu begegnen.[2]

Australien entsandte im Juli 2003 die Regional Assistance Mission to Solomon Islands (RAMSI). Auf den Salomonen herrschte zwischen 1997 und 2000 ein blutiger Bürgerkrieg, der einen schrittweisen Zerfall des Staatsgefüges einleitete. Mehrere salomonische Regierungen hatten Australien seit 2000 immer wieder um Beistand gebeten, bis es diesen 2003 schließlich gewährte. RAMSI bestand aus etwa 2200 Polizisten und Soldaten, die meisten Australier, begleitet von kleineren Kontingenten aus Neuseeland, Fidschi, Papua-Neuguinea und Tonga.

Des Weiteren vereinbarte Australien das letztlich gescheiterte Enhanced Cooperation Package (ECP) in Papua-Neuguinea (2004/05), entsandte Soldaten und Polizisten nach Osttimor, um dort seit 2006 eine erneute UN-Mission zu unterstützen und setzte Soldaten, Polizisten, Experten und Beamte in Nauru (seit 2004) und Tonga (2006) ein.

Außenpolitische Orientierung

Die Grundkonstanten australischer Außenpolitik bilden die enge Bindung an die USA sowie die Pflege guter Beziehungen zu den regionalen Führungsmächten Japan und China. Schwierigkeiten der USA mit den asiatischen Staaten rücken auch Australien in die unangenehme Position, sich für bestimmte Partner entscheiden zu müssen – so wie 1999 im Fall Osttimor.

Verdeutlichen lässt sich dieses Grundproblem an der seit 1951 bestehenden ANZUS-Allianz (Australia, New Zealand, United States). Beide großen Parteien in Australien wollen diese Allianz beibehalten, die auch von der Bevölkerung mehrheitlich befürwortet wird. Mit ihrer bedingungslosen Unterstützung der Bush-Administration ging die liberale Regierung jedoch deutlich über den gesellschaftlichen Grundkonsens hinaus. Dabei nahm sie auch in Kauf, dass die

---

2 Dennoch kam es aufgrund des teils unsensiblen Vorgehens der Howard-Regierung immer wieder zu diplomatischen Verstimmungen. Vgl. Michael Clarke, Issues in Australian Foreign Policy: July to December 2007, in: Australian Journal of Politics and History 2/2008, S. 271–288; Carl Ungerer, Issues in Australian Foreign Policy: July to December 2006, in: Australian Journal of Politics and History 2/2007, S. 267–280.

Beziehungen zu den südostasiatischen Nachbarn gefährdet wurden, die die US-Politik massiv kritisierten.³ Der Howard-Regierung waren die guten Beziehungen zu den USA selbst wichtiger als die Meinung der eigenen Bevölkerung, die mehrheitlich einen Krieg ohne UN-Autorisierung ablehnte. Massenproteste wie in vielen europäischen Ländern blieben jedoch aus, so dass Howard trotz des unpopulären Krieges 2004 wiedergewählt wurde.⁴

Abbildung 8: Australien und Nachbarstaaten

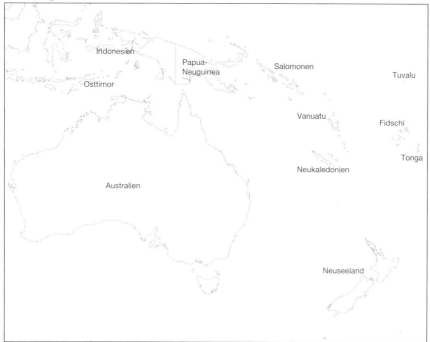

Auch nach dem Regierungswechsel 2007 von Howard zu Rudd wird sich Australien weiterhin an US-geführten Einsätzen beteiligen. Zwar hatte die Labor-Partei die Teilnahme am Irak-Feldzug kritisiert, ließ sich dabei jedoch stets das Hintertürchen einer Zustimmung offen, um der möglichen Kritik zu entgehen, die Allianz mit den USA zu gefährden. Ebenso wenig ist mit der Rudd-Regierung eine Abkehr vom regionalen Engagement Australiens zu erwarten. Zu Oppositionszeiten hatte sie dieses weitgehend unterstützt, auch wenn sie zuweilen kritisierte, dass humanitäre Aspekte in der Einsatzplanung zu kurz kämen.

---

3 Vgl. William T. Tow, Deputy Sherriff or Independent Ally? Evolving Australian-American Ties in an Ambiguous World Order, in: Pacific Review 2/2004, S. 271–290; Richard Leaver, The Meanings, Origins and Implications of The Howard Doctrine, in: Pacific Review 1/2001, S. 15–34.

4 Vgl. Tow, Deputy Sherriff or Independent Ally, a. a. O. (Anm. 4); Vgl. Daniel Flitton, Perspectives on Australian Foreign Policy, in: Australian Journal of International Affairs 1/2003, S. 37–54, hier S. 45; Matt McDonald, Perspectives on Australian Foreign Policy, in: Australian Journal of International Affairs 2/2005, S. 153–168, hier S. 159.

Konzept und Umsetzung

So weist das neue Weißbuch des Verteidigungsministeriums auch keine grundsätzlichen Unterschiede im Vergleich zu früheren Strategien auf. Gleich nach der Landesverteidigung rückt ein sicheres regionales Umfeld, namentlich Indonesien und der Südpazifik, in den Fokus. Für die australischen Streitkräfte ist demnach die Stabilisierung fragiler Staaten, insbesondere der pazifischen Inselstaaten und Osttimor, von zentraler Bedeutung.[5] Auch im Weißbuch des australischen Entwicklungsprogramms (AusAID), das 2007, noch vor Wahl, veröffentlicht wurde, wird die Unterstützung der regionalen Stabilität und Zusammenarbeit besonders hervorgehoben.[6]

Um dieses Hauptziel zu erreichen, sollen staatliche Steuerungskapazitäten aufgebaut (Capacitybuilding) und Institutionen gestärkt werden (Statebuilding),[7] um damit auch die wirtschaftliche und humanitäre Lage der Bevölkerung zu verbessern. Konkret werden diese Vorgaben in zwei Arbeitsschwerpunkten umgesetzt: innere Sicherheit und Justizwesen sowie Verwaltung (Strukturreformen und Korruptionsbekämpfung).[8]

Der australische Einsatz auf den Salomonen ist ein gutes Beispiel für diese Strategie. RAMSI wurde im Kern als Polizeimission konzipiert, die um ein militärisches Kontingent und Governance-Reformer verstärkt wurde: In der Anfangsphase sollten Soldaten den fragilen Frieden sichern, Recht und Ordnung herstellen und die Milizen entwaffnen. Mittel- und langfristig könne daraufhin das Justizwesen gestärkt, der Regierungsapparat aufgebaut und die Wirtschaft wieder in Gang gebracht werden. RAMSI erfüllte die Sicherheitsaufgaben sehr gut – die Entwaffnung war erfolgreich und die öffentliche Ordnung blieb weitgehend gewahrt. Problematischer gestalteten sich die Governance- und Polizeireformen, da hier versucht wurde, westliche Management- und Planungskonzepte an Personen weiterzugeben, denen derartige Strukturen fremd waren und die größeren Wert auf informelle Regeln und Tradition legten.[9] Ferner wurde an RAMSI kritisiert, dass dessen Mandat Grundlagen für wirtschaftliche Reformen, etwa eine Landreform oder eine Förderung des staatlichen Bildungssystems, nicht vorsieht.[10]

Auffällig ist, welch geringe Rolle in diesem Konzept militärischer Gewalt zugeschrieben wird. Aufgrund der extremen Asymmetrie zwischen australischen Kräften und den Milizen und Kriminellen genügt es, Gewalt anzudrohen, um

---

5 Vgl. Department of Defence, Defending Australia in the Asia Pacific Century: Force 2030. Defence White Paper 2009, Canberra 2009.

6 Vgl. Toby Carroll und Shahar Hameiri, Good Governance and Security: The Limits of Australia's New Aid Programme, in: Journal of Contemporary Asia 4/2007, S. 410–430.

7 Vgl. Shahar Hameiri, Risk Management, Neo-liberalism and the Securitisation of the Australian Aid Programme, in: Australian Journal of International Affairs 3/2008, S. 357–371.

8 Vgl. Ungerer, Issues in Australian foreign policy, a. a. O. (Anm. 3). Korruptionsbekämpfung und institutionelle Reformen machten auch australische Hilfsgelder wirksamer.

9 Korruptionsbekämpfung und institutionelle Reformen sollen auch australische Hilfsgelder wirksamer machen. Vgl. Frank Frost, Perspectives on Australian Foreign Policy 2006, in: Australian Journal of International Affairs 3/2007, S. 403–426, hier S. 411.

10 Vgl. Rory McKibbin, Australian Security and Development in Solomon Islands, in: Australian Journal of Political Science 3/2009, S. 439–456.

potenzielle Störenfriede abzuschrecken. Soldaten haben daher zumeist nur eine unterstützende Funktion für Polizisten, Experten und Bürokraten, die das Gros des entsandten Personals ausmachen. Auf den Salomonen, in Papua-Neuguinea, Nauru, Tonga und Osttimor ist »Policebuilding« denn auch ein zentraler Baustein der australischen Strategie. Seit 2004 wird ein speziell ausgebildeter Personalpool der australischen Polizei (International Police Deployment Group) aufgebaut, der heute über 700 Mann stark ist und bislang über 750 Millionen australische Dollar (ca. 470 Mio. Euro) gekostet hat.[11] Allein der finanzielle Beitrag Australiens für RAMSI beziffert sich auf etwa 200 Millionen australische Dollar (ca. 125 Millionen Euro) jährlich.[12]

Australien setzt einen Großteil seiner Gelder bilateral ein. Zwar war die multilaterale Legitimation von RAMSI und anderen regionalen Einsätzen wichtig; dennoch werden Mittel fast ausschließlich über australische Strukturen eingesetzt. Die Förderung staatlicher Institutionen macht inzwischen einen Großteil der offiziellen Entwicklungshilfe (ODA) Australiens aus. Lagen die Ausgaben für Governance-Programme 1996 noch bei 68 Millionen australische Dollar, waren sie bis 2006/07 auf rund 700 Millionen gestiegen. Weitere 421 Millionen wurden für Programme im Bereich Recht und Ordnung ausgegeben.[13] Die Regierung Howard beabsichtigte, in diesen Bereichen bis 2010 noch mehr zu investieren. Diese Pläne wurden nach dem Regierungswechsel jedoch nicht mehr umgesetzt. Auch die neue Labor-Regierung erhöhte den Entwicklungsetat, setzte indes den größten Teil dafür ein, Partnerländer zu unterstützen, damit sie ihre Millennium-Entwicklungsziele erreichen können.

Nach Indonesien (ca. 480 Millionen australische Dollar)[14] gehören mit Papua-Neuguinea (ca. 400 Millionen), Irak (ca. 370 Millionen) und den Salomonen (ca. 250 Millionen) drei Staaten zu den größten Hilfsempfängern, in denen sich Australien in den letzten Jahren mit Stabilisierungseinsätzen engagiert hat. Zusammen erhalten diese Staaten rund 40 Prozent der australischen ODA von insgesamt 3,8 Milliarden australischen Dollar. Auch die Hilfszahlungen an Afghanistan und Osttimor haben in den vergangenen Jahren deutlich zugenommen.[15]

Koordination und Kommunikation

Durch eine so genannte »Whole-of-Government«-Strategie sollte ein einheitliches sicherheitspolitisches Vorgehen gewährleistet werden. Die Koordination zwischen den einzelnen Ressorts gelingt denn auch relativ reibungslos. Förderlich

---

11 Vgl. Gordon Peake und Kaysie Studdard Brown, Policebuilding: The International Deployment Group in the Solomon Islands, in: International Peacekeeping 4/2005, S. 520–532; Sinclair Dinnen, Abby McLeod und Gordon Peake, Policebuilding in Weak States: Australian Approaches in Papua New Guinea and Solomon Islands, in: Civil Wars 2/2006, S. 87–108.
12 Vgl. Hameiri, Risk Management, Neo-liberalism and the Securitisation of the Australian Aid Program, a.a.O. (Anm. 8), S. 362.
13 Vgl. ebd.
14 Indonesien hat als bevölkerungsreiches und überwiegend muslimisches Nachbarland einen traditionell hohen Stellenwert in der australischen Diplomatie.
15 Vgl. Hameiri, Risk Management, Neo-liberalism and the Securitisation of the Australian Aid Program, a.a.O. (Anm. 8), S. 362.

für die Koordination ist unter anderem, dass AusAID nicht als eigenes Enwicklungshilfeministerium, sondern lediglich als Abteilung des Außenministeriums organisiert ist. Dies führt jedoch dazu, dass Entwicklungsziele regelmäßig Sicherheitsinteressen und anderen außenpolitischen Zielen untergeordnet werden.[16] Insbesondere RAMSI gilt international als Modell für eine integrierte Peacebuilding-Mission, bei der unterschiedliche Ministerien sehr erfolgreich kooperieren.[17] Zwar gab es auch hier gelegentliche Detailprobleme, etwa ineffiziente Dopplungen der Kommunikationsstrukturen, aber die vertikale Koordination zwischen politischer Führung und den Durchführungskräften funktionierte insgesamt gut.

Die Aufgabe wurde möglicherweise auch dadurch vereinfacht, dass RAMSI im Wesentlichen eine australische Mission war, auch wenn kleinere Kontingente aus anderen Ländern an ihr beteiligt waren. Insofern bestand nur ein geringer Abstimmungsbedarf – die Kontingente aus Drittländern mussten sich lediglich in die australischen Strukturen einfügen. Bei der Arbeit des Polizeikontingents gelang dies sehr erfolgreich, wobei die Beamten aus anderen melanesischen Inselstaaten Sprachkenntnisse und kulturelles Wissen mitbrachten, die es ihnen ermöglichten, die Distanz zu den salomonischen Polizisten abzubauen.[18]

Auf australischer Seite mangelte es dagegen oft an interkultureller Kompetenz, so dass australisches Statebuilding von den Empfängern oft als bevormundend und »besserwisserisch« empfunden wurde. Auf den Salomonen verschlechterten sich deshalb die Beziehungen zur lokalen Regierung stetig. Nachdem es 2006 zu Unruhen gekommen war, gipfelten die Spannungen mit der Ausweisung mehrerer australischer Offizieller.[19] Kritisiert wird, dass die salomonische Regierung zwar nominell der Souverän im Land geblieben sei, de facto aber RAMSI die Macht übernommen habe und ihre Statebuilding-Agenda ohne Rücksicht auf die Präferenzen der gewählten Regierung verfolge.[20] Zwar hat sich die Regierung Rudd stilistisch von ihrer oft hegemonial wirkenden Vorgängerin abgesetzt und betont Werte wie Dialog und Partnerschaft. Bislang ist aber noch unklar, ob diese Rhetorik auch in die Praxis umgesetzt worden ist.

---

16 Vgl. Andrew Rosser, Neo-liberalism and the Politics of Australian Aid Policy-Making, in: Australian Journal of International Affairs 3/2008, S. 372–385; Carroll und Hameiri, Good Governance and Security, a. a. O. (Anm. 7).

17 Vgl. Stewart Patrick und Kaysie Brown, Greater Than the Sums of Its Parts? Assessing »Whole of Government.« Approaches to Fragile States, New York, NY, 2007, S. 76–91.

18 Vgl. Dinnen, McLeod und Peake, Policebuilding in Weak States, a. a. O. (Anm. 12), S. 98.

19 Vgl. Frost, Perspectives on Australian Foreign Policy 2006, a. a. O. (Anm. 10); Shahar Hameiri, The Region Within: RAMSI, the Pacific Plan and New Modes of Governance in the Southwest Pacific, in: Australian Journal of International Affairs 3/2009, S. 348–360.

20 Vgl. Ebd.; Clapton, Managing risk within international society, a. a. O. (Anm. 1); ähnlich Tarcisius T. Kabutaulaka, Australian Foreign Policy and RAMSI Intervention in Solomon Islands, in: The Contemporary Pacific 2/2005, S. 283–308; McKibbin, Australian Security and Development in Solomon Islands, a. a. O. (Anm. 11).

Fazit und Ausblick

Die Herangehensweise Australiens, die den Staatsaufbau ins Zentrum rückt, beruht auf der Annahme, dass der postkoloniale Staat in den Ländern des Südpazifik zu schwach gewesen sei, um sich gegen überkommene sozio-kulturelle Institutionen wie das Clanwesen durchzusetzen. Indem Institutionen gestärkt werden, so die Theorie, könne der Staat seine Regulierungsfunktionen für die Gesellschaft erfüllen.[21]

In der Praxis bleibt indes umstritten, ob die Fokussierung auf Governance sowie Recht und Ordnung ausreicht. In dieser Debatte wäre die Regierung in Canberra gut beraten, auch jenen Stimmen Gehör zu schenken, die sich für eine stärkere Berücksichtigung traditioneller Strukturen in Stabilisierungskonzepten aussprechen.[22] Eine derartige Erweiterung des Statebuilding-Ansatzes – die übrigens von AusAID selbst angeregt worden ist – würde die australischen Maßnahmen besser in den lokalen Gesellschaften verankern und damit deren Wirksamkeit und Nachhaltigkeit verbessern.

Australien befindet sich heute in einem Dilemma. Einerseits ist es weithin als Führungsmacht der Region anerkannt und kommt dieser Verantwortung durch Hilfsleistungen und Stabilisierungsmissionen nach. Andererseits sind seine Möglichkeiten begrenzt, die Governance-Systeme und wirtschaftlichen Strukturen zu verbessern, da es sich hierbei um eine äußerst aufwändige Arbeit handelt, die einen langen Atem erfordert. Die Regierung hat daraus offenkundig gelernt, dass sie bei der Auswahl ihrer Maßnahmen und künftigen Missionen selektiver vorgehen muss.

---

21 Vgl. Carroll und Hameiri, Good Governance and Security, a. a. O. (Anm. 7).
22 Vgl. Volker Böge et al., Hybrid Political Orders and Emerging States: What is Failing – States in the Global South or Research and Politics in the West?, in: Sabine Fischer und Beatrix Schmelzle (Hrsg.): Building Peace in the Absence of States: Challenging the Discourse on State Failure, Berlin 2009, S. 15–36.

IV. Supra- und transnationale Strukturen und Akteure

Der UN-Sicherheitsrat zur Legitimation humanitärer Interventionen

Manfred Eisele

Obwohl die UN-Charta bereits in Artikel 1 die Förderung und Festigung der Menschenrechte als Ziele der Staatengemeinschaft benennt, bleibt sie die Antwort schuldig, wie diese Rechte zu schützen sind. Stattdessen postuliert Artikel 2 die Staatssouveränität. Es ist dieses Spannungsverhältnis zwischen den Individualrechten der Menschen einerseits und der Staatssouveränität andererseits, das die politische Debatte um Interventionen bis heute prägt.

Zwar wurden die Resolutionen zur Bestrafung des Völkermords[1] und die Universale Erklärung der Menschenrechte[2] zweifellos zu Meilensteinen internationalen Rechts. Erfreulicherweise wurde die Allgemeine Erklärung der Menschenrechte auch in zahlreichen Abkommen, Konventionen und Protokollen zum Schutz von Frauen, Kindern, Minderheiten und anderen Schutzbedürftigen so kontinuierlich weiterentwickelt, dass man sie heute als das zweite Zentraldokument der Weltorganisation neben ihrer Charta bezeichnen kann. Doch bietet das Interventionsverbot des Artikels 2.7 den Vereinten Nationen im Falle innerstaatlicher Konflikte eine wohlfeile Ausrede für ihre politische Abstinenz. So hat die Staatengemeinschaft schwersten Menschenrechtsverletzungen, wie etwa denen des Pol-Pot-Regimes in Kambodscha, tatenlos zugesehen.

Staatssouveränität und Interventionsverbot

»Kein Staat soll sich in die Verfassung und Regierung eines andern Staats gewalttätig einmischen.«[3] Immanuel Kants Forderung aus dem 5. Präliminarartikel seines philosophischen Entwurfs »Zum ewigen Frieden« findet sich sinngemäß in Artikel 2.7 der Charta der Vereinten Nationen, der lautet: »Aus dieser Charta kann eine Befugnis der Vereinten Nationen zum Eingreifen in Angelegenheiten, die ihrem Wesen nach zur inneren Zuständigkeit eines Staates gehören, oder eine Verpflichtung der Mitglieder, solche Angelegenheiten einer Regelung auf Grund dieser Charta zu unterwerfen, nicht abgeleitet werden …«[4] Diese Bestimmung wird seither als nahezu absolut geltendes Interventionsverbot interpretiert, weil sie im englischen Original wesentlich stringenter wirkt als in der offiziellen deutschen Übersetzung.[5] Wenn die Charta ein so eindeutiges Verbot enthält, erscheint

---

1   UN-Sicherheitsratsresolution 260 (III) Konvention über die Vorbeugung und Bestrafung des Verbrechens des Völkermords, 9.12.1948.
2   UN-Sicherheitsratsresolution 217 (III) Internationales Gesetz der Menschenrechte: Eine universale Erklärung der Menschenrechte, 10.12.1948.
3   Immanuel Kant, Zum ewigen Frieden, Königsberg 1795 (Stuttgart 1983), S. 19.
4   Charta der Vereinten Nationen (UN-Charta). Amtliche Fassung der Bundesrepublik Deutschland, Bundesgesetzblatt 1973 II., Artikel 2.7, S. 431 ff.
5   Im englischen Wortlaut: »Nothing contained in the present Charter shall authorize the United Nations to intervene in matters, which are essentially within the domestic jurisdiction of any state.«

die Frage nach einer Legitimation von Interventionen eigentlich unangebracht. Das gilt umso mehr, als eine vorhergehende Festlegung im gleichen Artikel 2 der UN-Charta bereits das allgemeine Gewaltverbot enthält. Diese freiwillige Verpflichtung gilt für Experten des internationalen Rechts unbestritten als ius cogens – als zwingendes Recht.

Trotz solch bindender Festlegungen, haben die Mitgliedstaaten der Weltorganisation das Interventionsverbot häufiger wiederholt und ausdrücklich bekräftigt als jede andere Bestimmung. In der Zeit des Kalten Krieges erfolgten derartige Bekräftigungen durch die UN-Generalversammlung beinahe jährlich. Besonders zwei Resolutionen der Generalversammlung weiteten das Interventionsverbot noch aus: die »Deklaration über die Unzulässigkeit von Einmischung in die inneren Angelegenheiten von Staaten und den Schutz von deren Unabhängigkeit und Souveränität«[6] und die »Erklärung über völkerrechtliche Grundsätze für freundschaftliche Beziehungen und Zusammenarbeit zwischen den Staaten im Einklang mit der Charta der Vereinten Nationen«.[7] Konnte man die Formulierung des Artikels 2.7 als gegen die Anwendung vor allem militärischer Gewalt gerichtet interpretieren, schließen beide angeführten Resolutionen der Generalversammlung auch Eingriffe mit politischen, wirtschaftlichen oder sonstigen Mitteln in das Interventionsverbot ein.

Ein so weit gehendes Interventionsverbot wurde noch übertroffen durch die Formulierungen der Resolution der UN-Generalversammlung von 1981, gegen die es vor allem aus dem westlichen Lager 22 Gegenstimmen und weitere sechs Enthaltungen gab. Das lag nicht nur daran, dass das solchermaßen erweiterte Interventionsverbot auch die auswärtigen Angelegenheiten der Staaten einschließen sollte, sondern beispielsweise auch die Handlungsfreiheit der Staaten zu zwischenstaatlichen Abkommen und ihre Kontrolle über Bodenschätze. Bei dieser »Deklaration über die Unzulässigkeit von Intervention und Einmischung in die inneren Angelegenheiten von Staaten«[8] wurde deutlich, dass besonders den Entwicklungsländern die im Zuge der Entkolonialisierung gewonnene Souveränität wichtiger war als die Grundrechte der Menschen auf ihren Territorien.

An dieser Einstellung vieler Mitgliedstaaten der Vereinten Nationen hat sich grundsätzlich wenig geändert, wie aus Verlautbarungen der Gruppe 77, der mittlerweile 131 Staaten angehören, erkennbar wird, die in einer Erklärung das von mächtigen Staaten beanspruchte so genannte Recht auf humanitäre Interventionen verdammt. Zugleich fordert man zwar eine massive Verstärkung internationaler Entwicklungshilfe, spricht sich aber auch gegen jede Art von Einflussnahme aus.[9] Die Bewegung der Blockfreien hat das im Sicherheitsrat unterstrichen.[10]

---

6 Generalversammlung (GA) Resolution 2131 (XX), 21.10.1965.
7 GA Resolution 2625 (XXV), 24.12.1970.
8 GA Resolution 36/103, 9.12.1981.
9 Zum Beispiel Doha Deklaration, Zweiter Süd-Gipfel, Doha, 12.–16.6.2005; G77/SS/2005/.
10 Indem sie forderte, dass »die Prinzipien der souveränen Gleichheit, der politischen Unabhängigkeit und der territorialen Unversehrtheit sowie der Nichteinmischung in ihre inneren Angelegenheiten besonderen Respekt erheischen«, weshalb bei Friedenseinsätzen der Vereinten Nationen die »Verteidigung des Mandats nicht auf der gleichen Ebene betrachtet werden dürfe wie die Zustimmung der Parteien, die Nichtanwendung von Gewalt, außer zur Selbstverteidigung und Unparteilichkeit.« Botschafter Loulichki (Marokko) in 6178. Sitzung S/PV, 6178 (Resumption 1), 5.8.2009 (Übersetzung des Verfassers).

Gebotene Interventionen ...

Obwohl die UN-Charta die Zulässigkeit von Interventionen fast absolut einschränkt, haben sich die beiden Hauptorgane der Weltorganisation, die Generalversammlung und der Sicherheitsrat, schon bald nach ihrer Etablierung mit Situationen konfrontiert gesehen, in denen eine Intervention geboten oder wenigstens wünschenswert erschien. Das war etwa der Fall während des Bürgerkriegs in Griechenland. Dass dorthin statt der dringend erforderlichen militärischen Beobachtermission nur eine zivile Delegation entsandt wurde,[11] lag damals – wie auch in den folgenden Jahrzehnten – weniger an den restriktiven Bestimmungen des Artikels 2 der Charta als vielmehr an der Ost-West-Konfrontation. So blieben Interventionen auf dem Territorium souveräner Mitgliedstaaten während der Zeit des Kalten Krieges – nicht zuletzt aufgrund russischer Vetomacht[12] – äußerst selten.[13]

Für die Weiterentwicklung des internationalen Rechts war die Aggression Nordkoreas gegen seinen südlichen Nachbarn besonders bedeutungsvoll. Da die UdSSR damals gerade versuchte, die Beschlussfähigkeit des Sicherheitsrats mit seiner Politik des leeren Stuhls zu blockieren,[14] wurde die Generalversammlung auf den Plan gerufen. Deren Resolution »Gemeinsam für den Frieden«[15] wurde zum Präzedenzfall, der sich mehrfach bewährt hat, wenn es galt, eine (Veto-)Blockade des Sicherheitsrats zu überwinden. Nur auf der Grundlage einer derartigen Aktivierung der Generalversammlung konnten 1956 die Voraussetzungen geschaffen werden für das mittlerweile erfolgreichste Instrument der Vereinten Nationen zur Wahrung des Friedens und seiner Wiederherstellung: die wegen ihrer Kopfbedeckung als »Blauhelme« bezeichneten UN-Friedenstruppen.

... zum Schutz der Menschenrechte

Tatsächlich gab jedoch erst 1991 die Resolution 688 den Startschuss für das explizit humanitäre Engagement des Sicherheitsrats.[16] Auslöser für diese Entschließung waren die massiven Menschenrechtsverletzungen des Saddam-

---

11 UN Doc.S/RES./15, 19.12.1946.
12 Vor allem Stalin, der die Verurteilung der Sowjetunion durch den Völkerbund wegen des sowjetischen Angriffskriegs gegen Finnland 1939 nicht vergessen wollte, fühlte sich angesichts der Mehrheit demokratisch orientierter und den USA zuneigender Mitgliedstaaten in den Hauptorganen der Vereinten Nationen in der Defensive. Der sowjetische Diktator hat das von ihm selber als unabdingbare Voraussetzung für seine Zustimmung zur Weltorganisation durchgesetzte Vetorecht der ständigen Sicherheitsratsmitglieder vielfach genutzt, um den Rat zu blockieren. Von den zwischen 1945 und 1990 eingelegten 261 Vetos wurden 123 von der UdSSR eingelegt.
13 Die von den Vereinten Nationen gebilligte Gründung des Staates Israel wurde 1948 zum Anlass der erstmaligen Entsendung unbewaffneter Militärbeobachter unter der Flagge der Weltorganisation. Seither haben sich Militärbeobachter als das allgemein respektierte Interventionsinstrument der Staatengemeinschaft zur Überwachung des Einhaltens von Waffenstillständen bewährt.
14 Diese Politik sollte das sowjetische Ziel durchsetzen, den ständigen Platz Chinas im Sicherheitsrat durch die Volksrepublik wahrnehmen zu lassen.
15 Uniting for Peace Resolution, GA Resolution 377(V) vom 3.11.1959.
16 UN-Sicherheitsratsresolution 688 vom 5.4.1991.

Hussein-Regimes gegen seine eigenen Landsleute.[17] Der Generalsekretär, alle Mitgliedstaaten und humanitäre Organisationen wurden aufgefordert, humanitäre Hilfe zu leisten.

Den Vorstellungen einer »Neuen Weltordnung« nach dem Ende der bipolaren Ost-West-Konfrontation entsprechend, interpretierten die USA und Großbritannien diese Resolution als Freibrief, um Flugverbotszonen über weiten Bereichen des Irak einzurichten. Sie sahen sich auch autorisiert, bei Verstößen gegen das Flugverbot mit Waffengewalt zu reagieren. Wenn diese ziemlich freie Interpretation auch als Legitimationsbasis fragwürdig blieb, schützte das Flugverbot doch die kurdische und schiitische Bevölkerung vor Regimeübergriffen und erhielt damit eine humanitäre Dimension. So wurde die Resolution 688 zum Präzedenzfall für künftige Entscheidungen des Sicherheitsrats zur Intervention in eigentlich als souverän zu betrachtenden Mitgliedstaaten. Der ausdrückliche Bezug auf Artikel 39 der UN-Charta[18] hat sich dabei als Schlüssel für Interventionen jeglicher Art erwiesen.

Das Somalia-Trauma

Auch das Engagement der Staatengemeinschaft angesichts der dramatischen humanitären Notlage in Somalia wurde zunächst vorrangig als humanitäre Intervention konzipiert. Die Operation der UN in Somalia (UNOSOM), ursprünglich mit 50 Militärbeobachtern ausgerüstet, wurde erst nach einem dramatischen Bericht des Generalsekretärs auf 3500 Blauhelme verstärkt. Dabei sprach die Resolution 775 die jeweils 750 Mann starken Formationen nicht als das an, was sie sein sollten, nämlich »Bataillone«, sondern als »Sicherheitseinheiten«.[19] UNOSOM sollte offenbar nicht als militärischer Einsatz, sondern als humanitäre Hilfeleistung erscheinen.

Angesichts der humanitären Katastrophe in Somalia, die mehr als die Hälfte der Bevölkerung mit dem Hungertod bedrohte, schuf Generalsekretär Butros Butros Ghali eine eigene Hauptabteilung für derartige Aufgaben, das »Department of Humanitarian Affairs«. Damit sollten humanitäre Hilfsmaßnahmen unter Verantwortung der Vereinten Nationen eindeutig von anderen Interventionen abgegrenzt werden. Zugleich erhofften sich die UN davon eine breitere Legitimationsgrundlage.

Die enttäuschende Entwicklung der Lage in Somalia führte schließlich zur erstmaligen Autorisierung einer UN-Truppe unter Kapitel-VII-Bedingungen (Maßnahmen bei Bedrohung oder Bruch des Friedens und bei Angriffshandlungen). Die Aufgaben von UNOSOM II waren indes so weit gefächert, dass sie trotz erheblicher Verstärkung – zeitweilig war UNOSOM II fast

---

17 Unter Bezug auf den Bericht des Generalsekretärs vom 20. März 1991 »verurteilt der Rat die Unterdrückung der irakischen Zivilbevölkerung in vielen Teilen des Irak, besonders jüngst in kurdisch besiedelten Gebieten, deren Folgen den zwischenstaatlichen Frieden und die Sicherheit in der Region bedrohen.« Ebd. Abs. 1 (Übersetzung Verfasser).

18 Wonach der UN-Sicherheitsrat feststellt, ob eine Bedrohung oder ein Bruch des Friedens oder eine Angriffshandlung vorliegt.

19 UN-Sicherheitsratsresolution 775 vom 28.8.1992.

40 000 Mann stark – weder im militärischen noch im zivilen Bereich erfüllt werden konnten. So sollte UNOSOM II durch Abrüstung aller bewaffneten Kräfte im Lande und deren Versöhnung dazu beitragen, Frieden, Stabilität, Recht und Ordnung und damit quasi den Staat wiederherzustellen.

Die politische Konsequenz des Versagens der Staatengemeinschaft, das »Somalia-Trauma«, verdeutlichte sich nunmehr im Zaudern, wenn humanitäre Notsituationen eigentlich entschlossenes Eingreifen erfordert hätten. US-Präsident Bill Clinton, der in Somalia noch die politische Führung übernommen hatte, legte mit einer »Präsidentiellen Entscheidungsleitlinie« fest, dass die USA sich künftig nur noch sehr selektiv an UN-Missionen beteiligen würden.[20] So nahm es nicht Wunder, dass die UN auf den Völkermord in Ruanda und die Destabilisierung der Region der Großen Seen wie gelähmt reagierten. Ähnlich wie in Somalia sah der Sicherheitsrat sich dort mit einer eskalierenden Krise konfrontiert, deren Ursachen vielfältig waren und seit langem schwelten. Ohne in die Details des skandalösen Versagens der Vereinten Nationen einzugehen, steht fest, dass der Sicherheitsrat seine »Hauptverantwortung für die Wahrung des Friedens und der internationalen Sicherheit« im Falle des ruandischen Genozids nicht wahrgenommen hat. Stattdessen hat er sich zumindest der unterlassenen Hilfeleistung schuldig gemacht.[21]

Um das Völkermordgeschehen aufzuarbeiten wurde der Internationale Strafgerichtshof für Ruanda etabliert.[22] Bezug nehmend auf Kapitel VII der UN-Charta und orientiert am ähnlichen Gericht für das ehemalige Jugoslawien soll dieses Gericht die Straftatbestände des Völkermords, von Verbrechen gegen die Menschheit und Kriegsverbrechen ahnden. Damit wurde wenigstens ex post der Aspekt des humanitären Völkerrechts wahrgenommen und damit ein wichtiges Argument für die strittige Legitimation internationaler Interventionen geschaffen.

Ob Institutionen wie die Vereinten Nationen aus ihren eigenen Fehlern lernen können, muss man bezweifeln, angesichts des nur wenige Monate nach dem Ende des »Konflikts« in Ruanda geschehenen Massakers von Srebrenica. In Bosnien-Herzegowina war der ethnische Konflikt zwischen Bosniern, Kroaten und Serben so sehr eskaliert, dass der Sicherheitsrat schon 1993 so genannte »Sichere Gebiete« zum Schutz der Zivilbevölkerung erklärte.[23] Allerdings versäumte er es, diesen Gebieten durch ausreichend starke Blauhelmformationen den dringend erforderlichen Schutz zu gewähren. Vor allem aber unterließ er die unverzichtbare robuste Mandatierung der Blauhelmsoldaten. Die Konsequenz war das Massaker

---

20 Presidential Decision Directive 25 (PDD-25) vom 3.5.1994.
21 Das wurde durch die Entscheidung, die Zahl der UN-Blauhelme auf dem Höhepunkt des Völkermords von 2500 auf 270 zu verringern, dramatisch bewiesen. Vgl. UN-Sicherheitsratsresolution 912 vom 21.4.1994. Dass eine rechtzeitige, zumindest »humanitär« genannte Einmischung in die inneren Angelegenheiten Ruandas den Völkermord, wenn schon nicht verhindern, so doch wenigstens erfolgreich hätte eindämmen können, bewies Frankreich, das sich seinen eigentlich unilateralen Einsatz »Opération Turquoise« vom Sicherheitsrat autorisieren ließ (UN-Sicherheitsratsresolution 929 vom 22.6.1994). Die 2300 französischen Soldaten mit einigen Senegalesen kamen zwar zu spät, um helfen zu können, errichteten aber in kürzester Zeit eine Sicherheitszone und ermöglichten so die Flucht vor dem Genozid ins Ausland.
22 UN-Sicherheitsratsresolution 955 vom 8.11.1994.
23 UN-Sicherheitsratsresolution 819 vom 16.4.1993.

von Srebrenica im Juli 1995. Der Rat reagierte zwar rasch auf die ersten Berichte von dem Verbrechen und forderte den »unverzüglichen Rückzug der bosnischen Serben«,[24] aber diese scherten sich nicht darum. Damit waren die Vereinten Nationen ihrer Hauptverantwortung für die Wahrung des Friedens und der internationalen Sicherheit abermals nicht gerecht geworden.

Schutzverantwortung

Sicherheitsratszaudern und russische Vetoblockade im Fall des Kosovo ebenso wie zögerliche Reaktionen im Sudan-Konflikt angesichts der Verweigerungshaltung Chinas verdeutlichen bis heute das Legitimationsproblem von Intervention. Solange die Staatengemeinschaft sich mehr am Buchstaben der Charta orientiert, also dem Interventionsverbot gemäß Artikel 2.7, als an den Bedürfnissen der Menschen in den Kriegs- oder Konfliktgebieten, ist zwar die völkerrechtliche Legalität ihres Handelns oder Nichthandelns gewahrt, ihre ethische und moralische Legitimität bleibt jedoch gefährdet.

Es ist dringend erforderlich, das internationale Recht weiterzuentwickeln, um das Spannungsverhältnis zwischen staatlicher Souveränität und Menschenrechten besser auszutarieren. Dem steht jedoch das Beharrungsvermögen der Mehrheiten in der Generalversammlung und im Sicherheitsrat im Wege. Das unterstrichen die Staats- und Regierungschefs in ihrer Milleniumserklärung, in der sie vorrangig Respekt für ihre territoriale Integrität und politische Unabhängigkeit sowie die Nichteinmischung in ihre inneren Angelegenheiten forderten, ehe sie sich zur Kooperation bei der Lösung zwischenstaatlicher Probleme humanitären Charakters bekannten.[25]

Erst Generalsekretär Kofi Annan versuchte Bewegung in die erstarrte Debatte zu bringen. Dazu griff er auf die Empfehlungen der von Kanada initiierten »Internationalen Kommission« zu Intervention und Staatssouveränität« (ICISS), namentlich in deren Bericht zur »Schutzverantwortung« zurück.[26] Der von ihm berufene »Hohe Ausschuss zu Bedrohungen, Herausforderungen und Wandel« unterstützte die Idee der Schutzverantwortung und sah darin eine sich entwickelnde internationale Norm.[27]

Hinsichtlich der Zuständigkeit für diese Verpflichtung identifizierte das Panel vorrangig die einzelnen Staaten, deren Recht auf individuelle und kollektive Selbstverteidigung (UN-Charta, Artikel 52) es ebenso wenig umschreiben wollte, wie das Autorisierungsmonopol des Sicherheitsrates für Interventionen (UN-Charta, Artikel 53.1). Während also die Frage der Legalität eindeutig beantwortet wurde, erörterte man die Legitimitätskriterien von UN-Interventionen ethisch in den traditionellen Kategorien des »gerechten Krieges«. So forderte auch der Hohe Ausschuss,

---

24 UN-Sicherheitsratsresolution 1004 (1995) vom 2.7.1995.
25 United Nations Millennium Declaration, A/Res. 55.2 vom 8.9.2000, Paragraph 4.
26 International Commission on Intervention and State Sovereignty, The Responsibility to Protect, Ottawa, 12/2001.
27 High Level Panel on Threats, Challenges and Change, A More Secure World: Our Shared Responsibility, A/59/565, 2.12.2004, IX.A.

1. militärische Interventionen müssten dem Frieden als Ziel dienen,
2. sie müssten sich gegen ein Unrecht größten Ausmaßes richten, also gegen die größten Verbrechen gegen die Menschheit, wie Völkermord oder ethnische Säuberung, und
3. eine legitime Autorität müsse den Einsatz angeordnet haben, sprich der Sicherheitsrat der Vereinten Nationen.Dabei erstaunt die klare Empfehlung, das Interventionsverbot des Artikels 2.7 nicht als Rechtfertigung von Passivität bei Genozid gelten zu lassen. Bedeutsam ist in diesem Kontext auch die Feststellung, dass es bei der Schutzverantwortung nicht um ein Recht zur Intervention geht, sondern um die Pflicht, Menschen zu schützen.[28] Daneben fordert das Panel, eine militärische Intervention mit humanitärer Zielsetzung solle nach Art, Umfang und Dauer verhältnismäßig auf Minimalniveau sein. Außerdem müsse man alle anderen Möglichkeiten sorgfältig geprüft haben, so dass die Intervention tatsächlich Ultima Ratio, also das äußerste Mittel, sei.

Auf dem Weltgipfel 2005 wurden diese Vorschläge zwar von den Staats- und Regierungschefs als Solidaritätsverpflichtung angenommen, aber trotz ihrer Bedeutung für die Weiterentwicklung des internationalen Rechts unter den 178 Entschließungen auf den Plätzen 138 und 139 beinahe versteckt.[29] Da Resolutionen der Generalversammlung zwar eine moralische, aber keine rechtlich verpflichtende Wirkung haben, gilt es zu beobachten, wie sich sowohl die Vereinten Nationen als auch die einzelnen Mitgliedstaaten und die Regionalorganisationen in der Frage der Schutzverantwortung weiterhin verhalten.

Die Einbindung von Regionalorganisationen in UN-Aktivitäten zur Wahrung des Friedens und der internationalen Sicherheit gemäß Kapitel VIII der UN-Charta (Regionale Abmachungen) hat sich vielfach bewährt und die Legitimationsbasis von Interventionen erweitert.[30] Die Bekräftigung der Paragrafen 138 und 139 durch den Sicherheitsrat ist ebenso bedeutsam[31] wie der Bezug des Generalsekretärs darauf in seinem Bericht an die Generalversammlung zur »Implementierung der Schutzverantwortung«.[32] Darin führt er aus, dass die Schutzverantwortung eine »Drei-Säulen-Strategie« darstelle
1. mit der Verantwortung jedes Staates, seine Bevölkerungen (Plural!) selber vor Völkermord, Kriegsverbrechen, ethnischer Säuberung und Verbrechen gegen die Menschheit zu schützen,
2. der Verpflichtung zu internationaler Unterstützung und frühzeitiger Warnung, wenn ein Staat oder eine Regierung deren bedürfen, und
3. der Verpflichtung zu zeitgerechter und entschiedener Antwort zunächst mit diplomatischen, humanitären oder anderen friedlichen Mitteln gemäß den Kapiteln VI und VIII der UN-Charta. Die Vereinten Nationen seien aber

---

28 International Commission on Intervention and State Sovereignty, The Responsibility to Protect, a.a.O. (Anmerkung 26), Nr. 201.

29 2005 World Summit Outcome, A/60/L.1, 15.9.2005, Nr. 138 und 139.

30 Beispielsweise durch die OAS in Haiti, die NATO im ehemaligen Jugoslawien und Afghanistan, die EU in der Demokratischen Republik Kongo, die Afrikanische Union im Sudan.

31 UN-Sicherheitsratsresolution 1674 vom 28.4.2006.

32 Implementing the Responsibility to Protect, A/63/677 vom 12.1.2009.

auch bereit, durch den Sicherheitsrat in Übereinstimmung mit der Charta einschließlich Kapitel VII dann kollektive Maßnahmen zu ergreifen, wenn friedliche Mittel nicht adäquat und nationale Autoritäten offenbar nicht imstande sind, ihren Bevölkerungen(!) Schutz vor den unter 1. genannten Verbrechen zu gewährleisten.

Die internationale Gemeinschaft zeichnet damit schutzverantwortlich für die Prävention und die Früherkennung notwendiger Interventionen und für den Wiederaufbau konfliktzerstörter Länder. Komplementär zu solchermaßen legitimierten Interventionen der Weltorganisation muss man die Zuständigkeit des Internationalen Strafgerichtshofs sowie der durch den Sicherheitsrat möglicherweise etablierten Internationalen Kriegsverbrechertribunale für die Ahndung der angesprochenen schweren Menschenrechtsverletzungen ansehen.

Dennoch bleibt das Spannungsverhältnis zwischen Staatssouveränität und dem Schutz von Individualrechten auf dem Territorium der Staaten solange eine Herausforderung für die Weiterentwicklung des internationalen Rechts, bis die Charta der Vereinten Nationen den notwendigen Anpassungen an die Realitäten des 21. Jahrhunderts unterzogen worden sein wird. Dazu gehören dann jedoch nicht nur die entsprechenden Ergänzungen und Modifizierungen des Artikel 2, sondern vorrangig die Reform des Sicherheitsrats.

Friedenseinsätze der Vereinten Nationen

Winrich Kühne

Die Zahl und Vielfalt der Friedens-, Stabilisierungs- und Peacebuildingeinsätze im Jahr 2009 ist beeindruckend. Gut 20 dieser Einsätze können als Friedensmissionen im engeren Sinne bezeichnet werden, verfügen also über Militär- und Polizeikomponenten. 15 dieser Einsätze werden von den Vereinten Nationen (UN) geführt.[1] Sie sind jedoch keineswegs mehr die dominierende Einrichtung auf diesem Gebiet. Andere multilaterale Akteure, insbesondere die NATO, EU und Afrikanische Union (AU), sind hinzugekommen. Ende 2009 befanden sich über 200 000 Männer und Frauen weltweit als Soldaten, Polizisten oder zivile Mitarbeiter in Friedenseinsätzen. Den Löwenanteil stellen die UN mit einem Personalanteil von gegenwärtig über 117 000, davon mehr als 85 000 Blauhelme und Militärbeobachter und ca. 13 000 Polizisten.[2]

Reform des UN-Hauptquartiers – ein Dauerthema

Alle multilateralen Organisationen haben große Schwierigkeiten, ihre bürokratischen Planungs- und Entscheidungsprozesse an die Realität der Einsätze im Feld anzupassen. Die Vereinten Nationen kennen diese Probleme schon am längsten und reagierten darauf, indem sie 1992 das Department of Peacekeepings Operations (DPKO) und das Office of the Humanitarian Coordinator (OCHA) errichteten. Über eine Dekade später, im Dezember 2005, wurden die Peacebuilding Commission (PBC) und die Peacebuilding Support Unit (PBSU) etabliert. Zugleich wurde eine weitere Runde wichtiger Reformen im DPKO eingeläutet, denn zahlreiche Reformforderungen des 2000 erschienenen Brahimi-Berichts[3] waren immer noch nicht umgesetzt. Unter Führung ihres damaligen Leiters Jean-Marie Guéhenno wurde dafür die Agenda »Peace Operations 2010« erarbeitet. Kurz vor Ende seiner Amtszeit, im Februar 2008, gelang es dem energischen Guéhenno, noch ein weiteres wichtiges Dokument auf den Weg zu bringen: die »UN Peacekeeping Operations – Principles and Guidelines«, die so genannte Capstone-Doktrin.[4]

---

1 Vgl. die Weltkarte 2009 auf der Webseite des ZIF: <http://www.zif-berlin.org>.

2 Dann folgt die NATO mit demnächst über 100 000 Militärs (einschließlich der von Präsident Obama angekündigten 30 000 amerikanischen Militärs für Afghanistan und ca. 10 000 weiteren durch die Verbündeten). Die EU beschäftigte Ende 2009 ca. 6500 Militärs, Polizisten und zivile Experten in ihren Einsätzen. Die AU hat ihre Militärpräsenz im letzten Jahr auf über 5000 (in Somalia) erhöhen können. Mit gutem Recht können die Afrikaner darauf hinweisen, dass ihre Bilanz sehr viel besser aussieht, wenn man die gut 10 000 afrikanischen Soldaten und Soldatinnen bei UNAMID, der gemeinsam von den UN und der AU in Darfur betriebenen Mission, hinzuzählt.

3 Der dem Komitee vorsitzende Lakhdar Brahimi schilderte 2000 in dem später als Brahimi-Bericht bezeichneten »Report of the Panel on United Nations Peacekeeping Operations« schonungslos die Gründe für das Scheitern vieler UN-Friedensmissionen. Vgl. auch die Zusammenfassung und die Empfehlungen in: Internationale Politik 12/2000, S. 92–105.

4 Vgl. United Nations, United Nations Peacekeeping Operations – Principles and Guidelines, New York, NY, 2008.

Neben diesen Erfolgen war die Schlussphase der Amtszeit Guéhennos jedoch durch beträchtliche Differenzen mit dem neuen UN-Generalsekretär gekennzeichnet. Sie kulminierten 2007 kurz nach dem Amtsantritt Ban Ki-moons in dessen Vorschlag, die für Administration, Logistik und Personalfragen verantwortlichen Bereiche aus dem DPKO auszugliedern und in einem neuen Department of Field Support (DFS) zusammenzufassen. Dieser Vorschlag war nicht nur für die Mitarbeiter, sondern auch für die meisten Experten außerhalb der UN völlig überraschend. Wie war er mit der dringenden Notwendigkeit von mehr Integration und Kohärenz bei der Planung und Führung von UN-Einsätzen in Einklang zu bringen? Ban Ki-moon indes kämpfte erfolgreich für seine Reform, unter anderem mit dem Argument, dass das DPKO völlig überlastet sei: Im Herbst 2007 bewilligte der Haushaltsausschuss der Generalversammlung etwa 80 Stellen für das DFS.

Es ist zu früh, über Sinn und Unsinn dieser Reform ein abschließendes Urteil zu fällen. Allen Kennern der UN war klar, dass es maßgeblich von den Leitern von DPKO und DFS abhängen würde, wie gut sich die Zusammenarbeit zwischen den beiden Abteilungen in der Praxis gestalten wird. Alain Le Roy, dem neuen französischen Leiter des DPKO, und der Argentinierin Susanna Malcorra, der neuen Chefin des DFS, ist zu bescheinigen, dass die Antwort bisher positiv ausfällt. Eine andere Abteilung dagegen, das Department of Political Affairs (DPA), scheint es unter der Führung des dynamischen Amerikaners B. Lynn Pascoe darauf anzulegen, im Felde gegenüber DPKO an Boden und Profil zu gewinnen. Die Tatsache, dass sich das militärisch dominierte Peacekeeping derzeit in einer Krise befindet, sowohl was die Potenziale als auch die Erfolge betrifft, kommt ihm dabei entgegen.

Ende 2009 waren die von Guéhenno in der Agenda »Peace Operations 2010« angestoßenen Reformen im DPKO weitgehend abgeschlossen. Die Errichtung des Office of the Rule of Law and Security Institutions (OROLSI), in dem die Bereiche Rechtsstaatlichkeit (Rule of Law), Polizei, Sicherheitssektorreform (SSR), Entwaffnung, Demobilisierung und Reintegration (DDR) sowie Minenräumung zusammengeführt wurden, darf als eine der wichtigsten dieser Reformen eingestuft werden.

Ebenso zu begrüßen ist, dass der Polizeibereich personell gestärkt wurde. Seine Ausstattung ist jedoch immer noch unzureichend, wenn man bedenkt, dass sich die Zahl der Polizisten und Polizistinnen in UN-Einsätzen von 1995 bis 2009 von knapp 1200 auf gut 13 000 mehr als verzehnfacht hat. Ebenso müsste die 25-köpfige Standing Police Capability (SPC) im DPKO verstärkt werden, die unter der Leitung eines deutschen Polizisten aufgebaut wurde. Die Einheit hat in verschiedenen Einsätzen (Zentralafrikanische Republik und Tschad, Osttimor, Liberia, Haiti) bereits ihren Praxistest bestanden.

Bei einen anderem Element der Agenda »Peace Operations 2010«, namentlich den Integrated Operational Teams (IOT), steht eine endgültige Bewertung noch aus. Ihre Zahl ist inzwischen auf sieben angewachsen. Sie gehen ebenfalls auf den Brahimi-Bericht zurück, der eine bessere Integration der verschiedenen Sachbereiche im DPKO und seiner Nachbardepartements bei der Planung und Führung von Einsätzen gefordert hatte. Ob das mit Hilfe der IOT gelingen wird, bleibt strittig. Nicht wenige im DPKO sind der Auffassung, dass die Informations- und Entscheidungsprozesse im Hauptquartier durch die IOT eher komplizierter als einfacher geworden sind. Das DPKO ist gegenwärtig dabei, eine Evaluierung der Teams durchzuführen.

Zieht man eine Bilanz der Reformbemühungen im UN-Hauptquartier, dann überwiegt Skepsis. Der Weg von der Einsicht in die Notwendigkeit von Reformen bis zu ihrer Verwirklichung ist lang. Die meisten der bislang abgeschlossenen Veränderungen wurden bereits 2000 im Brahimi-Bericht angesprochen. Anstatt zu vereinfachen werden weiterhin Strukturen hinzugefügt und vermehrt. Anstatt Kooperations- und Integrationsdefizite zu überwinden, werden die Planungs-, Entscheidungs- und Führungsprozesse eher komplizierter gemacht.

Es ist allerdings nicht das UN-Sekretariat, sondern es sind der UN-Sicherheitsrat, die UN-Generalversammlung und ihre Gremien, also letztlich die UN-Mitgliedstaaten, die diesen Missstand maßgeblich zu verantworten haben. Die meisten von ihnen, insbesondere die Ständigen Mitglieder des Sicherheitsrats, haben an effektiven, tief greifenden Reformen kein wirkliches Interesse.

Effektivität von UN-Friedenseinsätzen – ein kompliziertes Thema

Bei deutschen Militärs und Sicherheitspolitikern gehört es häufig zum guten Ton, sich über die Effektivität der UN-Einsätze im Vergleich zu denen der NATO oder der EU höchst negativ auszulassen. Das überrascht, wenn man bedenkt, in welche Schwierigkeiten sich die NATO in den letzten Jahren in Afghanistan verrannt hat, trotz eines im Vergleich zu UN-Einsätzen gewaltigen Material- und Personaleinsatzes. Und bezüglich der EU-Einsätze stellte eine unabhängige Studie kritisch fest, dass ihre Effektivität gering und ihre strategische Relevanz sehr fraglich seien.[5]

Die Mängel von UN-Einsätzen sind natürlich unbestreitbar. Schnelle, pauschalierende Urteile sind dennoch unangebracht, denn sie ignorieren die Komplexität der Herausforderungen und wie schwierig es ist, Erfolge bei Friedenseinsätzen zu messen. Es gibt bisher keine klaren und allgemein akzeptierten Kriterien und Methoden für ihre umfassende und zuverlässige Evaluierung. Dazu sind die modernen, robusten und multidimensionalen Einsätze viel zu komplex – sowohl was die Zahl der Akteure als auch die der Aufgaben und Problemstellungen vor Ort betrifft.

Zwei grundlegende Einsichten bezüglich der Effektivität von Friedenseinsätzen im Allgemeinen und denen der UN im Speziellen sind jedoch relativ gesichert: Erstens, die seit ungefähr Mitte der 1990er Jahre abnehmende Zahl der Konflikte und kriegsbedingten Toten (und zwar um Millionen, ganz anders, als es die Massenmedien suggerieren) korreliert mit dem verstärkten internationalen Ressourceneinsatz bei Konfliktmanagement-, Friedens- und Peacebuilding-Missionen.[6] Zweitens, die Kosten für jeden UN-Blauhelm sind

---

5 Vgl. Daniel Korski und Richard Gowan, Can the EU Rebuild Failing States? (European Council of Foreign Relations), London 2009, S.11.

6 Vgl. Paul Collier und Anke Hoeffler, The Challenge of Reducing the Global Incidence of Civil War, Centre for the Study of African Economics, Oxford University 2004.

im Vergleich zu denen für Soldaten und Soldatinnen, die durch die USA, die NATO oder andere NATO-Verbündete für Friedenseinsätze gestellt werden, um ein Mehrfaches geringer.[7] Bereits 2007 kam eine Studie von RAND, ein dem Pentagon nahe stehender renommierter amerikanischer Think-Tank, beim Vergleich von acht US- und acht UN-geführten Interventionen zum Ergebnis, dass letztere eindeutig kosteneffektiver waren.[8] Schon zuvor, 2006, stellte das US Government Accountability Office, ein mit Rechnungsprüfungsfragen beauftragter wissenschaftlicher Dienst des amerikanischen Parlaments, lakonisch fest, dass ein US-geführter Friedenseinsatz in Haiti mindestens das Doppelte eines UN-geführten kosten würde.[9]

Die Unterschiedlichkeit der gegenwärtigen UN-Einsätze im Hinblick auf Typus, Größe und Mandat erschwert ihre generelle Bewertung. Zum einen gibt es die Gruppe der traditionellen, zumeist schon sehr lange im Feld befindlichen Blauhelmmissionen auf der Basis von Kapitel VI der UN-Charta: bei zwischenstaatlichen Konflikten. Sie haben einen völlig anderen Charakter als die heute in der Regel robusten, auf Kapitel VII der UN-Charta beruhenden und multidimensionalen Einsätze, die es mit den äußerst schwierigen, auf innerstaatlichen Konflikten und/oder Staatsversagen beruhenden Situationen zu tun haben. Sechs der gegenwärtig 17 dem DPKO unterstehenden Einsätze sind diesem Typus zuzurechnen: UNTSO (seit 1947) und UNDOF (seit 1974) im Nahen Osten, die Militärbeobachtermission UNMOGIP an der Grenze von Indien und Pakistan (seit 1949), UNIFIL zwischen Libanon und Israel (seit 1978) sowie UNFICYP auf Zypern (seit 1964) und MINURSO (seit 1991) in der Westsahara.

Die lange Verweildauer dieser Einsätze fällt natürlich auf. Sie spiegelt aber weniger ein Versagen der UN wider, sondern das der lokalen Konfliktakteure und internationalen Gemeinschaft bei der Lösung dieser Konflikte. Denn Aufgabe der Blauhelme ist es in der Regel nur, ein Wiederaufflammen der Konflikte zu verhindern.[10]

Die übrigen elf Missionen sind jüngeren Datums. Drei von ihnen, UNMIK (seit 1999) im Kosovo, UNAMA (seit 2001) in Afghanistan und BINUB (seit 2006) in Burundi sind reine Peacebuilding-Missionen, verfügen also nicht über eine militärische Komponente (sind aber dennoch dem DPKO zugeordnet). BINUB, das »Integrierte Büro der UN in Burundi« trat 2006 an die Stelle der Peacekeeping-Mission ONUB und setzte deren Arbeit einer schrittweisen Stabilisierung des kleinen Landes fort.

UNAMA in Afghanistan dagegen kann eine derartige Erfolgsbilanz leider nicht aufweisen (ebenso wenig wie die NATO-Mission ISAF oder die

---

7 Vgl. William J. Durch et al., The Brahimi Report and the Future of Peace Operations, The Stimson Center, Washington, DC, 2003.

8 Vgl. James Dobin, Seth G. Jones, Keith Crane et al., The UN's Role in Nation Building, RAND Corporation, Santa Monica, CA, 2005.

9 Vgl. US Government Accountability Office, Report to the Committee on International Relations, House of Representatives, GAO-06-331, Februar 2006, S. 7.

10 Immerhin, in Zypern gibt es seit einiger Zeit Verhandlungen mit intensiver Begleitung der UN, die eine Lösung des Konflikts zum Gegenstand haben und zum Abzug der dort seit mehr als vier Jahrzehnte stationierten Blauhelme führen könnten. Doch scheinen beide Konfliktparteien, ganz besonders die griechischen Zyprioten, an einer einvernehmlichen Lösung noch immer kein Interesse zu haben.

EU-Polizeimission). Das hat natürlich auch mit den in Afghanistan sehr viel schwierigeren Bedingungen zu tun. Die Erfolge des zivilen Aufbaus, für dessen Koordinierung UNAMA vor allem zuständig ist, sind unzureichend. Versagt hat die Mission unter Führung des Norwegers Karl Eide und seines entlassenen Stellvertreters, dem Amerikaner Peter W. Galbraith, vor allem durch den ungeschickten Umgang mit den Präsidentschaftswahlen im Herbst 2009.

Eine faire Bewertung von UNMIK im Kosovo fällt schwer und ist kontrovers. Denn ihre Aktivitäten waren und sind eng mit denen anderer multilateraler Organisationen, wie insbesondere denen der EU, NATO und OSZE verknüpft. Bezeichnend ist dennoch, dass die im Zuge der Übergabe ihrer Aufgaben an die EU-Rechtsstaats- und Polizeimission (EULEX) und das International Civilian Office (ICO) auf einen kleinen Restbestand geschrumpfte Mission heute einen absoluten Tiefstand ihrer Popularität bei der kosovarischen Bevölkerung erreicht hat.

Eine Sonderstellung nimmt UNOCI (seit 2004) in der Elfenbeinküste ein. Denn trotz eines im Prinzip robusten Kapitel VII-Mandats ähnelt sie gemäß ihrer tatsächlichen Mandatsausgestaltung eher einer Kapitel-VI-Mission. Regierung, Rebellen und Oppositionsgruppen in der Elfenbeinküste haben den Friedensprozess weitgehend selbst in die Hand genommen. Sie werden dabei aber von UNOCI unterstützt, insbesondere was die Durchführung von Wahlen, Entwaffnung und Reform des Sicherheitssektors betrifft. Im Februar 2010 ist dieser Prozess durch die einseitige Auflösung der unabhängigen Wahlkommission und dann der Regierung insgesamt durch Präsident Laurent Gbagbo allerdings in eine schwere Krise geraten. »Local Ownership« klingt gut, ist aber ebenfalls kein Patentrezept.

Durchaus zufrieden mit dem Erreichten können die UN – trotz aller Kritik, die man im Detail haben kann – bei vier weiteren Missionen sein: UNAMSIL in Sierra Leone (2005 umgewandelt in das Peacebuilding-Office UNIOSIL) und UNMIL (seit 2003) in Liberia sowie MINUSTAH (seit 2004) in Haiti und UNMIT (seit 1999 bzw. 2006) in Osttimor. In mühseliger und geduldiger Kleinarbeit konnte in den betreffenden Ländern eine gewisse Stabilität erreicht werden. Sie ist jedoch äußerst fragil, also jederzeit reversibel. Das haben nicht zuletzt wiederholte Rückschläge in Haiti und Osttimor gezeigt. (Und in Haiti hat das Erdbeben im Januar 2010, bei dem auch über 100 UN-Mitarbeiter ums Leben kamen, den Fortschritt der letzten Jahre wieder zunichte gemacht.) Die Lektion aus diesen Rückschlägen ist eindeutig: Definitive und voreilig festgelegte Abzugsdaten sind gefährlich. Allein ein schrittweiser, mit Hilfe von Benchmarks gut terminierter Abzug ist Erfolg versprechend und deswegen letztlich auch billiger.

Sehr kritisch dagegen fällt, allerdings aus sehr unterschiedlichen Gründen, die Beurteilung der drei noch verbleibenden UN-Missionen aus: MONUC (seit 1999) in der Demokratischen Republik (DR) Kongo, UNAMID (seit 2007) in Darfur (Sudan) und MINURCAT (seit 2007/09) im Tschad und der Zentralafrikanischen Republik. In der DR Kongo haben sich die Verhältnisse, was gute Regierungsführung, Korruption und Sicherheit betrifft, trotz den mit massiver internationaler Unterstützung 2006 erfolgreich durchgeführten Wahlen nicht wirklich verbessert. Das gilt insbesondere für den Ost-Kongo: Raub, Mord, Vergewaltigung und gewalttätige Plünderung des Rohstoffreichtums durch die lokalen Milizen und Warlords und nicht minder die kongolesische Armee FARDC sind unverändert an der Tagesordnung. Die Reform des Sicherheitssektors und ganz speziell der kongolesischen Armee, entscheidend für die Stabilisierung des Landes, hat wenig erreicht. Die Regierung Joseph Kabilas und ihre Generäle haben an ihr offensichtlich wenig Interesse, und die von der EU, den UN und einigen westlichen Staaten verfolgten Konzepte sind – mit wenigen Ausnahmen – ineffektiv. Der Unwille der bilateralen und multilateralen internationalen Geber, sich untereinander abzustimmen, ist atemberaubend. MONUC, die Friedenstruppe der UN, schwankend zwischen passiver Zurückhaltung und einer im Hinblick auf ihre Unparteilichkeit problematischen Unterstützung von FARDC bei der Bekämpfung ostkongolesischer Milizen, hat ihre Glaubwürdigkeit bei der Bevölkerung stark eingebüßt. Das wird nur schwer zu korrigieren sein, obwohl der UN-Sicherheitsrat und DPKO gegenwärtig genau das versuchen, indem sie das UN-Mandat stärker auf den Schutz der Zivilbevölkerung ausrichten. Anfang 2010 signalisierte die Regierung Kabila sogar, dass sie an einer Fortsetzung der Mission – zumindest in ihrer gegenwärtigen Ausrichtung – kein Interesse habe.

Ganz anderer Art sind die Probleme von MINURCAT im Tschad und in der Zentralafrikanischen Republik (ZAR) und von UNAMID in Darfur. Für diese Probleme ist vor allem der UN-Sicherheitsrat in New York verantwortlich. Die Aussicht, dass MINURCAT angesichts des Charakters der Regime im Tschad und in der ZAR längerfristig zu einer nachhaltigen Stabilisierung der Länder im Sinne von Demokratisierung, »guter Regierungsführung« und Rechtsstaatlichkeit führen wird, ist jedoch minimal. Die Ausstattung der Mission ist dafür völlig unzureichend. Schlimmer noch: Der Sicherheitsrat hat ihr im Sinne der herrschenden Potentaten ein Mandat aufgezwungen, das grob gegen den Imperativ der Unparteilichkeit verstößt. Im Januar 2010 erklärte das Regime im Tschad überraschend, ähnlich wie das im Kongo, dass es einer weiteren Verlängerung des UN-Mandats über den 15. März 2010 hinaus nicht zustimmen werde.

UNAMID in Darfur wurde 2007 in eine ähnlich aussichtslose Situation geschickt. Immerhin ist die Mission in einem für das Hauptquartier und die Führung im Feld gleichermaßen mühsamen Prozess 2009 auf über 19 000 und damit knapp drei Viertel ihrer mandatierten Stärke von 26 000 angewachsen. Die für ihre Mobilität und Effektivität in dem weitläufigen Gelände entscheidenden Komponenten, nämlich jederzeit einsetzbare Transport- und Kampfhubschrauber und Flugzeuge, sind jedoch weiterhin unzureichend, obwohl Anfang 2010 endlich ein Teil der geforderten Kampfhubschrauber eintrafen. Dem Chefverhändler der UN und AU, Djibril Bassolé, ist es dennoch gelungen, die zersplitterten Rebellenbewegungen des Darfur wieder in einen gemeinsamen Verhandlungsprozess zurückzuholen. Dieser wird 2010 in Doha unter Einbeziehung zivilgesellschaftlicher Vertreter fortgesetzt.

Das Schicksal von UNAMID in Darfur wird letztlich vom Verlauf einer anderen UN-Mission abhängen, nämlich von UNMIS im Sudan und dem mit ihr verbundenen Nord-Süd-Friedensprozess. Denn 2010 und 2011 sind zwei für den Erfolg des 2005 abgeschlossenen Comprehensive Peace Agreement (CPA) entscheidende Hürden zu nehmen: die für 2010 geplanten Wahlen und das im Januar 2011 anstehende Referendum über den Verbleib des Süden im Sudan. Beide Ereignisse, vor allem natürlich das Referendum, sind mit größten Risiken verbunden, und zwar nicht nur für den Sudan selbst, sondern die gesamte Region. Unbeachtet von der »großen Politik« hat sich hier ein regionales Mega-Konfliktsystem von ungefähr der doppelten Größe Europas aufgebaut. Es reicht vom Tschad, Darfur und der Zentralafrikanischen Republik, dem Westen des Sudan bis zu den ungelösten Konflikten am Horn von Afrika (Grenzkonflikt Äthiopien-Eritrea) und Somalia sowie Kenia und den nördlichen Gebieten von Uganda.

Ein Zusammenbruch des Friedensprozesses im Sudan würde dieses System dramatisch dynamisieren! Dieser Gefahr, auch was ihr eigenes Schicksal angeht, sind sich die beiden Hauptakteure im Sudan bewusst. Nur so ist zu erklären, dass sie sich 2009 – trotz aller Differenzen – schließlich doch noch auf die für die Wahlen und das Referendum notwendigen Gesetze verständigt haben. Dennoch: Der Grat zwischen Krieg und Frieden wird äußerst schmal bleiben. Beide Seiten sind auf einen Rückfall in die Gewalt vorbereitet. Verbindliche Regelungen für eine friedliche Trennung und die Zeit danach gibt es bisher so gut wie nicht. Der Süden weist bereits jetzt alle Merkmale von Staatsversagen auf, was Entwicklung, ethnische Konflikte, Korruption, Machtkämpfe in der Führung etc. betrifft. Der Norden wird seinen Vorteil zu nutzen wissen.

Die deutsche ebenso wie die europäische Politik müssen sich also fragen lassen, ob sie die Gefahren, die von dieser Region ausgehen, durch die einseitige Verengung ihrer außen- und sicherheitspolitischen Debatte auf Afghanistan nicht völlig übersehen. Denn bricht der Friedensprozess im Sudan zusammen, dann wird diese Region insgesamt – und nicht nur Somalia – zu einem idealen Tummelplatz für die in engem Verbund agierenden organisierten Kriminellen und internationalen Terroristen werden. Die Piraterie am Horn von Afrika sollte Europa davor gewarnt haben, die Entstehung derartiger Gefahren zu verschlafen.

Handlungsbedarf der UN-Mitgliedstaaten

Insgesamt müssen die Vereinten Nationen den Vergleich mit den anderen maßgeblichen multilateralen Einrichtungen wie insbesondere die NATO, EU und AU nicht scheuen, sowohl was die Anpassung ihrer Strukturen an die Anforderungen von Friedenseinsätzen als auch die Bilanz ihrer Einsätze betrifft. Die Personalkosten in den Friedenseinsätzen bei der NATO und EU sind in der Regel wesentlich höher als die der UN.

Ihre zwei größten Schwachpunkte liegen woanders, nämlich bei einem UN-Generalsekretär, der in seinem Standing sowohl bei seinen Mitarbeitern als auch in der internationalen Öffentlichkeit einer der bisher schwächsten ist, und der seit Jahren festgefahrenen Reform des Sicherheitsrats. Für beides sind letztlich die Mitgliedstaaten verantwortlich.

Die Mitglieder des Sicherheitsrats sollte es nachdenklich stimmen, dass einige wichtige Missionen nicht in erster Linie wegen eines Versagens des UN-Bürokratie so schlecht dastehen, sondern weil der Sicherheitsrat sie mit unzureichenden Potenzialen auf die Reise geschickt hat – und mit Mandaten, die zwischen unrealistisch und unverantwortlich einzustufen sind. In einem gemeinsamen Papier vom Juli 2009 unter dem Titel »Neue Horizonte« ließen DPKO und DFS deswegen richtigerweise keinen Zweifel, dass sie trotz aller Bemühungen in der Vergangenheit die künftige Entwicklung von Friedenseinsätzen mit größter Sorge sehen.[11] Die Mandate des Sicherheitsrats seien weiterhin häufig realitätsfern und stellen die immer knapper werdenden Potenziale für Friedenseinsätze nicht in Rechnung. Zugleich seien Rolle und Aufgaben der Peacekeeper nicht ausreichend klar definiert, insbesondere was den nicht nur im Kongo und Darfur so wichtigen Schutz der Zivilbevölkerung und den dafür gegebenenfalls notwendigen Einsatz militärischer Gewalt betrifft.

Die Liste der ungelösten Probleme moderner Friedenseinsätze ließe sich fortsetzen.[12] Das häufig schlechte Zusammenspiel der maßgeblichen multilateralen und nationalen Akteure gehört, wie eingangs angedeutet, dazu. Denn die UN sind, wie bereits ausgeführt wurde, keineswegs mehr allein auf dem Gebiet der Friedenseinsätze tätig, sondern arbeiten heute zumeist im Verbund mit anderen multilateralen Einrichtungen, insbesondere mit der NATO, EU und AU. Dieses Zusammenspiel ist jedoch nur bedingt partnerschaftlich und wenig produktiv. Konkurrenz, schlechte Kooperation und fehlende Arbeitsteilung sind an der Tagesordnung. Der Hilferuf von DPKO und DFS im Juli 2009 nach einer »Neuen Partnerschaft« ist daher mehr als berechtigt.[13] Es bleibt viel zu tun bei der Verbesserung von Friedenseinsätzen!

---

11 United Nations, Department of Peacekeeping Operations (DPKO) and the Department of Field Support (DFS), A New Partnership Agenda: Charting the New Horizon for UN Peacekeeping, New York, NY, Juli 2009, <http://www.un.org/en/peacekeeping/newhorizon.shtml> (abgerufen am 18.6.2010).

12 Ausführlicher: Winrich Kühne, Peace Operations and Peacebuilding in the Transatlantic Dialogue – Key Issues, Zentrum für Internationale Friedenseinsätze (ZIF), Berlin 2009; Bruce Jones, Richard Gowan et. al, Building on Brahimi – Peacekeeping in an Era of Strategic Uncertainty, Center for International Cooperation, New York, NY, 2009.

13 Vgl. ebd.

Gerechtigkeit und Frieden durch den Internationalen Strafgerichtshof

Nicole Deitelhoff

Auf den ersten Blick mag es irritieren, den Internationalen Strafgerichtshof (IStGH) im Zusammenhang mit der Stabilisierung prekärer Staaten zu diskutieren. Schließlich handelt es sich um ein Instrument des Strafrechts, einen internationalen Gerichtshof, der sich nicht mit Staaten beschäftigt, sondern Individuen für schwerwiegende Verletzungen des humanitären Völkerrechts, wie Völkermord, Verbrechen gegen die Menschheit und Kriegsverbrechen anklagt. Dennoch gehört der Gerichtshof in den Kreis der Institutionen, die für prekäre Staatlichkeit relevant sind: Im Sinne einer »transitional justice« soll internationale Strafgerichtsbarkeit Übergangsgesellschaften, die durch Zeiten heftiger Krisen oder gewaltsamer Konflikte gehen, dabei helfen, ihre schwierige Vergangenheit aufzuarbeiten. Gemäß dem Komplementaritätsgrundsatz greift der IStGH nur dann ein, wenn Nationalstaaten nicht willens oder fähig sind, selbst die Strafverfolgung in die Hand zu nehmen. Damit soll ein Anreiz für prekäre Staaten geschaffen werden, selbst effektive rechtsstaatliche Strukturen aufzubauen.[1] Fraglich ist, ob er diese Funktion auch praktisch erfüllen kann oder – wie seine Kritiker behaupten – IStGH-Interventionen das Gegenteil bewirken, nämlich prekäre Staaten noch weiter destabilisieren. Diese Kritik ist nicht neu: Sie wurde bereits vorgebracht, um die Etablierung des IStGH zu verhindern.

Entwicklung

Der Internationale Strafgerichtshof nahm 2002 seine Arbeit auf, nachdem erforderliche 60 Länder das Statut ratifiziert hatten. Inzwischen haben 112 Staaten das Statut ratifiziert, darunter über 30 in Afrika, die damit nach Europa die stärkste Region in der Staatenversammlung stellen. Noch wenige Jahre zuvor galt das als höchst unwahrscheinlich. Zwar standen die Pläne für einen permanenten Gerichtshof im Gefolge der Militärtribunale von Nürnberg und Tokio schon auf der Gründungsagenda der Vereinten Nationen. Allerdings scheiterte das Vorhaben an den aufziehenden Konflikten zwischen den einstigen Alliierten. Obwohl in den kommenden Jahrzehnten des Kalten Krieges das Völkerstrafrecht weiter kodifiziert wurde, verloren sich die Pläne für den Strafgerichtshof in einer Reihe von Unter- und Sonderkommissionen.

Neuen Schub erhielten die Planungen erst nach dem Ende des Kalten Krieges, als Trinidad und Tobago auf einer Sondersitzung der UN-Generalversammlung zum internationalen Drogenhandel 1989 den Vorschlag einbrachten, einen inter-

---

[1] So unterstützt der IStGH mit einem Bündel von Maßnahmen auch die Umsetzung des Statuts in nationale Rechtsvorgaben und -strukturen. Vgl. die Präambel des IStGH-Statuts: Rome Statute of the International Criminal Court, <http://www.icc-cpi.int/NR/rdonlyres/EA9AEFF7-5752-4F84-BE94-0A655EB30E16/0/Rome_Statute_English.pdf> (abgerufen am 19.1.2010).

nationalen Strafgerichtshof einzurichten, um die überlasteten kleinen Staaten in der Strafverfolgung zu unterstützen. Die Generalversammlung beauftragte daraufhin die Völkerrechtskommission (VRK), erneut über einen IStGH zu beraten.

Das Ausmaß an Verletzungen des humanitären Völkerrechts, das sich kurze Zeit später in den Kriegen im ehemaligen Jugoslawien und im Völkermord in Ruanda offenbarte, führte neben der Einsetzung der Ad-hoc-Tribunale für das ehemalige Jugoslawien (ICTY) und für Ruanda (ICTR) durch den UN-Sicherheitsrat auch dazu, dass die Beratungen in der Kommission den notwendigen politischen Spielraum bekamen, um ein Statut zu entwerfen, das entgegen dem ursprünglichen Mandat Drogenhandel nur noch als Vertragsverbrechen vorsah, und stattdessen die klassischen Kernverbrechen definierte: Kriegsverbrechen, Völkermord und Verbrechen gegen die Menschheit.

In dieser Phase wandelten sich die politischen Einstellungen. Bislang galt, dass es nötig sei, Amnestien zuzusichern und die Konfliktparteien beim Aufbau einer zivilen Nachkriegsordnung einzubinden, um Konfliktgesellschaften zu befrieden. Nunmehr mehrten sich jedoch andere Stimmen, die Gräueltaten und Verbrechen aufarbeiten wollten, sei es in Form von Wahrheits- und Versöhnungskommissionen oder nationalen und internationalen Gerichtsverfahren, um so eine stabile Nachkriegsordnung zu schaffen. »No peace without justice« lautete das Credo, das insbesondere von Menschenrechtsorganisationen propagiert wurde.

Trotz dieses günstigen politischen Klimas war der Entwurf der Völkerrechtskommission sehr vorsichtig, um den auf ihre Souveränität bedachten Staaten entgegenzukommen, die immer noch Vorbehalte hatten. Der Entwurf sah nur eine semipermanente Einrichtung vor, die bei Bedarf und nur mit Zustimmung der Staaten oder des UN-Sicherheitsrats aktiviert werden konnte.[2] Obschon viele zivilgesellschaftliche Organisationen und einige progressive Staaten enttäuscht waren, sollte damit verhindert werden, dass eine Reihe von am Strafgerichtshof wenig interessierten Großmächten, etwa die USA, Russland oder Frankreich, sich dem offiziellen Verhandlungsprozess entgegenstellen.

Doch bereits die Verhandlungen im Vorbereitungsausschuss (1996 bis 1998) offenbarten erhebliche Positionsunterschiede zwischen den Staaten, die sich binnen kurzer Zeit in zwei gegensätzliche Lager aufteilten: Auf der einen Seite standen die restriktiven Staaten, darunter die Sicherheitsratsmitglieder, die einen Gerichtshof unter Kontrolle des UN-Sicherheitsrats befürworteten, und eine Gruppe extrem restriktiver Staaten, die den jeweils betroffenen Ländern ein Zustimmungsrecht geben wollten. Ihnen gegenüber stand eine Gruppe progressiver, so genannter »Like-Minded«-Staaten, die sich in enger Kooperation mit dem Netzwerk zivilgesellschaftlicher Organisationen, der »Coalition for an International Criminal Court (CICC)«, für einen vom Sicherheitsrat und den einzelnen Staaten unabhängigen Gerichtshof einsetzten, der aus eigener Initiative aktiv werden könnte.[3] Die

---

2 Vgl. James Crawford, The ILC Adopts a Statute for an International Criminal Court, in: American Journal of International Law, 2/1995, S. 404–416.

3 Die »Like-Minded«-Gruppe umfasste zu Beginn ca. 40 Mitglieder, darunter fast alle europäischen Länder außer Großbritannien und Frankreich, zahlreiche afrikanische Staaten, lateinamerikanische und karibische Länder. Im Verlauf wuchs die Gruppe stetig auf über 60 Mitglieder an; ab 1997 gehörte ihr auch Großbritannien an.

Mehrheit der Staaten war unentschieden, sie wollte sich keinem Lager eindeutig anschließen. Darunter befanden sich zahlreiche Entwicklungsländer, insbesondere aus Afrika, die den Verhandlungen eher misstrauisch gegenüberstanden, weil sie befürchteten, dass der Gerichtshof nur ein Sanktionsinstrument der westlichen Großmächte sein würde.[4]

Zwar gelang es den »Like-Minded«-Staaten im Verhandlungsverlauf ihre Unterstützungsbasis erheblich zu vergrößern. Dennoch konnten die Hauptstreitpunkte, etwa die Rolle des UN-Sicherheitsrats, die Frage einer unabhängigen Anklagebehörde oder der inhärenten Zuständigkeit, nicht aufgelöst werden.[5] Bei der Vertragskonferenz im Juni 1998 in Rom stimmten schließlich dennoch 120 Staaten für den Kompromissvorschlag des Verhandlungssekretariats, der sich weitgehend an den Vorschlägen der Like-Minded-Staaten orientierte, 21 enthielten sich (darunter Russland) und sieben stimmten dagegen: China, Irak, Israel, Jemen, Katar, Libyen und die USA.

Die USA beließen es auch nicht bei der formalen Ablehnung, sondern erklärtem nach dem Amtsantritt der Bush-Administration 2001 ihre aktive Opposition gegenüber dem Gerichtshof. In den folgenden Jahren wurden Gesetze verabschiedet, die amerikanischen Behörden die Kooperation mit dem Gerichtshof untersagten, etwa der »American Service-Members' Protection Act« (2002). Washington drohte, die Verlängerung von Friedensmissionen zu blockieren, wenn US-Soldaten nicht Straffreiheit vor dem IStGH zugesichert werde. Schließlich verlangten die USA, bilaterale Truppenstationierungsabkommen neu zu verhandeln, um mit so gennannten »Bilateral Immunity Agreements« wechselseitige Nichtauslieferungszusagen an den IStGH festzuschreiben. Staaten, die dies ablehnten, wurden mit Entzug von Militär- oder Entwicklungshilfe bedroht. Dennoch konnte der Gerichtshof seine Arbeit aufnehmen.

Kompetenzen

Der mittlerweile aktive IStGH verfügt auch über weitreichende Kompetenzen: Unter seine Zuständigkeit fallen so genannte Kernverbrechen, das sind Kriegsverbrechen (auch im nichtinternationalen Konflikt), Verbrechen gegen die Menschheit (auch in Friedenszeiten), Völkermord und – soweit es noch definiert werden kann – Aggression (Artikel 5). Den Kern der Jurisdiktion des IStGH bildet der Grundsatz der Komplementarität. Er wird nur tätig, wenn der Nachweis erbracht werden kann, dass nationalstaatliche Gerichte entweder nicht willens oder aufgrund eines Zusammenbruchs der Gerichtsbarkeit nicht in der Lage sind, ihren Strafverfolgungspflichten nachzukommen (Artikel 17).

Seine Zuständigkeit ist auch nicht universell. Der IStGH wird nur dann tätig, wenn entweder Täterstaat (Nationalzugehörigkeit des Verdächtigen) oder Tatortstaat (Staat, auf dessen Territorium das betreffende Verbrechen began-

---

[4] Ausführlicher zur Entwicklung der Verhandlungen: Nicole Deitelhoff, Überzeugung in der Politik. Grundzüge einer Diskurstheorie des internationalen Regierens, Frankfurt a. Main 2006.

[5] Eine der wenigen Ausnahmen war die Einigung mit Bezug auf den Komplementaritätsgrundsatz 1997, vgl. ebd.

gen wurde) das Statut ratifiziert[6] oder der Zuständigkeit für den speziellen Fall zugestimmt haben (Artikel 12). Diese Einschränkung kann umgangen werden, wenn der UN-Sicherheitsrat eine Angelegenheit überweist (Artikel 13 (b)). Der Sicherheitsrat hat auch das Recht, Verfahren zu stoppen. Allerdings müssen hierzu die Mitglieder mit qualifizierter Mehrheit zustimmen, ohne dass eines der ständigen Sicherheitsratsmitglieder sein Veto einlegt (Artikel 16). Dieses so genannte »umgekehrte Veto« schränkt seine Einflussmöglichkeit stark ein, denn dadurch genügt schon das Veto eines ständigen Mitglieds, um den Versuch, ein Verfahren zu stoppen, scheitern zu lassen. Besonders positiv ist zu werten, dass der Gerichtshof auch über eine unabhängige Anklagebehörde verfügt, die aus eigener Initiative Ermittlungen aufnehmen kann (Artikel 14–15). Bemerkenswerterweise hat der IStGH seit seiner Arbeitsaufnahme 2002 schon eine Reihe von Verfahren aufgenommen: um die Lage in Norduganda, in der Zentralafrikanischen Republik, in der Demokratischen Republik (DR) Kongo sowie in der Region Darfur/Sudan zu ermitteln.[7]

Damit ist der IStGH auch vermehrt in die Kritik geraten. Neben der Kritik, wonach andere Instrumente und Strategien effektiver und effizienter seien,[8] wurde dem Gerichtshof vorgeworfen, die Stabilisierung von Krisengebieten und prekären Staaten zu untergraben. Er lasse sich, so die Kritiker, von Konfliktparteien politisch instrumentalisieren, verhindere den erfolgreichen Abschluss von Friedensverhandlungen und führe dazu, dass Konflikte verlängert oder gar verschärft würden. Indem lokale Traditionen ignoriert würden, höhlen IStGH-Interventionen prekäre Staaten sogar weiter aus.[9] Während die erste Kritik weitgehend ins Leere greift, weil sie die falschen Maßstäbe für Effektivität anlegt, ist die zweite erheblich bedenklicher.

Vorwurf der Ineffektivität

Bemängelt wird, dass der Gerichtshof grundsätzlich ineffektiv sei, da er bislang keine Verurteilungen vorzuweisen habe, riesige Summen Geld verschlinge, die besser in andere Instrumente, beispielsweise Friedensmissionen oder direkte Hilfe beim Wiederaufbau, fließen sollten.[10] Doch der Vorwurf, der IStGH sei ineffektiv und reine Ressourcenverschwendung, beruht auf einer Fehlinterpretation der Zielsetzung, die mit dem Gerichtshof verfolgt wird.

---

6 Die Bindung der Akzeptanz der Zuständigkeit an die Ratifikation des Statuts, die auch als »inhärente« Jurisdiktion bezeichnet wird, stellt eine einschneidende Abkehr vom traditionellen Prinzip des Staatenkonsenses dar. Traditionell bedeutet im Völkerrecht die Ratifikation eines Vertrags, der einen Gerichtshof begründet, nicht automatisch auch die Zustimmung zu seiner Zuständigkeit.

7 Momentan untersucht die Anklagebehörde weitere Situationen in Tschad, Kenia, der Elfenbeinküste, Kolumbien, Afghanistan und Georgien. Vgl. <www.icc-cpi.int> (abgerufen am 19.1.2010).

8 Vgl. Helena Cobban, International Courts, in: Foreign Policy, (2006) 153, S. 22–28; Adam Branch, Uganda's Civil War and the Politics of ICC Intervention, in: Ethics and International Affairs, 1/2007, S. 179–198.

9 Vgl. ebd.; Alexis Arieff, Rhoda Margesson, Marjorie Ann Browne, International Criminal Court Cases in Africa: Status and Policiy Issues (CRS Report for Congress), Washington, DC 2008, <https://www.policyarchive.org/bitstream/handle/10207/20071/RL34665_20080912.pdf?sequence=2> (abgerufen am 19.1.2010).

10 Vgl. Cobban, International Courts, a. a. O. (Anm. 8), S. 22; Branch, Uganda's Civil War, a. a. O. (Anm. 8).

Am effektivsten wäre der Gerichtshof, wenn er überhaupt nicht tätig werden müsste. Das Ziel aller Verhandlungen war von Beginn an, die Lücke in der Strafverfolgung zu schließen, die unter dem klassischen »Dedere aut judicare«-System aufklaffte.[11] Dieses verpflichtete die Staaten dazu, mutmaßliche Straftäter entweder selbst anzuklagen oder an die Länder auszuliefern, die dies wünschten. Ohne eine übergeordnete Kontrollinstanz hieß das in der Konsequenz zumeist, dass Straftäter gar nicht verfolgt wurden. Der IStGH setzt genau an dieser Problematik an, indem er dann, aber auch nur dann einschreitet, wenn Staaten dieser Pflicht nicht nachkommen wollen oder können.

Der IStGH soll damit Anreize setzen, eine Rechtskultur und -struktur auf der Staatenebene zu etablieren und will diese nicht substituieren. Unter dem Konzept der positiven Komplementarität kommt darum der Unterstützung nationaler Jurisdiktion eine große Bedeutung im IStGH zu, die sich etwa in Coaching-Workshops für nationale Juristen und Streitkräfte sowie Expertise und Beratungsangeboten oder Partnerschaften ausdrückt.

Darüber hinaus ist auch der Vorwurf zurückzuweisen, dass der Gerichtshof nicht genügend Verurteilungen zustandebringe, da er entweder der Angeklagten nicht habhaft würde und/oder zu hohe Standards anlege. Die Alternative, die Beweislast zu vermindern und den Schutz der Angeklagten abzusenken, würde dem übergeordneten Ziel, Rechtsbewusstsein und Strukturen zu befördern, gerade entgegenstehen. Nur wenn der Gerichtshof darauf achtet, die höchsten Verfahrensstandards einzuhalten, kann er seine Glaubwürdigkeit und Symbolkraft bewahren.

Ein anderes Problem ist die mangelnde Kooperation der Nationalstaaten. Der IStGH ist darauf angewiesen, dass die Staaten ihre Ressourcen zur Verfügung stellen, das heißt die Verdächtigen in Haft nehmen. Der IStGH hat dabei mit erheblichen Problemen zu kämpfen, kann aber inzwischen mit der Überstellung von Jean Pierre Bemba, Thomas Lubanga Dyilo oder Germain Katanga erste Erfolge verbuchen.

Frieden versus Gerechtigkeit?

Hier setzt der zweite Hauptkritikstrang an, der vermerkt, dass der IStGH selektiv Justiz ausübe, da der Großteil seiner Verfahren afrikanische Staaten zum Gegenstand habe. Darüber hinaus würde die Intervention des Gerichtshofs, und hier liegt wohl der Kern der gegenwärtigen Kritik, die insbesondere von afrikanischen Staaten und Organisationen geäußert wird, die Befriedung und/oder Stabilisierung von Postkonfliktgesellschaften verhindern. Stattdessen trage er dazu bei, dass Verbrechen noch zunähmen und Konfliktparteien, die mit einer Anklage bedroht seien, sich weigerten, an Friedensverhandlungen teilzunehmen.[12]

---

11 Vgl. Kai Ambos, Zur Bestrafung von Verbrechen im internationalen, nicht internationalen und internen Konflikt, in: Jana Hasse, Erwin Müller, Patricia Schneider (Hrsg.), Humanitäres Völkerrecht: Politische, rechtliche und strafgerichtliche Dimensionen, Baden-Baden 2001, S. 325–353.

12 Vgl. Cobban, International Courts, a. a. O. (Anm. 8), S. 24; Bernd Ludermann, Gerechtigkeit oder Frieden? Viele Opfer des Krieges in Norduganda sehen die Ermittlungen des Internationalen Strafgerichtshofs mit Sorge, in: Der Überblick, 3/2005, S. 38; Branch, Uganda's Civil War, a. a. O. (Anm. 8); Arieff, Margesson, Browne, International Criminal Court Cases in Africa, a. a. O. (Anm. 9).

Damit ist der IStGH also nicht nur wirkungslos, schlimmer noch: Er verhindert geradezu die Stabilisierung prekärer Staaten. Der zweite Kritikstrang am IStGH ist erheblich virulenter, denn er greift die Legitimationsbasis des Gerichtshofs direkt an, wenn er ihn als Instrument westlicher Außenpolitik einerseits und friedensgefährdende Institution anderseits beschreibt.

Der Vorwurf, dass der IStGH ein imperiales Projekt sei – wie ihn Ruandas Präsident Kagame oder Sudans Präsident al-Bashir erheben[13] – weil der Gerichtshof nur Fälle aus afrikanischen Staaten behandle, ist allerdings schief. Nicht nur gehörten gerade die afrikanischen Staaten zumindest im Verlauf des Verhandlungsprozesses zu seinen Unterstützern, Afrika ist auch die zweitstärkste Region in der Staatenversammlung des IStGH und stellt einen erheblichen Anteil an Personal des Gerichts. Darüber hinaus wurden die meisten jener Verfahren, die der Gerichtshof in Afrika angestrengt hat, entweder von den jeweiligen Regierungen selbst an ihn verwiesen (etwa von der Zentralafrikanischen Republik, Uganda, DR Kongo) oder kamen durch eine Überweisung des Sicherheitsrats zustande (Sudan).

Schließlich ist der Gerichtshof durch sein Statut angehalten, nur die schwerwiegendsten Fälle anzuklagen. Das sind vor allem Fälle auf dem (süd-)afrikanischen Kontinent, wo auch die Zahl prekärer Staaten mit funktionsunfähigen Rechtssystemen am höchsten ist. Zugleich untersucht die Anklagebehörde auch Situationen in Kolumbien, Afghanistan und Georgien.

Dennoch ist unverkennbar, dass die Akzeptanz des IStGH auf dem afrikanischen Kontinent Schaden genommen hat und dies insbesondere im Umfeld der Ermittlungsverfahren in Norduganda und verschärft mit der Anklageerhebung gegen den amtierenden Präsidenten des Sudan, Omar al-Bashir, im Juli 2008. Nach der Anklageerhebung gegen al-Bashir forderten die Afrikanische Union wie auch die Arabische Liga vom UN-Sicherheitsrat die Zuständigkeit des IStGH nach Artikel 16 des Statuts auszusetzen, um die Möglichkeiten einer Befriedung nicht zu gefährden.[14] Sudan selbst hat wiederholt jede Kooperation mit dem Gerichtshof verweigert.

Die Lage in Sudan ist weiterhin unklar; es lassen sich aber keine destabilisierenden Effekte durch den IStGH erkennen. Weder kam es zu verstärkten Verbrechen noch scheint der IStGH messbaren Einfluss auf etwaige Friedensverhandlungen genommen zu haben. Wenn überhaupt, so lässt sich sagen, dass der Druck auf die Regierung in Sudan angestiegen ist und ihr politischer Spielraum sich weiter verkleinert hat. Manche meinen sogar, dass die Gesprächsbereitschaft zwischen den Konfliktparteien seitdem zugenommen habe.[15]

Aussagekräftigere Entwicklungen lassen sich dagegen in Norduganda erkennen. Dort hatte 2003 die Anklage gegen den Rebellenführer der Lord Resistance Army (LRA), Joseph Kony, für Unruhe gesorgt, da Kony ankündigte, nicht an den Ver-

---

13 Vgl. ebd.
14 Vgl. UN-Sicherheitsratsreport, Update Report: Sudan, 28. Juli 2008, <http://www.securitycouncilreport.org/site/c.glKWLeMTIsG/b.4381649/k.5E6A/Update_Report_No_4BrSudanBr28_July_2008.htm> (abgerufen am 19.1.2010).
15 Vgl. Annette Weber und Denis Tull, Der Internationale Strafgerichtshof und Darfur: Wie hinderlich ist Gerechtigkeit? (SWP-Aktuell 65), Berlin 2008.

handlungstisch zurückzukehren, sollte die Anklage nicht fallengelassen werden. Lokale NGO und die Regierung befürchteten, dass die Gräueltaten unvermindert weitergehen würden und ein Friedensschluss unmöglich würde. 2004 ersuchte die Regierung den IStGH, die Zuständigkeit wieder abzugeben. Stattdessen sollten Amnestieregelungen, die bereits seit 1999 in Kraft waren, sowie traditionelle Versöhnungsinstrumente zum Einsatz kommen. 2005, nach Gesprächen zwischen IStGH-Chefankläger Luis Moreno-Ocampo und betroffenen Volksgruppen sowie der Regierung, bemühte sich Uganda, über die Umsetzung des Rom-Statuts in die nationale Rechtsordnung die nationale Jurisdiktion zu stärken (Komplementarität Artikel 17 IStGH). Darüber hinaus sind komplementäre Modelle im Gespräch, die Aufarbeitung der begangenen Verbrechen zwischen Amnestie, traditioneller Versöhnung und Gerichtsverfahren zu steuern.[16] Die Friedensverhandlungen in Uganda sind auch nicht aufgehalten worden, im Gegenteil: Nach den Anklageerhebungen konnte verstärkte Verhandlungsbereitschaft beobachtet werden, die 2007 in erste Friedensabkommen mündete.[17] Die Intervention des IStGH hat demnach als Katalysator gewirkt, der die politischen Bemühungen verstärkt und den Aufbau rechtsstaatlicher Strukturen beschleunigt hat – insgesamt wurden genau die Ziele erreicht, die der IStGH verfolgt.

Fazit: IStGH – ein wichtiges Stabilisierungsinstrument

Aus diesen bestenfalls kursorischen Eindrücken lässt sich nicht der Schluss ziehen, dass es nicht zu gravierenden Konflikten zwischen Strafverfolgung und Friedensverhandlungen im Einzelfall kommen könnte. Allerdings verfügt das Statut des IStGH über Instrumente, um solche Konflikte wenn nicht zu lösen, so doch zumindest abzumildern. Nach Artikel 53 des Statuts kann die Anklagebehörde beantragen, Ermittlungen auszusetzen, wenn eine Strafverfolgung erkennbar dem Ziel der Gerechtigkeit widerläuft, beispielsweise Friedensverhandlungen zu verhindern droht. Darüber hinaus ist mit Artikel 16 dem UN-Sicherheitsrat die Möglichkeit gegeben, eine Aussetzung von Ermittlungen befristet, aber erneuerbar, zu verfügen. Die Gespräche von Chefankläger Moreno-Ocampo mit lokalen Akteuren in Uganda verdeutlichen die Flexibilität des IStGH und die Möglichkeit und Notwendigkeit, internationale Strafgerichtsbarkeit in ein Bündel unterschiedlicher Maßnahmen einzufügen.

Insgesamt zeigt die Arbeit des IStGH bis dato, dass er seiner Rolle als Instrument zur Stabilisierung prekärer Staaten gerecht wird. Er hilft erkennbar die Verbrechen aufzuarbeiten und effektive Rechtsstrukturen und -kulturen zu schaffen. Umgekehrt lassen sich bislang keine gravierenden Konfliktverschärfungen in den betroffenen Ländern erkennen, sondern bisweilen sogar durch Interventionen des IStGH beförderte neue Ansätze zu Friedensverhandlungen. Der Internationale Strafgerichtshof ist daher ein wichtiges Instrument zur Stabilisierung prekärer Staaten, indem er sowohl an der normativen wie institutionellen Stabilisierung der Gesellschaften und ihrer staatlichen Ordnungen ansetzt.

---

16 Vgl. Ludermann, Gerechtigkeit oder Frieden?, a. a. O. (Anm. 12), S. 37–43.
17 Vgl. Stephen Kabera Karanja, Child Soldiers in Peace Agreements: The Peace and Justice Dilemma, in: Global Jurist, 3/2008, S. 35–38.

Globale NATO-Operationen

Michael Rühle

Als zehn westeuropäische Staaten sowie die USA und Kanada am 4. April 1949 in Washington einen Beistandspakt unterzeichneten, dachte niemand an eine globale Rolle dieser neuen Allianz. Die Entwicklung der NATO von einem auf die Territorialverteidigung konzentrierten Bündnis zu einem transatlantischen Handlungsrahmen ohne geografische Beschränkungen begann erst nach dem Ende des Kalten Krieges. Im historischen Rückblick lässt sich diese Entwicklung in drei Phasen beschreiben, in denen die NATO auf neue sicherheitspolitische Herausforderungen durch eine Erweiterung ihres geografischen Einsatzbereichs reagierte.

Die NATO im Kalten Krieg

In der ersten Phase, dem Ost-West-Konflikt, war die NATO in erster Linie ein Instrument westlicher Selbstbehauptung gegen eine politisch-militärische Herausforderung der Sowjetunion und ihrer Verbündeten. Die NATO verteidigte das Bündnisterritorium gegen eine mögliche Invasion – eine Aufgabe, die unter den spezifischen Bedingungen des Ost-West-Konflikts ausschließlich durch Abschreckung, das heißt durch die bloße Androhung von Gewalt, wahrgenommen werden konnte.[1]

Zusätzliche Aufgaben zu übernehmen, hätte vom Bündniszweck abgelenkt und keine breite Unterstützung gefunden. Die weit auseinander klaffenden Interessen der Verbündeten bei außereuropäischen Fragen taten ein Übriges, um Out-of-Area-Diskussionen möglichst zu vermeiden. Interessant war jedoch der Wandel der Argumentation der Verbündeten. Waren es zunächst die Vereinigten Staaten, die mit Blick auf eine Verwicklung in koloniale Belange der Europäer sich widersetzten, die Bündnisverpflichtungen geografisch weiter auszulegen, so verkehrten sich die Positionen in den 1960er Jahren völlig: Nun waren es die Europäer, die den amerikanischen Versuch zurückwiesen, ihr Engagement in Vietnam zum Problem der Allianz zu machen. Einige Verbündete koordinierten ihre Out-of-Area-Politik folglich über informelle Kanäle oder in anderen Gremien. Darüber hinaus entwickelte man in der NATO Verfahren zur Kompensation der durch Out-of-Area-Einsätze einzelner Verbündeter entstehenden Lücken im militärischen Dispositiv.

Die Konsolidierung Europas

In der zweiten Phase der NATO, vom Fall der Berliner Mauer 1989 bis zu den Terrorangriffen auf die USA im September 2001, übernahm das Bündnis immer mehr gesamteuropäische Verantwortung. Auf der politischen Ebene entwickelte

---

1 Vgl. hierzu grundsätzlich Michael Rühle, Entwicklungslinien des Atlantischen Bündnisses, in: Aus Politik und Zeitgeschichte, Nr. 43, November 2006, S. 1–9.

die NATO partnerschaftliche Beziehungen mit den ehemaligen Gegnern in Mittel- und Osteuropa. Militärisch manifestierte sich die gesamteuropäische Rolle der NATO in ihren »Peacekeeping«-Operationen auf dem Westlichen Balkan. Damit trug man der Einsicht Rechnung, dass ein passiver, allein auf Abschreckung gegründeter Ansatz in den neuen Konflikten keine Wirkung mehr haben würde. Ebenso wurde deutlich, dass Bündnisinteressen und Bündnisraum nicht mehr deckungsgleich waren und die NATO in die Lage versetzt werden musste, auch jenseits des eigenen Bündnisterritoriums handeln zu können.

Die Zielkonflikte innerhalb der NATO, die sich im Kalten Krieg in endlosen Debatten über »faire« Lastenteilung, eine schlüssige Militärstrategie oder die angemessene Gewichtung von Verteidigungs- und Entspannungsbemühungen niederschlugen, dauerten auch in dieser zweiten Phase der Allianz fort. Dies galt insbesondere für die unterschiedlichen Auffassungen über die Ausgestaltung der Europäischen Union zu einem eigenständigen sicherheitspolitischen Akteur, mit dem manche europäischen NATO-Mitglieder Hoffnungen auf eine gleichgewichtige transatlantische Sicherheitspartnerschaft verbanden. Die USA wiederum forcierten mit Blick auf die wachsende geostrategische Bedeutung der Golf-Region den Abbau geografischer Beschränkungen für NATO-Operationen. Beide Hoffnungen erfüllten sich nicht. Die EU wurde keine echte Konkurrenz zum transatlantischen Bündnis; auch den USA gelang es nicht, die NATO aus ihrem eurozentrischen Weltbild zu lösen. Mit ambivalenten Formulierungen im 1999 verabschiedeten Strategischen Konzept wurden Out-of-Area-Debatten vermieden.

Das Ende der eurozentrischen NATO

Die Terroranschläge auf die USA vom 11. September 2001 markierten den Beginn der dritten Phase der NATO. Nun war deutlich geworden, dass die größten Bedrohungen transatlantischer Sicherheit nicht mehr – wie im Kalten Krieg und seiner unmittelbaren Folgezeit – aus Europa kommen würden, sondern von jenseits des Kontinents. Das traditionelle Selbstverständnis der NATO, als rein »eurozentrisches« Bündnis, war damit obsolet. Zwar würde die weitere Konsolidierung Europas als gemeinsamer Sicherheitsraum ein wichtiger Teil der NATO-Agenda bleiben, doch angesichts des globalen Charakters der neuen Bedrohungen konnte ein ausschließlich regionaler Ansatz nicht mehr genügen. Die Feststellung des Bündnisfalls nur einen Tag nach den Terroranschlägen war deshalb auch weit mehr als eine bloße Solidaritätsbekundung mit den Vereinigten Staaten. Durch die Ausrufung der kollektiven Beistandsverpflichtung als Reaktion auf den Terroranschlag eines »non-state actors« wurde die NATO selbst zum Akteur in einer globalen Auseinandersetzung.

Dass sich diese dritte Phase der NATO als die bei weitem schwierigste herausstellen würde, war schon früh abzusehen. Denn anders als im Kalten Krieg, als die sowjetische Bedrohung für die NATO-Verbündeten politische und militärische Zwänge schuf, die nationale Alleingänge ausschlossen, werden die neuen Bedrohungen von den Verbündeten unterschiedlich bewertet. Dies gilt für den internationalen Terrorismus ebenso wie für die Risiken »gescheiterter Staaten«, die Proliferation von Massenvernichtungswaffen oder Cyberangriffe. Eine für alle Verbündeten verbindliche Bedrohungsanalyse ist in diesen Fragen nur noch mühsam herzuleiten. Die kollektive Betroffenheit ist letztlich ebenso abgestuft wie die daraus resultierende kollektive Solidarität in der politischen und militärischen Praxis. Die Frage nach dem Sinn einer Allianz stellt sich damit ebenso neu wie die Frage nach ihrem künftigen Charakter.

Afghanistan: Test für die »globale« NATO?

Bei manchen neuen Aufgaben, die das Bündnis nach »9/11« übernahm, spielten diese Strukturprobleme keine Rolle. Die Hilfsflüge für die Opfer des Erdbebens in Pakistan im Oktober 2005, die Ausbildung irakischer Sicherheitskräfte und die logistische Unterstützung der Afrikanischen Union zeigten zwar, dass die Allianz ihr Out-of-Area-Syndrom überwunden hatte; doch berührten diese Einsätze die Sicherheitsinteressen der Verbündeten allenfalls mittelbar.

Ganz anders verhält es sich hingegen mit dem Afghanistan-Einsatz. Mit dem Oberbefehl über die internationale Schutztruppe (International Security Assistance Force/ISAF) im August 2003 hat die NATO eine Aufgabe übernommen, die weitaus komplexer und riskanter ist als das Balkan-Engagement der 1990er Jahre. Ein Land mit einer archaischen Stammeskultur, einer schwachen Zentralregierung und einer vom Drogenanbau geprägten Wirtschaft soll dauerhaft stabilisiert werden, um nicht mehr als Trainingslager für al Khaïda missbraucht werden zu können. Hinzu kommt, dass viele Nachbarn Afghanistans in einer Weise Einfluss auf die Geschicke des Landes nehmen wollen, die den Zielen der internationalen Staatengemeinschaft widerspricht.

Obwohl es bei den Verbündeten unterschiedliche Gründe für die Beteiligung am Afghanistan-Einsatz gibt – Terrorbekämpfung bei den einen, transatlantische Solidarität bei anderen –, hat es die NATO bislang vermocht, ihr Engagement in Afghanistan stetig zu verstärken. Die Zahl der ISAF-Truppen stieg von zunächst einigen Tausend auf über 100 000. Zugleich wurde der Verantwortungsbereich von Kabul aus schrittweise auf das gesamte Land ausgedehnt. Die Tatsache, dass neben den 28 Verbündeten auch mehr als ein Dutzend anderer Staaten, von Australien bis Singapur, ihre Truppen unter den Oberbefehl der NATO gestellt haben, zeigt, dass die Allianz, wie zuvor bereits auf dem Balkan, politisch wie militärisch als Kern einer größeren internationalen Koalition handelt.

Das afghanische Dilemma

Die Aufgabe von ISAF ist es, der afghanischen Regierung bei der Ausdehnung ihrer Autorität auf das gesamte Land zu helfen und zugleich ein sicheres Umfeld für den Wiederaufbau zu gewährleisten.[2] Bereits diese kurze Beschreibung enthält die Erklärung dafür, weshalb manche Beobachter inzwischen zu dem Schluss gekommen sind, dass sich die NATO eine zu große Last aufgebürdet habe. Da sich ISAF nicht unmittelbar in der Terrorbekämpfung engagiert, sondern den in-

---

2 Eine Übersicht aus der NATO-Perspektive bietet: NATO Public Diplomacy Division, Afghanistan Report 2009, Brüssel, März 2009.

ternationalen zivilen Wiederaufbau absichern hilft, wird das Bündnis de facto zur Geisel der internationalen Staatengemeinschaft. Die Erfolge der ISAF und der afghanischen Sicherheitskräfte bei der Marginalisierung der Taliban als militärische (und damit auch politische) Kraft sind am Ende nur von Dauer, wenn ihnen der zivile Aufbau unmittelbar nachfolgt.

Dieser Aufbau ist jedoch bislang weitgehend ausgeblieben. Zwar sind seit dem Sturz der Taliban große Summen in die Entwicklung Afghanistans geflossen, doch erwecken weder die Vereinten Nationen (UN) noch die Europäische Union (EU) oder andere zivile Akteure den Eindruck, Afghanistan habe für sie oberste Priorität. Die Mühe der EU bei der Polizeiausbildung ist nur das augenfälligste Beispiel hierfür.

Die Koordination zwischen der ISAF und den für den zivilen Aufbau Verantwortlichen ist weithin unzureichend. Die NATO verfügt zwar über einen zivilen Repräsentanten in Kabul und unterstützt auch den UN-Koordinator. Doch die Versuche des Bündnisses, eine engere Koordination mit den zahlreichen zivilen Akteuren vor Ort zu erreichen, bleiben schwierig. Die NATO-EU-Beziehungen sind noch weit von der angestrebten »strategischen Partnerschaft« entfernt, und auch ein Teil der UN-Bürokratie steht der NATO weiterhin skeptisch gegenüber. Ob die Unterzeichnung der lange vorbereiteten NATO-UN-Erklärung vom September 2008 einen positiven Signalcharakter für andere Akteure haben wird, bleibt abzuwarten.[3]

Ebenso wenig wurde die Koordination der zivilen Organisationen untereinander entscheidend verbessert. Jede internationale Institution und Nichtregierungsorganisation (NGO) pflegt ihre eigene Agenda und Arbeitskultur und sträubt sich gegen »Koordination« durch andere. Zudem ist vielen »Zivilen« die Zusammenarbeit mit militärischen Institutionen fremd – sie befürchten, dadurch von einer militärisch dominierten Agenda vereinnahmt zu werden. Der Aufbau einer zivilen Komponente der NATO wiederum entspräche zwar der Erfahrung, wonach die Streitkräfte häufig als »First Responder« in Krisen eingesetzt werden; doch die unterschiedlichen Auffassungen der Verbündeten verhindern bislang Fortschritte in dieser Frage.

Bündnispolitische Probleme des Afghanistan-Einsatzes

Aber auch militärisch bleibt der Afghanistan-Einsatz hinter den Erfordernissen zurück. Von Anfang an bewegte sich die Zahl der Streitkräfte stets am unteren Ende dessen, was man militärisch für geboten hielt. Auf amerikanischer Seite war dies der Preis, den man für den als wichtiger erachteten Irak-Krieg glaubte bezahlen zu müssen. Die Europäer hingegen stellte der Afghanistan-Einsatz vor eine politisch wie militärisch nie da gewesene Herausforderung. Bis heute gelingt es nur wenigen Verbündeten, gut ausgebildete und ausgerüstete Truppen in größerer Zahl nach Afghanistan zu entsenden. Darüber hinaus offenbart der Einsatz am Hindukusch gravierende Unterschiede in der Bedrohungswahrnehmung wie auch in den »strategischen Kulturen« der NATO-Staaten. Während einige

---

3 Vgl. Michael F. Harsch, Janka Oertel und Johannes Varwick, UN-NATO-Erklärung: Wenig Lärm um (fast) nichts, in: Vereinte Nationen, Jg. 57, Nr. 1, 2009, S. 10.

Verbündete den Einsatz als Kampf gegen eine unmittelbare Bedrohung verstehen und folglich auch Verluste in Kampfeinsätzen hinzunehmen bereit sind, erwecken andere Bündnisnationen den Eindruck, die Operationen berührten ihre Sicherheit bestenfalls mittelbar. Sie sehen daher auch keine Veranlassung, den als Hilfe zum Wiederaufbau konzipierten Charakter ihres militärischen Engagements zu hinterfragen.

Die unterschiedlichen verfassungspolitischen Wirklichkeiten in den Mitgliedstaaten verstärken den Eindruck, der Afghanistan-Einsatz der NATO folge keiner schlüssigen militärischen Strategie. So schränken in einigen Mitgliedstaaten parlamentarische Vorbehalte den Handlungsspielraum der Regierungen ein, da jedes Mandat für einen Militäreinsatz, ebenso wie jede Veränderung dieses Mandats, nur über einen langwierigen Konsensfindungsprozess erreicht werden kann. Der Einsatz der Streitkräfte mancher NATO-Staaten erfolgt daher nur mit nationalen »Einschränkungen«, so genannten »caveats«; die Frage nach der größtmöglichen militärisch-operativen Wirksamkeit tritt hinter den Primat der Vermeidung von innenpolitisch schwer zu rechtfertigenden Verlusten zurück.

Die Suche nach einer Strategie

Die NATO hat immer wieder versucht, dem Eindruck entgegenzutreten, ihr fehle es an einem ganzheitlichen Konzept. So wurde auf dem Gipfel von Bukarest im April 2008 die »Strategic Vision« vorgestellt.[4] Die vier Kernelemente dieses Dokuments – ein langfristiges Engagement in Afghanistan, mehr Übernahme von Verantwortung durch die Afghanen selbst, ein umfassender zivil-militärischer Ansatz (»comprehensive approach«) der internationalen Gemeinschaft sowie eine stärkere Einbeziehung der Nachbarländer Afghanistans – bildeten zwar eine durchaus plausible Gesamtstrategie. Sie ändern jedoch nichts an dem zentralen Dilemma, das den NATO-Einsatz in Afghanistan kennzeichnet: Ein nachhaltiger Erfolg ist von zahlreichen Faktoren abhängig, auf die das Bündnis selbst keinen Einfluss hat.

Hoffnungen auf einen echten Ansatz der »vernetzten Sicherheit« haben sich daher nicht erfüllt. Mehr noch: Der Regierungswechsel in Washington, die Forderung nach einer massiven Verstärkung des amerikanischen Engagements durch den ISAF-Kommandeur, die sich verschlechternde Gesamtlage in Afghanistan und die in einigen NATO-Staaten lauter werdenden Abzugsforderungen veränderten im Sommer und Herbst 2009 die öffentliche Debatte. Der Afghanistan-Einsatz der NATO wurde plötzlich im Kontext eines mittelfristigen Abzugs diskutiert. Zwar knüpfte man diese »exit strategy« an zahlreiche Bedingungen, doch die damit einhergehend stärker werdende Kritik an der afghanischen Regierung zeigte, dass das Durchhaltevermögen der Verbündeten begrenzt war.

Die Anfang Dezember 2009 angekündigte Verstärkung des amerikanischen Kontingents um über 30 000 Soldaten und Ausbilder führte auch auf europäischer Seite zu einer weiteren Erhöhung der Truppenstärken um rund 7000 Mann,

---

4 ISAF's Strategic Vision, 3.4.2008, <http://www.nato.int/docu/pr/2008/p08-052e.html> (zuletzt abgerufen: 26.5.2010).

womit die NATO ihr Versprechen eines „neuen Momentums" einlöste.[5] Doch die Entschlossenheit, die damit demonstriert werden sollte, wurde durch die gleichzeitig anschwellende Abzugsdebatte unterminiert. Die Skepsis vieler Beobachter blieb. Der unbestreitbare Erfolg der »Truppenaufstockung« (surge) im Irak würde sich selbst mit diesen zusätzlichen Anstrengungen nicht wiederholen lassen.

Künftiges Engagement

Afghanistan wird nicht zum Scheitern der NATO führen. Da die internationale Staatengemeinschaft die Definitionshoheit über den Erfolg oder Misserfolg ihres Engagements innehat, bleibt ihr stets die Möglichkeit, das Projekt Afghanistan als gelungen zu deklarieren und einen Abzug unter Hinweis auf die dringend notwendige Afghanisierung der weiteren Entwicklung zu rechtfertigen. Viele Probleme blieben damit zwar ungelöst, doch wenigstens hätte man verhindert, das Bündnis dauerhaft zu beschädigen.

Die Vermutung, dass die NATO in Afghanistan nicht scheitern wird, gibt jedoch keineswegs Anlass zur Beruhigung. Denn selbst wenn die Verbündeten auch weiterhin eine »globale« Agenda verfolgen wollten, gelten die Strukturprobleme, die am Afghanistan-Einsatz sichtbar geworden sind, mehr oder minder auch für die anderen Herausforderungen, denen sich das Bündnis in den kommenden Jahren gegenübersehen wird. Gleichgültig, ob es um Interventionen in gescheiterten Staaten, Fragen der Energiesicherheit, den Schutz gegen »Cyberangriffe« oder humanitäre Einsätze in Naturkatastrophen geht: Mit ihren eigenen, dezidiert militärischen Mitteln kann die NATO keine umfassende Antwort bieten und ist daher auf die Zusammenarbeit mit zivilen Institutionen angewiesen. Hinzu kommt, dass jede dieser Bedrohungen die Bündnispartner in unterschiedliche Weise berührt und die politische und militärische Solidarität einschränken dürfte.

Auch die insbesondere nach dem Georgien-Krieg vom August 2008 erhobene Forderung nach einer Neujustierung des Verhältnisses zwischen den »neuen« Einsätzen und der »klassischen« kollektiven Selbstverteidigung wird nicht zu einem neuen Bündniskonsens führen. Denn der Versuch, die NATO wieder auf ihre historische Kernaufgabe des Schutzes der territorialen Unversehrtheit seiner europäischen Mitglieder zu reduzieren, verkennt, dass die Meinungen im Bündnis zum Umgang mit Russland mindestens so weit auseinanderklaffen wie zu Fragen des Afghanistan-Einsatzes. Mehr noch: Ein solcher Back-to-Basics-Ansatz[6] würde die NATO weitgehend von der amerikanischen Sicherheitsagenda abkoppeln – ein Ergebnis, das europäischen wie amerikanischen Interessen gleichermaßen zuwider liefe. Die NATO muss daher ein potenziell global agierendes Bündnis bleiben, auch wenn die Finanzkrise den kollektiven Ehrgeiz, den so genannten »level of ambition« der Verbündeten, künftig deutlich einschränken dürfte.

---

5   Vgl. Anders Fogh Rasmussen, A New Momentum, in: The Washington Post, 4.12.2009.
6   Vgl. die Ausführungen zu einer »vierten Phase« der NATO bei Karl-Heinz Kamp, Back to the Roots: A Changed NATO in the European Security Landscape, in: Andrew Monaghan (Hrsg.), The Indivisibility of Security: Russia in Euro-Atlantic Security, NATO Defense College, Rom, 2009, S. 45–49.

Nötige Reform der NATO

Welche Maßnahmen kann die NATO ergreifen, um im Zeitalter der »globalisierten Unsicherheit« (Christoph Bertram) ihren Mitgliedstaaten einen sicherheitspolitischen Mehrwert zu garantieren? Die Hoffnung jedenfalls, über die Ausarbeitung eines neuen strategischen Konzepts zu einem neuen, umfassenden Konsens unter den Verbündeten zu gelangen, trügt. Ein solches Dokument kann einen bereits bestehenden Konsens feststellen, doch keinen neuen begründen. Dieser muss für jeden konkreten Einzelfall aufs Neue erstritten werden. Gleichwohl lassen sich einige Entwicklungslinien aufzeigen, an denen sich die Verbündeten bei der Reform der NATO orientieren müssen.[7]

1. Der Diskussionsprozess im Bündnis darf sich nicht nur auf die Themen beschränken, die die NATO unmittelbar militärisch involvieren. Es müssen auch solche Fragen erörtert werden, die keine unmittelbare militärische, wohl aber sicherheitspolitische Relevanz haben. Solange jede Diskussion in der NATO unter dem Generalverdacht steht, letztlich nur der Vorbereitung militärischer Operationen zu dienen, wird eine aufschlussreiche politische Debatte über bestimmte Regionen oder Problembereiche nicht wirklich möglich sein. Vor allem aber müssen sich alle Regierungen dazu durchringen, die NATO als Forum zu nutzen – auch wenn man in manchen Fragen weiterhin vertrauliche Absprachen im kleineren Kreis vorziehen wird.

2. Die militärische Transformation der NATO muss fortgeführt werden. Die Verbündeten sind sich inzwischen einig, dass es sich kein Staat heute noch leisten kann, Streitkräfte allein zur Territorialverteidigung zu unterhalten. Die Notwendigkeit, Soldaten und Ausrüstung rasch in weit entfernte Krisenregionen verlegen zu können, ist heute ebenso unbestritten wie die Notwendigkeit, das gesamte Spektrum vom Kampfeinsatz bis zu Friedenserhaltung abzudecken. Die Verfügbarkeit solcher militärischer Fähigkeiten schafft nicht zwangsläufig den politischen Konsens über ihren Einsatz, verringert aber nationale Vorbehalte und hilft zugleich, die Debatte über eine »faire« Lastenteilung in Operationen unter Kontrolle zu halten.

3. Die NATO muss sich organisatorisch stärker auf die neuen Herausforderungen ausrichten. Hierzu zählen die Reform des Streitkräfteplanungsprozesses (der idealerweise mit dem der EU harmonisiert werden sollte) und die Neugliederung des Internationalen Stabes in Abteilungen, die die Schwerpunkte der aktuellen NATO-Agenda besser widerspiegeln. Finanzierungsmechanismen für gemeinsame Einsätze sollten ebenso modifiziert werden: Das etablierte Prinzip, demzufolge jede Nation ihre Einsätze selbst bezahlt (»costs lie where they fall«) wird von manchen NATO-Staaten als ungerecht und politisch schädlich empfunden. Es könnte deshalb durch ein Verfahren ergänzt werden, bei dem diejenigen Staaten, die sich an einer Operation nicht militärisch beteiligen, anderwei-

---

[7] Für einen der anspruchsvollsten Versuche einer Reformagenda siehe: Dan Hamilton et al., Alliance Reborn: An Atlantic Compact for the 21st Century, A Report by the Atlantic Council of the United States, the Center for Strategic and International Studies, the Center for Technology and National Security (NDU), and the Center for Transatlantic Relations, Johns Hopkins University (SAIS), Washington, DC, Februar 2009.

tig finanzielle Kompensation leisten. Schließlich stellt sich auch die – vorhersehbar kontroverse – Frage, wie weit das auf der strategischen Ebene unabdingbare Konsensprinzip auf der taktischen Ebene im Sinne größerer Flexibilität für die unmittelbar militärisch Handelnden modifiziert werden könnte.

4. Die NATO braucht strukturierte Beziehungen zu den zivilen Akteuren wie UN, EU oder Weltbank, aber auch zu nichtstaatlichen Organisationen. Aus den bereits genannten Gründen ist der Versuch, einen für alle maßgeblichen Akteure verbindlichen Gesamtansatz (»comprehensive approach«) zu definieren, äußerst schwierig. Sofern die Zurückhaltung der zivilen Institutionen bei der Abstimmung mit der NATO jedoch auf Fehlwahrnehmungen hinsichtlich der Kooperationsbereitschaft und -fähigkeit des Bündnisses beruht, sind Fortschritte möglich.

5. Die Natur von Stabilisierungseinsätzen erfordert in letzter Konsequenz auch, dass die NATO den politischen Prozess beeinflusst, an dessen Ende ein sich selbst tragender Frieden stehen soll. Eine Arbeitsteilung, in der das Bündnis zwar die Truppen stellt, die politische Ausgestaltung des Friedensprozesses jedoch ausschließlich anderen Akteuren der internationalen Gemeinschaft überlässt, ist nicht mehr zeitgemäß. Auf Dauer kann die Allianz diese anspruchsvollere Rolle jedoch nur spielen, wenn sie sich mehr als bisher als echtes politisches Forum versteht und sich nicht auf die Rolle eines militärischen Dienstleisters festlegen lässt. Die Stärkung des zivilen Repräsentanten der NATO in Afghanistan ist ein erster Schritt in diese Richtung.

Fazit und Ausblick

Die Bilanz der NATO bei der Suche nach Antworten auf die Herausforderungen der Globalisierung der Gewalt fällt notwendigerweise zwiespältig aus. Die NATO bleibt als militärischer Akteur unangefochten – was sich nicht zuletzt auch in der Bereitschaft von Nicht-NATO-Staaten zeigt, ihre Streitkräfte in Operationen unter dem Oberbefehl des Bündnisses einzusetzen. In dem Maße jedoch, in dem die neuen Herausforderungen nicht mehr allein militärisch definiert und beantwortet werden können, kann die NATO nur noch Teil einer weitaus umfassenderen Antwort sein.

Eine grundsätzliche Änderung der Organisationsform ist dennoch unwahrscheinlich. Die Konstruktion der NATO als ein Bündnis souveräner Nationalstaaten, die nach dem Konsensprinzip entscheiden, bleibt auch künftig erhalten. Im Gegensatz zur EU ist die NATO kein Integrationsprojekt und verfügt somit auch nicht über eine »finalité politique« im Sinne der Union. Es geht bei der NATO vielmehr darum, trotz zahlreicher transatlantischer Asymmetrien eine gemeinsame Agenda zu verfolgen, die allen Beteiligten einen Nettogewinn bietet. Dies schließt nicht aus, dass die NATO in ferner Zukunft in ein bilaterales US-EU-Bündnis überführt werden könnte – mit entsprechender Berücksichtigung der Belange Kanadas und der europäischen Nicht-EU- bzw. Nicht-NATO-Staaten. Ein solches Bündnis würde dem Idealbild eines gesamtheitlichen Sicherheitsansatzes zweifellos näher kommen. Doch bis dahin ist es noch ein weiter Weg.

Die Stabilisierungsmissionen der EU

Henning Riecke

In der Europäischen Sicherheitsstrategie (ESS) von 2003 wird das Scheitern von Staaten als eines von fünf Hauptrisiken hervorgehoben, derer sich die EU annehmen soll.[1] Denn Staatszerfall, nicht nur in Nachbarregionen der EU, könne Risiken heraufbeschwören, die die Sicherheit der Europäer direkt oder indirekt gefährden. Die in der ESS genannten Beispiele – Sudan, Liberia, Afghanistan – sind Fälle von bereits erfolgtem staatlichen Kollaps. Doch in der unmittelbaren Nachbarschaft Europas befinden sich Staaten, die diesem Stadium nahe kommen können, wenn sich schlechte Regierungsführung und interne Konflikte fortsetzen. Die Europäische Union (EU) will mit einer Vielzahl von Instrumenten prekäre Staaten stabilisieren und andere mehr oder minder stabile Staaten bei ihrer Transformation unterstützen. Indem sie starke und legitime Institutionen, Rechtsstaatlichkeit und marktwirtschaftliche Bedingungen fördert, versucht sie, staatlichem Kontrollverlust vorzubeugen. Mit wachsendem Selbstbewusstsein operiert die EU in Stabilisierungsmissionen in ihrer Nachbarschaft und weltweit. Welche Rolle kann die EU tatsächlich bei der Stabilisierung prekärer Staaten spielen? Welche Mittel sind die Mitgliedstaaten bereit, dafür zur Verfügung zu stellen? Gelingt es, Mittel proaktiv, bevor ein Staatszerfall eintritt, oder erst reagierend einzusetzen? Welches sind die Antriebskräfte und gegebenenfalls Hindernisse dabei?

Stärke durch Vielfalt: Zivile und militärische Instrumente

Die Gemeinsame Außen- und Sicherheitspolitik der EU wie auch ihr operatives Element, die Gemeinsame Sicherheits- und Verteidigungspolitik (GASP bzw. GSVP),[2] die Entwicklungspolitik der EU-Kommission sowie ihre Europäische Nachbarschaftspolitik (ENP) ziehen dabei nicht immer an einem Strang. Ihre Motive, Handlungslogiken und Zeithorizonte unterscheiden sich; strukturelle Probleme der Koordinierung sind an der Tagesordnung. Mit den Instrumenten des Vertrags von Lissabon kann die EU nun für mehr Kohärenz in ihrer Außenpolitik sorgen. Dies betrifft auch ihre Fähigkeiten beim Staatenaufbau. Gleichzeitig ist es aber die Stärke der EU-Sicherheitspolitik, dass sie eine Vielzahl von Instrumenten zur Verfügung hat, um prekärer Staatlichkeit zu begegnen.

Eine Gemeinsame Außen- und Sicherheitspolitik hatte die EU schon seit 1993, eine Europäische Sicherheits- und Verteidigungspolitik erst seit etwa zehn Jahren. Früh war das vielversprechende Nebeneinander verschiedener Instrumente und damit Einflussmöglichkeiten zum Leitbild der Gemeinsamen Sicherheits- und Verteidigungspolitik geworden. Zum einen würde die EU die

---

1 Vgl. Europäischer Rat, Ein sicheres Europa in einer besseren Welt: Europäische Sicherheitsstrategie, Brüssel, 12.12.2003, S. 9 f.
2 Im Vertrag von Lissabon von 2009 wurde aus der »Europäischen« eine »Gemeinsame« Sicherheits- und Verteidigungspolitik.

projektierten politisch-diplomatischen, militärischen und zivil-polizeilichen Mittel zur Krisenreaktion bereitstellen können. Zum anderen können die von der EU-Kommission geleitete Entwicklungshilfe und der Außenhandel in politischen Einfluss umgemünzt werden. Nach dieser Vision wäre die EU eine Art »One Stop Shop« im Krisenmanagement. Wenn nur die Koordination der Akteure in der EU gelingt, so die Erwartung, dann kann die Union direkt und schnell Einfluss in einem Krisengeschehen nehmen.

Die Prinzipien der GSVP legte unter anderem die Europäische Sicherheitsstrategie fest. Das 2003 erarbeitete Dokument forderte eine strategische Kultur des Eingreifens, auch mit robusten Mitteln. Fünf Jahre später hoben die Mitgliedsstaaten in einem Bericht über die Umsetzung der ESS auch noch die Problemfelder Energiesicherheit und Klimawandel hervor. Des Weiteren wurde der für prekäre Staaten relevante Zusammenhang zwischen Entwicklung und Sicherheit beleuchtet: Länder wie Somalia seien in einem »Teufelskreis von schwachen Regierungsstrukturen und immer wieder aufflammenden Konflikten« gefangen. Nunmehr solle mit Entwicklungshilfe und Sicherungsmaßnahmen dieser Teufelskreis durchbrochen werden.[3] Eine zur Umsetzung der ESS im Jahr 2005 verfasste EU-Afrika-Strategie benannte die Stärkung verantwortungsvoller Staatsführung als zentrale Aufgabe.

Der Aufbau der GSVP ist immer ein Anpassungsprozess gewesen, bei dem meist hochfliegende Ambitionen auf ein durchführbares Maß zurückgeschraubt wurden. Das ursprünglich an der Kosovo-Mission orientierte »Headline Goal« von 60 000 einsatzfähigen Soldaten blieb unerfüllt. 2003 beschloss die EU kleinere Einheiten, die EU Battle Groups, im Umfang von 1500 Mann zu bilden, die innerhalb von fünf bis zehn Tagen für eine Dauer von 30 Tagen einsatzfähig sein sollen – bislang aber noch nicht zum Einsatz gekommen sind.[4] Um ihr »Civilian Headline Goal« zu erfüllen, bemüht sich die EU seit 2004 ebenfalls, ihre personellen und planerischen Kapazitäten für zivile Maßnahmen in Krisengebieten auszubauen, um folgende Kernaufgaben erfüllen zu können: Überwachungsmissionen, Polizeiaufgaben zum Schutz der Zivilbevölkerung, Aufbau von Rechtsstaatlichkeit und ziviler Verwaltung.[5]

Für EU-Polizeimissionen sollen die Mitgliedsstaaten freiwillig Polizisten bereitstellen, die auf die besonderen Anforderungen im Auslandseinsatz vorbereitet sein müssen. Doch nur wenige Staaten haben zentral geführte, paramilitärische Polizeikräfte, wie etwa die französische Gendarmerie oder die italienischen Carabinieri, die im Regierungsauftrag entsendet werden können. Zurzeit ist die Bildung einer Europäischen Gendarmerie im Gespräch; es gibt bereits ver-

---

3 Rat der EU, Bericht über die Umsetzung der Europäischen Sicherheitsstrategie – Sicherheit schaffen in einer Welt im Wandel, Brüssel, 11.12.2008 (S407/08), <http://www.consilium.europa.eu/ueDocs/cms_Data/docs/pressdata/DE/reports/104634.pdf> (abgerufen am 21.7.2010).

4 Vgl. Karl-Heinz Kamp, Europäische »Battle Groups« – ein neuer Schub für die ESVP? Konrad-Adenauer-Stiftung (Analysen und Argumente Nr. 15/2004), 15.12.2004, <http://www.kas.de/wf/doc/kas_5827-544-1-30.pdf?070807150256> (abgerufen am 21.7.2010).

5 Vgl. als jüngstes Update: Civilian Headline Goal 2010, Approved by the Ministerial Civilian Capabilities Improvement Conference and Noted by the General Affairs and External Relations Council on 19 November 2007 (doc. 14823/07), <http://europa.eu/legislation_summaries/foreign_and_security_policy/conflict_prevention/l33239_en.htm> (abgerufen am 21.7.2010).

schiedene Formen zwischenstaatlicher Zusammenarbeit, die in diese Richtung führen könnten.[6]

Auch die ENP soll dazu beitragen, in Nachbarregionen prosperierende und stabile Räume zu schaffen.[7] Diese gefestigten Nachbarn können selbst in fragile Staaten hineinwirken. Seit 2003 versucht die ENP, die Nachbarn enger mit der EU zu vernetzen und damit zur politischen und wirtschaftlichen Transformation beizutragen. Die ENP, ein indirektes und vorauswirkendes Instrument der Staatenstabilisierung, wird seit 2006 reformiert, in Gestalt neuer Aktionspläne und mit einem größeren Budget ausgestattet. Doch die schwache sicherheitspolitische Orientierung der ENP gibt der EU kaum präventive Instrumente an die Hand, um die Konflikte in der osteuropäischen Nachbarschaft einzuhegen. Die EU kommt demnach den Forderungen der Nachbarstaaten – Marktzugang, Visafreiheit, Vorbereitung auf den Beitritt – nur schleppend nach. Insbesondere ist die Bereitschaft in der EU gesunken, neue Staaten aufzunehmen. Die ungeklärte Frage, ob die ENP eine EU-Mitgliedschaftsperspektive bedeutet, ist ein Geburtsfehler: Die Nachbarschaftspolitik soll einen späteren Beitritt in die Europäische Union weder präjudizieren noch ausschließen – dies sorgt für Unsicherheit. Indem osteuropäische Staaten hingehalten werden, fühlen sie sich auf die Stufe von Partnern in Nordafrika herabgesetzt, die ohnehin keinen Mitgliedschaftsanspruch geltend machen können. Elemente der Regionalisierung der Nachbarschaftspolitik, wie die Mittelmeer-Union, die Schwarzmeer-Kooperation oder die Östliche Partnerschaft sind hinter den Erwartungen zurückgeblieben.

Um ihre Qualitäten richtig zur Geltung zu bringen, benötigt die EU die Unterstützung der NATO. Dies gilt auch umgekehrt: Beide Organisationen können ihre Sicherungs- und Stabilisierungsaufgaben effektiver und effizienter erfüllen, wenn sie einander die jeweils fehlenden Fähigkeiten bereitstellen. Doch die Türkei und Griechenland behindern den politischen Dialog zwischen EU und NATO und damit auch deren Koordination.[8] Mit den Vereinten Nationen (UN) hat die EU hingegen seit 2007 regelmäßige Konsultationen vereinbart, um rechtzeitig über mögliche Einsatzanfragen unterrichtet zu sein.

Ungenügende Koordination in Brüssel

Abstimmungsbedarf gibt es auch im Brüsseler Institutionengefüge. Die mangelhafte interne Koordination zwischen dem Rat und der Kommission behindert ein kohärentes Auftreten der EU gegenüber fragilen Staaten. Über den Einsatz der

---

6 Vgl. Ronja Kempin und Christian Kreuder-Sonnen, Gendarmerieeinheiten in internationalen Stabilisierungsmissionen. Eine Option für Deutschland? (SWP-Studie Nr. 2010/S 06), Berlin, März 2010, <http://europa.eu/legislation_summaries/foreign_and_security_policy/conflict_prevention/l33239_en.htm> (abgerufen am 21.7.2010).

7 Vgl. Barbara Lippert, Die Europäische Nachbarschaftspolitik: Viele Vorbehalte – einige Fortschritte – unsichere Perspektiven. Friedrich-Ebert-Stiftung (Internationale Politikanalyse) Berlin, März 2008, <http://library.fes.de/pdf-files/id/ipa/05292.pdf> (abgerufen am 21.7.2010).

8 Vgl. Daniel Keohane, Unblocking EU-NATO Co-Operation Center for European Reform (CER Bulletin, Issue 48), London, Juni/Juli 2006, <http://www.cer.org.uk/articles/48_keohane.html> (abgerufen am 21.7.2010).

militärischen und zivil-polizeilichen Instrumente, die meist von den Mitgliedern bereitgestellt werden, bestimmt das Gremium ihrer Vertreter, der Rat der EU. Dabei geht es um kurzfristige Krisenreaktion. Übernationale Entscheidungsbefugnis existiert dagegen in den Bereichen Außenwirtschaft, Entwicklungshilfe und in der ENP, in denen die Kommission das Sagen hat.[9] Diese sind darauf angelegt, langfristig wirtschaftlichen und politischen Fähigkeitsaufbau zu leisten. Rat und Kommission richten ihre Aktivitäten also nach unterschiedlichen Zeithorizonten aus, die aber beide für eine umfassende Strategie berücksichtigt werden müssen. Eine klare Arbeitsteilung, etwa zwischen Sicherheits- und Entwicklungspolitik, ist bislang noch nicht ausgehandelt worden.[10]

Das Budget für die GASP und GSVP wird von der Kommission bewilligt, für 2010 in einer Höhe von etwa 300 Millionen Euro (das entspricht 15 Prozent Steigerung gegenüber dem Vorjahr). Der Kommission steht aber auch das Instrument for Stability mit einem Budget in Höhe von zwei Milliarden Euro zwischen 2007 und 2013 zur Verfügung. Die EU-Nachbarschaftspolitik wird mit dem European Neighborhood and Partnership Instrument unterstützt (2007–2013 mit 11,2 Milliarden Euro). Die europäische Entwicklungshilfe wird von der europäischen Agentur EuropeAid umgesetzt. Zwei Instrumente fallen dabei besonders ins Gewicht: der European Development Fund (2008–2013 mit 22,7 Milliarden Euro), mit dem die Zusammenarbeit mit der Gruppe der afrikanischen, karibischen und pazifischen Staaten, kurz AKP-Staaten und den überseeischen Gebieten finanziert wird, und das Development Cooperation Instrument/DCI (2007–2013 mit 16,9 Milliarden Euro) für den wirtschaftlichen Aufbau und die soziale Entwicklung in Entwicklungsländern.[11] Obwohl entwicklungspolitisch orientiert, gehören auch Governance-Projekte, sprich institutionelle Reformen und der Aufbau lokaler Regierungsformen, zu den Aufgaben des DCI. Humanitäre Hilfe für Menschen in Not nach Naturkatastrophen und bewaffneten Konflikten leistet schließlich das Generaldirektorium (DG) Humanitäre Hilfe und Zivilschutz der Kommission (ECHO) – insbesondere auch in zahlreichen fragilen Staaten Afrikas. Entwicklungszusammenarbeit kann allerdings kaum geleistet werden, wenn staatliche Institutionen als Brückenkopf im Empfängerland fehlen, etwa in Somalia.

Die Vielfalt an Instrumenten kann zu Doppelarbeit und Lagerkämpfen der verschiedenen EU-Vertreter in den Krisengebieten führen. Der im Dezember in Kraft getretene Lissabon-Vertrag sieht neue Strukturen vor, um Abhilfe zu schaffen. Der neue EU-Präsident, der Belgier Herman Van Rompuy, sitzt dem Europäischen Rat, dem Gipfeltreffen der Staats- und Regierungschefs der EU, vor. Eine Hohe Beauftragte für die Außenpolitik, als erste in diesem Amt die Britin Catherine Ashton, ist Vizepräsidentin der Kommission und gleichzeitig

---

9   Entsprechende Fragen behandeln in der EU-Kommission das Generaldirektorium (DG) für Auswärtige Beziehungen, das DG Entwicklung sowie das DG Erweiterung, das mittlerweile für die ENP zuständig ist.

10 Vgl. Daniel Korski und Richard Gowan, Can the EU Rebuild Failing States? A Review of Europe's Civilian Capacities. European Council on Foreign Relations, London, Oktober 2009, S. 14.

11 Vgl. Claudia Major und Christian Mölling, Towards an EU Peacebuilding Strategy? European Parliament, Directorate for External Relations (Standard Briefing EXPO/B/AFET/FWC/2009-01/Lot6/04), Brüssel, April 2010.

dem Rat verantwortlich. Ihr wird ein Europäischer Auswärtiger Dienst (EAD) zur Seite stehen, dem Vertreter der Kommission, des Ratssekretariats und der nationalen auswärtigen Dienste angehören.

Fortschritte soll es auch bei der Integration im Bereich der Verteidigungspolitik geben. Einzelne EU-Mitglieder, die willens und fähig sind, können militärische Projekte in Form der »Permanenten Strukturierten Zusammenarbeit« vertiefen. Die Diskussion über die Ausgestaltung dieser Option – ob elitär geschlossen oder im Sinne einer Avantgarde offen für alle Mitglieder – ist im Gange. Neue gemeinsame Projekte werden auf sich warten lassen, bis etwa der EAD erste Formen annimmt und seine Arbeit beginnt.[12]

Es gibt Mängel bei der Koordination der militärischen und zivil-polizeilichen Elemente der EU-Einsätze.[13] Das Zusammenwirken der Planungs- und Kommandoeinheiten im zivilen und militärischen Bereich ist ungenügend. Dem EU-Militärkomitee (EUMC) steht ein Komitee für die zivilen Aspekte des Krisenmanagements gegenüber (Civcom). Beide Einheiten sollen das Politisch-Sicherheitspolitische Komitee der GASP beraten; sie sind nominell Komitees des EU-Rats – allerdings ist das EUMC höherrangig besetzt und verfügt über einen größeren Stab.[14] Auch existiert seit 2007 ein Expertenstab beim Ratssekretariat, die Civilian Planning and Conduct Capability. Doch auch der EU-Rat, das eigentliche Kontrollorgan der GSVP, ist nicht immer das verantwortliche Organ. Die Grenzschutzmission der EU zwischen der Ukraine, Moldawien und Transnistrien wird von der EU-Kommission organisiert.

Die Koordinationsprobleme der GSVP liegen aber nicht allein in Brüssel. Am meisten behindern neben dem fehlenden Einsatz auch die strategische Kurzsichtigkeit der EU-Mitgliedstaaten die Handlungsfähigkeit der Europäischen Union. Die Missionen der GSVP kommen meist ad hoc aufgrund politischer Interessen der Mitglieder zustande, und weniger dadurch, eine kohärente Strategie wie die ESS umzusetzen.[15] Dementsprechend durchwachsen sind bislang die Ergebnisse.

Bisherige Bilanz: Zu reaktiv statt proaktiv

Von den 24 abgeschlossenen und laufenden Missionen der GSVP lassen sich die meisten im weiteren Sinne der Staatenstabilisierung zuordnen, vor allem auf dem

---

12 Vgl. Sven Biscop, Permanent Structured Cooperation and the Future of ESDP (Egmont Institute/Royal Institute for International Relations; Egmont Paper Nr. 20), Brüssel 2008 <http://www.irri-kiib.be/paper egm/ep20.pdf> (abgerufen am 21.7.2010).

13 Vgl. Marc Overhaus, Zivil-militärisches Zusammenwirken in der Sicherheits- und Verteidigungspolitik der EU. Operative Erfahrungen, Defizite, Entwicklungsmöglichkeiten (SWP-Studie Nr. S10), Berlin, Mai 2010.

14 Vgl. Mai`a (sic) K. Davis Cross, Cooperation by Committee: The EU Military Committee and the Committee for Civilian Crisis Management (EU Institute for Security Studies, Occasional Paper Nr. 82) Paris, Februar 2010.

15 Vgl. Nick Whitney, Re-energising Europe's Security and Defence Policy (European Council on Foreign Relations, Policy Paper), 29.7.2008, <http://ecfr.3cdn.net/678773462b7b6f9893_djm6vu499.pdf> (abgerufen am 21.7.2010).

Balkan und dem Kaukasus, aber auch im Nahen Osten und in Afrika.[16] Einige Beispiele zeigen Erfolge, aber auch strukturelle Probleme:
- In Bosnien-Herzegowina zeitigen der Stabilitätspakt und die größte ESVP-Mission ihre Wirkung. 15 Jahre nach dem Bosnien-Krieg wurden Fortschritte beim Aufbau von Staatlichkeit gemacht. Die weiter bestehende ethnische Spaltung des Landes verhindert aber effektive zentrale Steuerung; neue Gewaltausbrüche sind möglich. Die EU diskutiert über den Abzug der EU-Mission Atalanta, wird aber mit ihrem zivilen Engagement des Staatenaufbaus noch lange aktiv bleiben müssen.
- In Georgien ist die EU im Rahmen der ENP und seit 2004 mit einer Rechtsstaatsmission in der Reform des Justizsystems aktiv (zum Beispiel durch den Bau eines Gefängnisses). Angesichts der Spannungen zwischen Georgien und den Provinzen Abchasien und Südossetien, die sich Mitte der 1990er Jahre vom Kernstaat losgesagt hatten, nahm die EU nur eine Zuschauerrolle ein. Nach dem Krieg in Georgien im August 2008 trat die EU schnell als Vermittler auf und setzte eine zivile Beobachtungsmission ein. Diese kommt allerdings kaum dort zum Einsatz, wo staatliche Kontrolle tatsächlich schwach ist: in den abtrünnigen Gebieten.
- In der Demokratischen Republik (DR) Kongo hat die EU mehrfach mit militärischen und polizeilichen Missionen eingegriffen. Dies lag zu einem guten Teil am Interesse der Franzosen, die EU im frankophonen Afrika für die Krisenprävention zu engagieren. Mit den Bemühungen zum Polizeiaufbau konnten erste Erfolge erzielt werden, in Form eines Polizeigesetzes und einer verbesserten Strafverfolgung. Die EU überwachte mit 2300 Mann den Ablauf der Präsidentschaftswahlen 2006 und stärkte damit zu einem entscheidenden Zeitpunkt die Stabilität staatlicher Institutionen. Gleichzeitig dauert aber der Bürgerkrieg an, regierungsfeindliche Rebellen operieren weiterhin im Osten des Landes. Eine wichtige Argumentationshilfe, um Staaten zu drängen, Truppen bereitzustellen, war die EU-Afrika-Strategie aus dem Vorjahr: Die EU müsse ihre Glaubwürdigkeit beweisen und in Afrika sichtbar auftreten.
- Im Tschad engagierte sich die EU 2008 bis 2009 als Helfer. Es ging darum, humanitäre Hilfe für die Opfer des Bürgerkriegs im benachbarten Darfur/Sudan zu leisten. Die Verhandlungen über die Bereitstellung von Streitkräften und Ressourcen in der EU für diesen Einsatz waren besonders schwierig, weil viele Europäer den Konflikt als nicht relevant für ihre eigene Sicherheit gesehen haben.
- In Guinea-Bissau ist die EU seit 2008 mit einer kleinen Mission mit der Unterstützung des Polizeiaufbaus befasst.
- In Rafah, im Gaza-Streifen, überwacht die EU seit 2005 einen Grenzposten zwischen dem palästinensischen Gebiet und Ägypten. Dies soll den israelisch-palästinensischen Konflikt entspannen und den Palästinensern helfen, eine handlungsfähige Grenzpolizei aufzubauen.
- In Afghanistan schließlich hat die EU seit 2007 den Aufbau von Polizeikräften übernommen, mit großen Anlaufschwierigkeiten, die mit dem langsamen

---

16 Vgl. die Website des Rates der EU <http://www.consilium.europa.eu/showPage.aspx?id=242&lang=de> (abgerufen am 21.7.2010).

bürokratischen Apparat in Brüssel und den schwierigen Bedingungen im Konfliktgebiet zu erklären sind.

Insgesamt zeigen sich eine gemischte Bilanz und ein Widerspruch: Einerseits verfolgt die EU in ihrer Regionalpolitik einem proaktiven Ansatz, denn es geht, so die Verlautbarungen aus Brüssel, in erster Linie um die Stärkung von Strukturen, deren Zusammenbruch zu Instabilität führen kann. Prävention ist ein wichtiges Leitmotiv der GASP. Andererseits tritt die EU nur selten proaktiv auf, wenn eine militärische Intervention oder politisch-wirtschaftlicher Druck notwendig wären. Die EU reagiert meistens erst dann, wenn eine Krise bereits eskaliert ist und staatliche Kontrolle sich aufgelöst hat. Insgesamt hat die EU deshalb wenig Erfolge in der Krisenverhinderung vorzuweisen.

Das ist umso problematischer, denn aus gewalttätig ausgetragenen Konflikten erwächst die größte Belastung für den kommenden Aufbau staatlicher Strukturen. In von Kriegen zerklüfteten Gesellschaften ist Staatsaufbau doppelt schwer. Zunächst geht es immer darum, die verfeindeten Kriegsparteien zu entwaffnen, Gewalt und Kriminalität einzudämmen, Flüchtlinge zu versorgen und eine grausame Vergangenheit zu bewältigen.

Naheliegende Handlungsperspektiven

Seit 1999, also in relativ kurzer Zeit, hat die EU ihre Instrumente ausgebaut und angepasst. Das Institutionengefüge der EU und ihre strategischen Erklärungen verkörpern das Selbstbild einer Staatengemeinschaft, die sich mit einem breiten Spektrum von Instrumenten weltweit für Stabilität (und gewaltfreien Wandel) einsetzen will. Sie bleibt aber in der Praxis noch hinter dem zurück, was 27 der stärksten Industriestaaten mit 450 Millionen Einwohnern gemeinsam in Bewegung setzen könnten.

Dabei ist es sicherlich sinnvoll, dass die EU sich zunächst auf ihre Nachbarregionen konzentriert, wo europäische Interessen direkt betroffen sind. Auf dem Balkan ist eine solche Politik schon weit fortgeschritten, mit einer Mischung aus militärischer Präsenz, wirtschaftlicher und politischer Stabilisierung und Heranführungspolitik an die EU.

Doch muss die EU in anderen Nachbarregionen stärker und proaktiv Einfluss auf die Entwicklung staatlicher Handlungsfähigkeit und Stabilität nehmen:

– Im südlichen Kaukasus ist es die Angst vor einer Konfrontation mit Russland, die die EU vor einer echten Rolle als Stabilisator zurückschrecken lässt. Ihre Unterstützung von wirtschaftlicher Entwicklung und politischen Reformen in Georgien muss weitergehen – auch in den abgespaltenen georgischen Provinzen.

– Im Nahen Osten ist die EU wichtigster Handelspartner, münzt dies aber nicht in politischen Einfluss um. Bei der Annäherung zwischen Israelis und Palästinensern, aber auch bei der Unterstützung eines palästinensischen Staates, muss die EU mehr Einfluss nehmen. Mehr Entwicklungshilfe für die palästinensischen Gebiete und lokale Missionen wie die Grenzmission in Rafah könnten über Zeit Veränderungen bewirken.

- In Nordafrika, etwa in Libyen, Ägypten oder Algerien, können politische Transformation, Generationswechsel der Führung und Ressourceninteressen in den kommenden Jahren zu Krisen führen, die auch die EU auf den Plan rufen können. Die EU verfügt über regionale Instrumente (ENP bzw. die Mittelmeer-Union), die aber noch nicht genug Anreize für die Nachbarn setzen, ihre Reformbemühungen zu verstärken.
- In der Zentralasien-Strategie bemühte sich die EU um eine regionale Integration der fünf postsowjetischen Staaten. Dabei geht es ihr eigentlich um Energiepartnerschaften, bislang ohne großen Erfolg. Der ethnische Konflikt in Kirgistan im Sommer 2010 zeigt das Konfliktpotential in den künstlich geschaffenen postsowjetischen Republiken. Wirtschaftliche Entwicklung könnte auch hier helfen, diese Staaten zu stabilisieren.

Das ist zugegebenermaßen eine überregionale und ambitionierte Agenda: Die Nachbarregionen durchlaufen schwierige Transitionsphasen, in denen den bestehenden staatlichen Strukturen erhebliche Risiken drohen. Die EU kann aber auf staatlicher wie auf substaatlicher Ebene in Krisenregionen darauf hinwirken, dass effektive und legitime Steuerungsfähigkeit aufgebaut wird. Sicherheit für die Menschen in Krisengebieten wird nicht allein von einer funktionierenden Zentralgewalt abhängen, sondern meist auf lange Sicht vom Zusammenspiel lokaler und internationaler Akteure.[17]

Zwar sind europäische Beobachter, Konfliktmanager, Truppen und Grenzschützer im westlichen Balkan, im Kaukasus und im Nahen Osten aktiv. Doch die EU, stolz auf ihre Soft Power, kann im Krisenfall zu wenig Druck auf die entscheidenden Akteure ausüben und verwirkt damit ihren Einfluss auf das Geschehen. Um derartige Machtstrukturen in als strategisch identifizierten Regionen auszubauen und zu stärken, muss die Europäische Union ihr Auftreten ändern. Ziel muss sein, durch proaktive und nachhaltige Politik glaubwürdig die Führung im Staatenaufbau zu übernehmen. Dabei liegt es an den großen und mittleren Mitgliedstaaten, diese selbstbewusstere Politik in der EU voranzutreiben und zu vermitteln.

---

17 Vgl. Lars Brozus, Statebuilding in der Legitimitätskrise: Alternativen sind gefragt (Stiftung Wissenschaft und Politik, SWP-Aktuell Nr. 52), Berlin, Juni 2010.

Die Leistungsbilanz von OSZE-Missionen

Wolfgang Zellner

Ihre 18 Vor-Ort-Missionen in Südost- und Osteuropa, im Südkaukasus und in Zentralasien gelten zusammen mit der Wahlbeobachtung als das Kerngeschäft der Organisation für Sicherheit und Zusammenarbeit in Europa (OSZE).[1] Von daher gibt eine Analyse der Leistungsbilanz dieser Missionen Aufschluss über die Zukunftsperspektiven der Organisation.

Mandatierung, Finanzierung und Funktionsweise

Der Begriff »Mission« oder in OSZE-Sprache »Feldoperation« ist eine Sammelbezeichnung für ganz unterschiedliche, über einen längeren Zeitraum andauernde Vor-Ort-Aktivitäten in OSZE-Teilnehmerstaaten, die aus politischen Gründen verschiedene Benennungen – Mission, Präsenz, Büro, Zentrum – tragen. Dabei handelt es sich ausschließlich um zivile multifunktionale Missionen, die ein breites Aufgabenspektrum abdecken, das allerdings Peacekeeping bisher nicht einschließt, obwohl sich die Konferenz über Sicherheit und Zusammenarbeit in Europa (KSZE) diese Aufgabe bereits auf ihrem Gipfeltreffen in Helsinki 1992 zugesprochen hatte.[2]

Wie in anderen internationalen Organisationen auch, brauchen OSZE-Missionen ein Mandat, das von den 56 Teilnehmerstaaten im Ständigen Rat, dem wöchentlich tagenden Beschlussgremium der OSZE, im Konsens zu beschließen ist. Missionsmandate laufen in der Regel über ein Jahr und sind dann gegebenenfalls zu verlängern. Ebenfalls im Konsens zu beschließen ist ein Budget, wenn dieses nicht bereits im jährlichen Gesamthaushalt enthalten ist. Und schließlich muss mit dem Gastgeberstaat ein Memorandum of Understanding abgeschlossen werden, das die Modalitäten des Einsatzes der jeweiligen Mission regelt. Das bedeutet, dass im Rahmen von OSZE-Missionen nur kooperative Instrumente, sprich mit Zustimmung des Gaststaats, eingesetzt werden können. Eine Ausnahme davon ist gegeben, wenn eine OSZE-Mission integrierter Bestandteil einer mit allen Exekutivbefugnissen ausgestatteten UN-Übergangsverwaltung war wie im Falle der UN Interim Administration Mission in Kosovo (UNMIK).

Ungeachtet des Konsensprinzips können die größeren (westlichen) Teilnehmerstaaten Einfluss auf die Ausgestaltung von Missionspolitiken nehmen. Dies betrifft erstens die Auswahl der Missionsleiter, die vom jährlich wechselnden Amtierenden Vorsitzenden ernannt werden. Der Vorsitzende, der Außenminister eines meist kleineren oder mittelgroßen Staates, kann dies in der Praxis aber nicht eigenständig, sondern erst nach oft langwierigen Verhandlungen entscheiden, in

---

1 Dazu kommen 13 abgeschlossene Feldoperationen. Für einen Überblick siehe: OSCE, Secretariat, Conflict Prevention Centre, Survey of OSCE Field Operations, SEC.GAL/165/09, 9.10.2009, <http://www.osce.org/documents/cpc/2008/10/3242_en.pdf> (abgerufen am 13.1.2010).

2 Vgl. KSZE, Helsinki-Dokument 1992, Herausforderung des Wandels, Gipfelerklärung von Helsinki, Abs. 20, <http://www.osce.org/documents/mcs/1992/07/4046_de.pdf> (abgerufen am 14.1. 2010).

denen Kräfteverhältnisse ausschlaggebend sind. So besetzten die USA in den kritischen Phasen die meisten Missionsleiterposten der großen Balkan-Missionen, für Deutschland sind Häufungen in Georgien (unter Eduard Schewardnadse) und in Belarus zu verzeichnen. Aber auch Russland stellt neuerdings (in Armenien und bis vor kurzem in Tadschikistan) Missionsleiter. Ein zweiter Einflusskanal ergibt sich daraus, dass die Mehrzahl des internationalen (Missions-)Personals der OSZE nicht direkt von der Organisation angestellt, sondern von den Teilnehmerstaaten sekundiert, das heißt entsandt und auch bezahlt wird. Das begünstigt diejenigen größeren westlichen Staaten, die sich das leisten können und wollen. Und schließlich können Teilnehmerstaaten über ihre finanziellen Pflichtbeiträge hinaus freiwillige Beiträge leisten, um damit bestimmte Vorhaben zu fördern.

Diesen insgesamt durchaus relevanten Einflussmöglichkeiten stehen eher schwache Führungs- und Kontrollkompetenzen seitens des Vorsitzes und des Sekretariats gegenüber. Der amtierende Vorsitz, der allein die Kompetenz dazu hätte, ist mit der politischen Führung der Missionen meist überfordert, das Sekretariat bzw. der Generalsekretär, die diese Kompetenz nicht besitzen, beschränken sich auf Unterstützung und Koordination und üben lediglich in administrativen Fragen (Budget und Personal) Kontrollfunktionen aus. Im Ergebnis verfügen die Missionsleiter über einen erheblichen politischen Spielraum, der nur von den Teilnehmerstaaten selbst, denen die Missionsleiter regelmäßig im Ständigen Rat berichten, eingeschränkt werden kann. Im Zusammenspiel von Konsensentscheidungen, schwachen Kontrollstrukturen und hohem Einfluss einzelner Teilnehmerstaaten stellen OSZE-Feldoperationen eine eigenständige Variante von Missionen internationaler Organisationen dar.

Missionstypen – nach ihrer Stellung im Konfliktzyklus

Auf die Welle meist ethnopolitischer Konflikte, die sich in den frühen 1990er Jahren nach dem Zerfall Jugoslawiens und der Sowjetunion entzündeten, reagierte die OSZE, indem sie Feldoperationen einrichtete. Von daher sind die meisten OSZE-Missionen der 1990er Jahre konfliktbezogen und lassen sich nach ihrer Stellung im Konfliktzyklus klassifizieren. Erst später wurden vermehrt Feldoperationen eingerichtet, die nicht konkrete Konfliktkonstellationen, sondern die allgemeinen Risiken einer Transformationsphase bei vielfach noch ungefestigter Staatlichkeit adressierten.

In der wissenschaftlichen Literatur wird unterschieden zwischen stabilem und instabilem Frieden, Krise und Krieg als den ansteigenden oder abfallenden Eskalationsstufen eines idealtypischen Konfliktzyklus.[3] Darauf aufbauend kann folgende Kategorisierung von OSZE-Feldoperationen entwickelt werden:[4] Typ 1-Missionen sind konfliktbezogen und decken das gesamte Spektrum zwischen Frühwarnsituationen auf dem Niveau instabilen Friedens und dem Management

---
3 Vgl. Michael S. Lund, Preventing Violent Conflicts: A Strategy for Preventive Diplomacy, Washington, DC, 1996, S. 37–44.
4 Vgl. Wolfgang Zellner, Review of Field Missions, in: Daniel Warner (Hrsg.), The OSCE at a Turning Point: OSCE Chairmanship and Other Challenges, Genf 2007 (PSIO Occasional Paper 4/2007), S. 35–53, hier S. 36–38.

offener Konflikte bzw. Kriege ab. Um dieses sehr breite Spektrum weiter auszudifferenzieren, ist des Weiteren zu unterscheiden zwischen Typ 1/Ebene 1-Missionen, die sich auf instabile Friedens- und frühe Krisensituationen beziehen; Typ 1/Ebene 2-Missionen, die auf Krisen- und Kriegssituationen fokussieren; sowie Typ 1/Ebene 3-Missionen, die den Sonderfall langjährig nicht gelöster Konflikte adressieren. Typ 2-Missionen beziehen sich auf spezifische Konfliktnachsorgesituationen. Typ 3-Feldoperationen behandeln schließlich allgemeine Risiken einer komplexen Transformationssituation.

Die Tabelle gibt einen Überblick über aktive und abgeschlossene OSZE-Feldoperationen. Dabei ist zu berücksichtigen, dass sich die Einstufung ein- und derselben Mission im Zeitablauf häufig verändert. So war die OSZE-Spillover-Überwachungsmission in Skopje zum Zeitpunkt ihrer Einsetzung im August 1992 eine Typ 1/Ebene 2-Mission (Krise und Krieg), während sie derzeit eindeutig einer Konfliktnachsorgesituation (Typ 2) zuzuordnen ist.

Wirksamkeit

Eine methodologisch differenzierte Bewertung der Wirksamkeit von OSZE-Missionen würde den Rahmen dieses Beitrags sprengen;[5] deshalb muss hier mit einer auf Plausibilitätskriterien basierenden Abschätzung vorlieb genommen werden. Dabei hat es sich bewährt, die Abweichung zwischen den im Mandat genannten Zielen und der Problemlösung (Beitrag der Mission zur Lösung des Konflikts), die bestenfalls Null sein sollte, zu analysieren und zu fragen, welche Faktoren eine solche Abweichung erklären. Bei den Missionstypen 1 und 2 bezieht sich die Wirksamkeitsanalyse auf die Makroebene, also die Regulierung eines Konflikts, während Typ 3-Missionen die Mikro-, das heißt die Projektebene ansprechen und deshalb hier nicht behandelt werden können.

Missionen zur Frühwarnung und Konfliktprävention (Typ1/1) –
Erfolge in Estland und Lettland[6]

Das Hauptziel dieser beiden Missionen bestand darin, die Rechte der großen Russisch sprechenden Minderheiten in diesen Staaten zu sichern und sie insbesondere dabei zu unterstützen, die estnische und lettische Staatsbürgerschaft zu erlangen, die ihnen nach der Wiedererringung der staatlichen Unabhängigkeit 1991 ganz überwiegend verweigert worden war. Während dieses erklärte Ziel nur teilweise erreicht wurde, wurde das dahinter stehende strategische Ziel, eine Konflikteskalation zwischen den beiden baltischen Staaten (und damit dem

---

5   Zum methodologischen Acquis der Bewertung der Wirksamkeit von Regimen vgl. Arild Underdal und Oran R. Young (Hrsg.), Regime Consequences – Methodological Challenges and Research Strategies, Dordrecht et al. 2004. Für eine theoriegeleitete empirische Wirksamkeitsanalyse vgl. Solveig Richter, Zur Effektivität externer Demokratisierung: Die OSZE in Südosteuropa als Partner, Mahner, Besserwisser?, Baden-Baden 2009.

6   Aus Platzgründen können die Fallbeispiele nicht im Einzelnen mit Literatur unterlegt werden. Vgl. aber: IFSH (Hrsg.), OSZE-Jahrbuch 1995 bis 2008, Baden-Baden 1995 bis 2009, <http://www.core-hamburg.de/CORE_English/pub_osce_yearbook.htm> (abgerufen am 22.1.2010).

Name und Status zum Zeitpunkt der Einsetzung	Name und Status 2009
Typ 1: Feldoperationen	
Typ 1, Ebene 1: Instabiler Frieden / Frühe Krise	
OSZE-Mission in Estland (11/1993–12/2001)	-
OSZE-Mission in Lettland (11/1993–12/2001)	-
Typ 1, Ebene 2: Krise und Konflikt	
OSZE-Langzeitmission für Kosovo, den Sandschak und die Vojvodina (8/1992–6/1993)	-
OSZE-»Spillover«-Überwachungsmission in Skopje (8/1992)	Dies., Typ 2
OSZE-Mission in der Ukraine (11/1994–6/1999)	OSZE-Projektkoordinator in der Ukraine, Typ 3
OSZE-Mission in Georgien (12/1992–12/2008)	-
OSZE-Mission in Tadschikistan (2/1994–10/2002)	OSZE-Büro in Tadschikistan (6/2008), Typ 3
OSZE- Unterstützungsgruppe in Tschetschenien (4/1995 –12/2002)	-
OSZE-Präsenz in Albanien (4/1997)	Dies., Typ 3
Kosovo-Verifizierungsmission (10/1998–3/1999)	-
Typ 1, Ebene 3: Ungelöste Konflikte	
OSZE-Mission in Moldau (4/1993)	Dies.
Persönlicher Vertreter des Amtierenden Vorsitzenden der OSZE für den Konflikt, mit dem sich die Minsker Konferenz befasst (8/1995) [Berg-Karabach]	Ders.
Typ 2: Konfliktnachsorge	
OSZE-Mission in Bosnien-Herzegowina (12/1995)	Dies.
OSZE-Mission in Kroatien (7/1996)	Dies.
OSZE-Mission in Kosovo (7/1999)	Dies.
Typ 3: Transformationssituationen	
OSZE-Beratungs- und Überwachungsgruppe in Belarus (1/1998–1/2003)	OSZE-Büro in Minsk (1/2003)
OSZE-Zentrum in Almaty (1/1999)	Dass.
OSZE-Zentrum in Aschgabad (1/1999)	Dass.
OSZE-Zentrum in Bischkek (1/1999)	Dass.
OSZE-Büro in Eriwan (2/2000)	Dass.
OSZE-Büro in Baku (7/2000)	Dass.
OSZE-Zentrum in Taschkent (12/2000–6/2006)	OSZE-Projektkoordinator in Usbekistan (6/2006)
OSZE-Mission in Serbien and Montenegro (1/2001)	OSZE-Mission in Serbien OSZE-Mission in Montenegro (6/2006)

Westen) und Russland zu verhindern, weitestgehend erreicht. Dieser Erfolg basiert OSZE-intern auf dem engen Zusammenspiel zwischen der jeweiligen Mission und dem Hohen Kommissar für Nationale Minderheiten (HKNM) der OSZE, einem 1992 eingerichteten Instrument zur präventiven Behandlung ethnopolitischer Konfliktlagen. Darüber hinaus arbeitete der HKNM eng mit der EU-Kommission zusammen, welche die Positionen des HKNM in aller Regel in die Erweiterungsverhandlungen einbrachte und ihnen damit große Wirksamkeit verlieh.

Missionen zur Regulierung offener Konflikte (Typ 1/2) – Erfolg in Albanien

1997 kam es in Albanien im Gefolge geplatzter Pyramidenspiele (ethnopolitische Faktoren spielten keine Rolle) zu einem weitgehenden Staatszusammenbruch. In diesem Umfeld gelang es der zügig eingesetzten OSZE-Präsenz in Albanien unter Führung des ehemaligen österreichischen Bundeskanzlers Franz Vranitzky zusammen mit der von Italien geführten militärischen Stabilisierungsoperation Alba relativ schnell, ihr Ziel zu erreichen, die öffentliche Ordnung wieder herzustellen. Die dem Zusammenbruch zugrundeliegenden Probleme – schwache Staats- und Parteistrukturen – konnten dagegen auch längerfristig nur partiell gelöst werden. Faktoren für den Erfolg in Albanien waren das rasche Eingreifen der OSZE, die Prominenz und Tatkraft des Vermittlers, das gute Zusammenspiel ziviler und militärischer Kräfte und die Tatsache, dass die OSZE-Präsenz die Zusammenarbeit aller anderen beteiligten internationalen Organisationen wirksam zu koordinieren vermochte.

Missionen zur Regulierung offener Konflikte (Typ 1/2) – Teilerfolg in Tadschikistan

Der extrem opferreiche Bürgerkrieg in Tadschikistan (1992–1997) wurde im Juni 1997 mit dem Allgemeinen Friedensabkommen beendet, das von der United Nations Mission of Observers in Tadschikistan (UNMOT) und – in der Rolle eines Juniorpartners – der OSZE-Mission in Tadschikistan vermittelt worden war. Damit hatten beide Missionen ihr Hauptziel erreicht. Doch es war leider keine nachhaltige Lösung für die dem Konflikt zugrundeliegenden Probleme. Denn die tadschikische Konfliktkonstellation war primär weder ethnopolitisch noch religiös bedingt (auch wenn der größere Teil der Vereinigten Tadschikischen Opposition/VTO aus den Islamisten der Partei der Islamischen Wiedergeburt bestand), sondern basierte auf der ungleichen Teilhabe verschiedener Subregionen an der staatlichen Macht in einem sehr stark zerklüfteten Land.

Mit dem Friedensabkommen wurde dieselbe asymmetrische Machtverteilung, die zum Bürgerkrieg geführt hatte, erneut reproduziert – mit dem einzigen Unterschied, dass die jahrzehntelange Dominanz des Leninabader Gebiets durch die der Subregion Kuljab abgelöst wurde. Hinzu kommt, dass die im Friedensabkommen enthaltene 30-Prozent-Beteiligung der VTO an staatlichen Machtpositionen mittlerweile von Präsident Emomalii Rahmon und seinen Kräften wieder vollständig zurückgenommen worden ist. Insofern überrascht es nicht, dass es 2009 erneut zu bewaffneten Auseinandersetzungen in Tadschikistan kam.

Missionen zur Regulierung offener Konflikte (Typ 1/2) – Misserfolg in Kosovo 1998/99

Im Oktober 1998 wurde die Kosovo-Verifizierungsmission (KVM) mit der Überwachung des Holbrooke-Milošević-Abkommens beauftragt. Da beide Seiten das Abkommen lediglich zur Umgruppierung ihrer Kräfte nutzten, um anschließend wieder massiv dagegen zu verstoßen, war die aus zivilen, unbewaffneten Beobachtern bestehende KVM von Anfang an hoffnungslos überfordert. Für einen Erfolg wären mindestens robust auftretende Peacekeeping-Einheiten erforderlich gewesen. Nach einer erneuten Eskalation des Konflikts wurde die KVM im März 1999 wenige Tage vor dem Beginn des NATO-Luftkriegs gegen Serbien abgezogen.

Missionen zur Regulierung ungelöster Konflikte (Typ 1/3) – Misserfolge und Scheitern auf unterschiedlichem Niveau

Keine der OSZE-Missionen, die sich mit der Regulierung langjährig ungelöster Konflikte befasste, konnte bisher einen Erfolg im Sinne einer friedlichen Konfliktlösung erreichen. Am augenfälligsten war das Scheitern in Georgien: Dort musste die OSZE-Mission, die für den Konflikt in Südossetien zuständig war, nach dem Augustkrieg 2008 zum Jahresende 2008 geschlossen werden, da Russland die Zustimmung zu ihrer Fortführung verweigerte. Dasselbe gilt für die den Konflikt in Abchasien bearbeitende United Nations Observer Mission in Georgia (UNOMIG). Die OSZE-Mission in Moldau ist zwar weiter mit der Lösung des Transnistrien-Konflikts befasst, doch hat sich das Geschehen mehr auf trilaterale Gespräche zwischen Moldau, Transnistrien und Russland verlagert. Und auch die Minsker Gruppe hat es ungeachtet verschiedentlicher positiver Einschätzungen ihrer drei Ko-Vorsitzenden (Frankreich, Russland, USA) bisher nicht vermocht, einen Durchbruch im Konflikt über Berg-Karabach zu vermitteln. Für diese Misserfolge bei Zielerreichung und Problemlösung sind zwei Gründe maßgeblich: Erstens ist Russland nicht bereit, Blockadepositionen zu räumen, bevor nicht die Frage künftiger NATO-Erweiterungen in seinem Sinne gelöst ist (Georgien, Moldau). Und zweitens hindert die Angst vor innenpolitischem Scheitern die Präsidenten Armeniens und Aserbaidschans daran, den entscheidenden Durchbruch, der für beide schmerzhafte Kompromisse beinhalten würde, zu wagen (Berg-Karabach).

Missionen zur Konfliktnachsorge – gemischte Bilanz in Kosovo

Sowohl die OSZE-Mission in Kosovo (OMIK) als auch UNMIK, deren integrierter Bestandteil OMIK ist, können auf eine Reihe von Erfolgen verweisen, zumal Ziele ihrer Mandate erreicht wurden. Das betrifft die Durchführung von Wahlen und später deren Überwachung, den Aufbau kosovarischer Behörden und zahlreiche andere Fragen. Einige zentrale Ziele wurden jedoch nicht erreicht, unter anderem, Sicherheit für die nichtalbanischen Bevölkerungsgruppen herzustellen. Damit scheiterte auch die Rückführung der rund 230 000 serbischen internen Vertriebenen in Kosovo. Die Misserfolge in diesen beiden Schlüsselfragen stellen jedoch auch das Kernziel von UNMIK in Frage, ein multiethnisches Kosovo zu schaffen, in dem die verschiedenen Gemeinschaften in Frieden miteinander leben. Wesentliche Ursache für dieses Scheitern war der bereits in Resolution 1244 des UN-Sicherheitsrats angelegte Widerspruch zwischen der »sovereignty and territorial integrity of the Federal Republic of Yugoslavia« einerseits und der Forderung nach »substantial autonomy and meaningful self-administration for Kosovo«[7] andererseits. Daneben wagte UNMIK niemals, ernsthaft gegen das mit der früheren Befreiungsarmee des Kosovo (UCK) verbundene organisierte Verbrechen vorzugehen, der EU-Säule in UNMIK fehlte es an einer wirkungsvollen Wirtschaftsstrategie, und schließlich hatten alle UNMIK-Akteure große Mühe, diese zum damaligen Zeitpunkt komplexeste UN-Operation in den Griff zu bekommen.

Ergebnisse im Vergleich

Es fällt auf, dass OSZE-Missionen in (frühen) Krisen- und in Konfliktnachsorgesituationen erfolgreicher agierten als in zugespitzten Krisen- oder gar Kriegssituationen, was nicht überrascht, wenn man sich den Charakter dieser Missionen vor Augen hält. Komplizierter ist das Verhältnis zwischen Zielerreichung und Problemlösung. Der einfachste Fall ist gegeben, wenn wie in Albanien das Ziel erreicht wird, die Problemlösung aber nur partiell und zeitlich nachhängend gelingt. Dieselbe Konstellation war in Estland und Lettland gegeben mit dem relevanten Unterschied, dass das erklärte Ziel zwar nur partiell, das nicht erklärte, strategisch aber weitaus bedeutendere aber umso vollständiger erreicht wurde. In gewisser Weise interessanter als die Analyse der Erfolge ist die der verschiedenen Varianten des Scheiterns. Die Kosovo-Verifizierungsmission repräsentiert einen Fall, wo weder die Ziele erreicht noch die Probleme gelöst werden konnten, weil die Akteure Krieg führen wollten und die eingesetzte Mission das falsche Instrument war, um sie daran zu hindern. In Tadschikistan hingegen wurde das Ziel (zunächst) erreicht, allerdings mit einem Abkommen, das die Probleme nicht nachhaltig lösen konnte und zudem mangelhaft umgesetzt wurde mit der Folge, dass der Konflikt nun wieder aufzubrechen droht. UNMIK und OMIK scheiterten in Kosovo zumindest partiell trotz einer Vielzahl erreichter Einzelziele an dem ungelösten politischen Grundwiderspruch der UN-Sicherheitsratsresolution 1244. Die Beispiele zeigen, dass die Gründe für das (relative) Scheitern von Missionen vielfältig sein können, von widersprüchlichen Mandaten über unzureichende Abkommen, das Wirken innen- und außenpolitischer Vetospieler bis hin zum Einsatz des falschen Instruments.

---

7 Resolution 1244 des UN-Sicherheitsrats, 10.6.1999.

Kritik, Reformvorschläge und Zukunftsperspektiven

Seit den frühen 2000er Jahren kritisieren Russland und andere GUS-Staaten bestimmte Aspekte von OSZE-Feldoperationen. Am 4. September 2003 legten Belarus, Kasachstan, Kirgistan und Russland in der OSZE ein Papier vor,[8] das diese Kritik exemplarisch zusammenfasst. Die vier Staaten kritisierten insbesondere die geografische und inhaltliche Asymmetrie von OSZE-Feldoperationen, also die Tatsache, dass diese ausschließlich »östlich von Wien« eingesetzt werden und die menschliche Dimension zu Lasten von Sicherheitsfragen überbewerten würden. Zudem wehrten sich die vier Staaten gegen eine unangemessene Einmischung der Missionen in die inneren Angelegenheiten ihrer Gastgeberstaaten.

Diese grundsätzliche Kritik führte zu einer Reihe operativer Forderungen bezüglich der Ernennung von Missionsleitern, der Berichterstattung von Missionen und des Einsatzes freiwilliger Beiträge. Diese immer wieder vorgebrachte und im Wesentlichen von allen GUS-Staaten getragene Kritik führte ebenfalls ab den frühen 2000er Jahren zu dem Vorschlag, die vorhandenen länderspezifischen und konfliktorientierten Missionen der OSZE durch so genannte »thematische Missionen« zu ergänzen.[9] Darunter versteht man Missionen, die nicht auf ein einzelnes Land und einen bestimmten Konflikt, sondern auf ein übergreifendes Thema – primär aus dem Bereich transnationaler Bedrohungen und Risiken – fokussieren, das in einer Reihe von Ländern bearbeitet werden soll.

Vorschläge zu diesem neuen Typ von Feldoperation wurden ab 2001 von verschiedenen Experten vorgelegt, 2005 fand das Thema Eingang in den Abschlussbericht des »Panel of Eminent Persons«, eines vom OSZE-Ministerrat eingesetzten Gremiums, das Vorschläge zur Reform der Organisation erarbeiten sollte.[10] Allerdings konnten sich die Teilnehmerstaaten bisher nicht auf die Einführung thematischer Missionen einigen. Auf dem Brüsseler Treffen des OSZE-Ministerrats 2006 beschloss man lediglich, »dass die Frage weiter zu prüfen ist, ob sich Fachmissionen zu bestimmten Themen als nützliches und wirksames Instrument im Umgang mit neu entstandenen Sicherheitsbedrohungen erweisen könnten.«[11] Ein wesentlicher Grund für die Zurückhaltung wichtiger westlicher Staaten war die durchaus berechtigte Befürchtung, Russland und andere GUS-Staaten würden thematische Missionen als Instrument zur Marginalisierung der bestehenden Ländermissionen missbrauchen. Nur hatte man dabei übersehen, dass diese ohnehin rasch an Zahl und Umfang abnehmen.

---

8   Vgl. Delegations of Belarus, Kazakhstan, Kyrgyzstan and Russia, On the Issue of Reform of the OSCE Field Activities, A Food-for-Thought Paper, PC.DEL/986/03, 4.9.2003.
9   Ausführlicher: Zellner, Review of Field Missions, a. a. O. (Anm. 4), S. 46 ff.
10 Final Report and Recommendations of the Panel of Eminent Persons on Strengthening the Effectiveness of the OSCE, Common Purpose. Towards a More Effective OSCE, Wien, 27.6.2005, Pkt. 42i, S. 24.
11 OSZE, 14. Treffen des Ministerrats, Brüssel 2006, Beschluss Nr. 19/06, Stärkung der Wirksamkeit der OSZE, <http://www.osce.org/documents/mcs/2006/12/24411_de.pdf> (abgerufen am 21. Januar 2010).

Die Zahl konfliktbezogener Feldoperationen geht zum einen deshalb zurück, weil ethnopolitische Konflikte im OSZE-Gebiet tendenziell an Bedeutung verlieren bzw. gelöst worden sind. So wird die OSZE-Mission in Kroatien voraussichtlich bald geschlossen werden, etwas später könnte das auch auf Skopje zutreffen. Verbleibende Aufgaben werden dann von der EU übernommen. Zum anderen verbitten sich die Gaststaaten zunehmend »Einmischungen in ihre inneren Angelegenheiten«, indem sie versuchen, Missionsaktivitäten und die Berichterstattung zu kontrollieren. Während OSZE-Missionen in der ersten Phase nach dem Systemwechsel weitgehend autonom operieren konnten, wird dies zunehmend schwieriger. Zu den Staaten, die ihre Missionen entweder loswerden oder stärker kontrollieren wollen, zählen Albanien, Belarus, Kasachstan, die Ukraine und Usbekistan – also auch zwei Staaten (Albanien und die Ukraine), die für den OSZE-Vorsitz kandidiert haben.

Diese Trends schlagen sich mittlerweile auch deutlich im Umfang der für Feldoperationen verwendeten Budgetmittel nieder. Betrugen die Aufwendungen für Feldoperationen im OSZE-Haushalt 2000 noch 184,188 Millionen Euro, so sind es im Haushalt 2010 nur noch 98,461 Millionen Euro. Das ist inflationsbereinigt ein Rückgang um mehr als die Hälfte.[12] Von daher hätte die OSZE allen Grund, über die Zukunft ihrer Feldoperationen nachzudenken. Umso erstaunlicher ist, dass dieses Thema derzeit nicht diskutiert wird. Dabei wird zunehmend deutlich, dass es einen Bedarf an neuen Arbeitsformen gibt, die transnationale Bedrohungen adressieren. Auch wenn das kürzlich gegründete OSCE Border Management Staff College in Duschanbe/Tadschikistan nicht unter der Überschrift thematische Mission läuft, erfüllt es genau diese Funktion. Die künftigen Feldoperationen der OSZE werden wahrscheinlich weniger intrusiv, kooperativer angelegt und stärker am Bedarf ihrer Gaststaaten orientiert sein.

---

12 Vgl. Zellner, Review of Field Missions, a. a. O. (Anm. 4), Tab. 2, S. 39; OSCE, The 2010 Unified Budget, <http://www.osce.org/documents/pc/2009/12/42256_en.pdf> (abgerufen am 21.1.2010).

Regionale Sicherheit durch die Afrikanische Union

Ulf Engel

Die Afrikanische Union (AU) ist am 9. Juli 2002 aus der 1963 gegründeten Organisation der Afrikanischen Einheit (OAU) entstanden,[1] um die nach dem Ende des Kalten Krieges immer häufigeren und gewaltsameren (innerstaatlichen) Konflikte in Afrika wirksam einzudämmen. Die Fortentwicklung der OAU zur AU erfolgte als in den 1990er Jahren trotz Demokratisierungsbemühungen in zahlreichen Staaten des Kontinents sich der Westen gemäß dem Motto »African solutions for African problems« aus Afrika zurückzog und sich die Staaten Afrikas im Sinne einer African-Renaissance-Ideologie auf die eigenen Möglichkeiten besonnen haben.

Raison d'être

Bei der Konzeption der AU konkurrierten zwei Modelle: eine an panafrikanische Denktraditionen anknüpfende Vorstellung, gemäß der die Mitgliedstaaten durch erheblichen Souveränitätstransfer eine Union begründet hätten, die sich mittelfristig in Richtung der »Vereinigten Staaten von Afrika« hätte entwickeln sollen (diese Vision wurde von einer Gruppe von Staaten um Libyen vertreten); und eine im Wesentlichen am Erhalt der Souveränität der Mitgliedstaaten ausgerichtete, insbesondere vom Post-Apartheid-Südafrika vertretene Vorstellung, die sich durchgesetzt hat. Demnach soll die Afrikanische Union auf der Basis einiger neuer Regeln zusammenarbeiten.[2]

Grundlegend neu sind die Normen, die dem geplanten supranationalen Sicherheitsregime zugrundeliegen: Während die Dynamik in der OAU allein durch die Prinzipien Souveränität und Gleichheit aller Mitgliedstaaten, friedliche Konfliktregelung, Nichteinmischung in die inneren Angelegenheiten der Mitgliedstaaten sowie Respektierung der postkolonialen Grenzen geprägt war (und dies in der Praxis dazu geführt hat, dass die in zahlreichen Staaten Afrikas zu beobachtenden systematischen Menschenrechtsverletzungen von der OAU nicht thematisiert wurden), gilt in der Afrikanischen Union ein Interventionsgebot, das an einem erweiterten Sicherheitsbegriff orientiert ist. Geprägt durch die Erfahrungen der Bürgerkriege seit Beginn der 1990er Jahre in Westafrika (Liberia, Sierra Leone), Zentralafrika (DR Kongo) und am Horn von Afrika (Somalia) sowie des Genozids in Ruanda (1994) votierten die Staaten Afrikas einstimmig dafür, die künftige Politik der Afrikanischen Union auf die Einhaltung von Menschenrechten, demokratischen Standards und den Prinzipien guter Regierungsführung auszurichten. In »schwerwiegenden Fällen«, also in Fällen von Kriegsverbrechen, Genozid und Verbrechen gegen die Menschheit, sind nunmehr

---

1 Klaas van Walraven, Dreams of Power. The Role of the Organization of African Unity in the Politics of Africa 1963–1993, Riddekerk 1999.
2 Zu den Gegensätzen vgl. Thomas Kwasi Tieku, Explaining the Clash and Accommodation of Interests of Major Actors in the Creation of the African Union, in: African Affairs 411/2004, S. 249–267.

Interventionen der AU zulässig.³ Die Souveränität ihrer Mitglieder ist im Sinne der »Schutzverantwortung« (Responsibility to Protect/R2P) von ihrer Fähigkeit abhängig, Menschenrechte zu gewährleisten.⁴ Menschliche Sicherheit soll damit eine lediglich an Regimesicherheit orientierte Politik der Vergangenheit ersetzen. Das neue Normenwerk der AU wird ferner durch folgende Beschlüsse ergänzt: »Declaration on Unconstitutional Changes of Government« (Juli 2000), »Illicit Proliferation, Circulation and Trafficking of Small Arms and Light Weapons« (Dezember 2000), »Common African Defense and Security Policy« (February 2004), »Post-Conflict Reconstruction and Development Policy« (Juni 2006), »African Charter on Democracy, Elections and Governance« (Januar 2007).⁵

Doch bereits wenige Monate nach Verabschiedung des Constitutive Act versuchten einige von Libyen angeführte Mitgliedstaaten, das Interventionsgebot der Afrikanischen Union abzuschwächen. Mit Erfolg: In einer Kompromisslösung wurde der Artikel 4(h) schließlich in einer Art und Weise erweitert, die Zweifel an der eigentlichen Zielrichtung des neuen Interventionsgebots aufkommen ließ. Die Afrikanische Union sollte nunmehr in solchen Fällen auf der Basis eines Beschlusses der Staats- und Regierungschefs in einem Mitgliedstaat intervenieren dürfen, wenn schwere Gründe wie Kriegsverbrechen, Genozid und Verbrechen gegen die Menschheit vorlagen sowie – und dies war die Erweiterung – wenn »eine ernsthafte Bedrohung der legitimen Ordnung« die »Wiederherstellung von Frieden und Sicherheit« erforderlich mache.⁶ Damit war zahlreichen Interpretationsmöglichkeiten Tür und Tor geöffnet: Wer stellt fest, was eine »ernsthafte Bedrohung« ist, was ist »legitime Ordnung« usw.? Es ist zu befürchten, dass damit Sand in das Getriebe der neuen Institutionen gestreut wurde.

Neue Friedens- und Sicherheitsarchitektur

Mit der Umwandlung der OAU in die AU sollte eine effizientere supranationale Organisation geschaffen und eine neue Friedens- und Sicherheitsarchitektur auf dem Kontinent etabliert werden.⁷ Dabei lehnte die Afrikanische Union sich am Modell der Europäischen Union (EU) an; sie hat das kleine Generalsekretariat durch eine komplexe und erstmals mit Initiativrecht ausgestatte Kommission ersetzt, in der diverse Politikbereiche unter Leitung des AU-Vorsitzenden durch Kommissare gesteuert werden. Höchstes Beschlussfassungsorgan der AU blieb die Versammlung der Staats- und Regierungschefs. Zu den neugegründeten

---

3 African Union, Constitutive Act, Durban, 9.7.2002, <http://www.african-union.org/About_AU/AbConstitutive_Act.htm> (abgerufen am 19.12.2009), §4(h).

4 Vgl. Report of the International Commission on Intervention and State Sovereignity, Ottawa 2001, <http://www.iciss.ca/report-en.asp> (abgerufen am 19.12.2009).

5 Vgl. Special Session of the Assembly of the Union on the Consideration and Solution of Conflicts in Africa, Report of the Chairperson of the Commission. Enhancing Africa's Resolve and Effectiveness in Ending Conflict and Sustaining Peace, Tripoli 30.–31.8.2009 (SP/Assembly/PS/RPT(I)).

6 Zitiert nach Evarist Baimu und Kathryn Sturman, Amendment to the African Union's Right to Intervene. A shift from human security to regime security?, in: African Security Review 2/2003, S. 37–45, hier S. 39 (Übersetzung des Autors).

7 Vgl. African Union, Constitutive Act, a. a. O. (Anm. 3).

Institutionen zählen ein Panafrikanisches Parlament und ein Afrikanischer Gerichtshof.

Die neue Friedens- und Sicherheitsarchitektur knüpft an den 1993 begründeten, jedoch nur bedingt effizienten Mechanism for Conflict Prevention, Management and Resolution der OAU, dessen zentrale Verwaltungseinheit (Conflict Management Division) und eine dazu gehörende Finanzierungsfazilität an (die im Prinzip durch fünf Prozent der jährlichen Mitgliedsbeiträge der Mitgliedstaaten gefüllt werden soll).[8] Erweitert wurde dieses Set nun durch einen Peace and Security Council (PSC), in dem jeweils 15 Mitgliedstaaten nach einem regionalen Proporzschlüssel repräsentiert sind und der – entgegen dem Model des UN-Sicherheitsrats – kein Vetorecht kennt. Entscheidungen werden entweder nach dem Konsensprinzip bzw. durch eine Zweidrittelmehrheit getroffen.[9] Die Mitgliedschaft im PSC ist jeweils auf zwei bzw. drei Jahre begrenzt. Seitdem der PSC am 25. Mai 2004 konstituiert wurde, tritt er regelmäßig durchschnittlich drei Mal pro Monat zusammen und hat sich, neben dem in der Regel im Januar/Februar bzw. im Juni/Juli abgehaltenen Gipfeltreffen der Staats- und Regierungschefs, zum eigentlichen Beschlussfassungsorgan der Afrikanischen Union entwickelt.

Nachdem der AU-Kommission gravierende Schwächen in den Bereichen Managementkultur, Finanzverwaltung und Einstellungspolitik bescheinigt wurden,[10] beschlossen die Staats- und Regierungschefs der Afrikanischen Union am 3. Juli 2009, die AU-Kommission zu reformieren und in AU Authority umzubenennen. Wieder standen weitreichende Vorschläge Libyens zur Diskussion, die auf die Gründung der »Vereinigten Staaten von Afrika« hinausliefen. Widerspruch gegen diese Entwicklungsperspektive wurde vor allem von Südafrika, Nigeria und Uganda artikuliert. Die Kompromisslösung sah dann auch wenig Veränderungen in der Substanz vor: Die neue AU Authority wird lediglich zwei Geschäftsbereiche der früheren AU-Kommission koordinieren (Frieden und Konflikt sowie Internationaler Handel) und die Mitgliedstaaten in internationalen Arenen vertreten – vorausgesetzt, diese haben in der betreffenden Frage bereits zu einer gemeinsamen Position gefunden.[11] De facto hat die Afrikanische Union damit ihren Mitgliedern ein Vetorecht gegen Souveränitätstransfers eingeräumt.

Die ehemalige OAU-Finanzierungsfazilität wurde in einen African Peace Fund überführt. Die Zahlungsmoral zahlreicher Mitgliedstaaten lässt jedoch erheblich zu wünschen übrig. Dies führt regelmäßig dazu, dass bis zu einem Fünftel

---

8 Organisation of African Unity, Report of the Secretary-General on the Operationalization of the Mechanism for Conflict Prevention, Management and Resolution (CM/1805 (LIX), Council of Ministers, 59th Ordinary Session, 31.1.–5.2.1994, Addis Abeba 1994; Monde Muyangwa und Margaret A. Vogt, An Assessment of the OAU Mechanism for Conflict Prevention, Management and Resolution, 1993–2000, New York 2000.

9 Vgl. African Union, Protocol Relating to the Establishment of the Peace and Security Council of the African Union, Durban 2002.

10 High-Level Panel (Adebayo Adedeji et al.), Audit of the African Union. Towards a People-Centred Political and Socio-Economic Integration and Transformation of Africa, Addis Abeba 2007.

11 African Union, African Heads of States End 13th Summit in Sirte with an Agreement for the Establishment of the African Union Authority. Press Release Nr. 24/2009, <http://www.africa-union.org/root/AU/Conferences/2009/july/summit/13thsummit.html> (abgerufen am 19.12.2009).

der Mitgliedstaaten von ihrem Stimmrecht suspendiert werden und dass der Staatschef Libyens sich breitere Unterstützung für seine Pläne sichern kann, indem er die ausstehenden Mitgliedsbeiträge einiger Staaten begleicht. Demnach haben sich eine Gruppe von Staaten – Ägypten, Algerien, Libyen, Nigeria und Südafrika – freiwillig verpflichtet, jeweils 15 Prozent zum AU-Budget beizutragen. Angesichts der prekären Finanzierungssituation haben sich die afrikanischen Staats- und Regierungschefs im August 2009 dafür ausgesprochen, ihren regelmäßigen Mitgliedsbeitrag zum African Peace Fund auf zwölf Prozent zu erhöhen.[12]

Seit 2003 ist das Continental Early Warning System (CEWS) mehr oder weniger erfolgreich implementiert worden, um gewaltsame Konflikte früh zu erkennen und Handlungsoptionen auszuarbeiten.[13] Die Datensammlungs- und -verarbeitungskapazitäten des Beobachtungszentrums wurden merklich verbessert; das vorgesehene Indikatorenmodul für die strategische Konfliktanalyse befindet sich in einer Testphase; Analytiker produzieren erste Frühwarnberichte. Bislang wurden noch keine operativen Routinen entwickelt, um Frühwarninformationen in proaktives Handeln umzusetzen.

Die Bildung des »Panel of the Wise«, ein Gremium aus angesehenen Politikern, das bei gewaltsamen Konflikten vermitteln soll, ließ lange auf sich warten. Erst im Juli 2007 wurden der frühere AU-Generalsekretär Salim Ahmed Salim (Tansania), Ex-Präsident Ahmed Ben Bella (Algerien), Verfassungsgerichtspräsidentin Elisabeth K. Pognon (Benin), Ex-Präsident Miguel Trovoada (São Tomé und Príncipe) sowie Ex-Wahlkommissionschefin Brigalia Bam (Südafrika) zu Mitgliedern des Panels bestellt, das dann am 18. Dezember 2007 offiziell gegründet wurde.[14] Um bei gewaltsamen Konflikten zu vermitteln, die sich 2008 etwa im Zusammenhang mit den Wahlen in Simbabwe und Kenia entwickelt haben, delegierte die Union diese Aufgabe jeweils an Personen, die durch die entsprechende Regionalorganisation eingesetzt worden waren. Allerdings hat die Afrikanische Union in Person ihres Kommissionsvorsitzenden und durch das Peace and Security Department seither – insbesondere in Fällen von gewaltsamen Regierungswechseln wie 2008/09 in Guinea, Guinea-Bissau, Madagaskar und Mauretanien – auch selbst internationale Kontaktgruppen zur Vermittlung von Konfliktlösungen erfolgreich angeleitet.[15]

Für den Notfall sollte eine Ständige Eingreiftruppe, die African Standby Force (ASF), aufgestellt werden. Die aus einer militärischen und einer zivi-

---

12 Vgl. Special Session of the Assembly of the Union on the Consideration and Solution of Conflicts in Africa, Tripoli Declaration on the Elimination of Conflicts in Africa and the Promotion of Sustainable Peace, Tripoli 30./31.8.2009 (SP/Assembly/PS/Decl.(1).

13 Vgl. African Union Conflict Management Division (Hrsg.), Meeting the Challenge of Conflict Prevention in Africa. Towards the Operationalization of the Continental Early Warning System, Addis Abeba 2008.

14 Vgl. African Union, Modalities for the Functioning of the Panel of the Wise, adopted by the Peace and Security Council at its 100th Meeting, 12.11.2007, Addis Abeba; African Union Peace and Security Department, Panel of the Wise: A Critical Pillar of the African Peace and Security Architecture, Addis Abeba 2008.

15 Assembly of the African Union, Interim Report of the Chairperson of the Commission on the Prevention of Unconstitutional Changes of Government Through Appropriate Measures and Strengthening the Capacity of the African Union to Manage Such Situations, 13th Ordinary Session Summit, 1.–3.7.2009, Sirte, Assembly AU/7/(XIII).

len Komponente bestehende ASF soll, je nach Szenario, binnen 30 und 90 Tagen einsatzbereit sein. Die Fortschritte beim Aufbau der fünf regionalen Teilkomponenten der Eingreiftruppe variieren stark. Am weitesten sind die EASBRIG (Ostafrika), die ECOBRIG (Westafrika) und die SADCBRIG (Südafrika) vorangekommen. Die ECCAS (Zentralafrika) existiert dagegen allenfalls in Ansätzen und die NASBRIG (Nordafrika) ist noch weit von einer Institutionalisierung entfernt.[16]

Insgesamt kämpfen die Staaten Afrikas beim Thema »friedenunterstützende Operationen« mit unzureichenden administrativen Kapazitäten (Personal, Ausbildung, Kommunikation, logistische und technische Unterstützung) und unzulänglicher finanzieller Unterstützung.[17] Die Beteiligung an friedenerhaltenden oder friedenschaffenden Missionen in Afrika, entweder auf der Basis eines eigenen Mandats (zum Beispiel die African Mission in Somalia, AMISOM) oder im Zuge hybrider, gemeinsam mit den Vereinten Nationen durchgeführten Missionen (wie die African Mission in Sudan, AMIS), überfordert die AU bereits heute – logistisch wie finanziell. Die Afrikanische Union ist darauf angewiesen, Satelliten- und andere Aufklärungsdaten durch Dritte zu beziehen, sie muss Lufttransportkapazitäten für ihre Truppen anmieten und ist, da der African Peace Fund nicht funktioniert, größtenteils von externer Finanzhilfe abhängig.[18]

Kooperation

Die neue Friedens- und Sicherheitsarchitektur soll arbeitsteilig mit den sicherheitspolitischen Beiträgen der regionalen Wirtschaftsgemeinschaften Afrikas (REC) sowie dem UN-System und anderen internationalen Akteuren ergänzt werden.

Die Afrikanische Union ist eng mit den regionalen Konfliktlösungsmechanismen der REC verflochten, von denen acht als offizielle Partner der AU gelten: Community of Sahel-Saharan States (CEN-SAD), East African Community (EAC), Economic Community of Central African States (ECCAS), Common Market for Eastern and Southern Africa (COMESA), Economic Community of West African States (ECOWAS), Intergovernmental Authority for Development (IGAD), Southern African Development Community (SADC) und Union du Maghreb Arabe (UMA). Die Konfliktlösungsmechanismen der REC unterscheiden sich in Design, Reichweite und Kapazitäten substanziell; in zahlreichen Regionen sind die Mitgliedstaaten miteinander in gewaltsame Konflikte verstrickt. Die Frühwarnmechanismen der AU wurden noch nicht mit denen der REC integriert. Die sich mittelfristig abzeichnende Arbeitsteilung zwischen der Union

---

16 Vgl. Jakkie Cilliers, The African Standby Force. An Update on Progress (Institute for Strategic Studies. Paper No. 160), Pretoria 2008.

17 Vgl. Tanja Schümer, Evidence and Analysis: African Regional and Subregional Governmental Capacity for Conflict Management. Background Paper for the Commission for Africa 2005, <http://www.commissionforafrica.org/english/report/background.html> (abgerufen am 12.10.2009).

18 Vgl. Ulf Engel, Friedens- und Sicherheitsarchitektur der AU: Mühsamer Institutionenaufbau (GIGA Fokus Afrika, Nr. 10), Hamburg 2008.

und den REC wurde in einem Memorandum of Understanding im Januar 2008 erstmals skizziert.[19]

Die Herausforderung, bestehende Praktiken zu harmonisieren und gemeinsame Standards zu entwickeln, besteht aber auch innerhalb der AU Authority selbst, die deswegen 2010 ein übergreifendes Conflict Prevention Policy Framework verabschieden will. Die Zusammenarbeit zwischen AU und Vertretern der Zivilgesellschaft aus den Mitgliedstaaten ist beim Aufbau der neuen Friedens- und Sicherheitsarchitektur zwar vorgesehen, im Detail aber noch nicht absehbar, weil zahlreiche Regierungen erhebliche Probleme mit dem Gedanken haben, dass Vertreter der Zivilgesellschaft überhaupt eine politische Rolle spielen sollen.

Die wichtigsten internationalen Kooperationspartner der Afrikanischen Union bei der Umsetzung der neuen Frieden- und Sicherheitsarchitektur sind die Vereinten Nationen und die EU. Eine rechtliche Herausforderung besteht darin, dass die Afrikanische Union ihre Interventionen in Mitgliedstaaten nach dem Constitutive Act ohne Rekurs auf ein Mandat des UN-Sicherheitsrats nach Artikel 53 (1) der UN-Charta genehmigen kann. Wichtige Partner der AU aus der so genannten Gebergemeinschaft sind neben der EU auch Einzelstaaten wie Deutschland, Großbritannien, die skandinavischen Länder, die USA, Japan und die Volksrepublik China.

Zur Unterstützung der Afrikanischen Union hat die EU eine African Peace Facility aufgelegt, die 2003 bis 2007 mit 250 und für 2008 bis 2010 mit 300 Millionen Euro ausgestattet worden ist.[20] Der Großteil dieser Mittel wurde zur Unterstützung der AU-Operationen im Sudan und in Somalia verwendet (wobei sich allein das Budget der gemeinsamen AU/UN-Mission im Sudan, UNAMID, im Finanzjahr 2008/09 auf 1,7 Milliarden Euro belief).

Fazit und Perspektiven

Noch stellt die Friedens- und Sicherheitsarchitektur der Afrikanischen Union kein neues Sicherheitsregime dar, in dem die Normen der »Schutzverantwortung« in eine veränderte Alltagspraxis überführt worden wären.[21] Vielmehr befindet sich die Architektur institutionell erst noch im Aufbau, und über die Wirkungsmächtigkeit der neuen Normen wird immer wieder neu verhandelt. Es wäre unrealistisch zu erwarten, dass die Beschlüsse wie geplant zum Jahr 2010 umgesetzt werden.[22]

---

19 African Union, Memorandum of Understanding on Cooperation in the Area of Peace and Security between the AU and the Regional Mechanisms for Conflict Prevention, Management and Resolution, Addis Abeba 2008.

20 Vgl. European Commission, Securing Peace and Stability for Africa: The EU Funded African Peace Facility, Brussels 2004, <http://ec.europa.eu/development/body/publications/docs/flyer_peace_en.pdf> (abgerufen am 12.10.2009); Nicoletta Pirozzi, EU support to African Security Architecture: Funding and Training Components (Occasional Paper, Nr. 76), Condé-sur-Noireau 2009.

21 Vgl. Ulf Engel und João Gomes Porto (Hrsg.), Africa's New Peace and Security Architecture. Promoting Norms, Institutionalizing Solutions, Farnham 2010.

22 Vgl. African Union Peace and Security Council, Report on the Status of the Implementation of the Continental Peace and Security Architecture, 57th meeting, 21.6.2006, Addis Abeba 2006.

Die vom Glauben an den politischen Wandel in Afrika beflügelte Euphorie der Jahre 1999 bis 2002 ist mittlerweile der Ernüchterung gewichen. Die Interessen einzelner Regierungen werden wieder stärker betont. Eine Gruppe demokratischer Staaten mit institutionalisierter Reformagenda (unter anderem die regionalen Hegemone Algerien, Nigeria und Südafrika, aber auch kleinere Staaten wie Benin oder Ghana) steht einer Gruppe autoritärer Staaten gegenüber (zu denen aktuell neben dem Sudan und Libyen auch Simbabwe und Ruanda zählen).

Die Zukunft der neuen Friedens- und Sicherheitsarchitektur wird daher wesentlich davon abhängen, inwieweit es einer Kerngruppe von AU-Mitgliedstaaten gelingen wird, die neuen Normen in eine akzeptierte Alltagspraxis zu überführen. Darüber hinaus wird es essentiell sein, die begonnene Professionalisierung der neuen Institutionen voranzutreiben und die Aktivitäten der Union auf eine solide finanzielle Basis zu stellen. Eine große Gefahr besteht darin, dass die hochgradige Abhängigkeit der Afrikanischen Union von externer Finanzhilfe dazu beiträgt, dass die Mehrheit der Mitgliedstaaten nur geringe Anstrengungen unternimmt, sich die neue Friedens- und Sicherheitsarchitektur und die ihr zugrundeliegenden normativen Annahmen auch tatsächlich anzueignen. Deshalb wird auf absehbare Zeit die Afrikanische Union in ihrem Bemühen, eine neue Friedens- und Sicherheitsarchitektur zu etablieren, noch stark von der Zusammenarbeit mit nichtafrikanischen Akteuren abhängen.

Die Ordnungsfunktion internationaler Finanzinstitutionen

Hubert Knirsch

Die internationalen Finanzinstitutionen (IFI), namentlich die Weltbank und der Internationale Währungsfonds (IWF), sind Vereinigungen von Staaten. Sie wurden mit der Organisation der Vereinten Nationen gegründet, um nach 1945 eine stabilere Weltordnung zu schaffen. Wenn die Staatenwelt stabil sein soll, müssen schwache Staaten unterstützt werden. Weltbank und regionale Entwicklungsbanken fördern Entwicklungsprojekte, die von den Staaten selbst nicht finanziert werden könnten. Der IWF unterstützt Staaten, die ihre Wirtschafts- und Finanzpolitik ändern müssen, um in ein volkswirtschaftliches und budgetäres Gleichgewicht zu kommen. Die internationalen Finanzinstitutionen sind ihren Gründungsdokumenten und ihrem Selbstverständnis nach ökonomisch-technische Organisationen und befassen sich eigentlich nicht mit den politischen Strukturen ihrer Mitgliedstaaten. Schwächen der Regierungsführung oder gar der Staatlichkeit wurden daher lange Zeit nicht offen angesprochen. Erst spät haben die internationalen Finanzinstitutionen begonnen, sich damit auseinanderzusetzen, was schwache Staatlichkeit für ihre Arbeit bedeutet.

Fragil – oder schlecht regiert?

Den Begriff der »fragilen« oder »prekären« Staatlichkeit übernahmen die IFI und andere internationale Organisationen erst vor wenigen Jahren aus der sozialwissenschaftlichen Diskussion. Zu seiner beachtlichen Karriere haben sie aber nicht unwesentlich beigetragen. Die Organisation für Wirtschaftliche Zusammenarbeit und Entwicklung (OECD) verabschiedete 2005 »Principles of Good International Engagement in Fragile States«, die Weltbank formulierte im selben Jahr die interne Richtlinie »Fragile States – Good Practice in Country Assistance Strategies«. 2007 haben Weltbank und regionale Entwicklungsbanken Prinzipien für die Harmonisierung ihrer Ansätze in »fragilen Situationen« beschlossen. Dazu sollte ein besseres Verständnis für die Dynamik von Konflikten und für politische Ökonomie gehören – Themen, die bisher außerhalb des fachlichen Blickfelds der IFI lagen.

OECD und Weltbank rufen die Entwicklungshilfegeber dazu auf, fragilen Staaten besondere Anstrengungen zu widmen. Sie weisen darauf hin, dass Fragilität die Erreichung von Entwicklungszielen erschwert und zudem ein sicherheitspolitisches Gefahrenpotenzial darstellt. So fordert die OECD, dass fragile Staaten »nicht zurückgelassen werden«;[1] die Weltbank widmete den Global

---

1 OECD, Ensuring that Fragile States are not Left Behind, Summary Report, Paris 2009.

Monitoring Report 2007 etwas inkongruent den beiden Herausforderungen der »gender equality« und der »fragilen Staatlichkeit«.[2]

2006 hat die OECD 38 Staaten als fragil eingestuft, 2007 bereits 48.[3] Dabei betrachtet sie, wie die Weltbank auch, nur Entwicklungsländer. Nicht berücksichtigt werden Mitteleinkommensländer wie Bosnien-Herzegowina oder Kosovo, deren Fragilität immerhin internationale Militärpräsenz erfordert. In den 48 fragilen Staaten lebt ein Sechstel der Menschheit. Auf sie entfallen aber ein Drittel der »absolut Armen« (die von weniger als einem Dollar pro Tag leben) und die Hälfte der Kindersterblichkeit der Welt. Ihr Entwicklungsrückstand gegenüber anderen Ländern wächst. Fragilität ist hartnäckig: 35 Staaten, die 1979 als fragil einzustufen waren, sind es noch heute.

Um die Gruppe der fragilen Staaten zu definieren, greifen OECD und Weltbank auf die »Country Performance and Institutional Assessments« (CPIA) der Weltbank zurück. Diese Bewertungen sind eigentlich dazu gedacht, vergünstigte Kredite sinnvoll zuzuweisen: Schlecht regierte Länder erhalten geringere Zuteilungen.[4] Ein niedriger CPIA-Wert, der bisher als ein Zeichen schlechter Regierungsführung gewertet wurde, dient nun dazu, Aufrufe zu besonderen Anstrengungen zu begründen. Die Diskussion über den Staat in der Dritten Welt hat eine neue Wendung genommen.

Zur Rolle des Staates

Die Rolle des Staates ist im Laufe letzten vier Jahrzehnte immer wieder ganz unterschiedlich betrachtet und bewertet worden.[5] Auf die Modernisierungstheorie, die dem Staat eine zentrale Rolle als Entwicklungsagentur zumaß, folgte in den 1980er Jahren umso stärkere Skepsis. Die IFI arbeiteten verstärkt mit Kreditauflagen, so genannter Konditionalität, und legten den Staaten nahe, sich weitgehend aus der Wirtschaft zurückzuziehen – eine Linie, die im Nachhinein als »Washington Consensus« bezeichnet wurde. In den 1990ern wiederum stellte man fest, dass marktwirtschaftliche Entwicklungsstrategien nur dann gelingen, wenn in einem Land funktionierende Institutionen des Rechts und der Verwaltung bestehen. Mit der im »Monterrey Consensus«[6] niedergelegten Forderung nach »guter Regierungsführung (good governance)« wurde der Staat bedingt rehabilitiert.

Ebenfalls in den 1990er Jahren mussten die internationalen Finanzinstitutionen immer häufiger nach Konflikten tätig werden. Sie schufen spezielle Kreditfenster

---

2   World Bank, Global Monitoring Report. Confronting the Challenges of Gender Equality and Fragile States, Washington, DC, 2007.

3   OECD, Ensuring that Fragile States are not Left Behind, a. a. O. (Anm. 1).

4   Ausführlicher zu CPIA: Tobias Debiel, Was tun mit fragilen Staaten? Ansatzpunkte für die Entwicklungspolitik, in Stefani Weiss und Joscha Schmierer (Hrsg.), Prekäre Staatlichkeit und internationale Ordnung, Wiesbaden 2007, S. 340; Hubert Knirsch, Die internationalen Finanzinstitutionen und prekäre Staaten, ebd. S. 421.

5   Vgl. Hartmut Elsenhans, Abhängiger Kapitalismus oder bürokratische Entwicklungsgesellschaft. Versuch über den Staat in der Dritten Welt, Frankfurt am Main und New York 1981. Grundsätzlich kritisch zum Staat: Ekkehart Krippendorf, Das böse Erbe der Staatlichkeit, in: Freitag, 3.12.2009.

6   John Williamson, What Washington Means by Policy Reform, in: ebd. (Hrsg.): Latin American Readjustment: How Much has Happened, Washington: Institute for International Economics 1989.

und Arbeitseinheiten und begannen, Leitlinien für den Umgang mit diesen Partnern zu formulieren. Dieser Teil ihrer Arbeit bringt – anders als die Kredite an große Schwellenländer – keine bedeutenden Zinseinnahmen, er birgt dagegen große Risiken und bindet Arbeitskapazitäten. Die Institutionen erfüllen hier aber eine wichtige Funktion, die auch im Sinne ihrer großen Anteilseigner liegt. Gerade die reichen Staaten sind ja in den Partnerländern selbst engagiert – als Entwicklungshilfegeber und mancherorts als Truppensteller. Für sie sind in schwierigen Aufbauprozessen das Geld und die Expertise von IWF und Weltbank unentbehrlich. In fragilen Staaten ist diese Hilfe besonders wichtig, zugleich stößt sie aber auf besonders schwere Bedingungen. Wie ihnen wirksam geholfen werden kann, ist daher Gegenstand lebhafter Fachdiskussionen.[7]

Hilfe: wieviel, wann und wie?

Die Aufmerksamkeit der internationalen Öffentlichkeit und die Großzügigkeit der Geber verteilen sich sehr ungleich: Von 37 Milliarden Dollar, die 2007 in fragile Staaten flossen – immerhin fast 40 Prozent der Entwicklungshilfe überhaupt und fast eine Verdopplung gegenüber dem Stand von 2000 – kam ein Viertel allein dem Irak zugute, ein weiteres Viertel den vier Staaten Afghanistan, Pakistan, Sudan und Äthiopien. Pro Kopf der Bevölkerung wurden 2007 für Afghanistan 160 Dollar aufgewendet, für den Irak 375 Dollar, für die West Bank und Gaza sogar 504 Dollar – dagegen entfielen auf einen Einwohner der Elfenbeinküste nur acht Dollar, auf einen der DR Kongo 19 Dollar. Nach Pakistan fließen zwar mehr als zwei Milliarden Dollar pro Jahr, dies macht aber dort nur 1,5 Prozent des Bruttoinlandsprodukts (BIP) aus. Spitzenwerte der Hilfeintensität erreichen Afghanistan mit 39, Sierra Leone mit 33 und die Palästinensergebiete mit 25 Prozent des BIP.[8]

Auch zeitlich verteilt sich das entwicklungspolitische Engagement ungleichmäßig. Am stärksten ist es unmittelbar nach Friedensschlüssen – ganz besonders dann, wenn diese durch internationale Militärpräsenz gesichert werden sollen. IWF und Weltbank organisieren in solchen Situationen oft internationale Geberkonferenzen. Jedoch sind prekäre Staaten gerade in der frühen Wiederaufbauphase oft noch nicht fähig, die Mittel zu absorbieren. Viel Hilfe in schwachen Strukturen kann nicht nur zu Ineffizienz führen, sondern zu verstärkter Korruption, also dauerhaften Schaden anrichten. Einige Ökonomen fordern daher ein im Zeitverlauf zunächst behutsam ansteigendes Engagement.[9] Die Hilfe von Weltbank und IWF kann in gewissem Maß ausgleichend wirken, da

---

7 Aus der umfangreichen Literatur siehe z. B.: Charles T. Call und Vanessa Wyeth (Hrsg.), Building States to Build Peace, Boulder und London 2008.

8 OECD, Resource Flows to Fragile and Conflict-Affected States, Annual Report 2008, Paris 2009; Debiel, Was tun mit fragilen Staaten?, a. a. O. (Anm. 4), S. 342; Victoria Levin und David Dollar, The Forgotten States. Aid Volumes and Volatility in Difficult Partnership Countries (1992–2002). Summary Paper Prepared for DAC Learning and Advisory Process on Difficult Partnerships, London 2005; Angaben zur Hilfe pro Kopf, siehe Weltbank: <http://data.worldbank.org/topic/aid-effectiveness> (abgerufen am 22.6.2010).

9 Siehe zum Beispiel Paul Collier und Anke Hoeffler, Aid, Policy and Growth in Post-conflict Countries, in: The European Economic Review, Bd. 48 (2004), S. 1125–1145.

sie auch »Stiefkindern« der Gebergemeinschaft offen steht und über längere Zeit fortgesetzt werden kann.

In schwachen Staaten tendieren Geber stärker dazu, Entwicklungsprojekte selbst in die Hand zu nehmen oder von lokalen Organisationen umsetzen zu lassen. Je mehr nun aber das Statebuilding zum zentralen Ziel der Entwicklungspolitik in fragilen Staaten wird, erhebt sich die Forderung, dass Aufbauarbeit nicht am Staat vorbei erfolgen dürfe.[10] Die »politische Ökonomie« der Hilfe soll zugunsten des Staates wirken. Bei den Krediten der IFI ist dies der Fall. Ihre Hauptansprechpartner sind zentrale staatliche Institutionen, denen sie außer Krediten auch technische Hilfe anbieten.

Die Weltbank kann sich stärker als der IWF auch auf lokale Bedürfnisse ausrichten. Bei Programmen des »community-led development« bestimmen Komitees auf örtlicher oder regionaler Ebene die Prioritäten. In solchen Fällen bewegt sich die Bank aber in einem Spannungsfeld: »Lokal geführte Projekte sind am effektivsten«, beurteilte Weltbankpräsident Robert Zoellick kürzlich die Lage in Afghanistan. Aber sogleich machte er deutlich: »Obschon Fortschritte auf lokaler Ebene wichtig sind, sollten Regierungsverantwortung und -kapazitäten auf der nationalen Ebene aufgebaut werden.«[11] Gegenwärtig flössen zwei Drittel der Afghanistan-Hilfe an der Regierung vorbei, weil es den Gebern an Vertrauen in die Kompetenz und Transparenz der nationalen Regierung mangele. Damit würden aber nach Einschätzung des Weltbankpräsidenten jene untergraben, die legitime staatliche Institutionen aufbauen wollten. Einen anderen Ansatz für direkte Zusammenarbeit mit der Zivilgesellschaft bilden die »Poverty Reduction Strategies«, die seit 1999 als Voraussetzung für reguläre Kreditprogramme der IFI für arme Staaten in einem partizipativen Verfahren erarbeitet werden müssen. Dies soll auch die Rechenschaftspflicht der Regierungen über eingesetzte Mittel stärken – ein gemeinsames Interesse der IFI, der Geber und der Bevölkerung.[12]

Instrumente

Weltbank und IWF verfügen über eine Reihe von Instrumenten, mit denen sie schon vor der Vergabe größerer Kredite die Zusammenarbeit mit Partnerstaaten aufbauen. Gerade in Post-Konfliktsituationen sind zunächst Analyse und Beratung gefragt. Die IFI ermitteln den Finanzierungsbedarf des Landes und leisten technische Hilfe beim Aufbau etwa der Zentralbank und der Finanzbehörden.

Da die regulären Kreditprogramme mit großen formalen Anforderungen verbunden sind, haben Weltbank und IWF spezielle Kreditmöglichkeiten für Staaten in Notsituationen geschaffen. Bei der Weltbank war dies das Programm für Low Income Countries Under Stress (LICUS), 2008 ersetzt durch den State- and Peace-Building Fund, beim IWF seit 1995 die Post-Conflict Emergency

---

10 Vgl. Ashraf Ghani et al., The Budget as Linchpin of the State: Lessons from Afghanistan, in: James K. Boyce und Madalene O'Donnell (Hrsg.), Peace and the Public Purse. Economic Policies for Postwar Statebuilding, Boulder und London 2007, S. 157.
11 Robert Zoellick zitiert in: Washington Post, 30.10.2009.
12 International Monetary Fund (IMF) and World Bank (WB), 2002 Review of the Poverty Reduction Strategy Approach: Balancing Accountabilities and Scaling Up Results, 19.8.2005.

Assistance. Kredite können in diesem Rahmen ohne ausformulierte Auflagen auf der Basis von Absichtserklärungen der Regierungen gewährt werden. Ihr Umfang reicht von wenigen Millionen bis zu über 400 Millionen Dollar im Fall des Irak.[13] Unterstützt wird der Aufbau von Institutionen, mit denen Bank und Fonds später zusammenarbeiten können.

Ein Hindernis für die Kreditvergabe sind oft Zahlungsrückstände aus Altkrediten. Nach ihren Statuten können die IFI ausstehende Schulden nicht erlassen. Neue Kredite können sie aber nur dann vergeben, wenn keine Zahlungsrückstände bestehen. Nur aus LICUS-Mitteln der Weltbank können auch Staaten unterstützt werden, die im Rückstand sind. Die Bank hat sogar Wege gefunden, in begrenztem Maß in Somalia zu arbeiten. In der Praxis wird die Hürde der Rückstände oft durch kurzfristige Brückenkredite von Geberstaaten überwunden. Dabei können aber auch allgemeinpolitische Gesichtspunkte eine Rolle spielen – für Simbabwe oder Myanmar hat sich dieser Weg nicht geöffnet. IWF und Weltbank vermitteln auch zwischen Schuldnerstaaten und den im Pariser Club versammelten Gläubigern. Postkonfliktstaaten können auf diesem Weg weitreichende Umschuldungen oder Moratorien erhalten, auch bevor sie die Anforderungsstufen der HIPC-Initiative, eine Entschuldungsmaßnahme für hoch verschuldete arme Länder (heavily indebted poor countries) durchlaufen.

Konditionalität gegenüber schwachen Staaten

Hilfe für fragile Staaten sollte vorzugsweise in Form von Zuschüssen erfolgen. Die Geber ziehen aber oft die Vergabe von Krediten vor, wenn auch von stark vergünstigten. Dies ermöglicht bei gleichen Kosten ein höheres Hilfevolumen. Der IWF muss daher abschätzen, welches Wirtschaftswachstum im Partnerland zu erwarten ist und welches Maß an Schulden es tragen kann.

Für Schwellenländer formuliert der IWF auf der Basis volkswirtschaftlicher Analysen detaillierte wirtschaftspolitische Kreditauflagen, die eine bessere Wirtschaftsentwicklung herbeiführen sollen. Je stärker die Konditionalität, die ein Staat akzeptiert, desto höher die Wachstumseinschätzung des IWF und desto stärker das Signal auch an andere Kreditgeber.

Bei schwachen Staaten sind die Wachstumsaussichten aber grundsätzlich unsicher. Es kann ihnen keine starke Konditionalität auferlegt werden – das würde zu höchst unerwünschten Ergebnissen führen: Zielverfehlungen und gescheiterte Kreditprogramme. Der IWF hat gelernt, mit Konditionalität in schwachen Staaten vorsichtig umzugehen, ohne aber auf sie zu verzichten. In Grenzen ist es möglich, bei den regelmäßigen Programmüberprüfungen Kriterien als halb erfüllt zu werten, modifizierte Auflagen auszuhandeln, die Wachstumsaussichten leicht zu korrigieren.

Großen Wert muss der IWF auf eine stabilitätsorientierte Haushaltspolitik legen. Ein fragiler Staat wird mit Sicherheit keinen ausgeglichenen Haushalt führen können. Seine Einnahmenbasis ist typischerweise schwach, dagegen sind umfangreiche Ausgaben unumgänglich – für humanitäre Bedürfnisse, aber auch für die Sicherheitsorgane, die das Gewaltmonopol des Staates durchsetzen sollen.

---

13 Laut IMF, Factsheets Emergency Assistance.

Dennoch besteht der IWF darauf, dass Staatsdefizite durch Geberkredite gedeckt sind und nicht einfach durch die Zentralbank finanziert werden – was schnell zu Inflation führen und die Autonomie der Landeswährung bedrohen würde.

Hohe Priorität hat für den IWF in schwachen Staaten der Aufbau eines Systems von Staatseinnahmen: Steuern, Zöllen und Abgaben auf die Nutzung von Naturressourcen. Fragile Staaten mobilisieren in der Regel weniger als 15 Prozent des BIP in Form von Steuern, Afghanistan und Simbabwe sogar weniger als sieben Prozent.[14] Wenn der IWF Staaten die Auflage macht, ihre Einnahmen zu erhöhen, ist dies zunächst finanzpolitisch begründet: Der Staat soll langfristig eine gewisse Zahlungsfähigkeit entwickeln, um so in der Gegenwart seine Kreditwürdigkeit zu sichern. Die Regierungen selbst mögen dagegen weniger eifrig auf Einnahmenerzielung bedacht sein: Diese Aufgabe bringt politische Kosten mit sich, bindet knappe Verwaltungskapazitäten und erbringt anfangs nur magere Ergebnisse, die im Vergleich zur internationalen Hilfe eher wenig ins Gewicht fallen. In solchen Fällen dient die Konditionalität der Entwicklung von Staatlichkeit, zu deren Kern die Fähigkeit gehört, Einnahmen innerstaatlich zu erzielen und die Abhängigkeit von externen Gebern abzubauen.

Die Möglichkeiten der IFI, mit einem fragilen Staat hart zu verhandeln, sind begrenzt: Je höher das Interesse der internationalen Gemeinschaft an einem Land ist, desto schwerer wird es ihr fallen, auf ambitionierten Zielen zu bestehen. Bei all ihrer »Macht« müssen die IFI daher paradoxerweise gerade in der Zusammenarbeit mit schwachen Staaten ein erhebliches Maß an Unsicherheit und Unvollkommenheit akzeptieren.

Die Erfolgsbilanz

Es kann daher nicht überraschen, dass die Erfolgsbilanz der IFI in fragilen Staaten gemischt ausfällt.[15] Ein Teil der Staaten erzielt in Zusammenarbeit mit den IFI nach tiefen konfliktbedingten Einbrüchen einen kräftigen und nachhaltigen Wirtschaftsaufschwung. Andere stagnieren trotz internationaler Unterstützung und fallen im Vergleich zu anderen Entwicklungsländern zurück. Zwar sind nur in wenigen der von den IFI unterstützten Staaten neue Konflikte ausgebrochen – was nach Experteneinschätzung in 23 Prozent der Fälle in den ersten vier Jahren zu erwarten wäre.[16] Aber alle sind schwache Staaten geblieben.

Fast alle Staaten, die seit 1995 vom IWF Emergency Postconflict Assistance (EPCA) erhalten haben, konnten danach zu einem regulären Kreditprogramm übergehen. Manche haben mehrere solcher Programme erfolgreich durchgeführt und damit die Voraussetzungen für einen Schuldenerlass erfüllt. Von neun grundsätzlich in Frage kommenden Ländern haben drei den

---

14 OECD, Ensuring that Fragile States are not Left Behind, a. a. O. (Anm. 1); James K. Boyce und Madalene O'Donnell, Policy Implications: The Economics of Postwar Statebuilding in: dies., Peace and the Public Purse, a. a. O. (Anm. 10), S. 276 f.
15 Quellen: Länderdokumentationen unter: <www.imf.org> (country info) und <www.worldbank.org> (country programs).
16 Paul Collier, Postconflict Economic Policy, in Call und Wyeth (Hrsg.), Building States to Build Peace, a. a. O. (Anm. 7), S. 104.

»Vollendungspunkt« der HIPC-Entschuldungsinitiative erreicht, an dem ein voller Erlass erfolgt, fünf andere aber erst den »Entscheidungspunkt«, an dem der laufende Schuldendienst erlassen wird.

Ruanda hat nach dem katastrophalen Bürgerkrieg von 1994, mit dem ein Wirtschaftseinbruch von 50 Prozent des BIP einherging, einen kräftigen und nachhaltigen Wirtschaftsaufschwung erlebt. Die makroökonomische Komponente des »Programms der Versöhnung und des Wiederaufbaus« wurde in Zusammenarbeit mit dem IWF erstellt. Bereits 1994 und erneut 1997 nahm das Land Gelder aus der EPCA in Anspruch, seit 1998 folgten reguläre Kreditprogramme. Das Wirtschaftswachstum betrug 1995 enorme 32 Prozent, flachte dann ab, lag aber in den letzten Jahren weiterhin über sieben Prozent und 2008 bei elf Prozent. Ruanda hat einen Schuldenerlass erreicht. Die letzte Erfolgsmeldung: Ruanda führt die Rangliste der »Business Regulation Reformers« an.[17]

Ähnlich war der Verlauf in den Fällen von Mosambik, das mit einem vom IWF unterstützten Programm seit 1996 gute Wachstumserfolge erzielte, von Sierra Leone – mit einem seit 2001 von IWF-Programmen begleiteten starken, später abflachenden Wachstum – oder auch von Uganda, das unter der Regierung Yoweri Museveni seit 1986 in enger Zusammenarbeit mit den IFI und den Entwicklungshilfegebern ein recht stetiges Wirtschaftswachstum erfuhr.

Ein Gegenbeispiel ist die Elfenbeinküste. Mit dem Militärputsch 1999 endete eine Periode kräftigen Wachstums. 2002 kam es zu einem Bürgerkrieg, der ein frisch aufgelegtes IWF-Programm unterbrach. 2004 folgte ein neuer Ausbruch von Gewalt. 2007 nahmen die IFI die Zusammenarbeit wieder auf (EPCA), seit 2009 besteht wieder ein reguläres Kreditprogramm, der Schuldenerlass-Entscheidungspunkt wurde erreicht. Trotz dieser Unterstützung schwankt das Wachstum seit einem Jahrzehnt um die Nullmarke.

Ebenfalls wechselhaft verlief die Entwicklung in Guinea-Bissau: 2000 ging das Land von EPCA zu einem regulären IWF-Programm über, erreichte den Entscheidungspunkt, verstieß dann aber mit hohen irregulären Staatsausgaben gegen die Kreditauflagen. Die politische Lage war instabil. 2008 griff das Land erneut auf die EPCA zurück. Die Weltbank führt Programme für den Privatsektor, die öffentlichen Dienste und die Infrastruktur durch. Eine Budgethilfe wird vorbereitet, ebenso ein Programm des »community-driven development«, das den Zugang der ländlichen Bevölkerung zu Basisdienstleistungen verbessern soll.

Haiti erhielt nach den Natur- und politischen Katastrophen von 2005 EPCA-Mittel, konnte zu einem regulären Programm übergehen und absolvierte den Entscheidungspunkt der HIPC-Initiative. Das Wirtschaftswachstum folgte dennoch seit 1996 der Nulllinie. Auf die Erdbebenkatastrophe im Januar 2010 reagierten die IFI mit neuen Not- und regulären Programmen und einem Schuldenerlass. Schwach und schwankend ist der Wachstumsverlauf auch in Burundi, das 2002 und 2003 die EPCA in Anspruch genommen hat. Liberia erlitt im letzten Jahr seines langen Bürgerkriegs, 2003, einen Wirtschaftseinbruch von 30 Prozent des BIP. Eine kräftige Erholung blieb aus. Der IWF engagierte sich zunächst nur in Form eines »stabsüberwachten Programms« ohne Kreditunterstützung. Erst

---

17 World Bank (WB) und International Finance Corporation (IFC), Doing Business, Washington, DC 2010.

2008 folgte ein Kreditprogramm. Andere Länder, wie Kambodscha, Bosnien-Herzegowina oder die Republik Kongo, weisen einen mittleren Verlauf auf.

Eine etwas nähere Betrachtung lohnt Afghanistan. IWF und Weltbank spielten eine führende Rolle bei den Geberkonferenzen von Tokio (2002), Bonn (2006) und Paris (2008). Die IFI verwalten gemeinsam den »Afghan Reconstruction Trust Fund«, aus dem in den ersten Jahren ein Großteil der öffentlichen Ausgaben des Landes bestritten wurde. Der IWF begann 2002 mit technischer Hilfe, 2004 mit einem »stabsüberwachten Programm«. 2006 folgte ein reguläres IWF-Kreditprogramm; Weltbank und Asiatische Entwicklungsbank hatten sich bereits früher mit Krediten engagiert. Hauptziel des IWF ist es, die inländischen Staatseinnahmen allmählich zu steigern, die aber bei sieben Prozent des BIP stagnieren, dem weltweit niedrigsten Wert. Mühsam erlangte die Regierung etwa Zugriff auf die Zolleinnahmen, die bis dahin von lokalen Größen der Grenzprovinzen eingezogen worden waren.[18] Der IWF stellt fest, dass die staatliche Treibstoffbehörde die Einziehung der Verkaufssteuer auf Benzin hintertreibt.[19] Insgesamt spricht der IWF von einer »gemischten Bilanz«.[20] Vollkommen offen ist die dauerhafte Finanzierung von Armee und Polizei, deren Kosten schon 2005/06 ein Drittel des BIP oder das Fünffache der inländischen Staatseinnahmen ausmachten.[21]

Schlussfolgerungen und Empfehlungen

Die IFI können in aller Regel die Aufgabe erfüllen, Staaten den Zugang zu Krediten zu eröffnen. Die Verbindung von Krediten und Konditionalität birgt aber die Gefahr, dass ein Staat lediglich »lernt«, Auflagen von außen zu befolgen – und sie dabei möglichst weit zu dehnen – statt selbst Institutionen auszubilden, die politische Erwartungen und finanzielle Möglichkeiten laufend miteinander in Deckung bringen und so ein tragfähiges Verhältnis zwischen Kreditaufnahme, Investitionen, Wachstum und Zahlungsfähigkeit wahren.

In einem schwachen Staat wird es auf Dauer keinen starken Finanzminister und keine nachhaltige Wirtschaftspolitik geben. Der Erfolg der IFI steht und fällt daher mit dem Erfolg des politischen Staatsbildungsprozesses. Um ihrer besonderen Verantwortung gegenüber fragilen Staaten gerecht zu werden, sollten sie sich das politische Ziel des Statebuilding noch stärker und ausdrücklich zu eigen machen. Sie brauchen ein klares Verständnis für die politischen Komponenten ihres eigenen Tuns und der Herausforderungen, vor denen sie stehen: »Guter wirtschaftlicher Rat kann nicht getrennt werden vom Verständnis für nationale politische Prozesse und der sozialen Dimension«, lautete 2002 eine Erkenntnis des Geschäftsführenden IWF-Direktors Horst Köhler.[22]

---

18 Vgl. Ghani et al., The Budget as Linchpin of the State, a. a. O. (Anm. 10), S. 169.
19 IMF, Afghanistan PRGF, Fifth Review, Washington, DC, 2009, S. 6.
20 Ebd. S. 13.
21 James K. Boyce und Madalene O'Donnell, Policy Implications: The Economics of Postwar Statebuilding in: dies., Peace and the Public Purse, a. a. O. (Anm. 10), S. 290.
22 So der Managing Director des IWF Horst Köhler 2002 in Accra.

Staatsbildung erfordert nicht nur arbeitsfähige Institutionen, sondern einen gewissen Sozialkontrakt zwischen Regierenden und Regierten.[23] Der Staat muss sich gegenüber konkurrierenden Machtelementen – von Bürgerkriegsparteien bis zu klientelistischen Netzwerken – durchsetzen. Die IFI können für ihn in der Anfangsphase wichtige externe Verbündete sein. Er braucht aber vor allem die Unterstützung der Bevölkerung.

Was können die IFI dazu beitragen, die Zivilgesellschaft zu aktivieren? Mit ihren Programmen zum »Community-led Development« baut die Weltbank einen Kontakt zur Bevölkerung auf, ohne dabei den Staat zu umgehen. Ähnliches geschieht bei der Erstellung der Poverty Reduction Strategy Papers.[24] Diese Ansätze lassen sich ausbauen.

Auch bei größten Anstrengungen kann aber die internationale Gemeinschaft den Staat nicht ersetzen. Von dem, was sich als Staat bildet, ist der Erfolg jeder äußeren Intervention letztlich abhängig. Nur der Staat kann Legitimität akkumulieren. Dies setzt allerdings eine Staatselite voraus, die auch bereit ist, sich als solche zu verhalten – und nicht als Konfliktpartei, die persönliche Interessen verfolgt. Staat ist letztlich eine Idee, eine Fiktion. Sie wird dann Realität, wenn alle Beteiligten sie sich zu eigen machen – die Bürger, die internationalen Partner, aber auch die Amtsträger, die den Staat verkörpern und handlungsfähig machen sollen.

---

23 Die Bedeutung des Verhältnisses Staat–Gesellschaft betont: OECD, Concepts and Dilemmas of State Building in Fragile Situations, Paris 2008.

24 Die Fragile States Group der OECD bezweifelt allerdings, dass dieser Prozess sich für das Statebuilding nutzbar machen lässt. Sie setzt größere Hoffnungen in den Integrated-Peacebuilding-Prozess im Rahmen der Vereinten Nationen. Siehe ebd.

Stabilisierung und Entwicklung durch die WTO?

Stormy-Annika Mildner und Claudia Schmucker[1]

Handel, Wachstum und Entwicklung – dies sind die zentralen Ziele der Welthandelsorganisation (WTO). Die Entwicklungsländer besser in die Weltwirtschaft zu integrieren und inhärente Ungleichgewichte im Welthandelssystem zu beseitigen, haben sich die WTO-Mitglieder in der Doha-Runde zum Ziel gesetzt. Auch wenn Handel allein sicherlich nicht automatisch zu Wachstum und Entwicklung, geschweige denn zu politischer Stabilität und Frieden führt – notwendige Voraussetzungen hierfür sind gute Regierungstätigkeit, ein funktionsfähiges Steuer- und Umverteilungssystem sowie stabile Wirtschaftsinstitutionen –, ist dieser doch eine nicht wegzudenkende Komponente einer nachhaltigen Wachstumsstrategie.

Etwa zwei Drittel der WTO-Mitglieder sind Entwicklungsländer, und ihre Bedürfnisse könnten unterschiedlicher nicht sein. Eine Gruppe mit ganz besonderen Problemen ist die der fragilen Staaten: Schwache staatliche Institutionen, Korruption, fehlende Rechtssicherheit, politische Unruhen, Kriege, hohe Verwundbarkeiten gegenüber Preisschwankungen auf den Weltmärkten – in vielen fragilen Staaten sind die Rahmenbedingungen für wirtschaftliches Wachstum nicht einmal annähernd gegeben. Was kann die WTO also für diese Staatengruppe leisten? Welche Auswirkungen hätte eine weitere Liberalisierung des Welthandels unter der Doha-Entwicklungsrunde auf den Handel und das Einkommen dieser Länder?

Fragile Staaten in der Weltwirtschaft und im Welthandel

Laut einer OECD-Studie[2] sind weltweit 48 Staaten fragil. Davon befinden sich 29 in Afrika, zwölf in Asien und dem Nahen Osten, sechs im Pazifik sowie eines (Haiti) in Lateinamerika. 34 von ihnen zählen zu den am wenigsten entwickelten Ländern der Welt (Least Developed Countries/LDC). Zusammen genommen haben alle fragilen Staaten einen Anteil von 0,01 Prozent am Weltbruttoinlandsprodukt und von 1,8 Prozent an den weltweiten Exporten.[3] Von den 48 fragilen Staaten sind 28 WTO-Mitglieder. Sie genießen – wie andere Entwicklungsländer auch – einen Sonderstatus, müssen also nicht dieselbe Marktöffnung leisten wie Industrieländer.

Die Gruppe der fragilen Staaten weist viele Gemeinsamkeiten in ihrer Wirtschafts- und Handelsstruktur auf: Ihre Volkswirtschaften sind nur wenig diversifiziert, und die Abhängigkeit von Rohstoffen ist hoch. Produkte des Primärsektors (Landwirtschaft und Bergbau) machen in mehr als 40 der 48 Länder den Hauptanteil der Exporte aus. Von den 15 exportstärksten fragilen Staaten exportieren zehn primär Erdöl(-Produkte). Andere wichtige Exportgüter sind Kaffee,

---
1   Die Autorinnen danken Roland Graf für seine umfassende Unterstützung bei der Erstellung des Artikels.
2   Vgl. OECD, Resource Flows to Fragile and Conflict-Affected States. Annual Report 2008, Paris 2008.
3   Vgl. WTO, WTO Trade Profiles, Genf 2008.

Kakao, Baumwolle, Holz, Fisch sowie Textilien.[4] Die hohe Rohstoffabhängigkeit ist in doppelter Hinsicht problematisch: Zum einen sind die Länder besonders krisenanfällig, da sie unmittelbar von den Preisschwankungen an den Weltmärkten betroffen sind. Zum anderen ist gerade der Agrarhandel nach wie vor hohen Handelsbarrieren im Ausland ausgesetzt: Mit einem durchschnittlichen Zollniveau von rund 17 Prozent zählt die Landwirtschaft bis heute zu den am stärksten geschützten Bereichen weltweit.

Die wichtigsten Handelspartner der fragilen Staaten sind die Industrie- und Schwellenländer, allen voran die EU, gefolgt von den USA, China, Indien und Japan. Die fragilen Staaten in Asien und dem Pazifik handeln primär mit anderen asiatischen Ländern und den USA. Während die fragilen Staaten Afrikas nach wie vor in erster Linie mit der EU handeln, nimmt der Anteil von China, Indien, Japan und den USA stetig zu.[5] Im Gegenzug spielen die fragilen Staaten für die Industrie- und Schwellenländer als Abnehmer keine große Rolle. Die Förderung des bilateralen Handels durch die Industrieländer, beispielsweise durch Präferenzprogramme, ist daher auch in erster Linie entwicklungspolitisch motiviert. Unter der Everything-but-Arms-Initiative (EBA) bietet zum Beispiel die EU den 48 ärmsten Ländern der Welt, darunter auch 34 fragilen Staaten, einen zoll- und quotenfreien Zugang zum europäischen Markt für alle Waren außer Waffen. An den Economic Partnership Agreements (EPA) der EU nehmen weitere fünf fragile Staaten teil. Diese Wirtschaftspartnerschaftsabkommen sind Freihandelsabkommen mit AKP-Staaten (Afrika, Karibik, Pazifik) in sechs Regionalverbünden mit dem Ziel, nicht nur den Marktzugang für diese Länder in die EU zu verbessern, sondern auch die regionale Integration unter ihnen zu fördern und ihre Produktions- und Handelskapazitäten zu stärken. Zusätzlich gewähren sowohl die EU als auch die USA den Entwicklungsländern präferenzielle Handelsbedingungen durch ein General System of Preferences (GSP). Auch von der handelsbezogenen Entwicklungshilfe profitieren die fragilen Staaten: 45 von ihnen erhalten beispielsweise Unterstützung unter dem Trade-Capacity-Building-Programm der USA. Zusammen machen die gewährten Hilfen durchschnittlich zwei Prozent des BIP der fragilen Staaten (Ausnahme Irak: zwölf Prozent des BIP) sowie 21 Prozent des Exportwerts aus.

Drei fragile Staaten, drei sehr unterschiedliche Probleme

Um die Bandbreite unterschiedlicher Probleme zu verdeutlichen, werden im Folgenden drei WTO-Mitglieder genauer analysiert: Angola, stellvertretend für stark von Rohstoffexporten abhängige fragile Staaten, Kambodscha als Vertreter der Textilexporteure und Haiti als Netto-Nahrungsmittelimporteur.

---

4 Vgl. CIA World Factbook Online, <https://www.cia.gov/library/publications/the-world-factbook/rankorder/rankorderguide.html> (abgerufen 7.12.2009).

5 Vgl. Vergleich der Hauptexportpartner der 48 Staaten in den WTO Trade Profiles 2008 (mit Angaben zu 2007) und des CIA World Factbook online (mit Angaben zu 2008).

Afrika: Angola – trotz Ölexporte weiterhin fragil

Große Erdölvorkommen und Diamanten machen Angola zu einem der reichsten Länder Afrikas. Angola lebt hauptsächlich von seinem Erdöl. Angolas Problem sind nicht hohe Marktzugangsbarrieren im Ausland. Energetische Rohstoffe, mit Ausnahme von Bioethanol und Biodiesel, treffen im internationalen Handel kaum auf Barrieren. Die größten Probleme des Landes sind vielmehr der geringe Diversifizierungsgrad seiner Volkswirtschaft und die hohe Exportabhängigkeit, die es sehr verwundbar gegenüber Preisschwankungen auf den Weltmärkten macht. Einnahmen aus dem Ölsektor stellen rund 60 Prozent seines BIP. Mit einem Wert von 43 Milliarden Dollar machten Erdölexporte 2007 über 95 Prozent der Gesamtexporte des Landes aus und trugen maßgeblich zum hohen Handelsbilanzüberschuss Angolas bei. 2009 belief sich der Überschuss auf 24 Milliarden Dollar. Hauptexportpartner von Angola sind China (34 Prozent), USA (27 Prozent), Südafrika (10 Prozent) und Frankreich (5,7 Prozent).[6]

Das Ende des Bürgerkriegs Anfang 2002 sowie die wirtschaftliche Liberalisierung und Öffnung des Landes haben eine Konsolidierung der gesamtwirtschaftlichen Entwicklung eingeleitet. Nach zunächst verhaltenem Wirtschaftswachstum aufgrund des niedrigen Ölpreises verzeichnete das Land 2007 einen Aufschwung von 21,1 Prozent. Zwar schrumpfte die Wirtschaft 2009 um 0,9 Prozent infolge der globalen Wirtschafts- und Finanzkrise, für 2010 wurde allerdings erneut ein Wachstum von 7,3 Prozent erwartet.

Trotz des hohen Wirtschaftswachstums und der hohen Exporteinnahmen ist es dem Land aufgrund der hohen Korruption – genährt aus den Öleinnahmen – und der mangelhaften Regierungstätigkeit nicht gelungen, die durch den Bürgerkrieg zerstörte Infrastruktur wieder aufzubauen und nennenswerte Erfolge bei der Armutsbekämpfung zu erzielen. Mehr als die Hälfte der Bürger ist arbeitslos, fast drei Viertel leben unterhalb der Armutsgrenze. Dies liegt sicherlich auch daran, dass nur 0,2 Prozent der angolanischen Bevölkerung in der Erdölindustrie arbeitet – die meisten Beschäftigten sind Fachkräfte aus dem Ausland. Die Mehrheit der Angolaner geht hingegen der Landwirtschaft nach, allerdings mit geringem Ertrag. Um aus dem Nettoimporteur von Agrarprodukten einen Exporteur (zum Beispiel Nutzholz und Fischerei) zu machen und die Beschäftigung zu fördern, unterstützt die Regierung den Ausbau der Landwirtschaft. Allerdings erschwert die durch den Ölhandel sehr starke Währung die Wettbewerbsfähigkeit landwirtschaftlicher Güter auf dem Weltmarkt und verhindert so eine Diversifizierung der Wirtschaft und Exporte. Entsprechend hilft es wenig, dass Angola sowohl unter der EBA-Initiative der EU als auch dem African Growth and Opportunity Act (AGOA) der USA einen präferenziellen Markzugang genießt.

---

6 Vgl. Auswärtiges Amt, Angola Wirtschaft, <http://www.auswaertiges-amt.de/diplo/de/Laenderinformationen/Angola/Wirtschaft.html> (abgerufen 7.12.2009); CIA World Fact Book, Angola, <https://www.cia.gov/library/publications/the-world-factbook/geos/ao.html> (abgerufen 7.12.2009) und auch Economist Intelligence Unit, Country Report Angola Juli 2010, London 2010, S. 16.

Asien: Kambodscha – Erfolgsrezept Textilhandel?

Kambodscha gilt als einer der Wachstumsmärkte Asiens, auch wenn sein Wirtschaftswachstum 2009 infolge der Wirtschafts- und Finanzkrise kurzfristig einbrach (−2,7 Prozent). Für 2010 wurde erneut ein Wachstum von 3,3 Prozent prognostiziert. Und dennoch zählt das Land aufgrund von Demokratiedefiziten, Korruption, mangelnder Transparenz sowie Missachtung der Menschenrechte nach wie vor zur Gruppe der fragilen Staaten. Hinzu kommen das rudimentäre Rechtssystem, ein ineffektiver öffentlicher Dienst, eine schlechte Infrastruktur und der begrenzte Binnenmarkt. Mit einem Pro-Kopf-Einkommen von durchschnittlich 806 Dollar (2008) zählt es zu den am wenigsten entwickelten Ländern der Welt. 2007/08 belegte Kambodscha in der Entwicklungsstatistik der Vereinten Nationen (Human Development Index 2007/08) Rang 131 von 177. Knapp fünf Millionen Kambodschaner (35 Prozent der Bevölkerung) leben unter der nationalen Armutsgrenze, davon 90 Prozent auf dem Land. Über 70 Prozent der Bevölkerung sind in der Landwirtschaft tätig.[7]

Das Land hat zahlreiche Probleme, darunter die Dominanz der Textilindustrie und des Tourismus. Wie in vielen anderen fragilen Staaten sind Kambodschas Exporte kaum diversifiziert: 73 Prozent entfallen auf den Textil- und Bekleidungssektor, er ist der wichtigste Industriezweig des Landes. 2009 exportierte Kambodscha Waren im Wert von 3,6 Milliarden Dollar, davon resultierten 2,4 Milliarden Dollar aus dem Textilhandel.[8]

Während der Textil- und Tourismussektor in den vergangenen Jahren Magneten für ausländische Investitionen waren, sind sie von der Wirtschafts- und Finanzkrise besonders stark betroffen. Die ausländischen Direktinvestitionen in Kambodscha sanken in den ersten neun Monaten 2009 auf 1,6 Milliarden Dollar, was einem Rückgang von 82 Prozent im Vergleich zum Vorjahr entspricht.[9] 77 Textilfabriken schlossen, weitere 53 Fabriken setzten ihre Arbeit aus.[10] Der Einbruch in der Textilindustrie liegt dabei nicht allein an der gesunkenen Nachfrage aus den USA als Hauptimporteur kambodschanischer Produkte (2008 gingen 54 Prozent der Gesamtexporte des Landes in die USA). Kambodscha steht zudem im harschen Wettbewerb mit China um Exportmärkte. Seit Chinas Beitritt zur WTO im Jahr 2001 und dem Auslaufen der Textilquoten (2005) dominiert das Land den globalen Textil- und Bekleidungshandel, und Länder wie Kambodscha haben Probleme, wettbewerbsfähig zu bleiben.

Bereits vor der Krise (2007) verzeichnete das Land ein Handelsbilanzdefizit von 1,4 Milliarden Dollar. 2009 wird das Defizit voraussichtlich auf 1,7 Milliarden Dollar ansteigen. Importiert werden vor allem Petroleumprodukte und Baumaterialien. Einnahmen aus Zöllen spielen eine wichtige Rolle für den

---

7   Vgl. IWF, Statement at the Conclusion of an IMF Staff Mission to Cambodia, Press Release No. 09/325, 24.9.2009, <http://www.imf.org/external/np/sec/pr/2009/pr09325.htm> (abgerufen 15.12.2009); Economist Intelligence Unit, Country Profile Cambodia, November 2009, London 2009, S. 7, 14, 18.

8   Vgl. ebd., S. 20; Economist Intelligence Unit, Country Report Cambodia, November 2009, London 2009, S. 8; Garment Manufacturers Association in Cambodia, Garments and Textile Products Exported, <www.gmac-cambodia.org/imp-exp/default.php> (abgerufen 3.8.2010).

9   Vgl. ebd., S. 12.

10 Vgl. Social Watch, Social Watch Report 2009, S. 70, <http://www.socialwatch.org> (abgerufen 9.12.2009).

Staatshaushalt Kambodschas. Dies erklärt auch, warum das durchschnittliche angewandte Zollniveau nach wie vor recht hoch ist: 18 Prozent in der Landwirtschaft und 13,6 Prozent im Industriegüterhandel.[11]

Lateinamerika: Haiti – Risikofaktor Importabhängigkeit

Haiti gehört aufgrund chaotischer Wahlen, Korruption, Nahrungsmittelkrisen und Naturkatastrophen (vor allem das Erdbeben 2010) nicht nur zu den fragilen Staaten, sondern grenzt an den Zustand eines Failed States, also der Auflösung aller staatlichen Strukturen. Mit einem jährlichen Pro-Kopf-Einkommen von etwa 600 Dollar ist das Land sehr arm. Infolge der Wirtschafts- und Finanzkrise, der Naturkatastrophen und des Rückgangs der Transferzahlungen der im Ausland lebenden Haitianer ist die Wirtschaftsleistung 2009 um 0,5 Prozent zurückgegangen (Wachstum 2007: 3,4 Prozent).[12]

Zwei Drittel der Bevölkerung leben von der Landwirtschaft, die größtenteils auf unfruchtbaren oder unbewässerten Flächen betrieben wird. Aufgrund fehlender Investitionen, mangelhafter Infrastruktur und Naturkatastrophen ist laut UNDP der Agrarsektor Haitis der unproduktivste weltweit.[13] Das Land ist daher stark von Agrarimporten abhängig: 2008 wurden etwa 46 Prozent des Nahrungsmittelbedarfs durch lokale Produktion, 49 Prozent durch Importe und fünf Prozent durch ausländische Nahrungsmittelhilfen gedeckt. Diese Struktur macht Haiti besonders verwundbar gegenüber Preisschwankungen auf den Weltmärkten und den Auswirkungen von Naturkatastrophen. Eine solche Doppelkrise erlebte das Land 2008, als nicht nur die internationalen Nahrungsmittelpreise in die Höhe schossen, sondern gleichzeitig Stürme einen Großteil der Anbaufläche verwüsteten.[14] Infolge der Versorgungskrise kam es im Frühjahr 2008 zu Hungerunruhen und gewalttätigen Ausschreitungen. Nach dem Erdbeben 2010 brachen Wirtschaft und Nahrungsmittelversorgung vollständig zusammen.

Die Handelsstruktur Haitis ist kaum diversifiziert, weder hinsichtlich der Export- und Importgüter noch der Handelspartner. Laut WTO-Angaben machten im Jahr 2007 Exporte des Industriesektors 92 Prozent der Gesamtexporte aus. Der Wert der Exporte belief sich auf 500 Millionen Dollar, davon 459 Millionen Dollar aus dem Textilhandel (88 Prozent).[15] Haiti verzeichnete über Jahre große Handelsbilanzdefizite; 2008 betrug sein Leistungsbilanzdefizit 773 Millionen. Dollar.[16] Wichtigste Importgüter waren neben Agrarprodukten (etwa 31 Prozent) Fertigwaren und Maschinen (29 Prozent) sowie Brennstoffe und Bergbauprodukte (40 Prozent). Die Hauptexportpartner Haitis sind mit weitem Abstand die USA (80 Prozent), gefolgt von der Dominikanischen Republik (7,7

---

11 Vgl. Economist Intelligence Unit, Country Report Cambodia, August 2010, London 2010, S. 15.
12 Vgl. Economist Intelligence Unit, Country Report Haiti August 2009, London 2009, S. 3, 6.
13 Vgl. Weighed Down by Disasters, in: The Economist, 12.2.2009.
14 Vgl. International Crisis Group, Haiti Stability at Risk, Brüssel 2009, S. 7, 11.
15 Vgl. WTO, Trade Profil Haiti, Genf 2009, S. 15.
16 Vgl. Economist Intelligence Unit, Country Report Haiti, a. a. O. (Anm. 11), S. 6.

Prozent). Auch die Importe stammen überwiegend aus den USA mit 46 Prozent. Mit der hohen Abhängigkeit von einem Haupthandelspartner geht eine hohe Abhängigkeit von dessen Wirtschaftszyklen einher.

Ohne wirtschaftliche Hilfe aus dem Ausland könnte der Staat momentan nicht bestehen, ohne präferenziellen Marktzugang wären seine Exportgüter wie Textilien nicht wettbewerbsfähig. Unter HOPE II (Haitian Hemispheric Opportunity through Partnership Encouragement) der USA kann Haiti seine Textilien zollfrei in die USA exportieren – unabhängig von der Herkunft der Inputs.[17] Zusätzlich fällt Haiti unter den Caribbean Basin Trade Partnership Act (CBTPA) der USA sowie das EBA-Programm der EU.

WTO-Verhandlungen mit wenig Erfolg

Insgesamt stellt sich die Frage, ob neben bilateralen Handelserleichterungen auch multilaterale Ansätze, insbesondere ein Abschluss der Doha-Runde, Hilfe für Länder wie Angola, Kambodscha oder auch Haiti bringen würden. Die Antwort fällt pessimistisch aus: nur wenig.

Seit mittlerweile fast neun Jahren verhandeln die WTO-Mitglieder über ein neues multilaterales Handelsabkommen – mit wenig Erfolg. Zwar soll ein Abschluss der Runde noch 2010 erzielt werden, doch die für einen Durchbruch notwendigen Angebote über Zollsenkungen und Subventionsabbau liegen trotz zahlreicher (Mini-)Ministerkonferenzen bislang nicht vor. Gerade im Agrarhandel erwarten die Entwicklungs- und Schwellenländer deutlich verbesserte Angebote von den Industrieländern. Ebenso enttäuschend fallen die Ergebnisse der NAMA-Verhandlungen (Non-Agricultural Market Access) aus. Dass es bislang zu keinem Durchbruch in den Verhandlungen gekommen ist, liegt vor allem an dem von vielen Entwicklungs- und Schwellenländern gemachten Junktim zwischen Fortschritten beim NAMA und einem verbesserten Marktzugang für Agrarprodukte in die Industrieländer.

Echte, wenngleich kleine Fortschritte, gibt es nur in drei Bereichen: Dazu zählen das Auslaufen der Agrarexportsubventionen und der zoll- und quotenfreie Marktzugang für Güter der am wenigsten entwickelten Länder der Welt – wäre da nicht das Prinzip des »Single-Undertaking« der Doha-Runde. Denn solange nicht alle WTO-Mitglieder dem Gesamtpaket zugestimmt haben, sind auch keine Teilübereinkommen bindend.

Zusätzlich wurde Ende 2001 der Doha Development Agenda Trust Fund eingerichtet. Bis November 2009 wurden insgesamt 59,4 Millionen Euro in den Trust Fund eingezahlt. Deutschland ist mit 6,5 Millionen Euro nach Schweden der zweitgrößte Beitragszahler. Die Gelder wurden vor allem für Technical-Assistance-Programme, Praktikums- und Ausbildungsprogramme sowie den Fonds zur Finanzierung von Handelserleichterung (Trade Facilitation Trust Fund) der WTO

---

17 Vgl. Haiti Business: Investor Gathering Raises Hopes, in: ViewsWire, 2.10.2009, <http://viewswire.eiu.com/index.asp?layout=VWArticleVW3&article_id=314883016&country_id=580000058&page_title=Latest+analysis&rf=0> (abgerufen 7.12.2009).

verwendet.[18] Zudem richteten die WTO und Weltbank gemeinsam im September 2002 eine Standards and Trade Development Facility ein, die Entwicklungsländer unterstützen soll, internationale Sanitär- und Hygienestandards einzuhalten, um ihre Exportmöglichkeiten zu verbessern. Doch die Zahlungen sind nach wie vor zu gering, als dass sie einen spürbaren Effekt erzielt hätten.

Doha – ein zweischneidiges Schwert

Welche Einkommensgewinne verspricht ein Abschluss der Doha-Runde für die fragilen Staaten? Auf diese Frage gibt es keine einfache Antwort. Denn zum einen hängen die Gewinne und Anpassungskosten von der jeweiligen Wirtschaftsstruktur und spezifischen Problemlage eines Landes ab. Zum anderen ermitteln quantitative Wohlfahrtsanalysen aufgrund der Komplexität der Modelle und oftmals unzureichenden Datenlage die Einkommenseffekte grundsätzlich eher für Ländergruppen und große Regionen, als sie auf einzelne Länder herunterzubrechen.

Den meisten quantitativen Studien zufolge böte die Liberalisierung des Agrarhandels die größten Wohlstandsgewinne. Ursächlich hierfür wäre vor allem eine Verbesserung der Terms of Trade durch steigende Weltmarktpreise für Agrargüter sowie einen erweiterten Marktzugang und Effizienzgewinne aufgrund der Beseitigung von Marktverzerrungen. Dementsprechend würden allerdings auch nicht alle Länder gleichermaßen von einer Liberalisierung des Agrarhandels profitieren. Gewinner wären vor allem zwei Ländergruppen: erstens, große Agrarexportländer wie die USA, Australien oder auch Brasilien, und, zweitens, Länder, die bislang ihren Agrarsektor stark subventioniert haben, wie die EU. Dagegen müssten gerade die armen, agrarimportierenden Entwicklungsländer wie Haiti aufgrund einer Verschlechterung ihrer Terms of Trade und einer Präferenzerosion[19] mit Einkommensverlusten rechnen, ohne dass sich Effizienzgewinne für sie ergäben.[20]

Im Industriegüterhandel verspricht vor allem eine weitere Liberalisierung des Textil- und Bekleidungshandels Einkommensgewinne für die Entwicklungsländer. Allerdings ist hier zu beachten, dass der Großteil dieser Gewinne von China realisiert würde. Die sinkenden Weltmarktpreise für Textilen werden eine Verschlechterung der Terms of Trade für kleinere Textilexportländer zur Folge haben. Während die eigene Marktöffnung mittel- und langfristig zwar Effizienzgewinne auch für die Entwicklungsländer verspricht, zeigt sich gerade für die LDC hier ein weiteres Problem: Für viele von ihnen stellen Zölle eine wichtige staatliche Einnahmequelle dar.

---

18 Vgl. WTO, Financing of TRTA, <http://www.wto.org/english/tratop_e/devel_e/teccop_e/financing_trta_e.htm> (abgerufen 15.12.2009).

19 Der relative Wettbewerbsvorteil gegenüber anderen Ländern wird verringert, indem Zölle gesenkt bzw. Marktzugangsbedingungen verbessert werden.

20 Vgl. Richard Newfarmer (Hrsg.), Trade, Doha, and Development: Window into the Issues, Washington, DC: World Bank 2005; Kym Anderson und Martin Will (Hrsg.), Agricultural Trade Reform and the Doha Development Agenda, Washington, DC: World Bank 2005.

Trotz prognostizierter globaler Wohlfahrtsgewinne durch einen erfolgreichen Abschluss der Doha-Runde, die einigen Studien zufolge jährlich bis zu 160 Milliarden Dollar betragen könnten, würden hiervon also nicht alle Ländergruppen profitieren. Vor allem fragile und die am wenigsten entwickelten Staaten müssten Einkommenseinbußen hinnehmen. Laut einer Studie des International Food Policy Research Institute würden die »Gewinne« für die LDC aus der Doha-Runde negativ oder gleich Null sein. Laut einer auf einem quantitativen Wohlfahrtsmodell basierenden Prognose des französischen Think-Tank CEPII würde infolge einer Liberalisierung des Agrar- und Industriegüterhandels sowie des Dienstleistungssektors in der Doha-Runde beispielsweise das BIP der Länder Subsahara-Afrikas, und damit vieler fragiler Staaten und LDC, um 84 Millionen Dollar jährlich sinken. Gleichzeitig hätte eine solche Liberalisierung bis 2025 einen leichten Rückgang der Beschäftigung im Industrie- und Dienstleistungssektor zur Folge. Nur die Handelserleichterung könnte sicherstellen, dass der Gesamteffekt nicht negativ ausfiele. Sie würde einen Gewinn in Höhe von 15,5 Milliarden Dollar pro Jahr liefern.[21]

Entsprechend wichtig wären, so die Weltbank, Initiativen über zoll- und quotenfreien Zugang, um die drohende Präferenzerosion auszugleichen. Dieser Zugang müsste ihr zufolge aber 100 Prozent aller Zolllinien umfassen. Und auch die Schwellenländer müssten den LDC einen ungehinderten Marktzugang gewähren, damit ein nennenswerter Effekt erzielt werde. Geringe Ausnahmen in wenigen Zolllinien können für die Exportländer einen verheerenden Effekt haben, wie das folgende Beispiel eindrucksvoll illustriert: So fallen 76 Prozent des Exports von Kambodscha in die USA in nur 39 Zolllinien (insgesamt weniger als ein Prozent aller US-Zolllinien).[22]

Neben dem zoll- und quotenfreien Marktzugang und der Handelserleichterung unter der Doha-Runde fällt vor allem »Aid for Trade«-Initiativen eine wichtige Rolle zu, die Einkommensverluste auszugleichen. »Aid for Trade« gehört zwar nicht unmittelbar zu den Doha-Verhandlungen, doch setzt sich die WTO seit dem Ministertreffen in Hongkong 2005 für eine Aufstockung der bilateralen und multilateralen Hilfen ein. Nach Angaben der WTO/OECD (2009) wuchs Aid for Trade von 2005 bis 2007 real um mehr als 20 Prozent. Vorläufige Daten für 2008 zeigen einen weiteren Anstieg um zehn Prozent. 2007 summierten sich die gesamten neuen Zusagen von bilateralen und multilateralen Gebern auf mehr als 25 Milliarden Dollar. Bei Ländern mit niedrigem Einkommen, zu denen die fragilen Staaten zählen, fließen die meisten Gelder in die Infrastruktur (Transport und Energie). Im Fall von Angola gingen die Gelder vor allem in den Aufbau von Kapazitäten im Bereich Landwirtschaft und Fischerei, um die Wirtschaft zu

---

21 Vgl. International Food Policy Research Institute, Eight Years of Doha Trade Talks: Where Do We Stand?, (IFPRI Brief 61), November 2009, S. 6-7; Yvan Decreux und Lionel Fontagné, Economic Impact of Potential Outcome of the DDA (CEPII Rapport d'Étude, Nr. 2009-01), S. 11–15.

22 Vgl. Bernard Hoekman, Will Martin und Aaditya Mattoo, Conclude Doha. It Matters! (Policy Research Working Paper No. 5135), Washington, DC: World Bank 2009, S. 10–13.

diversifizieren, während Kambodscha vor allem Leistungen für die Verbesserung der Infrastruktur und den Aufbau der Landwirtschaft erhielt.[23]

Schlussfolgerungen

Mit dem Abschluss der Doha-Runde würden die am wenigsten entwickelten fragilen Staaten vor drei Herausforderungen stehen, die zumindest mittelfristig Einkommenseinbußen zur Folge haben können: Ihr relativer Wettbewerbsvorteil gegenüber anderen Ländern würde verringert, indem Zölle gesenkt bzw. Marktzugangsbedingungen verbessert werden (Stichwort: Präferenzerosion). Textilexporteure würden einen harscheren Wettbewerb mit China zu spüren bekommen. Und netto Nahrungsmittel importierende Länder würden mit höheren Preisen und einer Verschlechterung ihrer Terms of Trade konfrontiert sein. Eines ist sicher: Eine Verbesserung des Zugangs zu den Märkten der Industrieländer allein wird die Probleme der fragilen Staaten nicht lösen.

Wenn es auch aufgrund der sehr unterschiedlichen Problemlagen in den fragilen Staaten unmöglich ist, eine einheitliche Strategie zu finden, lassen sich doch einige zentrale Voraussetzungen für eine bessere Integration in den Welthandel identifizieren: In den fragilen Staaten müssen zunächst die Grundlagen für nachhaltiges Wachstum gelegt werden, da ansonsten Liberalisierung und Marktöffnung nicht den gewünschten Erfolg bringen werden. So müssen unter anderem Korruption, Misswirtschaft, Rechtsunsicherheit und Überbürokratisierung bekämpft werden. Gleichzeitig sollten stabile Institutionen aufgebaut und wachstumsfördernde Politikmaßnahmen eingeleitet werden (Investitionen in Bildung, Gesundheit und Infrastruktur). Da für viele arme Länder Zölle eine wichtige Einnahmequelle darstellen, ist zudem eine finanzielle Unterstützung von Seiten der Industrieländer für notwendige Anpassungsmaßnahmen wichtig.

Um den Entwicklungsländern eine wirkliche Integration in den Welthandel zu ermöglichen, müssen insbesondere ihre Produktions- und Exportkapazitäten erheblich gestärkt werden. Darüber hinaus ist eine Diversifizierung der Exporte notwendig. Für beides ist internationale Hilfe unabdingbar.

Um das Konfliktpotenzial in und zwischen den fragilen Staaten zu reduzieren, sollten die regionale Integration und der Handel zwischen den Entwicklungsländern gefördert werden. Gerade hier sind die potenziellen Wachstumseffekte einer Liberalisierung erheblich. Neben einem Zollabbau spielt hierfür der Ausbau eines besseren Transportnetzes eine grundlegende Rolle.

Allerdings darf nicht vergessen werden: Die WTO ist keine Entwicklungshilfeorganisation. Ihre Hauptaufgabe besteht in der Regulierung und Liberalisierung des globalen Handels. Entsprechend ist sie auf die Unterstützung durch die Weltbank und die regionalen Entwicklungshilfeorganisationen angewiesen.

---

23 Vgl. ebd., S. 12–13; Decreux und Fontagné, Economic Impact of Potential Outcome of the DDA, a. a. O. (Anm. 20); OECD/WTO, Aid for Trade at a Glance 2009: Maintaining Momentum, Genf 2009, S.13–16, 132, 154.

G8 und G20: Eine neue Agenda für Sicherheit und Entwicklung

Milena Elsinger und Katharina Gnath

Die G8 und die G20 sind wichtige informelle Foren globalen Regierens. Bislang haben sie sich lediglich in indirekter Form mit fragiler Staatlichkeit befasst, indem sie bestehende internationale Initiativen thematisierten und unterstützten. Die 2008 im Zuge der Finanzkrise aufgewertete G20 ist mit ihrem Mandat zur Förderung von globaler Finanzstabilität und nachhaltigem Wachstum ausreichend beansprucht. Sie wird sich deshalb vorläufig nicht mit fragiler Staatlichkeit befassen können. Aufgrund der mit der institutionellen Aufwertung der G20 einhergehenden neuen Rollenverteilung zwischen den beiden Gruppen wird sich die G8 in Zukunft hingegen stärker entwicklungs- und sicherheitspolitischen Fragen widmen und sich dabei in Zusammenarbeit mit anderen internationalen Gremien dem Thema der fragilen Staatlichkeit annehmen.

Integrale Bestandteile globaler Wirtschaftskooperation

Die G8 und die G20 haben sich über die Zeit zu zentralen Bausteinen der globalen Governance entwickelt. Die Gruppen bieten den Mitgliedsstaaten die Möglichkeit, sich informell auszutauschen, Probleme auf höchster internationaler Ebene zu thematisieren und schaffen einen Rahmen, um gemeinsame Lösungen für globale Herausforderungen zu finden.

Die G7-Treffen der Staats- und Regierungschefs der führenden Industrienationen finden seit Mitte der 1970er Jahre statt. Die Gruppe setzt sich aus den USA, Deutschland, Frankreich, Großbritannien, Italien, Japan und Kanada (seit 1976) zusammen. 1998 wurde sie mit der Aufnahme Russlands zur jetzigen G8 erweitert. Zusätzlich zu den alljährlichen Gipfeln der Staats- und Regierungschefs finden über das Jahr verteilt zahlreiche Treffen auf Minister- und Expertenebene statt. Die G8 verfügt über kein ständiges Sekretariat. Stattdessen ist die rotierende Präsidentschaft für die Gipfel und deren thematische Vorbereitung verantwortlich.[1] Die Gruppe wurde gegründet, um gemeinsam besser auf die negativen weltwirtschaftlichen Auswirkungen der Ölkrisen und des Zusammenbruchs des Bretton-Woods-Systems in den 1970er Jahren reagieren zu können. Mittlerweile befasst sich die G8 jedoch mit einer breit gefächerten Themenpalette – einschließlich internationaler Sicherheits- und Entwicklungspolitik sowie dem Umwelt- und Klimaschutz. Aufgrund ihres informellen Charakters kann sie flexibel auf neue globale Entwicklungen und Themen eingehen.[2]

---

1 Zur Arbeitsweise der G8 vgl. z.B. Sieglinde Gstöhl, Governance Through Government Networks. The G8 and International Organizations, in: Review of International Organizations 1/2007, S. 1–37.

2 Vgl. Peter I. Hajnal, The G8 System and the G20. Evolution, Role and Documentation, Aldershot 2007, S. 11–15; John J. Kirton, Joseph P. Daniels und Andreas Freytag (Hrsg.), Guiding Global Order. G8 Governance in the Twenty-first Century, Aldershot 2001.

Im Rahmen der Finanzkrisen der 1990er Jahre erkannten die G8-Mitgliedstaaten, dass auch wichtige Schwellenländer in Kernprozesse der globalen Wirtschafts-Governance einbezogen werden müssen. 1999 wurde deshalb die G20 – ein Zusammenschluss von Vertretern aus 20 systemisch wichtigen Industrie- und Schwellenländern, ins Leben gerufen.[3] Die Gruppe, der bis 2008 ausschließlich Finanzminister und Zentralbankchefs der Mitgliedstaaten angehörten, soll die Kooperation in Fragen der internationalen Finanzstabilität verbessern und Wachstum und Entwicklung fördern. Darüber hinaus fungiert die G20 als Diskussionsforum für Reformen der internationalen Finanzarchitektur. Wie die G8 verfügt die erweiterte Gruppe über keine ständige Struktur, und die Präsidentschaft der Gipfel unterliegt ebenfalls dem Rotationsprinzip.

Mit der aktuellen Finanz- und Wirtschaftskrise machte die G20 einen »Karrieresprung«: Im November 2008 trafen sich in Washington, DC zum ersten Mal die Staats- und Regierungschefs der G20-Länder. Nach zwei weiteren Gipfeln in London (April 2009) und Pittsburgh (September 2009) wurde dem Forum in seiner neuen Zusammensetzung ein fester Platz in den globalen Governance-Strukturen eingeräumt. Zukünftig soll die aufgewertete G20 das neue Zentrum der internationalen wirtschafts- und finanzpolitischen Kooperation bilden.[4]

Kein Raum für fragile Staatlichkeit bei der G20

In der G20 bleiben sicherheits- und entwicklungspolitische Aspekte – und somit auch fragile Staatlichkeit – außen vor.[5] Die aufgewertete G20 erkannte zwar den gestiegenen Handlungsbedarf gegenüber Entwicklungsländern: Insbesondere die am wenigsten entwickelten Staaten (Least Developed Countries/LDC) in Afrika waren im Zuge der weltweiten Wirtschafts- und Finanzkrise aufgrund sinkender Rücküberweisungen, ausbleibender ausländischer Direktinvestitionen und Kredite sowie schrumpfender Absatzmärkte besonders betroffen.[6] Entsprechend stellte die Gruppe auf ihrem Londoner

---

3 Die Gründung der G20 geht auf eine Empfehlung der G7-Finanzminister auf ihrem Wirtschaftsgipfel in Köln im Juni 1999 zurück. Mitglieder sind die G8-Staaten, die »Outreach« (O5)-Länder Brasilien, China, Indien, Mexiko und Südafrika sowie Südkorea, Australien, die Türkei, Indonesien, Saudi-Arabien, Argentinien und die Europäische Union. Darüber hinaus nehmen Vertreter wichtiger internationaler Organisationen an den Treffen teil.

4 Seitdem haben weitere Gipfel stattgefunden oder sind in Planung (z.B. Toronto, Juni 2010; Seoul, November 2010). Zum Wandel der G8 und der G20 vgl. auch Claudia Schmucker und Katharina Gnath, From the G8 to the G20. Reforming the Global Economic Governance System, in: Christoph Hermann und Jörg P. Terhechte (Hrsg.), European Yearbook of International Economic Law, Bd. 2, im Erscheinen.

5 Als fragile Staatlichkeit wird hier die Abwesenheit oder relative Schwäche von staatlichen Institutionen und damit einhergehende Armut, politische Willkür und Gewalt gegenüber der Bevölkerung bezeichnet. Vgl. Bundesministerium für wirtschaftliche Zusammenarbeit und Entwicklung, Fragile Staaten. Eine Herausforderung für die Entwicklungspolitik, <http://www.bmz.de/de/themen/frieden/fragilestaaten/index.html> (abgerufen am 1.12.2009).

6 Eine britische Studie schätzt, dass das subsaharische Afrika allein im Zeitraum 2008–2009 einen Ertragsrückgang von 40 bis 50 Mrd. Dollar zu verzeichnen hat. Vgl. Ray Barrell, Dawn Holland, Dirk Willem te Velde, A fiscal Stimulus to Address the Effects of the Global Financial Crisis on Sub-Saharan Africa (ODI-NIESR-ONE), London 25.3.2009, <http://www.niesr.ac.uk/pdf/270409_100724.pdf> (abgerufen am 26.10.2009).

Gipfel im April 2009 50 Milliarden Dollar für die ärmsten Länder – unter anderem für soziale Absicherung und Ernährungssicherheit – und weitere 100 Milliarden Dollar für regionale Entwicklungsbanken bereit.[7] Insgesamt bilden entwicklungspolitische Themen ein Randthema: Kernpunkte der Gipfel, wie beispielsweise eine stärkere Banken- und Finanzregulierung oder makroökonomische Stimuluspakete, zielen ausschließlich auf die G20-Mitglieder und nicht auf die einkommensschwächsten oder gar fragilen Staaten ab.[8] Ebenso hat die G20 der Finanzminister und Zentralbankgouverneure in ihrem zehnjährigen Bestehen keine eigenen entwicklungspolitischen Initiativen erarbeitet, sondern auf bereits bestehende internationale Ziele verwiesen und diese mit ihren Beschlüssen gefördert.[9]

Sicherheitspolitische Themen wurden in unregelmäßigen Abständen diskutiert, nahmen jedoch eine untergeordnete Rolle in der G20 der Finanzminister ein und blieben bei den jüngsten G20-Gipfeln der Staats- und Regierungschefs außen vor. Eine Ausnahme bildete die Eindämmung der internationalen Terrorismusfinanzierung. So traf die Finanzministergruppe 2001 gemäß der UN-Antiterrorismusresolution 1373 eine Übereinkunft, Gelder terroristischer Organisationen einzufrieren, internationale Standards zu implementieren und Informationen über Terrorismusfinanzierung auszutauschen.[10] Das Thema der internationalen Terrorismusfinanzierung wurde auch in den Folgejahren besprochen. Eine Verbindung zu fragiler Staatlichkeit wurde dabei jedoch nicht hergestellt. Fragile Staatlichkeit fand demnach weder bei der G20 der Finanzminister noch bei der aufgewerteten G20 direkten Einzug in die Diskussionen.

Stärkerer entwicklungspolitischer Fokus der G8

Die G8, ursprünglich als wirtschaftspolitisches Forum gegründet, hat über die Jahre ihren thematischen Schwerpunkt verschoben und immer mehr entwicklungs- und sicherheitspolitische Aspekte in ihre Diskussionen einbezogen. Die Aufwertung der G20 zum wichtigsten Wirtschafts- und Finanzforum hat diesen Trend noch verstärkt.

---

7   Darüber hinaus wurden die Kreditkapazitäten des IWF für einkommensschwache Länder erhöht, Gewinne aus IWF-Goldverkäufen für Entwicklungsländer reserviert (bis zu sechs Mrd. Dollar über zwei bis drei Jahre) sowie Handelsfinanzierungen in Höhe von 250 Mrd. Dollar in Aussicht gestellt. Vgl. G20, The Global Plan for Recovery and Reform, London 2.4.2009, <http://www.londonsummit.gov.uk/resources/en/PDF/final-communique> (abgerufen am 26.10.2009).

8   Vgl. auch Leonardo Martinez-Diaz und Ngaire Woods, The G20. The Perils and Opportunities of Network Governance for Developing Countries (Global Economic Governance Programme Briefing Paper), Oxford November 2009, <http://www.globaleconomicgovernance.org/wp-content/uploads/G20_PolicyBrief.pdf> (abgerufen am 14.12.2009).

9   So unterstützten die G20 unter anderem: die UN-Millenniums-Entwicklungsziele; die von der G7, Weltbank und dem IWF beschlossene Entschuldungsinitiative; den Monterrey-Konsens der UN zur Entwicklungsfinanzierung von 2002; den G8-Aktionsplan des Gleneagles-Gipfels 2005 sowie die Pariser Erklärung über die Wirksamkeit der Entwicklungszusammenarbeit desselben Jahres.

10 G20 Action Plan on Terrorist Financing, Ottawa 17.11.2001, <http://www.g20.org/Documents/2001_canada.pdf> (abgerufen am 26.10.2009); vgl. auch Anton Malkin, G20 Terrorist Finance Communiqué Catalogue 1999–2009 (G20 Information Centre), Toronto 2009, <http://www.g20.utoronto.ca/analysis/terroristfinance.html> (abgerufen 8.10.2009).

Bereits zu Beginn der Treffen erachteten es die G7-Mitglieder für notwendig, die ärmsten Staaten – insbesondere in Afrika – zu unterstützen.[11] Der damalige entwicklungspolitische Ansatz war jedoch pauschal und sah für alle afrikanischen Staaten eine ähnliche Entwicklungszusammenarbeit vor. Fragile Staatlichkeit als charakteristisches Merkmal einzelner Entwicklungsländer spielte in den Diskussionen der Gruppe anfangs keine Rolle. Analog zu den anderen internationalen Organisationen und Foren änderte auch die G8 ihren entwicklungspolitischen Ansatz. Seit Ende der 1990er wurden von den Empfängerländern verstärkt gute Regierungsführung und stabile Wirtschaftsinstitutionen (Good Governance) als Voraussetzung für Entwicklungszusammenarbeit gefordert. Die aufgrund der Schwäche ihrer staatlichen Institutionen als fragil zu bezeichnenden Staaten fielen so aus der Entwicklungspolitik der G8 heraus.

Der 2002 verabschiedete G8-Afrika-Aktionsplan unterschied weiterhin zwischen Empfängerstaaten hinsichtlich ihrer Regierungsführung und beschränkte die Zusammenarbeit der G8 mit fragilen afrikanischen Staaten auf humanitäre Unterstützung.[12] Die G8 erklärte 2005 in Gleneagles den afrikanischen Kontinent zum ersten Mal zum Gipfelschwerpunkt und erklärte sich bereit, fragile Staaten in ihrem Bemühen um gute Regierungsführung zu unterstützen. Dennoch bekräftigte die Gruppe erneut die Notwendigkeit von Good Governance für effiziente Entwicklungszusammenarbeit. Zudem hatten die G8-Finanzminister vor dem Gipfel beschlossen, sich beim Internationalen Währungsfonds, der Weltbank und der Afrikanischen Entwicklungsbank dafür einzusetzen, dass hoch verschuldeten armen Ländern, so genannten HIPC-Staaten (Heavily Indebted Poor Countries) die Schulden vollständig erlassen werden. Doch auch hier hinderten die Good-Governance-Konditionen der Initiative fragile Staaten daran, in vollem Umfang von der Entschuldung zu profitieren.[13] Nachfolgende Gipfel – unter anderem in L'Aquila 2009 – bestätigten den Fokus auf gute Regierungsführung als Voraussetzung für Entwicklungszusammenarbeit.

Des Weiteren steht die G8 im Dialog mit panafrikanischen Foren wie der Afrikanischen Union (AU) und der Neuen Partnerschaft für Afrikas Entwicklung (NePAD)[14] und lädt seit 2000 regelmäßig afrikanische Staats- und Regierungschefs zu Teilen der Gipfelgespräche ein. Mit dem 2007 durch den Heiligendamm-Gipfel institutionalisierten »Outreach«-Prozess versuchte die G8, relevante Nichtmitglieder in die Diskussionen zu ausgewählten Themenbereichen – unter anderem in Fragen der Entwicklungspolitik – einzubeziehen.[15] Im Bestreben der G8

---

11 Vgl. G7, Communiqué, Venedig 23.6.1980, <http://www.g8.utoronto.ca/summit/1980venice/communique/develope.html> (abgerufen am 3.10.2009).

12 Vgl. G8, Africa Action Plan, Kananaskis 27.6.2002, <http://www.g8.utoronto.ca/summit/2002kananaskis/afraction-e.pdf> (abgerufen am 3.10.2009).

13 Vgl. Howard White und Geske Dijkstra, Programme Aid and Development: Beyond Conditionality, London 2003, S. 549 f.; vgl. auch Michele Fratianni, John J. Kirton und Paolo Savona, Financing Development. The G8 and UN Contribution, Aldershot 2007, S. 4.

14 Die NePAD (New Partnership for Africa's Development) ging im Oktober 2001 aus der New African Initiative hervor.

15 Vgl. Tina Schneidenbach, G8 und Afrika. Symbolische Politik trifft auf reale Entscheidungen (GIGA Focus, Nr. 11), Hamburg 2006, S. 2. Zum Heiligendamm-Prozess vgl. auch Katharina Gnath, The G8 and the Heiligendamm Process. A Group's Architecture in Flux, in: Christoph Herrmann und Jörg P. Terhechte

um einen stärkeren Austausch mit Schwellen- und Entwicklungsländern blieben fragile Staaten jedoch außen vor. Von fragiler Staatlichkeit bedrohte oder betroffene Länder haben demnach nur sehr begrenzt vom kontinuierlich gewachsenen entwicklungspolitischen Engagement der G8 profitiert. Damit in Zukunft die Entwicklungszusammenarbeit nicht nur Staaten mit guter Regierungsführung zugute kommt, muss der entwicklungspolitische Perspektivenwechsel in der G8 weiter vorangetrieben werden.

Chance für die G8: Agenda-Setting in der Sicherheitspolitik

Fragile Staaten sollten auch aus sicherheitspolitischer Perspektive in der G8 eine wichtigere Rolle spielen. Mit der strategischen Einbindung der Sowjetunion bzw. Russlands wurden sicherheitspolitische Themen spätestens seit den 1980er Jahren diskutiert.[16] Ähnlich wie in anderen internationalen Foren wurde mit den Anschlägen des 11. September 2001 der Sicherheitsfokus in der G8 nochmals geschärft: Seit fragile Staaten als Basis für internationale terroristische Aktivitäten gelten, unterstützt die G8 den von den USA geführten Kampf gegen den internationalen Terrorismus, indem sie Initiativen zum Aufbau von guter Regierungsführung und öffentlichen Institutionen anstößt.[17]

Die G8 entwickelte bisher jedoch keine eigenständigen Lösungen für das sicherheitspolitische Problem fragiler Staatlichkeit. Vielmehr unterstützte sie symbolisch, politisch und finanziell afrikanische und internationale Friedensmissionen in fragilen Staaten und überließ die Federführung staatsbildender Initiativen anderen internationalen Organisationen.[18] So berief sich die Gruppe während des Heiligendamm-Gipfels 2007 unter anderem auf Lösungsansätze der Afrikanischen Union und der Afrikanischen Entwicklungsbank.[19] Um den Piratenüberfällen an der somalischen Küste abzuhelfen, verwies die G8 bei den Gipfeln 2009 und 2010 auf die Kooperation mit anderen internationalen Programmen, wie die eigens dafür eingerichtete

---

(Hrsg.), European Yearbook of International Economic Law 2010, Berlin, S. 405–416; John J. Kirton, From G8 2003 to G13 2010? The Heiligendamm Process's Past, Present, and Future, in: Andrew F. Cooper, Agata Antkiewicz (Hrsg.), Emerging Powers in Global Governance. Lessons from the Heiligendamm Process, Waterloo 2008, S. 45–79.

16 Vgl. Risto Pentillä, The Role of the G8 in International Peace and Security (International Institute for Strategic Studies, Adelphi Paper, Nr. 355), London 2003.

17 Die Verbindung zwischen fragilen Staaten und Terrorismus in Afrika wurde zum Beispiel im Umsetzungsbericht der G8-Afrika-Beauftragten von 2005 hergestellt. Vgl. G8, Progress Report by the G8 African Personal Representatives on Implementation of the Africa Action Plan, Gleneagles 2005, <http://www.g8.utoronto.ca/summit/2005gleneagles/african_progress.pdf> (abgerufen am 3.10.2009).

18 Die personelle Beteiligung der G8-Staaten liegt bei lediglich 1 bis 2% der stationierten Soldaten. Vgl. UN, Monthly Summary of Contributors of Military and Civilian Police, <http://www.un.org/Depts/dpko/dpko/contributors/> (abgerufen am 9.11.2009); Victoria K. Holt, Making Conflict Resolution and Prevention in Africa a »Top Priority«. G8-Africa Action Plan and Considerations for Sea Island, Washington, DC 2004, S. 8.

19 Vgl. G8, Growth and Responsibility in Africa, Heiligendamm 8.6.2007, <http://www.g8.utoronto.ca/summit/2007heiligendamm/g8-2007-africa.html> (abgerufen am 1.11.2009).

Kontaktgruppe.[20] Die neue Aufgabenteilung zwischen G8 und G20 ermöglicht es der G8, sich in Zukunft noch stärker als bisher auf die Koordinierung ihrer sicherheitspolitischen Initiativen einschließlich der Bekämpfung fragiler Staatlichkeit zu konzentrieren.

Fazit: Globale Arbeitsteilung erforderlich

Die G8 und die G20 haben sich mit fragiler Staatlichkeit bisher lediglich indirekt befasst, indem sie internationale entwicklungs- und sicherheitspolitische Initiativen politisch und finanziell unterstützten. Die Diskussionen im Rahmen der G8 und der G20 zu diesem Thema reichen nicht aus, um den komplexen Gründen und Auswirkungen fragiler Staatlichkeit Rechnung zu tragen oder umfassende Lösungen zu entwickeln. Dies können und sollen die G8 und G20 auch nicht eigenständig leisten, da sie sowohl inhaltlich als auch institutionell nicht darauf ausgerichtet sind: Zum einen liegen die thematischen Schwerpunkte der Gruppen – insbesondere der G20 – auf internationalen Wirtschafts- und Finanzfragen. Zum anderen zeichnen sich die beiden Foren innerhalb der globalen Governance-Struktur vor allem durch ihre Rolle als Agenda-Setter, der bestehende nationale und internationale Vorhaben unterstützt – und weniger durch eigene Initiativen aus.

Nur in der Zusammenarbeit mit weiteren internationalen Organisationen und Foren, die andere thematische Gewichtungen, Mitgliederstrukturen und Entscheidungsverfahren haben, kann dem facettenreichen Thema der fragilen Staatlichkeit Rechnung getragen werden. Diese globale Arbeitsteilung zwischen internationalen Organisationen und den beiden informellen Foren einerseits sowie zwischen der G8 und der G20 anderseits sollte in Zukunft beibehalten werden. Auch wenn neue Foren immer die Möglichkeit eröffnen, zusätzliche internationale Koordinierungsaufgaben wie die Bewältigung fragiler Staatlichkeit zu übernehmen, ist es dennoch ratsam, die aufgewertete G20 der Staats- und Regierungschefs thematisch nicht zu überfrachten. Das Mandat zur Lösung der aktuellen Wirtschafts- und Finanzkrise und – darüber hinaus – zur Förderung des nachhaltigen globalen Wirtschaftswachstums und der Reform der internationalen Finanzinstitutionen ist kurz- bis mittelfristig ausreichend für die neue G20. Die G8, die sich in Zukunft vermehrt sicherheits- und entwicklungspolitischen Fragen widmen wird, ist besser geeignet, in Zusammenarbeit mit anderen internationalen Foren zur Bewältigung fragiler Staatlichkeit beizutragen.

---

20 Die Kontaktgruppe zur Piraterie vor der Küste von Somalia wurde von den USA auf Forderung des UN-Sicherheitsrats eingesetzt. Vgl. G8, Political Issues, L'Aquila 9.7.2009, <http://www.g8.utoronto.ca/summit/2009laquila/2009-political.pdf> (abgerufen am 8.12.2009); G8, Strengthening Civilian Security Systems, Muskoka 26.6.2010, <http://g8.gc.ca/wp-content/uploads/2010/07/declaration_eng.pdf> (abgerufen am 17.8.2010).

V. Problemperzeption und Lösungsansätze der operativen Politik

BMZ: Entwicklungszusammenarbeit zum Staatsaufbau in Afghanistan und Pakistan

Friedel H. Eggelmeyer

Die Lage in Afghanistan und Pakistan ist von schwierigen politischen Problemen gekennzeichnet, deren Auswirkungen in den bewaffneten Auseinandersetzungen am sichtbarsten sind. Staatlichkeit ist in beiden Ländern nicht frei von Fragilität und wird von Teilen der Bevölkerung als illegitim wahrgenommen. Das wird verstärkt durch die mangelnde Entwicklungsorientierung beider Staaten, ihre Intransparenz und zum Teil diskriminierenden Politiken. Entwicklungszusammenarbeit kann hier positive endogene Prozesse zwischen der jeweiligen Gesellschaft und dem Staat bzw. zwischen konkurrierenden Gesellschafts- und Elitegruppen unterstützen und so beeinflussen, dass die Chancen für inklusive und legitime Staatswerdung und Stabilisierung steigen; sie sollte sich aber davor hüten, kurzatmig von außen Patentlösungen zu diktieren.

Zur Problemlage

In Afghanistan sind nach 2001 viele der so genannten Warlords und Milizkommandeure aus der Zeit des Bürgerkriegs in ihre Einflussgebiete zurückgekehrt, in denen sie die Bevölkerung schon in den 1990er Jahren schikaniert hatten. Diese Akteure gehen heute häufig kriminellen Geschäften nach, unter anderem im Drogenhandel. Gleichzeitig werden sie nicht selten von der Zentralregierung kooptiert und zu staatlichen Funktionsträgern ernannt, was das Ansehen und die Funktionstüchtigkeit des afghanischen Staates in den Provinzen erheblich beeinträchtigt.

Pakistan verfügt zwar über einen deutlich funktionstüchtigeren Staat als Afghanistan, doch seine Präsenz im Grenzgebiet zu Afghanistan ist zu schwach, und seine Entwicklungsorientierung ist in vielen Aspekten zweifelhaft. So plante die pakistanische Regierung am Ende des Fiskaljahres 2009/10 nur noch rund 3,5 Prozent des Bruttoinlandsprodukts für Investitionen, Entwicklung und Sozialtransfers auszugeben. Gleichzeitig hat das pakistanische Parlament noch immer keine Kontrollbefugnisse über den Verteidigungshaushalt. Ebenso wie in Afghanistan sind auch in Pakistan große Teile der Bevölkerung weitgehend von politischer Teilhabe oder gar vom öffentlichen Leben insgesamt ausgeschlossen – vor allem Frauen, Arme und ethnische Minderheiten.

Diese politischen Probleme verstärken die Gefahr der Destabilisierung durch al-Khaïda, Taliban und weitere islamistische Gruppen. Hohe Gewaltbereitschaft, entsprechend gewaltsam ausgetragene Konflikte und eine sich in weiten Teilen beider Länder zuspitzende Sicherheitslage erschweren und behindern ihre wirtschaftliche und soziale Entwicklung und die Entstehung legitimer Staatlichkeit. In Pakistan kommt die außen- wie innenpolitisch starke Rolle des Militärs hinzu, das auch wirtschaftlich immer stärkeren Einfluss gewinnt.

Angesichts dieser komplexen Lage stellt sich die Frage, was externe Akteure allgemein und die Entwicklungspolitik im Besonderen zur Stabilisierung der Region beitragen können. Vor einem – allerdings verbreiteten – »Omnipotenzglauben« hinsichtlich externer Einflussmöglichkeiten ist dabei zu warnen: Staatswerdungs- und Friedensprozesse sind in erster Linie endogene Prozesse zwischen der jeweiligen Gesellschaft und dem Staat bzw. zwischen konkurrierenden Gesellschafts- und Elitegruppen, wie auch die jüngsten Publikationen des Ausschusses für Entwicklungshilfe (Development Assistance Committee) der Organisation für Wirtschaftliche Zusammenarbeit und Entwicklung (OECD) zu fragiler Staatlichkeit und Staatsaufbau betonen.[1] Die Entwicklungszusammenarbeit verfügt jedoch über Möglichkeiten, diese endogenen Prozesse zu unterstützen und so zu beeinflussen, dass die Chancen für inklusive und legitime Staatswerdung und Stabilisierung steigen. Hierbei wirkt die Entwicklungspolitik komplementär zu außen- und sicherheitspolitischen Ansätzen und hat spezifische Stärken, aber auch Grenzen.

Langfristige Perspektive

Staatsaufbau und Friedenskonsolidierung sind – genauso wie wirtschaftliche und soziale Entwicklung – langfristige Prozesse, für die es eines langen Atems bedarf. Investitionsvorhaben müssen, wenn sie nachhaltig sein sollen, solide geplant und umgesetzt werden. Notwendige Reformprozesse brauchen ebenfalls Zeit. Hier lohnt es sich manchmal, den Vergleich zu grundlegenden Reformvorhaben in Deutschland oder anderen Industrieländern – die zudem über weitaus günstigere Rahmenbedingungen verfügen – zu ziehen. Auch mit massivem Ressourceneinsatz kann kurzfristig nichts »erkauft« und noch weniger »erzwungen« werden. Allerdings ist die Definition von Zwischenzielen wichtig, um die Fortschritte hin zu den angestrebten mittel- und langfristigen Veränderungen messen und gegebenenfalls nachsteuern zu können.

Entwicklungspolitisch sind seit vielen Jahren Erfahrungen in der Zusammenarbeit mit oft schwachen, wirtschaftlich und sozial wenig entwickelten Staaten gesammelt worden. Die Entwicklungszusammenarbeit ist auf den nachhaltigen Aufbau von Kapazitäten und Institutionen ausgerichtet und hat in langen, oft schwierigen Prozessen gelernt, wie wichtig passgenaue Lösungen sowie Nachfrage- und Partnerorientierung bei ihren Unterstützungsmaßnahmen sind. Diese Erkenntnis ist auch mit Blick auf eine langfristige Stabilisierung Afghanistans und Pakistans unverzichtbar.

Um staatliche Kapazitäten und Institutionen nachhaltig zu stärken, konzentriert sich die bilaterale Entwicklungszusammenarbeit mit Pakistan im Sektor »gute Regierungsführung« beispielsweise auf die Verwaltungsreform in der Nordwestgrenzprovinz zu Afghanistan. Dabei sollen vor allem gesetzliche Rahmenbedingungen für die Arbeit der Provinz-, Distrikt- und Lokalverwaltungen geschaffen, die Einführung einer Mehrwertsteuergesetzgebung beratend begleitet und insgesamt das Thema Good Governance über das Weiterbildungssystem des öffentlichen Dienstes breitenwirksam verankert werden.

---

1 Siehe: <www.oecd.org/dac/incaf/sps> (abgerufen am 1.7.2010).

Ähnlich unterstützt die afghanisch-deutsche Entwicklungszusammenarbeit die Provinz-, Distrikt- und Lokalverwaltungen im Norden Afghanistans, der Schwerpunktregion des deutschen Engagements. Indem Kapazitäten, insbesondere die örtliche Verwaltung gestärkt und lokale Investitionen finanziert werden, wird die afghanische Verwaltung in die Lage versetzt, bedarfsgerechte Entwicklungspläne zu entwickeln und sie effektiv umzusetzen.

Was sich technisch anhört, zielt systematisch darauf ab, die eingangs genannten grundlegenden politischen Probleme Afghanistans und Pakistans überwinden zu helfen: mangelnde Akzeptanz und Entwicklungsorientierung sowie intransparentes Handeln des Staates. Eine größere Akzeptanz des Staates und seiner Institutionen kann nur erreicht werden, wenn dieser in der Fläche über kompetente und verlässliche Funktionsträger verfügt, die bedarfsgerecht und diskriminierungsfrei staatliche Dienstleistungen bereitstellen.

In der Nordwestgrenzregion Pakistans und in Teilen Afghanistans ist dies ein entscheidender Beitrag, um den Einflussbereich der Taliban und anderen islamistischen Gruppen zurückzudrängen, die vielerorts massive und teilweise erfolgreiche Versuche unternommen haben, sich die Rolle des Staates anzueignen und das vorherige Vakuum zu füllen. Die deutsche und internationale Unterstützung beim Wiederaufbau der von den militärischen Auseinandersetzungen mit den Aufständischen zerstörten Malakand-Division in Pakistan ist deshalb nicht nur humanitär dringend geboten, sondern auch ein wichtiger Beitrag, um die Präsenz und Handlungsfähigkeit des Staates zu gewährleisten. Demselben Ziel dienen die neuen Instrumente, die im Rahmen der Entwicklungszusammenarbeit im Norden Afghanistans geschaffen wurden: Mit besonders flexiblen, dezentral strukturierten Entwicklungsfonds kann besser auf veränderte Rahmenbedingungen reagiert, staatliche Handlungsfähigkeit passgenau gestärkt und somit insgesamt die Partnerorientierung in der Planung und Umsetzung gewährleistet werden.

Politische Perspektive

Die Entwicklungszusammenarbeit zeichnet sich nicht nur durch ihre langfristige Perspektive aus. Sie ist gleichermaßen durch eine politische Ausrichtung ihrer Beiträge gekennzeichnet. Entwicklungspolitischen Beiträgen gehen Akteursanalysen voraus: Welche Gruppen können Träger zivilen Wandels (so genannte »change agents«) sein? Welche Gruppen blockieren (so genannte »spoilers«) aus welchen Gründen die für den Wandel notwendigen Prozesse? Wie können sie eingebunden oder andernfalls marginalisiert werden?

Um Beiträge zur Lösung der politischen Probleme bei Staatsaufbau und Friedenskonsolidierung zu leisten, ist es notwendig, Reformakteure bzw. -koalitionen zu stärken. Gleichzeitig muss vermieden werden, Blockadekräfte ungewollt – oder mehr als unbedingt nötig – durch eine Zusammenarbeit aufzuwerten und damit zu stärken. Dass dies häufig nur schwer möglich ist, liegt auf der Hand: Wenn in Nordafghanistan beispielsweise zentrale Repräsentanten des Staates, wie Provinz- und Distriktgouverneure oder Polizeichefs, reformfeindliche, intransparente Interessen verfolgen, ist mit ihnen nur sehr schwer »Staat zu machen«. Auf der anderen Seite können sie kaum umgangen werden, wenn der

Staat auf der Provinz- und Distriktebene gestärkt und ihm mehr Verantwortung übergeben werden soll. Allerdings ist vor einer falsch verstandenen »Realpolitik« im Umgang mit diesen Akteuren zu warnen: Auf eine nachhaltig verbesserte Legitimität und damit Akzeptanz des Staates in den Provinzen kann nur gehofft werden, wenn partikulare, teils kriminelle Interessen sukzessive hinter Regelgebundenheit, Transparenz und Entwicklungsorientierung zurücktreten. Indem zum Beispiel Provinzräte oder Dorfentwicklungsräte auch in ländlichen Gebieten – wo es kaum eine organisierte Zivilgesellschaft oder unabhängige Medien gibt – eingebunden werden, kann staatliches Handeln stärker am Gemeinwohl orientiert und transparenter gemacht werden. In Afghanistan lassen sich neben Menschenrechtsaktivisten, Berufsverbänden und Vereinigungen der Privatwirtschaft bestimmte Ministerien nennen, die – wie das Finanzministerium oder das Ministerium für ländlichen Wiederaufbau und Entwicklung – trotz aller Schwächen die afghanische Reformagenda gefördert haben. Für Pakistan lässt sich Vergleichbares feststellen.

Diese Partner können auch gezielt gegenüber Blockadekräften gestärkt werden, wenn ihnen mehr Verantwortung, beispielsweise in der Planung und Verwaltung der Unterstützungsleistungen, übertragen wird. Ein Beispiel: In Afghanistan verwehrte ein Staatsunternehmen, das Treibstoff nach Afghanistan importiert und dem Handels- und Industrieministerium untersteht (die Fuel and Liquid Gas Enterprise, FLGE), lange Zeit der dem Finanzministerium unterstehenden Zollverwaltung den Zugang zu seinen Lagern und damit die Verzollung eines Großteils seiner Importe. Dem afghanischen Staat entgingen dadurch jährlich Zolleinnahmen in dreistelliger Millionenhöhe. Nachdem die Geber die Reform der FLGE zur Auflage für bestimmte Unterstützungsleistungen im Rahmen des geberübergreifenden Afghanistan Reconstruction Trust Fund (ARTF) gemacht hatten, konnte sich das Finanzministerium mit seinen Reformforderungen schließlich gegen die Blockadekräfte der FLGE durchsetzen. Die afghanischen Staatseinnahmen wuchsen danach vor allem aufgrund der gestiegenen Zolleinnahmen allein in der ersten Hälfte des Fiskaljahrs 2009/10 um mehr als 60 Prozent. Auch eine Konditionierung von Hilfe muss einer Partnerschaft mit Reformakteuren somit nicht entgegenstehen; im Gegenteil, sie kann diese gezielt und intelligent stärken.

Instrumentenmix

Gerade in fragilen Kontexten wie Afghanistan und Pakistan, wo auf eine Vielzahl unterschiedlicher Herausforderungen reagiert werden muss, setzt die Entwicklungszusammenarbeit eine Bandbreite unterschiedlicher Instrumente ein, um passgenaue Beiträge leisten zu können: Mit der besonders flexiblen und grundbedürfnisorientierten Entwicklungsorientierten Not- und Übergangshilfe (ENÜH) wird die oft beklagte Lücke zwischen humanitärer Hilfe und klassischer, längerfristig orientierter Entwicklungszusammenarbeit geschlossen. Die Not- und Übergangshilfe ist vor allem in ländlichen, auch abgelegenen Gebieten wirksam.

Die längerfristig orientierte Entwicklungszusammenarbeit erfolgt parallel dazu über die finanzielle Zusammenarbeit – vor allem für Investitionen in größere

Infrastrukturvorhaben und in die Finanzsystementwicklung – und über die technische Zusammenarbeit. Die finanzielle und die technische Zusammenarbeit sind in den sektoralen und regionalen Schwerpunkten eng miteinander verzahnt. Die Zusammenarbeit erfolgt nach einem Mehrebenenansatz: Während in der Hauptstadt Politikberatung geleistet wird, um die nationalen Rahmenbedingungen und Politiken im Sektor zu verbessern – zum Beispiel den gesetzlichen Rahmen für die Trinkwasserversorgung oder die Wassersektorpolitik –, wird in den Provinzen deren Umsetzung unterstützt: etwa durch Investitionen in ein neues Trinkwassernetz, Restrukturierung des lokalen Wasserwerks bis hin zur Fortbildung des technischen Wartungspersonals. Dies ermöglicht eine ganzheitliche, »systemische« Herangehensweise.

Abgesehen von der staatlichen bilateralen und multilateralen Entwicklungszusammenarbeit unterstützt die deutsche Bundesregierung auch die Arbeit von deutschen Nichtregierungsorganisationen und politischen Stiftungen in Afghanistan und Pakistan. Gerade bei der Stärkung der Zivilgesellschaft und benachteiligten Bevölkerungsgruppen kommt diesen Akteuren eine besondere Bedeutung zu.

Zusätzlich beteiligt sich die Bundesregierung an geberübergreifenden Finanzierungsinstrumenten, innerhalb derer ein Großteil des laufenden Politikdialogs zwischen Gebern und Partnerregierung erfolgt. Die deutsche Beteiligung an diesen Instrumenten dient somit auch der strategischen Einflussnahme bei grundlegenden Fragen wie Fiskalpolitik, Strukturreformen, Armutsorientierung der Politiken usw. Zusätzlich zur Politikberatung schaffen diese Instrumente die Grundlage, nicht nur punktuell zu intervenieren, sondern die Gesamtentwicklung im Land zu verfolgen und abgestimmt mit der Gebergemeinschaft aktiv mit zu gestalten. So beteiligt sich die Bundesregierung in Afghanistan seit 2002 am von der Weltbank verwalteten Afghanistan Reconstruction Trust Fund (ARTF), in Pakistan wird die Bundesregierung im laufenden Jahr einen Beitrag zum neu eingerichteten Multi-Donor Trust Fund (MDTF) leisten.

Lessons Learned

Die deutsche Entwicklungszusammenarbeit leistet wichtige Beiträge zur langfristigen Stabilisierung und Entwicklung Afghanistans und Pakistans, um insbesondere legitime, funktionierende Staatlichkeit zu fördern. Dies ist eine entscheidende Voraussetzung für die wirtschaftliche und soziale Entwicklung und damit für eine nachhaltige Friedenskonsolidierung in beiden Ländern.

Dabei sind die Einflussmöglichkeiten der Entwicklungszusammenarbeit jedoch begrenzt. Staatsaufbau ist in erster Linie ein endogener Prozess, der von der Entwicklungszusammenarbeit nur beeinflusst, nicht jedoch determiniert werden kann. Auch kann sie nicht fundamentale politische Divergenzen beheben, wie beispielsweise die afghanisch-pakistanischen Konflikte zur Anerkennung der gemeinsamen Grenze und zu Rückzugsgebieten der Taliban auf pakistanischem Territorium.

Hier ist vor allem die Diplomatie gefragt. Im Rahmen der Entwicklungszusammenarbeit können Regionalprojekte oder -zusammenschlüsse nur dann sinnvoll unterstützt werden, wenn die institutionellen Grundlagen von den betroffenen Akteuren anerkannt sind und sie diese Zusammenarbeit wollen. Hier ist die internationale Staatengemeinschaft gefordert, flankierend einen diplomatischen Rahmen, die Gesamtzielsetzung, auszuloten.

Ebenso wenig kann die Stabilisierung Afghanistans allein durch zivile Hilfe erreicht werden. Die Entwicklungszusammenarbeit ist auf ein ausreichendes Sicherheitsumfeld angewiesen, um wirksam sein zu können. Hierzu bedarf es derzeit noch der Präsenz der Internationalen Sicherheitsunterstützungstruppe (ISAF) und massiver Anstrengungen, um afghanische Sicherheitskräfte aufzubauen.

Umgekehrt können die Erfahrungen der Entwicklungsarbeit noch stärker auch von den anderen Politikfeldern, etwa der Außen- und Sicherheitspolitik, genutzt werden, zum Beispiel bei Sicherheitssektorreformen oder Entwaffnungs-, Demobilisierungs- und Reintegrationsprogrammen. Diese sind enorm wichtig, um Afghanistan zu stabilisieren, haben bislang jedoch noch nicht die gewünschten Erfolge gezeigt.

Die Entwicklungspolitik hat in den letzten Jahrzehnten Erfahrungen erworben, die auch den anderen Pfeilern der internationalen Bemühungen zur Stabilisierung und Entwicklung der Region zugute kommen und sie effektiver machen können. Notwendige Bedingungen für erfolgreiche externe Unterstützung sind neben einem angemessenen Mitteleinsatz auch fachliche Kompetenzen für eine professionelle, durchdachte und langfristig ausgerichtete Mittelverwendung sowie »strategische Geduld«. Über beides verfügt die Entwicklungszusammenarbeit. Ihre für die Stabilisierung Afghanistans und Pakistans nutzbaren Erfahrungen speisen sich nicht allein aus den bilateralen Kontakten zu diesen Ländern (in Afghanistan gehen deren Anfänge bis ins Kaiserreich zurück, mit Pakistan besteht die Entwicklungszusammenarbeit seit 1961), sondern auch aus ihrem weltweiten Engagement in vergleichbaren Kontexten von Krisen- und (Post-)Konfliktländern. Dies gilt insbesondere für den Umgang mit fragiler Staatlichkeit, Transformationsprozessen und politikfeldübergreifenden Ansätzen wie der »vernetzten Sicherheit«.

Das Bundesverfassungsgericht und der Parlamentsvorbehalt bei Auslandseinsätzen der Bundeswehr

Robert Christian van Ooyen

Beim Streit um den Tornado-Einsatz in Afghanistan entschied das Bundesverfassungsgericht (BVerfG) 2007, dass die »Beteiligung an dem erweiterten ISAF-Mandat ... nicht die Rechte des Deutschen Bundestags aus Artikel 59 Absatz 2 Satz 1 des Grundgesetzes (verletzt)«.[1] Das scheint unproblematisch, hatte doch der Bundestag mit großer Mehrheit dem Einsatz selbst zugestimmt. Denn in einer repräsentativen Demokratie müssen alle wesentlichen Entscheidungen vom Parlament beschlossen werden, erst recht also auch die – altmodisch formuliert – über »Krieg und Frieden«. Die Bundeswehr ist, so das Gericht schon in seiner ersten Entscheidung von 1994, eben ein »Parlaments-« und nicht ein »Regierungsheer«.[2] Es hielt darüber hinaus fest, dass auch nicht gegen das verfassungsrechtliche Friedensgebot (Art. 26) verstoßen worden sei, obwohl sich beim Einsatz in Afghanistan die Grenzen zwischen Aufbauhilfe bzw. Friedenssicherung und Kampfeinsatz verwischten. Die Befürchtung eines »Hineinschlitterns« der Bundeswehr hat sich jedoch inzwischen bestätigt, selbst wenn im offiziellen Sprachgebrauch das unpopuläre Wort »Krieg« peinlichst vermieden wird.

Nun ist das BVerfG nicht einfach ein unpolitisches Verfassungsorgan, das in »reiner« Rechtswissenschaft als Subsumtionsmaschine bloß das »richtige« Recht aus dem Text der Verfassung judiziert.[3] Wenn das Gericht es sich machtpolitisch erlauben konnte, hat es sich auch im Bereich der Außenpolitik immer weit vorgewagt; Beispiel hierfür ist die erste Out-of-Area-Entscheidung von 1994, aber auch die zum Grundlagenvertrag mit der DDR und nicht zuletzt seine gesamte Europa-Rechtsprechung.[4] Den Entscheidungen zum Auslandseinsatz der Bundeswehr liegt – so die These dieses Beitrags – insgesamt ein bestimmtes staatstheoretisches Vorverständnis von Außenpolitik zugrunde, von dem aus sich diese überhaupt erst als juristische Schlüsse ergeben. Dabei wird erstens deutlich, wie weit das BVerfG die verfassungsrechtlichen Schranken für Auslandseinsätze flexibilisiert hat und, zweitens, wie sehr dies zugunsten eines Verständnisses von Außenpolitik als der ureigenen Domäne der Regierung ge-

---

1 BVerfGE 117, 359 – Tornado-Einsatz in Afghanistan; über <http://www.bundesverfassungsgericht.de> (Entscheidungen) (abgerufen am 2.10.2009).
2 Vgl. Dieter Wiefelspütz, Das Parlamentsheer, Berlin 2005.
3 Vgl. Hans Vorländer (Hrsg.), Die Deutungsmacht der Verfassungsgerichtsbarkeit, Wiesbaden 2006; Robert Christian van Ooyen und Martin H.W. Möllers (Hrsg.), Das Bundesverfassungsgericht im politischen System, Wiesbaden 2006; Werner Billing, Bundesverfassungsgericht und Außenpolitik, in: Hans-Peter Schwarz (Hrsg.), Handbuch der deutschen Außenpolitik, München 1975, S. 157–174.
4 Vgl. Klaus J. Grigoleit, Bundesverfassungsgericht und deutsche Frage, Tübingen 2004; Sebastian Harnisch, Internationale Politik und Verfassung, Baden-Baden 2006; Robert Christian van Ooyen, Die Staatstheorie des Bundesverfassungsgerichts und Europa, 3. Aufl., Baden-Baden 2009.

schieht, weil eine stärkere parlamentarische Kontrolle der auswärtigen Gewalt ausdrücklich und prinzipiell abgelehnt wird.[5]

Die politische Grundentscheidung zum Parlamentsvorbehalt (1994)

Mit der grundlegenden Zäsur der Zeitenwende von 1989/90 stellte sich auch für Deutschland die Frage nach einer militärischen Beteiligung an von den Vereinten Nationen (UN) bzw. an vom UN-Sicherheitsrat ermächtigten Maßnahmen, vor allem an »humanitären Interventionen« bei schweren Menschenrechtsverstößen oder gar drohendem Völkermord. Die frühere politische Praxis und auch von jeder Bundesregierung, namentlich durch den Bundessicherheitsrat, offiziell vertretene Position sah »out of area«, jenseits des in Art. 6 NATO-Vertrags definierten Gebiets, jedoch überhaupt nicht vor.[6]

Die konservativ-liberale Bundesregierung unter Helmut Kohl hatte gleichwohl seit 1991 solche Einsätze vorgenommen: indem sie Minensuchboote in den Persischen Golf am Rande des Zweiten Golf-Krieges entsandte, sich an der UN-Blauhelm-Mission in Kambodscha beteiligte, 1992/93 die von den UN beschlossenen und von der NATO/WEU durchgeführten Embargomaßnahmen gegen Serbien mittrug und schließlich 1993 ein Transportbataillon zur Unterstützung der UN-Intervention in Somalia entsandte. Die dadurch losgetretene verfassungspolitische Diskussion offenbarte angesichts des jahrzehntelangen Konsenses zunächst einmal ein gewisses Maß an Verwirrung und Hilflosigkeit. Aus »realistischer« Sicht schien die Entscheidungsschwäche von Regierung und Opposition gleichermaßen beklagenswert, weil bei faktisch relativ harmlosen Einsätzen selbst die »Bundesregierung ... sehnlichst darauf gewartet hat, dass ihr Karlsruhe Entscheidungen abnehmen möge«[7].

Dieses Machtvakuum füllte nun das BVerfG anlässlich der sogar unter anderem vom eigenen Koalitionspartner FDP eingereichten Klage. Denn es spielte den hochpolitischen Ball nicht einfach an den parlamentarischen Raum zurück, sondern legte konkret Möglichkeiten und Grenzen der Auslandseinsätze einfach selber fest. Dabei verblüffte seinerzeit, dass es auf solche Grenzen fast völlig verzichtete. Schien bisher »out-of-area« so gut wie unmöglich, so ergab sich – bei identischem Wortlaut der Verfassung – nun auf einmal fast das genaue Gegenteil:[8] Das Gericht führte grundsätzlich aus, dass Auslandseinsätze ohne weiteres möglich seien, solange sie unter dem Dach eines Systems kollektiver Sicherheit völkerrechtskonform zum Zwecke von Frieden und Sicherheit stattfänden. Dabei wurde zudem

---

5   Vgl. Rüdiger Wolfrum, Grundgesetz und Außenpolitik, in: Siegmar Schmidt et al. (Hrsg.), Handbuch zur deutschen Außenpolitik, Wiesbaden 2007, S. 157–168; Rudolf Geiger, Neuere Probleme der parlamentarischen Legitimation im Bereich der auswärtigen Gewalt, Baden-Baden 2003.

6   Josef Isensee, Anhörung der Gemeinsamen Verfassungskommission am 11.2.1993, Staatliche Souveränität und militärische Verteidigung; in: Deutscher Bundestag (Hrsg.), Materialien zur Verfassungsdiskussion und zur Grundgesetzänderung in der Folge der deutschen Einigung, Bd. 2, Bonn 1996, S. 383.

7   Hans-Peter Schwarz, Die Zentralmacht Europas, Deutschlands Rückkehr auf die Weltbühne, Berlin 1994, S. 168.

8   Gleichwohl wurde Art. 24 GG in der staatsrechtlichen Debatte schon immer unterschiedlich diskutiert; zur Verfassungspraxis der Bundesregierungen und zu den offeneren wissenschaftlichen Kontroversen vgl. Harnisch, Internationale Politik und Verfassung, a. a. O. (Anm. 4), S. 217 f.

der Begriff »kollektive Sicherheit« (Art. 24 GG) – ohne dass die konkreten Fälle dies überhaupt erforderten – sehr weit, das heißt unter Einschluss der »Bündnisse kollektiver Selbstverteidigung« (NATO und WEU) definiert.[9] Schließlich steckte das Gericht noch den Entscheidungsspielraum der Regierung weit ab, da es nur bei »wesentlicher« Änderung bestehender völkerrechtlicher Vereinbarungen einer weiteren parlamentarischen Zustimmung im formellen Gesetzgebungsverfahrens bedürfe. Das überraschte wiederum, diesmal im Vergleich zur kurz zuvor gefällten zentralen »Maastricht-Entscheidung«. Denn »das Gericht (gab) der Exekutive deutlich mehr Gestaltungsspielraum bei der Fortentwicklung von NATO, WEU und Vereinten Nationen als bei der Integration in die EU, die prozedural ... und normativ ... unter Aufsicht gestellt wurde«.[10]

Damit reduzierte sich das ganze Problem im Grundsatz auf eine bloße Kompetenzfrage. Und so lag der vom Gericht seinerzeit monierte Mangel auch »nur« in der fehlenden parlamentarischen Zustimmung. Denn die »auf die Streitkräfte bezogenen Regelungen des Grundgesetzes sind ... stets darauf angelegt, die Bundeswehr nicht als Machtpotenzial allein der Exekutive zu überlassen, sondern als ‚Parlamentsheer'«, entsprechend dem tradierten Prinzip, gemäß dem »der Einsatz bewaffneter Streitkräfte der konstitutiven, grundsätzlich vorherigen Zustimmung des Bundestages unterliegt«.[11]

Hiervon gibt es nur eine Ausnahme: Um die »militärische Wehrfähigkeit und die Bündnisfähigkeit ... nicht (zu) beeinträchtigen«, ist bei »Gefahr im Verzuge« die »Bundesregierung berechtigt, vorläufig den Einsatz von Streitkräften zu beschließen und an entsprechenden Beschlüssen in den Bündnissen oder internationalen Organisationen ohne vorherige Einzelermächtigung durch das Parlament mitzuwirken und diese vorläufig zu vollziehen«; die »Bundesregierung muss jedoch in jedem Fall das Parlament umgehend mit dem so beschlossenen Einsatz befassen« und die »Streitkräfte sind zurückzurufen, wenn es der Bundestag verlangt«.[12]

Überhaupt keine Parlamentszustimmung ist dagegen notwendig für bloße »Hilfsdienste und Hilfsleistungen im Ausland, sofern die Soldaten dabei nicht in bewaffnete Unternehmungen einbezogen sind«.[13] Schließlich forderte das Gericht den Bundestag noch auf, die Details für Auslandseinsätze in einem »Parlamentsbeteiligungsgesetz« zu regeln, was dieser jedoch über zehn Jahre hinauszögerte (siehe unten).

In einer Gesamtbetrachtung der Entscheidung fällt zweierlei auf: Erstens wird der »Parlamentsvorbehalt« aus dem innerstaatlichen Gewaltenteilungsschema konstruiert. So konnte das Gericht seine schon im Pershing-Urteil vertretene Linie beibehalten, in der eine stärkere Parlamentarisierung der Außenpolitik

---

9 BVerfGE 90, 286 – Bundeswehreinsatz, Leitsätze.
10 Harnisch, Internationale Politik und Verfassung, a. a. O. (Anm. 4), S. 284; vgl. van Ooyen, Die Staatstheorie des Bundesverfassungsgerichts und Europa, a. a. O. (Anm. 4).
11 BVerfGE 90, 286 (322 und 339); vgl. auch Leitsätze 3a) und b). Den Einsatz hat der Bundestag »nach Maßgabe des Art. 42 Abs. 2 GG zu beschließen« (ebd., 346), d. h. mit einfacher Mehrheit, die nur im Falle der Anwesenheit und Stimmabgabe aller Abgeordneten mit »Kanzlermehrheit« nach Art. 121 GG zusammenfällt.
12 Ebd., 345.
13 Ebd., 344.

kategorisch zurückgewiesen worden war.[14] Andernfalls hätte es entweder die Parlamentskompetenz über »Krieg und Frieden« sogar verneinen müssen – angesichts des Demokratieprinzips der Verfassung undenkbar. Oder aber es hätte nun die grundsätzliche Parlamentshoheit zugestehen müssen – das aber wäre dann der Einstieg in eine umfassende Parlamentarisierung der auswärtigen Gewalt gewesen.

Zweitens ist hervorzuheben, dass das aus dem Verständnis als »Parlamentsheer« abgeleitete Zustimmungserfordernis für den konkreten Einzelfall des Einsatzes überhaupt nicht in der Verfassung geregelt ist. Die Entscheidung lässt sich daher als Grenzüberschreitung zur Verfassungsschöpfung begreifen[15] – sozusagen ein »kühner Schritt«, mit »dem es die größtenteils theoretische verfassungsrechtliche Diskussion der Zeit vor 1990 hinter sich« gelassen hat.[16]

Grauzonen: Tirana-Einsatz (1997) und Kosovo-Konflikt (1999)

Welche Schleusen das BVerfG rechtspolitisch betrachtet hiermit öffnete, zeigte sich schon wenige Jahre später bei dem in der Öffentlichkeit kaum beachteten, weil faktisch relativ harmlosen, aber bis an die Grenzen des Verfassungsbruchs heranreichenden »Tirana-Einsatz«.[17] Erst recht wurde dies deutlich beim völker- und verfassungsrechtlich höchst umstrittenen Fall der Beteiligung an den Luftangriffen der NATO gegen Jugoslawien (Serbien und Montenegro) im »Kosovo-Krieg« 1999, da es zu dieser Abwendung einer humanitären Katastrophe weder eine ausdrückliche Ermächtigung des UN-Sicherheitsrats gab noch konnte dies unter das durch Art. 51 UN-Charta gedeckte Recht der Selbstverteidigung gefasst werden. Nach der von der PDS eingereichten Klage wäre daher – soweit überhaupt zulässig – nicht bloß die Zustimmung des Bundestags im Rahmen des »Parlamentsvorbehalts«, sondern eine Verfassungsänderung notwendig gewesen.

Das BVerfG stieg jedoch unter Verweis auf seine Entscheidung von 1994 hierauf erst gar nicht mehr ein, weil »die verfassungsrechtliche Ermächtigung des Bundes, Streitkräfte in einem System kollektiver Sicherheit einzusetzen, grundsätzlich geklärt ist ... und die Rechte der antragstellenden Fraktion sich insoweit auf eine ordnungsgemäße Beteiligung an dem Verfahren beschränken, in dem der Bundestag dem Einsatz bewaffneter Streitkräfte seine vorherige konstitutive Zustimmung erteilt hat«.[18]

---

14 Vgl. BVerfGE 68, 1 (87) – NATO-Doppelbeschluss; im Sondervotum kritisierte Richter Mahrenholz die Kompetenzverschiebung zugunsten der Regierung.

15 Vgl. Volker Epping, Die Evakuierung deutscher Staatsbürger im Ausland als neues Kapitel der Bundeswehrgeschichte ohne rechtliche Grundlage? – Der Tirana-Einsatz der Bundeswehr auf dem rechtlichen Prüfstand, in: Archiv des öffentlichen Rechts 3/1999, S. 423–469, hier S. 449.

16 Michael Wild, BVerfGE 90, 286 – AWACS/Somalia, Auslandseinsätze der Bundeswehr – Parlamentsvorbehalt – Verfassungsfortbildung, in: Jörg Menzel (Hrsg.), Verfassungsrechtsprechung, Hundert Entscheidungen des Bundesverfassungsgerichts in Retrospektive, Tübingen 2000, S. 547–550, hier S. 549 f.

17 Vgl. Epping, Die Evakuierung deutscher Staatsbürger, a. a. O. (Anm. 15); Robert Christian van Ooyen, Die neue Welt des Krieges und das Recht: Out-of-Area-Einsätze der Bundeswehr im verfassungsfreien Raum, in: Internationale Politik und Gesellschaft 1/2002, S. 90–110.

18 BVerfGE 100, 266 – Kosovo, Randnr. 20.

Erweiterte Sicherheit als Regierungsdomäne – die Entscheidung zum NATO-Strategiekonzept (2001)

Mit dem neuen, auf dem Washingtoner Gipfel 1999 beschlossenen »Strategischen Konzept« erweiterte die NATO angesichts neuer Konfliktlagen ihr klassisches Verteidigungsbündnis um den so genannten »erweiterten Sicherheitsbegriff«. Dieser überschreitet selbst einen militärisch weit gefassten Begriff von Sicherheit in erheblicher Weise, indem er auch Terrorismus, Sabotage, organisierte Kriminalität und unkontrollierte Flüchtlingsbewegungen einschließt, ja selbst greift, wenn »der Fluss vitaler Ressourcen« unterbunden würde.[19] Hierbei sind auch besondere »Krisenreaktionseinsätze« außerhalb des Bündnisfalls nach Art. 5 NATO-Vertrag vorgesehen, sodass dies als eine Änderung des Vertrags begriffen werden kann, die aus verfassungsrechtlicher Sicht dann einer besonderen parlamentarischen Zustimmung im Wege formeller Gesetzgebung nach Art. 59 GG bedarf.[20] Das von der PDS gegen die rot-grüne Bundesregierung angestrengte Verfahren wurde jedoch 2001 abgewiesen. Das BVerfG kam zum Schluss, dass in formaler Hinsicht gar keine »objektive Änderung des NATO-Vertrags« vorläge, sondern nur eine bloße »Fortentwicklung und Konkretisierung der offen formulierten Bestimmungen«.[21] In seiner Begründung verwies es zwar zu Recht darauf, dass die Krisenreaktion im Unterschied zum Bündnisfall keine automatische Beistandspflicht auslöse.[22] Auch sei eine parlamentarische Kontrolle gegeben, da bei solchen Streitkräfteeinsätzen der Bundestag wegen des Parlamentsvorbehalts ja zustimmen müsse und zudem alle weiteren parlamentarischen Instrumente politischer Kontrolle der Regierung genutzt werden könnten.[23]

Gleichwohl spielte das BVerfG die Bedeutung des neuen NATO-Sicherheitskonzepts einfach herunter: Änderungen im »Erscheinungsbild möglicher Friedensbedrohungen« blieben durch den vertraglichen Spielraum gedeckt, »solange der grundlegende Auftrag zur Friedenssicherung in der Region nicht verfehlt wird«; deshalb stellten die »Krisenreaktionseinsätze ... insoweit keine grundlegende neue Einsatzart dar.«[24] Dadurch konnte man an der bisher vertretenen Auffassung festhalten, dass das Grundgesetz »in Anknüpfung an die traditionelle Staatsauffassung der Regierung im Bereich auswärtiger Politik einen weit bemessenen Spielraum zu eigenverantwortlicher Aufgabenwahrnehmung überlasse(n)« und dass wegen der »außen- und sicherheitspolitische(n) Handlungsfähigkeit der Bundesregierung« die Rolle des Parlaments als Gesetzgebungsorgan ... schon aus Gründen der Funktionsgerechtigkeit in diesem Bereich beschränkt« sei.[25]

---

19 Vgl. Punkt 24, The Alliance's Strategic Concept, Approved by the Heads of State and Government Participating in the Meeting of the North Atlantic Council, 23./24.4.1999.

20 Vgl. Ernst R. Zivier, Der Kosovo-Einsatz als Präzedenzfall? Zum strategischen Konzept der NATO vom 23./24. April 1999; Eckart Klein und Steffani Schmahl, Die neue NATO-Strategie und ihre völkerrechtlichen und verfassungsrechtlichen Implikationen, beide in: Recht und Politik 4/1999, S. 210–216 bzw. S. 198–209.

21 BVerfGE 104, 151 – NATO-Konzept, Randnr. 145.

22 Ebd.

23 Vgl. ebd., Randnr. 146 und 150.

24 Ebd., Randnr. 156.

25 Ebd., Randnr. 149.

So kann die Regierung den wohl seit der NATO-Gründung grundlegendsten sicherheitspolitischen Paradigmenwechsel einfach vollziehen, solange man peinlichst darauf achtet, in völkerrechtlicher Hinsicht die Grenze einer Vertragsänderung formal nicht zu überschreiten. Das aber führt den Zweck des Erfordernisses parlamentarischer Zustimmung nach Art. 59 GG selbst ad absurdum, da diese sich dann real auf eine einmal – im Falle des NATO-Vertrags vor über 50 Jahren – gegebene Blankovollmacht reduziert.[26] Auch das vom BVerfG hierüber hinaus benannte »Friedensgebot« nach Art. 26 GG erweist sich als wenig wirksam, da kaum justiziabel. Dies nicht nur, weil der Begriff auch nach Meinung des Gerichts keine genaue Definition enthält.[27]

Selbst das früher recht klare »Verbot des Angriffskriegs« ist im Zeitalter der »humanitären Interventionen« sowie der Erosion der Trennung von innerer und äußerer Sicherheit – Stichworte: Kosovo, 11. September und neue Kriege – in seinem völker- und verfassungsrechtlichen Gehalt erheblich ins Rutschen gekommen.[28] Was ließe sich daher heute unter »friedliches Zusammenleben der Völker« nicht alles subsumieren. Und so akzeptierte das BVerfG nicht nur ohne weitere Problematisierung, dass der dem NATO-Konzept zugrundeliegende »erweiterte Sicherheitsbegriff« elastisch auf alles ausgedehnt und damit als friedensrelevant erklärt werden kann – von der Terrorismusbekämpfung über die organisierte Kriminalität und Sabotage bis hin zur unkontrollierten Migration. Es zauberte aber auch noch die im Punkt 24 des NATO-Konzepts aufgeführte sicherheitspolitische Bedrohung »vitaler Ressourcen« ganz einfach weg – und kam gar nicht auf die Idee, dass hier ein ganz klassisches Machtmotiv der »Geopolitik« auftauchte.

Von der euro-atlantischen zur globalen Sicherheit – die Tornado-Entscheidung (2007)

In diese Linie reiht sich die Tornado-Entscheidung ein, die aber noch einmal eine Verschiebung verfassungsrechtlicher Grenzen vorgenommen hat: Der Bundestag hatte 2007 der Erweiterung des deutschen Einsatzes in Afghanistan in der Form der Luftaufklärung durch Tornado-Maschinen im Rahmen des durch den UN-Sicherheitsrat legitimierten Mandats der International Security Assistance Force (ISAF) zugestimmt, das unter NATO-Führung firmiert. Infolge dieser Ausweitung von ISAF überschneidet sich nun aber das ISAF-Einsatzgebiet mit der Operation Enduring Freedom (OEF), die die USA mit Verbündeten in Reaktion auf die Terroranschläge des 11. September seit 2001 im Kampf gegen Taliban und Al Qaida durchgeführt haben. Die PDS/Linke sah hierin eine Verletzung der Parlamentsrechte aus Art. 59 GG und eine unzulässige Verstrickung in die ihrer Meinung zufolge völkerrechtswidrige OEF.[29] Schon der ISAF-Einsatz an sich sei nicht durch die Parlamentsermächtigung des Zustimmungsgesetzes zum NATO-Vertrag gedeckt, da es hier gar nicht mehr um den Schutz euro-atlantischer, sondern lediglich der afghanischen Sicherheit gehe. Darüber hinaus erfolge OEF

---

26 Vgl. schon Zivier, Der Kosovo-Einsatz als Präzedenzfall?, a. a. O. (Anm. 20), S. 23.
27 Vgl. BVerfGE 104, 151 – NATO-Konzept, Randnr. 160.
28 Vgl. z. B. Stephanie Schiedermair, Der internationale Frieden und das Grundgesetz, Baden-Baden 2006.
29 Vgl. BVerfGE 118, 244 – ISAF-Einsatz, Randnr. 13 ff.

zwar mit Einwilligung der afghanischen Regierung, doch es habe wiederholt zu Verstößen gegen das humanitäre Völkerrecht geführt.

In seiner Begründung bestätigte das Gericht zunächst einmal seinen Maßstab vom »weit bemessene(n) Spielraum«, der der »außen- und sicherheitspolitische(n) Handlungsfähigkeit Deutschlands« diene, sodass die »Rolle des Parlaments als Gesetzgebungsorgan als auch diejenige der rechtsprechenden Gewalt … beschränkt (sind)«.[30] Die Grenze werde nur dann überschritten, wenn die Handlungen der Regierung im Rahmen der NATO wesentlich aus der Ermächtigung des ursprünglichen parlamentarischen Zustimmungsgesetzes zum NATO-Vertrag ausbrächen.[31]

Nun verschob das Gericht die Schranke aber noch ein bisschen weiter, indem es – wie schon bei der Entscheidung zum NATO-Strategiekonzept – die neue Qualität, nämlich die Lösung vom euro-atlantischen Bezug, einfach ohne weitere Problematisierung herunterspielte. Denn eine »Lösung der NATO von ihrem regionalen Bezugsrahmen kann in dem ISAF-Einsatz in Afghanistan nicht gesehen werden«, da der Einsatz … ersichtlich darauf ausgerichtet (ist), … auch und gerade der Sicherheit des euro-atlantischen Raums auch vor künftigen Angriffen zu dienen«.[32] Das konnte man sicherlich politisch so beurteilen, denn in einer »globalisierten« Welt ist Sicherheit eben nicht mehr geografisch isolierbar. Nur, der vom Gericht in seiner Entscheidung 2001 noch selbst hervorgehobene Bezug zur euro-atlantischen Sicherheit wird damit auch hinfällig, weil vollständig globalisiert. War mit dem Stand der Entscheidung von 2001 der außenpolitische Freiraum der Bundesregierung im Rahmen des neuen NATO-Strategiekonzepts inhaltlich schon kaum noch eingrenzbar, so ist er es mit der Tornado-Entscheidung nun auch in räumlicher Sicht nicht mehr. Diese Schlussfolgerung musste das Gericht sogar selbst ziehen, weil »durch global agierende terroristische Netzwerke … Bedrohungen für die Sicherheit des Bündnisgebiets nicht mehr territorial eingegrenzt werden«.[33]

Eine solch großräumige Sichtweise steht aber in einem merkwürdigen Spannungsverhältnis zu der kleinteiligen Auffassung, die ISAF-Operation strikt vom Kampfeinsatz OEF zu trennen und dann doch wieder auf die alleinige Sicherheit in Afghanistan zu reduzieren: Während OEF »vornehmlich der unmittelbaren Terrorismusbekämpfung gilt, dient ISAF der Aufrechterhaltung der Sicherheit in Afghanistan, um eine Grundlage für den zivilen staatlichen Aufbau zu schaffen«. Obwohl sich also »diese Aufgaben in der praktischen Ausführung überschneiden können«, sind beide Operationen »in rechtlicher Hinsicht klar getrennt«.[34] Fast gewinnt man daher den Eindruck, das Gericht verwendet zwei verschiedene Sichtweisen von Realität, um das jeweils passende Ergebnis zu postulieren.

---

30 Ebd., Randnr. 43.
31 Vgl. ebd., Randnr. 44 ff.
32 Ebd., Randnr. 59.
33 Ebd., Randnr. 67.
34 Ebd., Randnr. 79.

Der AWACS-Einsatz in der Türkei (2008)

Ihren vorläufigen Abschluss findet das verfassungsgerichtliche Verständnis eines »Kernbereich(s) der außen- und sicherheitspolitischen Verantwortung der Bundesregierung«[35] wenig später in dem auf den ersten Blick »parlamentsfreundlichen« AWACS-Beschluss. Strittig war, ob der Einsatz deutscher Soldaten in AWACS-Aufklärern der NATO in der Türkei am Vorabend und während des Irak-Kriegs (Februar bis April 2003) die Zustimmung des Bundestags erforderte. Die FDP klagte daher gegen die rot-grüne Bundesregierung, die den Einsatz als »Routineflüge« des NATO-Bündnisalltags herunterspielte. Letztendlich ging es also um die Frage, wie Einsätze in einem »Graubereich«, im Vor- und Umfeld von »eigentlichen« militärischen Kampfeinsätzen, parlamentarisch zu behandeln sind. Oder anders formuliert: Wann genau liegt ein »bewaffneter« Einsatz der Bundeswehr im Sinne des Parlamentsvorbehalts vor?

Das Parlamentsbeteiligungsgesetz, das der Bundestag endlich 2005 beschlossen hatte, schreibt der Bundesregierung bei der Antragstellung jetzt zwar klar vor, Einsatzauftrag und Gebiet, Höchstzahl und Truppenart der Soldaten sowie geplante Dauer, Kosten usw. zu benennen.[36] Auch regelt es ein vereinfachtes Verfahren für geringfügige Einsätze, es klärt aber »gerade nicht die exakte Reichweite des Parlamentsvorbehalts«.[37]

Nachdem das BVerfG zunächst 2003 eine einstweilige Anordnung abgelehnt hatte,[38] stellte es jetzt bei der Entscheidung in der Hauptsache 2008 einen Verfassungsverstoß fest. Für solche Grenzfälle ergibt sich nun als Richtschnur, dass »im Zweifel parlamentsfreundlich auszulegen« ist. Denn andernfalls würde der Bundestag mehr oder weniger vor vollendete Tatsachen gestellt sein, sodass die »normative Kraft des Parlamentsbeschlusses ... durch die ›normative Kraft‹ bereits geschaffener oder doch vorentschiedener Fakten ersetzt« würde.[39] Dies käme im Ergebnis einer nur noch nachträglichen Zustimmungskompetenz gleich, die ja nur ausnahmsweise bei »Gefahr im Verzuge« gilt.

Das Gericht differenzierte dies noch, indem es zwei Kriterien benannte: So reiche die bloße Möglichkeit, dass es zu bewaffneten Auseinandersetzungen kommen könne, nicht aus, sondern es müsse vielmehr eine konkrete militärische Gefahrenlage gegeben sein, bei der eine Einbeziehung deutscher Soldaten auch unmittelbar zu erwarten sei.[40] Und genau das sei beim Einsatz deutscher Soldaten in den AWACS-Maschinen der Fall gewesen – zumal der Irak mit Angriffen auf die Türkei gedroht hätte und man vor dem Hintergrund des wochenlangen Kriegsvorlaufs auch kaum von einer »Gefahr im Verzuge« sprechen könne.

---

35 BVerfGE 108, 34 – Bewaffnete Bundeswehreinsätze (AWACS, einstweilige Anordnung), Randnr. 39.
36 Vgl. Sven B. Gareis, Der Parlamentsvorbehalt und die Kontrolle von Auslandseinsätzen der Bundeswehr – Praxis, Probleme und Perspektiven, in: Martin H.W. Möllers und Robert Christian van Ooyen (Hrsg.), Jahrbuch Öffentliche Sicherheit 2008/2009, Frankfurt a.M. 2009, S. 565–576.
37 BVerfGE 121, 135 – Luftraumüberwachung Türkei, Randnr. 53.
38 Vgl. BVerfGE 108, 34 – Bewaffnete Bundeswehreinsätze.
39 BVerfGE 121, 135 – Luftraumüberwachung Türkei, Randnr. 72 bzw. 80, vgl. auch 92.
40 Vgl. ebd., Randnr. 77 ff.

Damit hat die Entscheidung prinzipiell nichts Neues gebracht, sondern nur sichergestellt, dass der 1994 grundgelegte Parlamentsvorbehalt nicht einfach in der Realität ausgehebelt wird. Auch im Hinblick auf die Kompetenzverteilung von Parlament und Regierung bleibt das Gericht in seiner bisherigen Spur, in der Innen- und Außenpolitik grundsätzlich strikt getrennt sind: Die Parlamentskompetenz wird daher mit Rückgriff auf die früheren Entscheidungen wiederum aus dem innerstaatlichen, wehrverfassungsrechtlichen Parlamentsvorbehalt abgeleitet und der Regierung nach wie vor ein »weit bemessene(r) Spielraum« zugestanden, der »im Bereich der auswärtigen Gewalt … besondere Freiräume« öffne, schon allein aufgrund der »organadäquaten Funktionszuweisung«. Nur eben im Fall der »Anwendung militärischer Gewalt endet« dieser »weit bemessene Gestaltungsspielraum der Exekutive im auswärtigen Bereich« – sozusagen ausnahmsweise![41]

Fazit: Carte Blanche für die Regierung

So bleibt festzuhalten: Seit seiner ersten Out-of-Area-Entscheidung von 1994 gibt das BVerfG der Regierung bei Auslandseinsätzen der Bundeswehr so weit wie möglich Carte Blanche, indem es die Verfassung durch dynamische Grenzverschiebungen Stück für Stück flexibilisiert hat: vom verfassungspolitischen Grundkonsens einer Ablehnung zur Grundentscheidung der Zulässigkeit der Out-of-Area-Einsätze, von der engen, klassischen kollektiven Sicherheit (UN) zum weiten Begriff unter Einschluss insbesondere der NATO, vom bloßen Auftrag kollektiver Selbstverteidigung der NATO zum erweiterten Sicherheitsbegriff des neuen Strategiekonzepts, schließlich, als aktuell letzter Schritt in der Tornado-Entscheidung, vom räumlich begrenzten euro-atlantischen Bezug der Sicherheit zur globalisierten Sicherheit. Damit sind Auslandseinsätze der Bundeswehr in räumlicher und inhaltlicher Hinsicht (Frieden) mit einfacher Parlamentszustimmung nahezu unbegrenzt möglich.

Das mag politisch betrachtet akzeptabel oder gar notwendig sein. Nur: Dieses Stück Verfassungspolitik im Bereich der auswärtigen Gewalt hat das Gericht nahezu im Alleingang vollzogen. Dabei lugt ein konservativ-etatistisches Politikverständnis hervor, das internationale Beziehungen als anarchischen Naturzustand begreift und daher die Außenpolitik weitestgehend von parlamentarischen Kontrollen freihalten will. Und nur vor diesem vorausgesetzten Hintergrund kann das BVerfG sein Staatsverständnis einer »Regierungsdomäne« einfach ohne nähere Begründung postulieren. Angesichts der gerade in Deutschland tradierten Rechtskultur, die ansonsten alles einem bis ins Detail gehenden »Regelungswahn« unterwirft, verblüfft es, dass die Außen- und Sicherheitspolitik einfach einer »schöpferischen« Staatsräson überlassen bleibt; das erinnert stark an das obrigkeitsstaatliche Verständnis des 19. Jahrhunderts von »hoher Politik« als »Staatskunst«.

---

41 Ebd., Randnr. 65, 69 bzw. 70; vgl. auch Dieter Wiefelspütz, Der konstitutive wehrverfassungsrechtliche Parlamentsbeschluss, in: Zeitschrift für Parlamentsfragen 1/2007, S. 3–16.

CDU/CSU: Prioritätensetzung für eine operative Außenpolitik

Roderich Kiesewetter

Deutschlands Außen- und Sicherheitspolitik ist interessengeleitet und werteorientiert. Sie hat sich kontinuierlich über alle Regierungen hinweg als innenpolitisch konsensorientierte aktive Friedenspolitik ausgezeichnet. Aus Sicht der CDU/CSU-Bundestagsfraktion sollte Deutschlands Integration in die westliche Wertegemeinschaft, über die Europäische Union (EU) und NATO, ebenso unstrittig bleiben, um unsere Werte und Interessen zu vertreten. Wir setzen uns für fairen Handel und den freien Zugang zu den Weltmärkten ein. Eine gute Nachbarschaftspolitik auf dem eurasischen Kontinent, insbesondere zu Russland, ist für uns auch mit Blick auf unsere bewegte Geschichte zwingend, ebenso wie die Aussöhnung im Nahen Osten. Aktive Friedenspolitik erfordert es, prekäre Staaten nachhaltig zu stabilisieren, vor allem wenn, wie im Kosovo-Krieg, das Völkerrecht massiv verletzt wurde, oder wenn, wie seit 2001 in Afghanistan, die internationale Sicherheit – und damit auch die Sicherheit Deutschlands – entscheidend gefährdet ist.

Dabei sind die politischen Interessen unseres Landes vor jedem Engagement zu bewerten und auch während der Friedenseinsätze laufend zu überprüfen. Nicht in jedem Fall ist eine deutsche Beteiligung in Form ziviler oder militärischer Hilfe erforderlich oder geboten. Beispielsweise engagierte sich die EU 2008 im Tschad unter Frankreichs Führung – ohne deutsche Beteiligung.

Unsere nationalen Interessen sollten messbar sein, das heißt anwendungsorientiert formuliert werden und mindestens einmal jährlich im Parlament debattiert werden. Im Folgenden werden grundlegende (normative) Kriterien dargelegt, die es erleichtern sollen, Prioritäten für eine verantwortungsbewusste, operative – also an Ergebnissen und Erfolgen orientierte – Außenpolitik zu setzen.

Mix an Instrumenten

Deutsche Außen- und Sicherheitspolitik sollte ganzheitlich und vernetzt vorgehen. Dazu soll das gesamte zur Verfügung stehende Spektrum präventiver wie auch durchführungsorientierter Mittel, sprich zivile (diplomatische, entwicklungspolitische etc.) wie militärische und auch nachrichtendienstliche Instrumente, eingesetzt werden. Dabei ist es notwendig, »kulturelle Kompetenz«, so genannte »cultural awareness«, auszubilden und Expertisen bezüglich sprachlicher, historischer, geografischer und geopolitischer Kontexte bei der Arbeit zu berücksichtigen.

Um »gute Regierungsführung« nachhaltig zu fördern (sprich staatliche Autorität herzustellen und Korruption zu bekämpfen), Sicherheit (militärisch und polizeilich) zu gewährleisten und den Wiederaufbau (insbesondere durch Bildung und Wirtschaftsförderung) voranzutreiben, gilt es nicht nur die vorhandenen, sondern die bestmöglichen Mittel und Fähigkeiten bereitzustellen. Dies ist mit einer umfassenden Finanzplanung zu unterlegen. Das ist insbesondere bei der Ausstattung des Militärs wichtig, da es sich hier in der Regel um den finanziell aufwändigsten, aber bei drohendem Versagen auch öffentlichkeitswirksamsten Faktor handelt.

Um Sicherheit, Menschenrechte und das humanitäre Völkerrecht zu stärken, sollte Deutschland dennoch in erster Linie zivile und entwicklungspolitische Instrumente zur Krisenprävention und -bewältigung einsetzen. Nur wenn diese Mittel versagen und diplomatische Verhandlungen erfolglos bleiben, muss geprüft werden, ob militärische Mittel eingesetzt werden. Dabei sollen – entsprechend dem bisherigen Konsens deutscher Außenpolitik – militärische Alleingänge grundsätzlich ausgeschlossen sein.[1]

Lastenteilung durch effektiven Multilateralismus

Werden militärische Mittel eingesetzt, um politische Ziele abzusichern oder gravierende Menschenrechtsverletzungen zu verhindern, soll, wenn immer dies möglich ist, ein Mandat des Sicherheitsrats der Vereinten Nationen (UN) zugrundeliegen.[2] Ein klares völkerrechtliches Mandat wie zuletzt beim ISAF-Einsatz in Afghanistan gewährleistet internationale Glaubwürdigkeit und ermöglicht effektive Lastenteilung.

Deutschland soll sein Militär abgestimmt mit supranationalen Organisationen wie den UN, der EU, der NATO oder der Organisation für Sicherheit und Zusammenarbeit in Europa (OSZE) entsenden. Im Krisenfall ist im Rahmen internationaler Konsultationsmechanismen frühzeitig zu prüfen, welche Organisation bestmöglich geeignet ist, um der Krise umfassend und nachhaltig zu begegnen.

Gerade der laufende Afghanistan-Einsatz zeigt, wie wichtig es für die 44 an der Internationalen Sicherheitsunterstützungstruppe (ISAF) mitwirkenden Staaten wäre, sich regelmäßig abzustimmen. Einsätze, insbesondere, wenn sie sich über längere Zeiträume erstrecken und erhebliche Opfer fordern, können die eigenen Kräfte überfordern und dazu führen, dass sie von der jeweiligen Öffentlichkeit abgelehnt werden, ja auch zu Regierungskrisen und vorzeitigem Rückzug von Partnern führen. Somit ist von Anfang an eine enge und regelmäßige Kommunikation aller Beteiligten notwendig. Dies könnte beispielsweise mittels Regionalkonferenzen der beteiligten Staaten in bestimmten Einsatzregionen erfolgen.

Darüber hinaus sollten auch laufende Gespräche mit den Anrainerstaaten in der Krisenregion geführt werden. Diese Konsultationen können mittelfristig zu regionalen Kooperationen und langfristig auch zu stabilisierenden Bündnissen im Sinne einer aktiven Friedens- und Verhandlungspolitik führen. Die Chance dazu sollte zumindest von der internationalen Gemeinschaft ausgelotet werden, um regionale Sicherheit durch regionale Akteure zu schaffen und die internationale Gemeinschaft nach erfolgreichem Einsatz zu entlasten.

---

1 Ausnahmen sind die Evakuierung deutscher Staatsbürger bei Not und Gefahr oder die Befreiung von Geiseln.
2 Aufgrund bekannter historischer Gegebenheiten war dies beim Kosovo-Krieg vom März bis Juni 1999 nicht möglich. Die Bundesrepublik engagierte sich mit der Bundeswehr erst, als sämtliche diplomatische Mittel bereits versagt hatten.

Ziele, Erfolgskontrolle und Lektionen bisheriger Einsätze

Dazu sollten auch frühzeitig Ziele festgelegt werden, die erreicht sein müssen, um das internationale Engagement wieder beenden zu können. Diese Ziele sind gleichfalls völkerrechtlich zu mandatieren, bevor das Engagement beginnt.

Für jeden signifikanten Auslandseinsatz der Bundeswehr sollten auch Regierung und Parlament in Berlin Erfolgsfaktoren in Form von »benchmarks« festlegen, die es der Politik erlauben, Fortschritte wie Rückschläge des Einsatzes zu messen, um gegebenenfalls auch zeitgerecht nachsteuern zu können.

Um aus bisherigen Fehlern und Erfolgen Schlüsse ziehen zu können (Stichwort: lessons learned), sollte jeder Auslandseinsatz umfassend dokumentiert werden. Diese Daten sollten der operativen Politik des eigenen Landes wie auch den internationalen Partnern und Organisationen für nachfolgende Prozesse oder künftige Einsätze aufbereitet werden, damit nicht jedes Mal »das Rad neu erfunden« werden muss.

Beispiele wie die UNOSOM I und II-Einsätze in Somalia Anfang der 1990er Jahre zeigen, dass internationales Engagement, wenn es beendet wird, der Nachsorge bedarf. Demnach wäre es vorausschauend, international Mittel für die Nachsorge bereitzuhalten. Um die Zahlungsmoral zu erhöhen sollte deutlich gemacht werden, was auf dem Spiel steht: Bereits bei Beginn eines Einsatzes sollten der mögliche Fall des Scheiterns mit bedacht und mögliche Konsequenzen taxiert werden.

Einsatzleitung

Um das »institutionelle Gedächtnis« zu verbessern, sollten auch die Synapsen im institutionellen Gefüge der Bundesregierung stimuliert werden. Bisher werden die militärischen Einsätze vom Einsatzführungsstab des Verteidigungsministeriums (BMVg) geführt, das Expertisen aus dem Auswärtigen Amt (AA), dem Bundesinnenministerium (BMI), dem Bundesministerium für wirtschaftliche Zusammenarbeit und Entwicklung (BMZ) und dem Bundesfinanzministerium (BMF) hinzuzieht. Ihrerseits verfügen das BMVg, das AA und das BMZ über eigene Lagezentren.

Um die Handlungsinstrumente im Bereich der Krisenprävention, der Entwicklungspolitik, der zivilen und militärischen Krisenbewältigung besser zu koordinieren, sollte die Federführung in der Exekutive entweder im Auswärtigen Amt oder besser im Bundeskanzleramt angesiedelt werden. Der im Bundeskanzleramt installierte Bundessicherheitsrat könnte zwar bei der Koordination helfen, er kommt aber nur anlassbezogen zusammen. Im Sinne einer ganzheitlichen, kohärenten Außen- und Sicherheitspolitik wäre es zweckmäßig, auf Ebene des Bundeskanzleramts einen übergreifenden Lage-, Koordinierungs- und Entscheidungsstab einzurichten.

Dieser Stab könnte mit einem nationalen Sicherheitsberater verknüpft werden, um vier wichtige Aufgaben zu erfüllen. Damit könnten, erstens, die Beteiligung Deutschlands an laufenden internationalen Einsätzen besser koordiniert werden. Zweitens könnten internationale Entwicklungen, zum Beispiel

Migration, Technologien oder Ressourcen, beobachtet und analysiert werden. Eine Verbesserung der internen Expertise würde zudem, drittens, die Kooperation mit externen Think-Tanks im In- und Ausland fördern, um die Trends noch besser einschätzen zu können. Schließlich könnte, viertens, dieser Stab einen wertvollen Beitrag für eine nationale Kommunikationsstrategie leisten, geht es doch darum, komplexe Einsätze im Ausland zu erklären und nationale Interessen der Bevölkerung zu vermitteln.

Kommunikationsstrategie

Bei allen Einsatzüberlegungen sollte von Beginn an eine integrierte Kommunikationsstrategie mitgedacht werden, die differenziert, also zielgruppengerecht an die eigene Bevölkerung, internationale Gemeinschaft und die Öffentlichkeit im jeweiligen Einsatzgebiet gerichtet ist. Insbesondere die eigene Bevölkerung ist, vorzugsweise in einem gesamtgesellschaftlichen Dialog, frühzeitig über die Ziele und Instrumente des deutschen bzw. internationalen Engagements zu informieren und über die Chancen und erst recht Risiken aufzuklären.

In einem parlamentarischen Regierungssystem wie dem der Bundesrepublik Deutschland ist das die genuine Aufgabe des Bundestags. Der Bundestag hat nicht nur die Rolle, den Willen des Volkes zu vertreten und die Regierung – unter anderem auch über die Haushaltsbewilligung – zu kontrollieren und damit zur Verbesserung der Regierungsleistungen beizutragen. Indem Abgeordnete helfen, Entscheidungen zu erläutern und Fortschritte zu kommunizieren, tragen sie letztendlich auch zur Legitimation bei: der gemeinhin gehegten Auffassung in der Bevölkerung, dass die Regierung Unterstützenswertes leistet.

Im Bundestag sollte rasch mit einer Diskussion unserer sicherheitspolitischen Interessen begonnen werden, um damit eine gesamtgesellschaftliche Debatte anzuregen. Das Weißbuch der Bundesregierung zur Sicherheitspolitik aus dem Jahre 2006 sollte von der Bundesregierung künftig jährlich fortgeschrieben werden, nicht zuletzt um diese Debatte zu fördern.

Das Haushaltsbewilligungsrecht gibt den Abgeordneten ein Mitgestaltungspotenzial, um die erforderlichen Mittel für die Auslandseinsätze zur Verfügung zu stellen und diese nach allgemein nachvollziehbaren Kriterien zu gewähren. Damit kann auch jährlich geprüft werden, ob die jeweiligen Einsätze der deutschen »Parlamentsarmee« im nationalen Interesse liegen. Ähnliche Debatten könnten auch mit Blick auf das Engagement von Polizeikräften sowie Regierungsorganisationen wie der Gesellschaft für Technische Zusammenarbeit (GTZ) oder des Technischen Hilfswerks (THW) im Bereich der Entwicklungspolitik und zivilen Aufbauhilfe geführt werden.

Schließlich wäre es auch dem Bundestag möglich, sich selbst besser zu organisieren. Analog zum Aufbau des Stabes im Bundeskanzleramt könnte auch die Ausschussorganisation des deutschen Parlaments entsprechend angepasst werden, um einsatzbezogene, übergreifende Ausschussarbeit leisten zu können. Damit bliebe der Deutsche Bundestag auf der Höhe der Zeit und könnte den hohen Anforderungen an eine so genannte »operative Außenpolitik« im beschleunigten Zeitalter der Globalisierung und asymmetrischer Gefahren gerecht werden.

SPD: Ziele, Instrumente und Ergebnisse sozialdemokratischer Friedenssicherung

Rolf Mützenich

Derzeit beteiligt sich die Bundeswehr an acht Stabilisierungsmissionen auf drei Kontinenten und zwei Weltmeeren. Kaum eine Sitzungswoche des Bundestags verstreicht, in der nicht eine Verlängerung einer der vielen Einsätze auf der Tagesordnung steht. Das Engagement im Kosovo dauert bereits ein Jahrzehnt, die Intervention in Afghanistan länger als der Zweite Weltkrieg. Das ist ein ziemlich dramatischer Wandel für ein Land, das nahezu vier Jahrzehnte lang in der Überzeugung lebte, dass seine Soldaten nur zur Landes- und Bündnisverteidigung eingesetzt werden dürften.

Umbau der Bundeswehr und Aufbau einer europäischen Armee

Der sichtbarste Wandel der deutschen Außen- und Sicherheitspolitik seit Ende des Ost-West-Konflikts betrifft zweifellos die Einstellung zum Militär und zur Bundeswehr. Deren Aufgabe besteht nicht mehr in der Verteidigung der Grenzen, sondern in der Krisenintervention jenseits des Bündnisgebiets. Seit 1989 wurden in immer schnellerer Folge deutsche Soldaten ins Ausland entsandt: nach Kambodscha, Somalia, Bosnien, Kosovo, Mazedonien, Afghanistan, ans Horn von Afrika, in den Kongo und vor die Küste Libanons. Deutsche Soldaten stehen dabei nicht mehr modernen Armeen gegenüber, sondern Warlord-Milizen, Aufständischen und terroristischen Gruppen. Mit anderen Worten: Die Zeit der Planung und Übungen für traditionelle Kampfeinsätze ist vorbei; nunmehr sind Stabilisierungseinsätze gefragt, um die Sicherheitsinteressen der Bundesrepublik Deutschland zu wahren.

Trotz gewaltiger Anstrengungen ist die Bundeswehr noch nicht hinreichend für die neuen Aufgaben gerüstet. Nach wie vor klafft eine große Lücke zwischen der Lageanalyse asymmetrischer Bedrohungen durch nichtstaatliche Akteure und der Praxis der Streitkräftebeschaffung und Ausrüstung, die noch überwiegend auf zwischenstaatliche Auseinandersetzungen ausgerichtet sind. Die deutsche Rüstungsindustrie arbeitet teilweise noch Aufträge aus dem Kalten Krieg ab.

Vielmehr braucht die Bundeswehr eine sinnvollere Investitionspolitik, die den gewandelten strategischen Umständen fragiler Staatlichkeit Rechnung trägt. Künftige Streitkräfteplanung sollte deshalb die Prioritäten auf die gebotenen Stabilisierungsaufgaben statt auf unwahrscheinliche zwischenstaatliche Kriege ausrichten. Angesichts knapper Ressourcen und Finanzen wird sich nicht nur die Bundeswehr, sondern auch die NATO – mit Ausnahme der USA – auf diese Fähigkeiten beschränken müssen.

Aus den gleichen Gründen braucht die EU dringend eine besser koordinierte Verteidigungs- und Militärpolitik. 27 nationale Armeen mit zusammen rund zwei Millionen Soldatinnen und Soldaten sind nicht nur wenig sinnvoll und zeitgemäß

– sie sind auch zu teuer. Die EU-Staaten geben, vorsichtig gerechnet, derzeit über 160 Milliarden Euro für militärische Zwecke aus. Nicht jede Armee muss in Zukunft alles können; die Zeit der nationalen Universalarmeen in Europa geht zu Ende. Doch bisher ist es nicht gelungen, die nationalen Armeen im Rahmen der Europäischen Sicherheits- und Verteidigungspolitik (ESVP) zu verzahnen. Wenn Ressourcen gebündelt, Fähigkeiten koordiniert und redundante Waffen- und Ausrüstungssysteme überprüft würden, könnte bei gleicher oder erhöhter Schlagkraft viel Geld eingespart werden. Ein Teil davon wäre nutzbar, um moderne Ausrüstung zu beschaffen oder um zivile, politische und diplomatische Maßnahmen zu finanzieren, die nicht minder wichtig sind.

Militär als letztes und begleitendes Mittel

Sicherlich kann es erst einmal notwendig sein, militärische Mittel einzusetzen, um humanitären Katastrophen zu begegnen. Doch militärische Interventionen müssen völkerrechtlich legitimiert sein, also entweder auf Basis des Kapitels VII oder des Artikel 51 der Charta der Vereinten Nationen (UN) erfolgen. Der Kosovo-Krieg muss die Ausnahme bleiben. Trotz verschiedener Versuche, eine völkerrechtliche Legitimation der NATO-Intervention zu erwirken, konnte der Kosovo-Krieg letztendlich nicht durch einen Beschluss des UN-Sicherheitsrats autorisiert werden. Die Allianz hat damit gegen die Buchstaben der UN-Charta verstoßen. Nicht zuletzt aufgrund dieser traumatischen Erfahrung hat die rot-grüne Regierung zwischen 1998 und 2005 wichtige Weichenstellungen für die deutsche Außenpolitik getroffen, die sich auch in den zivilen und militärischen Fähigkeiten der europäischen Außen- und Sicherheitspolitik widerspiegeln.

Deutschland sollte sich künftig nur an Missionen beteiligen, wenn diese durch ein völkerrechtlich bindendes Mandat der Vereinten Nationen legitimiert sind und der Deutsche Bundestag zugestimmt hat. Alle diplomatischen und politischen Mittel der friedlichen Streitbeilegung müssen ausgeschöpft worden sein oder sich als aussichtslos erwiesen haben, um die Gewaltanwendung als Ultima Ratio zu rechtfertigen. Der Grundsatz der Verhältnismäßigkeit muss gewahrt sein, das heißt eine zur Abwehr völkerrechtswidriger Handlungen ergriffene Maßnahme muss geeignet und verhältnismäßig sein, um diese zu unterbinden. Die seit dem Völkermord in Ruanda forcierte Debatte über die Schutzverantwortung (Responsibility to Protect) ist richtungsweisend.

Fehlen begleitende politische Konzepte, dann sind jedoch militärische Interventionen sinnlos, meist sogar schädlich. Militärische Mittel allein können meistens Konflikte nicht nachhaltig lösen, sondern friedenserhaltende Maßnahmen nur absichern und unterstützen. Um zur Konfliktlösung beitragen zu können, müssen militärische Interventionen mit einer möglichst breit organisierten und stabilen gesellschaftlichen Basis im Zielland flankiert werden. Sonst werden die internationalen Truppen schnell als Besatzungsmacht wahrgenommen. Um das zu verhindern, sollte auch von vornherein eine Abzugsperspektive deutlich gemacht werden.

Militärische Interventionen sollten nur erfolgen, wenn von Beginn an eine Exit-Strategie vorhanden ist: präzise und realistische Erfolgskriterien, die erreicht sein müssen, damit die militärischen Einheiten ein Land wieder geordnet verlassen können, ohne im Zielland negative oder destabilisierende Wirkung zu entfalten.

Umfassender Statebuilding-Ansatz

Die Erfahrung in Afghanistan und Irak haben gezeigt, dass Milliarden Dollar in Sicherheits- und Entwicklungshilfen nutzlos sein können, wenn sie nicht von einer funktionierenden Regierung, vertrauenswürdigen Führungspersonen und realistischen Friedens- und Wirtschaftsplänen begleitet werden. In einer Übergangssituation muss die internationale Gemeinschaft deshalb gezielt staatliche und wirtschaftliche Strukturen (wieder) aufbauen. In Extremfällen müssen Staatsfunktionen im Rahmen einer Mandatsverwaltung zeitweise durch die internationale Gemeinschaft ersetzt werden. Dabei muss darauf geachtet werden, dass die starke Präsenz der internationalen Gemeinschaft nicht die Bereitschaft zu eigenen Anstrengungen untergräbt.

Wir sollten auch keine überzogenen Erwartungen haben. Funktionierende Demokratien und ein staatliches Gewaltmonopol lassen sich weder ex- noch importieren. Auch die historisch gewachsene Ordnung vor Ort, die nur begrenzt mit der Entwicklung von Staatlichkeit in Europa und Amerika vergleichbar ist, muss bedacht werden. Insbesondere sollte sich die Staatengemeinschaft davor hüten, mit allzu schnellen Wahlen Potemkin'sche Staaten mit demokratischen Fassaden aufzubauen.

Die Erfahrungen der letzten Jahrzehnte haben uns schmerzhaft vor Augen geführt, dass der Erfolg internationaler Friedensmissionen vor allem auch von gesellschaftlichen und wirtschaftlichen Faktoren abhängt. Es ist wichtig, schnell wirksame und von der Bevölkerung erfahrbare Verbesserungen von Lebensbedingungen anzustreben, damit die staatlichen oder staatsähnlichen Strukturen in den Augen der Bevölkerung Unterstützenswertes leisten, sprich Legitimation genießen. Zudem sollte langfristig in Menschen investiert werden: durch Gesundheitsversorgung sowie Schul- und Ausbildung. Entscheidend ist, die Voraussetzung für sich selbst tragende wirtschaftliche Entwicklung zu schaffen. Letztere ist immer die eigentliche Exit-Strategie.

Afghanistan, Kosovo und Bosnien-Herzegowina haben gezeigt, dass internationale Kräfte in Bürgerkriegsgebieten über Jahre, wenn nicht Jahrzehnte, gebunden sind, der Wiederaufbau zeit- und kostenintensiv ist und es deshalb keine einfache Exit-Strategie gibt. Wir sollten uns vor allem vor einem auftrumpfenden moralischen Imperialismus hüten, bei dem der Ehrgeiz allemal größer sein wird als die Mittel, die unsere Gesellschaften bereit sind, dafür bereitzustellen. Denn Statebuilding braucht einen langen Atem, den demokratische Regierungen mit Blick auf die kritische Haltung ihrer Wähler nur schwer aufbringen können. Nicht zuletzt deshalb müssen künftig neue Auslandseinsätze gut überlegt und begründet werden.

Die Bundeswehr ist ein Parlamentsheer. Dies bedeutet, dass der Bundestag jeden Einsatz Jahr für Jahr nach einer kritischen Prüfung und einer öffentlichen Debatte verlängert und so den Bürgern Rechenschaft ablegt. Es gibt keine schwierigere Entscheidung für einen Abgeordneten, als deutsche Truppen in einen bewaffneten Konflikt zu schicken, mit dem Risiko zu töten und getötet zu werden. Deshalb gilt: Über den Einsatz der Bundeswehr entscheidet nicht etwa der NATO-Rat, sondern der Bundestag. Wir brauchen auch keinen Nationalen Sicherheitsrat oder einen Entsendeausschuss, wie in periodischen Abständen immer wieder von Teilen der Union gefordert wird.

Um die Kräfte zu bündeln und effizient einzusetzen, ist es auch auf internationaler Ebene dringend geboten, sich auf Kriterien und Interessen zu verständigen: wo und in welchen Fällen sich die internationale Gemeinschaft an der Rekonstruktion gescheiterter Staaten beteiligt – und in welchen nicht. Die Vereinten Nationen und ihre Instrumentarien wie das Department of Peacekeeping Operations (DPO) müssen gestärkt und besser ausgestattet werden. Regionalmächte und Regionalorganisationen sollten dazu angehalten werden, ihrer Verantwortung besser gerecht zu werden, zumal der Hauptteil der Kosten eines gescheiterten Staates auf die unmittelbaren Nachbarn fällt.

Fazit und Handlungsbedarf

Seit den späten 1990er Jahren gehört Statebuilding in Krisen- und Konfliktregionen fest zum außenpolitischen Repertoire westlicher Staaten. Extern betriebenes, nach westlichen Ordnungsvorstellungen ausgerichtetes State- und Nationbuilding ist in den vergangenen Jahren zu einer regelrechten Wachstumsindustrie geworden. Unter der Schirmherrschaft von UN, NATO und EU versucht die Staatengemeinschaft, kollabierte Länder wie Somalia, Afghanistan, Irak, Bosnien, Kosovo und Kongo wieder aufzubauen. Die bisherige Bilanz ist durchwachsen bis negativ. Mit ausbleibendem Erfolg schwindet zudem die öffentliche und politische Unterstützung in den am Staatsaufbau beteiligten Nationen.

Trotz aller Widerstände hat die rot-grüne Bundesregierung viele Initiativen für eine präventive Friedens- und Stabilisierungspolitik auf den Weg gebracht: mit dem Zentrum für Internationale Friedenseinsätze (ZIF), mit dem Aufbau des zivilen Friedensdiensts, mit der Aufwertung der Menschenrechtspolitik, den Stabilitätspakten für Südosteuropa und dem Kaukasus, mit der vom damaligen Außenminister Frank-Walter Steinmeier entwickelten Zentralasien-Strategie und nicht zuletzt mit dem Aktionsplan für zivile Krisenprävention.

2004 wurde von der rot-grünen Bundesregierung ein politisches Strategiepapier, der »Aktionsplan Zivile Krisenprävention, Konfliktlösung und Friedenskonsolidierung«, erarbeitet. Dieses Gesamtkonzept, dessen Schwerpunkt auf der Früherkennung bzw. Krisenprävention und weniger auf der Krisennachsorge, dem Statebuilding nach Konflikten liegt, gilt es weiterzuentwickeln.

Politik und Wissenschaft in Deutschland stimmen heute weitgehend überein, dass sich Deutschland aus eigenem Sicherheitsinteresse als verlässlicher Partner der internationalen Gemeinschaft den Herausforderungen der Friedenskonsolidierung stellen muss. Indem die Strukturen in zerfallenden Staaten gestärkt werden, können Krisen und Gewalt verhindert und globale Friedenssicherung betrieben werden.

Dennoch: Das Wissen, mit dem wir staatliche Institutionen in ethnisch gespaltenen, von Bürgerkriegen gezeichneten Gesellschaften rekonstruieren wollen, ist nach wie vor dürftig. Auch die Politik hat auf die Frage, was in welcher Reihenfolge beim Aufbau von Staaten zur Befriedung führt, bislang nur wenig empirisch gesicherte Antworten und ist auf die Zuarbeit und kompetente Beratung seitens der Wissenschaft und der Nichtregierungsorganisationen angewiesen.

Die Bundesrepublik hat in ihrer Geschichte bislang zwei große außenpolitische Debatten geführt: über die Westbindung und über die Entspannungspolitik. Die eine gab dem neuen Staat Halt, die andere verschaffte ihm außenpolitischen Spielraum in Europa. Jetzt ist es an der Zeit, grundlegend darüber zu diskutieren, was Deutschland in einer entgrenzten Welt zum Aufbau prekärer Staaten konzeptionell und materiell beitragen kann und will.

FDP: Lektionen aus den Balkan-Einsätzen

Rainer Stinner

Auf dem Balkan hat die internationale Gemeinschaft drei sehr unterschiedliche Friedensmissionen durchgeführt: in Bosnien-Herzegowina, Kosovo und Mazedonien. Aus den Erfahrungen dieser drei durch Militäreinsätze abgesicherten Missionen lassen sich eine Reihe von Lehren ziehen.

Drei Friedensmissionen …

In Bosnien-Herzegowina wurde im Friedensvertrag von Dayton die Verfassung des neuen Staates festgelegt, die aber durch die Einführung des Hohen Repräsentanten ergänzt wurde. Der Hohe Repräsentant erhielt kurze Zeit später durch die so genannten »Bonn Powers« quasidiktatorische Vollmachten, zum Beispiel Gesetze zu erlassen oder zu verhindern und Amtsinhaber ihrer Ämter zu entheben, wenn sie gegen den Vertrag von Dayton verstoßen. Er ist nominell noch mit allen Befugnissen im Amt, sein realer politischer Einfluss hat allerdings mittlerweile stark abgenommen.

Nach dem Kosovo-Krieg haben die Vereinten Nationen (UN) komplett die Herrschaft und Verwaltung des Landes übernommen und eine völlig neue staatliche Struktur aufgebaut. 2008 hat Kosovo seine Unabhängigkeit erklärt, die bislang von rund 60 Staaten anerkannt worden ist, darunter die USA und die Mehrheit der EU-Staaten. Da aber im UN-Sicherheitsrat keine Entscheidung zur Beendigung der UN-Verwaltung getroffen werden konnte, ist die United Nations Interim Administration Mission in Kosovo (UNMIK) nominell weiter im Amt. Die Souveränität des Kosovo wird durch weitere Befugnisse internationaler Präsenzen eingeschränkt, etwa der Rechtsstaatlichkeitsmission der Europäischen Union (EULEX), die nicht nur berät, sondern auch exekutive Befugnisse hat. Ein Internationaler Ziviler Repräsentant, in Personalunion auch EU-Sonderbeauftragter, hat ähnliche Kompetenzen in Kosovo wie der Hohe Repräsentant in Bosnien-Herzegowina.

In Mazedonien fand ab 2001 der unbekannteste, weil schnellste und erfolgreichste, Einsatz statt: Unter Vermittlung der internationalen Gemeinschaft einigten sich die verfeindeten Mazedonier und Albaner auf das Abkommen von Ohrid, das weitreichende Minderheitenrechte vorsieht und bis jetzt stetig, wenn auch langsam, umgesetzt wird.

Alle drei Missionen wurden militärisch abgesichert. Der Einsatz in Mazedonien endete 2005. In Bosnien-Herzegowina sind heute noch ca. 2000 Soldaten stationiert, und es ist geplant, die zeitlich befristeten multinationalen Militärverbände der EU (European Union Force, EUFOR) noch 2010 in eine reine Beratungs- und Unterstützungsmission umzuwandeln. Auch in Kosovo ist die Zahl der Soldaten von ursprünglich 50 000 auf mittlerweile 10 000 verringert worden, weitere Reduzierungen sind geplant.

... mit sieben Lehren

Aus den Erfahrungen dieser drei Missionen lassen sich bereits heute eine Reihe von Lehren ziehen. Einige davon werden im Folgenden angeführt, allerdings ohne Anspruch auf Systematik oder gar Vollständigkeit:

1. Friedensmissionen können erfolgreich sein. Das ist bei Weitem die wichtigste Lektion. Trotz aller Kritik im Einzelnen, und obwohl in allen drei Ländern noch viel zu tun ist, gilt: Die unmittelbare Kriegsgefahr auf dem Balkan ist gebannt. Spannungen zwischen den einzelnen Volksgruppen bestehen zwar weiter, aber die Gefahr flächendeckender, organisierter Gewalt ist derzeit nicht erkennbar. Das ist grundsätzlich ein riesiger Erfolg, der leider viel zu wenig beachtet wird.

2. Sicherheit ist unverzichtbar. Sowohl in Bosnien-Herzegowina als auch im Kosovo hat die internationale Gemeinschaft enorme zivile und militärische Ressourcen eingesetzt. Das war notwendig, weil ausschließlich die internationalen Akteure für Sicherheitsaufgaben zuständig waren und niemand aus dem Land selber diese Aufgabe übernehmen konnte oder sollte. In Mazedonien war ein geringerer Kräfteeinsatz erforderlich, weil die grundlegenden staatlichen Sicherungsfunktionen von Einheimischen geleistet werden wollten und konnten. Was wir aus allen bisherigen und laufenden Friedensmissionen lernen ist, dass Sicherheit für die Bevölkerung eine absolut notwendige Voraussetzung für politische Fortschritte ist: Wer sich bedroht fühlt, ist zu keinem politischen Kompromiss bereit. Das heißt nicht, dass diese Aufgabe unbedingt durch Militär zu leisten ist, im Gegenteil: Ein Großteil der Aufgaben sind originäre Polizeiaufgaben, und wir müssen uns überlegen, wie der Übergang von Militärmissionen zu Polizeimissionen früher und reibungsloser erfolgen kann.

3. Militär ist nicht die Lösung, schafft aber oft die Voraussetzungen dafür. Dieser Satz ist schon ein Gemeinplatz, aber seine praktische Bedeutung wird oft missverstanden. Es heißt zum einen, dass Militär dem Frieden dient. Um es ganz klar zu sagen: Wer jeglichen Militäreinsatz kategorisch ausschließt, der überlässt in einem Konflikt skrupellosesten Akteuren vor Ort das Feld – und damit auch Leib und Leben der Zivilbevölkerung. 1948 wurden in Kapitel 7 der Charta der Vereinten Nationen friedenserzwingende Maßnahmen ausdrücklich festgelegt. Diese völkerrechtliche Verantwortung ist aber wenigen bekannt. Hier muss Politik die Bevölkerung in Deutschland besser aufklären.

Ebenso gilt aber auch: Ein rein militärischer Sieg auf dem Schlachtfeld ist zur Befriedung einer Region niemals ausreichend. Deshalb muss jeder Militäreinsatz von Anfang an politisch flankiert werden. Das ist etwa beim Kosovo unzureichend geschehen. Dort ist zu lange am Status quo festgehalten worden, ohne ernsthafte politische Initiativen zur Statuslösung zu ergreifen. Entsprechend hat sich die Lage zunächst nicht entspannt. Ein ähnliches Problem bestand auch bei der UN-Beobachtermission im Libanon (Interimstruppe der Vereinten Nationen in Libanon, UNIFIL). Auch hier gab es jahrelang keine politische Initiative und entsprechend keinen Fortschritt, um den Einsatz beenden zu können.

4. Wahlen sind kein stabilisierendes Element. In fast allen Friedenseinsätzen hat die internationale Gemeinschaft versucht, möglichst schnell Wahlen abhalten zu können. Natürlich sollten wir langfristig darauf hinarbeiten, dass internationale

Friedensmissionen zu demokratisch legitimierten Staatsformen führen. Es sollte aber auch klar geworden sein, dass zu frühe Wahlen den Stabilisierungsprozess behindern können. Das gilt vor allem dann, wenn es sich um ethnisch, religiös oder politisch tief gespaltene Gesellschaften handelt, in denen strukturelle Mehrheitsverhältnisse einem Machtwechsel durch Wahlen im Wege stehen. Gerade nach kriegerischen Konflikten bestehen bei zu frühen Wahlen zwei Gefahren: Zum einen werden Trennlinien vertieft und damit dauerhaft beibehalten, weil – wie in Bosnien-Herzegowina und Kosovo deutlich wurde – ethnisch geprägte Parteien, denen allein die jeweiligen Bevölkerungsgruppen die Wahrung ihrer Interessen zutrauen, die politische Landschaft prägen. Zum anderen kann das Vertrauen in den demokratischen Wahlprozess insgesamt geschädigt werden, wenn die Voraussetzungen für eine echte Wahl noch nicht erreicht sind. Es sollte deshalb immer geprüft werden, ob nicht zunächst einmal Rechtsstaatlichkeit etabliert und erst später Wahlen durchgeführt werden sollten.

5. *Zu viel internationales Engagement zerstört lokale Eigenverantwortung.* Bei allem erforderlichen Engagement der internationalen Gemeinschaft muss strikt darauf geachtet werden, dass die Eigenverantwortung vor Ort erhalten bleibt. Es darf nicht die Situation entstehen, in der die einheimische Bevölkerung die internationale Präsenz auf Kosten der eigenen Entwicklung bevorzugt: Internationale Truppen in Konfliktgebieten mit zerstörter Wirtschaft sind auch ein bedeutsamer ökonomischer Faktor. Ebenso ist der Abzug personalintensiver ziviler Einrichtungen nicht im kurzfristigen Interesse der lokalen Bevölkerung. Politisch besteht die Gefahr, dass einheimische Parteien, die nicht wirklich in der Verantwortung stehen, weil die eigentliche Entscheidungsgewalt bei internationalen Repräsentanten liegt, kompromissunfähig werden.

Dieses Problem wird derzeit in Bosnien-Herzegowina offensichtlich: Da alle Entscheidungen letztlich vom Hohen Repräsentanten getroffen werden, besteht für die Parteivertreter keine Notwendigkeit, schmerzhafte Kompromisse einzugehen und für diese bei den eigenen Wählern zu werben. In dieser Lage ist es für die lokalen Parteien durchaus rational, auf Maximalpositionen zu beharren, um damit bei den eigenen Anhängern als starker Interessenvertreter wahrgenommen zu werden. Die Verantwortung für mangelnde Fortschritte kann problemlos den internationalen Vertretern zugeschoben werden.

Aber natürlich gibt es auch auf internationaler Seite Anreize, das Engagement länger als notwendig aufrechtzuerhalten. Die Unentschlossenheit, das Büro des Hohen Repräsentanten in Bosnien-Herzegowina zu schließen, ist Ausdruck dieser Angst, los zu lassen. Hier ist mehr Mut erforderlich. Auch bei staatlich unterstützten Nichtregierungsorganisationen, die gerade auf dem Balkan nach den Kriegen extrem wichtige und gute Arbeit geleistet haben, besteht ein verständliches ökonomisches Eigeninteresse daran, ihre Arbeit fortzuführen. Es muss jedoch von der finanzierenden staatlichen Seite aus immer wieder genau geprüft werden, was wirklich noch notwendig ist. Die positiven Wirkungen des Balkan-Stabilitätspakts sind unbestritten, es ist aber richtig, dass er jetzt deutlich zurückgefahren wird.

6. *Ziele müssen realistisch definiert werden.* Auch nach 14 Jahren Friedensmission haben wir in Bosnien-Herzegowina kein friedliches Zusammenleben der Volksgruppen erreicht. Nach zehn Jahren UN-Verwaltung herrscht im Kosovo wei-

terhin organisierte Kriminalität, und es gibt immer noch keine funktionierende Stromversorgung. Man kann das als Misserfolg werten. Man kann es aber auch zum Anlass nehmen, realistischere Ziele zu definieren. Warum greifen wir, militärisch und zivil, in Krisenländern ein? Es gibt nur zwei – unserer Bevölkerung vermittelbare – Gründe dafür: zum einen, um massenhaftes Sterben und Leid von Zivilbevölkerung zu verhindern, zum anderen um die Destabilisierung ganzer Regionen und damit auch die Gefährdung unserer Sicherheit zu verhindern. Das müsste im Umkehrschluss aber eben auch heißen: Wenn diese Ziele erreicht sind, dann muss der internationale Einsatz enden. Es kann nicht die Aufgabe internationaler Friedensmissionen sein, jedes Einzelproblem zu regeln oder gar die gesellschaftliche Entwicklung innerhalb dieser Staaten grundlegend zu ändern. Gesellschaftliche Verhältnisse zu ändern, ist eine langfristige Aufgabe, die nur sehr begrenzt von außen steuerbar ist. Auch Versöhnung nach kriegerischen Konflikten erfordert, wenn sie breitere Bevölkerungsschichten erreichen soll, lange Zeit. Hier muss die internationale Gemeinschaft ihre Grenzen realistisch bewerten. Wir sollten uns davor hüten, falsche und überhöhte Erwartungen zu wecken, die nicht erfüllt werden können.

7. Stabilisierung dauert lange und ist teuer. Prinzipiell waren die Voraussetzungen, den Balkan zu stabilisieren, günstig: Es handelte sich um relativ kleine Staaten, die die Ressourcen der internationalen Gemeinschaft nicht überforderten. Die Region ist für uns kein fremder Kulturkreis; vielmehr gab und gibt es gemeinsame historische Wurzeln und vielfältige wirtschaftliche und gesellschaftliche Verbindungen. Die Region liegt im Zentrum Europas, ein dauerhaftes Interesse der EU an Stabilisierung ist also vorhanden. Trotzdem dauern die Einsätze jetzt schon über zehn Jahre an.

Fazit

Gerade Politiker in Demokratien, die bei internationalen Einsätzen zu Recht immer unter einem besonderen Rechtfertigungsdruck gegenüber ihren Wählern, stehen, dürfen sich die Entscheidung für einen Einsatz nicht leicht machen. Die schlechteste Lösung wäre ein überstürzter Abzug wie in Somalia, der zu völligem Chaos, Elend und Zerstörung geführt hat. Bei jedem Einsatz muss also überlegt werden, ob das Engagement die nächsten Jahre zu rechtfertigen sein wird. Die Vorstellungen von kurzen, schnell beendbaren Einsätzen, wie sie teilweise im Vorfeld der Balkan-Einsätze noch vorhanden waren, haben sich als unrealistisch herausgestellt. Dennoch konnten mittlerweile die Lage stabilisiert und weitere Gewalt verhindert werden. Demnach müssten auch die Befürworter eines festen Abzugsdatums für Afghanistan gefragt werden: Was ist in Afghanistan einfacher, was wurde dort in der Vergangenheit besser gemacht als auf dem Balkan, dass die Erwartung rechtfertigt, dort könne man die Aufgabe schneller lösen?

Trotz aller Kritik im Einzelnen: Die Friedensmissionen auf dem Balkan sind erfolgreich. Und auch wenn der Aufwand für die Stabilisierung der Region groß war und ist, so hat er sich ohne Zweifel doch gelohnt. Dass dabei Fehler gemacht worden sind, ist kein Grund, Friedensmissionen grundsätzlich auszuschließen. Sie geben aber Anlass, sehr genau zu prüfen, was sich in Zukunft besser machen lässt.

Die Linke: Sozialistische Außenpolitik – Sicherheit alternativ gedacht

Wolfgang Gehrcke

Außenpolitik zeichnet zwar das Profil von Parteien, doch Wahlen gewinnt man mit ihr eher selten; Ausnahmen bestätigen die Regel. So wurde Willy Brandts Wiederwahl zum Plebiszit über die neue Ostpolitik, Gerhard Schröder rettete sich und die rot-grüne Regierung mit dem Versprechen, keine deutschen Soldaten für das Irak-Abenteuer einzusetzen. Ebenso erfährt auch die Linke sehr viel Zustimmung für ihre konsequente Position, die deutschen Soldaten aus Afghanistan abziehen zu wollen. Ob die Linke regierungsfähig ist, wird auch mit ihrem Disput über die außenpolitische Linie entschieden. Es ist Aufgabe einer Oppositionspartei, die Regierung zu kritisieren. Wenn eine Opposition gut ist – das möchte die Die Linke gerne sein – präsentiert sie Alternativen, insbesondere zur kritikwürdigen Außenpolitik der Regierungskoalition.

Bruch, nicht Kontinuität

»Deutsche Außenpolitik ist Friedenspolitik« – mit dieser Behauptung beschreibt der Koalitionsvertrag der christlich-liberalen Regierung ihre Außenpolitik. Das ist eine Anmaßung, zumal Deutschland einen völkerrechtswidrigen Krieg gegen Jugoslawien mit zu verantworten hat und heute Krieg am Hindukusch führt. (Mittlerweile darf man einen Krieg wieder einen Krieg nennen.) Deshalb die Alternative der Linken: Deutsche Außenpolitik muss Friedenspolitik werden. Das einzulösen erfordert allerdings eine grundlegende Kurswende, also einen Bruch mit der Kontinuität bisheriger Außenpolitik.

Der amtierende Außenminister Guido Westerwelle betont hingegen die Kontinuität deutscher Außenpolitik. Damit unterscheidet er sich wenig von seinem grünen Vorgänger Joseph Fischer und dem Sozialdemokraten Frank-Walter Steinmeier. Auch die legten Wert auf Kontinuität in der Außenpolitik und landeten regelmäßig bei Hans-Dietrich Genscher. Insofern fällt es Westerwelle nicht schwer, für Kontinuität zu werben und die Außenpolitik als Besitzstandswahrung für die FDP zu reklamieren.

Im Koalitionsvertrag der Schwarz-Gelben wird die deutsche Außenpolitik als wertegebunden und interessenorientiert beschrieben. Eine klare Beschreibung der Werte und der deutschen Interessen bleibt die Bundesregierung aber schuldig. Für sie reicht es in diesem Zusammenhang nur zur Feststellung, dass es um »westliche Werte« gehe. Was aber diese westlichen Werte sind, bleibt im Nebel verborgen. Alternativ zu den verborgenen »westlichen Werten« steht die Philosophie linker sozialistischer Außenpolitik: Deutsche Außenpolitik kann Friedenspolitik werden, indem sie auf das Völkerrecht, auf globale Gerechtigkeit, Abrüstung und Demokratisierung baut.

Alternativer Sicherheitsbegriff

Sicherheit kann heute erschlossen werden über den positiven Friedensbegriff: Frieden ist mehr als die Abwesenheit von Krieg. So einfach klingt die radikale Philosophie des Friedens, die eine neue Weltanschauung und eine neue Weltverantwortung aufschließt. Die Abwesenheit von Krieg wäre für weite Teile der Welt ein gewaltiger Fortschritt, aber wäre das bereits Frieden? Und wie kann Sicherheit gewonnen werden? Früher reichte vielleicht der Schutz des eigenen Territoriums vor einem militärischen Angriff von außen. Heute gibt es Frieden und Sicherheit nur in wechselseitiger Verantwortung.

Kaum umstritten ist, Friedens- und Sicherheitspolitik als »weltpolitische Verantwortung« zu definieren. Doch unterschiedlich über kontrovers bis gegensätzlich, einander ausschließend, ist das Verständnis von »weltpolitischer Verantwortung«. Viele der heutigen Kriege werden geführt um Ressourcen, Handelswege und Einflusssphären. Doch mittel- bis langfristig wird die Welt die tiefen Klüfte zwischen Arm und Reich, Überfluss und Mangel, Zentren und Peripherien nicht aushalten können.

Die Ursachen für die Instabilität einer ganzen Reihe von Staaten, von Afghanistan bis Somalia, von Irak bis in den Kaukasus, die ethnisch oder religiös begründeten Konflikte sollten zunächst selbstkritisch gesehen werden: Viele dieser Staaten und ihre Grenzen sind Ergebnis kolonialer Willkür. Die Teilung des paschtunischen Volkes zum Beispiel auf die Staaten Afghanistan und Pakistan ist Ergebnis kolonialer Politik. Ebenso ist der Staat Irak ein reines Kunstprodukt. Die Auf- oder Neuaufteilung der Welt ist immer noch nicht abgeschlossen. Im Sudan etwa mischen die an Öl interessierten Großmächte mit bei der Volksabstimmung zur möglichen Selbständigkeit des ölreichen Südens.

Im machtpolitischen Kalkül der Geopolitik waren bisher staatliche Stabilität und gar Demokratie untergeordnete Belange. Schwache Nationalstaaten, die über große, wichtige Naturressourcen verfügen, waren für die Groß- und Weltmächte leichter zu handhaben als selbstbewusste Länder. Die Aufteilung der Welt in Interessensphären während des Ost-West-Konflikts war nicht nur Willkür, sondern garantierte, dass die jeweilige Großmacht eine gewisse Stabilität in »ihrer« Sphäre herstellte. Nach dem Ende des weltweiten Systemkonflikts konnte indes weder Russland Ordnung im »nahen Ausland«, sprich in den Staaten des postsowjetischen Raumes, sicherstellen noch erwiesen sich die USA fähig, eine stabile Weltordnung herzustellen; vielmehr sind sie mit ihrer Vorstellung, Weltpolizist spielen zu können, gescheitert. Die USA sind immer noch in der Lage, weltweit Kriege vom Zaun zu brechen, aber sie beherrschen deren Folgen allein nicht mehr. Der Preis für die am Status quo orientierten Außenpolitiken diverser Großmächte sind Instabilitäten einzelner Staaten und Regionen.

Befriedungs- und Stabilisierungsprogramme können nur in Zusammenarbeit mit inneren Kräften und nicht durch militärische Interventionen erfolgreich gestaltet werden. Somalia ist hierfür ein gutes Beispiel. Mit Interventionen sind die USA mehrfach gescheitert. Das muss nicht wiederholt werden. Aus der chinesischen Entwicklungspolitik kann man lernen, dass »Kaufen« oftmals günstiger und billiger, auf alle Fälle menschenfreundlicher als Unterwerfen ist.

Es geht nicht mehr um die Besetzung von Ländern, sondern um deren politische und ökonomische Beherrschung. Sicherheit wird heute also wirtschaftlich, sozial, ökologisch und menschenrechtlich bestimmt. Das allein ist wenig umstritten, auch die Herrschenden haben den erweiterten Sicherheitsbegriff weitgehend übernommen. Sie ziehen allerdings den Schluss daraus, dass all dies heute zum Auftrag der Streitkräfte gehöre und Militärstrategien dementsprechend ausgeweitet werden sollen. Das Militär soll Ordnungsmacht und Aufbauhelfer in Krisengebieten sein – und humanitäre Hilfe soll dem Militärischen zugeordnet werden. Zivil-militärische Zusammenarbeit heißt die neue Zauberformel.

Die Linke hat ein grundsätzlich anderes Sicherheitsverständnis, sie verfolgt eine alternative Strategie des Friedens, die Konfliktursachen beseitigt. Sie will Bedingungen für einen auf Gerechtigkeit, Solidarität, Entwicklung, Recht und demokratische Teilhabe sowie nachhaltigem Umgang mit den natürlichen Lebensgrundlagen beruhenden Frieden schaffen. Dieser positive Frieden durchzieht alle Felder des Lebens und alle Ebenen des Handelns: zivil, politisch, ökonomisch, ökologisch, soziokulturell und individuell. Diese Voraussetzungen können nicht militärisch hergestellt werden. Krieg ist für die Linke kein Mittel der Politik.

Globale Sicherheit durch Multilateralismus

Eine friedlichere Welt und eine global gerechte Weltordnung können nur erreicht werden, wenn globalisierter Unsicherheit, privatisierter Gewalt und wirtschaftlicher Ausbeutung, wenn unwürdigen Lebensbedingungen, sozialen Ungerechtigkeiten und Missachtung der Menschenrechte kooperativ, das heißt mit einer multilateralen Politik begegnet wird. Die Linke setzt sich deshalb für Kooperation und Multilateralismus als leitendes Prinzip in der internationalen Politik ein. Multilaterale Ansätze für die Lösung globaler oder regionaler Probleme sind besonders geeignet,
– weil sie von vielen Staaten und Menschengruppen für vertrauenswürdiger und gerechter gehalten und eher anerkannt werden als uni- oder bilaterale Aktionen,
– weil national diversifizierte, spezifische Mittel und besondere Kompetenzen koordiniert und effektiv zum Einsatz gebracht werden und damit
– gemeinsame Ziele, Programme und Aktionen besser finanziert und realisiert werden können, als dies auf nationaler oder bilateraler Ebene möglich ist, und
– weil es wirtschaftlich und militärisch mächtigen Staaten erschwert wird, ihre nationalen Sonderinteressen durchzusetzen.
Außerdem bietet eine kooperative Weltordnung bessere Chancen dafür, dass Gewaltprävention immer an erster Stelle steht, wenn es um Problemlösungen geht. Das Gewaltverbot muss als Norm in den internationalen Beziehungen gelten. Dabei ist jedoch sicherzustellen, dass weder unter Berufung auf die staatliche Souveränität Menschenrechte missachtet noch umgekehrt Menschenrechtsverletzungen zum Vorwand (Stichwort: Schutzverantwortung) für Militärinterventionen gemacht werden. Das Völkerrecht muss in diesem Spannungsfeld zwischen staatlicher Souveränität und universellen Menschen-

rechtsprinzipien so gestaltet werden, dass Lebensrecht und Wohlfahrt der Menschen das entscheidende Kriterium sind. Um Massen- und Völkermord zu verhindern, haben ausschließlich die Vereinten Nationen (UN) – und nicht die unter US-Führung global erweiterte NATO – das Recht, Zwangsmaßnahmen gegenüber Völkerrechtsbrechern zu legitimieren. Völkerrechtliche Legitimität heißt nicht notwendigerweise »politisch sinnvoll« oder »moralisch geboten«. Auf keinen Fall muss aus einem UN-Beschluss eine Beteiligung der Bundeswehr an Auslandseinsätzen abgeleitet werden.

Besser starke UN als eine weltweite NATO

Um eine kooperative, global gerechte Weltordnung zu errichten, bedarf es einer erfolgreich und effektiv auf dieses Ziel hinarbeitenden internationalen Organisation. Als einzigartiges weltumspannendes Forum des internationalen Dialogs und der Zusammenarbeit wären die UN wie keine andere Institution in der Lage, alle Beteiligten an einen Tisch zu bringen, um gemeinsame Ziele zu formulieren und die Weltgemeinschaft zu einem Konsens bei der Umsetzung zu bewegen. Gegründet aus dem Bemühen der Anti-Hitler-Koalition, nach dem Zweiten Weltkrieg ein System kollektiver Sicherheit zu errichten, sind sie auch heute noch der Träger zur Durchsetzung internationalen Rechts.

Voraussetzung ist jedoch, dass die UN umfassend und ohne weiteren Zeitverzug reformiert werden. Nur dann wird sie auch künftig für die Bewältigung der neuen Herausforderungen gewappnet sein und der Mittelpunkt des multilateralen Handelns bleiben können – trotz der tiefen Enttäuschungen und der Tatsache, dass die UN nach dem Ende der Blockkonfrontation immer stärker im Interesse der westlichen Industrieländer, vor allem der USA, instrumentalisiert worden sind.

Die Entscheidungsmechanismen der Vereinten Nationen sollten demokratisiert werden. Nichtregierungsorganisationen haben die Weltbühne politischen Handelns betreten und sich als neue demokratische Kraft etabliert. Mehr Demokratie in den UN, das könnten auch eine gerechtere Zusammensetzung des Sicherheitsrats, die Abschaffung des anachronistischen Vetorechts und die Aufwertung der Vollversammlung gegenüber dem Sicherheitsrat sein. Ein deutscher Platz im UN-Sicherheitsrat, wie ihn die Bundesregierung anstrebt, wäre eher kontraproduktiv. Sinnvoller wäre hingegen ein afrikanischer oder islamischer Platz.

Ebenso verbesserungsfähig sind die Demokratiedefizite der Europäischen Union (EU) und ihre sicherheitspolitische Ausrichtung. Eine Hohe Vertreterin und ein Machtapparat eines »Europäischen Auswärtigen Dienstes« führen nicht zur Demokratisierung der Außenpolitik, sondern geradezu ins Gegenteil. Inhaltlich sollte die EU-Außenpolitik eine Kultur der Sozialstaatlichkeit und der Prävention als Basis internationalen Handelns entwickeln, das UN-System mit seinen Völkerrechtsgrundlagen stärken und multilaterale Vereinbarungen zur Lösung globaler Probleme stützen. Des Weiteren sollten Instrumente gestärkt werden, um Konflikt- und Krisensituationen präventiv und kohärent zu begegnen. Dafür wäre es nötig, die Europäische Sicherheitsstrategie zu überarbeiten, um die Gemeinsame Außen- und Sicherheitspolitik friedenspolitisch wirksamer aufzustellen.

Dabei sollte darauf geachtet werden, europäische Konzepte nicht im Gegensatz zu amerikanischen zu formulieren. Konkurrenz zwischen Europa und USA ist nicht die Alternative zum US-amerikanischen Unilateralismus. Notwendig ist ein selbstbewusstes Auftreten in einer solidarischen, gleichberechtigten multipolaren Welt. Die Chancen des »alten Europa« bestanden und bestehen gerade nicht im Versuch, militärisch mit den USA zu konkurrieren.

Schlussfolgerung: Selbstbeschränkung

Beschränkung und Selbstbeschränkung, die aus den deutschen geschichtlichen Erfahrungen resultieren, prägen das Grundgesetz. Beide deutsche Staaten waren auf den Gebieten der Außen- und Sicherheitspolitik nur beschränkt selbstständig handlungsfähig. Deutschland ist diese Beschränkung und Selbstbeschränkung nach 1945 nicht schlecht bekommen.

Die deutsche Außenpolitik nach der Vereinigung stand indes immer in der Gefahr, Großmachtpolitik zu werden. Bereits Franz-Josef Strauß bemängelte, dass die Bundesrepublik Deutschland ökonomisch ein Riese, hingegen militärisch nur ein Zwerg sei. Für Bundeskanzler Schröder und Außenminister Fischer war die Teilhabe am Krieg gegen Jugoslawien auch der Schritt, Beschränkungen und Selbstbeschränkungen der internationalen Handlungsfähigkeit Deutschlands abzustreifen.

Immer wenn Deutschland Großmacht wurde, waren geschichtliche Katastrophen die Folge. Elemente der Kultur der Zurückhaltung zu erhalten – auch vor dem Hintergrund der historischen Verantwortung Deutschlands –, das sollte die Wertegebundenheit deutscher Außenpolitik sein. Zumindest der Außenpolitik, die die Linke anstrebt.

Die Alternativen der Linken sind etwas anderes als ein Katalog frommer Wünsche. Sie gehen mitten in die gesellschaftspolitischen Auseinandersetzungen, sie beschränken sich nicht auf das Parlament und Ausschüsse, sie reichen über nationale Grenzen hinaus. Eine alternative Außenpolitik ist immer auch Kampf um eine andere Welt.

Bündnis 90/Die Grünen: Plädoyer für eine Außenpolitik der Friedenschancen

Kerstin Müller

Prekäre Staaten gefährden auch unsere Sicherheit, unseren Wohlstand und den Frieden. Stabile Staaten kann es nur geben, wenn die von den Vereinten Nationen (UN) verbrieften Menschen- und Bürgerrechte verwirklicht werden und gute Regierungsführung gewährleistet ist. Deshalb liegt es im Interesse deutscher Außenpolitik, beides intensiv zu fördern. Wir müssen eine Kultur der zivilen Krisenprävention schaffen, wie Kofi Annan sie schon 1999 gefordert hat.[1] Seit dem Regierungswechsel 2005 setzt sich die Bundestagsfraktion von Bündnis 90/Die Grünen in ihrer Oppositionsrolle für die Weiterentwicklung ihrer Friedenspolitik ein. Nach den Erfahrungen in Ruanda, Srebrenica und jetzt Darfur folgt die Fraktion dem Gebot der »Schutzverantwortung«,[2] die am besten durch kooperative, multilaterale Krisenprävention und -nachsorge gewährleistet werden kann und nur als allerletztes Mittel ein von den UN legitimiertes militärisches Eingreifen gegen den Willen eines Staates zulässt. Das heißt, wir müssen die gewaltsame Eskalation von Konflikten verhindern, indem wir frühzeitig und umfassend die Streitparteien dabei unterstützen, die Konfliktursachen zu beseitigen und nicht bloß die Symptome mit militärischen Mitteln zu bekämpfen versuchen. Doch auch wenn das Ziel Prävention ist, zwingt uns die Realität oft zur Krisenbearbeitung und -nachsorge. Hierbei kann Militär bestenfalls ein sicheres Umfeld für Friedensprozesse und damit Zeitfenster für zivile Krisenbewältigung schaffen, nicht aber den Frieden selbst. Man muss also das eine tun, ohne das andere zu lassen.[3]

Neue Bedrohungen

Das Ausmaß konkreter Bedrohungen für Deutschland und Europa durch andere Staaten ist mit dem Ende des Kalten Krieges deutlich gesunken. Die maßgeblichen Bedrohungen unserer Zeit sind die globale Erderwärmung, die Zerstörung unserer Umwelt, die fortschreitende Aufrüstung, die wachsende Konkurrenz um knappe Ressourcen, aber auch ungerechte Handelssysteme und vor allem zerfallende und gescheiterte Staaten.[4] Prekäre Staatlichkeit verstärkt die Gefahr um ein Vielfaches, dass für uns eher abstrakte Risiken sehr schnell zu einer konkreten Bedrohung werden können. Das hat der 11. September 2001 gezeigt.

---

1 Jahresbericht des UN-Generalsekretärs vom 31.08.1999 (UN-Dok. A/54/1).
2 Die »Responsibility to Protect (R2P)« wurde 2005 in das Abschlussdokument des UN-Gipfels aufgenommen.
3 Vgl. Abschlussbericht der Friedens- und Sicherheitspolitischen Kommission von Bündnis 90/Die Grünen, 2008.
4 Ebd.

Die Instabilität von Staaten ist vor allem darauf zurückzuführen, dass Gruppen aufbegehren, weil ihre elementaren Menschen- und Bürgerrechte massiv verletzt werden. Sie ist auf schlechte Regierungsführung, also fehlende Rechtsstaatlichkeit oder Korruption, zurückzuführen, die die Menschen ihrer Zukunftschancen beraubt. Die Folge sind oft bittere Armut, Bürgerkriege, schwerste Menschenrechtsverletzungen, Vertreibung und Hunger, wodurch ganze Regionen destabilisiert werden. Diese Instabilität wiederum öffnet Tür und Tor für organisierte Banden und Terroristen, befördert Kriegsökonomien, den illegalen Raubbau an Rohstoffen sowie unkontrollierten Handel mit Kleinwaffen.

Prekäre Staatlichkeit ist insbesondere auf dem afrikanischen Kontinent verbreitet. So stuft der »Foreign Policy Failed State Index«[5] derzeit keinen Staat in Afrika als stabil ein. 44 afrikanische Staaten weist er als »kritisch«, »in Gefahr« oder »grenzwertig« aus. Und sogar sieben der zehn weltweit am problematischsten Staaten verortet er in Afrika. Darunter sind zuvorderst Somalia und der Sudan.

Somalia: Gefahr durch Piraten und Terroristen

Am Horn von Afrika zeigt sich, welche Folgen es letztlich auch für Deutschland haben kann, wenn nicht frühzeitig gehandelt wird. Die internationale Gemeinschaft hat seit 1995 das Land sich selbst überlassen. Abgesehen von einer humanitären Basisversorgung durch die UN wurde Somalia zur No-Go-Area der internationalen Politik und zum Schauplatz eines Stellvertreterkriegs zwischen Äthiopien und Eritrea. Nicht die UN, sondern die Intergovernmental Authority on Development (IGAD), eine Regionalorganisation, und die Afrikanische Union (AU) ergriffen schließlich die Initiative und entsandten unter anderem im Dezember 2008 eine Friedensmission, die African Union Mission in Somalia (AMISOM).

Nach rund zwei Jahrzehnten ohne funktionsfähige staatliche Strukturen drohen heute Piraten, die Hauptschlagader der deutschen, europäischen und globalen Wirtschaft durch den Suez-Kanal zu durchtrennen. Gewalttätige Islamisten wie die Al Shabaab verstärken das internationale Terrornetzwerk der Al Khaïda und tragen Gewalt und Instabilität auch in die Region. Sie wollen Nachbarländer wie Kenia, Uganda oder Jemen und die ganze Welt mit einem Heiligen Krieg überziehen und terrorisieren die Zivilbevölkerung mit dem Ziel, die somalische Übergangsregierung zu stürzen und einen menschenverachtenden Gottesstaat zu errichten. Unzählige Tote sind bis heute zu beklagen, zuletzt auch durch Bombenattentate in Uganda. Hunderttausende, vor allem Frauen und Kinder, leiden in den Kampfgebieten unter Gewalt, fortwährender Hungersnot und wirtschaftlicher Perspektivlosigkeit, die durch die internationale Raubfischerei noch verstärkt wird. Sie fliehen nach Kenia oder in den Jemen und verstärken dort das Konfliktpotenzial.

An dieser Entwicklung ist auch die internationale Gemeinschaft nicht ganz unschuldig: Nachdem 2006 die gemäßigte Union Islamischer Gerichtshöfe (UIC) die Macht übernommen und Somalia erstmals wieder eine gewisse Stabilität erlangt hatte, beendeten die Amerikaner in ihrem kurzsichtigen Antiterrorkampf

---

5 Siehe die Online-Ausgabe der Zeitschrift: Foreign Policy, <http://www.foreignpolicy.com/articles/2009/06/22/2009_failed_states_index_interactive_map_and_rankings> (abgerufen 26. 4.2010).

mit Hilfe äthiopischer Truppen den Konsolidierungsprozess jäh. Statt die UIC zu unterstützen, zerschlugen sie diese und bereiteten damit gewaltbereiten Dschihadisten wie Al Shabaab erst den Weg.

Viel zu spät, erst Ende 2008, als die Piratenüberfälle auf Handels-, Kreuzfahrtschiffe und die Schiffe des Welternährungsprogramms merklich anstiegen, nahm auch die Bundesregierung den Problemfall Somalia wieder wahr. Ebenso haben die seit 2007 forcierten Initiativen der Grünen Bundestagsfraktion dazu beigetragen, dass Somalia wieder fraktionsübergreifend auf die außenpolitische Tagesordnung kam.[6] Denn mit dem Friedensengagement der AU und der IGAD, dem Friedensabkommen von Dschibuti 2008 und seitdem 2009 Sheikh Ahmed – ein gemäßigter Islamist der UIC, der es verstand, viele Interessengruppen zu integrieren – die Präsidentschaft übernahm, öffnete sich ein Zeitfenster, um den Konflikt zu lösen.

Beim deutschen Engagement am Horn von Afrika dominieren indes repressive Maßnahmen der Gefahrenabwehr zu Lasten einer Friedenschancen fördernden Politik. Diese militärischen Maßnahmen sind – wenn auch im Detail teils fragwürdig – grundsätzlich nicht falsch, führen aber zu einer gefährlichen Schieflage der Politik, weil ihnen kaum entsprechende zivile Initiativen gegenüberstehen. So beteiligt sich die deutsche Marine seit Dezember 2008 an der von der EU geführten »Operation Atalanta« vor der Küste Somalias, um die Handelswege und Nahrungsmitteltransporte des Welternährungsprogramms vor Piratenüberfällen zu schützen. Ferner unterstützt Deutschland AMISOM finanziell und durch Ausbildung. Dennoch plagen die Mission Geld-, Personal- und Ausrüstungssorgen, weshalb sie gerade einmal das Überleben der Übergangsregierung sichern kann, nicht aber das der Menschen – was dazu geführt hat, dass viele diesen Einsatz ablehnen. Gleichzeitig lehnen es die Staaten des UN-Sicherheitsrats ab, AMISOM in eine effektivere UN-Mission überzuleiten. Ungeachtet der Bedenken seitens der Grünen und anderer Oppositionsfraktionen bildet die Bundeswehr seit Mai 2010 im Rahmen einer EU-Trainingsmission auch Soldaten der Übergangsregierung in Uganda aus, obwohl selbst Experten der UN diese als äußerst instabil einschätzen: Es besteht ein erhebliches Risiko, dass gut ausgerüstete Kämpfer zu den Piraten und Dschihadisten überlaufen.

Sudan: Zwischen Krieg und Frieden

Gleichfalls prekär bleibt die Lage im Sudan. Dort endete zwar am 9. Januar 2005 mit der Unterzeichnung des »Umfassenden Friedensabkommens« (Comprehensive Peace Agreement/CPA) einer der mörderischsten Kriege in Afrika mit mehr als zwei Millionen Toten und über vier Millionen Vertriebenen. Ziel war es, die Einheit des Sudan zu erhalten. Dazu wurde eine gesamtsudanesische Regierung gebildet, der Südsudan erhielt politische Autonomie während einer sechsjährigen Übergangszeit, die 2011 durch ein Referendum über die Unabhängigkeit des Südens enden soll. Zur Absicherung des Friedensprozesses entsandten die UN eine Friedensmission, die United Nations Mission in Sudan (UNMIS). Die EU

---

6 Beschlussempfehlung des Auswärtigen Ausschusses zum Antrag der Bundestagsfraktion Bündnis 90/Die Grünen (Bundestagsdrucksache 16/5754).

und Deutschland begleiteten als Garantiemächte den Verhandlungsprozess. Sie übernahmen Mitverantwortung für den Erfolg des CPA.

Doch mittlerweile, im letzten Jahr der Übergangsfrist, steht das Land erneut am Scheideweg zwischen Krieg und Frieden. Der Sudan droht wegen der ungelösten Konflikte zwischen Nord- und Südsudan und in Darfur wie einst der Balkan auseinanderzufallen, und die internationale Gemeinschaft nimmt durch ihre Zurückhaltung eine weitere humanitäre Katastrophe in Kauf.

Das Umfassende Friedensabkommen wird nicht nur schleppend, sondern auch fehlerhaft umgesetzt. Die meisten Menschen sind trotz des Ölreichtums bitterarm und ohne Zukunftsperspektive geblieben. Die ersten Mehrparteienwahlen seit 24 Jahren verliefen weder frei noch fair. Viele Parteien boykottierten den Wahlgang. Jetzt blickt man mit Sorge auf das für Januar 2011 angesetzte Referendum. Denn die Abspaltung des Südsudan wird immer wahrscheinlicher, ohne dass bislang die Voraussetzungen für eine friedliche Trennung, etwa Einigkeit über den Grenzverlauf, existieren.

Gleichzeitig droht der Sudan aufgrund des Konflikts im Osten, vor allem aber auch wegen der schwelenden Darfur-Krise auseinanderzubrechen. Mit Hilfe arabischer Reitermilizen hat die Regierung al-Bashir auch keine Mittel gescheut, um die Aufständischen, die sich für mehr politische Teilhabe und eine gerechtere Verteilung des Wohlstands einsetzen, brutal niederzuschlagen. Dabei verloren bis heute 300 000 Sudanesinnen und Sudanesen ihr Leben, an die drei Millionen wurden vertrieben und viele vergewaltigt. Deshalb hat der UN-Sicherheitsrat auf Mitbetreiben der deutschen Regierung den »Fall Darfur« an den Internationalen Strafgerichtshof (IStGH) überwiesen, der am 4. März 2009 einen Haftbefehl gegen Hassan Omar al-Bashir erließ. Der so genannte »Darfur-Friedensprozess« verläuft seit Jahren schleppend und steckt seit den Wahlen noch tiefer in der Sackgasse, weil wichtige Rebellengruppen nicht zuletzt wegen eklatanter Manipulationen sich weiteren Gesprächen verweigern.

Handlungsbedarf für deutsche Außenpolitik

Somalia und Sudan zeigen exemplarisch: Der Risikofaktor »versagende Staatlichkeit« wird in der deutschen Außenpolitik weiterhin unterschätzt, obwohl jedem klar sein müsste, dass die negativen Auswirkungen, die von diesen Staaten ausgehen könnten, nicht auf die Region beschränkt bleiben. In Somalia sind unsere Handelsinteressen konkret bedroht und von der prekären Lage im Sudan hängt die Stabilität des gesamten Horns von Afrika ab. Politik nimmt immer nur kurzfristig Gefahren wahr, wenn die Krise bereits akut ist. Frühzeitige Chancen, Frieden und Stabilität nachhaltig zu fördern, werden so immer noch zu oft verpasst.

Um zivile Krisenprävention zu kultivieren, müssen der enge Sicherheitsblickwinkel und eine halbherzige, zu passive und unkoordinierte Politik überwunden werden. Die Politik sollte klare politische Ziele und Instrumente, die sich am Bedarf und an der Wirksamkeit orientieren, benennen und einsetzen. Dabei ist eine intensive multilaterale Kooperation mit anderen Partnerländern und Partnerorganisationen im Rahmen der UN notwendig. Denn in der Darfur-Krise wurden nicht die Vereinten Nationen, sondern wurde die AU 2004 aktiv. Sie entsandte eine Friedensmission und moderierte Friedensgespräche in Abuja, die 2006 zum Abschluss eines Friedensabkommens führten. Beide Ansätze scheiterten, weil der AU die Kapazitäten fehlten und die internationale Gemeinschaft es auch nach 2006 nicht schaffte, mehr als nur eine der Rebellengruppen zur Unterzeichnung des Friedensvertrags (Dafur Peace Agreement/DPA) zu bewegen. Erst mit der African Union/United Nations Hybrid Operation in Darfur (UNAMID), der ersten hybriden Friedensmission von AU und UN, wurde eine allseitig akzeptierte Hilfskonstruktion gefunden, die jedoch bis heute von den westlichen Staaten nur sehr zurückhaltend unterstützt wird. (So hat auch der Deutsche Bundestag 2007 zwar 250 Soldaten mandatiert. Doch selbst nach drei Jahren sind erst acht vor Ort. 2010 wurde das Mandat bereits auf 50 Soldaten reduziert; zivile Mittel wurden aber nicht entsprechend erhöht.) Nach Abuja droht jetzt auch dem so genannten »Doha-Friedensprozess« das Aus.

Deshalb sollte – wie in dem interfraktionellen Antrag des Bundestags vom 24. März 2010 gefordert – die Bundesregierung eine UN-Konferenz initiieren, die neben den Konfliktparteien auch wichtige externe Akteure, etwa China, an einen Tisch bringt. Dabei sollten die ungelösten Probleme auf dem Weg zum Referendum und danach thematisiert werden und die Darfur-Krise nicht (wie 2005 beim CPA) ausgeklammert werden. Eine derartige Friedensdiplomatie sollte neue Friedensanreize durch eine Wiederaufbauperspektive schaffen.

Auch mit sorgenvollem Blick auf die Lage in Somalia hat die Grüne Bundestagsfraktion wiederholt betont, dass politische Lösungen die Voraussetzung für dauerhaften Frieden sind.[7] Wir haben von der Bundesregierung eine umfassende und nachhaltige Friedensstrategie gefordert, die Piraterie, organisierte Kriminalität und gewaltbereite Islamisten nicht bloß militärisch bekämpft, sondern an den vielschichtigen Ursachen der Gewalt ansetzt. Es ist zwar wichtig, aber bei Weitem nicht ausreichend, allein die AMISOM, den Aufbau somalischer Sicherheitskräfte und der Justiz, zu fördern. Ebenso wichtig wäre es, den innersomalischen Aussöhnungsdialog anzustoßen und mit einer Entwicklungsstrategie alternative Einkommensquellen jenseits der Piraterie zu schaffen. Ein solch umfassender Ansatz, der auch der internationalen Raubfischerei einen Riegel vorschieben müsste, könnte schon jetzt für das nördliche Somalia – Somaliland und Puntland eingeschlossen – umgesetzt werden und sich als Positivbeispiel möglicherweise stabilisierend auf die umkämpften Gebiete in Südsomalia auswirken. Außerdem ist ein regionaler Dialogprozess zur Lösung des Grenzkonflikts zwischen Äthiopien und Eritrea lange überfällig.

Um schließlich generell das eklatante Ungleichgewicht zwischen militärischen und zivilen Kapazitäten deutscher Außenpolitik zu beheben, sollen die unter der rot-grünen Regierung auf nationaler, EU- und UN-Ebene vorangetriebenen zivilen Fähigkeiten (Aktionsplan Zivile Krisenprävention, Ziviles Planziel 2010 der ESVP, Aufbau von Polizeikräfte-Pools und Rechtsexperten, UN-Kommission für Friedenskonsolidierung) dringend weiterentwickelt werden. Mit dem neuen Unterausschuss des Bundestags »Zivile Krisenprävention und vernetzte Sicherheit« – einer grünen Initiative – sind die Chancen dafür jetzt wieder gestiegen.

---

7   Zuletzt siehe Bundestagsdrucksache 17/280 vom 16.12.2009.

Der Afghanistan-Einsatz der Bundeswehr: Kein Thema im Wahlkampf 2009

Manfred Schwarzmeier

Am 27. September 2009 um 18 Uhr war die zweite Große Koalition der Bundesrepublik Geschichte. So wenige Wählerinnen und Wähler wie nie zuvor bei Bundestagswahlen hatten mehrheitlich entschieden, das schwarz-rote durch ein konservativ-liberales Bündnis zu ersetzen. Die großen Volksparteien – insbesondere die Sozialdemokraten – wurden dezimiert, die kleineren Parteien konnten zum Teil deutlich hinzu gewinnen.[1]

Gemessen an historischen Vorgängern wurde der Wahlkampf als kurz und nicht sonderlich intensiv empfunden. Wirtschafts-, Arbeitsmarkt- und Steuerpolitik dominierten inhaltlich die Profilsuche des SPD-Kandidaten, und durch ihr Abwarten vermied die Kanzlerin taktisch-strategisch eine Konfrontation der Protagonisten. Außenpolitische, insbesondere sicherheitspolitische Aspekte wie der Bundeswehreinsatz in Afghanistan, hatten aus mehreren Gründen von vornherein nur begrenzte Chancen, als zentrales Wahlkampfthema etabliert zu werden: Zum einen hatten sowohl die Kanzlerin als auch ihr Herausforderer kein ausgeprägtes Interesse, außenpolitische Entscheidungen, die während der gemeinsamen Koalitionszeit gefällt worden waren, in Frage zu stellen. Zum anderen fruchteten wohl, bis auf wenige Ausnahmen, Appelle, den Out-of-Area-Einsatz der Bundeswehr nicht für Wahlkampfzwecke zu benutzen. Drittens schließlich überlagerte die Wirtschaftskrise mit all ihren Nebenaspekten die inhaltlichen Planungen der Wahlkampfstrategen so nachhaltig, dass andere Themen weitgehend verdrängt wurden.

Dass das Thema Auslandseinsätze dann doch noch, zumindest kurzzeitig, Konjunktur hatte, war einem Einzelereignis geschuldet: Die von einem Bundeswehr-Offizier angeordnete Bombardierung von zwei Tanklastwagen bei Kunduz am 4. September 2009 riss für einige Tage den Einsatz der deutschen Armee in Afghanistan aus dem Zustand politischer Nichtthematisierung und medialer Nichtbeachtung. Inwieweit darüber hinaus mit dem Thema Afghanistan und dem damit verbundenen Bundeswehreinsatz Wahlkampf gemacht wurde, wird im Folgenden entlang jener drei Akteursgruppen analysiert, welche die Eckpunkte des »Wahlkampf-Dreiecks« formieren: Parteien, Massenmedien und Wähler.[2]

---

1 Vgl. z. B. Infratest dimap, Wahlreport. Bundestagswahl vom 27.9.2009, Berlin 2009.
2 Vgl. Frank Brettschneider, Misslungenes Kommunikationsmanagement: Wie sich die Union 2005 mit ihrem eigenen Wahlkampf geschlagen hat, in: Heinrich Oberreuter (Hrsg.), Unentschieden. Die erzwungene Koalition, München 2009, S. 37–56, hier S. 39 f.; vgl. auch Frank Brettschneider, Bundestagswahlkampf und Medienberichterstattung, in: Aus Politik und Zeitgeschichte, Nr. 51–52/2005, S. 19 sowie Harald Schoen, Wahlkampfforschung, in: Jürgen W. Falter und Harald Schoen (Hrsg.), Handbuch Wahlforschung, Wiesbaden 2005, S. 505–513. Die Struktur des Beitrags ist orientiert an Karl-Rudolf Korte, Bedeutung der Energie- und Umweltpolitik im Bundestagswahlkampf 2005, in: Josef Braml et al. (Hrsg.), Weltverträgliche Energiesicherheitspolitik, Jahrbuch Internationale Politik, Band 27, München 2008, S. 16–22.

Positionen der Parteien

Im Regierungsprogramm der SPD[3] nahmen außenpolitische Themen keine zentrale Position ein, sondern bildeten den Abschluss der Programmpunkte. Unter der Überschrift »16. Weltweit für Frieden und Abrüstung« waren dort unter anderem Themen wie die Forderung nach einer »wirksamen Rüstungsexportkontrolle und Rüstungskontrolle« sowie einer Erneuerung der transatlantischen Partnerschaft versammelt. Den internationalen Einsätzen der Bundeswehr sowie dem Thema »Afghanistan« waren zwei kurze Abschnitte gewidmet. Die SPD plädierte für die Einbindung internationaler Bundeswehreinsätze in »ein politisches Gesamtkonzept« auf der Basis eines Mandats des UN-Sicherheitsrats und eines Beschlusses des Bundestags. Afghanistan, so das SPD-Wahlprogramm, dürfe »nicht wieder zum Zufluchtsort für Terroristen werden«.

Die Voraussetzung hierfür, Sicherheit und Stabilität aus eigener Kraft, lasse sich nur durch die Kombination eines »zivil-militärischen Ansatzes« (unter anderem Ausbildung afghanischer Sicherheitskräfte) mit einem »zivilgesellschaftlichen und entwicklungspolitischen Ansatz«, der die Förderung des »Aufbaus der Infrastruktur, Projekte des kulturellen Dialogs sowie bildungspolitische Initiativen« zum Inhalt hat, schaffen. Diese doppelte Verantwortung unterstrich beispielsweise auch Gernot Erler, SPD-Staatsminister im Auswärtigen Amt, indem er darauf hinwies, dass Voraussetzung für einen Abzug die Stabilisierung der inneren und äußeren Sicherheit in Afghanistan sei.[4] Die Linie, keinen konkreten Termin für den Abzug der deutschen Truppen ins Auge zu fassen, verließ der SPD-Spitzenkandidat Frank-Walter Steinmeier erst unter dem Eindruck der kurzzeitig aufwallenden Afghanistan-Diskussion infolge des Angriffs auf die beiden Tanklastzüge am 4. September, indem er sich in seinem Plan »Zehn Schritte für Afghanistan« festlegte, dass »die Grundlagen für den Abzug der Bundeswehr aus Afghanistan« in der nächsten Legislaturperiode zu schaffen seien.[5]

Im Wahlprogramm der Union[6] bildete der Themenbereich Außenpolitik und Auslandseinsätze einen Teilaspekt des abschließenden Kapitels »IV. In Frieden und Sicherheit leben«. Während darin Aussagen zur inneren Sicherheit quantitativ dominierten, wurden die eigentlichen außenpolitischen Themen unter der Überschrift »IV.2 Internationale Sicherheit festigen« auf knappen vier Seiten behandelt. Die Schwesterparteien bekannten sich dabei zum

---

3   Sozialdemokratische Partei Deutschlands (Hrsg.), Sozial und Demokratisch. Anpacken. Für Deutschland. Das Regierungsprogramm der SPD, Berlin 2009, <http://www.spd.de/de/pdf/parteiprogramme/Regierungs programm2009_LF_navi.pdf > (abgerufen am 16.11.2009).

4   Vgl. Gernot Erler auf die Frage »Afghanistan. Exit-Strategie oder Bekenntnis zum Engagement?«, Auswärtstaktik. Wie die Außenpolitik der nächsten Jahre aussehen könnte, in: IP, 9–10/2009, S. 70–91, S. 75.

5   Daniel Brössler, Steinmeiers Rückzug, in: sueddeutsche.de, <http://www.sueddeutsche.de/politik /248/847652/text/ print.html> (abgerufen am 15.9.2009); vgl. auch <http://www.rp-online.de/politik /deutschland/Steinmeier-will-Afghanistan-Abzug-einleiten_aid_757113.html> (abgerufen am 16.9.2009).

6   CDU/CSU (Hrsg.), Wir haben die Kraft – Gemeinsam für unser Land. Regierungsprogramm 2009–2013, Berlin 2009, <http://www.cdu.de/doc/pdfc/090628-beschluss-regierungsprogramm-cducsu.pdf> (abgerufen am 4.9.2009).

atlantischen Verteidigungsbündnis und zur internationalen Verantwortung Deutschlands. Die Out-of-Area-Einsätze der Bundeswehr wurden in den Kontext der Interessenvertretung Deutschlands und seiner Partner gestellt, wobei explizit betont wurde, dass die Auslandseinsätze »in Übereinstimmung mit dem Grundgesetz und dem Völkerrecht erfolgen und der Bewahrung oder Wiederherstellung des Friedens und der internationalen Sicherheit dienen [müssen]. Einsätze müssen eindeutig definierte, erreichbare Ziele verfolgen. Die Bundeswehr muss einen glaubwürdigen Beitrag dazu leisten können, diese Ziele zu erreichen. Der Einsatz muss in seinen Risiken berechenbar sein.« In Bezug auf Afghanistan, das namentlich genannt war, wurde der Ansatz der »vernetzten Sicherheit« hervorgehoben: »Militärische Sicherheitspräsenz« kombiniert mit Hilfe zur »Schaffung tragfähiger staatlicher Strukturen«, die wiederum als Voraussetzung erachtet wurden, um das militärische Engagement zu reduzieren bzw. zu beenden. Analog der SPD-Position sahen auch die Experten der Unionsfraktion die Stabilisierung Afghanistans als »eine der vordringlichsten Aufgaben der internationalen Sicherheitspolitik, um zu verhindern, dass Afghanistan erneut zu einem Rückzugsraum für global agierende Terroristen wird.«[7]

Zehn von insgesamt 77 Seiten widmeten die Liberalen in ihrem Wahlprogramm[8] der internationalen Politik: »6. Internationale Politik für Frieden, Freiheit und Wohlstand in der Welt«. Dabei ließen sich durchaus Übereinstimmungen mit den Positionen der Volksparteien finden. So forderten auch die Liberalen eine Neubegründung der transatlantischen Wertegemeinschaft sowie »eine wertegeleitete und zugleich interessenorientierte Außenpolitik«. Für Afghanistan konstatierte die FDP, dass bisher die Strategie der vernetzten Sicherheit nicht konsequent genug umgesetzt wurde, insbesondere im Punkt »Aufbau effizienter Regierungs-, Verwaltungs- und Sicherheitsapparate«. Daran trug – den Liberalen aus ihrer Oppositionsrolle heraus argumentierend zufolge – auch die Bundesregierung Verantwortung, weil sie es versäumt hatte, den Polizeiaufbau entsprechend voranzutreiben. Resümierend wurde im Wahlprogramm gefordert, dass »der Ansatz der vernetzten Sicherheit […] weiter verfolgt werden [muss] und […] für eine Übergangszeit die internationale Truppenpräsenz weiterhin erforderlich« sein würde.

»Neue Strategien für Afghanistan« forderten Bündnis 90/Die Grünen in ihrem Bundestagswahlprogramm 2009.[9] Diese Forderung resultierte aus der Analyse, dass die »bisherige Strategie mit der Dominanz militärischer Lösungen […] nicht zu mehr, sondern zu weniger Sicherheit« geführt habe. Ähnlich den Vorwürfen der FDP wurde deutschem Regierungshandeln Versagen im

---

7 So der außenpolitische Sprecher der Unionsfraktion Eckart von Klaeden auf die Frage »Afghanistan. Exit-Strategie oder Bekenntnis zum Engagement?«, Auswärtstaktik. Wie die Außenpolitik der nächsten Jahre aussehen könnte, in: IP, 9–10/2009, S. 70–91, S. 75.

8 Freie Demokratische Partei (Hrsg.), Die Mitte stärken. Deutschlandprogramm 2009. Programm der Freien Demokratischen Partei zur Bundestagswahl 2009, Hannover 2009, <http://www.fdp-bundespartei.de/files/653/Deutschlandprogramm09_Endfassung.PDF> (abgerufen am 22.9.2009).

9 Bündnis 90 / Die Grünen (Hrsg.), Der grüne neue Gesellschaftsvertrag. Klima, Arbeit, Gerechtigkeit, Freiheit, Berlin 2009, <http://www.gruene-partei.de/cms/files/dokbin/295/295495.wahlprogramm_komplett_2009.pdf> (abgerufen am 6.10.2009), S. 215 f.

Polizei- und Justizaufbau vorgehalten und gefordert, »dass eine selbsttragende Entwicklung in Afghanistan erreicht werden [muss], die es ermöglicht, die internationalen Truppen schrittweise abzuziehen«. Während die Bündnisgrünen viele Forderungen nach den Voraussetzungen für den Einsatz von Streitkräften mit den oben besprochenen Parteien teilten, gingen sie über diesen Konsens hinaus, indem sie den automatischen Einschluss ziviler Aufgaben als Conditio sine qua non für weitere Bundestagsmandate zu Auslandseinsätzen forderten. Nach der Steinmeier-Initiative wurde der innerparteiliche Bruch wieder deutlich: So versuchte Spitzenkandidat Jürgen Trittin mit seiner Mahnung – es sei zwar eine zeitliche Abzugsperspektive nötig, ein sofortiger Abzug würde Afghanistan aber »in einen Bürgerkrieg ganz anderen Ausmaßes stürzen« – den linken 80 Direktkandidaten der Grünen die Spitze zu nehmen, die sich dafür aussprachen, die Bundeswehr komplett aus Afghanistan zurückzuziehen, falls ein Strategiewechsel ausbleibe.[10]

Ganz im Gegensatz zu den anderen im Bundestag vertretenen Parteien gab Die Linke in ihrem Bundestagswahlprogramm[11] ein klares Statement für den Abzug der Bundeswehr aus Afghanistan ab und zwar mit einer ebenso klaren zeitlichen Vorgabe: Sofort! Überhaupt sollten keine – auch nicht unter UN-Mandat – »Auslandskriegseinsätze der Bundeswehr« zugelassen werden. Die NATO sollte dem Wahlprogramm zufolge aufgelöst und durch »ein kollektives Sicherheitssystem unter Beteiligung Russlands« ersetzt werden. »Das Gewaltverbot in den internationalen Beziehungen als Kern des Gewaltmonopols der Vereinten Nationen« sah Die Linke durch die Beteiligung der Bundeswehr »an Militärinterventionen oder völkerrechtswidrigen Kriegen« nicht mehr geachtet.

Ihre Inhalte kommunizierten die im Bundestag vertretenen Parteien überwiegend nicht direkt, sondern über die Medien. Im Gegensatz zu anderen Staaten spielt der direkte Kontakt zwischen Kandidaten und Wählern in deutschen Wahlkämpfen eine eher untergeordnete Rolle. Vielmehr fand auch bei der nationalen Wahl 2009 wiederum ein betonter Medienwahlkampf statt.[12]

Massenmedien und Journalisten

Medienforscher schreiben denn auch den Medien, speziell der Thematisierungsfunktion der Massenmedien, eine einflussreiche Rolle zu: »Vereinfacht gesagt, erachten Menschen vor allem jene Themen als wichtig und als lösungsbedürftig, über die die Massenmedien häufig und gut platziert berichten. Themen, die in der Medienberichterstattung unter den Tisch fallen, spielen auch aus Sicht der meisten Wähler keine besondere Rolle.«[13]

---

10 So zitiert in: Daniel Brössler, Grünen-Basis drängt zu raschem Abzug aus Afghanistan, in: Süddeutsche Zeitung, 17.9.2009, S. 6.

11 Die Linke (Hrsg.), Konsequent sozial. Für Demokratie und Frieden. Bundestagswahlprogramm 2009. Die Linke, Berlin 2009, <http://die-linke.de/fileadmin/download/wahlen/pdf/485516_LinkePV_LWP_BTW09.pdf> (abgerufen am 6.10.2009).

12 Vgl. für 2005: Brettschneider, Misslungenes Kommunikationsmanagement, a. a. O. (Anm. 2), S. 40 f.

13 Ebd. S. 41; Vgl. zu den Medienwirkungen auf das Medienverhalten: Frank Brettschneider, Massenmedien und Wählerverhalten, in: Jürgen W. Falter und Harald Schoen (Hrsg.), Handbuch Wahlforschung, a.a.O. (Anm. 2), S. 473–500.

Die Ergebnisse des ARD/ZDF-Wahlmonitors zeigen,[14] dass 2009 die Themenkomplexe »Wahlkampf/Parteien/Sonstiges« mit 71 Prozent der Sendezeitanteile der relevanten Fernsehsendungen ein starkes Übergewicht gegenüber den 29 Prozent mit sachpolitischen Inhalten auszeichnete. Analysiert man die Sachpolitik wiederum nach Themen, so ergibt sich die Wirtschaftskrise samt aller Folgen als das »überragende sachpolitische Leitthema«. Arbeit/Soziales sowie Wirtschaft mit je 24 Prozent sowie die verwandten Themen Finanzen (13 Prozent) und Steuern (elf Prozent) bildeten das Gros der relevanten Sendezeit. Das Thema Verteidigung kam dagegen lediglich auf fünf Prozent der Sendedauer und damit abgeschlagen auf Rang 6 der Themenhierarchie.

Ohne den von der Bundeswehr veranlassten Luftangriff in Kunduz wäre dieser Anteil wohl noch wesentlich geringer ausgefallen. Dies zeigt die gesonderte Betrachtung des Themas Afghanistan nach Nachrichtensendungen, bei denen die Themenselektion stärker von senderexternen Ereignissen abhängig ist, und Wahlsendungen, in denen stärker sendereigene Präferenzen die Agenda bestimmen. Das Thema erlangte nur in den Nachrichten einen hohen Stellenwert (18 Prozent der Sendezeit), in den Wahlsendungen landete es hingegen auf den hinteren Plätzen (drei Prozent).[15]

Ähnlich gestaltete sich das Bild in den meisten Printmedien. In den ersten Tagen nach dem Luftangriff rückte das Thema Afghanistan kurzzeitig in den Fokus der Berichterstattung und Meinungsveröffentlichung. Dabei dominierten die Suche nach den Fakten, Klagen darüber, dass die Faktenlage so unklar sei und seitens der Regierung auch zu wenig getan werde, um diese aufzuhellen,[16] sowie die Berichterstattung über die Reaktionen der Verbündeten.[17] Aber auch klare Meinungsäußerungen, Deutschland habe keine Wahl, da es eine internationale Verantwortung durch seine Bündnisse habe und nationale Sicherheitsinteressen eben doch auch am Hindukusch verteidigt würden, waren zu finden.[18]

Der Tanklasterangriff von Kunduz entzündete auch die eine oder andere publizistische Forderung an die Parteien, das Thema Bundeswehreinsatz in Afghanistan endlich zum Wahlkampfthema zu machen. »Wären so existenzielle Fragen wie Deutschlands Beteiligung an einer kriegerischen Auseinandersetzung darin ausgeklammert«, so etwa eine in Sueddeutsche.de vertretene Meinung, »dann könnte man sich die Mühe eines Wahlkampfs auch gleich sparen.«[19] Vielerorts wurde in

---

14 Udo Michael Krüger und Thomas Zapf-Schramm, Wahlinformationen im öffentlich-rechtlichen und privaten Fernsehen 2009, in: Media Perspektiven 12/2009, S. 622–636. Dort auch Angaben zur Untersuchungsmethode, S. 628 f.

15 Ebd., S. 629, S. 635.

16 Vgl. z.B. Franz Josef Jung: »Überwiegender Anteil« der Opfer waren Taliban, in: faz.net, über: <http://www.faz.net> (abgerufen am 7.9.2009).

17 Vgl. z.B. Bundeswehroffiziere werfen USA Weitergabe von Fehlinformationen vor, in: SpiegelOnline <http://www.spiegel.de/politik/ausland/0,1518,647299,00.html> (abgerufen am 7.9.2009).

18 Vgl. z.B. Horst Bacia, Ein fataler Angriff, in: faz.net, über: <http://www.faz.net> (abgerufen am 8.9.2009).

19 Daniel Brössler, Munition für den Wahlkampf, in: sueddeutsche.de, <http://www.sueddeutsche.de/politik/155/486570/text/> (abgerufen am 5.9.2009); vgl. auch Heribert Prantl, Krieg und Wahlkampf, in: sueddeutsche.de, <http://www.sueddeutsche.de/politik/356/486768/text/2/> (abgerufen am 7.9.2009).

den Printmedien auch die Politik aufgefordert, den juristisch und politisch motivierten Eiertanz um die Charakterisierung des Bundeswehreinsatzes zu beenden und ihn endlich als »Krieg« zu bezeichnen.[20]

Zu Recht wurde eingeräumt, dass nicht nur Politiker, sondern auch ein Großteil der Medienschaffenden lange Zeit den Einsatz der Bundeswehr als reine »Stabilisierungsmission des friedlichen Aufbaus« verstanden hatten.[21] Daraus leitete sich auch eine Art moralischer Überlegenheit gegenüber dem betont militärischen Vorgehen der Verbündeten ab. Diese Darstellungsweise blieb einigen Beobachtern zufolge auch nicht ohne Konsequenzen für die Stimmung in der Bevölkerung: »Es überrascht daher nicht, wenn ein Großteil der Deutschen das Engagement der Bundeswehr in Afghanistan nicht in Beziehung zur eigenen Sicherheit setzt.«[22]

Wählersicht

Eine Umfrage des German Marshall Fund vom Juni 2009, bei der je 1000 Bürger in den USA und zwölf europäischen Ländern befragt wurden, offenbarte entsprechende Vorstellungen der Bundesbürger zur deutschen Außenpolitik über die politischen Grundrichtungen hinweg: Der Afghanistan-Einsatz der Bundeswehr sei »typisch für die ideologiefreie Harmonie, mit der Deutsche auf die Außenpolitik schauen«.[23] Wenn die Parteien in ihren Wahlprogrammen das Thema Afghanistan hintanstellen und es in den Medien unterbelichtet bleibt, dann ist es auch nicht überraschend, dass die Wähler wenig daran interessiert sind.

Die Daten verschiedener Meinungsforschungsinstitute kurz vor der Wahl bestätigen diesen Befund. Kurze Zeit nach der Bombardierung der Tanklastwagen kam eine von Forsa für das Nachrichtenmagazin Stern durchgeführte Umfrage zum Ergebnis, dass das Thema Afghanistan für die Wahlentscheidung für die überwiegende Mehrzahl der Wahlberechtigten nur eine Nebenrolle spielt: »Auf die Frage ›Hat die Haltung der Parteien zum Abzug der Bundeswehr Einfluss auf Ihre Wahlentscheidung?‹ antworteten drei Prozent mit ›sehr großen‹, zwölf mit ›großen‹ und 23 mit ›weniger großen‹. Für 57 Prozent spielt Afghanistan gar keine Rolle.«[24] Auch die »Kurzanalyse zur Bundestagswahl am 27. September 2009« (Wählerbefragung in der Vorwoche und am Wahltag) der Forschungsgruppe Wahlen kommt zu dem Schluss, dass unter den fünf wichtigsten Themen für die

---

20 So z. B. Berthold Kohler, Die Quadratur des Krieges, in: faz.net, über: <http://www.faz.net> (abgerufen am 14.9.2009).

21 Walter Schilling, Bundeswehr im Afghanistan-Krieg, in: mut. Forum für Kultur, Politik und Geschichte, 507/Dezember 2009, S. 14–19, hier S. 16.

22 Ebd.

23 Christian Wernicke, Die Konsensrepublik, in: Süddeutsche Zeitung, 24.9.2009; vgl. auch The German Marshall Fund of The United States <http://www.transatlantictrends.org/trends/2009/docs/germany.pdf> (abgerufen am 3.10.2009).

24 Forschungsgruppe Wahlen e. V. (Hrsg.), Kurzanalyse Bundestagswahl vom 27.9.2009, 28.9.2009, <http://www.forschungsgruppe.de/Umfragen_und_Publikationen/Wahlen/Wahlanalysen/Newsl_BTW09.pdf> (abgerufen am 30.9.2009).

Wahlentscheidung die Themen Außenpolitik, Sicherheitspolitik oder Afghanistan nicht zu finden waren.[25]

Die Frage, ob die Tanklastwagenbombardierung Auswirkungen auf die Wählerorientierung hatte, lässt sich (mit begrenzter Aussagekraft) anhand des Vergleichs der Antwortverteilung auf die Sonntagsfrage vor und nach dem Ereignis beantworten:[26] Der Vergleich zeigt, dass über alle Forschungsinstitute hinweg eine leichte Zunahme der Werte für Die Linke zu verzeichnen war: ein Prozentpunkt bei Forschungsgruppe Wahlen (von zehn auf elf Prozent), zwei Prozentpunkte bei GMS (von neun auf elf Prozent), ein Prozentpunkt bei Infratest dimap (von elf auf zwölf Prozent), ein Prozentpunkt bei Emnid (von elf auf zwölf Prozent) und zwei Prozentpunkte beim IfD Allensbach (von 9,5 auf 11,5 Prozent). Lediglich Forsa ermittelte eine größere Abweichung von vier Prozentpunkten. Die Werte für die übrigen Parteien waren größtenteils konstant oder nur von geringer Änderung (zumeist ein Prozentpunkt) charakterisiert.

Fazit: Afghanistan war kein Wahlkampfthema

Der Out-of-Area-Einsatz der Bundeswehr in Afghanistan war seitens der Parteien ein Thema zweiten Grades, das – abgesehen von den Linken – bewusst nicht offensiv als Wahlkampfthema aufgebaut wurde. Erst der Luftschlag von Kunduz zwang die Protagonisten kurzzeitig, Stellung zu beziehen und auf gegenseitige Vorstöße zu reagieren. Bei den Medien verhielt es sich ähnlich: Zwar hatte das Bombardement der Tanklaster Nachrichtenwert, aber es sicherte dem Thema nur kurzfristig öffentliche Aufmerksamkeit. Folgerichtig bestimmte der Afghanistan-Einsatz der Bundeswehr kaum die Wahlentscheidung der Wähler.

---

25 Die Zahlen der Meinungsforschungsinstitute sind zusammengestellt bei: <http://www.wahlrecht.de/umfragen/> (abgerufen am 20.11.2009).

26 Die Zahlen der Meinungsforschungsinstitute sind zusammengestellt bei: <http://www.wahlrecht.de/umfragen/> (abgerufen am 20.11.2009).

Die Rolle der Medien: Vermittler oder Gestalter?

Martin Löffelholz und Kathrin Schleicher

Es ist fast Mitternacht, aber im Bendlerblock brennt noch Licht. Mit unverhohlenem Ärger blättern Kommunikationsspezialisten des Verteidigungsministeriums in der Vorabausgabe eines Hamburger Nachrichtenmagazins. In der Titelgeschichte bezeichnet das achtköpfige Journalistenteam Verteidigungsminister Karl-Theodor zu Guttenberg als »angeschlagen«. In den ersten Wochen seiner Amtszeit habe er sich noch »berauscht an dem Jubel, mit dem er überall empfangen wurde«. Mit der »Affäre um die Tanklaster von Kunduz« habe der »Überflieger« und »Strahlemann der Politik« jedoch den »Nimbus der Fehlerlosigkeit verloren«. Die »Lichtgestalt« sei »matter geworden«.[1]

Der Ärger der Ministerialen ist verständlich: Mitten in die journalistische Analyse eines folgenschweren Bombenangriffs in Afghanistan und seiner politischen Konsequenzen in Deutschland platzieren die Reporter eine Kritik am zuständigen Minister, die – wie kurz darauf deutlich wurde – nichts anderes als eine persönliche Meinungsäußerung des Autorenteams war. Denn im Gegensatz zu dem von den Spiegel-Redakteuren konstruierten Imageverlust des Ministers belegte eine zur gleichen Zeit im Auftrag der ARD durchgeführte Repräsentativbefragung einen deutlichen Reputationsgewinn von Karl-Theodor zu Guttenberg. Zwischen Anfang September und Anfang Dezember 2009, also genau in den drei Monaten nach dem Bombenangriff, verbesserte er seinen Zustimmungswert um immerhin sechs Prozentpunkte. Insgesamt erklärten mehr als zwei Drittel der befragten Bundesbürger, sie seien mit der Arbeit des Verteidigungsministers »zufrieden« bzw. sogar »sehr zufrieden«.[2]

Diese Begebenheit illustriert, warum Akteure des politischen Systems die Medien nicht als neutrale, eher passive Politikvermittler wahrnehmen, sondern vielmehr als aktive Politikgestalter, die neben dem Ansehen und den Wahlerfolgen von Politikern auch deren Entscheidungen beeinflussen. Der so genannte CNN-Effekt unterstellt gar eine starke kausale Wirkung der globalen Echtzeitberichterstattung auf sicherheitspolitische Prozesse. Befunde kommunikationswissenschaftlicher Forschung widerlegen jedoch die These eines monokausalen und einseitigen Zusammenhangs zwischen Medienberichterstattung und Sicherheitspolitik. Politikgestaltung findet zwar stets in einem von Medien geprägten Raum statt.[3] Politische Entscheidungen hängen jedoch von einem Bündel kontextueller und situativer Faktoren ab[4] – nicht zuletzt von einem Publikum, das

---

1 Ulrike Demmer et al., Die Schweigespirale, in: Der Spiegel 49/2009 vom 30.11.2009, S. 22 f. u. S. 27.
2 Infratest-dimap, ARD-DeutschlandTREND, Dezember 2009, Berlin.
3 Vgl. Chanan Naveh, The Role of the Media in Foreign Policy-Decision-Making: A Theoretical Framework, in: conflict & communication online, 1 (2002) 2.
4 Vgl. Michael Brüggemann und Hartmut Wessler, Medien im Krieg. Das Verhältnis von Medien und Politik im Zeitalter transnationaler Konfliktkommunikation, in: Frank Marcinkowski und Barbara Pfetsch (Hrsg.), Politik in der Mediendemokratie, Politische Vierteljahresschrift, Sonderheft 42. Wiesbaden 2009, S. 635–657, hier S. 645–650.

die Konflikte in Afghanistan, Irak oder anderswo vom heimischen Wohnzimmer aus betrachtet.

Der CNN-Effekt – die Omnipotenzthese

Eine in den USA entstandene Denkschule identifiziert »Massenmedien als politische Akteure«.[5] Den Einfluss der Medien auf politische Entscheidungen brachte John Shattuck, ein ehemaliger Vize-Außenminister der Vereinigten Staaten, mit Blick auf den Militäreinsatz in Somalia auf die Formel: »Die Medien brachten uns nach Somalia und dann wieder raus.«[6] Tatsächlich entsandte die US-Regierung Anfang der 1990er Jahre im Rahmen einer UN-Mission Truppen nach Somalia – aufgerüttelt durch dramatische Bilder verhungernder Flüchtlinge. Ein Jahr später bewegten grausame Aufnahmen einer verstümmelten, durch die Straßen von Mogadischu geschleiften Leiche eines US-Soldaten die amerikanische Öffentlichkeit – die USA zogen sich alsbald aus Somalia zurück.[7] Seither, mit dem Aufstieg des Cable News Network (CNN) zum globalen Nachrichtenlieferanten, wird der (vermutete) unilineare Zusammenhang zwischen Medienberichterstattung und politischen Entscheidungen als CNN-Effekt bezeichnet.

Der erste »Krieg im Wohnzimmer«[8] begann – paradoxerweise – weitgehend ohne mediale Begleitung: Vor dem »Tonking-Zwischenfall«, einem Seegefecht im Jahr 1964, gehörte der Krieg in Vietnam zu jenen gewaltsamen Auseinandersetzungen, für die sich die Medien westlicher Industriestaaten nur mäßig oder gar nicht interessierten. Noch 1963 trafen sich westliche Kriegsberichterstatter gelegentlich in einem Restaurant in Saigon – und fanden alle an einem Tisch Platz. Das änderte sich schlagartig, als die USA Mitte der 1960er Jahre ihre Kommunikationsstrategie änderten. Statt weiter auf Verschweigen, Dementis und Desinformation zu setzen, startete das Pentagon eine große PR-Kampagne, die bis 1967 rund 700 Journalisten in das südostasiatische Kampfgebiet brachte.

Abend für Abend lieferten die großen US-Fernsehstationen nun die neuesten – allerdings noch nicht live gesendeten – Bilder in amerikanische Wohnzimmer. Zwischen 1968 und 1973 berichteten die Medien ausführlich über das Kriegsgeschehen. Berichte über Gräueltaten an der nordvietnamesischen Zivilbevölkerung blieben freilich Ausnahmen.[9] Das Massaker von My Lai im März 1968, bei dem US-Soldaten 130 Bewohner eines Dorfes niedermetzelten, wurde

---

5 Siehe z. B. Benjamin I. Page, The Mass Media as Political Actors, in: Political Science, 29 (1996) 1, S. 20–24; Barbara Pfetsch und Silke Adam (Hrsg.), Massenmedien als politische Akteure. Konzepte und Analysen, Wiesbaden 2008.

6 Zitiert nach Eytan Gilboa, Effects of Global Television News on U. S. Policy in International Conflict, in: Philip Seib (Hrsg.), Media and Conflict in the Twenty-First Century, New York/Hampshire 2005, S. 1–31, hier S. 5.

7 Vgl. Piers Robinson, Theorizing the Influence of Media on World Politics. Models of Media Influence on Foreign Policy, in: European Journal of Communication 16 (2001) 4, S. 523–544.

8 Vgl. Thomas Dominikowski, Massenmedien und Massenkrieg. Historische Annäherungen an eine unfriedliche Symbiose, in: Martin Löffelholz (Hrsg.): Krieg als Medienereignis. Krisenkommunikation im 21. Jahrhundert, Wiesbaden 2004, S. 59–80, hier S. 71.

9 Vgl. Oscar Patterson, An Analysis of Television Coverage of the Vietnam War, in: Journal of Broadcasting, 28 (1984) 4, S. 397–404, hier S. 401.

erst eineinhalb Jahre später zu einem Medienereignis. Danach gab es weitere, teilweise größere Massaker, die jedoch nicht zu Medienereignissen stilisiert wurden.

Gleichwohl bereitete die Berichterstattung über My Lai und andere Kriegsverbrechen den Boden für einen Mythos, der sich bis heute in sicherheitspolitischen Zirkeln der USA hält: Der Vietnam-Krieg sei nicht auf dem südostasiatischen Schlachtfeld, sondern auf der nordamerikanischen Medienbühne verloren worden. Diese – zweckdienliche – Behauptung eines unikausalen Zusammenhangs von Medienberichterstattung und Sicherheitspolitik erwies sich allerdings bald als unzulässige Vereinfachung. Tatsächlich beruht der amerikanische Rückzug aus Vietnam auf einer Konstellation vielfältiger Faktoren. Bilder von Kämpfen oder Toten machten faktisch nur fünf bis sieben Prozent der Vietnam-Berichterstattung aus.[10] Eingeleitet wurde der Stimmungsumschwung in den Vereinigten Staaten erst, als der Dschungelkrieg verlustreicher wurde und gleichzeitig sozialkritische Bewegungen Aufwind erhielten, die aus einem überwiegend unkritischen »Kommunikationspudding«,[11] wie der Kriegsreporter Michael Herr die Vietnam-Berichterstattung bezeichnete, primär jene Informationen herausfilterten, die ihre antibellizistische Position stützten.

Die Analyse der Beziehungen von US-Regierung und Medien im Vietnam-Krieg stützt insofern Annahmen, die von einer politisch-medialen Interdependenz ausgehen. »Mediale Realitätskonstruktion entfaltet sich demnach als Ergebnis eines Interaktionsprozesses zwischen Politik und Medien, bei dem keine Seite die andere völlig kontrollieren kann.«[12] Medien benötigen die Politik, weil sie auf Informationen angewiesen sind. Politiker wiederum brauchen Medien, wenn sie – etwa im Vorfeld von Wahlen – öffentlicher Zustimmung bedürfen.

Politisch-mediale Interdependenz

Ob »klassische« zwischenstaatliche Kriege oder die seit dem Ende der Ost-West-Konfrontation häufigeren Interventionen zur Stabilisierung prekärer Staaten: Die Medienberichterstattung über gewaltsame Auseinandersetzungen orientierte sich in den USA stets an der Meinungsverteilung in Parlament und Regierung.[13] Das Meinungsspektrum im politischen System bestimmt demnach, ob die Medien eher plural oder eher konsonant berichten. Im Fall eines parlamentarischen Konsenses äußern Medien dementsprechend keine oder kaum Kritik am Regierungskurs, wie am Beispiel des zweiten Golf-Krieges 1990/91 nachgewiesen werden konnte.[14]

---

10 Ebd., S. 402.
11 Zitiert nach Philipp Knightley, The First Casualty: The War Correspondents as Hero and Myth-Maker from the Crimea to Kosovo, London 1975, S. 423.
12 Brüggemann und Wessler, Medien im Krieg, a. a. O. (Anm. 4), S. 637.
13 Schon die Analyse der medialen und politischen Kommunikation in den USA während der Zeit des Vietnam-Krieges verdeutlichte, dass die Berichterstattung über einen Konflikt u. a. vom Meinungsspektrum innerhalb der politischen Eliten eines militärisch intervenierenden Landes abhängig ist. Vgl. Robinson, Theorizing the Influence of Media on World Politics, a. a. O. (Anm. 7), S. 536.
14 Vgl. Lance W. Bennett und David Paletz (Hrsg.), Taken by Storm. The Media, Public Opinion, and U. S. Foreign Policy in the Gulf War, Chicago und London 1994.

Die so genannte Indexing-These, nach der die mediale Meinungsverteilung nur ein Index für die Meinungen der politischen Elite darstellt, wurde in den Folgejahren vielfach bestätigt. Demnach erwies sich die oben erwähnte Behauptung eines mediendeterminierten Engagements der USA in Somalia 1992/93 als Mythos: »Das Fernsehen ist zwar eindeutig ein Akteur in der Arena auswärtiger Politik, aber die Befunde zu Somalia zeigen, dass Journalisten in engem Bezug zu Akteuren in Washington die Nachrichtenagenda festlegen und die Berichterstattung rahmen.«[15]

Dass das mediale auf dem politischen Meinungsspektrum gründet, zeigte sich freilich nicht nur in den USA, sondern auch bei militärischen Interventionen, an denen Deutschland und andere europäische Staaten beteiligt waren. So übernahmen europäische Medien während des NATO-Einsatzes im Kosovo 1999 »oftmals unkritisch die Linie der westlichen politischen Führungen.«[16] In der deutschen Medienberichterstattung wurde »das ‚Warum und Ob' des Krieges (…) nur zu einem Viertel kritisch, zu drei Vierteln unterstützend kommentiert.«

Eine wichtige Ergänzung zur Indexing-These erbrachte eine vergleichende Analyse der sicherheitspolitischen Kommunikation in Deutschland während der Auseinandersetzungen im Kosovo 1999, in Afghanistan 2001 und im Irak 2003. In der Studie wurde deutlich, dass die in den nationalen Medien vertretenen Auffassungen neben dem Meinungsspektrum der politischen Elite auch die Haltung der Bevölkerung reflektieren.[17] In Demokratien westlicher Prägung müssen Politiker und Journalisten also eine weitere Größe im Blick haben: das Käufer/Bürger-Publikum, das selbst Einfluss nehmen kann, indem es das Medienangebot selektiv nutzt und Informationen interpretiert.

Die Medien als Legitimationspotenzial

Gleichwohl können Medien im politischen Prozess bei der Legitimierung von Auslandseinsätzen eine wichtige Rolle spielen. Grundsätzlich gilt: »Je mehr die Medien über ein Problem berichten, desto wichtiger wird es vom Publikum eingeschätzt.«[18] In der Anfangsphase eines militärischen Engagements kommt es dabei zu einem sich selbst verstärkenden Prozess: Die Erstthematisierung eines solchen Einsatzes veranlasst das Publikum, gezielt weitere Informationen zu suchen, was wiederum eine verstärkte Mediennutzung nach sich zieht. Diese animiert Journalisten zu einer umfangreicheren Berichterstattung, was die Mission noch bedeutsamer erscheinen lässt.[19] Nach und nach flaut das Interesse von Publikum und Medien allerdings ab – ein Prozess, der sich ebenfalls wechselseitig dynamisiert.

---

15 Jonathan Mermin, Television News and American Intervention in Somalia. The Myth of a Media-Driven Foreign Policy, in: Political Science Quarterly, 112 (1997) 3, S. 385–403, hier S. 403 (übersetzt von den Autoren).

16 Philip M. Taylor, Introduction, in: European Journal of Communication 15 (2000) 3, S. 293–297, S. 293.

17 Christiane Eilders und Lutz M. Hagen, Kriegsberichterstattung als Thema kommunikationswissenschaftlicher Forschung, in: Medien & Kommunikationswissenschaft, 53 (2005) 2, S. 205–221, hier S. 215.

18 Torsten Maurer, Jens Vogelgesang, Moritz Weiß und Hans-Jürgen Weiß, Aktive oder passive Berichterstatter? Die Rolle der Massenmedien während des Kosovo-, Afghanistan- und Irakkriegs, in: Pfetsch und Adam, Massenmedien als politische Akteure, a. a. O. (Anm. 5), S. 144–167, hier S. 162 f.

19 Volker Gehrau und Alexander Görke, Alarm im Wohnzimmer. Wie sich die Mediennutzung in Krisenzeiten ändert, in: Martin Löffelholz, Christian F. Trippe und Andrea C. Hoffmann (Hrsg.): Kriegs- und Krisenberichterstattung. Ein Handbuch. Konstanz 2008, S. 292–296, hier S. 294.

Problematisch wird es allerdings, wenn ein Auslandseinsatz über einen längeren Zeitraum von Regierung und Parlament kaum beachtet oder bewusst marginalisiert wird. Wenn die Politik den Auslandseinsatz nicht debattiert, haben die Journalisten auch keinen Anreiz, darüber zu berichten, und deshalb hat auch das Publikum kaum Interesse daran. Damit kann die Indifferenz in der Bevölkerung und bei den Verantwortlichen verstärkt werden.

Zudem spielt es eine Rolle, wie in den Medien über einen Auslandseinsatz berichtet wird. Eine experimentelle Untersuchung zum Einfluss der Politikberichterstattung auf die Legitimierung von Bundeswehreinsätzen verdeutlichte, dass der Bezugsrahmen der Medien die Rezipienten von Nachrichten beeinflussen.[20] Berichten die Medien etwa weniger über die außenpolitische Strategie und internationale Sicherheit, sondern vielmehr über humanitäre Gründe und geben den Berichten ein konkretes, leidendes menschliches Gesicht, dann reagierten die Probanden schockierter und empathischer und zeigten sich solidarischer mit den militärischen Einsätzen.[21]

Umgekehrt ist davon auszugehen, dass Bilder getöteter Zivilisten, wie beispielsweise beim Bombenangriff auf die zwei Tanklastwagen bei Kunduz, Bestürzung, Abscheu und andere negative Emotionen auslösen, die eine ablehnende Haltung des Einsatzes der Bundeswehr in Afghanistan verursachen oder verstärken können. Denn visuelle Medien, insbesondere das Fernsehen, vermitteln dem Publikum das Gefühl der Teilhabe. Bilder getöteter Zivilisten werden, anders als visuelle Darstellungen friedlicher Auslandsthemen, von den Rezipienten auch noch nach Monaten erinnert.[22]

Probleme bei der Kommunikation von Auslandseinsätzen

Zweifelsohne kommt der politischen und militärischen Kommunikation von Auslandseinsätzen große Bedeutung zu. Während in den USA die Professionalisierung der sicherheitspolitischen Kommunikation bereits nach der Niederlage im Vietnam-Krieg begann,[23] änderte sich in Deutschland das Verhältnis von Politik und Militär zu den Medien erst mit dem Ende des Ost-West-Konflikts. Eine steigende Zahl von Auslandseinsätzen musste legitimiert, das heißt der eigenen Bevölkerung vermittelt werden. Die Auseinandersetzung mit gegnerischen Streitkräften wurde nunmehr auch medial geführt, unter anderem durch zielgruppengerechte Information der Bevölkerung in Einsatzgebieten.[24]

---

20 Ebd., S. 293.
21 Bertram Scheufele und Caroline Gasteiger, Berichterstattung, Emotionen und politische Legitimierung. Eine experimentelle Untersuchung zum Einfluss der Politikberichterstattung auf die Legitimierung politischer Entscheidungen am Beispiel von Bundeswehreinsätzen, in: Medien & Kommunikationswissenschaft, 55 (2007) 4, S. 534–554, hier S. 549.
22 Ebd., S. 544.
23 Michaela Maier, Nicht die Toten zählen, sondern die Bilder. Zur Bedeutung visueller Darstellungen für die Kriegsberichterstattung und ihre Rezeption, in: Thomas Knieper und Marion Müller (Hrsg.), War Visions. Bildkommunikation und Krieg, Köln 2005, S. 233–255, hier S. 252.
24 Vgl. Russel J. Cook, Vietnam War. War Changed the Role of the Press in U.S. Affairs, in: Margaret A. Blanchard (Hrsg.), History of the Mass Media in the United States. An Encyclopedia, Chicago 1998, S. 677–680.

Neue Risiken wie die Verbreitung von Massenvernichtungswaffen, Terrorismus, zerbrechliche Staatlichkeit oder organisierte Kriminalität schaffen eine unübersichtliche Sicherheitslage, die es der Politik erschwert, den Streitkräften klar umrissene Aufträge zu geben und diese der Öffentlichkeit zu erklären.[25] Gerade komplexe militärische Einsätze in prekären Staaten sind der deutschen Bevölkerung schwerer zu vermitteln als die klaren Konfliktlinien zu Zeiten des Kalten Krieges.[26] Verschärft wird dieses Problem, wenn aufgrund unklarer nationaler, intergouvernementaler und supranationaler Zuständigkeiten Verantwortlichkeiten nicht mehr genau zugewiesen werden können.[27]

Fazit

Entgegen dem häufig behaupteten CNN-Effekt kommt den Medien in der sicherheitspolitischen Kommunikation selten eine gestaltende Rolle zu. Stattdessen agieren sie primär als Vermittler oder Verstärker des in der Bevölkerung und der politischen Elite vertretenen Meinungsspektrums.

Der Politik kommt demnach eine wichtige Rolle bei der Legitimierung von Auslandseinsätzen zu. Wenn es gelingt, innerhalb der Regierungskoalition und wenn möglich auch mit der wichtigsten Oppositionsfraktion einen Konsens über eine militärische Intervention herzustellen, unterstützen die Medien in der Regel diesen Kurs. Bei politischem Dissens im Parlament und erst recht in einer Regierungskoalition werden hingegen die medialen Angebote vielfältiger und kritischer. Aufgrund der medialen Selektionskriterien haben Konflikte und abweichende Stimmen überproportional gute Chancen, von den Medien wahrgenommen und kommuniziert zu werden.

Demnach ist der potenzielle Medieneinfluss bei der Legitimierung militärischer Interventionen nicht zu unterschätzen. Indem eine Mission thematisiert wird, werden auch Impulse für die weiterführende Informationssuche des Publikums gesetzt. Wird hingegen in den Medien über Auslandseinsatze nur am Rande berichtet, wird auch die indifferente Haltung der Mediennutzer verstärkt, die jedoch schnell in Ablehnung umschlagen kann, wenn negative Schlagzeilen, vor allem aber kritische visuelle Informationen, die Medienagenda beherrschen. Für die sicherheitspolitische und militärische Kommunikation ergeben sich daraus enorme professionelle Herausforderungen, denen die Verantwortlichen in der deutschen Politik bislang nur eingeschränkt gewachsen sind.

---

25 Vgl. Martin Löffelholz, Kriegsberichterstattung in der Mediengesellschaft, in: Aus Politik und Zeitgeschichte, 16–17/2007, S. 25–31, hier S. 25; ders., Weder strategisch noch modern, in: Loyal 1/2010, S. 34–37.

26 Vgl. Hans J. Gießmann und Armin Wagner, Auslandseinsätze der Bundeswehr, in: Aus Politik und Zeitgeschichte, 48/2009, S. 3–9, hier S. 4.

27 Olaf Theiler, Die Eigendarstellung staatlicher Sicherheitsakteure in den Medien. Das Beispiel der Bundeswehr, in: Thomas Jäger und Henrike Viehrig (Hrsg.), Sicherheit und Medien, Wiesbaden 2009, S. 25–34, hier S. 26.

VI. Schlussfolgerungen und Handlungsempfehlungen

Schlussfolgerungen und Empfehlungen: Plädoyer für zukunftsorientiertes innen- und außenpolitisches Handeln

Josef Braml, Thomas Risse und Eberhard Sandschneider[1]

In Räumen begrenzter Staatlichkeit bilden sich Governance-Strukturen heraus, die sich von westlicher konsolidierter Staatlichkeit unterscheiden, aber dennoch dazu beitragen können, die öffentliche Sicherheit aufrechtzuerhalten, die Grundversorgung der Bevölkerung zu gewährleisten und sogar rechtsförmige Institutionen entstehen lassen.[2] Wer wie die Herausgeber dieses Bandes Staatlichkeit funktional, als fortwährenden Prozess begreift, die Schwierigkeiten westlicher »Staatenbauer« mit berücksichtigt, auf Dauer innenpolitische Unterstützung und Ressourcen für ihre Auslandseinsätze zu mobilisieren, und die damit zusammenhängende Handlungsunfähigkeit inter- und supranationaler Organisationen erkennt, kommt zu folgenden fünf pragmatischen Empfehlungen, die weiter unten detaillierter ausgeführt werden:

1. Wir sollten uns nicht anmaßen, unsere westlichen Demokratievorstellungen auf prekäre Staaten zu projizieren und zu versuchen, bestehende Machtstrukturen vor Ort im Schnellverfahren zu transformieren. Um der Sicherheit und Stabilität willen ist es zweckdienlicher, endogene Governance-Prozesse zu unterstützen und so zu beeinflussen, dass die Chancen für inklusive und legitime Staatswerdung steigen. Also: Governance-Unterstützung statt Statebuilding!
2. Diese auf mehreren Ebenen (national, regional und lokal) angelegte und auf semistaatliche Bildungseinrichtungen, Krankenhäuser, Gewerbe-, Agrarunternehmen, Banken etc. ausgerichtete Entwicklungszusammenarbeit braucht einen langen Atem. Wir sollten auch die Signalwirkungen von Abzugsterminen bedenken und uns nicht aus der Affäre ziehen, indem wir mit zu schnellen Wahlen pseudodemokratische Fassaden errichten.
3. Eine ressortübergreifende politische Infrastruktur und eine fortwährende Debatte über eine nationale Strategie im europäischen Kontext würden der deutschen Politik helfen, sich über die eigenen Interessen, Werte und erreichbaren Zielsetzungen zu verständigen und diese legitimationsstiftend zu kommunizieren.

---

1 Die Herausgeber stützen sich bei ihren Schlussfolgerungen und Empfehlungen (teilweise auch im Wortlaut) auf die zentralen Ergebnisse ihrer Kolleginnen und Kollegen, die in ihren Beiträgen Teilaspekte analysiert haben, ohne dass diese immer explizit genannt bzw. zitiert werden.
2 Vgl. Thomas Risse und Ursula Lehmkuhl (Hrsg.), Regieren ohne Staat? Governance in Räumen begrenzter Staatlichkeit, Baden-Baden 2007; siehe auch Andreas Mehler, Oligopolies of Violence and Non-State Actors, Hamburg 2009; Jutta Bakonyi, Stephan Hensel und Jens Siegelberg (Hrsg.), Gewaltordnungen bewaffneter Gruppen. Ökonomie und Herrschaft nichtstaatlicher Akteure in den Kriegen der Gegenwart, Baden-Baden 2006; Klaus Schlichte, In the Shadow of Violence, Frankfurt am Main 2009; Heather Deegan, Africa Today. Culture, Economics, Religion, Security, London und New York, NY, 2008.

4. Ein zielgruppenspezifisches Kommunikationskonzept ist dringend geboten: gegenüber der eigenen Bevölkerung, den Verbündeten, aber auch in den Einsatzgebieten. Denn wenn deutsche Politiker sich davor scheuen, ihr Vorgehen von sich aus zu erklären, laufen sie weiterhin Gefahr, von anderen definiert, gebrandmarkt und in ihrem Handeln festgelegt zu werden, die öffentlichkeitswirksamer ihre Interessen vertreten – und seien es auch »nur« die auf Negativmeldungen fixierten Medien.
5. Deutsche und europäische Politik könnten schließlich ihre Potenziale – multilaterale Strukturen mitzugestalten und damit weitere vom Zerfall bedrohte Staaten zu stabilisieren bzw. zu entwickeln – besser nutzen, wenn sie präventiv handelten.

Am westlichen Wesen ...

Governance-Exportversuche westlicher Staaten oder der internationalen Gemeinschaft müssen sich auf die Bedingungen begrenzter Staatlichkeit einstellen, wenn sie nicht weiterhin scheitern sollen. Damit ist kein Verzicht auf die Förderung von Menschenrechten und Demokratie gemeint; gleichwohl sollten wir uns davor hüten, Institutionen westlicher Prägung ohne Rücksicht auf die lokalen Gegebenheiten aufbauen zu wollen.

Anders als es der mit westlichen Vorstellungsinhalten geladene Begriff Staatszerfall suggeriert, gibt es in den meisten Fällen kein Machtvakuum, sondern letztlich regiert immer irgendwer: seien es ethnische Gruppen, religiöse Autoritäten, Stammeschefs, Warlords oder Milizkommandeure. Mit ihnen müssen sich externe Akteure ins Benehmen setzen. Das ist leichter gesagt als getan, etwa in Afghanistan, wo Machtverhältnisse von Provinz zu Provinz, manchmal sogar von Dorf zu Dorf, wechseln und für Außenstehende oft undurchschaubar sind.

Allerdings ist auch vor einer falsch verstandenen Realpolitik zu warnen: Auf eine langfristig verbesserte Akzeptanz und damit Legitimation des Staates in diesen Räumen begrenzter Staatlichkeit kann nur hoffen, wer dafür sorgt, dass partikulare, teils kriminelle Interessen Schritt für Schritt hinter Regelgebundenheit, Transparenz und Entwicklungsorientierung zurücktreten. Indem zum Beispiel Provinzräte oder Dorfentwicklungsräte auch in ländlichen Gebieten eingebunden werden, kann deren Handeln stärker am Gemeinwohl orientiert und transparenter gemacht werden.

... kann die Welt nicht genesen

Mit dem Eingreifen Externer können diese lokalen Macht- und Kräfteverhältnisse verändert und damit die Pfründe der Protagonisten vor Ort bedroht werden, was meistens gewalttätige Gegenwehr hervorruft. Selbst im günstigeren Fall, wenn Teile lokaler Eliten kooperieren wollen, kann eine Rentiermentalität entstehen und damit die Abhängigkeit von externen Zuflüssen verstärkt werden. Indem sich internationale Akteure vorbehalten, wichtige Entscheidungen selbst zu treffen, werden die lokalen Autoritäten politisch aus der Verantwortung genommen. Misserfolge sind oft Waisen, sie werden internationalen Helfern zugeschoben;

Erfolge haben hingegen meist viele (Stammes-)Väter: Die kooptierten lokalen Eliten verstehen es häufig gut, solche Arrangements für sich zu nutzen. Als Schleusenwärter, die den Zufluss externer Hilfslieferungen koordinieren, können sie ihre Stellung in den eigenen Netzwerken und Gemeinschaften stärken. Das ist dann die vertraute Form von Patronage und Klientelismus mit anderen, internationalen Hilfsmitteln. Damit werden traditionelle, oftmals informelle Strukturen gestärkt. Zwar wird so Stabilität erkauft; diese Praxis führt aber oft nicht zu den zivilgesellschaftlichen, transparenten, demokratischen und marktwirtschaftlichen Prozessen, die internationale Helfer anstoßen wollen, um das Land zu reformieren.

Zunächst stabilisieren, dann reformieren

In den meisten Fällen prekärer Staatlichkeit geht es in erster Linie darum, fragile Strukturen zu stabilisieren und / oder zu transformieren. Das ist eine Gratwanderung, denn zwischen beiden Ansätzen besteht, wie Ulrich Schneckener in seinem Beitrag ausführt, ein schwer auflösbares Spannungsverhältnis: »Einerseits darf die Stabilisierung von Strukturen nicht dazu führen, jene Akteure in Staat und Gesellschaft zu stärken, die kein oder nur ein geringes Interesse an einer umfassenden Neuordnung haben. Andererseits sollten notwendige Reformschritte – die mitunter in die Besitzstände von herrschenden Eliten eingreifen – das Land nicht in einer Weise destabilisieren, dass sich die Zustände weiter verschlechtern und Staatlichkeit weiter erodiert.«

Besonders heikel ist die Frage, wie mit parastaatlichen Strukturen umgegangen werden soll. Häufig sind diese – wie in Afghanistan oder in der Demokratischen Republik (DR) Kongo – zumindest zeitweise an die Stelle von staatlichen Institutionen getreten oder existieren parallel dazu. Zwar bieten sie eine gewisse Stabilität, verhindern aber, dass gesamtstaatliche Strukturen entstehen können. Von der Zentralregierung abgekoppelt, verfügen sie über ein lokal begrenztes Gewaltmonopol, um ihre Partikularinteressen durchzusetzen – häufig auf Kosten des gesamtstaatlichen Gewaltmonopols und des Gemeinwohls.[3]

Indem wiederum externe Akteure zu weit in staatliche Souveränitätsrechte eingreifen, erfüllen sie in protektoratsähnlichen Arrangements (zeitweise) staatliche Aufgaben. Dass diese vermeintlichen Zwischenlösungen auch nicht unproblematisch sind, belegen die Fallbeispiele Bosnien-Herzegowina und Kosovo in diesem Band. Internationale Interventionen können den politischen Willen vor Ort nicht ersetzen und in vieler Hinsicht sogar kontraproduktiv wirken.

Funktionieren könnte hingegen so genanntes Statebuilding Light, ein selektives, stabilitätsorientiertes Statebuilding.[4] Dabei geht es erst einmal darum, die Zielländer sicherheitspolitisch zu stabilisieren. Diese begrenzten Eingriffe bedrohen zunächst nur in geringem Maße die örtlichen Herrschaftsstrukturen und rufen dementsprechend weniger gewalttätigen Widerstand hervor als ehrgeizigere

---

3 Siehe u. a. Andreas Mehler, Legitime Gewaltoligopole – eine Antwort auf strukturelle Instabilität in Westafrika? (Institut für Afrika-Kunde, Focus Afrika, Nr. 22), Hamburg 2003.

4 Ausführlicher dazu Lars Brozus, Statebuilding in der Legitimitätskrise: Alternativen sind gefragt (SWP-Aktuell Nr. 52/10), Berlin, Juni 2010.

Versuche des Nationbuilding, das heißt die Zielsetzung, eine Machtstruktur zu transformieren. Wenn diese begrenzten, stabilitätsorientierten Eingriffe gegenüber den lokalen Eliten und Bevölkerungen unmissverständlich kommuniziert werden, kann Widerstand und Enttäuschungen (nicht zuletzt auch in der eigenen Bevölkerung) vorgebeugt werden.

Statebuilding Light bedeutet keinesfalls, auf die Förderung von Menschenrechten und von rechtsstaatlichen Strukturen zu verzichten. Wer lediglich staatliche Kapazitäten und administrative Strukturen aufbauen hilft, stabilisiert ungewollt die bestehenden Herrschaftsstrukturen – und stärkt damit repressive, korrupte und unter Umständen auch kleptokratische Regime. Afghanistan ist wiederum ein abschreckendes Beispiel für westliches Statebuilding, das am Ende die Korruption der Zentralregierung nur noch effektiver macht.

In einem nächsten Schritt könnten dann – anknüpfend an bestehende Governance-Strukturen – Kapazitäten und Institutionen aufgebaut werden. Denn Governance umfasst ein breites Institutionenspektrum auf mehreren Ebenen (national, regional und lokal) über den engeren Bereich des Staatsapparats (Exekutive inklusive Armee und Polizei, Parlament, Gerichtswesen[5]) hinaus auch politische Parteien und zivilgesellschaftliche Mittlerorganisationen sowie öffentlich geführte oder geförderte semistaatliche Bildungseinrichtungen, Krankenhäuser, Gewerbe- oder Agrarunternehmen und Banken.[6] Damit lassen sich alternative Anreizsysteme schaffen, um andere, gesamtstaatliche Loyalitäten zu erwirken. Eine größere Akzeptanz des Staates und seiner Institutionen kann nur erreicht werden, wenn dieser in der Fläche über kompetente und verlässliche Funktionsträger verfügt, die bedarfsgerecht und diskriminierungsfrei staatliche Dienstleistungen bereitstellen. Entwicklungszusammenarbeit kann hier positive endogene Prozesse zwischen der jeweiligen Gesellschaft und dem Staat bzw. zwischen konkurrierenden Gesellschafts- und Elitegruppen unterstützen. Investitionsvorhaben müssen – wenn sie nachhaltig sein sollen – solide geplant und umgesetzt werden. Reformprozesse brauchen Zeit, langen Atem und »strategische Geduld«.[7]

Doch in fast allen Friedenseinsätzen hat die internationale Gemeinschaft versucht, möglichst schnell Wahlen abzuhalten. Natürlich sollten wir langfristig darauf hinarbeiten, dass internationale Friedensmissionen zu demokratisch legitimierten Staatsformen führen. Doch wer wie der außenpolitische Sprecher der FDP-Bundestagsfraktion Rainer Stinner Lehren aus den bisherigen

---

5 In Übergangsgesellschaften, die durch Zeiten heftiger Krisen oder gewaltsamer Konflikte gehen, soll internationale Strafgerichtsbarkeit dabei helfen, ihre schwierige Vergangenheit aufzuarbeiten. Damit wird ein Anreiz für prekäre Staaten geschaffen, selbst effektive rechtsstaatliche Strukturen aufzubauen. Der Internationale Strafgerichtshof ist daher ein wichtiges Instrument zur Stabilisierung prekärer Staaten, indem er sowohl an der normativen wie institutionellen Stabilisierung der Gesellschaften und ihrer staatlichen Ordnungen ansetzt, lautet das Fazit von Nicole Deitelhoff in diesem Band.

6 Siehe insbesondere den aufschlussreichen Beitrag von Hubert Knirsch, der die verschiedenen Instrumente und die Ordnungsfunktion internationaler Finanzinstitutionen erläutert.

7 Hier lohnt es sich, so Friedel H. Eggelmeyer vom Bundesentwicklungsministerium (BMZ) in seinem Beitrag, den Vergleich zu grundlegenden Reformvorhaben in Deutschland oder anderen Industrieländern – die zudem über weitaus günstigere Rahmenbedingungen verfügen – zu ziehen. Auch mit massivem Ressourceneinsatz könne kurzfristig nichts erkauft und noch weniger erzwungen werden.

Friedenseinsätzen zieht, weiß, dass zu frühe Wahlen den Stabilisierungsprozess behindern können. Das gilt vor allem dann, wenn es sich um ethnisch, religiös oder politisch tief gespaltene Gesellschaften handelt, in denen strukturelle Mehrheitsverhältnisse einem Machtwechsel durch Wahlen im Wege stehen. Gerade nach kriegerischen Konflikten bestehen bei zu frühen Wahlen zwei Gefahren: Zum einen werden Trennlinien vertieft und damit dauerhaft beibehalten, weil, wie in Bosnien-Herzegowina und Kosovo oder auch im Irak deutlich wurde, ethnisch geprägte Parteien die politische Landschaft prägen, denen allein die jeweiligen Bevölkerungsgruppen die Wahrung ihrer Interessen zutrauen. Die jeweiligen Wählergruppen treffen ihre Entscheidung auf Grund ihrer ethnischen und konfessionellen Zugehörigkeit und weniger auf der Grundlage politischer Sacherwägungen. Umgekehrt richten auch die politischen Parteien ihre Kommunikation dahingehend aus, die ethnischen Trennlinien zu verfestigen. Zum anderen kann das Vertrauen in den demokratischen Wahlprozess insgesamt geschädigt werden, wenn die Voraussetzungen für eine echte Wahl noch nicht erreicht sind. Schnelle Wahlen dienen jedoch der internationalen Gemeinschaft dazu, ihren Bevölkerungen zu Hause Potemkinsche Staaten mit demokratischen Fassaden zu demonstrieren, um mit derartigen »Erfolgen« ihre Abzugsperspektiven glaubhafter zu machen.

Vorsicht: Signalwirkungen von Abzugsperspektiven

Demokratische Regierungen kommen nicht darum herum, auch auf das Ende des Engagements hin zu planen und diese an klaren Kriterien, so genannten Benchmarks, festzumachen. Das sind sie der eigenen Öffentlichkeit schuldig. Gleichzeitig ist aber darauf zu achten, dass man sich nicht auf konkrete Abzugstermine festlegt – schon um die Signalwirkungen vor Ort zu vermeiden.

Die westliche Gemeinschaft steht hier vor einem nur schwer auflösbaren Dilemma: Einerseits bedürfen – vor allem militärische – Interventionen in Räumen begrenzter Staatlichkeit der ständigen öffentlichen Legitimation angesichts einer skeptischen Bevölkerung zu Hause. Interventionen ohne Endperspektive sind damit schwer vermittelbar. Andererseits haben solche Abzugstermine in den Räumen selbst fatale Signalwirkungen, weil sich alle lokalen Beteiligten einschließlich der Gewaltakteure darauf einstellen können.

Wer als Einheimischer mit westlichen Entwicklungshelfern »kollaboriert«, läuft Gefahr, früher oder später von der internationalen Gemeinschaft im Stich gelassen zu werden und im schlimmsten Fall später schutzlos zu sein oder um das Leben seiner Angehörigen fürchten zu müssen. Diese Perspektive ist auch lokalen Gewaltakteuren bewusst; sie können die Präsenz der internationalen Gemeinschaft beobachtend aussitzen und ihr Pulver trocken halten.

Lokale und externe Helfer haben ebenfalls unterschiedliche Zeithorizonte im Blick. Nicht selten gibt es Wahrnehmungsunterschiede zwischen jenen, die mit den Schwierigkeiten vor Ort zu kämpfen haben, und jenen, die in den Regierungszentralen bzw. den internationalen Bürokratien die notwendige personelle und finanzielle bzw. politische Unterstützung für Stabilisierungseinsätze organisieren müssen. Die Helfer vor Ort wollen nachhaltige, längerfristige

Arbeit leisten, während das Engagement externer Entscheidungsträger in den Hauptstädten durch Projektmittel, Budgets oder Mandate sowie durch Wahlzyklen und bröckelnde Unterstützung der eigenen Bevölkerung zeitlich begrenzt ist.

Die schlechteste Lösung wäre sicherlich ein überstürzter Abzug, wie in Somalia, der zu Elend und Zerstörung führte. Die Vorstellungen von kurzen, schnell zu erledigenden Einsätzen, wie sie noch im Vorfeld der Balkan-Einsätze vorhanden waren, haben sich als unrealistisch herausgestellt. Bei jedem (künftigen) Einsatz muss also gut überlegt werden, ob das Engagement längerfristig zu rechtfertigen sein wird, und strategisch geplant werden, welche zur Verfügung stehenden Instrumente kooperativ am effizientesten, das heißt im multilateralen Rahmen, eingesetzt werden können.

Notwendige Kooperation und Koordination …

Die zahlreichen an Stabilisierungsmaßnahmen beteiligten externen Akteure haben eigene, durch ihre spezifischen Mandate und politischen Kulturen bedingte Vorstellungen davon, wie »Friedenseinsätze« betrieben werden sollten, welche Projekte Priorität haben, welche kurz- bis mittelfristigen Ziele anzusteuern und wie diese zu erreichen sind. Hinzu kommt, dass die meisten Staaten keine umfassenden Strategien (Stichwort: zivil-militärische Zusammenarbeit[8] im Sinne eines umfassenden Ansatzes)[9] entwickeln sowie Schwierigkeiten bei der Planung konkreter Maßnahmen und beim Vorhalten von Ressourcen haben. Auch Deutschland bildet hier keine Ausnahme. Doch was in den Hauptstädten an Koordination versäumt wird, überträgt sich meistens in Kompetenzwirrwarr vor Ort.

… auf nationaler Ebene

Deutschland hat sich an Auslandseinsätzen vorwiegend beteiligt, weil es sich von anderen aus Solidaritätsgründen dazu gedrängt fühlte; ein eigenes Konzept ist bislang nicht erkennbar. Zuweilen lobt man sich in Berlin dafür, dass man die Amerikaner mit dem »umfassenden Ansatz« eines Besseren belehrt habe, verkennt dabei aber, dass selbst auf nationaler Ebene der Anspruch Deutschlands, bei Stabilisierungs- und Friedenseinsätzen einen gesamtstaatlichen oder gar vernetzten Ansatz zu verfolgen, von der Wirklichkeit noch weit entfernt ist: Die in diesem Feld tätigen Ressorts folgen zum Teil unterschiedlichen Leitbildern, zum Teil arbeiten sie an der Umsetzung widersprüchlicher Konzepte, wie die Ausführungen von Stefan Mair deutlich machen.

Zwar gäbe es ein Organ, das dafür prädestiniert wäre, Unstimmigkeiten zwischen den Ressorts auszuräumen und einen gesamtstaatlichen Ansatz vorzugeben: den Bundessicherheitsrat. Dieses Gremium – ein Kabinettsausschuss der Bundesregierung für sicherheitspolitische Fragen – hat sich seit den 1980er Jahren im Wesentlichen auf Rüstungsexportfragen beschränkt. Trotz einer gewissen

---

8 Für ein »grundsätzlich anderes Sicherheitsverständnis« siehe den Beitrag des außenpolitischen Sprechers der Bundestagsfraktion Die Linke Wolfgang Gehrcke in diesem Band.

9 Grundlegender zu den konzeptionellen und praktischen Schwierigkeiten der zivil-militärischen Zusammenarbeit siehe den Beitrag von August Pradetto in diesem Band.

Aufwertung und Erweiterung 1998 hat es das Gremium nach Einschätzung vieler Beobachter nach wie vor nicht geschafft, die außenpolitisch relevanten Ressorts zu koordinieren. Um die Handlungsinstrumente im Bereich der Krisenprävention, der Entwicklungspolitik, der zivilen und militärischen Krisenbewältigung besser zu koordinieren, sollte dieses Gremium ausgebaut oder ein anderes ressortübergreifendes Instrumentarium zur Politikoptimierung etabliert werden. Die Federführung sollte entweder im Auswärtigen Amt oder, noch besser, im Bundeskanzleramt angesiedelt werden.[10] Auch nach Empfehlung des im Feldeinsatz erprobten Abgeordneten (Oberst a. D.) Roderich Kiesewetter von der CDU/CSU-Bundestagsfraktion sollte auf Ebene der Exekutive, namentlich des Bundeskanzleramts, ein übergreifender Lage-, Koordinierungs- und Entscheidungsstab eingerichtet werden. Dieser Stab könnte mit einem Berater für Nationale Sicherheit (BNS) verknüpft werden, um vier wichtige Aufgaben zu erfüllen. Damit könnte, erstens, die Beteiligung Deutschlands an laufenden internationalen Einsätzen besser koordiniert werden. Zweitens könnten die für Räume begrenzter Staatlichkeit ausschlaggebenden internationalen Entwicklungen, zum Beispiel Migration, Ressourcen oder Technologien, beobachtet und analysiert werden. Eine Verbesserung der internen Expertise würde zudem, drittens, die Kooperation mit externen Think-Tanks im In- und Ausland fördern, um die Trends noch besser einschätzen zu können. Schließlich könnte, viertens, dieser Stab einen wertvollen Beitrag für eine nationale Kommunikationsstrategie leisten, geht es doch darum, die komplexen Einsätze und gemeinsamen Interessen den Bevölkerungen im In- und Ausland – im Einsatzgebiet und gegenüber verbündeten Staaten – zu vermitteln. Eine derartige Koordinationsleistung wäre erforderlich, um auch künftig mit anderen Regierungen wie jenen der USA und Großbritanniens gesprächsfähig zu bleiben, die ihrerseits versuchen, umfassende Strukturen zu etablieren.

Bislang gibt es nur bei der Koordination einzelner Einsätze erste Fortschritte. Noch im Frühjahr 2009 scheiterte das Auswärtige Amt mit dem Versuch, aus seinen Reihen einen Afghanistan-Koordinator der Bundesregierung zu benennen. Mittlerweile konnte sich die neue Bundesregierung auf einen gemeinsamen Beauftragten verständigen, der nicht nur die Arbeit der Ressorts besser koordiniert, sondern auch Berlin gegenüber den Afghanistan-Koordinatoren internationaler Organisationen und anderer Staaten vertritt.

Die deutsche Außen- und Sicherheitspolitik verfügt – unter anderem aufgrund der fehlenden institutionellen Voraussetzungen – noch nicht über ein Dokument, dem bescheinigt werden könnte, ein nationales Strategiekonzept zu sein. Zuweilen wird argumentiert, die Bundesregierung bedürfe eines solchen auch nicht, da es die Europäische Sicherheitsstrategie gebe. Darin bekennt sich die EU dazu, dass sie militärische Mittel aktiv einsetzen wolle, um ihre strategischen Ziele zu erreichen, insbesondere um Krisen zu verhüten oder zu bewältigen.[11] Doch wie auch in anderen Bereichen der EU-Sicherheitsstrategie wird diese Aussage nicht ope-

---

10 Weiterführende Anregungen gibt: Fritjof von Nordenskjöld, Alle Macht dem Kanzler. Plädoyer für eine effizientere außenpolitische Struktur der Bundesregierung, in: Internationale Politik (September/Oktober 2009), S. 92–95.
11 Ein sicheres Europa in einer besseren Welt. Europäische Sicherheitsstrategie, Brüssel 2003, S. 11.

rationalisiert. Die Europäische Sicherheitsstrategie kann deshalb eine nationale nicht ersetzen. Deshalb sollte eine nationale Strategie erarbeitet werden, die mit dem europäischen Rahmen vereinbar ist und ihn bestenfalls weiterentwickelt.

Am nächsten kommt einer nationalen Sicherheitsstrategie in Deutschland das Weißbuch der Bundesregierung, das zuletzt 2006 überarbeitet wurde. Sinngemäß heißt es darin, dass sich Deutschland an internationalen Stabilisierungseinsätzen beteiligen solle, um prekäre Staaten zu stabilisieren: »Grenzüberschreitende Risiken sowie inner- und zwischenstaatliche Konflikte fordern Deutschland auf neue Weise. Deshalb gilt es Risiken und Bedrohungen für unsere Sicherheit vorzubeugen und ihnen rechtzeitig dort zu begegnen, wo sie entstehen.«[12]

Doch die Bundeswehr ist (noch) nicht hinreichend für diese neuen Aufgaben gerüstet. Nach wie vor klafft eine große Lücke zwischen der Lageanalyse asymmetrischer Bedrohungen durch nichtstaatliche Akteure und der Praxis der Streitkräftebeschaffung und Ausrüstung, die noch überwiegend auf Szenarien zwischenstaatlicher Auseinandersetzungen des Kalten Krieges ausgerichtet sind. Die Bundeswehr braucht eine sinnvolle Investitionspolitik, die den gewandelten strategischen Umständen prekärer Staatlichkeit Rechnung trägt. Auch um mit seinen Bündnispartnern interoperabel zu bleiben, sollte künftige Streitkräfteplanung stärker die gebotenen Stabilisierungsaufgaben in den Blick nehmen, statt sich auf inzwischen unwahrscheinlichere zwischenstaatliche Kriege in Europa einzustellen. Vor diesem Hintergrund wirkt im Übrigen die Auseinandersetzung um die Abschaffung bzw. Aussetzung der Wehrpflicht eigenartig provinziell; die deutsche Diskussion ist im Ausland kaum nachzuvollziehen.

... auf internationaler Ebene

Die deutschen Beiträge zu Friedens- und Stabilisierungseinsätzen werden fast ausschließlich im multilateralen Rahmen geleistet. Bei den Auslandseinsätzen deutscher Soldaten dominiert der NATO-Rahmen, im großen Abstand gefolgt von EU- und UN-geführten Einsätzen. Die Feststellung des Bündnisfalles nur einen Tag nach den Terroranschlägen vom 11. September 2001 war mehr als eine bloße Solidaritätsbekundung mit den Vereinigten Staaten: Durch die Ausrufung der kollektiven Beistandsverpflichtung wurde die NATO zum globalen Akteur. Doch anders als im Kalten Krieg, als die sowjetische Bedrohung für die NATO-Verbündeten politische und militärische Zwänge sowie Solidarität schuf, werden laut Einschätzung von Michael Rühle die neuen Bedrohungen durch den internationalen Terrorismus und gescheiterte Staaten von den Verbündeten unterschiedlich bewertet. Mangels einer gemeinsamen Bedrohungswahrnehmung ist es schwierig, sich auf eine neue Raison d'être der Allianz zu einigen und Ressourcen für die neuen Aufgaben zu generieren. So kommen Versuche der NATO, mit so genannten Response Forces effektive militärische Strukturen aufzubauen, nur im Schneckentempo voran.

Ebenso musste die EU immer wieder ihre ambitionierten Ziele zurückschrauben. Das ursprünglich an der Kosovo-Mission orientierte Headline Goal von 60 000 einsatzfähigen Soldaten blieb unerfüllt. 2003 beschloss die EU, 17 kleinere

---
12 Bundesministerium der Verteidigung, Weißbuch 2006, Berlin 2006, S. 23, S. 62.

Einheiten, die Battle Groups, im Umfang von jeweils 1500 Mann zu bilden, die innerhalb von fünf bis zehn Tagen für eine Dauer von 30 Tagen einsatzfähig sein sollen – bislang aber noch nicht zum Einsatz gekommen sind.[13]

Die Europäische Union bräuchte dringend eine besser koordinierte Verteidigungs- und Militärpolitik. Abstimmungsbedarf gibt es vor allem im Brüsseler Institutionengefüge. Nach Einschätzung von Henning Riecke behindert die mangelhafte interne Koordination zwischen dem Rat und der Kommission die EU, kohärent gegenüber prekären Staaten aufzutreten. Mit den Instrumenten des Vertrags von Lissabon, so die Hoffnung des Jahrbuchautors, könne die EU nun für mehr Kohärenz in ihrer Außenpolitik sorgen.

27 nationale Armeen mit zusammen rund zwei Millionen Soldaten sind nicht nur wenig sinnvoll und nicht mehr zeitgemäß – sie sind auch zu teuer. Nicht jede Armee muss in Zukunft alles können; doch bisher ist es nicht gelungen, die nationalen Universalarmeen im Rahmen der Gemeinsamen Sicherheits- und Verteidigungspolitik (GSVP) zu verzahnen.[14] Wenn Ressourcen gebündelt, Fähigkeiten koordiniert und redundante Waffen- und Ausrüstungssysteme überprüft würden, könnte bei gleicher oder erhöhter Schlagkraft viel Geld eingespart werden.[15] Frankreich hat während seiner EU-Ratspräsidentschaft 2008 versucht, dieses Thema zu forcieren. Durch die allseits angespannte Finanzlage in den europäischen Hauptstädten dürfte der Handlungsdruck zugenommen haben, Strukturen und Prozesse zu rationalisieren. Ein Teil der Einsparungen wäre aber auch nutzbar, um moderne Ausrüstung zu beschaffen oder um zivile, politische und diplomatische Maßnahmen zu finanzieren, die nicht minder wichtig sind.

Um ihr »Civilian Headline Goal« zu erfüllen, bemüht sich die EU seit 2004, ihre personellen und planerischen Kapazitäten für zivile Maßnahmen in Krisengebieten auszubauen, um für den Aufbau von Rechtsstaatlichkeit und ziviler Verwaltung, Überwachungsmissionen und Polizeiaufgaben gerüstet zu sein. Für EU-Polizeimissionen sollen die Mitgliedstaaten freiwillig Polizisten bereitstellen, die auf die besonderen Anforderungen im Auslandseinsatz vorbereitet sein müssen. Doch nur wenige Staaten haben zentral geführte, paramilitärische Polizeikräfte, wie etwa die französische Gendarmerie oder die italienischen Carabinieri, die im Regierungsauftrag entsendet werden können.[16] Dies ist eine skandalöse Situation angesichts der Gefahren in Räumen begrenzter Staatlichkeit. Weitaus wichtiger als die militärische Bekämpfung von Gewaltakteuren ist in den meisten prekären Staaten die Ausbildung örtlicher Polizeikräfte, um rechtsstaatlich gebundene öffentliche Sicherheit herzustellen. Dahingehend hat in Afghanistan

---

13 Vgl. Karl-Heinz Kamp, Europäische »Battle Groups« – ein neuer Schub für die ESVP? (Konrad-Adenauer-Stiftung, Analysen und Argumente Nr. 15), Berlin 2004.

14 Eine Übersicht und Handlungsanleitungen bietet das International Institute for Strategic Studies, European Military Capabilities. Building Armed Forces for Modern Operations, London 2008.

15 Diese »militärische Revolution« fordern schon seit Jahren Gilles Andréani, Christoph Bertram und Charles Grant, Europe's Military Revolution, London 2001; vgl. auch Michael Küllmer, Die Umgestaltung der europäischen Streitkräfte, Baden-Baden 2008.

16 Siehe vor allem den Beitrag von Carlo Masala in diesem Band. Ausführlicher zu den großen Unterschieden bei der Ausstattung, Ausbildung und Planung der einzelnen EU-Staaten im Bereich ziviles Personal (inklusive Polizei) siehe Daniel Korski und Richard Gowan, Can the EU Rebuild Failing States? A Review of Europe's Civilian Capabilities, London 2009.

die internationale Gemeinschaft einschließlich der Bundesrepublik Deutschland bisher kollektiv versagt.

Auch die NATO wird künftig auf diese zivilen Ressourcen angewiesen sein. Im Rahmen der Debatte um das neue strategische Konzept der Allianz wurde unter anderem diskutiert, ob das Bündnis sich selbst zivile Kapazitäten schaffen soll. Die USA drängen seit geraumer Zeit darauf, dass der NATO jene zivilen Kapazitäten zur Verfügung gestellt werden, welche die EU-Staaten bereits innerhalb der Union entwickeln.[17] Dieser pragmatische Vorschlag dreht die bisherige »Berlin-Plus«-Debatte, in der es um NATO-Ressourcen für die EU ging, ins Gegenteil und fragt danach, was insbesondere die GSVP für die NATO leisten und wie sie damit zu einer verbesserten Kooperation beitragen kann.[18] Doch zwischen den beiden Organisationen bestehen nur rudimentäre Kooperationsbeziehungen. So behindern unter anderem die Türkei und Griechenland den ohnehin gestörten politischen Dialog zwischen EU und NATO. Die NATO-EU-Beziehungen sind von der angestrebten »strategischen Partnerschaft« noch weit entfernt.

Auch ein Teil der UN-Bürokratie steht der NATO skeptisch gegenüber. Ob die Unterzeichnung der lange vorbereiteten NATO-UN-Erklärung im September 2008 doch noch einen positiven Signalcharakter für andere Akteure zeitigen wird, bleibt weiterhin abzuwarten.[19] Bereits davor, 2007, haben die EU und die Vereinten Nationen regelmäßige Konsultationen vereinbart, um rechtzeitig über mögliche Einsatzanfragen unterrichtet zu sein.

Zunächst bestünde innerhalb der Vereinten Nationen selbst Koordinationsbedarf. Doch anstatt Integrationsdefizite zu überwinden, so die Beobachtung von Winrich Kühne, werden die Planungs-, Entscheidungs- und Führungsprozesse eher komplizierter gemacht. Es ist allerdings nicht das UN-Sekretariat, sondern es sind der Sicherheitsrat, die Generalversammlung und ihre Gremien, also letztlich die UN-Mitgliedstaaten, die diesen Missstand maßgeblich zu verantworten haben. Die meisten von ihnen, insbesondere die Ständigen Mitglieder des Sicherheitsrats, haben an effektiven, tief greifenden Reformen kein Interesse.

Dennoch gibt Kühne jenen Militärs und Sicherheitspolitikern, die sich gerne abfällig über die »Ineffektivität der UN-Einsätze« (etwa im Vergleich zu denen der NATO oder der EU) auslassen, in seinem Beitrag zwei Erkenntnisse zu bedenken: Erstens korreliere die seit ungefähr Mitte der 1990er Jahre abnehmende Zahl der Konflikte und kriegsbedingter Toten (und zwar um Millionen, ganz anders als es die Massenmedien suggerieren) mit dem verstärkten internationalen Ressourceneinsatz bei Konfliktmanagement-, Friedens- und Peacebuilding-Missionen.[20] Zweitens seien die Kosten für jeden UN-Blauhelm im Vergleich

---

17 Vgl. James Dobbins, NATO Peacekeepers Need a Partner, in: International Herald Tribune, 30.9.2005.
18 Vgl. Helga Haftendorn, Für einen neuen strategischen Dialog im Bündnis. Dialogfähigkeit als Anpassungsaufgabe der NATO, in: Henning Riecke (Hrsg.). Die Transformation der NATO. Die Zukunft der euroatlantischen Sicherheitskooperation, Baden-Baden 2007, S. 141–174.
19 Vgl. Michael F. Harsch, Janka Oertel und Johannes Varwick, UN-NATO-Erklärung: Wenig Lärm um (fast) nichts, in: Vereinte Nationen, 57 (2009) 1, S. 10.
20 Dies belegen: Michael W. Doyle und Nicholas Sambanis, Making War and Building Peace: United Nations Peace Operations, Princeton 2006; Human Security Brief 2006, S. 18–20, <http://www.hsrgroup.org/docs/Publications/HSB2006/2006HumanSecurityBrief-FullText.pdf> (abgerufen am 17.8.2010); Human Security Report 2005 und 2009 (Oxford); Paul Collier und Anke Hoeffler, The Challenge of

zu denen für Soldaten, die durch die USA, die NATO oder andere NATO-Verbündete für Friedenseinsätze gestellt werden, um ein Vielfaches geringer.[21] Aus diesen Effektivitäts- und Effizienzgründen sollten UN-Instrumentarien wie das Department of Peacekeeping Operations (DPKO) und die UN-Kommission für Friedenskonsolidierung gestärkt und besser ausgestattet werden. Wer die Peacekeeping-Operationen der UN erst nicht angemessen ausrüstet, darf sich hinterher nicht über deren Ineffektivität beklagen.

Ferner sollten Regionalorganisationen dazu angehalten werden, ihrer Verantwortung besser gerecht zu werden, zumal im Falle scheiternder Staaten der Hauptteil der Kosten auf die unmittelbaren Nachbarn fällt. Doch die Beteiligung an friedenserhaltenden oder friedenschaffenden Missionen in Afrika, entweder auf der Basis eines eigenen Mandats (zum Beispiel die African Mission in Somalia/AMISOM) oder im Zuge hybrider, gemeinsam mit den Vereinten Nationen durchgeführter Missionen (wie die African Mission in Sudan/AMIS), überfordert die Afrikanische Union (AU) – logistisch wie finanziell. Die AU ist darauf angewiesen, Satelliten- und andere Aufklärungsdaten durch Dritte zu beziehen, sie muss Lufttransportkapazitäten für ihre Truppen anmieten und ist, da der African Peace Fund nicht funktioniert, größtenteils von externer Finanzhilfe abhängig. Auf absehbare Zeit, so der Jahrbuchautor Ulf Engel, wird die AU in ihrem Bemühen, eine neue Friedens- und Sicherheitsarchitektur zu etablieren, noch stark von der Zusammenarbeit mit nichtafrikanischen Akteuren abhängen.

Schließlich sollten Regionalmächte wie China, Indien und Russland mit dem Hinweis auf deren regionale Sicherheitsinteressen angehalten und mit Entgegenkommen in anderen Politikbereichen dazu bewegt werden, ihren Beitrag für eine stabile Weltordnung zu leisten. Vor allem China muss als »responsible stakeholder« eingebunden werden, die Lage in Afghanistan stabilisieren zu helfen, vor allem, indem es mäßigend auf Pakistan einwirkt. Denn nur, wenn es gelingt, Pakistan davon zu überzeugen, dass die neuen asymmetrischen Bedrohungen innerhalb seiner Grenzen für das Regime in Islamabad gefährlicher sind als eine mögliche zwischenstaatliche Konfrontation mit Indien, können militärische Kapazitäten der Grenzsicherung zu Indien freigesetzt werden, um das Regime vor terroristischen Bedrohungen im Innern zu schützen. Dabei bedarf es wohl auch geschickter Diplomatie, um den Sorgen auf pakistanischer Seite zu begegnen, dass Indien versuche, Fuß in Afghanistan zu fassen und dort Einfluss zu nehmen.

Aufgrund des Konflikts mit Pakistan verfügt Indien traditionell über gute Beziehungen zu Afghanistan. Seit der Intervention der internationalen Gemeinschaft 2001 ist Indien zu einem der größten Geber in Afghanistan geworden und hat seitdem über eine Milliarde Dollar in den Wiederaufbau des Landes investiert. Neu-Delhi ist an einer Reihe von Infrastrukturprojekten beteiligt und hat auch seine Unterstützung im Rahmen des Indian Technical and

---

Reducing the Global Incidence of Civil War, Centre for the Study of African Economics, Oxford University 2004.
21 Vgl. William J. Durch et al., The Brahimi Report and the Future of Peace Operations, The Stimson Center, Washington, DC, 2003.

Economic Cooperation (ITEC)-Programm bilaterale Hilfen für Afghanen deutlich ausgeweitet.

Auch Russland sollte ein Kooperationsinteresse haben. Zwar versuchen Geostrategen in Moskau zu verhindern, dass das durch den Untergang der Sowjetunion entstandene Machtvakuum in seiner Nachbarschaft durch andere Mächte, vor allem die USA, gefüllt wird. Doch Russland ist offensichtlich damit überfordert, einen Raum zu stabilisieren, den es als seine Einflusszone beansprucht (im so genannten nahen Ausland).[22] Um vorzubeugen, dass die Konflikte in Afghanistan seine Nachbarschaft weiter destabilisieren, sollte Russland daran interessiert sein, mit den USA die Lage zu stabilisieren. Nach dem »Neustart« der Beziehungen ging Washington auf das Angebot Moskaus ein, russisches Territorium für den Nachschub zu nutzen. US-Außenministerin Hillary Clinton befürwortete denn auch mit Nachdruck die Wiederaufnahme der Zusammenarbeit mit Russland, die nach dem Georgien-Krieg auf Drängen der Bush-Regierung auf Eis gelegt wurde. Die Außenminister der 26 NATO-Staaten beschlossen demnach, die formellen Sitzungen des NATO-Russland-Rats wieder aufzunehmen. Das sei nach Einschätzung der US-Außenministerin eine »Plattform für Zusammenarbeit« bei Themen, die im Interesse der NATO-Staaten sind, wie etwa der »Zugang zu Afghanistan«.[23]

Realistischere Ziele formulieren

Diese Entwicklung reflektiert ein Umdenken der westlichen Führungsmacht. Wollte sie zunächst – insbesondere in der ersten Amtszeit der Regierung von George W. Bush – noch im Alleingang Demokratie nötigenfalls mit militärischen Mitteln weltweit etablieren, so ist mittlerweile die ursprünglich idealistische Euphorie realistischeren Erwägungen gewichen. Die externen so genannten Demokratisierungsbemühungen hatten, wie Henner Fürtig in seinem Beitrag zum »Regimewechsel« im Irak erläutert, von Beginn an mit einem Glaubwürdigkeitsproblem, vor allem in der muslimischen Welt, zu kämpfen. Angesichts der rapide schwindenden Unterstützung in der Bevölkerung und im Kongress versuchen die USA nicht mehr ganze Regionen zu transformieren (»Broader Middle East«), sondern vielmehr einzelne Länder zu stabilisieren, etwa Afghanistan – um den Zerfall Pakistans zu verhindern. Nach der religiös aufgeladenen, manichäischen Aufteilung in Gut und Böse ist man mittlerweile besser beraten, gangbare politische Kompromisse zu finden und sich mit kooperationswilligen Taliban-Führern zu arrangieren.

Auch in Großbritannien sind die zu Beginn der Labour-Regierung eindeutig vernehmbaren moralischen Untertöne, artikuliert vom damaligen Premier Tony Blair und seinem Außenminister Robin Cook, nun eingedämmt, wie Bastian Giegerich in seinem Beitrag aus London berichtet. Die Mischung aus Interessen und Werten, die unter Blair das Militär als »Streitmacht für das Gute« erscheinen ließ und von Beobachtern als »kriegerische humanitäre Einstellung« bewertet

---

22 Siehe dazu die Beiträge von Stefan Meister und Uwe Halbach in diesem Band.
23 Erklärung der US-Außenministerin auf der Pressekonferenz beim Treffen der NATO-Außenminister am 5. März 2009, <http://www.state.gov/secretary/rm/2009a/03/120068.htm> (abgerufen am 17.8.2010).

wurde, wird nun durch die Brille der ernüchternden Erfahrungen seit 1999 realistischer gesehen.

Auch die um die isolationistische und pazifistische Grundhaltung ihrer Bevölkerung wissenden deutschen Entscheidungsträger haben humanitäre Gründe bemüht, um das internationale Engagement zu rechtfertigen. Statt sich damit zu begnügen, Interventionen als Strategien zu begründen, die massenhaftes Sterben und Leid der Zivilbevölkerung verhindern, Gewaltkonflikte beenden und zerrüttete Gesellschaften stabilisieren sollen, haben deutsche Volksvertreter den Soldaten ein ums andere Mal sehr viel weiter reichende Missionen wie die Verbreitung von Demokratie, Recht und Entwicklung auf die Fahnen geschrieben. Doch diese hehren Ziele sind bislang verfehlt worden. Dementsprechend schwierig wird es für die politisch Verantwortlichen, ihr Statebuilding zu vermitteln.

Vielerorts wurde die Politik von den Medien aufgefordert, den juristisch und politisch motivierten Eiertanz um die Charakterisierung des Bundeswehr-Einsatzes zu beenden und ihn als »Krieg« zu bezeichnen.[24] Dabei wurde von einigen Journalisten aber auch selbstkritisch eingeräumt, dass nicht nur die Politiker, sondern auch ein Großteil der Medienschaffenden lange Zeit den Einsatz der Bundeswehr als reine »Stabilisierungsmission des friedlichen Aufbaus« verstanden haben.[25] Daraus leitete sich auch eine Art moralischer Überlegenheit gegenüber dem betont militärischen Vorgehen der Verbündeten ab. Diese Darstellungsweise blieb nicht ohne Folgen für die Stimmung in der Bevölkerung: »Es überrascht daher nicht, wenn ein Großteil der Deutschen das Engagement der Bundeswehr in Afghanistan nicht in Beziehung zur eigenen Sicherheit setzt.«[26] Dass die Bundesregierung inzwischen begonnen hat, der Bevölkerung reinen Wein einzuschenken, ist daher überfällig, wenn nicht schon zu spät.

Selbstverständnis klären

In dem Maße, wie Friedenseinsätze künftig immer mehr Kampftruppen und Menschenleben fordern, wird in den Ländern des westlichen Bündnisses an der innenpolitischen Heimatfront die Unterstützung für das internationale Engagement sinken. Das ist selbst in Nationen wie den USA, Großbritannien und Frankreich problematisch, deren Selbstverständnis und militärische Fähigkeiten bisweilen noch robustere Mandate ermöglichen. Das ist ein umso größeres Problem für »Friedensmächte« wie Japan, Kanada und Deutschland, in denen derartige Kampfeinsätze nicht dem Selbstbild des Frieden stiftenden Japaners, Kanadiers oder Deutschen entsprechen.

Besonders schwierig ist es, der deutschen Öffentlichkeit zu vermitteln, dass ihre Sicherheitsinteressen unter anderem auch am Hindukusch verteidigt werden müssen, wie es der damalige Verteidigungsminister Peter Struck formuliert hat. Die in Deutschland vorherrschende isolationistische und pazifis-

---

24 So zum Beispiel Berthold Kohler, Die Quadratur des Krieges, in: FAZ.NET, 14.9.2009, <http://www.faz.net> (abgerufen am 17.8.2010).
25 Walter Schilling, Bundeswehr im Afghanistan-Krieg, in: mut. Forum für Kultur, Politik und Geschichte, 507/Dezember 2009, S. 14–19, hier S. 16.
26 Ebd.

tische Grundhaltung der Bevölkerung kann zwar leichter überwunden werden, wenn das internationale Engagement humanitär begründet wird. Doch die Unterstützung wird umso geringer, je mehr die militärische Dimension eines Einsatzes deutlich wird, vor allem immer dann, wenn Soldaten im Kriegseinsatz fallen. Ebenso beeinträchtigen die in der militärischen Umgangssprache euphemistisch als Kollateralschäden bezeichneten zivilen Opfer das Selbstbild des deutschen Soldaten als Freund und Helfer.

Die Kluft zwischen der Öffentlichkeit und politischen Entscheidungsträgern wird insbesondere relevant, weil die Bundeswehr – wie vom Bundesverfassungsgericht wiederholt bestätigt und von den Abgeordneten unisono gefordert – ein Parlamentsheer ist.[27] Nicht selten wird – um die Unterstützung des Bundestags für eine Beteiligung an internationalen Friedensmissionen zu erreichen – ein weniger robustes und zeitlich begrenztes Mandat formuliert, das sich als ineffektiv erweist und damit weder den (Kooperations-)Erfordernissen vor Ort noch den gewünschten Erfolgskriterien im eigenen Land genügt.

Eine Grundsatzdebatte ist überfällig – so auch das Fazit von Stefan Mair, der die deutschen Friedenseinsätze in diesem Band analysiert hat: »Definiert Deutschland seinen Beitrag zu Friedens- und Stabilisierungseinsätzen vorwiegend nichtmilitärisch und ist den entsandten Soldaten der Waffeneinsatz nur für den Selbstschutz und zur Nothilfe erlaubt? Oder nähert es sich in seiner Rollenwahrnehmung dem Verständnis anderer Staaten an, für die der aktive Einsatz von militärischer Gewalt und das Führen von Krieg legitime Mittel sind, um sich nicht nur selbst zu verteidigen, sondern Aufstände zu bekämpfen, Frieden und Stabilisierung in Konfliktregionen zu erzwingen?« Die deutsche Politik sollte diese grundlegende Frage klären, nicht zuletzt auch um den Einsatz von Geld und Menschenleben gegenüber ihrer Bevölkerung zu rechtfertigen.

Legitimation durch Kommunikation: Die Bürger mitnehmen

Politische Repräsentation hat gleichermaßen zwei Aufgaben zu erfüllen: Responsivität – das Eingehen auf Anliegen der Wähler – und politische Führung. Beide Aufgaben stehen in der Regel in einem Spannungsverhältnis.[28] Für Bundeskanzlerin Angela Merkel, die das repräsentative Element der Demokratie hervorhebt, bleibt es für Regierung und Parlament wichtig, unabhängig von demoskopisch ermittelten Meinungen Entscheidungen zu fällen und dann für diese zu werben, um die Bevölkerung im Laufe der Zeit zu überzeugen. Als die Bundeswehr peu à peu weltweit mehr Verantwortung übernommen habe, sei dies gegen die Mehrheit der Deutschen erfolgt, so Merkel. Wie auch bei anderen wichtigen außenpolitischen Entscheidungen habe sich erst im Nachhinein die Haltung der Deutschen verändert, gab die Regierungschefin zu bedenken.[29]

---

27 Kritisch zur »Verfassungspolitik« des Bundesverfassungsgerichts äußert sich Robert Christian van Ooyen in diesem Band.

28 Vgl. Hannah F. Pitkin, The Concept of Representation, Berkeley, Los Angeles, CA, und London 1967, S. 209 f.

29 Angela Merkel, Rede der Bundeskanzlerin zur Vorstellung des Allensbacher Jahrbuchs der Demoskopie »Die Berliner Republik«, 3.3.2010, in: REGIERUNGonline, <http://www.bundesregierung.de/Content/DE/Rede/2010/03/2010-03-03-merkel-allensbach.html> (abgerufen am 17.8.2010), S. 2.

Nach beinahe einem Jahrzehnt Kriegseinsatz in Afghanistan und über 40 gefallenen deutschen Soldaten sowie zahlreichen getöteten Polizisten und zivilen Helfern wäre es an der Zeit, die eigene Bevölkerung über den Einsatz aufzuklären, um damit auch für Unterstützung zu werben. Wenn etwa im Oktober/November 2009 nach der (auch die Aufmerksamkeit der Medien erregenden) Bombardierung entführter Tanklastzüge bei Kunduz[30] etwa die Hälfte der Befragten angibt, vom ISAF-Einsatz zwar gehört bzw. gelesen zu haben, aber nichts Konkretes darüber zu wissen,[31] gibt es wohl noch einiges zu tun, um auch die »Bürgerinnen und Bürger in unserem Lande« mit Hintergrundinformationen über den Einsatz unserer Bundeswehr »mitzunehmen«.

Sicherlich ist das keine leichte Aufgabe. Die Auslandseinsätze deutscher Soldaten bedeuten einen dramatischen Wandel für ein Land, das nahezu vier Jahrzehnte lang in der Überzeugung lebte, dass seine Soldaten außer zur Landes- und Bündnisverteidigung niemals eingesetzt werden dürften. Die meisten Abgeordneten im Deutschen Bundestag, deren zentrale Aufgabe es sein sollte, gesellschaftliche Präferenzen zu repräsentieren und Regierungsentscheidungen (als Opposition) zu kontrollieren und (als Regierungsfraktion) zu kommunizieren,[32] haben weder das dafür erforderliche Fachwissen und die nötigen Mitarbeiterressourcen noch haben sie politische Anreize, um in ihren Wahlkreisen außenpolitische Themen zu diskutieren oder gar ihre Entscheidungen zu erklären, wenn sie Soldaten in den Krieg schicken.[33] Wenn das Erfordernis des Parlamentsvorbehalts darauf gründet, dass Repräsentanten der Gesellschaft (sprich Volksvertreter) nach bestem Wissen und Gewissen über Leben und Tod deutscher Soldaten mitentscheiden sollten, dann muss sich die politische Praxis gründlich an dieser theoretischen Grundannahme messen und sich fragen lassen, ob Wissen und Begründungszusammenhänge in jedem Fall der Reichweite der Entscheidung entsprochen haben.

»Im Bundestag sollte rasch mit einer Diskussion unserer sicherheitspolitischen Interessen begonnen werden, um eine gesamtgesellschaftliche Debatte anzuregen«, fordert Roderich Kiesewetter von der CDU/CSU-Bundestagsfraktion. Ebenso der außenpolitische Sprecher der SPD-Bundestagsfraktion: »Die Bundesrepublik führte in ihrer Geschichte bislang zwei große außenpolitische Debatten: über die Westbindung und über die Entspannungspolitik. Die eine gab dem neuen Staat Halt, die andere verschaffte ihm außenpolitischen Spielraum in Europa.« Jetzt ist es nach Dafürhalten von Rolf Mützenich an der Zeit, »grundlegend darüber zu diskutieren, was Deutschland in einer entgrenzten Welt zum Aufbau prekärer

---

30 Als der Einsatz der Internationalen Sicherheitsunterstützungstruppe (ISAF) wegen der Bombardierung entführter Tanklastzüge bei Kunduz am 4. September 2009 mit zahlreichen zivilen Todesopfern im Zentrum der Medienaufmerksamkeit war.

31 Thomas Bulmahn, Sicherheits- und verteidigungspolitisches Meinungsklima in Deutschland. Ergebnisse der Bevölkerungsbefragung Oktober/November 2009 (Kurzbericht), Strausberg 2010, S. 33 f.

32 Neben der Kontroll- ist die Kommunikationsfunktion eine der wichtigsten Funktionen moderner Parlamente: »Legitimation durch Kommunikation« – so der politikwissenschaftliche Lehrsatz von Heinrich Oberreuter, Kann der Parlamentarismus überleben? Bund–Länder–Europa, Zürich 1978 (2. Aufl.), bes. S. 44–50.

33 Vgl. Eric Chauvistré, Robuste Illusionen, in: Internationale Politik (März 2009), S. 84–95; hier S. 85 und S. 90 f.

Staaten konzeptionell und materiell beitragen kann und will.« Wer auf Dauer verhindern will, dass sich in Deutschland eine isolationistische Grundstimmung in der Außenpolitik breitmacht, muss diese Grundsatzdebatte führen. Bisher haben sich die politisch Verantwortlichen davor gedrückt und damit eine Legitimationskrise in der deutschen Außen- und Sicherheitspolitik heraufbeschworen.

Nationale Interessen wie auch das Gemeinwohl sind nicht in Stein gemeißelt. Sie stehen in demokratisch verfassten Staaten nicht a priori fest, sondern sollen durch kontroverse Debatten immer wieder aufs Neue festgelegt werden.[34] Sie sind das jeweilige Ergebnis eines laufenden pluralistischen Diskussionsprozesses. Zu diesem Zweck sollte das Weißbuch der Bundesregierung zur Sicherheitspolitik aus dem Jahre 2006 künftig jährlich fortgeschrieben werden oder noch umfassender eine Nationale Sicherheitsstrategie debattiert werden.

Dabei gäbe das Haushaltsbewilligungsrecht den Abgeordneten ein Mitspracherecht und Mitgestaltungspotenzial. Die Haushaltpolitiker sind dafür verantwortlich, die für die Auslandseinsätze erforderlichen Mittel zur Verfügung zu stellen und diese nach allgemein nachvollziehbaren Kriterien zu gewähren. Dabei könnte auch jährlich geprüft werden, ob die jeweiligen Einsätze der deutschen »Parlamentsarmee« im nationalen Interesse liegen. Ähnliche Debatten könnten mit Blick auf das Engagement von Polizeikräften sowie Regierungsorganisationen wie der Gesellschaft für Technische Zusammenarbeit (GTZ) oder des Technischen Hilfswerks (THW) im Bereich der Entwicklungspolitik und zivilen Aufbauhilfe geführt werden.

Dazu wäre es aber notwendig, entsprechend den zu verbessernden Koordinationsleistungen in der Exekutive auch die Organisation des Bundestags den neuen Problemlagen anzupassen. Analog zum Aufbau eines Stabes im Bundeskanzleramt könnte auch die Ausschussorganisation des deutschen Parlaments umorganisiert und mit zusätzlichen Mitarbeitern ausgestattet werden, um einsatzbezogene, übergreifende Ausschussarbeit leisten zu können.

Deutungsmacht der Medien berücksichtigen

Durch ihre kommunikative Zurückhaltung haben es Politiker bislang den Medien überlassen, die Agenda zu bestimmen und den Rahmen der inhaltlichen Auseinandersetzung festzulegen. Anstatt proaktiv den außenpolitischen Kontext ihrer Entscheidungen zu erklären, laufen deutsche Politiker jedes Mal aufs Neue Gefahr, dann in Krisenfällen immer nur reagierend politische Nebenkriegsschauplätze sichern zu müssen oder als Getriebene der Macht des Faktischen zu erscheinen. Damit überlässt die Politik den Medien, namentlich einer Handvoll außenpolitisch interessierter Journalisten, die Diskurshoheit und somit die Deutungsmacht über die Interessen und Werte Deutschlands.

Die von den meisten nicht direkt erfahrbare Kriegswelt wird von den Medien mit (Sprach-)Bildern definiert. Massenmediale Berichterstattung ist besonders

---

34 Vgl. Hanns W. Maull, Nationale Interessen! Aber was sind sie? Auf der Suche nach Orientierungsgrundlagen für deutsche Außenpolitik, in: Internationale Politik (Oktober 2006), S. 62–76, hier S. 76.

prägend für das Meinungsbild bei Fragen der Außenpolitik.[35] Aufgrund ihrer spezifischen Selektionskriterien sind Medien besonders an Negativmeldungen interessiert. Die alltägliche mühsame Arbeit, in den Krisengebieten Strukturen und Vertrauen aufzubauen, ist nicht medientauglich. Vielmehr dominieren Bilder von Gewalt die Nachrichten. Besonders interessant für Kommentatoren ist, wenn die Regierung (bzw. die eine oder andere Partei) Probleme hat, die eigenen Reihen zusammenzuhalten und Unterstützung in der Bevölkerung für ihre Auslandseinsätze zu erhalten.

Die dabei zu Grunde gelegten, meist von den Medien selbst finanzierten, »repräsentativen« Umfragen sind nur Momentaufnahmen, insbesondere nach Ereignissen wie dem opferreichen Angriff auf die Tanklastwagen bei Kunduz. Solche Meinungsbilder spiegeln häufig jene dramatischen Medienbilder von der Front wider, die tags zuvor gesendet oder gedruckt wurden, und sind nicht selten suggestiven Fragestellungen geschuldet.

Auch hier fehlt eine längerfristige, differenzierte Perspektive, die den häufig behaupteten »Meinungswandel« belegen könnte.[36] Die Aktualität der Medien bezieht sich bestenfalls auf unmittelbar bevorstehende, zumeist aber auf bereits erfolgte Ereignisse: wenn in Afghanistan das Kind bereits in den von deutschen Soldaten gebauten Brunnen gefallen ist. Vielmehr sollten die Redaktionen ihren Mitarbeitern die erforderliche Zeit und Geldmittel geben, die Lage vor Ort zu recherchieren und künftige Entwicklungen einzuschätzen,[37] um faktengestützt Politik und Öffentlichkeit als Frühwarnsystem zu dienen.

Vorausschauen und vorbeugend handeln

Die eigentliche strategische Herausforderung für die Politik besteht darin, vorbeugend zu handeln, das heißt drohende Erosionsprozesse in prekären Staaten zu erkennen und zu stoppen oder zumindest abzufedern. Gelegenheit dazu hätte sie: Obwohl es in den vergangenen Jahren gelungen ist, in der DR Kongo und im Sudan Gewalt und Verbrechen gegen die Menschheit einzudämmen, sind weiterhin Eskalationen möglich. Da die Ursachen der Konflikte nicht nachhaltig bearbeitet sind, ist ein Ausbruch erneuter Gewalt sowohl in Darfur als auch im Südsudan keineswegs auszuschließen. Die Partner des Umfassenden Friedensabkommens 2005 geben nach Einschätzung von Annette Weber und Denis Tull »wenig Anlass zur Hoffnung, dass sie sich ernsthaft auf eine friedliche Sezession des Südsudan oder eine demokratische Transformation des Gesamtsudan als Folge des Referendums im Januar 2011 vorbereiten«.

Ferner ist bereits heute abzusehen, dass selbst bei umfangreicher Unterstützung seiner Nachbarn der Abwärtstrend des Jemen nur noch abgeschwächt, nicht aber mehr aufgehalten werden kann. Laut Einschätzung von Guido Steinberg sind

---

35 Vgl. Christoph Weller, Die öffentliche Meinung in der Außenpolitik. Eine konstruktivistische Perspektive, Wiesbaden 2000, S. 169–187.

36 Ausführlicher zur Sichtweise der Medien siehe die Beiträge von Martin Löffelholz und Kathrin Schleicher in diesem Band.

37 Viele Rundfunk- und TV-Anstalten und Tageszeitungen leisten sich keine eigenen Auslandskorrespondenten mehr, sondern sind auf die Berichte zumeist internationaler Agenturen angewiesen.

die wirtschaftliche Substanz des Landes zu prekär, die sozialen, demografischen und ökologischen Probleme zu vielfältig, als dass sich der Jemen wieder erholen könnte.

Selbst wenn es der Politik gelänge, diese Entwicklungsszenarien zu verhindern, könnte man damit keine (außen-)politischen Lorbeeren ernten. Denn es ist unmöglich zu beweisen, dass das eigene Handeln eine Krise verhindert hat. Aus demselben Grund ist es im Zeitalter von Effizienz und Erfolgskontrolle schwierig, Ressourcen für Entwicklungshilfe und vorausschauende Diplomatie aufzubringen. Aber man würde sich damit künftige Kriegseinsätze ersparen, die mehr Geld und insbesondere Menschenleben kosten und den eigenen Wählern und der Zivilbevölkerung vor Ort noch schwerer zu vermitteln sind.

Es ist immer problematisch, nach Gewaltausbrüchen nur reagieren zu können, denn aus gewalttätig ausgetragenen Konflikten erwächst die größte Belastung für den kommenden Aufbau staatlicher Strukturen. In von Kriegen zerklüfteten Gesellschaften ist es um einiges schwieriger, Institutionen und Kapazitäten aufzubauen. Zunächst geht es darum, die verfeindeten Kriegsparteien zu entwaffnen, Gewalt und Kriminalität einzudämmen sowie Flüchtlingsströme und eine grausame Vergangenheit zu bewältigen.

Das heißt, wir müssen die gewaltsame Eskalation von Konflikten verhindern, indem wir frühzeitig die Streitparteien dabei unterstützen, die Konfliktursachen zu beseitigen und nicht nur die Symptome mit militärischen Mitteln zu bekämpfen versuchen. Doch auch wenn das Ziel Prävention ist, zwingt uns die Realität oft zur Krisenbearbeitung und -nachsorge. Hierbei können die Streitkräfte bestenfalls ein sicheres Umfeld für Friedensprozesse und damit Zeitfenster für zivile Krisenbewältigung schaffen, nicht aber den Frieden selbst, wie Kerstin Müller von Bündnis 90/Die Grünen in ihrem Plädoyer für eine »präventive Außenpolitik« ausführt: »Man muss also das eine tun, ohne das andere zu lassen.«

Prävention wäre auch das Leitmotiv der Gemeinsamen Sicherheits- und Verteidigungspolitik (GSVP). Doch die EU tritt nur selten vorbeugend auf, wenn eine militärische Intervention oder politisch-wirtschaftlicher Druck notwendig wären. Meistens reagiert die EU erst dann, wenn eine Krise bereits eskaliert ist und staatliche Kontrolle sich aufgelöst hat. »Die EU, stolz auf ihre ›Soft Power‹, verwirkt damit ihren Einfluss auf das Geschehen und kann im Krisenfall zu wenig Druck auf die entscheidenden Akteure ausüben«, bringt es Henning Riecke in seinem Beitrag auf den Punkt. Dabei läge es an den großen Mitgliedstaaten wie Deutschland, eine selbstbewusstere, proaktive Politik in der EU voranzutreiben und zu vermitteln.

Gleichwohl hat es in Berlin einige erste Ansätze für eine präventive Friedens- und Stabilisierungspolitik gegeben, die ausgebaut werden könnten: Hierzu zählen das Zentrum für Internationale Friedenseinsätze (ZIF), der Zivile Friedensdienst (ZFD) und der Aktionsplan Zivile Krisenprävention, Konfliktlösung und Friedenskonsolidierung. Dieses 2004 von der damaligen rot-grünen Bundesregierung erarbeitete Gesamtkonzept, dessen Schwerpunkt auf der Früherkennung bzw. Krisenprävention und weniger auf der Krisennachsorge und dem Statebuilding nach Konflikten liegt, sollte weiterentwickelt und operationalisiert werden.

Zukunftsaufgabe: Politik- und Öffentlichkeitsberatung

Sicherlich wäre dafür ein besseres Analyseinstrumentarium hilfreich. Die Politik ist – wie der außenpolitische Sprecher der SPD-Bundestagsfraktion Rolf Mützenich in diesem Band zu Recht anmahnt – auf die Wissenschaft angewiesen: »Das Wissen, mit dem wir staatliche Institutionen in ethnisch gespaltenen, von Bürgerkriegen gezeichneten Gesellschaften rekonstruieren wollen, ist nach wie vor dürftig. Auch die Politik hat auf die Frage, was in welcher Reihenfolge beim Aufbau von Staaten zur Befriedung führt, bislang nur wenig empirisch gesicherte Antworten und ist auf die Zuarbeit und kompetente Beratung seitens der Wissenschaft und der Nichtregierungsorganisationen angewiesen.«

Wir wissen zwar noch wenig über die teilweise unübersichtlichen Kausalzusammenhänge in zerfallen(d)en, von Gewalt gezeichneten Gesellschaften, die – wie in den Beiträgen des vorliegenden Jahrbuchs deutlich wird – von Fall zu Fall unterschiedlich gelagert sind. Dabei sind »Ursache und Wirkung von Staatszerfall (selbst im Einzelfall) schwer voneinander zu unterscheiden«.[38] Doch nach den bisherigen Erkenntnissen scheint es plausibel, dass Klimawandel, demografische Entwicklungen, die sich (unter anderem durch die Finanzkrise) verschärfende wirtschaftliche Unterentwicklung und (der Wettkampf um) versiegende Ressourcen die Wahrscheinlichkeit erhöhen, dass weitere Staaten scheitern – wenn nicht rechtzeitig gegengesteuert wird. Vorausschauende Außenpolitik sollte diese Politikfelder koordinieren, um überhaupt handlungsfähig zu bleiben.

Das Jahrbuch der DGAP und die darin zu Wort kommenden führenden deutschen Experten wollen dazu einen interdisziplinären Beitrag leisten und das Verständnis für außenpolitische Zusammenhänge verbessern. Damit sollen nicht nur Politik und Wissenschaft in einen konstruktiven Dialog gebracht werden, sondern – in Zusammenarbeit mit den Medien und anderen Multiplikatoren – auch gesellschaftliches Verständnis und Unterstützung für die gewachsene Verantwortung und Rolle Deutschlands generiert werden. Neben der wechselseitigen Beratung zwischen Politik und Wissenschaft ist diese zweite Funktion der Öffentlichkeitsberatung nicht minder wichtig,[39] denn die Legitimation außenpolitischer Entscheidungen, das heißt deren Akzeptanz in der Fachöffentlichkeit und in der Bevölkerung, wird über den außenpolitischen Erfolg mit entscheiden.

---

38 Vgl. Christoph Zürcher, Gewollte Schwäche. Vom schwierigen analytischen Umgang mit prekärer Staatlichkeit, in: Internationale Politik (September 2005), S. 13–22; hier: S. 16.

39 Zu den verschiedenen kommunikativen Rollen von Think-Tanks siehe Josef Braml, Think Tanks versus »Denkfabriken«? U.S. and German Policy Research Institutes' Coping With and Influencing Their Environments, Nomos 2004, bes. S. 50–67.

VII. Anhang

Autorinnen und Autoren

Dr. Steffen Angenendt, Wissenschaftlicher Mitarbeiter in der Forschungsgruppe Globale Fragen, Stiftung Wissenschaft und Politik (SWP), Berlin

David Bosold, Programmleiter International Forum on Strategic Thinking, Deutsche Gesellschaft für Auswärtige Politik (DGAP), Berlin

Dr. Josef Braml, Leiter der Redaktion Jahrbuch Internationale Politik, Deutsche Gesellschaft für Auswärtige Politik (DGAP), Berlin

Prof. Dr. Marie-Janine Calic, Professorin für Ost- und Südosteuropäische Geschichte an der Ludwig-Maximilians-Universität München und Herausgeberin der Zeitschrift »Südosteuropa«

Prof. Dr. Nicole Deitelhoff, Professorin für Internationale Beziehungen und Theorien globaler Ordnungspolitik, Goethe-Universität Frankfurt und Leiterin der Forschungsgruppe »Globale Verhandlungen – Regionale Dynamiken«, der Hessischen Stiftung Friedens- und Konfliktforschung (HSFK), Frankfurt a. Main

Prof. Dr. Dr. Rudolf Dolzer, Universität Bonn

Friedel H. Eggelmeyer, Abteilungsleiter für europäische und multilaterale Entwicklungspolitik; Südosteuropa, Südkaukasus, Naher Osten und Afghanistan / Pakistan, Bundesministerium für wirtschaftliche Zusammenarbeit und Entwicklung (BMZ), Berlin

Manfred Eisele, Generalmajor a.D., Assistant Secretary General UN DPKO, ret., Veitshöchheim

Milena Elsinger, Wissenschaftliche Mitarbeiterin, Institut für Politikwissenschaft, Philipps-Universität Marburg

Prof. Dr. Ulf Engel, Professor, Institut für Afrikanistik, Universität Leipzig

Prof. Dr. Henner Fürtig, Direktor, GIGA Institut für Nahost-Studien, Hamburg

MdB Wolfgang Gehrcke, Außenpolitischer Sprecher der Bundestagsfraktion Die LINKE, Deutscher Bundestag, Berlin

Dr. Bastian Giegerich, bis Juli 2010 Research Associate, International Institute for Strategic Studies (IISS), London; seit August 2010 Wissenschaftlicher Mitarbeiter am Sozialwissenschaftlichen Institut der Bundeswehr, Strausberg

Katharina Gnath, Doktorandin, Berlin School for Transnational Studies / Associate Fellow der Deutschen Gesellschaft für Auswärtige Politik (DGAP), Berlin

Dr. Uwe Halbach, Wissenschaftlicher Mitarbeiter in der Forschungsgruppe Russland/GUS, Stiftung Wissenschaft und Politik (SWP), Berlin

Prof. Dr. Theodor Hanf, 1972–2006 Direktor des Arnold-Bergstraesser-Instituts, lehrt Politikwissenschaft an der Universität Freiburg und an der American University of Beirut

Dr. Monika Heupel, Abteilung Transnationale Konflikte und Internationale Institutionen, Wissenschaftszentrum Berlin für Sozialforschung (WZB)

PD Dr. Jochen Hippler, Wissenschaftlicher Mitarbeiter, Institut für Entwicklung und Frieden (INEF) an der Universität Duisburg-Essen

Dr. Margret Johannsen, Senior Research Fellow, Institut für Friedensforschung und Sicherheitspolitik an der Universitat Hamburg (IFSH)

Roderich Kiesewetter, MdB, Oberst a. D., Mitglied des Auswärtigen Ausschusses, Obmann der CDU/CSU-Bundestagsfraktion für Abrüstung, Rüstungskontrolle und Nichtverbreitung, Deutscher Bundestag, Berlin

Hubert Knirsch, Auswärtiges Amt, zurzeit Leiter des Büros von Bundespräsident a. D. Dr. Richard von Weizsäcker, Berlin

Dr. Heinrich Kreft, bis August 2010 außenpolitischer Berater, CDU/CSU-Fraktion im Deutschen Bundestag; seit September 2010 Botschafter und »Sonderbeauftragter für den Dialog zwischen den Kulturen« im Auswärtigen Amt

Dr. Winrich Kühne, ehem. (Gründungs-)Direktor, Zentrum für Internationale Friedenseinsätze (ZIF), Berlin; Steven Muller Professor, SAIS Bologna Centre, Johns Hopkins University

Dr. Daniel Lambach, Wissenschaftlicher Mitarbeiter, Institut für Politikwissenschaft, Universität Duisburg-Essen

Prof. Dr. Martin Löffelholz, Fachgebietsleiter Medienwissenschaft und Direktor der Internationalen Forschungsgruppe Krisenkommunikation, TU Ilmenau

Dr. Stefan Mair, bis April 2010 Mitglied der Institutsleitung der Stiftung Wissenschaft und Politik (SWP); seit Mai 2010 Abteilungsleiter Internationale Märkte des Bundesverbands der Deutschen Industrie (BDI), Berlin

Prof. Dr. Carlo Masala, Institut für Politikwissenschaften, Professur für Internationale Politik, Universität der Bundeswehr München, Neubiberg

Prof. Dr. Hanns W. Maull, Lehrstuhl für Außenpolitik und Internationale Beziehungen, Universität Trier

Dr. Michael Meimeth, Speaker World Peace Forum, Schengen Peace Foundation, Schengen/Luxemburg

Dr. Stefan Meister, Mitarbeiter Zentrum für Mittel- und Osteuropa der Robert Bosch Stiftung, Deutsche Gesellschaft für Auswärtige Politik (DGAP), Berlin

Prof. Dr. Dirk Messner, Direktor, Deutsches Institut für Entwicklungspolitik (DIE), Bonn

Dr. Stormy-Annika Mildner, Wissenschaftliche Mitarbeiterin in der Forschungsgruppe Amerika, Koordinatorin des Forschungsschwerpunkts »Konkurrenz um knappe Ressourcen«, Stiftung Wissenschaft und Politik (SWP), Berlin

Kerstin Müller, MdB, Außenpolitische Sprecherin der Bundestagsfraktion Bündnis 90 / Die Grünen, Deutscher Bundestag, Berlin

Prof. Dr. Herfried Münkler, Professor für Theorie der Politik, Philosophische Fakultät III, Institut für Sozialwissenschaften, Humboldt-Universität zu Berlin

Dr. Rolf Mützenich, MdB, Außenpolitischer Sprecher der SPD-Bundestagsfraktion, Deutscher Bundestag, Berlin

Dr. Robert Christian van Ooyen, ORR, Dozent für Politikwissenschaft, Fachhochschule des Bundes für öffentliche Verwaltung, Lübeck

Prof. Dr. August Pradetto, Professor für Politikwissenschaft, Helmut-Schmidt-Universität, Hamburg

Kerstin Petretto, Wissenschaftliche Mitarbeiterin, Institut für Friedensforschung und Sicherheitspolitik an der Universität Hamburg (IFSH)

Dr. Henning Riecke, Programmleiter USA / Transatlantische Beziehungen, Deutsche Gesellschaft für Auswärtige Politik (DGAP), Berlin

Prof. Dr. Thomas Risse, Lehrstuhl Internationale Politik, Fachbereich Politik- und Sozialwissenschaft, Otto-Suhr-Institut, Freie Universität Berlin

Michael Rühle, Stellvertretender Leiter der Politischen Planungseinheit des NATO-Generalsekretärs, NATO Headquarters, Brüssel

Prof. Dr. Eberhard Sandschneider, Otto-Wolff-Direktor des Forschungsinstituts der Deutschen Gesellschaft für Auswärtige Politik (DGAP), Berlin

Dr. habil. Conrad Schetter, Wissenschaftlicher Mitarbeiter, Zentrum für Entwicklungsforschung an der Universität Bonn

Kathrin Schleicher, Wissenschaftliche Mitarbeiterin in der Internationalen Forschungsgruppe Krisenkommunikation, Technische Universität Ilmenau

Dr. Claudia Schmucker, Programmleiterin Globalisierung und Weltwirtschaft, Deutsche Gesellschaft für Auswärtige Politik (DGAP), Berlin

Michael Schmunk, Botschafter, Beauftragter für Universitäten, Stiftungen und Think-Tanks, Auswärtiges Amt, Berlin

Prof. Dr. Ulrich Schneckener, Professur für Internationale Beziehungen & Friedens- und Konfliktforschung, Fachbereich Sozialwissenschaften, Universität Osnabrück

Dr. Manfred Schwarzmeier, Wissenschaftlicher Assistent, Parlamentarismus- und Parteienforschung, Akademie für Politische Bildung, Tutzing

Prof. Dr. Klaus Segbers, Direktor des Zentrums für Globale Politik, Freie Universität Berlin

Dr. Guido Steinberg, Wissenschaftlicher Mitarbeiter in der Forschungsgruppe Naher Osten und Afrika, Stiftung Wissenschaft und Politik (SWP), Berlin

Dr. Rainer Stinner, MdB, Außenpolitischer Sprecher der FDP-Bundestagsfraktion, Deutscher Bundestag, Berlin

Dr. Willem Frederik Jochen Stöger, freier Publizist, Woudrichem (Niederlande)

Prof. Dr. Rainer Tetzlaff, Wisdom Professor of African and Development Studies, Jacobs University Bremen

Dr. Denis Tull, Wissenschaftlicher Mitarbeiter in der Forschungsgruppe Naher Osten und Afrika, Stiftung Wissenschaft und Politik (SWP), Berlin

Dr. habil. Christian Wagner, Leiter der Forschungsgruppe Asien, Stiftung Wissenschaft und Politik (SWP), Berlin

Dr. Annette Weber, Wissenschaftliche Mitarbeiterin in der Forschungsgruppe Naher Osten und Afrika, Stiftung Wissenschaft und Politik (SWP), Berlin

Dr. Guido Westerwelle, Bundesminister des Auswärtigen, Auswärtiges Amt, Berlin

Dr. Wolfgang Zellner, Stellvertretender Wissenschaftlicher Direktor, Institut für Friedensforschung und Sicherheitspolitik an der Universität Hamburg (IFSH)

Anlagen: Fragenkataloge für die Fallstudien
Anlage 1: Fragen zur Analyse prekärer Staaten

Fragenblock A: Lage vor Ort

1. Herrschen Krieg- oder Gewaltkonflikte?
2. Welche der lokalen oder externen Akteure profitieren von der prekären Lage? Wer hat ein Interesse an Abhilfe?
3. Gibt es (internationale) Konkurrenz oder internationale Verteilungskämpfe um Ressourcen des betroffenen Landes, die seine Sicherheit und sozio-ökonomische Entwicklung gefährden?
4. Bedrohen die Konflikte die regionale Stabilität?
5. Wie kann die frühere/bestehende politische Ordnung beschrieben werden – als Protektorat, autoritäre, semiautoritäre oder neopatrimoniale (Patron-Klientel-Beziehung) Herrschaftsform?
6. Wie ist die sozio-ökonomische Situation?

Fragenblock B: Intervention von außen

7. Wurde von internationaler Seite bereits interveniert? Wenn ja, durch wen wurden die Eingriffe legitimiert (UN, NATO, »Koalition der Willigen« etc.)?
8. Hat die Art der Legitimation der Intervention Auswirkungen auf die Vorgehensweise (»Rules of Engagement«) und Erfolgsaussichten der Mission?
9. Handeln externe Akteure nach unterschiedlichen Zielen/Strategien und mit verschiedenen Instrumenten? Ergänzen sich diese oder sind sie im Widerstreit?
10. Fühlen sich lokale Akteure sowie die Eliten der betroffenen Länder in die politischen Ziel- und Umsetzungen eingebunden? Haben sie überhaupt ein Interesse daran?

Fragenblock C: Perspektiven

11. Werden die externen Akteure von der lokalen Bevölkerung und den dort herrschenden Eliten akzeptiert? Gibt es Unterschiede in den Sichtweisen zwischen den beiden Gruppen?
12. Werden externe Akteure (multilaterale, einzelstaatliche oder private) unterschiedlich gesehen?
13. Sind ggf. strategische Meinungsverschiedenheiten und Auflagen oder zeitliche Befristungen des Mandats der Intervenierenden auch den lokalen Akteuren und Konfliktparteien bewusst und bestimmen deren Kalkül und Handeln?
14. Wie sind die Erfolgs- oder Misserfolgsaussichten?
15. Welches sind die Erfolgskriterien? Gibt es Unterschiede in der Einschätzung? Wenn ja, warum?

Anlage 2: Fragen zur Analyse einzelstaatlicher Bemühungen um Stabilität und Entwicklung

Fragenblock A: Rechtfertigung & Legitimation

1. Welche Haltung nimmt die Fach-, Medien- und breite Öffentlichkeit zur Notwendigkeit und Vorgehensweise internationaler Friedenseinsätze ein, und welche Themen spielen in der innenpolitischen Auseinandersetzung eine Rolle? Wie nachhaltig ist das internationale Engagement einzuschätzen?
2. Welche Ziele und Maßstäbe für die Beurteilung von Erfolg oder Misserfolg und die Beendigung des Engagements werden gesetzt? Wie und mit welchen Argumenten wird seitens der Regierung und des Parlaments das internationale Engagement gegenüber der eigenen Öffentlichkeit kommuniziert?
3. Gibt es institutionelle Kontrollen, Auflagen oder Grenzen für internationales Engagement (»checks and balances«, verfassungsrechtliche oder Parlamentsvorbehalte)?
4. Spielt die völkerrechtliche Legitimation (z. B. UN-Mandat) eine Rolle bei der Akzeptanz in der nationalen (Fach-)Öffentlichkeit, der politischen Willensbildung und Entscheidungsfindung?

Fragenblock B: Konzept & Prioritäten

5. Welchen Stellenwert haben die Stabilisierung und Entwicklung prekärer Staaten in der nationalen Sicherheitsstrategie?
6. Welches Weltbild und welche politischen Ordnungsvorstellungen prägen das dominierende außen-, sicherheits-, handels- oder entwicklungspolitische Denken des Geberlandes (Realismus, Institutionalismus, Liberalismus, Sozialkonstruktivismus)?
7. Wie wird das Spannungsverhältnis zwischen Stabilisierung (selbst neopatrimonialer oder autoritärer Strukturen) einerseits und Reform, Marktöffnung, Transformation / Demokratisierung andererseits austariert? Welche Prioritäten werden gesetzt (Sicherheit, Festigung/Etablierung politischer und rechtsstaatlicher Institutionen, ökonomische und zivilgesellschaftliche Entwicklung)?
8. Welcher Grundansatz überwiegt: »top-down« (zunächst Festigung oder Etablierung (rechts-)staatlicher Institutionen) oder »bottom-up« (zuerst Förderung zivilgesellschaftlicher und marktwirtschaftlicher Strukturen)?

Fragenblock C: Mittel & Wege

9. Welche und wie viele Ressourcen (Geld und Personal) werden eingesetzt, um Sicherheit, wohlfahrtsstaatliche Leistungen und Rechtsstaatlichkeit von prekären Staaten zu fördern?
10. Werden die Mittel mehr bilateral oder verstärkt über multilaterale Strukturen zugewendet?

Fragenblock D: Koordination & Kooperation

11. Konkurrieren in der Regierungszentrale des Geberlandes unterschiedliche (parteipolitische) Zielsetzungen und Vorgehensweisen verschiedener Ministerien, Regierungs-, Parlamentsorgane oder Nichtregierungsorganisationen? Bestehen integrierte (ressortübergreifende) Strukturen oder Kooperationsformen im Regierungsapparat, um die Strategien und Instrumente zu koordinieren?
12. Wie funktioniert die Koordination zwischen Parlament/Regierung und den Handelnden vor Ort?
13. Sind die Handlungen vor Ort (auch jene anderer staatlicher, multilateraler und nichtstaatlicher Akteure) aufeinander abgestimmt oder konterkarieren sie sich?
14. Gibt es Mechanismen oder Bestrebungen zur internationalen/multilateralen Koordination? Inwiefern gelingt es, nationale Vorstellungen in multilaterale Handlungen einzubringen?
15. Werden lokale Akteure sowie die Eliten der betroffenen Länder in die politischen Ziel- und Umsetzungen eingebunden?

Anlage 3: Fragen zur Analyse supra-, multi- und transnationaler Strukturen und Akteure

Fragenblock A: Raison d'être

1. Wann und von wem wurden die Strukturen / Organisationsformen initiiert; welches sind die damaligen und / oder heutigen Stake / Interessensvertreter?
2. Stehen die bestehenden Strukturen oder Organisationsformen auf dem Prüfstand?
3. Wenn ja, welche Reformvorschläge werden von wem mit welcher Zielsetzung gemacht?

Fragenblock B: Zielsetzung und Entscheidungsfindung

4. Gibt es konkurrierende Vorstellungen über Ziele und deren Umsetzung?
5. Wie funktionieren Entscheidungsfindung und Implementierung?
6. Wie ist die Ressourcenausstattung (Geld und Personal)?
7. Entsprechen die vorhandenen Mittel der Zielsetzung?
8. Welche Prioritäten werden gesetzt (Sicherheit, Festigung/Etablierung politischer Institutionen, ökonomische und zivilgesellschaftliche Entwicklung)?

Fragenblock C: Kooperation

9. Werden lokale Akteure anderer Organisationen sowie die Eliten der betroffenen Länder in die politischen Ziel- und Umsetzungen eingebunden?
10. Bestehen Konkurrenzverhältnisse und/oder Kooperationsbeziehungen zu einzelstaatlichen oder anderen multi-/transnationalen Akteuren?
11. Welches sind die komparativen Vorteile, welches sind die Unzulänglichkeiten im Vergleich zu anderen Akteuren?

Fragenblock D: Perspektiven

12. Wie sieht die bisherige Erfolgs- oder Misserfolgsbilanz aus?
13. Wer legt welche Kriterien mit welcher Zielsetzung zugrunde?
14. Hat die multilaterale Organisation oder der transnationale Akteur ein wirtschaftliches Eigeninteresse am Weiterbestehen einer prekären Lage, die sein Mitwirken erfordert?
15. Wie ist die Zukunftsperspektive der Organisation / supranationalen Kooperationsform einzuschätzen?

Abbildungsverzeichnis

Abbildung 1: Abstufungen von Staatlichkeit 5
Abbildung 2: Sicherheitsrisiken durch Klimawandel 53
Abbildung 3: Balkan 101
Abbildung 4: Russland und die südlichen Nachbarstaaten 107
Abbildung 5: Zentral- und Südasien 119
Abbildung 6: Naher und Mittlerer Osten 131
Abbildung 7: Zentralafrika 171
Abbildung 8: Australien und Nachbarstaaten 263

Tabellenverzeichnis

Tabelle 1: Budgets der Fachministerien Kanadas, 1993 bis 2009 236
Tabelle 2: OSZE-Missionen 313

Literaturverzeichnis

A role of pride and influence in the world, (Canada's International Policy Statement, Defence), Ottawa 2005, <http://merln.ndu.edu/whitepapers/Canada_Defence_2005.pdf>.

Abbink, Jon, Ethiopia-Eritrea, proxy wars and prospects of peace in the Horn of Africa, in: Journal of Contemporary African Studies, 21 (September 2003) 3, S. 407–425.

Ackeret, Markus, Hegemonie mit dem Holzhammer?, Russlands Politik in der GUS, in: Landesverteidigungsakademie (Hrsg.), Integration in der GUS, (Schriftenreihe der Landesverteidigungsakademie; 3/2010), Wien 2010, S. 7–20.

Adedeji, Adebayo et al., High-Level Panel, Audit of the African Union, Towards a People-Centred Political and Socio-Economic Integration and Transformation of Africa, Addis Ababa 2007.

Afghanistan report 2009, Brussels 2009, <http://www.nato.int/nato static/assets/pdf/pdf 2009 03/20090331 090331 afghanistan report 2009.pdf> (abgerufen am 1.4.2009).

Afghanistan-Konferenz der SPD, 22. Januar 2010 in Berlin, Rede- und Diskussionsbeiträge, Berlin 2010, <http://www.etracker.de/lnkcnt.php?et=TysP23&url=http://www.spd.de/de/pdf/Dokumentation Afghanistan Konferenz.pdf&title=&lnkname=material--/de/pdf/Dokumentation Afghanistan Konferenz.pdf> (abgerufen am 29.1.2010).

African Union Conflict Management Division (Hrsg.), Meeting the Challenge of Conflict Prevention in Africa, Towards the Operationalization of the Continental Early Warning System, Leipzig 2008.

African Union Peace and Security Council, Report on the Status of the Implementation of the Continental Peace and Security Architecture, 57th meeting, 21 June 2006, Addis Ababa 2006 (mimeo).

African Union, African Heads of States End 13th Summit in Sirte with an Agreement for the Establishment of the African Union Authority. Press Release N.24/2009, <http://www.africa-union.org/root/AU/ Conferences/2009/july/summit/13thsummit.html> (abgerufen am 19.12.2009)>.

African Union, Constitutive Act, Durban, 9.7.2002, <http://www.african-union.org/About_AU/AbConstitutive_Act.htm> (abgerufen am 19.12.2009).

African Union, Memorandum of Understanding on Cooperation in the Area of Peace and Security between the AU and the Regional Mechanisms for Conflict Prevention, Management and Resolution, Addis Ababa 2008 (mimeo).

African Union, Modalities for the Functioning of the Panel of the Wise, adopted by the Peace and Security Council at its 100th Meeting, 12 November 2007, Addis Ababa.

African Union Peace and Security Department, Panel of the Wise (Hrsg.), A Critical Pillar of the African Peace and Security Architecture, Addis Ababa 2008 (mimeo).

African Union, Protocol Relating to the Establishment of the Peace and Security Council of the African Union, Durban 2002.

Agata Antkiewicz (Hrsg.), Emerging Powers in Global Governance, Lessons from the Heiligendamm Process, Waterloo 2008, S. 45–79.

Ahmed, Feroz, Ethnicity and politics in Pakistan, Karachi 1999.

Akindès, Francis, The roots of the military-political crises in Côte d'Ivoire (Research Report / Nordiska Afrikainstitutet, Nr. 128), Uppsala 2004.

440 Literaturverzeichnis

Aktive oder passive Berichterstatter?, Die Rolle der Massenmedien während des Kosovo-, Afghanistan- und Irakkriegs, in: Barbara Pfetsch (Hrsg.), Massenmedien als politische Akteure, Wiesbaden 2008, S. 144–167.

Albright, David, Al Qaeda's Nuclear Program: Through the Window of Seized Documents (The Nautilius Institute, Special Forum 47), 6.11.2002, <http://www.nautilus.org/archives/fora/Special-Policy-Forum/47_Albright.html> (abgerufen am 23.9.2009).

Alexander, Douglas, Conflict, Fragile States and Security, 27.4.2009, <http://www.dfif.gov.uk> (abgerufen am 21.5.2010).

Alliance reborn, an Atlantic compact for the 21th century, The Washington NATO Project, Washington, DC, 2009, <http://www.acus.org/files/publication pdfs/65/NATO-AllianceReborn.pdf> (abgerufen am 17.3.2009).

Anderson, Kym, Will Martin, Agricultural trade reform and the Doha Development Agenda (Policy Research Working Papers, 3607), Washington, DC, 2005, <http://www-wds.worldbank.org/servlet/WDSContentServer/WDSP/IB/2005/05/12/000011823 20050512121406/Rendered/PDF/wps3607.pdf>.

Andréani, Gilles, Christoph Bertram, Charles Grant, Europe's Military Revolution, London 2001.

Andreatta, Filippo, Alla ricerca dell'ordine mondiale, Bologna 2004.

Angenendt, Steffen, Deutsche Migrationspolitik im neuen Europa, Opladen 1997.

Angenendt, Steffen, Irreguläre Migration als internationales Problem, Risiken und Optionen (SWP-Studie, S 33/2007), Berlin 2007, <http://www.swp-berlin.org/de/common/get_document.php?asset_id=4591> (abgerufen am 18.1.2008).

Angenendt, Steffen, Welchen Realitätsbezug hat die Migrationspolitik?, in: Lidwina Meyer (Hrsg.), Brain Gain für alle? Migration als Entwicklung, praktische und politische Handlungserfordernisse, (Loccumer Protokolle; 03/08), Rehburg-Loccum, 2009, S. 25–45.

Annan, Kofi, Nobel Lecture, Oslo, 10.12.2001, <http://nobelprize.org/nobel_prizes/peace/laureates/2001/annan-lecture.html> (abgerufen am 5.7.2010).

Ansari, Zafar Ishaq, Hijrah in the Islamic tradition, in: Ewan W. Anderson (Hrsg.), The cultural basis of Afghan nationalism, London 1990, S. 3–20.

Arieff, Alexis, Rhoda Margesson, Marjorie Ann Browne, International Criminal Court cases in Africa, status and policy issues (CRS Report for Congress, RL34665), Washington, DC, 2009, <http://fpc.state.gov/documents/organization/128346.pdf> (abgerufen am 10.3.2010).

Asseburg, Muriel, Ronja Kempin (Hrsg.), Die EU als strategischer Akteur in der Sicherheits- und Verteidigungspolitik?, Eine systematische Bestandsaufnahme von ESVP-Missionen und -Operationen (SWP-Studie, S32/2009), Berlin 2009, <http://www.swp-berlin.org/common/get_document.php?asset_id=6643> (abgerufen am 15.12.2009).

Asseburg, Muriel, Steffen Angenendt, Die irakische Flüchtlingskrise, ein regionales Sicherheitsrisiko, in: Internationale Politik, 63 (Januar 2008) 1, S. 52–57.

Assembly of the African Union, Interim Report of the Chairperson of the Commission on the Prevention of Unconstitutional Changes of Government Through Appropriate Measures and Strengthening the Capacity of the African Union to Manage Such Situations, 13th Ordinary Session Summit, 1–3 July 2009,Sirte, Libya, Assembly AU/7/(XIII) (mimeo).

Baev, Pavel Konstantin, Russian perceptions of state failure and Russia's involvement with fragile states, in: Canadian Foreign Policy, 13 (2006) 2, S. 167–179.

Baimu, Evarist und Kathryn Sturman, Amendment to the African Union's Right to Intervene, A shift from human security to regime security?, in: African Security Review 2/2003, S. 37–45. (Übersetzung des Autors).

Baker, Aryn, The Truth about Talibanistan, in: Time Magazin, 22.3.2007.

Bakonyi, Jutta (Hrsg.), Gewaltordnungen bewaffneter Gruppen, Ökonomie und Herrschaft nichtstaatlicher Akteure in den Kriegen der Gegenwart, Baden-Baden 2006.

Barker, Alex, MoD makes cuts to plug budget hole, in: Financial Times, 15 Dezember 2009, <http://www.ft.com> (abgerufen am 21.5.2010).

Barnes, James A. und Peter Bell, Congressional Insider Poll, in: National Journal, 31.7.2010.

Barrell, Ray, Dawn Holland, Velde, Dirk Willem Te, A fiscal stimulus to adress the effects of the global financial crisis in sub-Saharan Africa, London 2009, <http://www.odi.org.uk/resources/download/3225.pdf> (abgerufen am 21.4.2009).

Bates, Robert H., State Failure, in: Annual Review of Political Sciences, 11 (2008), S. 1–12.

Batt, Judy, Bosnia and Herzegovina, The International Mission at a Turning Point, (FRIDE Policy Brief Nr. 5, Februar 2009), Madrid 2009.

Bayh, Evan, Why I'm Leaving the Senate, in: The New York Times, 20.2.2010.

Behr, Harald, Entterritoriale Politik, Von den Internationalen Beziehungen zur Netzwerkanalyse, Wiesbaden 2004.

Beisheim, Marianne, Gunnar Folke Schuppert (Hrsg.), Staatszerfall und Governance (Schriften zur Governance-Forschung, Bd. 7), Baden-Baden 2007.

Belasco, Amy, The cost of Iraq, Afghanistan, and Other Global War on Terror Operations Since 9/11, (Congressional Research Service, CRS Report Nr. RL331110), Washington, DC, 16.7.2010.

Bemmel, Noël van und Theo Koelé, Waarom blijven we in »die zandbak«?, in: de Volkskrant, 8.9.2009, <http://www.volkskrant.nl/archief_gratis/article12_87473.ece/Waarom_blijven_we_in_die_zandbak> (abgerufen am 28.5.2010).

Bennett, W. Lance (Hrsg.), Taken by storm, The media, public opinion, and U,S, foreign policy in the Gulf War (American Politics and Political Economy Series), Chicago, IL, 1994.

Benz, Arthur (Hrsg.), Governance – Regieren in komplexen Regelsystemen, eine Einführung (Governance, Bd. 1), Wiesbaden 2004.

Benz, Arthur, Der moderne Staat. Grundlagen der politologischen Analyse, München-Wien 2001.

Berg, Patrick, EUFOR Tchad/RCA, die EU als Agent französischer Interessen, in: Muriel Asseburg (Hrsg.), Die EU als strategischer Akteur in der Sicherheits- und Verteidigungspolitik? (SWP-Studie; S32/2009), Berlin, 2009, S. 62–76, <http://www.swp-berlin.org/common/get_document.php?asset_id=6643> (abgerufen am 15.12.2009).

Berger, Bernt, Burma und China, bilaterale Beziehungen am Scheideweg? (SWP-aktuell, 62/2009), Berlin 2009, <http://www.swp-berlin.org/common/get_document.php?asset_id=6524> (abgerufen am 11.11.2009).

Bethke, Carl, Dievada Šuško, Die Erklärungen von Prud und Banja Luka und ihr politischer Kontext, Schritte zur Vertiefung der Teilung Bosnien-Herzegowinas oder zu deren Überwindung?, in: Südosteuropa 4/2008, S. 584–608.

Biel, Melha Rout, Olaf Leiße (Hrsg.), Politik in Ostafrika, zwischen Staatszerfall und Konsolidierung, Frankfurt/Main 2007.

Bijard, Laurent, La genèse d'un désastre, Le Nouvel Observateur, 3.8.1994.

Billing, Werner, Bundesverfassungsgericht und Außenpolitik, in: Hans-Peter Schwarz (Hrsg.), Handbuch der deutschen Außenpolitik, München 1975 S.157–174.

Birdsall, Andrea (Hrsg.), The international politics of judicial intervention, creating a more just order (The New International Relations Series), New York, NY, 2009.

Biscop, Sven, Permanent Structured Cooperation and the Future of ESDP (Egmont Institute/ Royal Institute for International Relations; Egmont Paper Nr. 20), Brüssel 2008, <http://www.irri-kiib.be/paperegm/ep20.pdf> (abgerufen am 21.7.2010).

Blair, Tony, Doctrine of the International Community, Speech at the Economic Club, Chicago, 24.4.1999, <http://www.pbs.org/newshour/bb/international/jan-june99/blair_doctrine 4-23.html> (abgerufen am 21.5.2010).

Blakeley, Johanna, Entertainment Goes Global, Mass Culture in a Transforming World, (Lear Center Entertainment Goes Global Project), Annenberg 2001.

Blanche, Ed, Iraq, The Fire Next Time, in: The Middle East, 405/2009, S.17.

Blank, Stephen J., China's recent Central Asian energy moves, in: Central Asia-Caucasus Analyst, 11 (20. Mai 2009) 10, S. 3–6, <http://www.cacianalyst.org/?q=node/5110/print> (abgerufen am 29.5.2009).

Bolton, John R., The Three-State Option, in: Washington Post, 5.1.2009.

Bordjuia, Nikolaj, Eto budjet pjatistronnjaja grupirovka dlja bol'šoj vojny, Interview mit dem Generalsekretär der OVKS, in: Kommersant', 29.5.2009, <http://www.kommersant.ru/doc.aspx?DocsID=1177401> (abgerufen am 11.6.2010).

Börzel, Tanja A. und Thomas Risse, Governance Without a State – Can It Work?, in: Regulation and Governance, 4 (June 2010) 2, S. 113–134.

Börzel, Tanja A., Governance with/out government, false promises or flawed premises? (SFB-Governance Working Paper Series, 23/2010), Berlin 2010, <http://www.sfb-governance.de/publikationen/sfbgov wp/wp23/WP23 hp.pdf> (abgerufen am 16.4.2010).

Bosbotinis, James, Sustaining the dragon, dodging the eagle and barring the bear?, Assessing the role and importance of Central Asia in Chinese national strategy, in: The China and Eurasia Forum Quarterly, 8 (Frühjahr 2010) 1, S. 65–81, <http://www.chinaeurasia.org/images/stories/isdp-cefq/CEFQ201004/cefq8.1jb65-81.pdf> (abgerufen am 6.5.2010).

Bosold, David und Wilfried von Bredow, Human Security, A Radical or Rhetorical Shift in Canada's Foreign Policy?, in: International Journal 61 (2006) 4.

Bosold, David, Menschliche Sicherheit in der Praxis, der institutionelle Kontext zur globalen und regionalen Umsetzung von menschlicher Sicherheit, in: Cornelia Ulbert (Hrsg.), Menschliche Sicherheit, (EINE Welt – Texte der Stiftung Entwicklung und Frieden; Bd. 21), Baden-Baden 2008, S. 123–134.

Boucek, Christopher, Yemen: avoiding a downward spiral (Papers / Carnegie Endowment for International Peace, Nr. 102), Washington, DC, 2009, <http://carnegieendowment.org/files/yemen downward spiral.pdf> (abgerufen am 21.9.2009).

Bouckaert, Peter, In the name of unity, the Yemeni government's brutal response to Southern Movement protests, New York, NY, 2009, <http://www.hrw.org/sites/default/files/reports/southyemen1209web.pdf> (abgerufen am 26.1.2010).

Bouët, Antoine, David Laborde, Eight years of Doha talks, where do we stand? (IFPRI Issue Brief, 61), Washington, DC, 2009, <http://www.ifpri.org/sites/default/files/publications/ib61.pdf> (abgerufen am 18.12.2009).

Bowen, Wyn Q., Libya and nuclear proliferation, stepping back from the brink (Adelphi Papers, 380), London 2006.

Boyce, James K., Madalene O'Donnell (Hrsg.), Peace and the public purse, economic policies for postwar statebuilding, Boulder, CO, 2007.

Bozus, Lars, Statbuilding in der Legitimitätskrise, Alternativen sind gefragt (SWP-Aktuell Nr. 52), Berlin 2010.

Braml, Josef M., Der weltweite Westen, Perspektiven amerikanischer NATO-Politik unter Präsident Obama, in: ZFAS: Zeitschrift für Außen- und Sicherheitspolitik, 2 (3. Quartal 2009) 3, S. 364–378.

Braml, Josef M., Die religiöse Rechte in den USA, Evangelikale Christen werden zunehmend auch die außenpolitische Agenda bestimmen, in: Internationale Politik, 60 (April 2005) 4, S. 36–43.

Braml, Josef M., Karl Kaiser, Hanns W. Maull (Hrsg.), Weltverträgliche Energiesicherheitspolitik, (Jahrbuch Internationale Politik, 2005/2006), München 2008.

Braml, Josef M., UN-engagiertes Amerika?, Washington denkt unverblümt über Alternativen zu den Vereinten Nationen nach, in: Internationale Politik, 61 (Dezember 2006) 12, S. 40–47.

Braml, Josef M., Think Tanks versus „Denkfabriken"? U.S. and German Policy Research Institutes' coping with their environments, Nomos 2004.

Branch, Adam, Uganda's civil war and the politics of ICC intervention, in: Ethics and International Affairs, 21 (Sommer 2007) 2, S. 179–198.

Bräuner, Oliver, Gudrun Wacker, Jiajing Zhou, Die »Harmonische Welt« und Chinas Rolle im internationalen System, aus chinesischen Fachzeitschriften der Jahre 2006–2008 (SWP-Zeitschriftenschau, 2/2008), Berlin 2008, <http://www.swp-berlin.org/common/get_document.php?asset_id=5339> (abgerufen am 10.10.2008).

Braunstein, Peter, Christian Wilhelm Meyer und Marcus Jurij Vogt, Zivil-militärische Zusammenarbeit der Bundeswehr im Balkan-Einsatz, in: Aus Politik und Zeitgeschichte, Nr. B20/2001.

Brettschneider, Frank, Bundestagswahlkampf und Medienberichterstattung, in: Aus Politik und Zeitgeschichte, Nr. 51–52/2005.

Brettschneider, Frank, Massenmedien und Wählerverhalten, in: Jürgen W. Falter, Harald Schoen (Hrsg.), Handbuch Wahlforschung, Wiesbaden 2005, S. 473–500.

Brettschneider, Frank, Misslungenes Kommunikationsmanagement: Wie sich die Union 2005 mit ihrem eigenen Wahlkampf geschlagen hat, in: Heinrich Oberreuter (Hrsg.), Unentschieden, Die erzwungene Koalition, München 2009, S. 37–56.

Brighi, Elisabetta, Resisting Europe? The Case of Italy's Foreign Policy. Paper prepared for the 50th International Studies Association Convention, New York, NY, 2009.

Brockmann, Kathrin, Daniel Göler, Europäische Streitkräfte im Treibsand, ein zweifelhafter »europäischer« Einsatz im Tschad und in der Zentralafrikanischen Republik (DGAP-Standpunkt, Nr. 7/2008), Berlin 2008, <http://www.dgap.org/midcom-serveattachment-guid-1dd2b3d9da6301c2b3d11dd9a13a9f4e376d33dd33d/2008-07_stp_eu_tschad_www.pdf> (abgerufen am 27.5.2008).

Brössler, Daniel, Grünen-Basis drängt zu raschem Abzug aus Afghanistan, in: Süddeutsche Zeitung, 17.9.2009, S. 6.

Brössler, Daniel, Munition für den Wahlkampf, in: sueddeutsche.de, <http://www.sueddeutsche.de/politik/155/486570/text/> (abgerufen am 5.9.2009).

Brown, Gordon, PM speech on Afghanistan, Afghanistan – national security and regional stability, London 2009, <http://www.number10.gov.uk/Page20515> (abgerufen am 7.9.2009).

Brown, Oli und Alec Crawford, Climate Change and Security in Africa, (International Institute for Sustainable Development/ Discussion Paper), Winnipeg 2009.

Brozus, Lars, Statebuilding in der Legitimitätskrise, Alternativen sind gefragt (SWP-aktuell, 52/2010), Berlin 2010, <http://swp-berlin.org/common/get_document.php?asset_id=7246> (abgerufen am 29.6.2010).

Brüne, Stefan, Frankreich, die ESVP und Afrika südlich der Sahara, in: Bernd Rill (Hrsg.), Frankreichs Außenpolitik, (Argumente und Materialien zum Zeitgeschehen; 66), München 2009, S. 103–110.

Brüne, Stefan, Würden Sie ein Appartement in einem brennenden Haus mieten? Frankreichs Afrika-Engagement zwischen humanistischen Ansprüchen und protektionistischen Programmen, in: Frankfurter Rundschau, 2.11.1990.

Bruton, Bronwyn, Somalia: a new approach (Council on Foreign Relations Special Report, Nr. 52), New York, NY, 2010, <http://www.cfr.org/content/publications/attachments/Somalia_CSR52.pdf> (abgerufen am 16.3.2010).

Bruusgaard, Kristin Ven, The future of Russian peacekeeping (Briefing / Carnegie Moscow Center, Vol. 9, Issue 2), Moskva 2007, <http://archive.carnegie.ru/en/pubs/briefings/PB%20_June_2007_fin_07_06.pdf> (abgerufen am 4.7.2007).

Brzoska, Michael und Hans-Georg Ehrhart, Zivil-militärische Kooperation in Konfliktnachsorge und Wiederaufbau. Empfehlungen zur praktischen Umsetzung (Policy Paper Nr. 30 der Stiftung Entwicklung und Frieden), Bonn 2008.

Bulmahn, Thomas, Sicherheits- und verteidigungspolitisches Meinungsklima in Deutschland, Ergebnisse der Bevölkerungsbefragung Oktober/November 2009, Kurzbericht, Strausberg 2010.

Bundesministerium für wirtschaftliche Zusammenarbeit und Entwicklung (Hrsg.), Fragile Staaten, Eine Herausforderung für die Entwicklungspolitik, <http://www.bmz.de/de/themen/frieden/fragilestaaten/index.html> (abgerufen am 1.12.2009).

Butt, Shivdasani, Shams Stendevad, Anil Carsten und Ann Wyman, Sovereign Wealth Funds, A Growing Global Force in Corporate Finance, in: Journal of Applied Corporate Finance, 20 (Winter 2008) 1, S. 73–83.

Calic, Marie-Janine, Das ewige Laboratorium, die Politik der Europäischen Union auf dem Balkan, eine Evaluierung, in: Internationale Politik, 63 (Juni 2008) 6, S. 26–31.

Calic, Marie-Janine, Südosteuropa – Vom Sukzessionskrieg zur Stabilität, in: Mir A. Ferdowsi (Hrsg.), Sicherheit und Frieden zu Beginn des 21. Jahrhunderts, Konzeptionen – Akteure – Regionen, München, 2004, S. 505–518.

Call, Charles T., Vanessa Wyeth (Hrsg.), Building states to build peace, a project of the International Peace Institute, Boulder 2008.

Canada Playing a Lead Role in Darfur, Poll Finds, 2007, <http://www.pollara.ca/Library/News/end_darfur_violence_02.htm> (abgerufen am 29.12.2009).

Caplan, Richard, International governance of war-torn territories, rule and reconstruction, Oxford 2005.

Carigaris, Luigi, Western Peacekeeping in Lebanon, Lessons of the MNF, in: Survival 6/1984, S. 262–268.

Carlson, Allen, Unifying China, integrating with the world, securing Chinese sovereignty in the reform era (Asian Security Series), Stanford, CA, 2005.

Carroll, Toby, Shahar Hameiri, Good governance and security, the limits of Australia's new aid programme, in: Journal of Contemporary Asia, 37 (November 2007) 4, S. 410–430.

Castillo, Graciana del, Rebuilding war-torn states, the challenge of post-conflict economic reconstruction, Oxford 2008.

Chabal, Patrick und Jean-Pascal Daloz, Africa Works, Disorder as a Political Instrument, Oxford 1999.

Chandler, David, State Building and Intervention, Policies, Practices and Paradigms, London 2009.

Chaturvedi, Sachin, Aufstrebende Mächte als Akteure der Entwicklungspolitik, in: Aus Politik und Zeitgeschichte, (8. März 2010) 10, S. 29–33.

Chauvistré, Eric, Robuste Illusionen, nicht schießen, wir sind Deutsche; was einer Debatte über die Auslandseinsätze der Bundeswehr im Wege steht, in: Internationale Politik, 64 (März 2009) 3, S. 84–95.

Cheema, Pervaiz Iqbal, The armed forces of Pakistan, New York, NY, 2002.

Chen, Jing, Explaining the change in China's attitude toward UN peacekeeping, a norm change perspective, in: The Journal of Contemporary China, 18 (Januar 2009) 58, S. 157–173.

Chesnais, Jean-Claude, Mediterranean imbalances and the future of international migrations in Europe, in: The SAIS Review, 13 (Herbst 1993) Special Issue, S. 103–120.

Chesterman, Simon, Michael Ignatieff, Ramesh Thakur (Hrsg.), Making states work, state failure and the crisis of governance, Tokyo 2005.

Chesterman, Simon, You, the people, the United Nations, transitional administration, and statebuilding (A Project of the International Peace Academy), Oxford 2004.

China's growing role in UN peacekeeping, (ICG Asia Report, Nr. 166), Beijing 2009, <http://www.crisisgroup.org/~/media/Files/asia/north-east-asia/166_chinas_growing_role_in_un_peacekeeping.ashx> (abgerufen am 22.4.2009).

China's Myanmar dilemma (ICG Asia Report, N° 177), Beijing 2009, <http://www.pbs.org/newshour/bb/international/jan-june99/blair_doctrine4-23.htmlhttp://www.crisisgroup.org/~/media/Files/asia/north-east-asia/177_chinas_myanmar_dilemma.ashx> (abgerufen am 14.9.2009).

Chipman, John, French military policy and African security (Adelphi Papers, 201), London 1985.

Chiyuki Aoi, Beyond »Activism Lite«?, Issues in Japanese Participation in Peace Operations, in: Journal of International Peacekeeping 13/2009, S. 72–100.

Chodzaev, Ablat, The Central Asian policy of the People's Republic of China, in: The China and Eurasia Forum Quarterly, 7 (Februar 2009) 1, Special Issue: Central Asian perceptions of China, S. 9–28, <http://www.chinaeurasia.org/images/stories/isdp-cefq/CEFQ200902/cappcc2009029-28.pdf> (abgerufen am 22.4.2009).

Chu, Shulong, Xiao Ren, China's peaceful development doctrine, views from China, (NBR project report), Seattle, Wash. 2009, <http://www.nbr.org/downloads/pdfs/psa/ChinaDevelop PR.pdf> (abgerufen am 19.11.2009).

Chung, Chong Wook, The Korean peninsula in China's grand strategy, China's role in dealing with North Korea's nuclear quandary (RSIS Working Paper, Nr. 192), Singapore 2010, <http://www.rsis.edu.sg/publications/WorkingPapers/WP192.pdf> (abgerufen am 24.3.2010).

Cilliers, Jakkie, The African Standby Force, an update on progress (ISS Papers, 160), Pretoria 2008, <http://www.issafrica.org/uploads/PAPER160.PDF> (abgerufen am 30.4.2008).

Clapton, William, Managing Risk within International Society, Hierarchical Governance in the Asia-Pacific, in: Australian Journal of International Affairs,63 (2009) 3, S. 416–429.

Clarke, Michael, Issues in Australian Foreign Policy: July to December 2007, in: Australian Journal of Politics and History, 54 (2008) 2, S. 271–288.

Coalitions and the future of UK security policy, (Whitehall Paper, 50), London 2000.

Coates, David und Joel Krieger, Blair's War, Oxford 2004.

Cohen, Andrew, While Canada slept, How we lost our place in the world, Toronto 2004.

Cohen, Richard und Peter Bell, Congressional Insider Poll, in: National Journal, 14.2.2009.

Cohen, Robin, Diasporas and the Nation-State, in: Nana K. Podu und David T. Graham (Hrsg.), Redefining Security, New York, NY, 1998.

Coleman, Dave, Immigration and Ethnic Change in Low-Fertility Countries, A Third Demographic Transition, in: Population and Development Review, Nr. 3/2006.

Collier, Paul und Anke Hoeffler, Aid, Policy and Growth in Post-conflict Countries, in: The European Economic Review, 48 (2004), S. 1125–1145.

Collier, Paul und Anke Hoeffler, The Challenge of Reducing the Global Incidence of Civil War, Oxford 2004.

Collier, Paul, Survival of the fattest, democracy and development in oil states, in: The American Interest, 2 (Mai–Juni 2007) 5, S. 65–71.

Collier, Paul, The bottom billion, why the poorest countries are failing and what can be done about it, New York, NY, 2007.

Collier, Paul, The Political Economy of State Failure, in: Oxford Review of Economic Policy, 25 (2009) 2, S. 219–240.

Commission of the European Communities (Hrsg.), Kosovo, Fulfilling its European Perspective, Brüssel 14.10.2009, S. 3.

Comprehensive Proposal for the Kosovo Status Settlement, 2.2.2007, <http://www.auswaertiges-amt.de/diplo/de/Europa/Suedosteuropa/Downloads-und-Dokumente/Ahtisaari-Plan.pdf> (abgerufen am 30.12.2009).

Concepts and dilemmas of state building in fragile situations, from fragility to resilience, in: OECD Journal on Development, 9 (2009) 3, S. 61–148.

Cook, Russel J., Vietnam War, War Changed the Role of the Press in U.S. Affairs, in: Margaret A. Blanchard (Hrsg.), History of the Mass Media in the United States, An Encyclopedia, Chicago 1998, S. 677–680.

Cooper, Andrew Fenton, Agata Antkiewicz (Hrsg.), Emerging powers in global governance, lessons from the Heiligendamm Process (Studies in International Governance), Waterloo 2008.

Corera, Gordon, Shopping for bombs, nuclear proliferation, global insecurity, and the rise and fall of the A.Q. Khan network, Oxford 2006.

Coticchia, Fabrizio und Giampiero Giacomello, Helping Hands, Civil-military Cooperation and Italy's Military Operation Abroad, in: Small Wars & Insurgencies 3/2009, S. 592–610.

Coticchia, Fabrizio, Peace Support Operations e Politica di Difesa Italiana: Tratti di Continuità e Discontinuità. Paper presented at the SISP annual conference, Bologna, 12.–14.9.2006.

Counter-terrorism in Somalia, losing hearts and minds? (ICG Africa Report, Nr. 95), Nairobi 2005.

Cousens, Elizabeth M., Chetan Kumar, Karin Wermester (Hrsg.), Peacebuilding as politics, Cultivating peace in fragile societies, Boulder, CO, 2001.

Crawford, James, The ILC Adopts a Statute for an International Criminal Court, in: American Journal of International Law, 2/1995, S. 404–416.

Crocker, Chester Arthur, Engaging Fragile States, in: Foreign Affairs 5/2003, S. 32 –44.

Daalder, Ivo und James Lindsay, An Alliance of Democracies, our way or the highway, in: Financial Times, 6.11.2004.

Dalby, Simon, Security and environmental change, Cambridge 2009.

Dannett, Richard, The Challenge for Defence in the Next Decade, CGS IISS Speech, 30.7.2009, <http://www.iiss.org/recent-key-addresses/general-sir-richard-dannatt-address/> (abgerufen am 21.5.2010).

Davies, Iwan, Does the financial crisis threaten democracy?, in: The SAIS Review of International Affairs, 30 (Winter–Frühjahr 2010) 1, S. 165–173.

Davis Cross, Mai`a (sic) K., Cooperation by Committee, The EU Military Committee and the Committee for Civilian Crisis Management (EU Institute for Security Studies, Occasional Paper Nr. 82) Paris, 2010.

Day, Stephen, The political challenge of Yemen's Southern Movement (Papers / Carnegie Endowment for International Peace, Nr. 108), Washington, DC, 2010, <http://carnegieendowment.org/files/yemen south movement.pdf> (abgerufen am 7.4.2010).

Debiel, Tobias et al., Local State-Building in Afghanistan and Somaliland, in: Peace Review: A Journal of Social Justice 21 (2010), S. 38–44.

Debiel, Tobias und Julia Viebach, Fragile Staaten – Staatsverfall, in: Peter Meyns (Hrsg.), Handbuch Eine Welt, Entwicklung im Globalen Wandel, Wuppertal 2009, S. 60–67.

Debiel, Tobias, Was tun mit fragilen Staaten?, Ansatzpunkte für die Entwicklungspolitik, in: Stefani Weiss (Hrsg.), Prekäre Staatlichkeit und internationale Ordnung, Wiesbaden 2007, S. 340–360.

Decreux, Yvan und Lionel Fontagné, Economic Impact of Potential Outcome of the DDA (CEPII Rapport d'Étude, Nr. 2009-01), S. 11–15.

Deegan, Heather, Africa Today, Culture, Economics, Religion, Security, London 2008.

Défense et sécurité nationale, le livre blanc, Paris 2008. T. 1–2, <http://lesrapports.ladocumentationfrancaise.fr/BRP/084000341/0000.pdf> (abgerufen am 17.6.2008).

Defense of Japan 2009, (tentative translation), (Annual White Paper / Japan Ministry of Defense), Tokyo 2009, <http://www.mod.go.jp/e/publ/w paper/2009.html> (abgerufen am 25.8.2009).

Deitelhoff, Nicole, Angst vor Bindung?, Das ambivalente Verhältnis von Demokratien zum Internationalen Strafgerichtshof (HSFK-Standpunkte, Nr. 5/2002), Frankfurt/Main 2002.

Deitelhoff, Nicole, Überzeugung in der Politik, Grundzüge einer Diskurstheorie internationalen Regierens, Frankfurt/M. 2006.

Department of National Defence (DND) (Hrsg.), 2010, Past Operations, <http://www.comfec-cefcom.forces.gc.ca/pa-ap/ops/pastops-eng.asp> (abgerufen am 3.1.2010).

Department of National Defence (DND) (Hrsg.), Canada First Defence Strategy, Ottawa 2008.

Devlin-Foltz, Zachary, Binnur Ozkececi-Taner, State collapse and Islamist extremism, re-evaluating the link, in: Contemporary Security Policy, 31 (April 2010) 1, S. 88–113.

Dewing, Michael und Corinne McDonald, International Deployment of Canadian Forces, Parliament's Role, Ottawa 2006.

Dishonoured Legacy, The Lessons of the Somalia Affair, Report of the Commission of Inquiry into the Deployment of Canadian Forces to Somalia, Ottawa 1997.

Dittmer, Lowell und Samuel S. Kim (Hrsg.), China's Quest for National Identity, Ithaca, N.Y. 1993.

Dobbins, James, European and American roles in nation-building, in: The International Spectator, 43 (Dezember 2008) 4, S. 123–136.

Dobbins, James, NATO peacekeepers need a partner, in: International Herald Tribune, 30.9.2005.

Dobin, James, Seth G. Jones, Keith Crane et al., The UN's Role in Nation Building, Santa Monica, CA, 2005.

Does, John Harwood, Washington Need Fixing?, in: The New York Times, 20.2.2010.

Dogar, Babar, Ranjan Roy, Kashmir Solution Just a Signature Away, Kasuri, in: The News, 24.4.2010.

Dokumentation zum Millenniumsgipfel der Vereinten Nationen, in: Internationale Politik, 55 (Dezember 2000) 12, S. 71–132.

Dolzer, Rudolf, Matthias Herdegen, Bernhard Vogel (Hrsg.), Good Governance, gute Regierungsführung im 21. Jahrhundert, Freiburg 2007.

Doyle, Michael W., Nicholas Sambanis, War and building peace, United Nations Peace Operations, Princeton 2006.

D'Souza, Shanthie, Karzai's balancing act, bringing »China« in? (ISAS Insights, Nr. 98), Singapore 2010, <http://www.isas.nus.edu.sg/Attachments/PublisherAttachment/ISAS_Insights_98_-_Email_-_Karzai%27s_Balancing_Act_-_Bringing_%27China%27_In_07052010185326.pdf> (abgerufen am 11.5.2010).

Durch, William J.: The Brahimi Report and the Future of Peace Operations, Washington, DC, 2003.

Dühi, Vedran, Helmut Kramer, Der Kosovo nach der Unabhängigkeit, hehre Ziele, enttäuschte Hoffnungen und die Rolle der internationalen Gemeinschaft, Berlin 2008, <http://library.fes.de/pdf-files/id/ipa/05695.pdf> (abgerufen am 21.10.2008).

Easterley, William, Wir retten die Welt zu Tode, Für ein professionelleres Management im Kampf gegen die Armut, Frankfurt 2006.

Edwards, David Busby, Marginality and migration, Cultural dimension of the Afghan refugee problem, in: International Migration Review, 20 (Sommer 1986) 2/74, S. 313–325.

Ehrhart, Hans-Georg, Civil-Military Co-Operation and Co-Ordination in the EU and in Selected Member States, in: European Parliament, Directorate General External Policies of the Union, Policy Department External Policies, Brüssel 2007.

Ehrhart, Hans-Georg, EU-Krisenmanagement in Afrika, die Operation EUFOR Tchad/RCA, in: Integration (Baden-Baden), 31 (April 2008) 2, S. 145–158.

Eichhorst, Kristina, Holger Ahlers, Florian Grubitzsch, Der Afghanistaneinsatz der Bundeswehr, die deutsche Debatte, in: Jahrbuch Terrorismus 2007–2008, S. 169–184.

Eiland, Giora, Rethinking the two-state solution (Policy Focus / Washington Institute for Near East Policy, 88), Washington, DC, 2008, <http://www.washingtoninstitute.org/pubPDFs/PolicyFocus88.pdf> (abgerufen am 23.9.2008).

Eilders, Christiane und Lutz M. Hagen, Kriegsberichterstattung als Thema kommunikationswissenschaftlicher Forschung, Ein Überblick zum Forschungsstand und den Beiträgen in diesem Themenheft, in: Medien & Kommunikationswissenschaft, 53 (2005) 2, S. 205–221.

Eisele, Manfred, Besser als ihr Ruf – die Vereinten Nationen im Dienst für den Frieden, in: Friedensgutachten 2000, Münster, 2000, S. 177–186.

Eisele, Manfred, Blauhelme als Krisenmanager, in: Sabine von Schorlemer (Hrsg.), Praxishandbuch UNO, die Vereinten Nationen im Lichte globaler Herausforderungen, Berlin 2003, S. 27–39.

Elsenhans, Hartmut, Abhängiger Kapitalismus oder bürokratische Entwicklungsgesellschaft, Versuch über den Staat in der Dritten Welt, Frankfurt/M. 1981.

Engberg-Pedersen, Lars, Louise Andersen, Finn Stepputat, Fragile situations, current debates and central dilemmas (DIIS Report, 2008:9), Copenhagen 2008, <http://www.diis.dk/graphics/Publications/Reports%202008/R2008-9_Fragile Situations.pdf> (abgerufen am 24.10.2008).

Engel, Ulf, João Gomes Porto (Hrsg.), Africa's new peace and security architecture, promoting norms, institutionalizing solutions (Global Security in a Changing World), Farnham 2010.

Engel, Ulf, Die Neuordnung Afrikas, Souveränität im Wandel, in: Aus Politik und Zeitgeschichte, (17. August 2009) 34–35, S. 7–12.

Engel, Ulf, Mühseliger Aufbau, Frieden und Sicherheit in der AU (GIGA Focus Afrika, 10/2008), Hamburg 2008, <http://www.giga-hamburg.de/dl/download.php?d=/content/publikationen/pdf/gf afrika 0810.pdf> (abgerufen am 27.10.2008).

Englebert, Pierre, Denis Michael Tull, Postconflict reconstruction in Africa, flawed ideas about failed states, in: International Security (Cambridge, MA), 32 (Frühjahr 2008) 4, S. 106–139.

Entwicklungsorientierte Transformation bei fragiler Staatlichkeit und schlechter Regierungsführung (BMZ Konzepte, 149), Bonn 2008, <http://www.bmz.de/de/service/infothek/fach/konzepte/konzept149.pdf> (abgerufen am 7.11.2008).

Epping, Volker, Die Evakuierung deutscher Staatsbürger im Ausland als neues Kapitel der Bundeswehrgeschichte ohne rechtliche Grundlage?, Der Tirana-Einsatz der Bundeswehr auf dem rechtlichen Prüfstand, in: Archiv des öffentlichen Rechts, 3/1999, S.423–469.

Eppstein, Edward, Pelosi Orders Classified Afghanistan Briefings for Members, in: CQ Today, 23.2.2009.

Erhart, Hans-Georg, EU-Krisenmanagement in Afrika, die Operation EUFOR Tchad/RCA, in: Integration 2/2008, S.145–158.

Erler, Gernot, Mission Weltfrieden, Deutschlands neue Rolle in der Weltpolitik, Freiburg/Breisgau 2009.

Erler, Gernot, Jürgen Trittin, Eckart von Klaeden, Guido Westerwelle, Auswärtstaktik, wie die Außenpolitik der nächsten Jahre aussehen könnte, in: Internationale Politik, 64 (September-Oktober 2009) 9–10, S. 70–91.

Etzioni, Amitai, Vom Stamm zum Staat, Masterplan mit Clanchefs, wie man Afghanistan dauerhaft stabilisieren könnte, in: Internationale Politik, 65 (März-April 2010) 2, S. 97–105.

EULEX Kosovo: EULEX Programme Report, Prishtina, Juli 2009, <http://www.eulex-kosovo.eu/_news/docs/programmereport/EULEX-PROGRAMME-REPORT-July-2009-new.pdf> (abgerufen am 30.12.2009).

European Commission, Securing Peace and Stability for Africa, The EU Funded African Peace Facility, Brussels 2004, <http://ec.europa.eu/development/body/publications/docs/flyer_peace_en.pdf> (abgerufen am 12.10.2008).

Faath, Sigrid (Hrsg.), Rivalitäten und Konflikt zwischen Sunniten und Schiiten in Nahost, Berlin 2010, <http://www.dgap.org/midcom-serveattachmentguid-1df46118f366614461111dfa98f51dfd532f333f333/2010-01-faath www.pdf> (abgerufen am 26.4.2010).

Fabra Mata, Javier, Sebastian Ziaja, Jörg Faust, Joachim Nahem (Hrsg.), Users‹ guide on measuring fragility, Bonn 2009, <http://www.die-gdi.de/CMS-Homepage/openwebcms3.nsf/(ynDK contentByKey)/ANES-7W89TW/$FILE/UNDP-DIE%202009%20Users%20Guide%20on%20Measuring%20Fragility.pdf> (abgerufen am 7.10.2009).

Fakhoury-Mühlbacher, Tamirace, Democratisation and power-sharing in stormy weather, the case of Lebanon, (VS Research), Wiesbaden 2009.

Fawn, Rick, Oliver P. Richmond, De facto states in the Balkans, shared governance versus ethnic sovereignty in Republika Srpska and Kosovo, in: Journal of Intervention and Statebuilding, 3 (Juni 2009) 2, S. 205 238.

Fearon, James und David Laitin, Neotrusteeships and the Problem of Weak States, in: International Security, 28 (2004) 4, S. 5–43.

Feinstein, Lee, Anne-Marie Slaughter, A duty to prevent, in: Foreign Affairs, 83 (Januar-Februar 2004) 1, S. 136–150.

Ferguson, Charles D., Preventing catastrophic nuclear terrorism (Council on Foreign Relations Special Report, Nr.11), New York, NY, 2006, <http://www.cfr.org/content/publications/attachments/NucTerrCSR.pdf>.

Fiebig, Rüdiger, Einstellungen der deutschen Bevölkerung zum Afghanistan-Einsatz der Bundeswehr, in: Europäische Sicherheit, 58 (Juli 2009) 7, S. 14–16.

Fischer, Martina, Beatrix Schmelzle (Hrsg.), Building peace in the absence of states, challenging the discourse on state failure (Berghof Handbook Dialogue Series, Nr. 8), Berlin 2009, <http://www.berghof-handbook.net/uploads/download/dialogue8_failingstates_complete.pdf> (abgerufen am 22.4.2009).

Flint, Juli und Alex de Waal, Darfur, A New History of a Long War, London 2008.

Flores, Thomas Edward und Irfan Nooruddin, Financing the peace, evaluating World Bank post-conflict assistance programs, in: The Review of International Organizations, 4 (März 2009) 1, S. 1–27.

For a few dollars more, How al Qaeda moved into the diamond trade, A report by Global Witness, London 2003, <http://www.globalwitness.org/media_library_get.php/171/1250693717/Few%20Dollars%20More%200-50.pdf>.

Foucault, Michel, Dispositive der Macht, Berlin 1978.

Foucault, Michel, Mikrophysik der Macht, Berlin 1976.

Fox, Liam, Speech to IISS, »Beyond the smoke: making progress in Afghanistan«, London 2009, <http://www.iiss.org/EasysiteWeb/getresource.axd?AssetID=31324&type=full&servicetype=Attachment> (abgerufen am 20.10.2009).

Fragile states, in: Studia diplomatica, 62 (2009) 2, S. 3–96.

Fratianni, Michele, John J. Kirton und Paolo Savona, Financing Development, The G8 and UN Contribution, Aldershot 2007.

Fravel, M. Taylor, Regime insecurity and international cooperation, explaining China's compromises in territorial disputes, in: International Security (Cambridge, MA), 30 (Herbst 2005) 2, S. 46–83.

Freeman, Carla, Drew Thompson, The real bridge to nowhere, China's foiled North Korea strategy (Working Paper / United States Institute of Peace, 11/2009), Washington, DC, 2009, <http://www.nixoncenter.org/Real-Bridge-to-Nowhere.pdf> (abgerufen am 14.5.2009).

Friedrich, Carl Joachim, Der Verfassungsstaat der Neuzeit, Berlin 1953.

Fritz, Erich G. (Hrsg.), China, Partner oder Angstgegner? (Brückenschlag, Forum internationale Politik, Bd. 4), Oberhausen 2006.

Frost, Frank, Perspectives on Australian foreign policy 2006, in: Australian Journal of International Affairs, 61 (September 2007) 3, S. 403–426.

Frowein, Jochen A., Berichte der Deutschen Gesellschaft für Völkerrecht, Bd. 39 (2000), S. 427.

Fuelling mistrust, the need for transparency in Sudan's oil industry, a report by Global Witness, London 2009, <http://www.globalwitness.org/media library get.php?id=1002> (abgerufen am 19.10.2009).

Fukuyama, Francis, Staaten bauen, Die neuen Herausforderungen internationaler Politik, Berlin 2004.

Fürtig, Henner, Déjà vu im Zweistromland, das britische Mandat als »Blaupause« des neuen Irak?, in: Internationale Politik, 63 (Januar 2008) 1, S. 45–51.

Fürtig, Henner, Irak, ein Modell externer Demokratisierung auf dem Prüfstand, in: Internationale Politik und Gesellschaft, 3/2006, S. 46–64.

Fürtig, Henner, Milizen im Irak, vom Unruhefaktor zum Stabilitätselement?, in: Friedensgutachten 2010, S. 144–157.

Gabriel, Sigmar, Frank-Walter Steinmeier, Stärkung des zivilen Engagements und des wirtschaftlichen Aufbaus, Stärkung der afghanischen Sicherheitskräfte, zur Dauer und Perspektive des deutschen Afghanistan-Engagements, SPD-Positionspapier, o. O. [2010], <http://www.spd.de/de/pdf/Positionspapier Afghanistan.pdf> (abgerufen am 26.2.2010).

Gall, Carlotta, Ismail Kan, Taliban and Allies, Tighten Grip in North of Pakistan, in: New York Times, 11.12.2006.

Galtung, Fredrik, Martin Tisné, A new approach to postwar reconstruction, in: Journal of Democracy, 20 (Oktober 2009) 4, S. 93–107.

Ganguly, Sumit, Conflict Unending, India-Pakistan Tensions since 1947, Oxford 2002.

Gareis, Sven B., Der Parlamentsvorbehalt und die Kontrolle von Auslandseinsätzen der Bundeswehr, Praxis, Probleme und Perspektiven, in: Martin H.W. Möllers und Robert Christian van Ooyen (Hrsg.), Jahrbuch Öffentliche Sicherheit 2008/2009, Frankfurt/M. 2009, S. 565–576.

Gehrau, Volker und Alexander Görke, Alarm im Wohnzimmer, Wie sich die Mediennutzung in Krisenzeiten ändert, in: Martin Löffelholz, Christian F. Trippe und Andrea C. Hoffmann (Hrsg.), Kriegs- und Krisenberichterstattung. Ein Handbuch, Konstanz 2008, S. 292–296.

Geiger, Rudolf, EUV/EGV, Vertrag über die Europäische Union und Vertrag zur Gründung der Europäischen Gemeinschaft, München 2004.

Gentile, Francesco, Intelligenza politica e ragion di stato, Mailand 1983.

Gerber, Jürgen, Georgien, nationale Opposition und kommunistische Herrschaft seit 1956 (Schriftenreihe des Bundesinstituts für ostwissenschaftliche und internationale Studien, Bd. 32), Baden-Baden 1997.

Gern, Klaus-Jürgen, Barbara Fritz und Margot Schüller, Der große Knall?, Die Auswirkungen der Finanzmarktkrise auf die Entwicklungsregionen (GIGA Forum im Rückblick, 2009-01-

21), Hamburg 2009, <http://www.giga-hamburg.de/index.php?file=090121_giga_forum. html&folder=wissenstransfer>.

Giegerich, Bastian, European military crisis management, connecting ambition and reality (Adelphi Papers, 397), Abingdon 2008.

Giegerich, Bastian, European security and strategic culture, national responses to the EU's security and defence policy (Düsseldorfer Schriften zu internationaler Politik und Völkerrecht, 1), Baden-Baden 2006.

Giegerich, Bastian, William Wallace, Not such a soft power, the external deployment of European forces, in: Survival, 46 (Sommer 2004) 2, S. 163–182.

Gießmann, Hans-Joachim, Armin Wagner (Hrsg.), Armee im Einsatz, Grundlagen, Strategien und Ergebnisse einer Beteiligung der Bundeswehr (Demokratie, Sicherheit, Frieden, Bd. 191), Baden-Baden 2009.

Gießmann, Hans-Joachim, Armin Wagner, Auslandseinsätze der Bundeswehr, in: Aus Politik und Zeitgeschichte, (23. November 2009) 48, S. 3–9.

Gilboa, Eytan, Effects of Global Television News on U.S. Policy in International Conflict, in: Philip Seib (Hrsg.), Media and Conflict in the Twenty-First Century, New York, NY, Hampshire 2005, S. 1–31.

Gill, Bates, Chin-hao Huang, China's expanding peacekeeping role, its significance and the policy implications (SIPRI Policy Brief), Stockholm 2009, <http://books.sipri.org/files/misc/SIPRIPB0902.pdf> (abgerufen am 17.2.2009).

Gill, Bates, Chin-hao Huang, China's expanding role in peacekeeping: prospects and policy implications (Policy Paper/Stockholm International Peace Research Institute, Nr. 25), Stockholm 2009, <http://books.sipri.org/files/PP/SIPRIPP25.pdf> (abgerufen am 3.11.2009).

Giustozzi, Antonio (Hrsg.), Decoding the new Taliban, insights from the Afghan field, London 2009. (abgerufen am 17.2.2010).

Giustozzi, Antonio, Koran, Kalashnikov and laptop, the Neo-Taliban insurgency in Afghanistan, 55 (Juni 12, 2008) 10, New York, NY, 2007.

Glaser, Antoine, Stephen Smith, L'Afrique sans Africains, Le reve blanc du continent noir (Au vif), Paris 1994.

Glaser, Bonnie, Ensuring the »Go Abroad« Policy Serves China's Domestic Priorities, in: China Brief, The Jamestown Foundation, Bd. 7, Nr. 5, 8.3.2007.

Glassner, Rainer, Conrad J. Schetter, Der deutsche Beitrag zum Wiederaufbau Afghanistans seit 2001, Bundeswehreinsatz und ziviles Engagement, in: Friedensgutachten 07, Münster 2007, S. 63–74.

Gligorov, Vladimir, Costs and benefits of Kosovo's future status (WIIW Research Reports, 342), Wien 2007.

Go, Delfin S., John Page (Hrsg.), Africa at a turning point?, Growth, aid, and external shocks, Washington, DC, 2008.

Golc', Aleksandr, Voennoe mirotrvor‹estvo Rossii (militärische Friedenseinsätze), in: Pro et Contra, September-Dezember 2006.

Göler, Daniel, Europas Interessen in Zentralafrika, Die Mission »Eufor RD Congo«, in: Dokumente 3/2006, S. 22–27.

Government Accountability Office (GAO) (Hrsg.), Iraq and Afghanistan, Availability of Forces, Equipment, and Infrastructure should be considered in Developing U.S. Strategy and Plans, (Nr. GAO-09-380T), Washington, DC, 12.2.2009.

Government of Canada, Setting a Course to 2011. Report to Parliament, Ottawa 2008.

Grams, Christoph, State building as a challenge of development and security policy, in: Panorama, 2/2009, S. 97–105, <http://www.kas.de/upload/dokumente/2010/06/Pol Di-Asien_Panorama_02-2010/Panorama_2-2010_SecurityPolitics_Grams.pdf> (abgerufen am 27.7.2010).

Grewe, Wilhelm Georg, Epochen der Völkerrechtsgeschichte, Baden-Baden 1984.

Grigoleit, Klaus J., Bundesverfassungsgericht und deutsche Frage, Eine dogmatische und historische Untersuchung zum judikativen Anteil an der Staatsleitung, Tübingen 2004.

Growth and responsibility in Africa, Summit declaration (8 June 2007), Heiligendamm 2007, <http://www.g-8.de/Content/DE/Artikel/G8Gipfel/Anlage/Abschlusserkl_C3_A4rungen/WV-afrika-en,property=publicationFile.pdf> (abgerufen am 11.6.2007).

Gstöhl, Sieglinde, Governance through government networks, the G8 and international organizations, in: Review of International Organizations, 2 (März 2007) 1, S. 1–37.

Gu, Jing, John Humphrey, Dirk Messner, Global governance and developing countries, the implications of the rise of China (Discussion Paper / Deutsches Institut für Entwicklungspolitik, 18/2007), Bonn 2007, <http://www.die-gdi.de/CMS-Homepage/openwebcms3.nsf/(ynDK contentByKey)/ADMR-7BRFVU/$FILE/18.2007.pdf> (abgerufen am 9.11.2007).

Guild, Elspeth, Security and migration in the 21st century, Cambridge 2009.

Haas, Marcel de, Martijn Beerthuizen, Financing of peacekeeping operations, a benchmark study, Den Haag 2008, <http://www.clingendael.nl/publications/2008/20080600_cscp_paper_haas.pdf> (abgerufen am 16.7.2008).

Haass, Richard N., The case for »Integration«, in: The National Interest (Herbst 2005), S. 22–29.

Hadden, Tom (Hrsg.), Responsibility to assist, EU policy and practice in crisis-management operations under European Union Security and Defence Policy (COST Report), Oxford 2009.

Haedrich, Martina, Völkerrechtliche Grundlagen der Beteiligung der Bundeswehr an internationalen Einsätzen und verfassungsrechtliche Implikationen, in: Hans J. Gießmann (Hrsg.), Armee im Einsatz, Grundlagen, Strategien und Ergebnisse einer Beteiligung der Bundeswehr, (Demokratie, Sicherheit, Frieden; Bd. 191), Baden-Baden 2009, S. 119–133.

Haftendorn, Helga, Für einen neuen strategischen Dialog im Bündnis, Dialogfähigkeit als Anpassungsaufgabe der NATO, in. Henning Riecke (Hrsg.), Die Transformation der NATO, Die Zukunft der euro-atlantischen Sicherheitskooperation, Baden-Baden 2007, S. 141-174.

Hagerty, Devin T., India's regional security doctrine, in: Asian Survey, 31 (April 1991) 4, S. 351–363.

Hague, William, The future of British foreign policy with a conservative government, London 2009, <http://www.iiss.org/EasysiteWeb/getresource.axd?AssetID=28907&type=full&servicetype=Attachment> (abgerufen am 14.8.2009).

Haiti 2009, stability at risk (ICG Latin America/Caribbean Briefing, Nr. 19), Port-au-Prince 2009, <http://www.crisisgroup.org/~/media/Files/latin-america/haiti/b19_haiti_2009___stability_at_risk.ashx> (abgerufen am 4.3.2009).

Hajnal, Peter I., The G8 system and the G20, evolution, role and documentation (Global Finance Series), Aldershot 2007.

Halbach, Uwe, Prekäre Staatlichkeit, Strukturprobleme im Nordkaukasus, in: Osteuropa (Berlin), 56 (Juli 2006) 7, S. 17–31.

Halbach, Uwe, Ungelöste Regionalkonflikte im Südkaukasus (SWP-Studie, S8/2010), Berlin 2010, <http://www.swp-berlin.org/common/get_document.php?asset_id=6918> (abgerufen am 22.4.2010).

Halbach, Uwe, Zentralasien im Kampf gegen den militanten Islamismus (SWP-aktuell, 20/2008), Berlin 2008, <http://www.swp-berlin.org/de/common/get_document.php?asset_id=4804> (abgerufen am 27.3.2008).

Halliday, Fred: Iraq in the Balance, in: openDemocracy, 28.3.2009, S. 2.

Hameiri, Shahar, Risk Management, Neo-liberalism and the Securitisation of the Australian Aid Program, in: Australian Journal of International Affairs 3/2008, S. 357–371.

Hamilton, Daniel, Alliance Reborn, an Atlantic compact for the 21th century, The Washington NATO Project, Washington, DC, 2009.

Hanf, Theodor, Nawaf A. Salam (Hrsg.), Lebanon in limbo, postwar society and state in an uncertain regional environment (Studien zu Ethnizität, Religion und Demokratie, Bd. 4), Baden-Baden 2003.

Hanf, Theodor, E pluribus unum? Lebanese Opinions and Attitudes on Co-existence, Byblos 2007.

Hanf, Theodor, Koexistenz im Krieg, Staatszerfall und Entstehen einer Nation im Libanon (Schriften des Forschungsinstituts der Deutschen Gesellschaft für Auswärtige Politik), Baden-Baden 1990.

Hanf, Theodor, The Sceptical Nation, Opinions and Attitudes Twelve Years after the War, in: ders. und Nawaf Salam (Hrsg.), Lebanon in Limbo, Postwar Society and State in an Uncertain Regional Environment, Baden-Baden 2003, S. 197–228.

Haqqani, Husain, Pakistan, between mosque and military, Washington, DC, 2005.

Harff, Barbara, Ted Robert Gurr, Ethnic conflict in world politics (Dilemmas in World Politics), Boulder, CO, 2004.

Harnisch, Sebastian, Internationale Politik und Verfassung, die Domestizierung der deutschen Sicherheits- und Europapolitik (Weltpolitik im 21. Jahrhundert, Bd. 14), Baden-Baden 2006.

Haroon, Sana, Frontier of Faith, Islam and the Indo-Afghan Borderland, New York, NY, 2007.

Harsch, Michael F. , Janka Oertel, Johannes Varwick (Hrsg.), UN-NATO Erklärung, Viel Lärm um (fast) nichts, in: Vereinte Nationen, 57 (2009) 1.

Hasse, Jana, Erwin Müller, Patricia Schneider (Hrsg.), Humanitäres Völkerrecht, Politische, rechtliche und strafgerichtliche Dimensionen (Demokratie, Sicherheit, Frieden, Bd. 133), Baden-Baden 2001.

Hassen, Mohammed Ahmed, Die zerstörte nationale Identität und der Zerfall des Nationalstaates, Fallbeispiel Somalia, Berlin 2010.

Hauck, Gerhard, »Good Governance«, »Neopatrimonialismus«, »schwache Staaten«, die verkehrte Welt des Entwicklungsdiskurses, in: Heribert Weiland (Hrsg.), Good Governance in der Sackgasse?, (Entwicklungstheorie und Entwicklungspolitik; Nr. 5), Baden-Baden 2009, S. 69–90.

Hauswedell, Corinna, Margret Johannsen und Paul Nolan (Hrsg.), Demilitarizing conflicts, learning lessons in Nothern Ireland, Palestine and Israel (Loccumer Protokolle, 64/08), Rehburg-Loccum 2009.

Heinemann-Grüder, Andreas, Mit UN-Einsätzen zum Frieden?, in: Friedensgutachten 09, Münster 2009, S. 175–188.

Heinrich-Böll-Stiftung (Hrsg.): Import/Export Demokratie, 20 Jahre Demokratieförderung in Ost-, Südosteuropa und dem Kaukasus (Schriften zur Demokratie, Bd. 14), Berlin 2010.

Helena Cobban, International Courts, in: Foreign Policy, 153/2006, S. 22–28.

Hermann Mosler, Jus cogens im Völkerrecht, in: Schweizerisches Jahrbuch des Internationalen Rechts, Bd. 25/1968, S. 9–40.

Herspring, Dale und Roger McDermott, Medvedev Overplays the »Military Card« in Trying to Impress Obama, in: Johnson's Russia List, 29.3.2009, <http://www.cdi.org/russia/johnson/2009-62-30.cfm> (abgerufen am 11.6.2010).

Heupel, Monika, Combining hierarchical and soft modes of governance, the UN Security Council's approach to terrorism and weapons of mass destruction proliferation after 9/11, in: Cooperation and Conflict, 43 (März 2008) 1, S. 7–29.

Heupel, Monika, Das A.Q.-Khan-Netzwerk, transnationale Proliferationsnetzwerke als Herausforderung für die internationale Nichtverbreitungspolitik (SWP-Studie, S14/2008), Berlin 2008, <http://www.swp-berlin.org/common/get_document.php?asset_id=5002> (abgerufen am 1.7.2008).

Heupel, Monika, Shadow trade war economies and their challenge to peacebuilding, in: Journal of International Relations and Development, 9 (Juni 2006) 2, S. 140–169.

Heupel, Monika, Vom Krieg zum Frieden, Krisenprävention, Friedensschaffung, Friedenskonsolidierung, in: Global governance für Entwicklung und Frieden: Perspektiven nach einem Jahrzehnt, Red.: Dieter Senghaas, Bonn 2006, S. 174–194.

Hill, Charles, How to save the United Nations (if we really have to), in: Hoover Digest, (Winter 2005) Nr. 1.

Hilpold, Peter, The Duty to Protect and the Reform of the United Nations, in: Max Planck Yearbook of United Nations Law, Bd. 10/2006, S. 35–69.

Hintze, Otto, Der Beamtenstand, in: Kersten Krüger (Hrsg.), Beamtentum und Bürokratie, Göttingen 1981.

Hintze, Otto, Der österreichische und der preußische Beamtenstand im 17. und 18. Jahrhundert; in: ders., Staat und Verfassung. Gesammelte Abhandlungen zur Allgemeinen Verfassungsgeschichte, hrsg. von Fritz Hartung, Leipzig 1941, S. 311–348.

Hippler, Jochen, »The Decisive Battle is for the People's Minds«, der Wandel des Krieges, Folgerungen für die Friedens-, Sicherheits- und Entwicklungspolitik, in: Friedensgutachten 09, Münster 2009, S. 32–47.

Hippler, Jochen, Das gefährlichste Land der Welt?, Pakistan zwischen Militärherrschaft, Extremismus und Demokratie (KiWi Paperbackreihe, 1052), Köln 2008.

Hippler, Jochen, Failed States and Globalisierung, in: Aus Politik und Zeitgeschichte, (11. Juli 2005) 28–29, S. 3–5.

Hippler, Jochen, Pakistan als Atommacht, unveröffentlichtes Manuskript, Duisburg 2010.

Hippler, Jochen, Pakistan, seine Stammesgebiete und der Afghanistan-Krieg, in: Aus Politik und Zeitgeschichte, 21–22/2010, S. 3–9.

Hirst, Christian, The Paradigm Shift, 11 September and Australia's Strategic Reformation, in: Australian Journal of International Affairs 2/2007, S. 175–192.

Hitchner, R. Bruce, From Dayton to Brussels, The Story Behind the Constitutional and Governmental Reform Process in Bosnia and Herzegovina, in: The Fletcher Forum of World Affairs 1/2006, S. 125–135.

Hobbes, Thomas, Leviathan, Frankfurt/M. 1984.

Hobe, Stephan, Karsten Nowrot, Whither the sovereign state?, in: German Yearbook of International Law, 50/2007, S. 243–302.

Hoebink, Paul, Nederlandse identiteit en Nederlandse ontwikkelingssamenwerking, in: IS, Nr. 9, September 2009, S. 438–443.

Hoekman, Bernard M., Will Martin, Aaditya Mattoo, Conclude Doha, it matters! (Policy Research Working Papers, 5125), Washington, DC, 2009, <http://www-wds.worldbank.org/external/default/WDSContentServer/IW3P/IB/2009/11/18/000158349_20091118112934/Rendered/PDF/WPS5135.pdf> (abgerufen am 18.12.2009).

Hofmann, Claudia, Das Problem der Sicherheit für NGOs in Afghanistan, in: Peter Schmidt (Hrsg.), Das internationale Engagement in Afghanistan. Strategien, Perspektiven, Konsequenzen (SWP-Studie Nr. S 23), Berlin 2008.

Hofmann, Rainer, Nils Geißler (Hrsg.), Non-state actors as new subjects of international law, international law, from the traditional state order towards the law of the global community, proceedings of an international symposium of the Kiel Walther-Schücking-Institute of International Law, March 25 to 28, 1998 (Veröffentlichungen des Walther-Schücking-Instituts für Internationales Recht, Bd. 125), Berlin 1999.

Holslag, Jonathan, China's new security strategy for Africa, in: Parameters, 39 (Sommer 2009) 2, S. 23–37, <http://www.thefreelibrary.com/China%27s+New+Security+Strategy+for+Africa.-a0208333697> (abgerufen am 12.8.2009).

Holt, Victoria K., Making Conflict Resolution and Prevention in Africa a »Top Priority«, G8-Africa Action Plan and Considerations for Sea Island, Washington, DC, 2004.

Horowitz, Donald L., Ethnic groups in conflict, Berkeley, CA, 1985.

Horton, Michael, Borderline Crises, Saudi Arabia Intervenes in Yemen, in: Jane's Intelligence Review, Januar 2010, S. 13–17.

House of Commons, Government Motion on Afghanistan, 13.3.2008, <http://www.cbc.ca/news/back ground/afghanistan/revised-motion-afghanistan.html> (abgerufen am 28.12.2009).

Howard, Tiffiany O., Revisiting state failure, developing a causal model of state failure based upon theoretical insight, in: Civil Wars (Abingdon), 10 (Juni 2008) 2, S. 125–147.

Huber, Martina, State-Building in Georgia, Unfinished and at Risk?, Den Haag 2004.

Hudson, Michael C., The Precarious Republic, Political Modernization in Lebanon, New York, NY, 1968.

Hynek, Nik, David Bosold (Hrsg.), Canada's foreign and security policy, soft and hard strategies of a middle power, Don Mills 2010.

Waever, Ole (Hrsg.), Identity, migration and the new security agenda in Europe, London 1993.

Ihlau, Olaf, Walter Mayr, Minenfeld Balkan, der unruhige Hinterhof Europas, Berlin 2009.

Ikenberry, G. John und Anne-Marie Slaughter, Forging a world of liberty under law, U.S. national security in the 21st century; final paper of the Princeton project on national security, Princeton, NJ, 2006.

Independent Panel on Canada's Future Role in Afghanistan, Final Report, Ottawa 2010.

Institut für Europäische Politik (Hrsg.), Operationalisierung von Security Sector Reform (SSR) auf dem westlichen Balkan, intelligente/kreative Ansätze für eine langfristig positive Gestaltung dieser Region, Berlin 2007.

International Crisis Group (Hrsg.), Serb Integration in Kosovo, Taking the Plunge, 12.5.2009.

International Organization für Migration (Hrsg.), World Migration 2008, Managing Labour Migration in the Evolving Global Economy, Genf 2008.

Iraq's provincial elections, the stakes (ICG Middle East Report, Nr. 82), Baghdad 2009, <http://www.crisisgroup.org/~/media/Files/Middle%20East%20North%20Africa/Iraq%20Syria%20Lebanon/Iraq/82_iraqs_provincial_elections_the_stakes.ashx> (abgerufen am 27.1.2009).

Isensee, Josef, Anhörung der Gemeinsamen Verfassungskommission am 11.2.1993, Staatliche Souveränität und militärische Verteidigung, in: Deutscher Bundestag (Hrsg.), Materialien zur Verfassungsdiskussion und zur Grundgesetzänderung in der Folge der deutschen Einigung, Bd. 2, Bonn 1996.

Ishizuka, Katsumi, Japan's policy towards UN peacekeeping operations, in: International Peacekeeping (Ilford), 12 (Frühjahr 2005) 1, Special Issue, S. 56–72.

Jaberg, Sabine, Heiko Biehl, Günter Mohrmann (Hrsg.), Auslandseinsätze der Bundeswehr, sozialwissenschaftliche Analysen, Diagnosen und Perspektiven (Sozialwissenschaftliche Schriften, H. 47), Berlin 2009.

Jafri, A.B.S., The Political Parties in Pakistan, Karatschi 2002.

Jahn, Egbert, Frieden durch die normative Kraft militärischer Gewalt? Der Südkaukasus nach dem Augustkrieg, in: Friedensgutachten 09, Münster 2009, S. 85–96.

Janata, Alfred und Reihanodin Hassas, Ghairatman, der gute Paschtune, Exkurs über die Grundlagen des Pashtunwali, in: Afghanistan Journal 3/1975, S. 83–97.

Jawaharlal, Nehru, India's Foreign Policy, Selected Speeches (September 1946-April 1961), Neu-Delhi 1991.

Jefferess, David, Responsibility, Nostalgia, and the Mythology of Canada as a Peacekeeper, University of Toronto Quarterly, 78 (2009) 2.

Jenkins, Rob, The UN Peacebuilding Commission and the dissemination of international norms (Crisis States Working Paper, Nr. 38), London 2008, <http://www.crisisstates.com/download/wp/wpSeries2/wp38.2.pdf> (abgerufen am 21.7.2008).

Johannsen, Margret (Hrsg.), No peace, no war, Middle East, quo vadis?, Panel discussion, in: Corinna Hauswedell (Hrsg.), Demilitarizing conflicts, (Loccumer Protokolle; 64/08), Rehburg-Loccum 2009, S. 275–310.

Johannsen, Margret, Der Gaza-Krieg 2008/2009, was lehrt uns die Wiederkehr des ewig Gleichen?, in: Österreichisches Studienzentrum für Frieden und Konfliktlösung (Hrsg.), Söldner, Schurken, Seepiraten, von der Privatisierung der Sicherheit und dem Chaos der »neuen« Kriege, (Dialog-Beiträge zur Friedensforschung; Bd. 58), Wien 2009, S. 221–235.

Johannsen, Margret, From resistance to state-building, dealing with the ambiguities of the Hamas experiment in Gaza, in: Sicherheit und Frieden, 27 (2009) 3, S. 180–185.

Johannsen, Margret, Israel im Konflikt, zur Friedensfähigkeit einer tief gespaltenen Gesellschaft (Hamburger Beiträge zur Friedensforschung und Sicherheitspolitik, H. 142), Hamburg 2006, <http://www.ifsh.de/pdf/publikationen/hb/hb 142.pdf>.

Johannsen, Margret, Zwischen Widerstand und Opposition, Gewaltordnungen in Palästina, in: Sicherheit und Frieden, 22 (2004) 4, S. 195–206.

John, Jari, Tobias Knedlik, Reform der Kreditvergabe des IWF erhöht die Stabilität in Schwellenländern, in: Wirtschaft im Wandel, 16 (24.3.2010) 3, S. 164–173.

Jonas, Alexandra, Nicolai von Ondarza, Chancen und Hindernisse für die europäische Streitkräfteintegration, grundlegende Aspekte deutscher, französischer und britischer Sicherheits- und Verteidigungspolitik im Vergleich (Schriftenreihe des Sozialwissenschaftlichen Instituts der Bundeswehr, Bd. 9), Wiesbaden 2010.

Jonas, Alexandra, Nicolai von Ondarza, Die neue National Security Strategy Großbritanniens, in: Europäische Sicherheit, 58 (November 2009) 11, S. 13–16.

Jones, Bruce, Peacekeeping in crisis?, Confronting the challenges ahead, in: The RUSI Journal, 154 (Oktober 2009) 5, S. 78–83.

Jones, Owen Bennett, Pakistan: eye of the storm, New Haven, Conn. 2002.

Joost R. Hiltermann, Iraq's Elections, Winners, Losers, and What's Next, in: openDemocracy, 10.2.2009, S. 1 ff.

Kabutaulaka, Tarcisius Tara, Australien foreign policy and the RAMSI intervention in Solomon Islands, in: The Contemporary Pacific, 17 (Herbst 2005) 2, S. 283–310.

Kaim, Markus, Deutsches Interesse versus Bündnisverpflichtung, zur Frage nationaler Handlungsspielräume bei Auslandseinsätzen der Bundeswehr, in: Hans J. Gießmann (Hrsg.), Armee im Einsatz, Grundlagen, Strategien und Ergebnisse einer Beteiligung der Bundeswehr, (Demokratie, Sicherheit, Frieden; Bd. 191), Baden-Baden 2009, S. 176–185.

Kaldor, Mary, Neue und alte Kriege, Organisierte Gewalt im Zeitalter der Globalisierung, (Edition Zweite Moderne), Frankfurt/M. 2000.

Kamp, Karl-Heinz, Europäische »Battle Groups«, ein neuer Schub für die ESVP? (Analysen und Argumente / Konrad-Adenauer-Stiftung, Nr. 15/2004), <http://www.kas.de/wf/doc/kas_5827-544-1-30.pdf ?070807150256> (abgerufen am 21.7.2010).

Kant, Immanuel, Zum ewigen Frieden, Stuttgart 1983.

Kaplan, Seth, Rethinking state-building in a failed state, in: The Washington Quarterly, 33 (Januar 2010) 1, S. 81–97.

Kapur, Harish, Foreign policies of India's prime ministers, Neu-Delhi 2009.

Karanja, Stephen Kabera, Child Soldiers in Peace Agreements, The Peace and Justice Dilemma, in: Global Jurist, 3/2008, S. 35–38.

Katharina Gnath, The G8 and the Heiligendamm Process, A Group's Architecture in Flux, in: Christoph Herrmann und Jörg P. Terhechte (Hrsg.), European Yearbook of International Economic Law 2010, Berlin 2010, S. 405–416.

Kaufmann, Christine, Mirina Grosz, Poverty, hunger and international trade, what's law got to do with it?, Current mechanism and the DOHA Development Agenda, in: German Yearbook of International Law Bd. 51, Berlin 2008, S. 75–109.

Kempin, Ronja, Christian Kreuder-Sonnen, Gendarmerieeinheiten in internationalen Stabilisierungsmissionen, eine Option für Deutschland?, (SWP-Studie, S6/2010), Berlin 2010, <http://www.swp-berlin.org/common/get_document.php?asset_id=6882> (abgerufen am 25.5.2010).

Keohane, Daniel, Unblocking Eu-Nato Co-Operation, (Center for European Reform / Bulletin, Nr. 48), London, Juni-Juli 2006, <http://www.cer.org.uk/articles/48_keohane.html> (abgerufen am 21.7.2010).

Ker-Lindsay, James, Kosovo, The Path to Contested Statehood in the Balkans, London 2009.

Kerry, John, A Race against time in Afghanistan, in: Washington Post, 10.2.2009.

Kewenig, Wilhelm, Die Koexistenz der Religionsgemeinschaften im Libanon, Berlin 1965.

Khair El-Din Haseeb, The Occupation of Iraq, An Exit Proposal, in: Contemporary Arab Affairs, 1/2009.

Khilnani, Sunil, The Idea of India, New York, NY, 1997.

Kim, Samuel S. (Hrsg.), China and the world, Chinese foreign policy faces the new millenium, Boulder, CO, 1998.

Kipping, Martin, Two interventions, comparing Soviet and US-led state-building in Afghanistan, o. O. 2010, <http://www.aan-afghanistan.org/uploads/AAN Two Interventions.pdf> (abgerufen am 20.4.2010).

Kirton, John J., From G8 2003 to G13 2010?, The Heiligendamm Process's Past, Present, and Future, in: Cooper, Andrew Fenton, Agata Antkiewicz (Hrsg.), Emerging powers in global governance, lessons from the Heiligendamm Process (Studies in International Governance), Waterloo 2008, S. 45–79.

Kirton, John James, Joseph P. Daniels, Andreas Freytag (Hrsg.), Guiding global order, G8 governance in the twenty-first century (The G8 and Global Governance Series), Aldershot 2001.

Kissinger, Henry, A strategy for Afghanistan, in: Washington Post, 26.2.2009, S. 19.

Kitfield, James, »Af-Pak« presents a daunting challenge, in: National Journal, 21.2.2009.

Klein, Axel, Das politische System Japans, (Japan Archiv, Bd. 7), Bonn 2006.

Klein, Eckart Klein und Steffani Schmahl, Die neue NATO-Strategie und ihre völkerrechtlichen und verfassungsrechtlichen Implikationen, in: Recht und Politik, 4/1999, S. 210–216.

Klimawandel und Gewaltkonflikte, in: Die Friedens-Warte, 84 (2009) 2, S. 11–92.

Knightley, Phillip, The first casualty, the war correspondent as hero and myth-maker from the Crimea to Iraq, Baltimore, Md. 2004.

Knirsch, Hubert, Die internationalen Finanzinstitutionen und prekäre Staaten, in: Stefani Weiss (Hrsg.), Prekäre Staatlichkeit und internationale Ordnung, Wiesbaden 2007, S. 407–427.

Koch, Cordelia, Verfassung im Kraftfeld von Krieg und Frieden, von der konkurrenz- zur konkordanzdemokratischen Verfassung im Libanon (Studien der Hessischen Stiftung Friedens- und Konfliktforschung, Bd. 5), Baden-Baden 2009.

Koepf, Tobias, France and EU military crisis management in sub-Saharan Africa, keeping Paris »on board«, in: CFSP Forum, 8 (Mai 2010) 3, S. 8–14, <http://www.fornet.info/documents/CFSP-Forum vol8 no3.pdf> (abgerufen am 21.7.2010).

Koeth, Wolfgang, State building without a state, the EU's dilemma in defining its relations with Kosovo, in: European Foreign Affairs Review, 15 (Mai 2010) 2, S. 227–247.

Kohler, Berthold, Die Quadratur des Krieges, in: FAZ.NET, <http://www.faz.net> (abgerufen am 14.9.2009).

Kolboom, Ingo, Gemeinsame Öffnung auf Afrika?, Deutsche und französische Afrikapolitik, in: Dokumente / Gesellschaft für Übernationale Zusammenarbeit, 60 (Februar 2004) 1, S. 49–59. (abgerufen am 9.8.2007).

König, Marietta S., Gescheiterte Vermittlungsbemühungen in Georgien, eine Bilanz der beendeten UN-Beobachtermission UNOMIG, in: Vereinte Nationen (Baden-Baden), 57 (2009) 4, S. 154–162.

Korski, Daniel, Richard Gowan, Can the EU rebuild failing states?, A review of Europe's civilian capacities, London 2009, <http://ecfr.3cdn.net/3af9563db3c7ab2036 ecm6buqyw.pdf> (abgerufen am 15.10.2009).

Korte, Karl-Rudolf, Bedeutung der Energie- und Umweltpolitik im Bundestagswahlkampf 2005, in: Josef Braml (Hrsg.), Weltverträgliche Energiesicherheitspolitik, (Jahrbuch Internationale Politik; 2005/2006), München 2008, S. 16–22.

Koschut, Simon, Neue Formen des Krieges?, Gewaltsame Konflikte als Folge des Klimawandels (KFIBS-Analyse, 1/10), Brühl 2010, <http://www.kfibs.org/assets/files/KFIBS2010.01_

koschut_neue%20formen%20des%20krieges_analyse_final.pdf> (abgerufen am 29.3.2010).

Kramer, Helmut, Vedran Diihi , Der unabhängige Kosovo im Herbst 2009, kann die EULEX-Mission ihre Aufgaben erfüllen? (Internationale Politikanalyse), Berlin 2009, <http://library.fes.de/pdf-files/id/ipa/06746.pdf> (abgerufen am 23.10.2009).

Krämer, Karl-Heinz, Ethnizität und nationale Integration in Nepal, Eine Untersuchung zur Politisierung der ethnischen Gruppen im modernen Nepal (Beiträge zur Südasienforschung, Bd. 174), Stuttgart 1996.

Kranser, Stephen D. und Carlos Pascual, Adressing State Failure, in: Foreign Affairs, 84 (2005) 4, S.153–163.

Krasner, Stephen D., Sharing sovereignty, new institutions for collapsed and failing states, in: International Security (Cambridge, MA), 29 (Herbst 2004) 2, S. 85–120.

Krasner, Stephen D., Sovereignty, Organized hypocrisy, Princeton, NJ, 1999.

Krauthammer, Charles: Democratic Realism, An American Foreign Policy for a Unipolar World, Washington, DC, 10.2.2004.

Kreft, Heinrich, Bedeutung der indisch-chinesischen Beziehungen für die globale Entwicklung, Rivalitäten und Gemeinsamkeiten von »Chindia«, in: Erich G. Fritz (Hrsg.), Entwicklungsland, Schwellenland, Global Player, Indiens Weg in die Verantwortung, Oberhausen 2010.

Kreft, Heinrich, Großmachtambitionen und Staatlichkeit in Südostasien, in: Stefani Weiss (Hrsg.), Prekäre Staatlichkeit und internationale Ordnung, Wiesbaden 2007, S. 241–260.

Kreft, Heinrich, Zwischen Talibanisierung und Demokratie, die geopolitische Bedeutung Pakistans wird unterschätzt, Präsident Musharraf soll Stabilität garantieren und Terror bekämpfen, in: Internationale Politik, 62 (November 2007) 11, S. 82–87.

Krippendorf, Ekkehart, Das böse Erbe der Staatlichkeit, in: Freitag, 3.12.2009.

Krüger, Udo Michael und Thomas Zapf-Schramm, Wahlinformationen im öffentlich-rechtlichen und privaten Fernsehen 2009, in: Media Perspektiven 12/2009, S. 622–636.

Kühne, Winrich, Die Friedenseinsätze der VN, in: Aus Politik und Zeitgeschichte, (30. Mai 2005) 22, S. 25–32.

Kühne, Winrich, Die Zukunft internationaler Friedenseinsätze und deutsche Interessen – wann, wohin, warum?, in: Kurt Beck (Hrsg.), Sozialdemokratische Außenpolitik für das 21. Jahrhundert, Baden-Baden 2007, S. 326–339.

Kühne, Winrich, Peace operations and peacebuilding in the transatlantic dialogue, key political, military, police and civilian issues (ZIF Analyse, 08/09), Berlin 2009, <http://www.zif-berlin.org/fileadmin/uploads/analyse/dokumente/veroeffentlichungen/Kuehne_Peace_Operations_Transatlantic_Dialogue_08_09.pdf> (abgerufen am 4.9.2009).

Kühne, Winrich, Warum bewaffnete Friedensmissionen?, in: Hans J. Gießmann (Hrsg.), Armee im Einsatz. Grundlagen, Strategien und Ergebnisse einer Beteiligung der Bundeswehr, (Demokratie, Sicherheit, Frieden; Bd. 191), Baden-Baden 2009, S. 33–45.

Küllmer, Michael, Die Umgestaltung der europäischenSicherheitskräfte, Baden-Baden 2008.

Kurtenbach, Sabine, Matthias Seifert, Development cooperation after war and violent conflict, debates and challenges (INEF-Report, 100/2010), Duisburg 2010, <http://inef.uni-due.de/cms/files/report100.pdf> (abgerufen am 30.3.2010).

Ladbury, Sarah, Why do Men Join the Taliban and Hizb-i Islami? (Report for the Cooperation for Peace and Unity, CPAU), Kabul 2009.

Lagerkvist, Johan, Chinese eyes on Africa, authoritan flexibility versus democratic governance, in: Journal of Contemporary African Studies, 27 (April 2009) 2, S. 119–134.

Lambach, Daniel, Der Staat zwischen Repression und Versagen, Minderheitenpolitik, Staatszerfall und Nation-Building, in: Dieter Senghaas (Red.), Global governance für Entwicklung und Frieden, Perspektiven nach einem Jahrzehnt, Bonn 2006, S. 195–218.

Lambach, Daniel, Gefährliche Davids, wie schwache Staaten ihre Nachbarn bedrohen, in: ZFAS: Zeitschrift für Außen- und Sicherheitspolitik, 2 (2. Quartal 2009) 2, S. 193–211.

Lambach, Daniel, Sicherheitsmärkte in Postkonfliktgesellschaften, Implikationen für Interventionen (GIGA Focus Global, Nr.7/2007), Hamburg 2007, <http://www.giga-hamburg.de/dl/download.php?d=/content/publikationen/pdf/gf global 0707.pdf> (abgerufen am 23.11.2007).

Lambach, Daniel, Staatszerfall und regionale Sicherheit (Internationale Beziehungen (Baden-Baden), 10), Baden-Baden 2008.

Lambach, Daniel, Tobias Debiel, Instabiler Autoritarismus, Krisenländer und Krisenregionen, in: Friedensgutachten 08, Münster 2008, S. 246–257.

Law, David M., Canada in Afghanistan, concepts, policies, actors, and prospects, in: Connections, 8 (Sommer 2009) 3, S. 25–51.

Lee, Pak K., Gerald Chan, Lai-ha Chan, China's »Realpolitik« engagement with Myanmar, in: China Security, 5 (Winter 2009) 1, S. 101–123, <http://www.washingtonobserver.org/pdfs/Issue13.pdf> (abgerufen am 10.3.2009).

Lee, Rensselaer, Nuclear Smuggling, Patterns and Responses, in: Parameters, Frühjahr 2003, S. 95–111.

Lerch, Marika, Demokratie im Aufwind?, Außenpolitische Strategien der Demokratieförderung, (Kompass 2020), Berlin 2007.

Levin, Victoria und David Dollar, The Forgotten States, Aid Volumes and Volatility in Difficult Partnership Countries (1992–2002), Summary Paper Prepared for DAC Learning and Advisory Process on Difficult Partnerships, London 2005.

Lewis, Ioan M., A modern history of the Somali, nation and state in the Horn of Africa (Eastern African Studies), Oxford 2002.

Li, Hak Yin, Yongnian Zheng, Re-interpreting China's non-intervention policy towards Myanmar, leverage, interest and intervention, in: The Journal of Contemporary China, 18 (September 2009) 61, S. 617–638.

Lia, Brynjar, A police force without a state, a history of the Palestinian security forces in the West Bank and Gaza, Reading 2006.

Lippert, Barbara, Die Europäische Nachbarschaftspolitik, viele Vorbehalte, einige Fortschritte, unsichere Perspektiven, Berlin 2008, <http://library.fes.de/pdf-files/id/ipa/05292.pdf> (abgerufen am 31.7.2008).

Lipset, Seymour Martin, Some Social Prerequisits of Democracy, Economic Development and Political Legitimacy, in: American Political Science Review 53/1959, S. 69–105.

Livre blanc sur la defense 1994 (10/18, 2529) (Collection Documents), Paris 1994.

Loescher, Gilburt D., Beyond charity, International cooperation and the global refugee crisis, New York, NY, 1993.

Loescher, Gilburt D., James Milner, Protracted refugee situations, domestic and international security implications (Adelphi Papers, 375), Abingdon 2005.

Löffelholz, Martin (Hrsg.), Krieg als Medienereignis II, Krisenkommunikation im 21. Jahrhundert, Wiesbaden 2004.

Löffelholz, Martin, Kriegsberichterstattung in der Mediengesellschaft, in: Aus Politik und Zeitgeschichte, 16–17/2007, S. 25–31.

Löffelholz, Martin, Weder strategisch noch modern, in: Loyal 1/2010, S. 34–37.

Lotz, Christian, International norms in statebuilding, finding a pragmatic approach, in: Global Governance (Boulder, CO), 16 (April-Juni 2010) 2, S. 219–236.

Ludermann, Bernd, Uganda, Frieden oder Gerechtigkeit, in: Der Überblick, 41 (September 2005) 3, S. 37–44.

Lukner, Kerstin, Japans Rolle in der UNO, Grundlage für einen ständigen Sitz im Weltsicherheitsrat? (Außenpolitik und internationale Ordnung), Baden-Baden 2006.

Lum, Thomas, China's assistance and government-sponsored investment activities in Africa, Latin America, and Southeast Asia (CRS Report for Congress, R40940), Washington, DC, 2009, <http://fpc.state.gov/documents/organization/133511.pdf> (abgerufen am 14.12.2009).

Lum, Thomas, Wayne M. Morrison, Bruce Vaughn, China's »soft power« in Southeast Asia (CRS Report for Congress, RL34310), Washington, DC, 2008, <http://www.fas.org/sgp/crs/row/RL34310.pdf> (abgerufen am 15.1.2008).

Lund, Michael S., Preventing violent conflicts, A strategy for preventive diplomacy, Washington. D.C. 1996.

Mackinlay, John, Peter Cross (Hrsg.), Regional peacekeepers, the paradox of Russian peacekeeping, Tokyo 2003.

Mackinlay, John, Evgenij Sarov, Russian peacekeeping operations in Georgia, in: John Mackinlay (Hrsg.), Regional peacekeepers, the paradox of Russian peacekeeping, Tokyo 2003, S. 63–110.

MacQueen, Benjamin, Democracy promotion and Arab autocracies, in: Global Change, Peace and Security, 21 (Juni 2009) 2, S. 165–178.

Mager, Wolfgang, Zur Entstehung des modernen Staatsbegriffs, Wiesbaden 1968.

Maier, Michaela, Nicht die Toten zählen, sondern die Bilder, Zur Bedeutung visueller Darstellungen für die Kriegsberichterstattung und ihre Rezeption, in: Thomas Knieper (Hrsg.), War Visions, Bildkommunikation und Krieg, Köln 2005, S. 233–255.

Mair, Stefan (Hrsg.), Piraterie und maritime Sicherheit, Fallstudien zu Afrika, Südostasien und Lateinamerika sowie Beiträge zu politischen, militärischen, rechtlichen und ökonomischen Aspekten (SWP-Studie, S 18/2010), Berlin 2010, <http://www.swp-berlin.org/common/get_document.php?asset_id=7286> (abgerufen am 20.7.2010).

Mair, Stefan, Denis Michael Tull, Deutsche Afrikapolitik, Eckpunkte einer strategischen Neuausrichtung (SWP-Studie, S 10/2009), Berlin 2009, <http://www.swp-berlin.org/common/get_document.php?asset_id=5855> (abgerufen am 27.3.2009).

Mair, Stefan, Die Globalisierung privater Gewalt, Kriegsherren, Rebellen, Terroristen und organisierte Kriminalität (SWP-Studie, S 10/2002), Berlin 2002, <http://www.swp-berlin.org/common/get_document.php?id=286>.

Mair, Stefan, Intervention und »state failure«, sind schwache Staaten noch zu retten?, in: Internationale Politik und Gesellschaft, 3/2004, S. 82–98.

Mair, Stefan, Kerstin Petretto, Auflösung des staatlichen Gewaltmonopols und Staatszerfalls, in: Mir A. Ferdowsi (Hrsg.), Afrika, ein verlorener Kontinent?, München 2008, S. 121–144.

Mair, Stefan, Kriterien für die Beteiligung an Militäreinsätzen, in: Stefan Mair (Hrsg.), Auslandseinsätze der Bundeswehr, (SWP-Studie; S 27/2007), Berlin 2007, S. 11–19,

<http://www.swp-berlin.org/de/common/get_document.php?asset_id=4355> (abgerufen am 20.12.2007).

Mair, Stefan, Sarah Hinz, Staatszerfall und Konflikte in Afrika südlich der Sahara, in: Herta Däubler-Gmelin (Hrsg.), Afrika, Europas verkannter Nachbar, Frankfurt/M. 2007, S. 165–175.

Mair, Stefan, Staatszerfall und Interventionismus, Determinanten grenzüberschreitender Neuordnung in Afrika (SWP-Arbeitspapier, 3114), Ebenhausen/Isar 1999.

Major, Claudia, Christian Mölling, Gerrard Quille (Hrsg.), Towards an EU peacebuilding strategy?, EU civilian coordination in peacebuilding and the effects of the Lisbon Treaty; standard briefing, Luxembourg 2010, <http://www.europarl.europa.eu/meetdocs/2009_2014/documents/sede/dv/sede260410peacebuildingstrategy_/sede260410peacebuildingstrategy_en.pdf> (abgerufen am 5.7.2010).

Major, Claudia, EU-UN cooperation in military crisis management, the experience of EUFOR RD Congo in 2006 (Occasional Papers/European Union Institute for Security Studies, Nr. 72), Paris 2008, <http://www.iss.europa.eu/uploads/media/op-72.pdf> (abgerufen am 22.10.2008).

Maley, William, States of conflict, a case study on state-building in Afghanistan, London 2009, <http://www.ippr.org.uk/members/download.asp?f=/ecomm/files/states_of_conflict_afghanistan.pdf&a=skip> (abgerufen am 17.2.2010).

Malkin, Anton, G20 Terrorist Finance Communiqué Catalogue 1999–2009, (G20 Information Centre), Toronto 2009, <http://www.g20.utoronto.ca/analysis/terroristfinance.html> (abgerufen am 8.10.2009).

Mamdani, Mahmood, Saviors and survivors, Darfur, politics, and the war on terror, New York, NY, 2009.

Marchal, Roland, Warlordism and terrorism, how to obscure an already confusing crisis?, The case of Somalia, in: International Affairs (Oxford), 83 (November 2007) 6, S. 1091–1106.

Marcinkowski, Frank, Barbara Pfetsch (Hrsg.), Politik in der Mediendemokratie (Politische Vierteljahresschrift, Sonderheft 42/2009), Wiesbaden 2009.

Marks, Stephen, Chinas Sicherheitspolitik in Afrika, in: Internationale Politik und Gesellschaft, 1/2009, S. 74–89.

Marshall, Will, Taking NATO global, Memo to the new President, (Democratic Leadership Council Memo), Washington, DC, 15.1.2009.

Marten, Kimberly, The Effects of External Economic Stimuli on Ungoverned Areas, The Pashtun Tribal Areas of Pakistan, Artikel präsentiert am 26.3.2008 auf der 49. jährlichen Tagung der Political Studies Association (PSA) in San Francisco, CA, 2008.

Martinez-Diaz, Leonardo und Ngaire Woods, The G20, The Perils and Opportunities of Network Governance for Developing Countries (Global Economic Governance Programme Briefing Paper), Oxford 2009, <http://www.globaleconomicgovernance.org/wp-content/uploads/G20_PolicyBrief.pdf> (abgerufen am 14.12.2009).

Marton, Péter, Global governance vs. state failure, in: Perspectives (Prague), 16 (2008) 1, S. 85–107.

Masala, Carlo, Den Blick nach Süden?, Die NATO im Mittelmeerraum (1990–2003), Fallstudie zur Anpassung militärischer Allianzen an neue sicherheitspolitische Rahmenbedingungen (Schriften des Zentrums für Europäische Integrationsforschung, Bd. 57), Baden-Baden 2003.

Masala, Carlo, Protektorate erfolgreich managen, westliche Protektorate gehören nach wie vor zu den fragilsten Weltgegenden, wie könnte eine erfolgreiche Staatenbildungspolitik aussehen?, in: Internationale Politik, 62 (Februar 2006) 2, S. 110–115.

Masala, Carlo, Why Germany should become more active in the Mediterranean, in: Carlo Masala (Hrsg.), September 11 and the future of the European-Mediterranean cooperation, (ZEI Discussion Paper; C 120), Bonn 2003, S. 88–90, <http://www.zei.de/download/zei dp/dp c120 masala.pdf>.

Mattoo, Amitabh, Next Steps in Kashmir, in: Karan R. Sawhny (Hrsg.), Kaschmir, How Far Can Vajpayee and Musharraf Go?, Neu-Delhi 2001.

Maull, Hanns W., Martin Wagener (Hrsg.), Ostasien in der Globalisierung (Außenpolitik und internationale Ordnung), Baden-Baden 2009.

Maull, Hanns W., Containing entropy, rebuilding the state, Challenges to international order in the age of globalisation, in: Internationale Politik und Gesellschaft, 2/2002 2, S. 9–28.

Maull, Hanns W., Nationale Interessen! Aber was sind sie? Auf der Suche nach Orientierungsgrundlagen für deutsche Außenpolitik, in: Internationale Politik (Oktober 20006), S. 62–76.

Maull, Hanns W., Der Staat, in: Carlo Masala (Hrsg.), Handbuch der internationalen Politik, Wiesbaden 2010, S. 307–320.

Maull, Hanns W., Die Außenpolitik Japans, in: Manfred Knapp (Hrsg.), Einführung in die internationalen Beziehungen, München 2004.

Maull, Hanns W., Security cooperation in Europe and Pacific Asia, a comparative analysis, in: The Journal of East Asian Affairs, 19 (Herbst-Winter 2005) 2, S. 67–108.

Maull, Hanns W., The European Union as civilian power, aspirations, potential, achievements, in: Robert S. Ross (Hrsg.), US-China-EU relations, managing the new world order, (Asian Security Studies), London 2010, S. 48–74.

Maxwell, Neville, India's China war, London 1970.

Mayer, Theodor, Die Ausbildung der Grundlagen des modernen deutschen Staates im Hohen Mittelalter, in H. Kämpf (Hrsg.), Herrschaft und Staat im Mittelalter, Darmstadt 1963, S. 284–331.

Mayntz, Renate, Governance im modernen Staat, in: Arthur Benz, Governance– Regieren in komplexen Regelsystemen, Wiesbaden 2004, S. 65–76.

McChrystal, Stanley A., Commander's initial assessment, Washington, DC, 2009, <http://media.washingtonpost.com/wp-srv/politics/documents/Assessment Redacted 092109.pdf?hpid=topnews> (abgerufen am 21.9.2009).

McKibbin, Rory, Australian Security and Development in Solomon Islands, in: Australian Journal of Political Science 3/2009, S. 439–456.

Medeiros, Evan S., China's international behavior, activism, opportunism, and diversification (Project Air Force/RAND Corporation Monograph Series), Santa Monica, CA, 2009, <http://www.rand.org/pubs/monographs/2009/RAND MG850.pdf> (abgerufen am 28.8.2009).

Mehler, Andreas, Legitime Gewaltoligopole – eine Antwort auf strukturelle Instabilität in Westafrika? (Focus Afrika, Nr. 22), Hamburg 2003.

Mehler, Andreas, Aller Anfang ist schwer, Frankreich auf der Suche nach einer neuen Afrika-Politik (DGAP-Analyse/Frankreich, Nr. 5/2007), Berlin 2007, <http://www.dgap.org/midcom-serveattachmentguid-1dca32f01d4b050a32f11dcafe537af5938306c306c/dgap analyse frankreich_2007_05.pdf> (abgerufen am 6.12.2007).

Mehler, Andreas, Benjamin Werner, Der ewige Gendarm?, Sarkozys Versuch einer neuen Afrikapolitik (GIGA Focus Afrika, Nr. 3/2008), Hamburg 2008, <http://www.giga-hamburg.de/dl/download.php?d=/content/publikationen/pdf/gf afrika 0803.pdf> (abgerufen am 17.3.2008).

Mehler, Andreas, Les interventions européennes en Afrique, moment-phare pour l'Europe et la coopération franco-allemande? (Analyses et documents / Friedrich-Ebert-Stiftung), Paris 2009, <http://www.fesparis.org/common/pdf/publications/Andreas%20Mehler.pdf> (abgerufen am 13.1.2009).

Mehler, Andreas, Oligopolies of Violence and Non-State Actors, Hamburg 2009.

Meimeth, Michael, Deutsche und französische Perspektive einer Gemeinsamen Europäischen Sicherheits- und Verteidigungspolitik, Offene Fragen und verdeckte Widersprüche, in: Aus Politik und Zeitgeschichte, (20. Januar 2003) B3–4, S. 21–30.

Meimeth, Michael, Frankreichs Entspannungspolitik der 70er Jahre, Zwischen Status quo und friedlichem Wandel, Die Ära Georges Pompidou und Valery Giscard d'Estaing, (Aktuelle Materialien zur internationalen Politik, Bd. 24), Baden-Baden 1990.

Meimeth, Michael, Frankreichs militärisches Engagement in Afrika, Aufgaben und Perspektiven (SWP-Arbeitspapier, Nr. 2960), Ebenhausen/Isar 1996.

Meimeth, Michael, Sicherheits- und Verteidigungspolitik im neuen Umfeld, in: Adolf Kimmel (Hrsg.), Länderbericht Frankreich, (Schriftenreihe der Bundeszentrale für politische Bildung, Bd. 462), Bonn 2005 S. 402–417.

Meinecke, Friedrich, Die Idee der Staatsräson in der neueren Geschichte, München 1976.

Meinecke, Friedrich, Weltbürgertum und Nationalstaat, Studien zur Genesis des deutschen Nationalstaates, München 1919.

Meister, Stefan, Alexander G. Rahr, Russland und die EU in Zentralasien, Geopolitik oder Partnerschaft?, (DGAP-aktuell, Nr. 2/2009), Berlin 2009, <http://www.dgap.org/midcom-serveattachmentguid-1ddfddcd2bcacbefddc11dd811b6bf9b93e91ae91ae/2009-02_dgapaktuell_malaschenko.pdf> (abgerufen am 24.2.2009).

Meister, Stefan, Recalibrating Germany's and EU's policy in the South Caucasus (DGAP-Analyse, Nr. 2/2010), Berlin 2010, <http://www.dgap.org/midcom-serveattachmentguid-1df899792ee4dde899711dfae9c99140d975e095e09/2010-02_dgapana_meister_gesamt.pdf> (abgerufen am 12.7.2010).

Melmot, Sébastien, Candide in Congo, The Expected Failure of Security Sector Reform (SSR), Paris 2009.

Menkhaus, Ken, Governance without government in Somalia, spoilers, state building, and the politics of coping, in: International Security (Cambridge, MA), 31 (Winter 2006–2007) 3, S. 74–106.

Menkhaus, Ken, Political Islam in Somalia, in: Middle East Policy, 9 (März 2002) 1, S. 109–123.

Menkhaus, Ken, The crisis in Somalia, tragedy in five acts, in: African Affairs, 106 (Juli 2007) 424, S. 357–390.

Meredith, Martin, The Fate of Africa, A History of Fifty Years of Independence, New York, NY, 2005.

Merkel, Angela, Rede der Bundeskanzlerin zur Vorstellung des Allensbacher Jahrbuchs der Demoskopie »Die Berliner Republik«, in: REGIERUNGonline, <http://www.bundesregierung.de/Content/DE/Rede/2010/03/2010-03-03-merkel-allensbach.html> (abgerufen am 1.4.2010).

Mermin, Jonathan, Television news and American intervention in Somalia, The myth of a media-driven foreign policy, in: Political Science Quarterly, 112 (Herbst 1997) 3, S. 385–403.

Messner, Dirk (Hrsg.), Die Zukunft des Staates und der Politik, Möglichkeiten und Grenzen politischer Steuerung in der Weltgesellschaft (EINE Welt / Texte der Stiftung Entwicklung und Frieden, Bd. 5), Bonn 1998.

Messner, Dirk, Globalisierung, Global Governance und Entwicklungspolitik, in: Internationale Politik und Gesellschaft, Nr. 1/1999, S. 5–18.

Meurs, Wim P., Staats- und Nationenbildung vor, durch und gegen Kolonialherrschaft, in: Stefani Weiss (Hrsg.), Prekäre Staatlichkeit und internationale Ordnung, Wiesbaden 2007, S. 101–134.

Mezzera, Marco, Leontine Specker, Michael Pavicic, Governance components in peace agreements, fundamental elements of state and peace building?, The Hague 2009, <http://www.clingendael.nl/publications/2009/20090520 cru governance peace mezzera.pdf> (abgerufen am 29.5.2009).

Mildner, Stormy-Annika, Claudia Schmucker, Der Einsatz ist hoch, Wohlstandsgewinne durch die Doha-Entwicklungsrunde der WTO (DGAP-Analyse, Nr. 1/2006), Berlin 2006, <http://www.dgap.org/midcom-serveattachmentguid-741afba606a511dbb9accb1-e9ecbaa3baa3b/2006-01_DGAPanalyse_ges_neu.pdf>.

Miller, Charles A., Endgame for the West in Afghanistan?, Explaining the decline in support for the war in Afghanistan in the United Staes, Great Britain, Canada, Australia, France, and Germany (Letort Papers), Carlisle Barracks, Pa. 2010, <http://www.strategicstudiesinstitute.army.mil/pubs/download.cfm?q=994> (abgerufen am 22.6.2010).

Mirow, Wilhelm, Strategic culture matters, a comparison of German and British military interventions since 1990 (Forschungsberichte internationale Politik, 38), Berlin 2009.

Mitchell, Andrew, Speech to Oxfam and Policy Exchange, 3.6.2010, <http://www.dfid.gov.uk/Media-Room/Speeches-and-articles/2010/Full-transparency-and-new-independent-watchdog-will-give-UKtaxpayers-value-for-money-in-aid-/> (abgerufen am 10.6.2010).

Mlambo, M. K., Abdul B. Kamara, M. Nyende, Financing post-conflict recovery in Africa, the role of international development assistance, in: Journal of African Economies, 18 (2009) 1, Supplement: AERC Plenary Session Mai 2007: Managing post-conflict recovery in Africa, S. 53–76.

Möckli, Daniel (Hrsg.), Strategic trends 2010, key developments in global affairs (Strategic trends), Zürich 2010.

Mols, Manfred, Good Governance, ein Konzept auf der Suche nach entwicklungspolitischem Realismus, in: Heribert Weiland (Hrsg.), Good Governance in der Sackgasse?, (Entwicklungstheorie und Entwicklungspolitik; Nr. 5), Baden-Baden 2009, S. 53–68.

Montanaro, Lucia, The Kosovo Statebuilding Conundrum, Addressing Fragility in a Contested State (FRIDE Working Paper 91), Oktober 2009.

Moyo, Dambisa, Dead aid, why aid is not working and how there is another way for Africa, London 2009.

Muehlmann, Thomas, Police restructuring in Bosnia-Herzegovina, problems of internationally-led security sector reform, in: Journal of Intervention and Statebuilding, 2 (März 2008) 1, S. 1–22.

Muehlmann, Thomas, Police Restructuring in Bosnia-Herzegovina. Problems if Internationally Led Security Sector reform, in: David Chandler (Hrsg.), Statebuilding and Intervention, Policies, Practices and Paradigms, London 2009, S. 140–162.

Müller, Kerstin, Aktuelle Herausforderungen der internationalen Menschenrechtspolitik und die Rolle der Bundesrepublik Deutschland, in: Georg Nolte (Hrsg.), Der Mensch und seine Rechte, Göttingen 2004, S. 108–120.

Müller-Wolf, Tim J., Patricia Schneider, The responsibility to protect, Norm im Entstehen?, in: Sicherheit und Frieden, 27 (2009) 1, S. 54–59. (abgerufen am 3.3.2009).

Muni, Sukh Deo, Pangs of proximity, India and Sri Lanka's ethnic crisis, New Delhi 1993.

Münkler, Herfried, Staat; in: Historisches Wörterbuch der Philosophie, Bd. 10, Sp. 1–9.

Münkler, Herfried, Der Wandel des Krieges, von der Symmetrie zur Asymmetrie, Weilerswist 2006.

Münkler, Herfried, Die neuen Kriege, Reinbek 2002.

Münkler, Herfried, Elemente einer neuen Sicherheitsarchitektur, die Weltordnungsstrukturen haben sich grundlegend verändert, eine Neuanpassung der deutschen Sicherheitssysteme ist überfällig, in: Internationale Politik 62 (Mai 2007) 5, S. 6–14.

Münkler, Herfried, Im Namen des Staates, Die Begründung der Staatsraison in der Frühen Neuzeit, Frankfurt/M. 1987.

Münkler, Herfried, Imperien, die Logik der Weltherrschaft, vom Alten Rom bis zu den Vereinigten Staaten, Berlin 2005.

Münkler, Herfried, Staatsräson, in: Historisches Wörterbuch der Philosophie, Bd. 10, Sp. 66–71.

Münkler, Herfried, Über den Krieg, Stationen der Kriegsgeschichte im Spiegel ihrer theoretischen Reflexion, Weilerswist 2002.

Münkler, Herfried, Wie weiter mit den Auslandseinsätzen der Bundeswehr?, in: Die neue Gesellschaft/Frankfurter Hefte, 54 (2007) 10, S. 48–51.

Murry, Williamson, Does Military Culture Matter?, in: Orbis 1/1999, S. 27–42.

Mustafa, Malik Qasim, The responsibility to protect a fragile state, a case study of post-intervention in Afghanistan, in: Strategic Studies, 28 (Frühjahr 2008) 1, S. 126–170.

Mützenich, Rolf, Liga der Demokratien, Ergänzung oder Umgehung der UN?, in: Vereinte Nationen (Baden-Baden), 57 (2009) 1, S. 17–23.

Mützenich, Rolf, Regionale Sicherheitsgemeinschaften als Bausteine für den weltweiten Frieden?, in: ZFAS: Zeitschrift für Außen- und Sicherheitspolitik, 2 (4. Quartal 2009) 4, S. 475–493.

Muyangwa, Monde und Margaret A. Vogt, An Assessment of the OAU Mechanism for Conflict Prevention, Management and Resolution, 1993–2000, New York, NY, 2000.

Mwiturubani, Donald A., Wyk, Jo-Ansie Van (Hrsg.), Climate change and natural resources conflicts in Africa (ISS Monograph Series, 170), Pretoria 2010, <http://www.issafrica.org/pubs/Monographs/170/Mono170.pdf> (abgerufen am 22.6.2010).

Nachtwei, Winfried, Auslandseinsätze zwischen Militarisierung und Friedenssicherung, Anmerkungen zu einer Zwischenbilanz, in: Hans J. Gießmann (Hrsg.), Streitkräfte zähmen, Sicherheit schaffen, Frieden gewinnen, (Demokratie, Sicherheit, Frieden; Bd. 188), Baden-Baden 2008, S. 45–55.

Nadeem, Azhar Hassan, The Political Economy of Lawlessness, Karatschi 2002.

Nan, Susan Allen, Ho-won Jeong, Peace-building, in: Sandra Cheldelin (Hrsg.), Conflict, from analysis to intervention, New York, NY, 2008, S. 380–391.

Napolitano, Giorgio, Ansprache anlässlich des Tages der Streitkräfte, 4. November 2009, unter: <http://www.quirinale.it> (abgerufen am 27.5.2010).

Naud, Wim, The global economic crisis and developing countries, effects, responses, and options for sustainable recovery, in: Poverty & Public Policy, 2 (2010) 2, S. 211–235.

Naumann, Klaus, Einsatz ohne Ziel?, Die Politikbedürftigkeit des Militärischen, Hamburg 2008.

Naumann, Klaus, Wie strategiefähig ist die deutsche Sicherheitspolitik?, in: Aus Politik und Zeitgeschichte, (23. November 2009) 48, S. 10–17.

Naveh, Chanan, The Role of the Media in Foreign Policy-Decision-Making, A Theoretical Framework, in: conflict & communication online, 1 (2002) 2.

Newfarmer, Richard (Hrsg.), Trade, Doha, and Development, Window into the Issues, Washington, DC, 2005.

Newman, Michael, Revisiting the »responsibility to protect«, in: The Political Quarterly (Oxford), 80 (Januar-März 2009) 1, S. 92–100.

Nikolaj Bordjuìa, in: Kommersant', 29.5.2009, <http://www.kommersant.ru/doc.aspx?Docs ID=1177401> (abgerufen am 11.6.2010).

Noetzel, Timo, Thomas Rid, Germany's options in Afghanistan, in: Survival, 51 (Oktober-November 2009), S. 71–90.

Noonan, Shivdasani, A Separate Peace, America is in Trouble, And our Elites are Merely Resigned, in: The Wall Street Journal, 17.10.2005.

Norbu, Dawa, Tibet in Sino-Indian relations, The centrality of marginality, in: Asian Survey, 37 (November 1997) 11, S. 1078–1095.

Nordenskjoeld, Fritjof, Alle Macht dem Kanzler, Plädoyer für eine effizientere außenpolitische Struktur der Bundesregierung, in: Internationale Politik, (September-Oktober 2009), S. 92-95.

Nordkaukasus, Russlands inneres Ausland?, in: Russland-Analysen, (18.12.2009) 194, S. 3–18, <http://www.laender-analysen.de/russland/pdf/Russlandanalysen194.pdf> (abgerufen am 5.2.2010).

Norton, Augustus Richard, Hezbollah, a short history (Princeton Studies in Muslim Politics), Princeton, NJ, 2007.

Nuclear black markets, Pakistan, A.Q. Khan and the rise of proliferation networks, a net assessment (IISS Strategic Dossier), London 2007.

Nuscheler, Franz, Das Hohelied von Good Governance in der entwicklungspolitischen Bewährungsprobe, in: Eckhard Deutscher (Hrsg.), Simplizistische Lösungen verbieten sich, zur internationalen Zusammenarbeit im 21. Jahrhundert, (Internationale Schriften der Hochschule Bonn-Rhein-Sieg; 1), Baden-Baden 2010, S. 117–132.

Oberreuter, Heinrich, Kann der Parlamentarismus überleben? Bund-Länder-Europa, Zürich 1978.

Oestreich, Gerhard, Antiker Geist und moderner Staat bei Justus Lipsius, Der Neustoizismus als politische Bewegung, Göttingen 1989.

Oestreich, Gerhard, Geist und Gestalt des frühmodernen Staates, Berlin 1969.

Offe, Hardin, und Eisenstadt in: Martin Hartmann und Claus Offe (Hrsg.), Vertrauen, Die Grundlagen des sozialen Zusammenhalts, Frankfurt 2001, S. 241–369.

Olsen, Gorm Rye, The EU and military conflict management in Africa, for the good of Africa or Europe?, in: International Peacekeeping (Ilford), 16 (April 2009) 2, S. 245–260.

Omarov, Mels, Noor Omarov, Central Asia in the foreign policy of Russia, the United States and the European Union, in: Central Asia and the Caucasus, (2009) 3/57, S. 71–78.

Ooyen, Robert Christian van und Martin H.W. Möllers (Hrsg.), Das Bundesverfassungsgericht im politischen System, Wiesbaden 2006.

Ooyen, Robert Christian van, Die Staatstheorie des Bundesverfassungsgerichts und Europa, Baden-Baden 2009.

Ooyen, Robert Christian, Das Bundesverfassungsgericht als außen- und sicherheitspolitischer Akteur, von der »Out-of-Area-Entscheidung« zum »Tornado- und AWACS-Einsatz«, in: Jahrbuch öffentliche Sicherheit 2008/09, S. 451–464.

Ooyen, Robert Christian, Die neue Welt des Krieges und das Recht, Out-of-area-Einsätze der Bundeswehr im verfassungsfreien Raum, in: Internationale Politik und Gesellschaft, Nr. 1/2002, S. 90–110.

Ooyen, Robert Christian, Politische Bedingungen einer effektiven internationalen Strafgerichtsbarkeit, in: Internationale Politik und Gesellschaft, Nr. 3/2007, S. 23–35.

Organisation of African Unity, Report of the Secretary-General on the Operationalization of the Mechanism for Conflict Prevention, Management and Resolution (CM/1805 (LIX), Council of Ministers, 59th Ordinary Session, 31 January–5 February 1994, Addis Ababa 1994.

Ose, Dieter (Hrsg.), Sicherheitspolitische Kommunikation im Wandel (Schriften der Akademie der Bundeswehr für Information und Kommunikation, Bd. 28), Baden-Baden 2008.

Overhaus, Marco, Zivil-militärisches Zusammenwirken in der Sicherheits- und Verteidigungspolitik der EU, Operative Erfahrungen, Defizite, Entwicklungsmöglichkeiten (SWP-Studie, S 10/2010), Berlin 2010, <http://www.swp-berlin.org/common/get_document.php?asset_id=7070> (abgerufen am 9.6.2010).

Page, Benjamin I., The mass media as political actors, in: PS: Political Science and Politics, 29 (März 1996) 1, S. 20–24.

Pakistan: the Mullahs and the military (ICG Asia Report, Nr. 49), Islamabad 2003, <http://www.crisisgroup.org/~/media/Files/asia/south-asia/pakistan/Pakistan%20The%20Mullahs%20and%20the%20Military.ashx>.

Palit, Parama Sinha, China's soft power in South Asia (RSIS Working Paper, Nr. 200), Singapore 2010, <http://www.rsis.edu.sg/publications/WorkingPapers/WP200.pdf> (abgerufen am 9.6.2010).

Pappé, Ilan, Zionism and the Two-State Solution, in: Jamil Hilal (Hrsg.), Where Now for Palestine, The Demise of the Two-State Solution, London 2007, S. 30–47.

Paris, Roland, Timothy D. Sisk (Hrsg.), The dilemmas of statebuilding, confronting the contradictions of postwar peace operations (Security and Governance Series), London 2009.

Paris, Roland, At war's end, building peace after civil conflict, Cambridge 2007.

Parish, Matthew, Republika Srpska, After Independence, in: Balkan Insight, 19.11.2009.

Parker, Ned, Machiavelli in Mesopotamia, Nouri al-Maliki builds the body politic, in: World Policy Journal, 26 (Frühjahr 2009) 1, S. 17–25.

Patrick, Stewart, Kaysie Brown, Greater than the sum of its parts?, Assessing »whole of government« approaches to fragile states, New York, NY, 2007.

Patrick, Stewart, Weak states and global threats, fact or fiction?, in: The Washington Quarterly, 29 (Frühjahr 2006) 2, S. 27–53.

Patterson, Oscar, An analysis of television coverage of Vietnam War, in: Journal of Broadcasting, 28 (1984) 4, S. 397–404.

Paul, Michael, CIMIC am Beispiel des ISAF-Einsatzes, Konzeption, Umsetzung und Weiterentwicklung zivil-militärischer Interaktion im Auslandseinsatz (SWP Studie Nr. S 31), Berlin 2008.

Payne, Anthony, The G8 in a Changing Global Economic Order, in: International Affairs 3/2007, S. 514–533.

Peake, Gordon, Brown, Kaysie Studdard, Policebuilding, the international deployment group in the Solomon Islands, in: International Peacekeeping (Ilford), 12 (Winter 2005) 4, S. 520–532.

Peake, Gordon, Eric Scheye, Alice Hills (Hrsg.), Managing insecurity, field experiences of security sector reform, in: Civil Wars (Abingdon), 8 (Juni 2006) 2, S. 83–252.

Peci, Lulzim, Ilir Dugolli, Kosovo, the issues and challenges of a statehood in the making, in: Sabine Collmer (Hrsg.), From fragile state to functioning state, pathways to democratic transformation in a comparative perspective, Berlin 2009, S. 227–251.

Pentillä, Risto, The Role of the G8 in International Peace and Security (International Institute for Strategic Studies, Adelphi Paper, Nr. 355), London 2003.

Perry, David, Canada's seven billion dollar war, in: International Journal (Toronto), 63 (Sommer 2008) 3, S. 703–725.

Perthes, Volker, Wie? Wann? Wo? Wie oft?, Vier zentrale Fragen müssen vor Auslandseinsätzen beantwortet werden, in: Internationale Politik, 62 (Mai 2007) 5, S. 16–21.

Petretto, Kerstin, Ferdowsi, Mir A., Peter Joachim Opitz (Hrsg.), Die Rolle der Regionalorganisation im System kollektiver Friedenssicherung der Vereinten Nationen, dargestellt an der Region Afrika, Möglichkeiten und Grenzen regionaler Konfliktbearbeitung (Arbeitspapiere zu Problemen der Internationalen Politik und der Entwicklungsländerforschung, Nr. 44/2005), München 2005, <http://www.gsi.uni-muenchen.de/forschung/forsch zentr/publikationen/arbeitspapier/ap44.pdf> (abgerufen am 28.8.2007).

Petretto, Kerstin, Piraterie als Problem der internationalen Politik, in: Stefan Mair (Hrsg.), Piraterie und maritime Sicherheit, Fallstudien zu Afrika, Südostasien und Lateinamerika sowie Beiträge zu politischen militärischen, rechtlichen und ökonomischen Aspekten, (SWP-Studie, S 18/2010), Berlin 2010, S. 10–19, <http://www.swp-berlin.org/common/get_document.php?asset_id=7286> (abgerufen am 20.7.2010).

Pfetsch, Barbara, Silke Adam (Hrsg.), Massenmedien als politische Akteure, Konzepte und Analysen, Wiesbaden 2008.

Piazza, James A., Incubators of terror, do failed and failing states promote transnational terrorism?, in: International Studies Quarterly, 52 (September 2008) 3, S. 469–488.

Piccolino, Giulia, A litmus test for the European Union?, The EU's response to the crisis in the Democratic Republic of Congo from 1996 to the 2006 elections, in: European Foreign Affairs Review, 15 (Februar 2010) 1, S. 115–136.

Pierre, Jon, B. Guy Peters, Governance, politics and the state (Political Analysis), Houndmills 2000.

Pipes, Daniel, Jordan to the West Bank, Egypt to Gaza, in: Jerusalem Post, 25.7.2005.

Pipes, Daniel, Solving the Palestinian Problem, in: Jerusalem Post, 7.1.2009.

Pirozzi, Nicoletta, EU support to African Security Architecture, Funding and Training Components (Occasional Paper, Nr. 76), Condé-sur-Noireau 2009.

Pitkin, Hannah F., The concept of Representation, Berkeley 1967.

Popescu, Nicu, Andrew Wilson, The limits of enlargement-lite, European and Russian power in the troubled neighbourhood (Policy Report), London 2009, <http://ecfr.3cdn.net/dc71693a5ae835b482 5om6bvdkn.pdf> (abgerufen am 19.6.2009).

Pradetto, August, Funktionen militärischer Konfliktregelung durch die NATO, in: Aus Politik und Zeitgeschichte, (14. Juni 2002) B24, S. 12–21.

Pradetto, August, Humanitärer militärischer Interventionismus, Theorie und Praxis, in: Hans J. Gießmann (Hrsg.), Streitkräfte zähmen, Sicherheit schaffen, Frieden gewinnen, (Demokratie, Sicherheit, Frieden; Bd. 188), Baden-Baden 2008, S. 282–291.

Pradetto, August, Intervention, Regimewechsel, erzwungene Migration, die Fälle Kosovo, Afghanistan und Irak (Strategische Kultur Europas, Bd. 5), Frankfurt/M. 2008.

Pradetto, August, Zwischen »Krieg gegen den Terror«, Wahlkampf und rot-grünen Prinzipien, die deutsche Außen- und Sicherheitspolitik in der Irak-Krise, in: August Pradetto (Hrsg.), Sicherheit und Verteidigung nach dem 11. September 2001, Akteure, Strategien, Handlungsmuster, (Strategische Kultur Europas; Bd. 1), Frankfurt/M. 2004, S. 97–140.

Prakash, Aseem und Matthew Potoski, Investing Up, FDI and the Cross-Country Diffusion of ISO 14001 Management Systems, in: International Studies Quarterly 51 (2007) 3, S. 723–744.

Prantl, Heribert, Krieg und Wahlkampf, in: sueddeutsche.de, <http://www.sueddeutsche.de/politik/356/486768/text/2/> (abgerufen am 7.9.2009).

Progress report by the G8 Africa Personal Representatives on implementation of the Africa Action Plan, Gleneagles 2005, <http://www.iss.co.za/uploads/GLENEAGLESAFRPROGRESS.PDF>.

Prunier, Gérard A., Africa's world war, Congo, the Rwandan genocide, and the making of a continental catastrophe, Oxford 2009.

Prunier, Gérard A., From genocide to continental war, the »Congolese« conflict and the crisis of contemporary Africa, London 2009.

Pupcenoks, Juris, Migration of Violence, Präsentation bei der 50. Jahrestagung der International Studies Association, New York, NY, 15.–18.2.2009 (unveröffentl. Manuskript).

Putnam, Robert D., Diplomacy and domestic politics, the logic of two-level games, in: International Organization (Cambridge, MA), 42 (Sommer 1988) 3, S. 427–460.

Quaranto, Peter J., Building states while fighting terror, contradictions in United States strategy in Somalia from 2001 to 2007 (ISS Monograph Series, Nr. 143), Pretoria 2008, <http://www.issafrica.org/uploads/M143FULL.PDF> (abgerufen am 28.8.2008).

Quaritsch, Helmut, Souveränität, Entstehung und Entwicklung des Begriffs in Frankreich und Deutschland vom 13. Jahrhundert bis 1806 (Schriften zur Verfassungsgeschichte, Bd. 38), Berlin 1986.

Ra'd al-Hamdani, Aspects of Disintegration, The Reality of the New Iraqi Military, its Forces and Institutions and Prospects for Reform, in: Contemporary Arab Affairs, 1/2009.

Rahman, Fazal-ur-, Traditional and emerging areas of strategic cooperation between Pakistan and China, in: Strategic Studies, 29 (Sommer-Herbst 2009) 2–3, S. 41–63.

Rana, Muhammad Amir, A to Z of Jehadi Organizations in Pakistan, Lahore 2006.

Rasmussen, Anders Fogh, A New Momentum, in: The Washington Post, 4.12.2009.

Recommendations to the Independent Panel on Canada's future role in Afghanistan, London 2007, <http://www.hss.de/uploads/tx_ddceventsbrowser/AMZ-66_Frankreich_01.pdf> (abgerufen am 11.12.2007).

Reeb, Hans-Joachim, Die Parteiprogramme zur Sicherheitspolitik vor den Bundestagswahlen, in: Europäische Sicherheit, 58 (August 2009) 8, S. 68–71.

Reichel, Sarah, Anspruch und Wirklichkeit der EU-Krisenbewältigung, Testfall Balkan (Aktuelle Materialien zur internationalen Politik, Bd. 78), Baden-Baden 2010.

Reid, Angus zu Afghanistan in Kanada, unter:, <http://www.angus-reid.com/issue/C57/> (abgerufen am 28.12.2009).

Reinhard, Wolfgang, Aufstieg und Niedergang des modernen Staates, in: Zeitschrift für Staats- und Europawissenschaften, 5 (Juni 2007) 1, S. 8–24.

Reinhard, Wolfgang, Geschichte der Staatsgewalt, Eine vergleichende Verfassungsgeschichte Europas von den Anfängen bis zur Gegenwart, München 1999.

Report of the International Commission on Intervention and State Sovereignty, Ottawa 2001, <http://www.iciss.ca/report-en.asp> (abgerufen am 19.12.2009).

Rice, Susan E., Stewart Patrick, Index of state weakness In the developing world, Washington, DC, 2008, <http://www.brookings.edu/reports/2008/~/media/Files/rc/reports/2008/02_weak_states_index/02_weak_states_index.pdf> (abgerufen am 03.03.2008).

Richter, Solveig, Rechtsstaatlichkeit fördern, ohne Eigenstaatlichkeit zu stärken, Schafft die EULEX-Mission im Kosovo die Quadratur des Kreises?, in: Muriel Asseburg (Hrsg.), Die EU als strategischer Akteur in der Sicherheits- und Verteidigungspolitik?, (SWP-Studie, S 32/2009), Berlin 2009, S. 32–49, <http://www.swp-berlin.org/common/get_document.php?asset_id=6643> (abgerufen am 15.12.2009).

Richter, Solveig, Uwe Halbach, A dangerous precedent?, The political implications of Kosovo's independence on ethnic conflicts in South-Eastern Europe and the CIS, in: Security and Human Rights, 20 (2009) 3, S. 223–237.

Richter, Solveig, Wie effektiv fördert die OSZE Demokratie?, Ein analytischer Streifzug zur Wirkung der Langzeitmissionen in Südosteuropa, in: OSZE-Jahrbuch 2008, S. 211–228.

Richter, Solveig, Zur Effektivität externer Demokratisierung, die OSZE in Südosteuropa als Partner, Mahner, Besserwisser?, (Demokratie, Sicherheit, Frieden, Bd. 192), Baden-Baden 2009.

Riecke, Henning, Dranbleiben in Afghanistan, (DGAP-Standpunkt, Nr. 1/2010), Berlin 2010, <http://www.dgap.org/midcom-serveattachmentguid-1df0a7937d6673a0a7911dfa0a91346a836909b909b/standpunkt riecke afghanistan.pdf> (abgerufen am 01.02.2010).

Riecke, Henning, Eine europäische Angelegenheit, EU und NATO im Südkaukasus (DGAP-Standpunkt, Nr. 15/2008), Berlin 2008, <http://www.dgap.org/publikationen/view/1dd831df0aae072831d11dd93568720e381cac4cac4.html> (abgerufen am 16.9.2008).

Riecke, Henning, Europas nächster naher Osten, innenpolitische Schwäche und geopolitische Einflussnahme im Südkaukasus (DGAP-aktuell, Nr. 3/2008), Berlin 2008, <http://www.dgap.org/midcom-serveattachmentguid-1dd379978c3398a379911ddbb2a511b58a568386838/2008-03_dgapaktuell_www.pdf> (abgerufen am 12.6.2008).

Riecke, Henning, Mehr Einsatz in Afghanistan, Deutschland kann Obama konkrete Kooperationsangebote machen, in: Internationale Politik, 64 (Januar 2009) 1, S. 39–44.

Riecke, Henning, Strategiediskussionen in NATO und EU über die neuen Sicherheitsbedrohungen, in: Johannes Varwick (Hrsg.), Die Beziehungen zwischen NATO und EU, Opladen 2005, S. 97–115.

Rill, Bernd (Hrsg.), Frankreichs Außenpolitik (Argumente und Materialien zum Zeitgeschehen, 66), München 2009, <http://www.hss.de/uploads/tx_ddceventsbrowser/AMZ-66_Frankreich_01.pdf> (abgerufen am 8.6.2010).

Rinke, Bernhard, Die Auslandseinsätze der Bundeswehr im Parteienstreit, in: Hans J. Gießmann (Hrsg.), Armee im Einsatz, Grundlagen, Strategien und Ergebnisse einer Beteiligung der Bundeswehr, (Demokratie, Sicherheit, Frieden; Bd. 191), Baden-Baden 2009, S. 163–175.

Risse, Thomas, Ursula Lehmkuhl (Hrsg.), Regieren ohne Staat?, Governance in Räumen begrenzter Staatlichkeit (Schriften zur Governance-Forschung, Bd. 10), Baden-Baden 2007.

Risse, Thomas, Governance in Räumen begrenzter Staatlichkeit, in zwei Dritteln der heutigen Staatenwelt ist das staatliche Gewaltmonopol nur noch eingeschränkt durchsetzbar, wird der klassische Nationalstaat zum Auslaufmodell?, in: Internationale Politik, 60 (September 2005) 9, S. 6–12.

Risse, Thomas, Paradoxien der Souveränität, die konstitutive Norm, auf der die heutige Staatenwelt gründet, dass nämlich Staaten souverän sind, gilt uneingeschränkt nicht mehr, was heißt das?, in: Internationale Politik, 62 (Juli/August 2007) 7–8, S. 40–47.

Risse, Thomas, Ursula Lehmkuhl, Governance in Räumen begrenzter Staatlichkeit, neue Formen des Regierens? (SFB-Governance Working Paper Series, Nr. 1), Berlin 2006, <http://www.sfb-governance.de/publikationen/sfbgov_wp/wp1/sfbgov_wp1.pdf> (abgerufen am 15.01.2008).

Risse, Thomas, Was in Afghanistan auf dem Spiel steht, der Erfolg oder Misserfolg dieser Mission wird schwerwiegende Auswirkungen auf die Zukunft der internationalen Systeme haben, in: Internationale Politik, 62 (April 2007) 4, S. 106–108.

Rittberger, Volker, Auf dem Weg zum nachhaltigen Frieden?, Aufgaben der Friedensforschung zu Beginn des 21, Jahrhunderts, in: Sicherheit und Frieden, 27 (2009) 1, S. 47–54.

Rizvi, Hasan Askari, The Military and Politics in Pakistan, 1947–1997, Lahore 2000.

Robinson, Piers, Theorizing the Influence of Media on World Politics, Models of Media Influence on Foreign Policy, in: European Journal of Communication 16 (2001) 4, S. 523–544.

Roggio, Bill, Fighting in Afghanistan, Talibanistan, in: The Toronto Times, 21.5.2006.

Roithner, Thomas, Welches Militär für welchen Frieden?, Die militärischen Aspekte de EU-Außenpolitik, in: Europäische Friedenspolitik: Inhalte, Differenzen, Methoden und Chancen, (Europäische Friedenspolitik, Bd. 1), Wien 2008, S. 210–245.

Rome Statute of the International Criminal Court, <http://www.icc-cpi.int/NR/rdonlyres/EA9AEFF7-5752-4F84-BE94-0A655EB30E16/0/Rome_Statute_English.pdf> (abgerufen am 19.1.2010).

Ronzitti, Natalino, L'Unifil II, un bilancio della presenza italiana, in: Affari Internazionali, Dezember 2007, <http://www.affarinternazionali.it/articolo.asp?ID=683> (abgerufen am 27.5.2010).

Rosenau, James Nathan, Ernst-Otto Czempiel (Hrsg.), Governance without government, Order and change in world politics (Cambridge Studies in International Relations, 20), Cambridge 1992.

Rotberg, Robert I. (Hrsg.), When states fail, causes and consequences, Princeton, NJ, 2004.

Rothacher, Albrecht, Zum Stand der regionalen (Des-)Integration im postsowjetischen Zentralasien und der Rolle der Shanghai-Organisation für Zusammenarbeit, in: Integration in der GUS, (Schriftenreihe der Landesverteidigungsakademie; 3/2010), Wien 2010, S. 77–102.

Rothberg, Robert I. (Hrsg.), When States Fail, Causes and Consequences, Princeton 1990.

Rotte, Ralph, Sicherheitspolitische Implikationen der globalen Finanzkrise, in: Politische Studien, 60 (Mai-Juni 2009) 425, S. 58–67.

Roy, Olivier, Afghanistan: from holy war to civil war, The failure of revolutionary Islam (Leon B. Poullada Memorial Lecture Series), Princeton, NJ, 1995.

Royal United Services Institute for Defence and Security Studies (London) (Hrsg.), British-German dialogue on defence and security policies, taking a comprehensive approach, (RUSI-FES report), London 2009, <http://www.rusi.org/downloads/assets/British_German_Dialogue_Report_2009.pdf>.

Rubin, Barnett R., Saving Afghanistan, in: Foreign Affairs, 86 (Januar-Februar 2007) 1, S. 57–78.

Rubinstein, Robert A., Peacekeeping under fire, culture and intervention, Boulder, CO, 2008.

Rudloff, Bettina, Wie die Finanzkrise aus der Ernährungskrise eine Hungerkrise macht, in: Hanns Günther Hilpert (Hrsg.), Globale Ordnungspolitik am Scheideweg, eine Analyse der aktuellen Finanzmarktkrise, (SWP-Studie, S 4/2009), Berlin 2009, S. 86–92, <http://www.swp-berlin.org/common/get_document.php?asset_id=5758> (abgerufen am 13.02.2009).

Rudolph, Christopher, National security and immigration, policy development in the United States and Western Europe since 1945, Stanford, CA, 2006.

Rühle, Hans, Michael Rühle, Lizenz zum Töten, die nukleare Bedrohung durch islamistischen Terror erfordert eine seriöse Diskussion der Gefahrenlage, in: Internationale Politik, 63 (Februar 2008) 2, S. 102–110.

Rühle, Michael, Afghanistan, Deutschland und die NATO, in: Sicherheit und Frieden, 27 (2009) 1, S. 1–7.

Rühle, Michael, Entwicklungslinien des Atlantischen Bündnisses, in: Aus Politik und Zeitgeschichte, Nr. 43, November 2006, S. 1–9.

Rühle, Michael, The nuclear dimensions of Jihadist terrorism, Washington, DC, 2008, <http://www.aicgs.org/documents/advisor/ruehle0108.pdf> (abgerufen am 15.01.2008).

Ryjáček, Jan, Losing the power of parliament?, Participation of the Bundestag in the decision-making process concerning out-of-area military operations, in: German Politics, 18 (Dezember 2009) 4, S. 485–500.

Sachs, Jeffrey D., The end of poverty, how we can make it happen in our lifetime, 43 (Juli 2007) 5, London 2005.

Sadoux, Antoine, La PESD, un moyen d'assurer la position de la France en Afrique?, in: Défense nationale et sécurité collective [franz. Ausg.], 61 (Oktober 2005) 10, Spécial Europe, S. 67–77.

Said, Edward, The One-State Solution, The New York Times, 10.01.1999.

Samhouri, Mohammed, The »West Bank First« strategy, a political-economy critical assessment (Working Paper / Crown Center for Middle East Studies, 2), Waltham, MA, 2007, <http://www.brandeis.edu/crown/publications1/wp/WP2.pdf> (abgerufen am 22.11.2007).

Samuels, Kirsti, Postwar constitution building, opportunities and challenges, in: Roland Paris (Hrsg.), The dilemmas of statebuilding, confronting the contradictions of postwar peace operations, London 2009, S. 173–195.

Saslow, Elli, Obama Tries to Remain Calm During Political Storm, in: The Washington Post, 4.3.2010.

Sayeed, Asad, State-Society Conjunctures and Disjunctures, Pakistan's Manufacturing Performance, in: S. M. Naseem (Hrsg.), The Post-Colonial State and Social Transformation in India and Pakistan, Oxford 2002, S. 203–244.

Schaller, Christian, Gibt es eine »responsibility to protect«?, in: Aus Politik und Zeitgeschichte, (10. November 2008) 46, S. 9–14.

Schaller, Christian, Ulrich Schneckener, Das Peace-Building System der Vereinten Nationen, neue Mechanismen, neue Möglichkeiten?, (SWP-Studie, S 6/2009), Berlin 2009, <http://www.swp-berlin.org/common/get_document.php?asset_id=5817> (abgerufen am 24.3.2009).

Scheffran, Jürgen, The gathering storm, is climate change a security threat?, in: Security Index: A Russian Journal on International Security, 15 (Frühjahr 2009), 2/87), S. 21–31, <http://acdis.illinois.edu/assets/docs/445/TheGatheringStormIsClimateChangeaThreattoSecurity.pdf> (abgerufen am 02.10.2009).

Schetter, Conrad J., Das Zeitalter der ethnischen Konflikte, in: Blätter für deutsche und internationale Politik, 47 (April 2002) 4, S. 473–481.

Schetter, Conrad J., Die politische Rolle Deutschlands aus afghanischer Sicht, in: Tilman Mayer (Hrsg.), Deutschland aus internationaler Sicht, (Schriftenreihe der Gesellschaft für Deutschlandforschung, 96), Berlin 2009, S. 123–139.

Schetter, Conrad J., Ethnizität und ethnische Konflikte in Afghanistan, Berlin 2003.

Schetter, Conrad J., Katja Mielke, Entwicklungszusammenarbeit mit Pakistan, eine Analyse aus der Ankerlandperspektive (Discussion Paper / Deutsches Institut für Entwicklungspolitik, 5/2008), Bonn 2008, <http://www.die-gdi.de/CMS-Homepage/openwebcms3.nsf/(ynDK_contentByKey)/ANES-7FFJRU/$FILE/DP%205.2008.pdf> (abgerufen am 19.5.2008).

Schetter, Conrad J., Stammesstrukturen und ethnische Gruppen, in: Bernhard Chiari (Hrsg.), Afghanistan, Paderborn 2007, S. 124–133.

Scheufele, Bertram und Caroline Gasteiger, Berichterstattung, Emotionen und politische Legitimierung, Eine experimentelle Untersuchung zum Einfluss der Politikberichterstattung auf die Legitimierung politischer Entscheidungen am Beispiel von Bundeswehreinsätzen, in: Medien & Kommunikationswissenschaft, 55 (2007) 4, S. 534–554.

Schieder, Theodor, Otto Dann, Hans-Ulrich Wehler (Hrsg.), Nationalismus und Nationalstaat, Studien zum nationalen Problem im modernen Europa, Göttingen 1991.

Schiedermair, Stephanie, Der internationale Frieden und das Grundgesetz (Völkerrecht und Außenpolitik, Bd. 68), Baden-Baden 2006.

Schilling, Walter, Bundeswehr im Afghanistan-Krieg, in: mut. Forum für Kultur, Politik und Geschichte, Dezember Nr. 507/2009, S. 14–19.

Schirmer, Gregor, Keine deutsche Beteiligung an Militäreinsätzen nach Kapitel VII der UN-Charta, eine Meinungsäußerung zum Entwurf des Programms der Partei DIE LINKE, in: Icarus, 16 (2010) 2, S. 3–5.

Schlichte, Klaus, Der Staat in der Weltgesellschaft, politische Herrschaft in Asien, Afrika und Lateinamerika, Frankfurt/M. 2005.

Schlichte, Klaus, Gibt es überhaupt »Staatszerfall«?, Anmerkungen zu einer ausufernden Debatte, in: Berliner Debatte Initial, 16 (2005) 4, S. 74–84.

Schlichte, Klaus, In the shadow of violence, the politics of armed groups (Mikropolitik der Gewalt, Bd. 1), Frankfurt/M. 2009.

Schlichte, Klaus, Staatsbildung oder Staatszerfall?, Zum Formwandel kriegerischer Gewalt in der Weltgesellschaft, in: Politische Vierteljahresschrift, 47 (Dezember 2006) 4, S. 547–570.

Schlichte, Klaus und Boris Wilke, Der Staat und einige seiner Zeitgenossen, Zur Zukunft des Regierens in der »Dritten Welt«, in: Zeitschrift für Internationale Beziehungen 2/2002, S. 259–384.

Schmidinger, Thomas, Tyrants and terrorists, reflections on the connection between totalitarianism, neoliberalism, civil war and the failure of the state in Iraq and Sudan, in: Civil Wars (Abingdon), 11 (September 2009) 3, S. 359–379.

Schmidt, Siegmar, Gunther Hellmann, Reinhard Wolf (Hrsg.), Handbuch zur deutschen Außenpolitik, Wiesbaden 2007.

Schmitt, Carl, Der Staat als ein konkreter, an eine geschichtliche Epoche gebundener Begriff (1941), in: ders., Verfassungsrechtliche Aufsätze, Berlin 1985, S. 375–385.

Schmitt, Oliver Jens, Kosovo, kurze Geschichte einer zentralbalkanischen Landschaft, Wien 2008.

Schmucker, Claudia, Auf dem Vormarsch, Schwellenländer wie China, Indien und Brasilien gewinnen an Einfluss bei der Doha-Runde, im IWF und bei G-8-Gipfeln; im Gegenzug müssen sie auch Verantwortung übernehmen, in: Internationale Politik, 61 (September 2006) 9, S. 19–23.

Schmucker, Claudia, Katharina Gnath, From the G8 to the G20, reforming the global economic governance system (Garnet Working Paper, Nr. 73/10), Coventry 2010, <http://www.garnet-eu.org/fileadmin/documents/working papers/7310.pdf> (abgerufen am 15.4.2010).

Schmucker, Claudia, Stormy-Annika Mildner, Die neue Macht der Entwicklungsländer, globale Ambitionen, regionale Verantwortung, in: Internationale Politik, 60 (März 2005) 3, S. 17–25.

Schmunk, Michael G., A joint transatlantic nation-building task-force, in: Peter Schmidt (Hrsg.), A hybrid relationship, transatlantic security cooperation beyond NATO, (Internationale Sicherheit, Bd. 7), Frankfurt/M. 2008, S. 265–274.

Schmunk, Michael G., Afghanistan, elements of a transatlantic nation-building strategy, in: Ivo Daalder (Hrsg.), Crescent of crisis, U.S.-European strategy for the greater Middle East, Washington, DC, 2006, S. 163–181.

Schmunk, Michael G., Die deutschen Provincial Reconstruction Teams, ein neues Instrument zum Nation-Building (SWP-Studie, S 33/2005), Berlin 2005, <http://www.swp-berlin.org/common/get_document.php?id=1464>.

Schmunk, Michael G., Neu im Werkzeugkasten der Nation-Builder, Berlins zivil-militärische Wiederaufbauteams am Hindukusch, Entstehung, Konzept und Erfolgschancen deutscher Provincial Reconstruction Teams, in: Claudia Gomm-Ernsting (Hrsg.), Unterwegs in die Zukunft, Afghanistan, drei Jahre nach dem Aufbruch vom Petersberg, Grundlagen und Perspektiven deutsch-afghanischer Sicherheitskooperation, Berlin 2005, S. 329–361.

Schmunk, Michael, A Joint Transatlantic Nation-Building Task-Force, in: Peter Schmidt (Hrsg.), A Hybrid Relationship, Transatlantic Security Cooperation beyond NATO, Frankfurt/M. 2008, S. 2 65–274.

Schneckener, Ulrich (Hrsg.), Fragile Staatlichkeit, »states at risk« zwischen Stabilität und Scheitern (Internationale Politik und Sicherheit, Bd. 59), Baden-Baden 2006.

Schneckener, Ulrich, Addressing fragile statehood, dilemmas and strategies of international statebuilding, in: Volker Rittberger (Hrsg.), Strategies for peace, contributions of international organizations, states and non-state actors, Opladen 2008, S. 193–219.

Schneckener, Ulrich, Armed non-state actors and the monopoly of force, in: Revisiting the state monopoly on the legitimate use of force, (Policy Paper/Geneva Centre for the Democratic Control of Armed Forces, Nr. 24), Geneva 2007, S. 10–18.

Schneckener, Ulrich, Auswege aus dem Bürgerkrieg, Modelle zur Regulierung ethno-nationalistischer Konflikte in Europa, (Edition Suhrkamp, 2255), Frankfurt/M. 2002.

Schneckener, Ulrich, Christoph Zürcher, Transnational Security Governance in fragilen Staaten, oder, geht Sicherheit ohne Staat?, in: Thomas Risse (Hrsg.), Regieren ohne Staat?, Governance in Räumen begrenzter Staatlichkeit, (Schriften zur Governance-Forschung; Bd. 10), Baden-Baden 2007, S. 205–222.

Schneckener, Ulrich, Der Umgang mit fragilen Staaten, Ergebnisse und Empfehlungen, in: Ulrich Schneckener (Hrsg.), States at risk, fragile Staaten als Sicherheits- und Entwicklungsproblem, (SWP-Studie, S 43), Berlin 2004, S. 171–194, <http://www.swp-berlin.org/de/common/get_document.php?asset_id=1708> (abgerufen am 5.10.2007).

Schneckener, Ulrich, Dieter Senghaas, Auf der Suche nach friedlicher Koexistenz, Modelle zur Bearbeitung ethno-nationaler Konflikte in Europa (InIIS-Arbeitspapier, Nr. 8/97), Bremen 1997, <http://edoc.vifapol.de/opus/volltexte/2008/481/pdf/AP_08_1997.pdf>.

Schneckener, Ulrich, Fragile Staaten als Problem der internationalen Politik, in: Nord-Süd aktuell, 18 (November 2004) 3, S. 510–524.

Schneckener, Ulrich, Fragile Staatlichkeit und State-building, Begriffe, Konzepte und Analyserahmen, in: Marianne Beisheim (Hrsg.), Staatszerfall und Governance, (Schriften zur Governance-Forschung, 7), Baden-Baden 2007, S. 98–121.

Schneckener, Ulrich, Internationales Statebuilding, Dilemmata, Strategien und Anforderungen an die deutsche Politik, (SWP-Studie, S 10/2007), Berlin 2007, <http://www.swp-berlin.org/de/common/get_document.php?asset_id=3993> (abgerufen am 22.06.2007).

Schneckener, Ulrich, Leviathan im Zerfall, Über Selbstbestimmung und Sezession, in: Leviathan, 25 (Dezember 1997) 4, S. 458–479.

Schneckener, Ulrich, Rankings and Indizes, welche Staaten gelten als fragil?, (SWP-Diskussionspapier, FG8-DP 2007/03), Berlin 2007, <http://www.swp-berlin.org/common/get_document.php?asset_id=3832> (abgerufen am 16.03.2007).

Schneckener, Ulrich, Silke Weinlich, Die Peacebuilding-Kommission der Vereinten Nationen, Möglichkeiten und Grenzen einer neuen Institution, in: Sicherheit und Frieden, 24 (2006) 1, S. 17–21.

Schneckener, Ulrich, Spoilers or governance actors?, Engaging armed non-state groups in areas of limited statehood, (SFB-Governance Working Paper Series, 21/2009), Berlin 2009, <http://www.sfb-governance.de/publikationen/sfbgov wp/wp21 en/SFB-Governance Working Paper No21.pdf> (abgerufen am 05.01.2010).

Schneckener, Ulrich, Staatszerfall und fragile Staatlichkeit, in: Mir A. Ferdowsi (Hrsg.), Weltprobleme, (Schriftenreihe; Bd. 642), Bonn 2007, S. 357–391.

Schneckener, Ulrich, Third-party involvement in self-determination conflicts, in: Marc Weller (Hrsg.), Settling self-determination disputes, complex power-sharing in theory and practice, Leiden 2008, S. 467–499.

Schneckener, Ulrich, Transnationale Terroristen als Profiteure fragiler Staatlichkeit (SWP-Studie, S 18/2004), Berlin 2004, <http://www.swp-berlin.org/de/common/get_document.php?asset_id=1288> (abgerufen am 07.09.2007).

Schneckener, Ulrich, Transnationaler Terrorismus, Charakter und Hintergründe des »neuen« Terrorismus, Frankfurt/M. 2006.

Schneckener, Ulrich, Warum manche den Frieden nicht wollen?, Eine Soziologie der »Störenfriede«, Berlin 2003, <http://www.swp-berlin.org/de/common/get_document.php?asset_id=310>.

Schneidenbach, Tina, G8 und Afrika, Symbolische Politik trifft auf reale Erwartungen (GIGA Focus Global, Nr. 11/2006), Hamburg 2006, <http://www.giga-hamburg.de/content/publikationen/pdf/gf global 0611.pdf> (abgerufen am 10.01.2007).

Schnur, Roman (Hrsg.), Staatsräson, Studien zur Geschichte eines politischen Begriffs, Berlin 1975.

Schümer, Tanja, Evidence and Analysis: African Regional and Subregional Governmental Capacity for Conflict Management, Background Paper for the Commission for Africa 2005, <http://www.commissionforafrica.org/english/report/background.html> (abgerufen am 5.1.2006).

Schuppert, Gunnar Folke, Staat als Prozess, Eine staatstheoretische Skizze in sieben Aufzügen, Frankfurt/M. 2009.

Schur, Roman, Die französischen Juristen im konfessionellen Bürgerkrieg, Berlin 1962.

Schur, Roman, Individualismus und Absolutismus, Zur politischen Theorie vor Thomas Hobbes (1600–1640), Berlin 1963.

Schwarz, Hans-Peter, Die Zentralmacht Europas, Deutschlands Rückkehr auf die Weltbühne, Berlin 1994.

Scott, Allen J., John Agnew, Edward W. Soja und Michael Stopper, Global City Regions, An Overview, in: Allen Scott (Hrsg.), Global City-Regions, Trends, Theory, Policy, Oxford 2001. S. 11–30.

Scowcroft, Brent und Samuel R. Berger, In the Wake of War, Getting Serious about Nation-Building, in: The National Interest, Herbst 2005, S. 49–53.

Segbers, Klaus, Alternative futures, anarchy, gated communities, or global learning (Arbeitspapiere des Osteuropa-Instituts der Freien Universität Berlin, Politik und Gesellschaft, 47/2003), Berlin 2003.

Segbers, Klaus, Schlaglicht: Fluchtbewegungen und Migration, in: Jörg Calließ (Hrsg.), Auf dem Wege zur Weltinnenpolitik, (Loccumer Protokolle; 21/93), Rehburg-Loccum 1994, S. 71–77.

Segbers, Klaus, The Making of Global City Regions, Johannesburg, Mumbai/Bombay, São Paulo, and Shanghai, Baltimore 2007.

Shades of red, China's debate over North Korea (ICG Asia Report, Nr. 179), Beijing 2009, <http://www.crisisgroup.org/~/media/Files/asia/north-east-asia/north-korea/179_shades_of_red_chinas_debate_over_north_korea.ashx> (abgerufen am 3.11.2009).

Shavit, Ari, Cry, the Beloved Two-State Solution, 3. Meron Benvenisti, in: Haaretz, 6.8.2003.

Sheikh, Abdirizak, Mathias Weber, Kein Frieden für Somalia?, Die somalische Tragödie und der internationale Terrorismus, Frankfurt/M. 2010.

Sicherheits- und verteidigungspolitisches Meinungsklima in der Bundesrepublik Deutschland, Ergebnisse der Bevölkerungsbefragung 2008 des Sozialwissenschaftlichen Instituts der Bundeswehr (Forschungsbericht, Nr. 90) Strausberg 2009.

Siemes, Thomas, Skylla oder Charybdis?, Frankreichs Suche nach einer neuen Afrikapolitik zwischen Kontinuität und Europäisierung, in: Deutsch-Französisches Institut (Hrsg.), Frankreich-Jahrbuch 2008, Frankreich in Europa, Wiesbaden 2009, S. 117–131.

Singer, Peter Warren, Pakistan's madrassahs, ensuring a system of education not jihad (Brookings Analysis Paper, Nr. 14), Washington, DC, 2001, <http://www.brookings.edu/~/media/Files/rc/papers/2001/11pakistan singer/20020103.pdf>.

Skånland, Øystein Haga, »Norway is a peace nation«, a discourse analytic reading of Norwegian peace engagement, in: Cooperation and Conflict, 45 (März 2010) 1, S. 34–54.

Slotin, Jenna, Castro Wesamba, Teemt Kebede, The Responsibility to Protect (RtoP) and genocide prevention in Africa, New York, NY, 2009, <http://www.ipinst.org/media/pdf/publications/rtopinafrica epub.pdf> (abgerufen am 31.8.2009).

Smith, Dan, Janani Vivekananda, Climate change, conflict and fragility, understanding the linkages, shaping effective responses, London 2009, <http://www.international-alert.org/press/Climate change conflict and fragility Nov09.pdf> (abgerufen am 18.12.2009).

Solana, Madariaga, Javier, A secure Europe in a better world, European Security Strategy, Document proposed by Javier Solana and adopted by the Heads of State and Government at the European Council in Brussels on 12 December 2003, Paris 2003.

Somalia, alte Konflikte und neue Chancen zur Staatsbildung (Schriften zur Demokratie, Bd. 6), Berlin 2008, <http://www.boell.de/downloads/internationalepolitik/Somalia-i.pdf> (abgerufen am 11.7.2008).

Sombart, Werner, Der moderne Kapitalismus, Bd. 1, Berlin 1969.

Spanger, Hans-Joachim, Staatszerfall und Staatsbildung, eine Bestandsaufnahme der internationalen Theoriebildung, in: Stefani Weiss (Hrsg.), Prekäre Staatlichkeit und internationale Ordnung, Wiesbaden 2007, S. 85–105.

Special Session of the Assembly of the Union on the Consideration and Solution of Conflicts in Africa, Report of the Chairperson of the Commission, Enhancing Africa's Resolve and Effectiveness in Ending Conflict and Sustaining Peace, Tripoli 30–31 August 2009 (SP/Assembly/PS/RPT(I)) (mimeo).

Special Session of the Assembly of the Union on the Consideration and Solution of Conflicts in Africa, Tripoli Declaration on the Elimination of Conflicts in Africa and the Promotion of Sustainable Peace, Tripoli 30–31 August 2009 (SP/Assembly/PS/Decl.(1)) (mimeo).

Stähle, Stefan, China's shifting attitude towards United Nations peacekeeping operations, in: The China Quarterly, (September 2008) 195, S. 631–655.

Stahn, Carsten, Responsibility to protect, political rhetoric or emerging legal norm?, in: American Journal of International Law, 101 (Januar 2007) 1, S. 99–120.

Stedman, Stephen John, Donald Rothchild, Elizabeth M. Cousens (Hrsg.), Ending civil wars, The implementation of peace agreements, Boulder, CO, 2002.

Stein, Janice Gross, Eugene Lang, The unexpected war, Canada in Kandahar, Toronto 2007.

Steinberg, Gerald M., The return of a (Limited) Jordan Option, in: Bitter Lemons International, 10.11.2005.

Steinberg, Guido, Der Irak zwischen Föderalismus und Staatszerfall, Interessen und Handlungsoptionen irakischer und regionaler Akteure (SWP-Studie, S18/2007), Berlin 2007, <http://www.swp-berlin.org/de/common/get_document.php?asset_id=4150> (abgerufen am 15.8.2007).

Steinberg, Guido, Der Jemen vor dem Staatszerfall?, Bürgerkrieg und Separatismus sind bedrohlicher als al-Qaida, (SWP-aktuell, 06/2010), Berlin 2010, <http://www.swp-berlin.org/common/get_document.php?asset_id=6721> (abgerufen am 20.1.2010).

Steinberg, Guido, Die Integrierte EU-Rechtsstaatsmission EUJUST LEX im Irak, Politikersatz mit Potential, in: Muriel Asseburg (Hrsg.), Die EU als strategischer Akteur in der

Sicherheits- und Verteidigungspolitik?, Berlin 2009, (SWP-Studie, S32/2009), S. 138–149, <http://www.swp-berlin.org/common/get_document.php?asset_id=6643> (abgerufen am 15.12.2009).

Stengel, Frank A., Christoph Weller, Action plan or faction plan?, Germany's eclectic approach to conflict prevention, in: International Peacekeeping (Ilford), 17 (Februar 2010) 1, S. 93–107.

Stengel, Frank A., Christoph Weller, Vier Jahre Aktionsplan »Zivile Krisenprävention«, war das alles?, (GIGA Focus Global, Nr. 11/2008), Hamburg 2008, <http://www.giga-hamburg.de/dl/download.php?d=/content/publikationen/pdf/gf_global_0811.pdf> (abgerufen am 6.11.2008).

Stengel, Frank A., The reluctant peacekeeper, Japan's ambivalent stance on UN peace operations, in: Japan aktuell (Hamburg), 16 (2008) 1, S. 37–55.

Stern, Niklas, The Economics of Climate Change, Cambridge 2007.

Steul, Willy, Pashtunwali, Ein Ehrenkodex und seine rechtliche Relevanz, Wiesbaden 1981.

Stevens, Georgina, Filling the Vacuum, Ensuring Protection and Legal Remedies for Minorities in Kosovo, Minority Rights Group International 2009.

Stewart, Susan, Russische Außenpolitik im postsowjetischen Raum, das Baltikum, die westliche GUS und der Südkaukasus im Vergleich (SWP-Studie, S5/2010), Berlin 2010, <http://www.swp-berlin.org/common/get_document.php?asset_id=6870> (abgerufen am 3.3.2010).

Stinner, Rainer, Atalanta hat die falsche Strategie, der Auftrag lautet, Piraten zu bekämpfen, und nicht nur Schiffe zu begleiten, in: Internationale Politik, 64 (Juli-August 2009) 7–8, S. 111–113.

Stodiek, Thorsten, OSCE's police-related activities, lessons-learned during the last decade, in: Security and Human Rights, 20 (2009) 3, S. 201–211.

Stöger, Jochen, Krisen und Kriege, Deutschland und die Niederlande und die außen- und sicherheitspolitischen Herausforderungen der neuen Ära seit 1990, Münster 2008.

Stoll, Peter-Tobias, Responsibility, Sovereignty and Cooperation, in: Doris König (Hrsg.), International Law Today, Berlin 2008.

Stolleis, Michael, Staat und Staatsräson in der frühen Neuzeit, (Studien zur Geschichte des öffentlichen Rechts), Frankfurt/M. 1990.

Strachan, Hew, The strategic gap in British defence policy, in: Survival, 51 (August-September 2009) 4, S. 49–70.

Stracke, Nicole, Mohammed Saif Haidar, The Southern Movement in Yemen, Dubai 2010, <http://www.grc.ae/data/contents/uploads/The Southern Movement in Yemen 4796.pdf> (abgerufen am 27.4.2010).

Straßner, Alexander, Margarete Klein (Hrsg.), Wenn Staaten scheitern, Theorie und Empirie des Staatszerfalls, Wiesbaden 2007.

Stütz, Julia, »State-Building« aus theoretischer und praktischer Perspektive, Baden-Baden 2008.

Sun Wyler, Liana, Weak and failing states, evolving security threats and U.S. policy, updated April 18, 2008, (CRS Report for Congress, Washington, DC, 2008, <http://fpc.state.gov/documents/organization/104714.pdf> (abgerufen am 20.8.2008).

Taft, Patricia, David A. Poplack und Rita Grossman-Vermaas: The Crime-Terrorism Nexus, Threat Convergence in the Tri-Border Area, Washington, DC, 2009, <http://www.fundforpeace.org/tc/images/Publications/latin%20america%20report.final.june%202009.pdf> (abgerufen am 23.9.2009).

Takeyh, Ray, Nikolas K. Gvosdev, Do terrorist networks need a home?, in: The Washington Quarterly, 25 (Sommer 2002) 3, S. 97–108.

Talbot, Ian, The Punjabization of Pakistan: Myth or Reality?, in: Christophe Jaffrelot (Hrsg.), Pakistan Nation, Nationalism and the State, Lahore 2001.

Taliban propaganda, winning the war of words? (ICG Asia Report, Nr. 158), Kabul 2008, <http://www.crisisgroup.org/~/media/Files/asia/south-asia/afghanistan/158_taliban_propaganda_winning_the_war_of_words.ashx> (abgerufen am 25.7.2008).

Tansey, Oisín, Regime-building, democratization and international administration (Oxford Studies in Democratization), Oxford 2009.

Tapper, Richard (Hrsg.), The conflict of tribe and state in Iran and Afghanistan, London 1983.

Te, Velde, Dirk, The global financial crisis and developing countries, which countries are at risk and what can be done?, (ODI Background Note, October 2008), London 2008, <http://www.odi.org.uk/resources/odi-publications/background-notes/2008/global-financial-crisis-developing-countries-growth.pdf> (abgerufen am 27.11.2008).

Teschke, Benno, The myth of 1648, class, geopolitics, and the making of modern international relations, London 2003.

Tetzlaff, Rainer, »Failing states« in Afrika, Kunstprodukte aus der Kolonialzeit und europäische Verantwortung, in: Internationale Politik, 55 (Juli 2000) 7, S. 8–16.

Tetzlaff, Rainer, Afrika in der Globalisierungsfalle, Wiesbaden 2008.

Tetzlaff, Rainer, Armutsbekämpfung durch globale Entwicklungspolitik, ein politisches Riskbusiness auf wissenschaftlich schwankendem Boden, in: Nord-Süd aktuell, 19 (2005) 3–4, S. 228–238.

Tetzlaff, Rainer, Demokratisierung und Demokratien, eine Zwischenbilanz nach einem Jahrzehnt großer Schwierigkeiten, in: Mir A. Ferdowsi (Hrsg.), Afrika, ein verlorener Kontinent?, München 2004, S. 153–188.

Tetzlaff, Rainer, Failing States in Afrika, Gewalträume und Friedensräume, interne und externe Ursachen des Staatsversagens in Afrika, in: Globale Armutsbekämpfung, ein Trojanisches Pferd?, Auswege aus der Armutsspirale oder westliche Kriegsstrategien, (Dialog – Beiträge zur Friedensforschung; Bd. 56), Wien 2009, S. 165–175.

Tetzlaff, Rainer, Globalisierung und Nation-Building, kein Widerspruch, in: Jochen Hippler (Hrsg.), Nation-Building, ein Schlüsselkonzept für friedliche Konfliktbearbeitung?, (EINE Welt – Texte der Stiftung Entwicklung und Frieden; Bd. 17), Bonn 2004, S. 31–48.

Tetzlaff, Rainer, Politisierte Ethnizität als Kehrseite politischer Partizipation in unsicheren Zeiten, Erfahrungen aus Afrika, in: WeltTrends, 11 (Frühjahr 2003) 38, S. 11–30.

Tetzlaff, Rainer, Staatszerfall in der Dritten Welt – neue Kompetenzen für die UNO?, in: Sabine von Schorlemer (Hrsg.), Praxishandbuch UNO, die Vereinten Nationen im Lichte globaler Herausforderungen, Berlin 2003, S. 83–99.

The challenges of state fragility for US and global security in an interdependent world, the Stanley Foundation's 50th Strategy for Peace Conference, October 15–17, 2009, Airlie Center, Warrenton, Virginia, [conference report], Muscatine, Iowa 2010, <http://www.stanleyfdn.org/publications/report/SPC09StateFragility.pdf> (abgerufen am 27.4.2010).

The Failed States Index 2008, in: Foreign Policy, (Juli-August 2008) 167, S. 64–73.

The Ismailis of Najran, second-class Saudi citizens, New York, NY, 2008, <http://www.hrw.org/sites/default/files/reports/saudiarabia0908web.pdf> (abgerufen am 24.9.2008).

The National Security Strategy of the United States of America, The White House, Washington, DC, 2002, ca. 31 S., <http://www.whitehouse.gov/sites/default/files/rss_viewer/national_security_strategy.pdf>.

The OSCE at a turning point, OSCE Chairmanship and other challenges (PSIO Occasional Paper, 4/2007), Geneva 2007.

The role of business in global governance, corporations as norm-entrepreneurs (Global Issues Series), Basingstoke 2010.

The security of East Timor, in: The Pacific Review, 14 (2001) 1, S. 1–84.

The Simons Foundation, The Canada's World Poll, New York, NY, 2008, S. 31.

Theiler, Olaf, Die Eigendarstellung staatlicher Sicherheitsakteure in den Medien, Das Beispiel der Bundeswehr, in: Thomas Jäger und Henrike Viehrig (Hrsg.), Sicherheit und Medien, Wiesbaden 2009, S. 25–34.

Thießen, Jörn, Ulrich Plate, Bundeswehr und Parlament, in: Hans J. Gießmann (Hrsg.), Armee im Einsatz, Grundlagen, Strategien und Ergebnisse einer Beteiligung der Bundeswehr, (Demokratie, Sicherheit, Frieden; Bd. 191), Baden-Baden 2009, S. 148–159.

Thirtieth Report of the Secretary-General on the United Nations Organization Mission in the Democratic Republic of the Congo, New York, NY, 2009, <http://www.un.org/Docs/journal/asp/ws.asp?m=S/2009/623> (abgerufen am 21.12.2009).

Thompson, Drew, Border burdens, China's response to the Myanmar refugee crisis, in: China Security, 5 (2009) 3, S. 13–23, <http://www.chinasecurity.us/pdfs/DrewThompson.pdf> (abgerufen am 13.11.2009).

Thomsen, Robert C. und Nik Hynek, Keeping the Peace and National Unity. Canada's National and International Identity Nexus, in: International Journal, 61 (2006) 4, S. 845–858.

Thränert, Oliver, Christian Wagner, Atommacht Pakistan, nukleare Risiken, regionale Konflikte und die dominante Rolle des Militärs (SWP-Studie, S3/2009), Berlin 2009, <http://www.swp-berlin.org/common/get_document.php?asset_id=5715> (abgerufen am 2.2.2009).

Thränert, Oliver, Terror mit chemischen und biologischen Waffen, Risikoanalyse und Schutzmöglichkeiten (SWP-Studie, S14/2002), Berlin 2002, <http://www.swp-berlin.org/de/common/get_document.php?asset_id=777> (abgerufen am 10.9.2007).

Tieku, Thomas Kwasi, Explaining the clash and accommodation of interests of major actors in the creation of the African Union, in: African Affairs, 103 (April 2004) 411, S. 249–267.

Tilly, Charles, Coercion, capital, and European states, ad 1990–1992 (Studies in Social Discontinuity), Cambridge, MA, 2003.

Tomforde, Maren, »My Pink Uniform Shows I am One of Them«, Socio-Cultural Dimensions of German Peacekeeping Missions, in: Gerhard Kümmel (Hrsg.), Armed Forces, Soldiers and Civil-Military Relations, Essays in Honor of Jürgen Kuhlmann (Schriftenreihe des Sozialwissenschaftlichen Instituts der Bundeswehr), Wiesbaden 2009, S. 37–57.

Tomuschat, Christian, Das Statut von Rom für den Internationalen Strafgerichtshof, in: Friedens-Warte, Bd. 73 (1998), S. 335.

Torjesen, Stina, Fixing Afghanistan: what role for China? (Noref Policy Brief, Nr. 7), Oslo 2010, <http://www.peacebuilding.no/eng/Publications/Noref-Policy-Briefs/Fixing-Afghanistan-what-role-for-China> (abgerufen am 1.7.2010).

Tow, William T., Deputy sheriff or independent ally?, Evolving Australian-American ties in ambiguous world order, in: The Pacific Review, 17 (2004) 2, Special ed.: US-Asia relations after 9/11: »hegemony or partnership?«, S. 271–290.

Transnational trafficking and the rule of law in West Africa, a threat assessment, Vienna 2009, <http://www.unodc.org/documents/data-and-analysis/Studies/West Africa Report 2009.pdf> (abgerufen am 31.8.2009).

Trefon, Theodore (Hrsg.), Réforme au Congo (RDC), attentes et désillusions (Cahiers africains, Nr. 76), Paris 2009.

Trotha, Trutz von, Der Aufstieg des Lokalen, in: Aus Politik und Zeitgeschichte, (11. Juli 2005) 28–29, S. 32–38.

Tucker, Jonathan B., Kathleen M. Vogel, Preventing the proliferation of chemical and biological weapon materials and know-how, in: The Nonproliferation Review, 7 (Frühjahr 2000) 1, S. 88–96.

Tull, Denis Michael, Annette Weber, Der Internationale Strafgerichtshof und Darfur, wie hinderlich ist Gerechtigkeit?, (SWP-aktuell, 65/2008), Berlin 2008, <http://www.swp-berlin.org/common/get_document.php?asset_id=5160> (abgerufen am 24.7.2008).

Tull, Denis Michael, China's engagement in Africa, scope, significance, and consequences, in: John W. Harbeson (Hrsg.), Africa in world politics: reforming political order, Boulder, CO, 2009, S. 323–344.

Tull, Denis Michael, Die Führung und Beteiligung der Bundeswehr an EUFOR RD Congo, in: Stefan Mair (Hrsg.), Auslandseinsätze der Bundeswehr, (SWP-Studie; S 27/2007), Berlin 2007, S. 68–77, <http://www.swp-berlin.org/de/common/get_document.php?asset_id=4355> (abgerufen am 27.11.2007).

Tull, Denis Michael, Dimensionen und Ursachen von Flucht und Migration, in: Mir A. Ferdowski (Hrsg.), Afrika – ein verlorener Kontinent?, (Bayerische Landeszentrale für politische Bildungsarbeit, A 103), München 2008, S. 145–167.

Tull, Denis Michael, EUFOR RD Congo: ein Erfolg, aber kein Erfolgsmodell, in: Muriel Asseburg (Hrsg.), Die EU als strategischer Akteur in der Sicherheits- und Verteidigungspolitik?, (SWP-Studie, S32/2009), Berlin 2009, S. 50–61, <http://www.swp-berlin.org/common/get_document.php?asset_id=6643> (abgerufen am 15.12.2009).

Tull, Denis Michael, Herkulesaufgabe Kongo, die MONUC zeigt die Grenzen komplexer Friedenssicherung auf, in: Vereinte Nationen (Baden-Baden), 54 (2006) 3, S. 90–97.

Tull, Denis Michael, Nicht länger willkommen, VN-Friedensoperationen in Afrika (SWP-aktuell, 49/2010), Berlin 2010, <http://www.swp-berlin.org/common/get_document.php?asset_id=7145> (abgerufen am 10.6.2010).

Tull, Denis Michael, Peacekeeping in the Democratic Republic of Congo, waging peace and fighting war, in: International Peacekeeping (Ilford), 16 (April 2009) 2, S. 215–230.

Tull, Denis Michael, Staatsaufbau in der DR Kongo, über Anspruch, Realität und falsche Annahmen, in: Heinz-Gerhard Justenhoven (Hrsg.), Intervention im Kongo, eine kritische Analyse der Befriedungspolitik von UN und EU, (Reihe Beiträge zur Friedensethik; Bd. 42), Stuttgart 2008, S. 65–77.

Tull, Denis Michael, Tschad-Krise und die Operation EUFOR Tschad/ZAR, (SWP-aktuell, 15/2008), Berlin 2008, <http://www.swp-berlin.org/de/common/get_document.php?asset_id=4746> (abgerufen am 14.2.2008).

Turner, Thomas, The Congo wars, conflict, myth and reality, London 2007.

Ulbert, Cornelia, Sascha Werthes (Hrsg.), Menschliche Sicherheit, globale Herausforderungen und regionale Perspektiven (EINE Welt – Texte der Stiftung Entwicklung und Frieden, Bd. 21), Baden-Baden 2008.

Ullmann, Walter, Kurze Geschichte des Papsttums im Mittelalter, Berlin 1978.

UN DESA, International Migration Report 2006, A Global Assessment, New York, NY, 2009.

Underdal, Arild und Oran R. Young (Hrsg.), Regime Consequences, Methodological Challenges and Research Strategies, Dordrecht 2004.

Unger, Noam, Margaret L. Taylor, Frederick D. Barton, Capacity for change, reforming U.S. assistance efforts in poor and fragile countries, Washington, DC, 2010, <http://www.brookings.edu/~/media/Files/rc/reports/2010/04_aid_unger/04_aid_unger.pdf> (abgerufen am 29.4.2010).

Ungerer, Carl, Issues in Australian Foreign Policy: July to December 2006, in: Australian Journal of Politics and History 2/2007, S. 267–280.

United Nations Assembly (Hrsg.), International migration and development, Report of the Secretary-General, in: Sixtieth session, Agenda item 54 (c), Globalization and interdependence, international migration and development, Nr. A/60/871, New York, NY, 2006, <http://www.queensu.ca/samp/migrationresources/reports/Report%20of%20the%20SG%28June%2006%29_English.pdf>.

Unser, Günther, Rußland und die Vereinten Nationen (Berichte des Bundesinstituts für ostwissenschaftliche und internationale Studien, 08-2000), Köln 2000.

UN-Sicherheitsratsreport, Update Report, Sudan, 28. Juli 2008, <http://www.securitycouncilreport.org/site/c.glKWLeMTIsG/b.4381649/k.5E6A/Update_Report_No_4BrSudanBr28_July_2008.htm> (abgerufen am 19.1.2010).

Valpolini, Paolo, The Italian job, Italy in Afghanistan, in: Jane's Defence Weekly, 45 (5 November 2008) 45, S. 28–31.

Varwick, Johannes, Auf dem Weg zum Weltpolizisten?, in: Aus Politik und Zeitgeschichte, (6. April 2009) 15–16, S. 3–8.

Varwick, Johannes, Humanitäre Intervention und Schutzverantwortung (»responsibility to protect«), kämpfen für die Menschenrechte? (Kieler Analysen zur Sicherheitspolitik, Nr. 25), Kiel 2009, <http://www.isuk.org/1/wp-content/uploads/2009/01/Kieler%20Analysen%20zur%20Sicherheitspolitik%20Nr.%2025%20JV%20R2P.pdf> (abgerufen am 9.2.2009).

Verantwortung ernst nehmen, die grüne Afghanistanpolitik, Berlin 2009, <http://www.gruene-bundestag.de/cms/publikationen/dokbin/280/280006.broschuere afghanistan.pdf> (abgerufen am 31.8.2009).

Verlage, Christopher, Responsibility to protect, ein neuer Ansatz im Völkerrecht zur Verhinderung von Völkermord, Kriegsverbrechen und Verbrechen gegen die Menschlichkeit, (Jus internationale et Europaeum, 29), Tübingen 2009.

Volz, Ulrich, Sebastian Ziaja, Die Auswirkungen der Finanzkrise auf fragile Staaten, in: Friedensgutachten 2010, S. 376–388.

Vorländer, Hans (Hrsg.), Die Deutungsmacht der Verfassungsgerichtsbarkeit (Verfassung und Politik), Wiesbaden 2006.

Wachstum, Bildung, Zusammenhalt, Koalitionsvertrag zwischen CDU, CSU und FDP, 17. Legislaturperiode, Berlin 2009, <http://www.cdu.de/doc/pdfc/091026-koalitionsvertrag-cducsu-fdp.pdf> (abgerufen am 27.10.2009).

Wade, Robert Hunter, Failing states and cumulative causation in the world system, in: International Political Science Review, 26 (Januar 2005) 1, S. 17–36.

Wagner, Armin, Zwischen Kabul und Khartum, UN-Missionen mit begrenzter Beteiligung der Bundeswehr, in: Hans J. Gießmann (Hrsg.), Armee im Einsatz, Grundlagen, Strategien und Ergebnisse einer Beteiligung der Bundeswehr, (Demokratie, Sicherheit, Frieden; Bd. 191), Baden-Baden 2009, S. 373–384.

Wagner, Christian, Demokratieförderung und Außenpolitik in Indien, (SWP-Studie, S21/2009), Berlin 2009, <http://swp-berlin.org/common/get_document.php?asset_id=6247> (abgerufen am 18.8.2009).

Wagner, Christian, Der Einfluss Indiens auf Regierungsstrukturen in Pakistan und Bangladesch, (Discussion Paper / Deutsches Institut für Entwicklungspolitik, 12/2008), Bonn 2008, <http://www.die-gdi.de/die_homepage.nsf/6f3fa777ba64bd9ec12569cb00547f1b/569d2dd71a9a9cf7c12573ae002eeff1/$FILE/DP%2012.2008.pdf> (abgerufen am 4.8.2008).

Wagner, Christian, From hard power to soft power?, Ideas, interaction, institutions, and images in India's South Asia policy (Working Paper / South Asia Institute (Heidelberg), Nr. 26) (Heidelberg Papers in South Asian and Comparative Politics), Heidelberg 2005, <http://archiv.ub.uni-heidelberg.de/volltextserver/volltexte/2005/5436/pdf/hpsacp26.pdf>.

Wagner, Christian, Pakistan's Afghanistan policy in the shadow of India, in: Hans-Georg Ehrhart (Hrsg.), The Afghanistan challenge, Montreal 2009, S. 113–127.

Wagner, Christian, State- and Nation-Building in Südasien, in: Petra Bendel (Hrsg.), Demokratie und Staatlichkeit, Opladen 2003, S. 223–236.

Wagner, Tobias M., Parlamentsvorbehalt und Parlamentsbeteiligungsgesetz, die Beteiligung des Bundestages bei Auslandseinsätzen der Bundeswehr (Beiträge zum Parlamentsrecht, Bd. 66), Berlin 2010.

Wahlanalyse 2005, in: Aus Politik und Zeitgeschichte, (19. Dezember 2005) 51–52, S. 1–46.

Walraven, Klaas van, Dreams of power, The role of the Organization of African Unity in the politics of Africa 1963–1993, (Research Series / African Studies Centre, 13/1999), Aldershot 1999.

Walther, Helmut G., Imperiales Königtum, Konziliarismus und Volkssouveränität. Studien zu den Grenzen des mittelalterlichen Souveränitätsgedankens, München 1976.

Weber, Anne Françoise, Le Cèdre islamo-chrétien, des Libanais à la recherche de l'unité nationale, (Studien zur Ethnizität, Religion und Demokratie, Bd. 8), Baden-Baden 2007.

Weber, Annette, Bridging the gap between narrative and practices, the role of the Arab League in Darfur, (The Gap Between Narratives and Practices / Darfur – the Responses from the Arab World, 3), Madrid 2010, <http://www.fride.org/download/OP_Darfur_Arab_Legaue_ENG_feb10.pdf> (abgerufen am 10.3.2010).

Weber, Annette, Die langen Kriege im Sudan, keine (schnelle) Lösung in Sicht, in: Friedensgutachten 09, Münster 2009, S. 123–136.

Weber, Annette, EU naval operation in the Gulf of Aden (EU NAVFOR Atalanta), problem unsolved, piracy increasing, causes remain, in: Muriel Asseburg (Hrsg.), The EU as a strategic actor in the realm of security and defence?, (SWP Research Papers; RP 14/2009), Berlin 2009, S. 70–83, <http://www.swp-berlin.org/en/common/get_document.php?asset_id=6631> (abgerufen am 11.12.2009).

Weber, Annette, Kriege ohne Grenzen und das »erfolgreiche Scheitern« der Staaten am Horn von Afrika, (SWP-Studie, S 26/2008), Berlin 2008, <http://www.swp-berlin.org/common/get_document.php?asset_id=5280> (abgerufen am 23.9.2008).

Weber, Annette, Somalia: der blinde Fleck beim Menschenrechtsschutz, in: Zeitschrift für Menschenrechte, 1 (2007) 2, S. 81–94.

Weber, Annette, Wibke Hansen, Countdown im Sudan, zwischen Kompromiss und Krieg, Szenarien bis 2011, (SWP-aktuell, 03/2010), Berlin 2010, <http://www.swp-berlin.org/common/get_document.php?asset_id=6696> (abgerufen am 8.1.2010).

Weinacht, Paul-Ludwig, Staat, Studien zur Bedeutungsgeschichte des Wortes von den Anfängen bis ins 19. Jahrhundert, Berlin 1968.

Weiner, Myron (Hrsg.), International migration and security, Boulder, CO, 1993.

Weiner, Myron und Michael Teitelbaum, Political Demography, Demographic Engineering. New York, NY, 2001.

Weiner, Sharon K., Preventing nuclear entrepreneurship in Russia's nuclear cities, in: International Security (Cambridge, MA), 27 (Herbst 2002) 2, S. 126–158.

Weinlich, Silke, Zwei Jahre Kommission für Friedenskonsolidierung, mit kleinen Schritten Richtung Erfolg, in: Vereinte Nationen (Baden-Baden), 56 (2008) 3, S. 108–116.

Weiss, Leonard, Prepared Statement, U.S. House of Representatives, Hearing before the Subcommittee on International Relations, The A.Q. Khan Network: Case Closed?, Seriennr. 109–182, Washington, DC, 25.5.2006.

Weiss, Stefani, Joscha Schmierer (Hrsg.), Prekäre Staatlichkeit und internationale Ordnung, Wiesbaden 2007.

Weiss, Thomas George, Humanitarian intervention, ideas in action, (War and Conflict in the Modern World), Cambridge 2007.

Weißbuch 2006 zur Sicherheitspolitik Deutschlands und zur Zukunft der Bundeswehr, (Weißbuch / Bundesminister der Verteidigung, 2006), Berlin 2006, <http://www.weissbuch 2006.de/download/Weissbuch 2006 Druckversion.pdf> (abgerufen am 30.10.2006).

Weller, Christoph, Aktionsplan zivile Krisenprävention der Bundesregierung, jetzt ist dynamische Umsetzung gefordert, eine Zwischenbilanz nach drei Jahren, (INEF Policy Brief, 2/2007), Duisburg 2007, <http://inef.uni-due.de/page/documents/PolicyBrief02.pdf>.

Weller, Christoph, Andrea Kirschner, Zivile Konfliktbearbeitung, Allheilmittel oder Leerformel?, Möglichkeiten und Grenzen eines viel versprechenden Konzepts, in: Internationale Politik und Gesellschaft, (2005) 4, S. 10–29.

Weller, Christoph, Die öffentliche Meinung in der Außenpolitik, Eine konstruktivistische Perspektive, Wiesbaden 2000.

Weller, Christoph, Zivile Krisenprävention und Konfliktbearbeitung, politische Herausforderungen und der Aktionsplan der Bundesregierung, in: Peter Schlotter (Hrsg.), Berliner Friedenspolitik?, (AFK-Friedensschriften; Bd. 34), Baden-Baden 2008, S. 109–136.

Weller, Marc, Contested statehood, Kosovo's struggle for independence, Oxford 2009.

Welzer, Harald, Klimakriege, wofür im 21. Jahrhundert getötet wird, Frankfurt/M. 2008.

Wen Jiabao, A Number of Issues Regarding the Historic Tasks in the Initial Stage of Socialism and China's Foreign Policy, in: Xinhua, 26.2.2007.

Wenskus, Reinhard, Stammesbildung und Verfassung, Das Werden der frühmittelalterlichen gentes, Köln 1961.

Wernicke, Christian, Die Konsensrepublik, in: Süddeutsche Zeitung, 24.9.2009.

Wesley, Michael, The state of the art on the art of state building, in: Global Governance (Boulder, CO), 14 (Juli-September 2008) 3, S. 369–385.

White, Howard N., A. Geske Dijkstra, Programme aid and development, beyond conditionality (Routledge Studies in Development Economics, 29), London 2003.

Whitman, Richard G., Stefan Wolff, The EU as a conflict manager?, The case of Georgia and its implications, in: International Affairs (Oxford), 86 (Januar 2010) 1, S. 87–107.

Whitney, Nick, Re-energising Europe's Security and Defence Policy (European Council on Foreign Relations, Policy Paper), 29.7.2008, http://ecfr.3cdn.net/678773462b7b6f9893_djm6vu499.pdf (abgerufen am 21.7.2010).

Wieck, Hans-Georg, Indiens Politik der guten Nachbarschaft, in: Aussenpolitik (Hamburg), 48 (3. Quartal 1997) 3, S. 291–300.

Wiefelspütz, Dieter, Das Parlamentsheer, der Einsatz bewaffneter deutscher Streitkräfte im Ausland, der konstitutive Parlamentsvorbehalt und das Parlamentsbeteiligungsgesetz, Berlin 2005.

Wiefelspütz, Dieter, Der konstitutive wehrverfassungsrechtliche Parlamentsbeschluss, in: Zeitschrift für Parlamentsfragen, 38 (2007) 1, S. 3–16.

Wild, Michael, BVerfGE 90, 286, AWACS/Somalia, Auslandseinsätze der Bundeswehr, Parlamentsvorbehalt, Verfassungsfortbildung, in: Jörg Menzel (Hrsg.), Verfassungsrechtsprechung, Hundert Entscheidungen des Bundesverfassungsgerichts in Retrospektive, Tübingen 2000, S. 547–550.

Wilk, Andrzej, First Exercise of the CSTO Collective Rapid Reaction Force (CRRF), in: Eastweek, Warschau 21.10.2009, <http://www.osw.waw.pl/en/publikacje/eastweek/2009-10-21/first-exercise-cstocollective-rapid-reaction-force-crrf> (abgerufen am 11.6.2010).

Wilkenfeld, Jonathan, Unstable states and international crisis, in: Peace and Conflict, Nr. 4/2008, S. 67–78.

Williams, Paul D., Alex J. Bellamy, The responsibility to protect and the crisis in Darfur, in: Security Dialogue, 36 (März 2005) 1, S. 27–47.

Williamson, John, What Washington Means by Policy Reform, in: ebd. (Hrsg.): Latin American Readjustment, How Much has Happened, Washington 1989.

Willigen, Niels van, From nation-building to desecuritization in Bosnien and Herzegovina, in: Security and Human Rights, 21 (2010) 2, S. 127–138.

Wimmer, Andreas, Richard J. Goldstone, Donald L. Horowitz (Hrsg.), Facing ethnic conflicts, toward a new realism, Lanham, Md. 2004.

Wirsing, Robert G., Kashmir in the shadow of war, Regional rivalries in a nuclear age, Armonk, N.Y. 2003.

Wolff, Jonas, Demokratieförderung als Suchprozess, die Bolivien- und Ecuadorpolitik Deutschlands in Zeiten demokratischer Revolutionen (HSFK-Report, Nr. 2/2010), Frankfurt/M. 2010, <http://www.hsfk.de/fileadmin/downloads/report0210.pdf> (abgerufen am 21.6.2010).

World Migration, (IOM World Migration Report Series), World migration report, Geneva 2000.

Yemen, defusing the Saada time bomb, (ICG Middle East Report, Nr. 86), Sanaa 2009, <http://www.crisisgroup.org/~/media/Files/Middle%20East%20North%20Africa/Iran%20Gulf/Yemen/086%20Yemen%20Defusing%20the%20Saada%20Time%20Bomb.ashx> (abgerufen am 27.5.2009).

Yoo, John, Fixing failed states, (UC Berkeley Public Law Research Paper, Nr. 1552395), Berkeley 2010, <http://works.bepress.com/cgi/viewcontent.cgi?article=1051&context=johnyoo> (abgerufen am 19.5.2010).

Yoshinobu Yamamoto, Japan's Activism Lite: Bandwagoning the United States, in: Byung-Kook Kim und Anthony Jones (Hrsg.), Power and Security in Northeast Asia, Shifting Strategies, Boulder, CO, 2007.

Yost, David S., An interview with General James L. Jones, USMC, Retired, Supreme Allied Commander Europe (SACEUR), 2003–2006, (Research Paper / NATO Defense College), Rom 2008.

Youngs, Richard, Fernanda Faria, European conflict resolution policies, truncated peace-building, (Working Paper / Fundación para las Relaciones Internacionales y el Diálogo Exterior, 94), Madrid 2010, <http://www.fride.org/download/WP94 UE Paz Construccion ENG mar10.pdf> (abgerufen am 12.5.2010).

Zellner, Wolfgang, Die OSZE in den Spannungsfeldern asymetrischer Interdependenzen, in: Hans J. Gießmann (Hrsg.), Streitkräfte zähmen, Sicherheit schaffen, Frieden gewinnen, (Demokratie, Sicherheit, Frieden; Bd. 188), Baden-Baden 2008, S. 171–182.

Zellner, Wolfgang, Die OSZE zwischen Anpassungskrise und Reformdebatte, in: Friedensgutachten 06, Münster 2006, S. 54–62.

Zellner, Wolfgang, OSZE vor dem Aus?, in: Blätter für deutsche und internationale Politik, 53 (2008) 4, S. 17–20.

Zellner, Wolfgang, Review of OSCE field operations, in: Daniel Warner (Hrsg.), The OSCE at a turning point: OSCE Chairmanship and other challenges, (PSIO Occasional Paper; 4/2007), Genf 2007, S. 35–53.

Zellner, Wolfgang, The role of the OSCE in the conflict-management cycle, possible new orientations, in: Daniel Warner (Hrsg.), Consolidating the OSCE, Genf 2006, S. 23–44, <http://graduateinstitute.ch/webdav/site/iheid/shared/iheid/514/OP4 2006 EDITED FINAL.pdf> (abgerufen am 27.1.2009).

Zheng, Bijian, China's peaceful rise, speeches of Zheng Bijian, 1997–2005, Washington, DC, 2005.

Ziaja, Sebastian, Mata, Javier Fabra, Was leisten Indizes staatlicher Fragilität?, in: Analysen und Stellungnahmen / Deutsches Institut für Entwicklungspolitik, Nr. 5/2010 5, S. 1–4, <http://www.die-gdi.de/CMS-Homepage/openwebcms3.nsf/(ynDK_contentByKey)/ANES-86FF5X/$FILE/AuS%205.2010.pdf> (abgerufen am 16.6.2010).

Zimmer, Melanie, Oil companies in Nigeria, emerging good practice or still fuelling conflict?, in: Nicole Deitelhoff (Hrsg.), Corporate security responsibility?, Basingstoke 2010, S. 58–84.

Zisk, Kimberly Marten, Japan's United Nations peacekeeping dilemma, in: Asia-Pacific Review, 8 (Mai 2001) 1, S. 21–39.

Zivier, Ernst R., Der Kosovo-Einsatz als Präzedenzfall?, Zum strategischen Konzept der NATO vom 23./24. April 1999, in: Recht und Politik 4/1999, S 198–209.

Zoellick, Robert B., Fragile states, securing development, in: Survival, 50 (Dezember 2008-Januar 2009) 6, S. 67–84.

Zook, Matthew A., Old Hierarchies or Networks of Centrality?, The Global Geography of the Internet Content Market, in: American Behavioral Scientist, 44 (2001), S. 1679–1696.

Zürcher, Christoph, Gewollte Schwäche, Vom schwierigen analytischen Umgang mit prekärer Staatlichkeit, in: Internationale Politik, 60 (September 2005) 9, S. 13–22.

Zweiri, Mahjoob, Ali Tekin, Andrew E. Johnson, Fragile states and the democratization process, a new approach to understanding security in the Middle East, (EuroMeSCo Papers, 74), Lissabon 2008, <http://www.euromesco.net/images/paper74eng.pdf> (abgerufen am 2.12.2008).